제 2 판

인지치료기법

상담실제를 위한 안내서

인지치료기법 제2판

상담실제를 위한 안내서

Robert L. Leahy 지음

박경애 · 조현주 · 김종남 · 김희수 · 최승미 · 백지은 옮김

Σ 시그마프레스

인지치료기법 : 상담실제를 위한 안내서, 제2판

발행일 | 2019년 9월 5일 1쇄 발행

지은이 | Robert L. Leahy
옮긴이 | 박경애, 조현주, 김종남, 김희수, 최승미, 백지은
발행인 | 강학경
발행처 | (주)시그마프레스
디자인 | 이상화
편 집 | 이호선

등록번호 | 제10-2642호
주소 | 서울시 영등포구 양평로 22길 21 선유도코오롱디지털타워 A401~402호
전자우편 | sigma@spress.co.kr
홈페이지 | http://www.sigmapress.co.kr
전화 | (02)323-4845, (02)2062-5184~8
팩스 | (02)323-4197

ISBN | 979-11-6226-212-2

Cognitive Therapy Techniques : A Practitioner's Guide, Second Edition

＊ 책값은 책 뒤표지에 있습니다.

이 도서의 국립중앙도서관 출판예정도서목록(CIP)은 서지정보유통지원시스템 홈페이지(http://seoji.nl.go.kr)와 국가자료종합목록시스템(http://www.nl.go.kr/kolisnet)에서 이용하실 수 있습니다.(CIP제어번호: CIP2019030861)

리히 박사의 *Cognitive Therapy Techniques: A Practitioner's Guide* 제1판이 세상에 나온 지 10여 년 만에 제2판의 번역서가 출간되어 기쁩니다. 제2판은 총 16장으로 서문, 의사결정을 수정하기, 침투적 사고에 대응하고 평가하기, 그리고 분노 조절하기까지 총 4개의 새로운 장이 추가되어 내용의 풍성함을 더하고 있습니다. 또한 지난 10여 년 사이에 제3세대 인지행동치료가 더욱 활성화되어 여러 가지 이론이 세상에 나왔습니다. 리히 박사는 이 책의 각 장에서 수용전념치료, 변증법적 행동치료, 행동 활성화, 상위인지모델 등의 제3세대 인지행동치료 방법에서 활용하고 있는 최첨단의 기법을 녹여내어 소개하고 있습니다. 그러므로 이 책을 잘 활용하면 고전적인 인지행동치료기법뿐 아니라 새롭게 등장한 인지행동치료기법도 배울 수 있을 것입니다. 제1장 서문과 제16장은 백지은 선생, 제2장은 역자 대표, 제3, 4, 6, 12, 13장은 조현주 교수, 제5, 9장은 최승미 교수, 제7, 8, 14장은 김희수 교수, 그리고 제10, 11, 15장은 김종남 교수가 번역하였습니다. 역자들은 번역상 용어의 통일, 내용의 일관성 등을 위해서 돌려서 번역본을 읽고 수정하면서 만족스러운 번역이 되도록 노력을 기울였습니다만 부족함이 많습니다.

우리나라는 현재 후기 산업사회를 넘어 4차 산업혁명 시대에 진입하면서 인간관계가 축소되고, 가족구조와 사회환경의 변화 및 기계문명의 진화로 인한 심리적 어려움으로 고통받는 사람의 수가 폭증하고 있습니다. 이에 따라 내담자들의 일상적이고 고질적인 문제를 해결하려는 노력들이 다양한 곳에서 다양한 방법으로 이뤄지고 있습니다. 이러한 흐름에 발맞춰 한국REBT인지행동치료상담센터도 설립되었고, 한국REBT인지행동치료학회도 발족되었습니다.

인지행동치료 전문가가 되기를 원하는 치료자가 이 책을 활용한다면 여러 가지 고전적이고 첨단적인 인지행동치료기법에 숙련성을 더할 수 있습니다. 치료자의 기법에 대한 숙련성은 많은 내담자를 즉시에 효율적으로 조력할 수 있는 중요한 능력이므로 독자 여러분께 이 책이 작은 기여를 할 수 있게 되기를 바랍니다. 감사합니다.

광운대 연구실에서
역자 대표 박경애

저자 서문

○

인지치료기법 초판에서는 임상 현장에서 사용 가능한 개입 방법을 확장할 수 있도록 다양한 인지행동기법을 소개하였다. 내가 처음 책에서 어떤 내용을 다룰지 고민할 때에는, 내가 인지행동치료를 배우고 있다면 무엇을 알고 싶을지, 또는 내가 수년간 이 영역을 다루지 않았다면 무엇을 새롭게 배우고 싶을지를 생각하였다. 우리는 스스로 몇 가지 단순한 기법만을 습관적으로 사용하거나 그에 매여 있다는 것을 알고 있다. 대개, 자동적 사고를 찾고 그에 따른 손실과 혜택을 따지고, 증거를 찾은 뒤, 좀 더 적응적인 대안 사고를 발견하는 등의 기법들을 사용한다. 물론 이런 접근도 어떤 점에서는 나쁘지 않다. 행동활성화기법이나 마음챙김 등의 기법을 사용하는 것도 모두 도움이 된다. 하지만 내 경험상, 환자들은 광범위한 문제나 변화에 대한 다양한 신념, 변화를 막는 나름의 이유들, 발전을 가로막는 장애물 등을 다양하게 갖고 있다. 따라서 나는 임상가로서 나 스스로의 좌절감을 해결하고자, 당신이 습관적인 기법을 넘어서서 새로운 것을 시도할 때 도움이 될 만한 책을 집필하고자 하였다.

뉴욕주의 미국인지치료협회(American Institute for Cognitive Therapy, www.Cognitive TherapyNYC.com)의 창의적이고 훌륭한 동료들과 함께 할 수 있었던 것은 나에게 행운이었다. 나는 나의 '복제품'을 대량생산하기보다는, 인지치료, 행동치료, 수용전념치료, 변증법적 행동치료, 마음챙김, 또는 그 외의 무엇이든 간에 동료 회원들이 자신만의 방식으로 최선을 다 할 수 있도록 지지해왔다. 그 결과 나는 그들에게서 많은 것을 배우고 그로 인해 더욱 풍성해질 수 있었다. 따라서 이번 개정판은 광범위한 접근들의 인지행동치료 기법들을 통합하고자 하였다. 물론 나는 나의 치료를 신뢰하고 우울하고 불안할 때 세상을 어떻게 이해하는지 알려주고, 가끔은 변화에 대한 자신만의 생각을 발견하는 많은 환자들에게서도 배움을 얻기도 하였다. 나는 환자들이 자신의 생각 중 유용한 것을 언급하거나 "그것을 한번 실천해봐야겠어요"라고 말하는 것을 보면, 치료자로서 혼자라는 생각을 하지 않게 된다.

나는 사고와 가정을 발견하고 평가할 수 있는 많은 전통적 기법에서 출발하여, 특정 개입 방법 및 기법의 유형별로 이 책을 구성하였다. 제2~5장('사고를 드러내기', '사고 평가하기와 검증하기', '가정과 규칙을 평가하기', '정보 처리 및 논리적 오류 탐색하기')은 편향되고 유용하지 않은 사고의 인지적 내용을 다루는 많은 기법들을 제공한다. 제6장('의사결정 수정하기')은 의사결정의 어려움이나 문제에 영향을 미치는 전형적 가정과 편견(휴리스틱)을 점검한다. 의사결정은 수년 동안 내가 관심을 가져온 주제로, 매몰 비용 효과, 위험 회피, 제한된 정보에 의한 의사결정, 즉각적 결과에 대한 과도한 초점 등의 문제를 다루었다. 우울이나 불안을 경험하는 많은 사람들이 의사결정에 큰 어려움을 겪고 종종 변화하기 어려운 상황 속에 함몰되고는 한다. 제7장('침투적 사고에 대응하고 평가하기')에서는 지난 10년간 가장 혁신적인 모델 중 하나인, Adrian Wells가 발전시킨 메타인지모델에 많은 부분을 할애하고 있다. 침투적 사고는 종종 생각의 내용에 대한 과대 평가, 개인적인 것으로 받아들이는 경향, 불쾌하거나 원치 않는 생각의 소거나 통제가 불가능하다는 신념 등으로 이어진다. 나는 여기서 치료자들에게 변화를 혁신할 수 있는 몇 가지 기법들을 제시해주고자 하였다.

나의 집필 방식에 익숙한 이들이라면, 내가 제8장 '걱정과 반추 수정하기'를 추가하여 침투적 사고에 대처하는 많은 기법과 조합 가능한 기법을 제시하는 데 대해 의문을 제기하지 않을 것이다. 이 자료는 외상후 스트레스장애 등 걱정과 반추, 침투적 사고로 고통받는 환자들을 다루는 데 활용될 수 있다. 제9장 '전체적인 시야에서 상황 바라보기'에서는, 사건에 대한 과도한 반응 경향을 줄이고 삶의 불가피한 어려움들을 수용하는 데 활용할 수 있는 다양한 기법들을 제시하였다. 제10장 '스키마를 확인하고 수정하기'에서는 종종 성격장애 또는 '성격 유형'과 연관되어 오랜 시간 지속된 도식의 문제에 적용 가능한 기법들을 광범위하게 제시하였다. 관계에서 반복되는 문제를 경험하거나 자아정체성, 직장 내 문제, 장기적인 인지행동치료가 필요한 환자들을 대하는 치료자들이라면, 이 기법들을 눈여겨 볼 필요가 있다. 제11장 '정서조절기법' 또한 나를 포함한 많은 치료자들이 환자의 기복이 심한 감정들을 다루는 대처 기술 작업들을 소개하고 있다. 실제로, 일부 환자들은 이 책에서 기술하는 다른 기법들을 시도하기 전에 정서 조절이 필요할 수 있다.

이 책의 마지막 제12장은 앞서 언급한 각각의 인지적 왜곡을 어떻게 다룰 것인지에 대한 예시를 담았다. 또한 나는 '인정을 위한 욕구'(제13장), '자기 비판'(제14장), '분노'(제15장) 등 공통적인 문제를 다루는 기법을 소개하는 짧은 3개 장을 추가하였다. 이것 외에도 다른 많은 문제들을 다룰 수도 있지만, 나는 이러한 예시들이 치료자들이 다른 일반적이거나 또는 일반적이지 않은 문제를 다루기 위해 다양한 기법을 사용하는 방법을 알려주는 나침반 역할을 할 것이라 기대한다.

나는 치료자들에게 불가피하게 일어날 수 있는 어려움들을 극복하도록 추가적인 기법과 전략을 통합하고, 환자들이 직면하는 문제들을 다루는 데 활용 가능한 새로운 기법들을 제공하고자 하였다. 어떤 기법도 만병통치약이 될 수 없고, 어떤 모델도 완벽할 수 없다. 우리가 살아가는 세상이 가진 한계를 생각해본다면 추가적인 대응 기술을 통해, 문제에 고착되는 것과 유의미한 실질적 변화를 만들어내는 것과의 차이를 가져올 수 있다. 우리는 일종의 유연성을 가져야 한다는 것이다.

제3부 적용 실제

제12장 인지 왜곡 조사하기와 도전하기 ... 535

제13장 인정 욕구 수정하기 ... 560

제14장 자기 비판에 도전하기 ... 566

제15장 분노 조절하기 ... 579

제16장 맺는말 ... 590

찾아보기 ... 594

양식 차례

이 양식은 한국REBT인지행동치료상담센터(www.rebt.kr)의 REBT 자료실에서 다운로드할 수 있습니다.

제1부

인지치료 시작하기

제1장

서론

책은 치료자들이 우울, 불안, 분노 문제, 관계 문제, 그 외 다양한 형태의 병리적 문제들을 다루는 데 활용할 수 있는 폭넓은 인지적 · 행동적 개입 방법을 제공한다. 사고의 내용과 기능, 형태에 초점을 둔다는 점에서 인지에 근간을 두고 있지만, 나는 메타인지, 수용, 변증법적 치료, 행동 활성화 그리고 자비중심치료로부터 차용한 기법들을 포함시켰다.

인지모델은 Beck과 Ellis로부터 출발하여 확장되어 왔다. 초기 인지모델은 자동적 사고, 내재된 가정, 핵심 도식(schema)*이나 신념의 왜곡의 전형적 범주와 같이 사고의 특정 내용에 집중하였다. 이러한 인지모델은 주의와 기억에 영향을 미치고 문제시되는 신념을 유지시키는 데 있어 도식의 역할을 규정해야 한다고 강조한다. 따라서 인지모델은 우울한 사람들이 부정적 신념에 모순되는 긍정적 정보를 무시하면서까지 이를 유지하는 데 대해, 확증편향과 도식 정보 처리의 역할을 설명할 수 있다.

이러한 인지적 구조는 현재의 사고 형성을 통해 유지될 뿐 아니라, 자신과 타인에 대한 영속적인 도식, 보상이나 회피, 도식 유지 유형 등 성격장애를 설명하는 데에도 적용 가능하다. 게다가 모드(mode)는 인지, 동기화된 행동, 대인관계 기능, 분노, 조증, 우울과 같이 일관되고 자기 영속적 체계를 둘러싼 정서적 반응들을 조직화하는 체계적인 반응 패턴을 포괄한다(Beck & Haigh, 2014). 모드는 이처럼 다양한 구성 요소의 조합을 대변하면서 다른 삶의 영역으로 이 유형을 유지, 확장시킬 수 있는 상위 구성 개념이다.

인지모델이 의미 있는 기여를 해오는 동안, 다른 모델 또한 치료자들에게 유용한 사례 개념화나 상담 전략 및 기법의 폭을 넓히는 데 기여해왔다. 특히, 이번 2판에서는 Wells(2007, 2008, 2011)의 메타인지모델, Martell, Dimidjian Herman-Dunn(2010)의 행동 활성화, Hayes, Strosahl,

---

* 역주 : 이 책 전체에서 '도식'과 '스키마'는 문맥에 따라 혼용하였다.

Wilson(2003)의 수용전념치료(ACT), Linehan(2015)의 변증법적 치료, Gilbert(2009)의 자비중심 치료 등의 중요한 성과에 대해 살펴보고자 한다. 게다가 나는 의사결정에 대한 인지과학적 접근 (Kahneman, 2011), 마음챙김(Teasdale et al., 2012), 그리고 정서 도식에 대한 나의 최근 작업 (Leahy, 2015)에서 차용한 생각들도 포함시켰다.

초반부에서 좀 더 명확하게 드러나겠지만, 인지모델은 우울, 불안, 분노, 그 외 다른 문제들 이 사고의 편향으로부터 유지, 활성화 또는 악화된다고 제안한다. 특히 이러한 편향의 핵심에는 이미 갖고 있는 개념을 토대로 정보를 조직화하는 일관된 유형인 도식이 자리잡고 있다. 도식은 Bartlett과 Piaget로 거슬러 올라갈 만큼 심리학에서는 오래된 개념이다. 1970년대, 인지과학과 사 회인지 영역에서는 선택적 주의, 기억, 정보의 해석을 결정하는 데 도식의 역할을 크게 강조하였 다. 즉, 인지모델은 부분적으로는 그 당시 심리학의 정보 처리 혁명에서 유래했다고 볼 수 있다. Beck의 모델과 Young의 도식이론에서는 어린 시절 도식의 초기 발달을 강조하고 있지만, 도식 적 정보 처리 연구는 도식이 언제든지 형성될 수 있고 이러한 도식의 형성은 즉각적인 인식 밖에 서도 이루어질 수 있음을 명시한다(Bargh & Morsella, 2008; Andersen, Saribay & Przybylinski, 2012; Fiske & Macrae, 2012). 이러한 도식이 자동적으로 작동되더라도, 인지모델에서는 다양한 기법을 통해 의식적 인식 수준에서 접근 가능하다고 본다. 즉, 암묵적인 것을 의식화시키는 것이 목표의 일부라고 볼 수 있다.

인지치료모델은 환자의 근본적인 가정과 접근을 치료에 활용하기 위해 심리교육적 요소를 강 조한다. 따라서 치료자는 첫 번째 회기에서 상담을 통해 환자가 현재 의식적으로 사고하고 행동 하는 내용, 세상을 바라보고 행동하는 차별적 방식, 그리고 회기 간 과제 수행을 통해 지난 회기 에서 배운 것을 실생활 곳곳에 적용하는 방법 등에 초점을 맞출 것임을 명시하게 된다. 또한 치료 자가 환자에게 도서목록을 추천하거나 다양한 문제에 대한 정보 양식을 제공하여 환자가 읽어보 고 회기가 진행되는 동안 하나의 가이드로 활용할 수 있도록 한다는 점에서, 독서치료는 인지치 료에서 자주 사용하는 치료 요소에 해당한다.

인지적 접근은 가용한 사실이 아니라 환자가 현실을 어떻게 구성하고 있는가를 검증하는 것 이 중요하다고 강조한다. 즉, 인지치료는 질문과 행동 실험을 통해 환자가 진실이라고 믿고 있거 나 그들의 문제에 내재된 습관적 사고 유형을 찾아내려고 한다. 예를 들어, 우울한 환자는 종종 자 신이나, 전반적인 삶, 미래에 대해 부정적 관점을 갖고 있고, 그 결과 새로운 행동을 했을 때 실패 나 더 큰 낙담, 후회 등을 하게 될까 봐 아예 시도조차 하지 않는다. 인지치료는 이러한 부정성을 형성하고 강화시키는 사고를 확인하고, 이러한 완고한 사고 방식에 대해 근본적인 의심을 갖도록 한다. 치료자는 환자를 무력화시키는 사고에 의문을 던지게 하고 그러한 사고가 가져오는 결과를 지적하며, 실용성과 사실과의 일치성에 따라 평가할 것을 주문한다. 요약하자면, 이러한 접근을 통해 인지치료는 "이러한 생각의 결과는 무엇인가?", "대안적 관점에 따른 결과는 어떨까?" 또는

"현실에 어긋나는 사고를 검증해보자" 와 같이 현실에 대한 경험적인 접근을 강조한다.

또한 인지치료자는 우울하거나 불안한 환자들이 자책하는 특정 개념의 의미나 의미의 부재를 확인한다. 보통, '무가치한 사람' 또는 '패배자'와 같이 어떤 경험적 근거가 없는 개념들이 이에 해당한다. 나는 환자들이 이처럼 고정된 가치를 가진 일반화된 라벨을 붙이기보다(예 : "나는 **실패자다**"), 구체적이고 행동적인 설명("나는 그 당시 이 과제를 통해 목표를 달성하지 못하였다")을 사용하는 것이 더 큰 도움이 된다는 것을 알게 되었다. 행동, 상황, 시점을 구체화하고 명시함으로써, 치료자와 환자는 성과가 맥락이나 신념, 관여 동기, 행동에 따라 달라지는 것임을 이해할 수 있다. 이처럼 관점을 달리하는 접근을 통해, 환자들은 경직된 사고 대신 더 유연한 사고를 가질 수 있고 자신의 부정적 사고를 검증할 수 있는 실험적 접근을 시도할 수 있다. 예를 들어, 나는 "새로운 접근을 시도해보고 무슨 일이 일어나는지 한번 봅시다"라고 말하기도 한다. 행동은 변할 수 있지만, 특질은 영속성의 환상과 절대 변하지 않을 것이라는 무망감을 준다.

인지모델에서 '현실(reality)'은 **개방된 구조**로 치료자와 환자가 모든 사실을 알지 못한다는 점에서 구성주의적 관점을 갖고 있다. 정보에 대한 철저한 검증을 하지도 않는다. 현실 세계에서는 언제나 불확실한 상황 속에서 불완전한 정보를 갖고 실시간으로 의사결정을 하기 마련이다. 이러한 개방된 구조에 대한 관점은 의사결정 과정에 있어 중요하게 다룰 부분이므로, 제6장에서 보다 자세히 다루기로 한다. 경험 세계에서 안다는 것은 확실성보다 가능성을 설명하는 것에 더 가깝다. 예측이란 항상 불완전한 정보에 기초한다. 추론적 사고란 언제나 불완전하고 명확히 규정할 수 없고, 확률적이라는 인식은 인지치료의 관점에서 핵심적 요소이다. 즉 환자가 "네, 하지만 내가 비행기 사고를 당할 수도 있잖아요"라고 확실한 것을 요구한다면, 인지치료자는 그러한 존재론적 가능성은 완벽히 제거될 수 없고 남아 있음을 주지시켜야 한다. 확실함을 요구하는 환자의 진짜 문제는 "불확실성을 받아들이는 것은 왜 어려운가?"이다. 이런 종류의 질문은 환자의 '지식 욕구', 즉 예측의 확실성에 대한 욕구에 대한 새로운 접근을 제공한다. 이는 환자가 '확실함'에 대해 어떤 사건도 일어나지 않는, 완벽한 통제에 대한 욕구로 받아들이고 있음을 의미한다. 확실함을 얻기 위해 모든 가능한 결과와 해결책을 소거하려고 시도하는 걱정과 반추에 대해, 불확실성 훈련이 중요한 해결책이 될 수 있다. 환자는 우리 모두 불확실한 세상에서 결정을 내리고 있고 불확실함의 세상 속에서 확실함이란 존재하지 않음을 이해할 필요가 있다. 삶은 제한된 정보와 통제의 조건 아래 실시간으로 이루어지는 것이다.

인지치료는 긍정적 사고의 힘을 강조하지 않는다. 치료자는 낙관주의의 치어리더가 아니다. 치료자는 환자로 하여금 자신의 신념에 부합하거나 반하는 증거를 찾게 하고 대상을 바라보는 데 있어 유연한 관점을 취함으로써 얻게 되는 실용주의적 가치를 찾도록 돕는다. 한 가지 사고에 대해 단일한 관점으로 결정하는 것만이 전부가 아님을 이해하는 것이 중요하다. 새로운 정보는 계속 유입된다는 점에서, 현실은 유동적 구조이다. 이러한 관점은 환자로 하여금, 신념이란 수정되고, 행동은 조정될 수 있으며, 새로운 결정을 내릴 수 있고, 새로운 전략을 고민해볼 수 있음을 깨달을 수 있도록 만든다. 따라서 해결책을 찾는다는 것은 사고와 행동, 결과 사이의 지속적이고 역동적 환류(feedback) 체계를 통해 진화하는 유기적 과정이라고 할 수 있다. 다시 말해, 무력하고 희망이 없는 상황에 대한 인식론적 해결책을 떠올려본다면, 그것은 생각과, 행동, 새로운 전략을 바라보는 유기적이고 개방적이며 역동적인 구조에 대한 것이다. 항상 다른 가능성과 대상을 바라보는 다른 방식, 그리고 새로운 시도가 가능하다.

인지치료는 필연적으로 행동계획, 노출 훈련, 자기 보상, 보상 내용 짜기, 자기 주장 훈련 등 다양한 행동기법을 포함한다. 이러한 행동적 기법은 먼저 예측을 해보고("이런 노출 경험을 한다면 당신에게 어떤 일이 일어날 것 같으세요? 당신의 불안 수준은 얼마나 오래 지속됩니까? 그것의 강도는 어떠한가요? 불안을 경험한다면 무엇을 할 수 없을 것이라고 생각합니까?"), 근거를 수집하고("실제로 무슨 일이 일어났습니까?"), 처음 예측한 것과 실제 정보를 비교한 다음 평가한다. 행동기법의 주요한 구성 요소는 신념을 수정하는 것이고 새로운 행동 전략을 예측하고 시도해보도록 하는 것이다. 행동은 인지에 영향을 미치고 인지는 행동 실험을 통해 습득한 내용과 함께, 새로운 행동을 시도할 수 있는 의지에 영향을 미친다. 환자의 행동 패턴을 향상시킬 뿐 아니라 오랫동안 문제를 지속시켜온 신념을 수정한다는 점에서 이를 행동 실험이라 지칭하는 것이기도 하다. 치료자는 환자 스스로 타인에게 인정받지 못하는 것의 결과가 끔찍할 것이라는 신념을 검증해보도록 제안할 수 있다. 이러한 검증은 자기 주장 훈련과 같은 행동 실험을 포함하는데, 이를 통해 환자는 승인받지 못하는 경험(또는 승인해주지 않는 경험)이 현실적으로 별 차이가 없음을 알게 된다. 행동하지 않는 것과 연관된 신념을 바꿈으로써, 치료자는 환자가 행동을 하는 것에 대해 새로운 관점을 갖도록 돕는다. 이러한 행동의 검증은 공황장애를 치료하는 데에도 중요하게 작용하는 데, 치료자는 환자가 두려워하는 감각을 경험하도록 유도하여 무슨 일이 일어나는지를 살펴보거나 홍수법을 사용하여 두려워하는 사고에 노출시킬 수 있다. 여기서 핵심은, 배운 것을 어떻게 표현하느냐 하는 것이다. 행동은 사고에 뒤따르기 때문이다.

전통적인 인지모델은 "나는 패배자이다"와 같은 생각의 내용을 강조하지만, 새로운 인지행동치료(CBT)모델은 그 생각에 대한 환자의 반응을 더 의미 있다고 본다. 이 책에서, 나는 마음챙김, 메타인지치료, 수용전념치료, 그리고 환자가 종종 반추와 걱정에 의한 침투적 사고에 반응한다는 점을 강조하는 통합적 인지치료 등의 기법을 소개하였다. 환자들은 생각에 '사로잡힌' 경험을 하고 그러한 생각에 대해, 수용할 수 없는 심리적 경험으로 간주한다. 치료자들은 여기서 소개된 다양한 기법들을 활용하여 사고를 위험하거나 개인적으로 의미 있거나 통제 불가능하다는 해석, 그 생각으로부터 거리를 둘 수 있는 '탈중심화' 역량, 그 생각이 머릿속에 떠올랐을 때의 장애물에 영향받지 않고 행동하려는 의지, 그리고 다른 일시적인 심리적 경험의 맥락 안에서 생각에 집중하는 것 등을 시도할 수 있다. 이러한 문제들을 다루기 위해 치료자들이 활용할 수 있는 다양한 기법들이 논의될 것이다.

치료는 종종 불편감을 내포하는데, 이는 사실 수용전념치료, 마음챙김, 행동치료, 변증법적치료, 정서도식치료를 실시하는 데 있어 중요한 치료 요소이기도 하다. 불쾌한 주제가 떠오르거나 슬픔과 불안을 유발하는 기억들이 활성화되거나 불편감을 높이는 새로운 행동들이 드러날 수 있다. 불편감은 불쾌하면서도 한편으로 치료에 있어 필수불가결한 부분으로, 가치 있는 행동을 추구하며 경험되는 불편감은 특히 유용할 수 있다. 환자는 해 볼만한 가치가 있는 과업이라면 불편감을 감내할 수 있음을 배우게 된다. 이 책에서 나는 정서 조절이나 다양한 감정을 감내하는 것과 관련된 다양한 접근들을 소개하였다. 예를 들어, 나의 정서도식치료는 감정이 영원히 지속되고 증폭되기 때문에 억제되거나 통제되어야 한다는 환자의 신념을 인식하고 수정하도록 돕는다. 이처럼 정서에 대한 문제적 신념은 더 많은 회피와 수동적 태도를 유발할 수 있다. 그들에게 "정서에 대한 이러한 신념들이 과연 타당한가?"에 대한 질문을 던져볼 수도 있다. 치료자들은 행동적 변화를 촉진시키고 치료의 단계를 진행하여 그 의미를 향상시키기 위해, 정서에 대한 문제적 신념을 다룰 수 있는 다양한 접근과 그에 따른 폭넓은 기법들을 적용할 수 있다. 피상적인 치료에 머물지 않으려면 때때로 치료 과정은 불쾌하고 심지어 고통스러울 수도 있다.

기법의 사용에는 사례 개념화가 포함되어야 한다. 사례 개념화는 한 가지 방법만 있는 것이 아니므로, 서로 다른 이론적 지향점을 가진 치료자들은 각각 다양한 방식의 접근을 사용할 수 있다. 인지치료자들의 경우, 자동적 사고, 내재된 가정, 자신과 타인에 대한 도식과 같은 인지의 수준이나 유년기 경험이나 의미 있는 생활 사건(현재와 과거)과 관련된 도식과 대처 전략, 그리고 이러한 대처 전략에 따른 결과를 강조한다. 사례 개념화는 치료의 과정을 통해, 치료자가 걱정이나 반추와 같은 환자의 문제적 메타인지전략이나 행동 회피 경향, 습관, 역기능적 의사결정 경향, 잘못된 동료나 친구의 선택 등, 문제를 오랫동안 유지시키는 주요 요소들을 더 많이 이해하게 되면서 발전한다. 치료자들은 "우리가 알고 있는 것과 이것이 어떻게 연결되는가?"와 같은 질문을 주기적으로 던져, 치료 과정에서 밝혀지는 것들의 의미와 중요성을 확장해 나갈 수 있다. 즉, 상담기법은 환자가 장해물을 뛰어넘고 사고를 변화시키는 데 도움을 주는 반면 사례 개념화는 환자에 대한 그림을 확장하고, 환자 스스로 문제를 촉발시키거나 상황을 악화시키는 사고, 행동, 선택과 같은 취약성을 이해하도록 도울 수 있다. 치료는 단순히 기분 좋게 만드는 것에 그쳐서는 안 되고 앞으로의 문제에 대처할 수 있도록 다양한 효과적 기법들을 스스로 개발할 수 있도록 돕는 데 그 목표가 있어야 한다. 다시 말해, 사례 개념화와 함께 치료 기법들은 환자에게 힘을 부여하는 것이다.

인지치료자는 사고 과정의 기술과 합리성 여부의 분석만으로는 변화를 일으키는 데 충분치 않을 수 있다고 본다. 정서나 동기의 유발, 새로운 현상학적 경험과 감정을 유발하는 경험적 기법도 중요할 수 있다. 환자는 정서적 수준에서, '합리적' 반응의 실존적 중요성이나 새로운 사고방식을 경험해보기 위해, 새로운 생각과 행동을 통해 현실을 직면할 필요도 있다. 인지치료자는 통찰 경험을 실행으로 옮기는 행동 실험을 통해 환자가 생각을 행동으로 시도해보도록 한다.

인지치료를 비판하는 사람들은 인지치료가 지나치게 합리성을 따지거나, 문제를 단순화시키고, 감정보다는 언어를 연습하는 데 집중한다고 본다. 이러한 비판에 대해, 나는 정서적 정보 처리에 대한 나의 연구를 포함하여 정서중심치료의 실험적 기법들을 소개하는 장을 추가하였다. 인지치료의 기법과 공감, 타당화, 동기강화면담 등 환자가 인지적 개입을 정서적으로 연관된 것으로 바라보도록 하는 치료 시행 기법들 간 균형을 이루는 것은 매우 중요하다. 그러나 나는 인지치료가 불안과 우울감에 시달리는 환자에게서 이끌어내는 유의미한 정서적 변화에 대해 그러한 비판가들이 어떤 설명을 내놓을지에 대해 묻고 싶다. 결과적으로, 인지치료가 우울감과 불안감을 경감시키는 데 기여한다는 것은, 곧 부정적 감정을 바꿈으로써 정서를 가장 중요하게 다루는 것이기 때문이다.

인지치료자들은 종종 자신만의 '선호하는 기법'들을 갖고 있는 듯하다. 활동 기록, 역기능적 사고에 대한 증거와 일상적 기록의 검토에 크게 의존하는 치료자가 있는가 하면, 누군가는 합리적인 역할 연기, 이중기준, 예측의 검증 등의 기법에 집중하기도 한다. 이러한 제한적인 기법의 운용은 각각의 기법이 그에 맞는 환자나 문제에만 효과적이기 때문에 문제가 된다. 어떤 환자는 인지재구조화에, 또는 행동 활성화에, 메타인지적 기법에, 그리고 수용전념치료 등 서로 다른 기법에 잘 반응할 수 있다. 결국, 하나의 치료법이 모두에게 통용되지 않는 약물치료처럼, 환자들은 상담실을 찾을 때 치료자가 제공할 수 있는 기법들 중 가장 잘 맞는 해결책을 얻고자 한다. 따라서 환자를 치료에 맞추는 것이 아니라 치료를 환자에게 맞추는 것이 중요하다.

수년 전에 한 수련생이 내게 "어떤 질문을 해야 할지 어떻게 알 수 있나요?"라고 물어본 적이 있다. 그가 내게 물어본 것은 사실 '어떤 기법'을 사용해야 하는가일 것이다. 처음에는, 나는 이 질문이 별로 좋은 질문이라고 생각하지 않았다. 아마 내가 거기에 대해 준비된 답을 갖고 있지 않아서일 수도 있다. 하지만 나는 그것이 매우 훌륭한 질문이라는 것을 깨닫고 스스로에게 그런 질문을 던지지 않은 것이 유감이라는 생각이 들 정도였다. 수년이 지난 지금도, 나는 여전히 답을 갖고 있지는 못하지만, 많은 기법들을 제시할 수 있다. 아마 흥미가 있는 독자라면 이 책을 통해 기존에 사용해본 적 없는(심지어 들어본 적도 없는) 다양한 기법들을 경험해볼 수 있을 것이다. 아마도, 대부분의 독자들에게는 다양한 기법에 대한 개요만으로도 그들의 기억을 환기시킴으로써 한정적으로 사용하고 있는 다섯 가지 기법을 최근 몇 달(또는 몇 년) 동안 사용하지 않은 다른 50개의 기법으로 확장시켜볼 수 있을 것이다. 나는 치료자들이 회기를 계획할 때, 또는 상담을 하면서 반드시 경험하게 되는 장애물을 다루는 과정에 규칙적으로 이 책을 참고했으면 하는 바람이 있다. 유연한 태도로 "내가 또 시도해볼 만한 것이 무엇일까?"를 자문하는 것이야말로 의미 있는 변화를 이끌 것이다.

이번 2판에는 대부분의 정신질환에 적용될 수 있는 다양한 기법을 소개하고 있다. 그런 의미에서 이들 초진단적(transdiagnostic)이라고 볼 수 있다. 예를 들어 조현병과 범불안장애는 매우 큰 차이를 보이지만, 침투적 사고와 부적응적 대응 전략이나 해석 등에서 수정이 필요하다는 것은 공통적이다.

이 책에서는 인지행동치료에 대한 단계적 접근을 다루지 않지만, 치료자가 환자로 하여금 치료법의 본질을 이해하도록 돕는 것이 기본 가정에 해당한다. 치료자가 환자에게 생각과 느낌이 그 실재와는 다르다는 것과 치료의 목적 중 하나가 사고 방식이 환자의 삶에 어떤 부정적 영향을 주는 지를 이해하는 것임을 알려줌으로써 이에 대한 통찰을 얻는 것은 상담을 통해 반복적인 과정이다. 많은 환자들은 과거를 탐색하는 것이 필수적이거나, 모든 심리적 문제가 생물학적 원인으로 단순하게 설명이 가능하고 약물로 치료될 수 있다고 명제와 같이 치료에 별 도움이 되지 않는 가정을 갖고 상담실을 찾는다. 이러한 생각들은 일견 타당한 부분이 있지만, 인지행동기법은 행동지향적이고, 현재의 문제에 집중하며, 자가 치료를 포함하고 또한 환자를 치료자와 함께 치료적 관계에 참여시킨다는 점에서 차이가 있다.

예를 들어, 자살 시도 경험이 있고 최근에는 구체적인 실행계획까지 세운 환자와의 첫 만남에서, 내가 상담을 통해 무엇을 기대하는지를 질문하자, 환자는 "나는 왜 내가 이렇게 부정적인지 이해하고 싶어요"라고 대답하였다.

여기에 대해 나는 "이해라는 것도 분명 흥미롭고 때로는 도움이 되지만, 치료는 **변화**에 대한 것입니다. 그러니까, 나는 당신이 무엇을 변화시키려는지에 관심이 있습니다. 당신의 생각, 행동, 수동적 태도, 관계를 맺는 방식, 반추하는 경향, 그리고 당신의 무망감까지 이 모든 것들이 우리가 변화시켜 볼 수 있는 것들입니다. 이해한다는 것은 흥미로운 이론을 보여줄 수 있지만, 우리가 변화에 초점을 맞춘다면 좀 더 많은 것들을 이룰 수 있을 거라 생각합니다"라고 답하였다.

그녀는 다음 세션에 와서 "나는 수년간 상담 경험이 있지만 '내가 무엇을 바꾸고 싶은가'와 같은 생각을 해본 건 이번이 처음이에요"라고 말하였다.

문제시되는 사고와 대응 방식을 확인하고 대안이 있을 거라고 제안하는 데 초점을 두는 것은 모든 CBT 기법의 핵심적 원리이다. 즉, CBT는 변화에 대한 것이다. 따라서 상담 초기, '첫 번째 기법'에 대한 고민은 "무엇을 변화시키고 싶은가"에 대한 것이어야 한다. 나는 종종 이 생각에 대해 "만약 내가 실제로 갖고 있지는 않지만 요술지팡이를 갖고 있고 그리고 그것을 사용할 수 있다면, 그것으로 무엇을 바꾸어야 당신 기분이 더 좋아질까요?"라는 '요술지팡이 기법'으로 소개하곤 한다. 변화를 강조하여 환자가 대안을 찾도록 격려하는 것은 무력감과 무망감을 이겨내는 핵심적인 해결책이다.

'사고를 드러내기', '사고 평가하기와 검증하기', '가정과 규칙을 평가하기'와 '정보 처리 및 논리적 오류 탐색하기' 등 첫 4개 장에서는 인지치료에서 사용하는 기본적 기법을 설명한다. 이 4개의 장은 순차적으로 읽어야 한다. 제2장에서는 환자가 사고와 감정, 실재의 차이와 그들의 기분과 행동을 결정짓는 자동적 사고를 인식하는 방법을 이해하도록 돕는 다양한 기법들을 설명한다. 예를 들어, 사고는 실재를 서술하는 것이고 그것은 실재에 존재하는 사실과 일치할 수도 있고 아닐 수도 있다. 이러한 사고 또는 실재에 대한 해석은 특정 감정을 유발한다. 치료의 목표는 사고와 그것이 지칭하는 실재 간 관련성을 평가하는 것이다. 제3장은 사실과 비교하여 환자들의 사고를 평가, 검증하고, 경험을 바라보는 데 있어 보다 적응적이고 유연한 방식을 개발시킬 수 있는 다양한 기법을 제공한다. 제4장은 잘못된 추론, 문제적 대응 방식, 부정적 도식의 유지 등의 결과로 이어지는 조건적 규칙['당위(should)' 진술문, '만약-그렇다면(if-then)' 진술문, '당신이 해야 하는 것에 대한 규칙']을 다룬다. 제5장에서는 확증편향과 보다 일반화된 부정적 신념을 유지시키는 전형적인 정보 처리와 논리적 오류를 확인한다. 이러한 오류를 인식하고 바로잡는 것은 효과적인 인지치료의 핵심적 요소라고 할 수 있다. 제6장 '의사결정 수정하기'에서는 문제적 의사결정 접근에 내재된 많은 문제들을 설명하고 의사결정을 개선하기 위한 사례 개념화, 전략, 기법들을 제공한다. 많은 사람들은 그들의 문제적 의사결정이나 합리적 위험을 수용하기보다 반추하고 지연하는 경향성 때문에 우울감이나 불안을 경험한다. 즉, 변화는 의사결정에 대한 것이라고 볼 수 있다. 제7장에서는 원치않는 침투적 사고를 경험하고 평가하고 반응하는 방식을 다루는 다양한 이론적 모델의 기법들을 다룬다. 메타인지, 수용, 마음챙김 등의 기법에 집중하여, 치료자들은 자주 경험하게 되는 방해물들을 다루는 유용한 전략을 습득할 수 있다. 제8장에서는 걱정이나 반추 등의 취약성을 다룰 수 있는 구체적 접근 기법을 폭넓게 다룬다. 이 기법들은 인지모델 및 정서회피, 불확실성 훈련, 메타인지이론, 수용 등에 대한 이론적 모델로부터 파생된 것들이다. 수년간 환자들의 걱정을 다루어 오면서, 나는 다양한 기법을 활용하는 것이 도움이 된다는 것을 발견했다. 어떤 환자들은 특정 접근을 통해서만 효과를 경험했기 때문이다. 여러분은 이러한 기법들 중 어떤 것이 특정 환자에게 적합하고 또는 적합하지 않은지를 결정하기 위한 실험을 할 필요가 있다. 제9장에서는 불안, 우울, 분노에서 발견되는 빈번한 문제, 즉 시야 넓히기를 다룬다. '합리적'이라는 단어가 그리스 어원의 '비율(ratio)'이라는 단어에서 유래하였음을 떠올려 본다면, 합리성이란 분명 시야를 넓게 갖는 것을 가리키는 것이다. 제10장에서는 도식치료 접근을 다룬다. 나는 도식을 유도하고 확인하거나 그 발달적 기원을 추적하거나, 회피, 보상, 유지 도식의 유형들을 이해하고, 이 도식들의 경직성과 침투성을 역전시키는 데 관련된 몇 가지 문제들을 기술하였다. 제11장에서는, DBT, 정서도식치료, 마음챙김과 수용 접근, 그 외 다른 접근들에서 파생된 기법들을 활용하여, 정서 조절에 대해 설명하였다. 일부 사례를 통해, 환자들의 정서조절장애가 심할 경우, 인지적 반영, 행동활성화, 노출 기법들을 시행하기 어렵거나 환자나 타인의 안전이 문제가 될 때, 정서 조절이 우선적으로 다루어져야 함을 설명하였다.

제3부의 4개 장에서는 실제 활용에 대한 내용을 싣고 있다. 제12장에서는 각각의 인지적 왜곡

을 다루는 특정 기법들의 목록을 제공하였다. 예를 들어, 마음 읽기, 개인화, 이름 붙이기 등 왜곡된 사고 유형에 대해 점검하고 도전하거나 변화시킨 간략한 사례와 함께 10~15가지의 기법들을 소개하였다(일부 치료자들은 '왜곡된'이라는 용어 사용에 반대할 수 있지만, 나는 많은 우울, 불안, 분노의 원인이 사고의 왜곡이라고 보기 때문에 이 용어를 계속 사용해왔다. 만약 덜 모욕적이거나 보다 유용하다고 느껴진다면, 이 용어 대신 '편향된', '도움이 되지 않는', '문제적'이라는 단어로 바꾸어 사용할 수 있다). 이 장은 특정 회기 또는 일련의 회기들을 구조화하는 방법을 찾거나 다양한 인지적 왜곡을 다루는 기법을 추가하려는 치료자들에게 유용한 참고자료가 될 수 있을 것이다. 제13장에서는 승인 욕구를 수정하기 위한 상담 내용을 사례로 제시하였다. 물론, 어떤 회기를 다루는 데 있어 정해진 방식이 있는 것은 아니지만, 어떤 회기가 적절하고 어떻게 말할 것인지 등에 대한 아이디어를 얻을 수 있을 것이다. 제14장에서는 자기 비판적 사고를 수정하는 유사한 사례 예시를 제공하였다. 어떤 대화가 적절하게 느껴지는지, 자신의 방식과는 어떻게 다른지를 고민할 수 있는 기회가 될 것이다.

나는 항상 숙련된 치료자가 실제 치료를 진행하는 장면을 관찰하는 것이 도움이 된다고 본다. 하지만 실제 치료 방식에는 개인적으로 도움이 된다고 믿는 자신만의 양식과 기법을 반영할 것이다. 제15장에서는 분노 조절 이슈와 이혼에 대한 위협이 머릿속을 떠나지 않는 한 남성을 치료한 사례를 들었다. 분노 문제를 가진 많은 환자들은 변화를 원하는 한편, 타인을 계속해서 비난하면서 자신의 문제는 축소시키려 하는 등 복합적 동기를 갖고 있다. 여기에서 기술한 축어록은 그런 경우 어떻게 분노 조절에 접근할 수 있는가에 대한 예시를 보여준다. 공황, 사회공포, 강박장애 등의 장애에 대한 특정 개입 전략은 여기서 다루지 않지만 Leahy, Holland, McGinn(2012)의 저서를 참고할 수 있다. 다양한 인지치료기법을 활용한 실제 사례에 대한 자세한 설명은 Judith Beck의 뛰어난 저서인 인지행동치료: 이론과 실제, 2판(*Cognitive Behavior Therapy: Basics and Beyond, 2nd edition, 2012*)을 참조하기 바란다.

많은 비평가들이 인지치료가 너무 기법에 초점이 맞추어져 있고 정형화되었다고 지적한다. 나는 인지치료가 기계적이고 효과적이지 않고, 개념이 부족하거나 얕고 너무 단순하고 지루해졌다는 데 동의한다. 이것이 내가 인지치료에서의 저항을 저서에서 다루면서 효과성의 문제, 위험 회피, 피해자 역할, 도식적 정보 처리, 자기 한계화, 자기 일관성 등을 강조했던 이유이고(Leahy, 2001b), CBT에서 정서의 중요성과 이를 어떻게 다룰 것인가를 기술한 이유이다(Leahy, Tirch, & Napolitano, 2011; Leahy, 2015). CBT의 사례 개념화를 설명하는 뛰어난 저서들 또한 존재한다(Persons & Tompkins, 1997; Beck, 2005; Kuyken, Padesky, & Dudley, 2009). 역전이 문제는 인지치료의 틀 안에서 개념화하고 다루는 것이 가능하고 치료자가 자신의 역전이 반응을 활용하여 환자의 대인관계에 대한 세계관과 전략을 이해하는 데 도움이 될 수 있다(Leahy, 2001b; Bennett-Levy, Thwaites, Haarhoff, & Perry, 2015). 하지만 우리는 사고와 행동을 이끌어내고,

탐색하고 검증하고 도전하고 수정하기 위한 기법들을 활용하는 데 핵심적인 것이 존재한다는 것을 명심해야 한다. 인지치료는 이렇게 검증되고 확립된 접근들에 기초하고 있다.

많은 치료자들은 자신만의 치료법과 자신만의 통합적 모델을 활용하고자 한다. 독립성과 독창성은 칭찬할만한 것이지만, 환자를 처음 상담할 때에는 경험적으로 검증된 기법으로 먼저 시작해야 한다. 예를 들어, 우울과 불안장애 치료를 위해 그 효과성을 인정받은 기법들을 중심으로 먼저 시도해본 후에 도식 작업을 시작해보는 것이 적합할 것이다. 우리는 우리의 치료법을 적용하는 데 있어 우리가 실제로 효과적이라고(결과에 대한 연구에 기초하여) 알고 있는 기법을 적용해야 하지 않겠는가? 나는 자신만의 인지치료기법을 시도하는 바람에 높은 조기 종결 비율을 보였던 똑똑한 수련생 한 명을 기억한다. 그녀가 칭찬받을 만한 것은 기법과 구조, 과제 수행 등에 집중한 보다 기초적인 인지치료모델을 활용하여 절충적 방식(과제 수행을 포함시키지 않았다)으로 수정하였다는 것이다. 그 결과 효과나 조기 종결률 모두 눈에 띄게 개선되었다. 본질적으로, 나는 치료자는 먼저 효과적이라고 보이는 기법과 치료 접근을 통달하는 것을 추천한다. 특정 환자에게 어떻게 인지치료가 수정되어야 하는지 거창한 이론적 도식을 개발하기 전에, 경험적으로 유용하다고 이미 검증된 개입법들을 활용하는 것이 더 가치 있을 것이다.

나는 종종 환자가 부정적 사고를 바꾼 것처럼 보이는 이후에라도 몇 가지 인지치료기법을 추가적으로 사용한다. 나는 수년간 지속되어 온 사고의 습관을 수정할 때에는 특히나 더, 과잉실습이나 과잉학습이 필요하다고 본다. 하나의 부정적 사고를 검증하거나 도전하기 위해 다양한 기법을 활용하는 것의 이점은 첫 번째 도전이 제대로 작동하지 않을 때, 환자가 앞으로 시도해볼 수 있는 대안적 기법들을 제공해주는 데 있다. 이러한 접근은 수년 전 내가 기법의 달인인 David Burns에게 개인 수퍼비전을 받으며 인지치료를 배울 당시 인상 깊었던 것이다. 나는 말하자면 어렵게 꼬인 부정적 사고를 가진 환자의 문제를 제시하였고 David는 "당신이 사용할 수 있는 10가지 기법을 말해보시오"라고 하였다. 실제 임상 현장에서, 나는 다양한 기법을 적용하는 것이 환자에게 큰 효과를 줄 수 있는 강력한 회기 구조화 방식에 도움이 된다는 것을 깨달았다. 이를 통해 환자들의 부정적 사고를 어떻게 다룰 것인가에 대한 많은 생각을 떠올릴 수 있기 때문이다.

나는 환자의 지속적인 피드백을 이끌어내는 것이 중요하다는 것을 발견하였다. 또한 가끔씩 회기 내 사용한 기법을 요약하거나 기록해보거나 어떤 것이 효과적이었고 어떤 것은 아니었고 그 이유는 무엇이었는지를 확인하는 것이 환자와 치료자 모두에게 유용하다. 예를 들어, 자동적 사고에 대한 근거를 강조하는 것이 왜 효과적이지 않은지를 살펴보는 것은 언제나 도움이 된다. 보다 본질적 신념, 조건적 규칙, 절대적 확신에 대한 당위 등을 먼저 탐색해보아야 하기 때문이다. 특정 기법이 효과적이지 않으면 그 실패를 통해 우리는 도식 또는 절대적 규칙과 같이 보다 본질적인 것들을 발견할 수 있다. 사실, 호기심이 많고 야심찬 치료자라면 치료에서 실패(그리고 저항)는 보다 본질적인 문제를 들여다보는 창구 역할을 함으로써 사례 개념화를 발전시키고 환자의 핵심 신념을 검토할 수 있는 더 많은 기법들을 제시하는 계기가 되기 때문에 기법 적용의 실패를 기대해볼 수도 있다.

나는 행동기법들이 핵심적이라고 보고 그 리스트를 정리하여 우울과 불안장애의 치료계획과 개입(*Treatment Plans and Interventions for Depression and Anxiety Disorders*)(Leahy, Hoolland et al., 2012)의 부록 A에 첨부하였다. 행동치료의 통합적 개괄에 관심이 있는 독자들은 Michael D. Spiegler(2016)의 현대행동치료, 6판(*Contemporary Behavior Therapy*, 6th edition)을 참고할 수 있다. 인지치료자(또는 인지행동치료자)로서, 나는 행동기법들이 부정적 사고를 검증하는 목적에 적합하다고 본다. 예를 들어, 활동 계획 짜기, 점진적 과제 수행, 즐거움 예측하기 등은 환자가 "나는 어떤 것도 즐길 수 없다" 또는 "나는 항상 우울하다"와 같은 부정적 사고를 검증할 수 있도록 하는 행동적 개입법이다. 자기 주장 훈련은 "누구도 나를 좋아하지 않아" 그리고 "나는 부끄러움을 많이 타"와 같은 사고를 검증하는 데 적용할 수 있다. 주의분산기법은 "나는 내 머리 속에 드는 생각을 통제할 수 없어" 또는 "나는 항상 걱정에 차 있어"와 같은 생각을 확인하는 데 적합하다. 위계적 노출법은 특정 자극은 위험하고 참을 수 없다는 신념을 수정할 수 있다. 상상노출법은 무언가를 생각하는 것만으로도 참을 수 없다는 사고에 도전한다. 이완 훈련은 (1) "나는 항상 불안해"와 같은 사고를 확인할 수 있고 (2) 부정적 사고에 도전하는 데 활용 가능한 침착한 사고나 기분 상태로 환자를 유도할 수 있고 (3) 각성의 수준을 전반적으로 감소시킴으로써 부정적 사고를 감정적으로 점화시킬 가능성을 감소시킬 수 있는 등의 목표를 달성할 수 있다. 마지막으로, 자기 보상과 자기 수반성 훈련은 자기 역량에 대한 부정적 신념을 수정하는 데 적용 가능하다. 행동기법을 사용하는 각각의 사례에서 환자가 자동적 부정적 사고를 확인하게 하고, 이 사고에 도전하기 위해 행동을 검증해보게 하는 것이 도움이 된다.

나는 각 기법에 대한 치료자-환자 대화의 예시를 포함시켰다. 나는 치료자가 환자와 실제로 어떻게 대화하는지를 보는 것이 유용하다는 점을 매번 발견하게 되는데, 내게 무엇을 해야 할지에 대한 좋은 역할 모델을 제공하기 때문이다. 나는 물론 이 책이 유용하다고 인정받기를 원하지만, 그래도 직접적인 훈련과 수퍼비전의 효과를 대체할 수는 없다. 다행히도, 다양한 국가별·지역별 워크숍 및 학회뿐 아니라 인지행동치료협회, 영국 인지행동심리치료협회, 미국 불안증 및 우울증 협회 등이 후원하는 웨비나(webinar)나 학회 등을 통해 지속적으로 배울 수 있는 훌륭한 기회들이 많다. 인지치료학회는 세계 각국이 참가하는 공인된 회원 인증 조직으로 치료적 문제에 있어 논의할 수 있는 전례없이 훌륭한 기회를 제공한다. 그리고 물론, 최고의 지식의 원천은 무엇이 효과적이고 왜 다른 것은 효과를 보이지 않았는지에 대한 환자의 말에 주의깊게 경청하는 것이다. 말하자면, 우리가 도움을 주는 대상으로부터 듣고 배운다면 도움을 필요로 하는 다른 환자들에게도 훨씬 의미를 제공할 수 있는 상담을 진행할 수 있다. 상담은 추상적이고 이론적인 노력이라고 말할 수 없다. 그것은 실제 문제를 해결해야 하는 실제 대상과 실제로 경험되어야 한다.

이 책은 기법에 관한 것이지만 사실 가장 가치 있는 기법과 유의미한 개입은 환자가 지지받고 경청되고 있다는 느낌을 전달하는 것이다. 나는 수년 전 필라델피아에서 운영 중이던 상담실을 뉴욕시로 옮기면서 환자들에게 내가 제공한 치료에 대해 어떤 점이 좋았고 또는 반대였는지를 물어보았다. 놀랍게도 거의 대부분 내 상담이 너무 구조화되었다거나 합리성을 강조했다고 언급하지 않았다. 한 여성은 "나는 진심으로 당신이 나를 도우려 한다는 것을 느꼈고 내가 당신을 필요로 할 때 언제나 거기에 있을 것이라는 생각이 들었다"라고 감상평을 하였다. 그리고 좋지 않았던 것으로는 "내가 당신을 안아주지 못하게 했던 것이죠"라고 답하였다.

이 책을 활용하면서, 모든 기법의 근본에는 도움을 주고 고통에 쌓인 환자들에게 동정심을 갖고 진심으로 지지해주는 치료자가 존재한다는 것을 명심하기를 바란다. 아마도 그것이 최고의 기법일 것이며, 그것을 가리켜 우리는 자비라고 부른다.

제2부

기법

제2장

사고를 드러내기

스트레스, 불안 그리고 정신병리에 관한 상당수의 인지적 모델은 문제적 대처를 끌어내는 것과 유지에 있어서 평가의 역할, 이유의 귀인 그리고 사건의 해석을 강조하고 있다. Ellis 의 인지정서행동치료(REBT)에서는 '끔찍하게 하기'(내가 낮은 학점을 받다니! 이것은 끔찍하다), '요구성' 또는 '당위적 사고'(나는 반드시 완벽해야만 한다 또는 당신은 나의 요구에 반드시 맞추어주어야 한다), '총체적 사고'(그 일은 항상 나에게 일어나는 일이다) 그리고 '낮은 인내심'(내가 그렇게 오랫동안 기다리는 것을 참을 수 없다)과 같은 '왜곡'과 '편견'은 심리적 어려움의 뿌리가 된다고 제안한다(Ellis & Harper, 1975; Ellis 2001). 예를 들면, 자신이 제출한 숙제가 C등급을 받은 것이 끔찍하다고 믿는 학생은 자신은 모든 일에 있어서 완벽해야 한다고 생각한다. 그리고 자신이 기대에 따라 살아가지 못하는 것을 참을 수 없다고 믿는다. 자신이 완전한 실패자라고 믿기 때문에 그 학생은 우울하고 불안해진다.

이와 유사하게, Beck의 정신병리모델에서는 우울, 불안, 그리고 분노를 드러내고 유지하는 데 있어서 사고의 중심 역할을 강조한다(Beck, 1967, 1976; Beck, 2011; Beck, Emery, & Greenberg, 1985; Beck, 1979). 인지적 편견은 취약성을 과장되고, 개인화되고, 부정적 형태로 해석되기 쉬운 손실과 장애와 같은 부정적 사건의 탓으로 돌린다(Beck & Alford, 2009). Beck의 인지적 모델은 인지적 평가의 몇 가지 층이 있다는 것을 제안한다(Beck, 2011). 가장 자발적으로 드러나는 즉시적인 수준의 자동적 사고는 타당하게 보이는 문제적 행동과 정서와 관련이 있다. 이러한 자동적 사고는 구체적인 편견과 왜곡, 예를 들면 마음 읽기, 개인화, 낙인찍기, 점치기(forture telling), 파국화, 실무율적 사고(all or nothing) 등에 따라 분류될 수 있다(Beck, 1976; Beck, Emery, & Greenberg, 1985; Beck, 1995, 2011). 자동적 사고는 맞을 수도 있고 틀릴 수도 있다. 예를 들어 "그녀는 나를 좋아하지 않아"라는 자동적 사고는 아마도 마음 읽기에 근거한 것일 수도 있다(즉, 이러한 신념으로 몰고 가기에는 충분한 증거가 없다는 것이다). 그럼에도 불구하고 이 생각은 맞는 것일 수도 있다. 이런 생각에 대한 정서적 취약성은 개인이 지니고 있는 내재된 가정, 조건적 믿음이나 규칙(예 : "나는 가치 있는 사람이 되려면 모든 사람의 인정을 받아야만 한다") 그리고 내재된 스키마(예 : "나는 사랑스럽다", "나는 무가치하다")에 기인한다. 내재된 부적응적 가정, 또는 규칙은 전형적으로 경직되어 있고 지나치게 포괄적이며 받아들이기 불가능하고 미래의 우울한 삽화 또는 불안한 상태에 취약성을 부여한다(Dozois & Dobson, 2001; Dykman, Abramson, Alloy, & Hartlage, 1989; Halberstadt et al., 2007; Ingram, Miranda, & Segal, 1998; Persons & Miranda, 1992; Everaert, Koster, & Deraksham, 2012). 특별히 자살 충동을 느끼는 개인들은 부정적인 인지적 왜곡을 특징적으로 지니고 있다(Pinto & Whisman, 1996). 개인적 스키마는 사랑받을 수 없고, 무기력하고, 특별한 위치가 있고 자신에 관한 또다른 개인적 기질에 대한 보다 일반적인 믿음이며 그리고 다른 사람들은 평가적이고, 통제적이며 무책임하고 또 다른 특성이 있다는 믿음이다. 우리는 스키마에 관해서 이 책의 제10장 스키마 중심 접근에서 더욱 자세히 논의할 것이다. 자신들이 무능하다는 개인적 스키마를 지니고 있는 사람들은 자신들을 실패할 것으로 예견(점치기)하며 무엇인가에 실패하는 것은 끔찍한 것(파국화)으로 그리고 일반적인 무능(스키마)의 표시로 결론지을 것이다. 이와 유사하게 모든 사람의 인정을 받아야만 한다고 믿는 사람들은 이러한 기준에 맞추어서 살 수 없기 때문에 필연적으로 더욱 더 우울과 불안에 취약해진다. 그들의 마음 읽기와 개인화는 실제로 거절이 일어나지 않을 때에도 거절로 지각하기 쉽게 만든다. 들어오는 정보는 이러한 자동적 사고를 통하여 전달된다(예 : 그녀가 나를 거절했나요?). 그리고 나서 내재된 가정에 따라 평가된다(예 : 내가 인정을 받지 못한다면 나는 무가치하다). 개인적 스키마에 연결되어 있는 내재된 가정(예 : 나는 사랑받을 수 없다)은 더욱 더 부정적인 개인적 신념을 강화하며 타인에 대한 불신과 공포에 확신을 더한다. 이러한 부정적 개인적 스키마("나는 사랑받을 수 없고, 무가치하며, 결함이 많다")는 선택적 주의와 기억을 창조한다. 즉, 이러한 개인은 스키마와 일관되게 정보를 발견하고 해석하고 회상한다. 그렇게 하여 그들의 스키마를 더욱 공고히 한다. 우울하고 불안한 사고 유형은 '확증편향'에 해당하는 스키마를 확증하기 위해 정보 탐색을 지속한다는 점에서 '이론에 근거하고', '연구도 뒷받침되는' 것이다. 예를 들면 우울한 사람들은 부정적 경험을 회상하기 쉽고 기억 속의 사건을 과잉일반화하기 쉽다(Kircanski, Joormann, & Gotlib, 2012; rude, Wenzlaff, Gibbs, Vane, & Whitney, 2002; Williams et al, 2007), 한편 불안한 사람들은 위협적인 정보에 대해서 더욱 주의를 기울이고 불안하지 않은 사람들보다 위협과 관련한 정보를 더 많이 회상할 가능성이 높다(Coles & Heimberg, 2002; Mogg, Bradly, Williams, & Mathews, 1993). 인지적 모델은 각각의 심리적 장애에 대한 구체적인 인지적 편견과 대처 전략에 대해서 규정한다(Beck & Haigh, 2014).

Beck과 그의 동료들에 의해 진화된 현재의 인지적 모델은 신념의 부당성과 허위를 찾기 위한 과학적 사고의 측면에 강조를 둔다. 즉 단순히 확실한 증거를 찾기보다 오히려 신념이 어떻게 잘

못으로 판명되고 부정확할 수 있는지에 대해서 탐색하는 것이다(Popper, 1959). 우울한 사람들은 확증할 수 없는 증거의 적절성을 무시하면서 우울을 느끼는 부정적 사태와 일관된 정보에 선택적으로 주의를 기울이게 될 것이다. 인지적 모델에서는 두 가지 종류의 정보를 모두 탐색한다.

비록 이 책에서 나는 인지치료의 Beck의 모델에 대해서 강조할지라도, Ellis와 그의 동료들의 실질적 공헌점도 역시 인식하고 있다(Dryden & DiGiuseppe, 1990; Ellis, 1994; Tafrate, Kassinove, & Dunedin, 2002). Beck의 모델과 동시대에 개발된 Ellis의 이론적 체계는 공통적인 인지적 취약성의 사고 세트를 강조하면서 정신병리에 대해 더욱 일반적인 접근을 강조한다. 이러한 것들은 '낮은 인내심', '당위적 사고' 그리고 그 밖의 요구성과 비합리적 인지적 왜곡을 포함하고 있다(David, Lynn, & Ellis, 2010). 현재의 접근은 Ellis에 의해 창조된 이론과 충돌하지 않으며 REBT와 유용하게 통합할 수 있다.

자동적 사고의 편견, 그리고 부적응적 가정은 각각의 기분과 불안장애의 부분이다. 예를 들면 사회불안장애를 지닌 개인은 마음 읽기에 관한 생각("나는 땀을 흘리고 있으니까 그녀는 나의 불안을 알아챌 것이다")과 파국화("사람들이 내가 불안하다는 것을 아는 것은 끔찍하다")를 하는 경향이 있다. 강박장애를 지닌 사람들은 점치기("내가 이것을 만지면 나는 오염된다") 그리고 재앙적 사고("나는 에볼라 바이러스에 걸렸어!!")를 지닌다. 공황장애를 지닌 사람들도 역시 점치기("나는 통제력을 잃어 버렸어")와 파국적 사고("만약 나의 불안이 심해지면 심장마비에 걸릴 거야")를 지닌다. 그리고 우울한 환자들은 광범위한 인지적 편견을 보인다. 그들은 긍정성을 폄하하고("대학은 누구나 졸업할 수 있어"), 꼬리표 붙이기("나는 실패자야") 그리고 점치기("나는 결코 다시는 행복해지지 못할 거야") 등의 생각에 사로잡힌다(Beck & Haigh, 2014).

이 장과 이 책을 통하여 치료자들이 어떻게 환자들이 여러 종류의 생각을 규정하고 평가하는 것을 돕는가에 대해서 탐색할 것이다(Leahy, 2011a). 정신병리의 인지적 모델은 진단적 분류에 두루 걸쳐서 사고의 왜곡과 편견(예 : 자동적 사고의 왜곡)의 공통성을 인식할 뿐 아니라 각각의 진단 집단에 구체적인 개념화도 인식한다. 여기서의 목적은 치료자들이 환자들에게 도움이 되지 못하는 사고를 변화시키기 위해 사고의 패턴을 규정하는 것의 중요성을 강조하면서 그들의 문제에 대해 인지적 접근을 채택하도록 돕는 것이다.

기법 : 사건, 사고, 감정 구분하기

설명하기

하나의 '사건'은 과거나, 현재("나는 시험에서 C를 받았다") 그리고 미래("나는 시험에서 아마도 C를 받을지도 모른다")에 일어날 수 있는 특별한 상황일 것이다. 그것은 또한 감각("나는 내 심장이 빨리 뛰는 것을 느낀다")이다. 그리고 그것은 사실이며 예기되는 것이다(제11장에서 나는 '정서' 가 어떻게 '사건'이 될 수 있는지 설명하였다. 그 사건에서 개인은 '불안을 느끼고' 있음을 자각하 며 그 불안의 해석에 대한 범위가 넓다. 예를 들면 "나는 항상 불안하다", "나의 불안은 내가 약하 다는 신호이다"). 종종 우울하고 불안하고 분노한 개인들은 특별한 방식으로 행동하거나 느끼는 이유를 일어난 사건 때문이라고("나는 실직했기 때문에 희망이 없다", "나는 시험이 다가오기 때 문에 불안하다") 주장한다. 여기에 내재된 시사점은 사건은 필연적으로 느낌을 유도한다는 것이 다. 유사하게도 그녀의 행동에 대한 이유를 사건의 탓으로 돌린다: "나는 파티 장소를 떠났다. 왜 냐하면 그곳에 아무도 아는 사람이 없었기 때문이다" 이러한 설명은 매우 그럴듯하게 들리며 상 당히 평범한 말이다. 그러나 인지치료자들은 어떻게 그 사건을 해석했기에 그렇게 행동과 정서를 유도하는지 탐색하고 싶어 한다. 예를 들면 실직 후에 절망감을 느끼지 않고, 아는 사람이 아무도 없더라도 파티장을 떠나지 않는 것이 가능하다. 주요한 요소는 사건에 대한 생각이며 이러한 정 서와 행동은 생각에 의해서 드러난다.

토론 안건

치료자는 환자에게 다음과 같이 말함으로써 사건, 사고, 감정, 행동 간의 차이를 구별할 수 있게 해준다: "우리는 당신의 삶 속에서 일어나는 사건에 대해 어떻게 생각하고 어떻게 느끼는지에 대 해서 관심이 있습니다. 당신이 다음과 같은 상황이나 사건을 경험한다고 합시다. 당신의 상사가 당신의 작업 속도는 느린데 이 일을 오늘 오후까지 끝내야만 한다고 말했습니다. 이러한 경우의 '사건'은 상사가 당신에게 말한 것입니다. 당신은 지금 아마도 다음과 같이 말할 것입니다: '그 말 이 나를 화나게 만듭니다' 그리고 대부분의 많은 사람들 역시 그렇게 느낍니다. 그러나 사람들은 하나의 사건에 대해서 다른 사고와 감정을 느낍니다. 몇몇 사람들은 분노를 느끼지 않을지도 모 릅니다. 그들은 아마도 열심히 집중해서 일을 해야겠다고 동기화될 수도 있습니다. 그들은 "나는 정말로 이 일에 집중해서 시간 내에 끝내야지"라고 생각할지도 모릅니다. 그래서 어떤 것에도 방 해를 받지 않으려고 합니다. 그러나 또 다른 어떤 사람은 '나는 결코 이 일을 해낼 수 없고 그렇게 되면 결국 상사는 내게 화를 불같이 내고 나를 해고할지도 모른다'라고 생각하기 때문에 분노를 느끼게 됩니다. 즉, 똑같은 사건이지만 이에 대해 갖게 되는 생각과 감정은 다릅니다.

예

치료자 : 당신이 왜 일터에서 불안한지에 대해서 조금만 더 말씀해주실래요?

환자 : 상사는 제가 일한 것을 좀 고쳐주었습니다. 그리고 일을 다 끝낸 다음에 자기를 찾아 오라고 하 였습니다.

치료자 : 그래서 상사가 당신의 업무 내용을 교정해주어서 화가 났다는 말씀인가요?

환자 : 맞습니다. 바로 그것 때문에 어제 형편없는 시간을 보냈습니다. 그녀는 항상 그런 식으로 행동합니다. 그녀는 저를 좋아하지 않습니다. 그리고 저는 그 사실을 알고 있습니다.

치료자 : 알겠습니다. 거기에는 많은 무언가가 진행되고 있는 것 같습니다. 우리 작업에서 사건(당신의 상사가 당신에게 피드백을 했다) 그리고 생각과 감정에 관해 관해 구분해 보겠습니다. 이 경우 당신의 감정은 불안을 느꼈고 그것은 어쩌면 분한 감정인지도 모릅니다. 그리고 당신의 생각은 "그녀가 당신을 좋아하지 않는다"입니다.

환자 : 네, 그녀는 나의 업무를 비판하였습니다.

치료자 : 좋습니다. 그래서 사건 또는 상황은 "그녀가 당신에게 피드백을 준 것입니다" 다른 어떤 사람이 그녀의 일을 고치라는 요청을 받았지만 그렇게 불안을 느끼지 않은 것을 상상해보실 수 있나요?

환자 : 네, 그렇게 할 수 있습니다.

치료자 : 그래서 이 경우, 당신은 아마도 특별한 방식으로 생각할지도 모릅니다(그것은 당신에게 아주 개인적입니다). 당신은 그녀가 생각하는 것을 추측하는 것입니다. 그리고 이것은 항상 일어나는 일이라고 걱정합니다. 그것들이 당신의 생각입니다. 그러나 사건은 단순히 당신의 상사가 당신에게 피드백을 준 것입니다. 지금 아마도 당신의 생각은 교정될 수 있습니다. 또는 당신의 생각은 극단적이거나 또는 거기에 다른 생각이 떠오를지도 모릅니다. 그리고 똑같은 사건이지만 우리가 다른 생각을 지니고 있기 때문에 다른 감정을 유도하게 될지도 모릅니다.

과제

환자는 사건, 사고 그리고 감정을 기록하기 위해 양식 2.1을 활용할 수 있다(모든 양식은 장의 마지막에 있음). 치료자가 이 양식을 기록하는 목적은 다른 사건이 일어날 때 떠오르는 생각과 감정의 종류를 규정하고 생각과 감정의 관계를 보게 하려는 것이다.

일어날 수 있는 문제

몇몇 환자들은 상황은 자신이 느끼는 감정과 행동에 대한 충분한 설명이 된다고 주장한다. 예를 들면 환자들은 다음과 같이 말할 것이다: "상사가 내가 한 것을 고친다면 누구라도 불안을 느낀다" 또는 "나는 불안을 느끼고, 그리고 그것이 일어난 일이다."

실제로 일상의 담화에서 우리는 종종 사건을 생각이나 감정에 대한 충분한 설명으로 여긴다. "물론 그녀는 절망을 느끼고 실직하였다" 인지치료의 근본적인 요인은 내담자가 똑같은 사건이지만 다른 감정과 행동을 유도할 수 있다는 것을 깨닫도록 돕는 것이다. 예를 들면 직장해서 해고 당한 한 남성이 "나는 지금 무지 절망감을 느낍니다. 저는 약 2주 전에 실직했습니다"라고 설명한다. 치료자는 실직을 하는 것이 아무리 어려운 일일지라도 사람들은 그 상황에 대해서 다르게 생각하고 행동할 수 있다고 말한다. 당신이 실직을 당했기 때문에 희망이 없다고 한다면 당신은 자신을 고립시킬 것이며 새로운 시도를 하지 않고 슬픈 채로 남아 있을 것이다. 그러나 당신이 일을 찾는 동안에 당신이 할 수 있는 생산적인 일이 있다고 생각한다면 당신은 에너지가 충만하게 되고, 더욱 도전적이며, 적극적이 될 것이다. "당신은 실직 기간에 생산적인 방식으로 행동을 취하고 인터뷰를 하며 시간을 활용하는 실직자를 알고 있나요?" 여기에서 중요한 점은 내담자가 한 사건은 반드시 하나의 반응만을 유도하지 않는다는 가능성을 고려하도록 돕는 것이다. 그러나 대안적 사고와 행동의 범위를 고려함에 있어 사람들이 융통성이 있고, 호기심이 있고, 상상력이 있으며 그리고 적응적이 될 수 있다.

기타 기법에 대한 탐색

어떻게 생각이 감정을 유도하는가, 사건과 사고를 분리하는 것, 생각에 있어서 신념의 정도에 대한 변화를 찾는 것과 같이 광범위한 여러 가지 기법 중에서 사건, 사고, 행동을 구분하는 기법을 활용하는 것이 첫 번째 단계이다. 덧붙여 대안적 해석, 문제해결, 수용과 관련된 모든 기법이 적절하다.

양식

양식 2.1(사건, 사고, 감정 구분하기)

기법 : 생각이 감정을 어떻게 만들어내는지에 대해 설명하기

설명하기

인지치료를 안내하는 근본적인 가정은 사건에 대한 개인의 해석이 감정과 행동을 결정한다는 것이다. 사실상 많은 사람들은 감정이 사건에 대한 사고의 결과라는 것과 그들이 사건에 따른 해석을 수정하면서 매우 다른 감정을 갖게 된다는 것에 놀란다. 이 장에서 환자들이 사고와 감정이 어떻게 상호작용하는지를 깨달을 수 있도록 돕는 여러 가지 기법을 살펴볼 것이다. 결과적으로 사람들은 자신의 생각이 비합리적이기 때문이 아니라 감정과 행동 그리고 관계의 문제로 인해서 치료를 받는다.

1. 생각과 감정은 구분되는 현상이다.
2. 사고는 감정(그리고 행동)을 유도한다.

사고는 감정과 다른 것이다(비록 우리가 감정에 관한 생각을 지닐 수 있을지라도). 감정은 정

생각 : 나는 생각한다…,	감정 : 그러므로 나는 …을 느낀다.
나는 실패할 것 같다.	불안, 좌절
나는 실패했다.	슬픔
그는 내가 지루하다고 생각한다.	불안, 슬픔
그는 나를 모욕했다.	화, 불안

그림 2.1　어떻게 생각이 감정을 만드는가

서의 내적 경험이다: 예를 들면, 나는 아마도 불안하고, 우울하고, 화가 나고, 두려워하고, 절망하고, 무기력하고, 행복하고, 후회하며 또는 자기 비판적이다. 내게 특별한 감정과 정서가 있다고 말하는 것은 "이 뜨거운 다리미는 상처를 준다" 또는 "이 빵은 내게 맛이 좋다"라고 말하는 것과 비슷하다. "우리는 감정에 도전하지 않는다. 즉, 환자에게 "당신은 정말로 불안하지 않아요"라고 말하는 것은 이치에 맞지 않다. 환자가 "앗 뜨거워"라고 말했을 때 다리미는 환자에게 상처를 주지 않는다고 말하는 것과 본질적으로 같다. "앗 뜨거워"는 감각의 보고이고 감정을 일컫는 "나는 행복하다", "나는 슬프다"와 같은 말이다. 우리는 감정을 논박하지 않는다. 우리는 사고가 감정을 불러일으키는 것으로 평가한다. 사고는 사실에 반하여 검증될 수 있다.

　치료자는 환자에게 어떻게 생각이 감정을 만드는지에 대해서 그리고 생각이 어떻게 감정을 증가시키기도 하고 감소시키기도 하는지에 관하여 설명할 수 있다. 예를 들면 2개의 감정은 2개의 진술문을 만든다. 그림 2.1은 추가 설명 자료를 제시한다.

토의 안건

치료자는 환자에게 직선적이고 전문용어를 사용하지 않고 이러한 생각을 설명하는 모델로 다음과 같은 이야기를 활용할 수 있다: "당신의 생각을 평가하고 도전하기 전에, 당신은 생각이 어떻게 당신의 감정에 영향을 주는지에 대해서 이해해야 합니다. 기분이 저조하고 불안할 때 당신은 아마도 어떤 생각을 할 것입니다. 예를 들면 밤에 동네의 낯선 곳을 걸어간다고 상상해봅시다. 그리고 어떤 사람이 당신 뒤를 따라 걸어오는 소리를 들었습니다. 어깨너머로 흘끗 쳐다보니 거기에는 두 명의 건장한 남자가 있었습니다. 이때 당신은 '그들은 아마도 나를 강탈할지도 모른다'는 생각을 할지도 모릅니다. 당신은 이때 무엇을 느낍니까? 두려움일까요? 그러나 만약 그들이 '나의 직장 동료야'라고 생각한다면 당신은 무엇을 느낍니까? 안도감? 당신의 기분이 나쁠 때 또는 일상의 삶에서 불안을 느낄 때 당신은 다른 생각을 합니다. 자, 질문을 하나 하겠습니다. 당신이 사는 아파트 근처에 불안을 느꼈다면 그때 무슨 생각을 하고 있었나요?"

예

그림 2.1에서 제시하였듯이 사고는 긍정적인 감정과 부정적인 감정 둘 다 만들어낼 수 있다. 때때로 환자들은 특별한 생각이 감정을 만들어내는 것을 인식하지 못하고 자신의 감정에만 주의를 기울인다. 다음의 대화를 살펴보자.

치료자 : 무엇이 당신은 힘들게 하는 것 같나요?

환자 : 그냥 저는 슬픕니다.

치료자 : 당신이 왜 슬픈지에 대해서 제게 이야기해주실 수 있나요?

환자 : 저는 뭔가 파멸된 것 같은 끔찍함을 느낍니다. 저는 많이 울었습니다.

치료자 : 자, 그러면 당신을 슬프게 만드는 자신에게 하는 말을 제가 이해할 수 있도록 도와주세요. 다음 문장을 완성해보세요. "나는 슬픔을 느낀다 왜냐하면 _____을 생각하기 때문이다.

환자 : 저는 불행합니다.

치료자 : '불행하다'는 것은 감정입니다. 당신을 슬프게 만드는 자신에게 하는 말이 무엇입니까? 예를 들어 당신은 자신에게 한 인간으로, 자신의 미래에 대해서 그리고 이러한 경험에 대해서 하는 어떤 말이 있지 않나요?

환자 : 저는 아마도 "나는 결코 다시는 행복해질 수 없다"고 말하는 것 같습니다.

위의 예에서 치료자는 "나는 결코 행복해질 수 없다"는 절망적인 예측을 드러낼 수 있다. 이러한 예측은 다음의 기법, 즉 비용-이익 분석, 예측의 타당성을 옹호하거나 반증하는 증거, 그리고 논리적 실수를 활용하여 평가할 수 있다. 여기의 모든 기법들은 다음에서 논의할 것이다.

과제

환자들은 자신의 감정을 계속해서 추적하고, 이러한 감정이 사고와 어떻게 연관되는지에 대해서 질문을 받는다. 치료자는 다음과 같이 말할 수 있다: "나는 당신이 다음 한 주 동안에 양식 2.2를 활용하여 부정적 감정에 대해서 기록하길 바랍니다. 당신이 감정이나 정서를 깨닫게 되면 그림의 오른쪽 열에 채워 넣으세요. 감정의 예는 '슬픔', '불안', '두려움', '절망감', '분노', '절망감'입니다. 그리고 왼쪽 열에는 그 감정과 함께 떠오르는 생각을 적어 넣으면 됩니다. 예를 들면 감정은 아마도 '불안하다' 그리고 그리고 생각은 '나는 일을 잘 못할까 봐 두렵다'입니다. 그래서 전반적인 생각은 '나는 일터에서 일을 못할까 봐 두렵기 때문에 불안하다'입니다."

일어날 수 있는 문제

환자들은 대개 감정과 생각을 혼돈한다. 예를 들어줌으로써 이 문제를 예상해보는 것은 유용할

수 있다: "때때로 사람들은 감정과 생각을 혼돈합니다. 예를 들면, 어떤 사람들은 다음과 같이 말합니다. '나는 긴장되기 때문에 불안하다' 이것은 정말로 2개의 감정 또는 정서를 보고하는 것입니다. 즉 그것은 '불안하다'와 '긴장된다'입니다. '나는 불안하다'는 감정이고 '나는 긴장된다'는 또 다른 감정입니다. 이 생각은 아마도 '나는 내가 잘 못할 것이라고 생각한다'이거나 또는 '나는 항상 불안하다고 생각한다'입니다." 더불어 어떤 환자들은 2개의 생각을 보고하면서 생각과 감정을 동일시한다. 이 2개의 생각은 "나는 그녀와 같은 사람을 결코 만날 수 없기 때문에 나는 결코 행복해질 수 없다"이다. 이것은 2개의 생각, 행복에 관한 예언과 여자친구를 찾는 것에 관한 것이다. 치료자는 아마도 예언은 슬픔, 외로움, 절망감 그리고 불안과 같은 구체적인 감정과 관련이 있다는 것을 지적한다. 여기에서 다시 중요한 점은 사고는 진실한 가치를 탐색할 수 있다는 것이다: 예를 들면, "다음 주 동안에 당신의 기분 변화를 보고 그에 따라 행복하고 비참하지 않은 것이 가능한지를 살펴봅시다" 이와는 대조적으로 감정에 관한 진술은 타당하다(환자가 거짓말을 하지 않는 한): "미래에 관해서 절망을 느낀다"는 우리가 도전해야 할 진술이 아니지만, 우리는 세상이 절망스럽다는 생각에 대한 근거를 탐색해야 한다.

초기에 흔히 생기는 또 다른 문제는 감정과 연관된 생각을 찾지 못한다는 데 있다.

기타 기법에 대한 탐색

이미 제시하였듯이 우리는 '사고 추측하기'와 같이 이 장에 있는 다른 기법을 활용할 수 있다. 또는 심상유도기법도 활용할 수 있다. 많은 환자들이 내가 쓴 걱정 치료하기: 걱정을 멈추는 7단계(*The Worry Cure: Seven Steps to Stop Worry form Stopping You*, 2015), 침울함에서 벗어나기: 우울증 극복의 방법(*Beat the Blues: How to Overcome Depression*, 2010), 그리고 불안으로부터의 자유: 공포가 당신을 풀어주기 전에 당신의 공포를 푸는 법에 대하여(*Anxiety Free: Unravel Your Fears Before They Unravel You*, 2009)와 같은 인지치료 관련 도서에서 자동적 사고를 찾는 기법에 대해서 도움을 받을 수 있다.

양식

양식 2.2(어떻게 생각이 감정을 만드는가)

기법 : 사실과 사고를 구분하기

설명하기

화가 나거나 우울할 때, 우리는 종종 우리의 생각을 사실로 여긴다. 나는 "그는 나를 이용하려는 것 같다"고 말할 수 있다. 그리고 나는 이것이 절대적으로 옳다고 생각할지도 모른다. 그러나 나도 역시 잘못일 수도 있다. 내가 불안할 때 "나는 이번 발표를 잘하지 못할 것이다"라고 생각할지도 모른다. 그러나 이것은 맞을 수도 있고 틀릴 수도 있다. 나는 내가 기린이라고 믿거나 생각할 수 있다. 그러나 그것이 내가 기린이라는 것을 의미하는 것은 아니다. 내가 어떤 것을 사실이라고 믿는다고 해서 그것이 사실이 되는 것은 아니다. 생각은 해석이고 설명이고 관점이며 심지어 추측일 수도 있다. 그것들은 사실일 수도 있고 아닐 수도 있다. 또는 그것들은 부분적으로 사실일 것이다. 환자들은 그들의 생각을 확인하고 그것이 사실인지를 검증하는 법을 배워야 한다. 사고, 감정, 사실을 구분하기 위해서 치료자는 환자가 똑같은 사건이 어떻게 다른 사고와 감정과 행동을 유도하는지를 인식하게 해주는 A-B-C 기법을 활용할 수 있다. 나는 결코 시험을 잘 볼 수 없다(나의 생각)고 믿는다면, 나는 절망감을 느낄 것이고 이에 따라, 예를 들면 공부하려고 애쓰지 않을 것이다. 한편으로 내가 시험을 잘 볼 수 있는 좋은 기회가 있다고 믿는다면 나는 희망을 갖고 그 시험을 위해 공부할 것이다.

이 예에서 흥미로운 것은 나의 초기 생각 "나는 시험을 못 볼 것 같다"는 시험 준비를 하지 않는 부적응 행동을 끌어낸다는 것이다. 그리고 시험을 잘 못 볼 것이라는 자기 충족적인 예언으로

A = 활성화 사건	B = 믿음(사고)	C = 결과 : 감정	C = 결과 : 행동
나는 창문이 덜거덕 거리는 소리를 들었다.	누군가가 내 창문으로 침입하고 있다.	불안한	문을 잠그고 경찰을 부른다.
나는 창문이 덜거덕 거리는 소리를 들었다.	바람이 많이 불고 창문은 낡았고 느슨하다.	약간 짜증이 난	창문을 꼭 닫고 다시 잠이 들었다.
어둡고 한적한 길에서 남자가 나에게 접근해 오고 있다.	나는 강도를 당할 것이다.	무서운	뛴다.
어둡고 한적한 길에서 남자가 나에게 접근해오고 있다.	그 남자가 나의 옛 친구 스티브가 아닌지 궁금하다.	호기심이 있는, 기쁜	스티브의 이름을 부른다.
나의 남편은 신문을 읽고 있는 중이다.	그는 나의 감정에 관심이 없다.	화가 나는, 분노하는	그에게 자기 중심적이라고 말한다.
나의 남편은 신문을 읽고 있는 중이다.	그는 내게 화가 나서 회피하고 있다.	속상함, 죄책감	남편과 상호작용하는 것을 피한다.
나의 심장이 빠르게 뛰는 것을 느낀다.	나는 심장마비에 걸렸다.	불안, 공포	응급실에 간다.
나의 심장이 빠르게 뛰는 것을 느낀다.	나는 커피를 너무 많이 마셨다.	약간 후회스럽다.	카페인을 줄이려고 한다.

그림 2.2   A-B-C 기법. 똑같은 사건이 다른 생각을 낳고, 그 생각은 다른 감정과 행동을 이끈다. 사실을 탐색함으로써 당신의 사고가 진실인지 결정한다.

부정적 사고	가능한 긍정적 사실
비가 와서 나는 제때 집에 도착할 수 없다.	내가 한 시간 전에 왔기 때문에 지금은 비가 그쳤을 것이다. 나는 사실을 점검하기 위해서 밖으로 나갈 수 있다.
나는 시험 준비가 되어 있지 않다.	나는 자료를 읽었고 수업에 참여했고 숙제를 어느 정도 했다.
나는 항상 혼자다.	나는 미래에 무엇이 있을지 모르기 때문에 모든 사실을 알지 못한다. 나는 친구가 있다. 나는 사람들이 좋아하는 많은 자질을 가지고 있다.

그림 2.3 사고 vs. 가능한 사실

유도한다.

불안하고 우울하고 분노하는 많은 사람들은 그들의 생각, 즉 "나는 시험을 못 볼 것이다", "그녀는 나를 거부할 것이다"와 같은 생각을 사실로 여긴다. 그림 2.2는 똑같은 상황에서 다르게 느끼고 행동하는 여러 가지 예를 담고 있다. 그림 2.3에서는 가능한 사실로부터 부정적 사고를 구분하는 것의 중요성을 제시하고 있다. 여기에서 환자에게 "나는 시험 준비가 되어 있지 않다"와 같은 생각을 하고 있다고 상상해보게 한다. 그림의 오른쪽 열은 환자의 준비도에 대한 타당한 평가와 연관성을 가진 사실을 고려해보도록 한다. 처음의 생각은 신념이다(일단 한번 고려해보면 가능한 사실은 신념이 될 수 있다). 환자들은 "지금 당신이 가진 생각이외의 것들도 고려해볼 수 있을까요? 다른 가능한 사실들에 대해 살펴보는 것은 어떠세요?"라는 질문을 받는다. 생각과 사실은 같지 않다. 생각과 사실 간의 관계를 제시하는 또 다른 방법은 다음과 같은 질문을 하는 것이다.

"당신의 생각이 틀렸던 적은 없습니까?"
"결코 일어나지 않을 어떤 일이 일어날 것이라고 예측한 적은 없습니까?"
"똑같은 상황에 대해 당신과 다르게 해석하는 사람을 본 적 없습니까?"
"지금 당장은 단지 몇몇 사실만 보이지만 시간이 지남에 따라서 다른 사실이 명백해지는 것이 가능하지 않나요?"
"사실에 관해서 결코 동의하지 않는 사람들이 있지 않나요?"

토론 안건

"생각과 사실은 같지 않습니다. 당신이 단지 어떤 것이 사실이라고 생각해서 그것이 꼭 사실인 것은 아닙니다. 나는 내가 얼룩말이라고 생각할 수 있습니다. 그러나 나의 생각이 내가 곧 얼룩말이라는 것을 의미하는 것은 아닙니다. 우리는 사실에 대한 생각을 점검해야만 합니다."

예

치료자 : 무엇이 당신을 그렇게 불안하게 하는지 말씀해주시겠어요?

환자 : 저는 곧 해고당할 거라고 생각합니다.

치료자 : 당신이 해고를 당할지 어떻게 압니까?

환자 : 저는 그냥 압니다. 그 상황이 다가오는 것을 알 수 있습니다.

치료자 : 당신은 아마도 당신이 해고당할 거라고 믿거나 그렇게 생각하는 것 같습니다. 그러나 당신이 틀릴 거라는 가능성은 전혀 없습니까?

환자 : 저는 이 점에 관해서 확신이 있습니다. 저는 그것이 일어날 것을 압니다.

치료자 : 비록 당신이 해고당하는 것이 사실일지라도 그것이 일어나지 않을 가능성도 역시 있습니다. '믿음'과 '신념' 사이에는 차이가 있습니다. 당신이 왜 해고를 당할지 그리고 당신이 왜 해고를 당하지 않을지에 대한 설명 가능한 이유들을 떠올려 볼 수 있으세요?

환자 : 저는 모릅니다. 그러나 이것이 정말로 정말로 일어날 것이라고 생각합니다. 저는 그것이 정말 불안합니다.

치료자 : 때때로 우리의 신념이 진실에 가까울수록 우리는 불안에 대하여 더욱 강하게 생각합니다. 그것은 정서에 관한 시작점으로부터 추리하는 것과 같습니다: "나는 불안하다. 그러므로 뭔가 나쁜 일이 일어날 것 같다" 그렇지만 이게 말이 되는 걸까요? 저는 불안할 수 있고 정말 실패할 거라고 믿습니다. 그러나 그것이 제가 실패할 것을 의미하지는 않습니다. 그것은 단지 이 순간에 제가 느끼고 생각하는 것입니다.

환자 : 저는 그렇게 많이 합니다. 불안을 내가 일어날 것이라고 생각하는 근거로 활용합니다.

치료자 : 사실에 관한 점검에서 흥미로운 점은 우리의 불안이 진실을 제대로 안내하지 못한다는 것입니다. 나는 이것을 '정서적 추리'(정서를 사실의 증거로 활용하는 것)라고 합니다. 심지어 강력하게 갖고 있는 믿음도 종종 현실 검증에서 탈락되고는 합니다. 그렇다고 하더라고 우리는 진실을 보려고 해야 합니다.

위의 예에서 치료자는 내담자의 강한 신념을 찾고, **신념**이 **사실**과 같지 않다는 것을 설명한다. 그리고 나서 치료자는 내담자가 곧 해고될 것 같다는 증거와 추론을 탐색하도록 한다. 생각이 사실이 아니라는 인식은 환자가 사건에 관한 대안적 해석을 구성하도록 하는 데 도움을 준다.

과제

치료자는 내담자가 양식 2.3을 활용하여 구체적인 신념과 감정을 이끄는 활성화 사건이나 선행 사건을 추적하도록 요구한다. 특별하게 관심을 기울여야 할 것은 문제가 되는 감정과 사고에 방아쇠를 당기는 사건에 대한 패턴이 있는가이다. 환자들이 새로운 행동을 할 때 사람들과 상호작용할 때, 혼자 있을 때, 또는 새로운 것을 마주할 때 그리고 도전적인 과제를 할 때 더욱 불안을 느끼는가? 환자들이 사기를 힘들게 했던 사람이나 장소를 떠올리게 하는 데에 더욱 불안을 느끼는가? 덧붙여 환자들은 양식 2.4를 활용하여 특별한 사고가 모든 가능한 사실을 고려하는 것은 아니라는 것을 탐색할 수 있다. 예를 들면 "나는 시험 준비가 되어 있지 않다"는 사고는 "나는 머리가 좋고, 수업을 들었으며, 숙제를 읽었다"는 가능한 사실을 포함하고 있지 않다. 치료자는 '의심이 들 때, 좀 더 사실을 수집하도록' 제안할 수 있다. 이러한 지시는 사고와 사실 사이의 구분을 강화한다.

일어날 수 있는 문제

어떤 사람들은 그들의 사고가 진실에 관한 마지막 말이라고 생각한다. 실제로, 부정적 사고도 가끔은 사실이기도 하다. 우리는 환자들의 믿고 있는 모든 것이 거짓이라는 인상을 갖기를 원하지 않는다. 또한 치료가 긍정적인 사고에 관한 것이라고 전달되는 것도 원하지 않는다. 치료는 현실적인 사고에 관한 것이다. 이러한 구분은 다음과 같은 방식으로 가능하다: "때때로 당신의 사고는 정확하게 사실을 설명하고 있습니다만 때로는 모든 세부 사실들을 정확하게 반영하고 있지 못합니다. 관련된 모든 사건에 대해서 부정적인 생각을 점검하는 일반적인 규칙을 활용하는 것이 좋은 생각이 아닐까요?" 또는 내담자의 생각은 단지 실체의 '부분'만을 설명한다. 예를 들면 "나는 과제에서 C를 받았습니다. 그러나 다른 과제나 시험에서는 A나 B를 받았습니다." 실제로 우리가 학교나 일터에서 사람들의 수행 능력을 고려한다면 탐색 가능한 수천 개의 사실이 있다. 그러나 환자들은 부정적 신념을 공고히 해주는 일부 사실에만 선택적으로 주의를 기울인다.

  때때로 환자들은 사실을 탐색하는 것은 효과가 없고, 자신의 감정과 위치를 비판하는 것이라고 반응한다. 나는 이 문제에 대해서 인지치료에서 저항을 극복하기(*Overcoming Resistance in Cognitive Theory*, 2001b)에서 설명하고 있다. 소용이 없다는 감정은 환자에게 직접 '무시'나 '거절'로 보이는 사실에 관한 질문을 함으로써 탐색할 수 있다. 또한 치료자는 환자가 무효함을 느낄 때마다 이러한 느낌을 치료자와 나누는 좋은 기회를 제공할 수 있음을 제안할 수 있다. 내담자에게 몇몇 기법이 무효하게 보일지라도 그것이 내담자의 감정을 존중하지 않거나 돌보지 않는 것이 아니라는 점을 지적하는 것은 도움이 된다. 이것은 치료자와 환자가 더 좋게 느끼게 하기 위해서 함께 작업하는 것 그 이상을 의미한다. 당신의 심장 상태에 대한 믿음이 있는 의사를 만났다고 상상해보자. 그리고 그 의사는 철저한 검사를 했지만 심장 상태에 대한 아무런 단서도 찾지 못했다. 당신은 이것을 무효하다고 생각하는가? 다시 여기에서의 중요한 점은 사실을 탐색하는 것이 환자가 꼭 옳지 않다는 것을 의미하는 것은 아니라는 것이다. 물론 환자가 옳을 수도 있다("나는 시험을 잘 못 봤다"), 치료자는 이 결과를 가져온 것이 무엇인지(예 : 준비되지 않은 과목을 선택한 것, 나쁜 공부 습관, 자료의 부족, 수업을 참석하지 않은 것) 그리고 어떻게 문제가 실질적으로 해결되는지에 관하여 탐색한다. 거짓으로 판명된 진짜 사실은 문제해결 전략을 통해 긍정적인 변화를 유도할 수 있다.

기타 기법에 대한 탐색

사고의 타당화를 지지하거나 반하는 것을 탐색하는 다른 적합한 기법은 사고와 감정을 구분하는 것, 인지적 왜곡을 유목화하는 것, 그리고 신념에 대한 변화를 탐색하는 것이다. 예를 들면 "나는 실패자다"와 같은 왜곡된 사고를 지니고 있는 환자는 그가 주의를 기울이고 있는 사실에 근거하는 사고를 믿고 있는지에 관한 질문을 받을 수 있다

양식

양식 2.3(A-B-C 기법), 양식 2.4(다른 가능한 사실)

기법 : 사고에서 정서와 신념의 정도를 평가하기

설명하기

우리는 아마도 단일한 사건에 대한 다른 정서와 신념을 갖고 있을지도 모른다. 정말로 중요한 것은 우리가 얼마나 강하게 느끼고 강한 신념을 지니고 있느냐이다. 정서는 명백하게도 그 정도에 따라 다르다. 나는 약간 슬프기도 하고, 다소 슬프기도 한다. 매우 슬플 수도 있고, 극단적으로 슬프기도, 슬픔에 압도되기도 한다. 불안하고 슬프고, 화가 나는 사람들이 종종 그들의 생각과 그들의 정서를 제대로 탐색하지 못하기 때문에 그들에게 정서에 대한 다양한 정도를 가르치는 것이 유용하다. 더욱이 치료에서의 변화가 종종 점진적이라는 것을 고려할 때 환자들이 느끼는 정서와 감정에 있어서 변화의 다양한 정도를 발견할 수 있다. 예를 들면 환자의 슬픔이 압도적인 것에서 현실적인 수준으로 변화된다면 이는 훌륭한 변화가 일어난 것으로 결론지을 수 있다. '실체'를 흑백(나는 슬프거나 슬프지 않다)으로 보는 것보다 치료자는 환자들이 더 큰 강도와 차이를 볼 수 있도록 격려할 수 있다(나는 50% 수준으로 내가 이것을 해내지 못할 것이라 믿는다). 더욱이 치료자는 환자가 관련될 수 있는 사실의 범위를 넓히도록 도울 수 있고 부정적이고 중립적이며 긍정적인 정보를 탐색하고 그 사실들이 어떻게 시간과 상황에 영향을 미치는지를 탐색할 수 있다. 이 '유동성', '융통성' 그리고 '차이'는 환자가 사건을 폭넓은 조망으로 보는 기회를 주고 어떻게 변화가 가능한지를 고려하게 해준다.

토론 안건

"당신이 얼마나 속상했습니까? 당신의 신념을 얼마나 강하게 지니고 있습니까? 당신의 감정(정서)을 0~100%로 평가해봅시다. 0%는 감정이 전혀 없는 상태이고 100%는 감정에 대한 경험이 가장 최상으로 강렬한 상태입니다. 당신의 신념도 마찬가지입니다. 0%는 신념이 전혀 없는 상태이

고 100%는 당신의 사고가 100%일 때입니다. 당신의 감정과 사고가 어느 정도로 변화했습니까? 당신은 어떤 이유로 어떨 때 평소보다 더 긍정적인 감정을 경험합니까? 기분이 우울할 때 당신은 어떤 일을 하고 있습니까? 당신이 우울할 때 아니면 좋을 때 생각을 달리합니까?

예

치료자 : 당신은 존과의 관계가 깨졌기 때문에 슬픔을 느낀다고 말했습니다. 이 슬픔에 관해서 설명해 주실 수 있습니까?

환자 : 네. 매우 슬픕니다. 때때로 어떻게 그가 나를 떠날 수 있었을까에 대해서 생각하면 눈물이 납니다.

치료자 : 당신의 감정은 매우 중요합니다. 그래서 당신이 관계가 깨진 것을 생각할 때 어떤 느낌이 드는지 이해하고 싶습니다. 당신의 슬픔을 0~100%로 등급을 매긴다고 할 때 0%는 슬픔이 전혀 없는 상태이고 100%는 상상이 가능한 가장 슬픈 상태라고 한다면 당신의 슬픔은 어느 정도입니까?

환자 : 저는 제 감정에 등급을 매긴다는 것을 한 번도 생각해보지 않았습니다. 아마도 한 90% 정도로 슬픔을 느끼는 것 같습니다.

이와 유사하게 환자들은 절대적인 믿음을 지니고 있을 수 있다: 예를 들면 "나는 존 없이는 행복할 수 없다." 그러나 환자들의 믿음에 대한 강도, 즉 믿음에 대한 신뢰도나 강도는 아마도 100% 미만이다. 믿음의 강도가 매우 낮다는 인식은 사람을 힘들게 하는 신념으로부터 거리를 유지하게 되는 시작점이다. 만약에 내가 100% 이하의 진실성이 있는 신념을 보유하고 있다면 그것은 신념에 대한 약간의 의심이 있다는 것을 의미한다. 이것은 또한 믿음의 정도가 다양하다는 것을 의미하며 약해질 수도 있다. 결과적으로 이 신념이 변화되는 것을 더욱 생생하게 상상할 수 있다. 어떤 점에서 인지치료는 '의심의 힘'에 관한 치료다. 만약 부정적인 신념을 의심할 수 있다면 그것은 신념을 바꿀 수 있는 첫 번째 도약이다.

치료자 : 존이 당신을 떠났다는 생각을 하면 슬픔을 느낀다고 말했습니다. 다음의 문장을 완성해보세요. 당신의 마음에 맨 처음에 떠오르는 생각을 이용해서요. "나는 존이 나를 떠났다는 생각을 하면 매우 슬프다. 왜냐하면 나는 _____을 생각하기 때문이다."

환자 : 저는 존 없이는 결코 행복하지 않습니다.

치료자 : 좋습니다. 자동적 사고는 "나는 존 없이는 결코 행복하지 않다" 그것을 써보세요(치료자는 회기 동안에 기록할 수 있는 작은 판을 준비해둔다). 자 이제 당신이 그 신념, "나는 존 없이는 결코 행복할 수 없다"를 얼마나 믿는지에 대해서 살펴봅시다. 당신은 그 사고를 0~100%까지 사이에서 평가할 수 있습니다. 0%는 그 신념이 전혀 없는 것이고 100%는 그 신념이 사실이라는 것을 100% 확

인할 수 있는 상태입니다. 당신은 어디에 평가를 하겠습니까?

환자 : 저는 상당히 높은 등급을 매길 수 있을 것 같습니다. 나는 정말로 이것을 믿습니다. 대부분의 경우 90% 정도를 매깁니다.

몇몇 사람들은 이런 종류의 '자(척도)'를 쓰는 것을 힘들어 한다. 정서와 신념을 평가한다는 생각을 그들의 신념에서 낯선 것이다. 치료자는 시각적으로 도와줄 수 있는 자료를 제공해야 한다.

치료자 : 당신이 슬프다고 말했습니다만 당신이 자를 활용하는 것을 어려워하는 것 같습니다. 이 자에 대해서 정의해봅시다(그림 2.4에 나타난 대로 그림을 그린다). 0%는 슬픔이 절대적으로 없는 상태를 말합니다. 그리고 100%는 누구라도 상상할 수 있는 가장 슬픈 상태를 말합니다. 당신이 절대적으로 슬픔에 압도당한 상태를 말합니다. 그래서 당신은 그 어떤 것도 생각할 수 없습니다. 50%는 보통 수준의 슬픔을 나타냅니다. 한편 90%는 슬픔의 극단적인 양(아주 방해된 상태)을 나타냅니다. 그러나 당신은 상당한 정도로 여전히 기능할 수 있습니다. 자 이제 존이 당신을 떠났다는 생각을 할 때 당신의 슬픔은 이 자에서 어디에 해당될까요?

환자 : 네, 아마도 90% 정도입니다. 저는 극단적으로 슬픕니다. 그러나 저는 아직 어느 정도로는 기능할 수 있습니다.

그림 2.4 0~100%까지 정서를 평가하기

과제

치료자는 환자로 하여금 다음 주 동안에 믿음의 정도에 따라 사고가 어떻게 변하는지에 관해서 관찰을 하도록 요구한다. 환자들에게 각각의 사건을 주목하면서 이와 연관된 신념의 정도와 정서의 정도를 양식 2.5를 활용하여 정서와 신념을 평가하도록 요구한다. 이러한 연습을 마친 후에 환자가 경험하는 부정적 사고와 감정의 변화를 설명해주는 것이 무엇인지 숙고하도록 제안한다.

일어날 수 있는 문제

위의 연습에서 전형적으로 나오는 문제들은 한 주 동안에 한 번 이상 같은 신념을 기록하는 것에 대한 동기의 부족을 포함하고 있다. 내담자들은 아마도 "나는 이것을 이미 했는데"라고 생각할 수 있다. 그러나 이 연습의 목적은 신념과 이 변화를 설명해주는 감정의 변화를 신중하게 탐색하는 데 있다. 이러한 변화는 또한 우리가 환자들에게 가능한 '고충의 시간', 즉 그들이 더욱 우울하고 불안을 느끼는 시간을 확인하도록 도와준다. 이러한 지식은 치료자가 이러한 문제의 시간 주변에 치료의 초점을 두도록 조력할 수 있다.

기타 기법에 대한 탐색

이와 관련한 다른 기법으로는 어떻게 사고가 감정을 유도하는지를 탐색하기, 사실과 사고를 구분하기, 하향화살표기법, 부정적인 사고 유목화하기, 특정한 사고에서 변화를 찾기가 있다.

양식

양식 2.5(감정과 신념 평가하기)

기법 : 특정한 신념에 대한 변화 찾기

설명하기

생각, 감정, 행동, 그리고 사실은 유동적이며 끊임없이 변화에 열려 있다. 우울하고 불안한 개인들은 이러한 경험들이 시간이 지남에 따라 얼마나 변화가 되는지에 대해 깨닫지 못하면서 종종 현재의 특정한 사고와 정서에 융합되거나 고정된다. 그리고 위에서 제시하였듯이 우리가 더욱 많은 정보를 얻어감에 따라 사실은 변화한다(초기의 사고 또는 사실이 모순되거나 또는 경험하는 맥락이 완화된다). 신념으로부터 거리를 두기 위해서는 현재 상황에서조차도 우리의 신념이 강도나 신뢰도 측면에서 변화할 수 있음을 인식하는 것이 도움이 된다. 결과적으로 치료자는 직접적으로 신념의 변종에 대한 평가를 한다. 이 기법은 위에서 기술한 사고에서 정서와 신념의 정도를 평가하는 기법과 밀접하게 관련이 있다. 여기의 강조점은 특정한 신념과 신념의 변화가 시간과 상황에 따라 나타난다는 것이다.

토론 안건

"이 사고에 대한 당신의 믿음에 대한 확신이 덜 해지는 때는 없습니까? 이 부정적인 신념이 약해질 때는 무슨 일이 일어났습니까? 당신의 신념이 완전히 사실이라면 어떤 특정한 시간에는 사실적인 측면이 덜 하다는 것을 어떻게 믿습니까?"

예

치료자 : 당신은 존 없이는 다시는 행복해질 수 없다고 말했습니다. 그리고 이 신념에 90% 정도 평가를 하였습니다.

환자 : 맞습니다. 저는 정말 그렇게 믿습니다. 그것이 바로 제가 행복하지 않은 이유입니다.

치료자 : 자, 지금 하루 동안에 일어나는 당신 신체의 변화를 상상해보세요. 때때로 당신은 다른 때보다 덜 행복하지 않습니까?

환자 : 네, 저는 하루 종일 울지는 않습니다. 그리고 심지어 존을 생각하지도 않습니다.

치료자 : 당신이 존을 생각하지 않을 때는 무엇을 생각합니까?

환자 : 저는 살고 있는 아파트를 옮길 것에 대해서 생각합니다. 그리고 새로 살 가구에 대해서도요. 또는 다른 친구와 점심 먹을 생각을 하기도 합니다. 그리고 또 다른 것도요.

치료자 : 분명하게도, 당신이 존을 생각하지 않을 때 신념의 강도는 0%입니다. 바로 그 순간에 존이 당신과 함께 하지 않지만 당신은 행복합니다.

환자 : 그건 새로운 생각 방법이네요. 당신이 맞습니다.

치료자 : 하루 동안에 당신이 존을 생각하지만 당신은 90%가 불행하지 않다고 느끼는 시간이 있습니까?

환자 : 네, 때때로 "그가 없는 것이 더 낫다"라고 생각하기도 합니다.

치료자 : 그 순간에 내가 당신의 머릿속으로 점프해서 당신께 "저에게 말해보세요, 당신은 '이 순간 존이 없이는 결코 행복할 수 없다'는 생각을 얼마나 하고 있냐고 물어본다면, 당신은 어떻게 대답하실 수 있을까요?"

환자 : 네, 그럴 때 제 신념은 아마도 매우 낮겠지요. 심지어 10% 정도.

치료자 : 그래서 지금 이 순간 당신이 지니고 있는 신념을 바꿀 수 있습니다 — 심지어 몇 시간에. 당신은 이에 대해서 어떻게 생각하십니까?

환자 : 네, 관계가 깨진 것에 대한 생각이 바뀔 수 있다고 추측합니다.

치료자 : 사람들이 연인과 헤어짐을 경험할 때 그들은 종종 매우 강하고 부정적이며 힘 있는 신념을 가지고 있습니다. 나는 당신이 이런 경험을 겪어낸 친구가 있을 것이라고 확신합니다.

환자 : 네, 제 친구 앨리스는 5년 전에 이혼을 했습니다.

치료자 : 아마도 그때에 앨리스는 당신이 지금 가지고 있는 바로 그 신념을 지니고 있었을 겁니다. 그녀의 신념이 지난 몇 년 동안에 바뀌지 않았나요?

환자 : 당신이 맞습니다. 생각이 바뀌었어요. 엘리스는 지금은 그녀의 전남편과 한 방에 있는 것조차 상상하기 힘들어 해요.

치료자 : 자, 이 점을 명심합시다. 당신의 신념과 또 다른 사람들의 신념이 어떻게 변화했는지에 대해서.

과제

치료자는 양식 2.6을 활용하여 특정한 사고에서 신념의 강도를 추적하는 과제를 내줄 수 있다. 추측컨대 신념에 관한 환자의 초점과 관심은 하루 중의 시간, 사건, 그리고 다른 사고에 따라 다르다. 이러한 변화는 강하게 믿었던 신념이 바뀔 수 있다는 생각을 강화한다. 정기적으로 회기 동안에 환자와 치료자가 함께 생각을 도전하고 행동을 계획할 때 치료자는 환자에게 다른 지점마다 얼마나 강한 신념이 있는지에 대해서 물어볼 수 있다. 환자의 신념의 강도가 90% 지점에서 회기를 시작하고 40%의 지점에서 끝낼 수 있다.

신념의 변화는 정서의 변화와 연결되어 있다. 예를 들면 슬픔은 신념의 강도가 약해지면서 사라진다. 더욱이 인지치료의 가정을 강화하고 환자의 강력한 신념에 대해 희망을 제공하며 불유쾌한 정서가 수정될 수 있다. 치료자는 다음과 같이 질문할 수 있다. "우리 회기 중 20분 내에 당신의 신념의 정도를 변화시킬 수 있다면 미래에는 얼마나 변화될 수 있을지에 대해 상상해보세요."

치료자 : 당신의 신념은 30분 내에 90%에서 40%로 변화되었습니다. 그리고 당신의 슬픔은 크게 감소되었습니다. 그것에 대해 어떻게 생각하십니까?

환자 : 저는 이런 치료기법에서 제 생각과 감정이 변화될 수 있다고 생각합니다.

치료자 : 당신이 30분 내에 생각과 감정을 변화시킬 수 있다면, 당신 스스로 이런 기법을 활용한다면 무슨 일이 일어날 것 같습니까?

치료자 : 제가 좋아질 것 같습니다.

치료자 : 자, 그럼 무슨 일이 일어나는지 봅시다.

일어날 수 있는 문제

이 장의 앞에서 기술한 대로 환자는 자신의 기분이 나아졌을 때 부정적인 신념을 기록하는 것에 대한 동기가 약할지도 모른다. 치료자는 환자가 기분이 나아졌을 때 유용한 정보가 많이 있다는 것을 분명히 해야 할 필요가 있다. 예를 들면 환자가 "나는 실패자이기 때문에 아무것도 줄 것이 없습니다"라는 신념을 믿는다면 그가 친구와 함께 일을 할 때는 이 신념이 0%라는 것에 주목하여 환자는 다음과 같은 개입과 질문을 유도하는 유용한 정보를 얻을 수 있다: "당신의 신념이 변화한다면 보다 긍정적인 신념과 관련 있는 일을 하도록 하면 된다(만약에 당신의 신념이 변화한다면, 그것은 정확하지 않을 수 있다). 당신이 부정적인 감정을 덜 느낄 때 당신이 고려하는 정보는 무엇인가?"

기타 기법에 대한 탐색

위에서 제시하였듯이 다른 적절한 기법은 다음을 포함하고 있다: 점진적인 과제 할당, 모든 정보 또는 사실을 탐색하기, 신념에 도전함으로써 생각의 타당성을 옹호하거나 반대하는 증거를 탐색하기, 사고로부터 사실을 구분하기, 그리고 감정으로부터 사고를 구분하기.

양식

양식 2.6(생각에 대한 신념의 강도 추적하기)

기법 : 왜곡된 사고 분류하기

설명하기

성급한 결론 내리기, 부정적 사건이 자기 탓이라고 생각하거나 실패자라고 자신을 낙인찍는 등, 반복적으로 왜곡된 사고는 우울하거나 불안한 사람들의 공통적인 패턴이다. 인지모델은 불쾌한 감정들이 종종 이러한 편견이나 사고의 왜곡과 연합된다고 가정한다. 자동적 사고(즉, 자발적으로 떠오르는 생각)는 부정적 정서나 역기능적 행동과 연합되어 일견 그럴듯한 것처럼 보이기도 한다. 자동적 사고를 예로 들어보면 "나는 절대 행복해질 수 없다", "나는 멍청하다", "누구도 나를 좋아하지 않는다", "모든 것이 내 잘못이다", "그녀는 나를 지루하다고 생각할 것이다" 등이다. 자동적 사고는 사실일 수도, 거짓일 수도 또는 다양한 수준의 타당도를 보일 수도 있다. 동일한 생각이 하나 이상의 왜곡을 포함할 수도 있는데, 예를 들어, "내가 파티에 가면, 그녀는 나를 지루한 사람이라고 생각할 거야"라고 했을 때, 이 생각에는 점치기와 마음 읽기를 내포하고 있다. Beck(1976; Beck et al., 1979)과 그 외 여러 연구자들은(Leahy et al., 2012) 다양한 종류의 자동적 사고의 왜곡을 밝혀낸 바 있다. 양식 2.7을 보면 우울, 불안, 분노와 연합된 공통적인 사고 오류를 제시하고 있다.

토론 안건

"당신은 반복적으로 같은 방식의 왜곡된 사고를 떠올리나요? 인지적 왜곡 체크리스트를 확인해 보세요. 당신이 사용하는 것과 같은 종류의 왜곡된 사고가 있나요? 그것들은 무엇인가요?"

예

치료자들은 "당신이 슬프다고 느낄 때 어떤 생각들을 떠올리나요?"와 같은 질문을 통해 또는 "내가 …한 생각을 하면 나는 불안해진다"와 같이 문장을 완성해보도록 함으로써 환자의 자동적 사고를 이끌어낼 수 있다. 그다음에는 자동적 사고를 분류할 수 있다. 치료자는 다음과 같이 설명할 수 있다: "왼쪽 열에는 당신의 부정적이거나 불쾌한 생각들을 적어보고 오른쪽 열에는 왜곡된 사고의 유형을 적어보세요" 그림 2.5의 예시를 보라.

자동적 사고	왜곡의 유형
나는 실패자다.	잘못된 낙인찍기
그녀는 내가 매력적이지 않다고 생각할 것이다.	마음 읽기
내가 하는 어떤 것도 잘될 리 없다.	흑백논리
누구나 이 일을 할 수 있다. 이건 아무 의미도 없다.	긍정성의 평가절하

그림 2.5 왜곡된 자동적 사고의 예시

과제

환자에게 한 주간에 걸쳐 부정적인 자동적 사고를 탐색하고 양식 2.7과 2.8을 이용하여 이를 유형화하는 숙제를 내줄 수 있다. 이 연습을 통해 환자는 같은 유형의 자동적 사고를 반복하고 있는 지를 확인할 수 있다. 예를 들어 점치기의 경우 "나는 행복해질 수 없다", "어떤 방법도 통하지 않을 거야", "누구도 나를 원하지 않는다", "나는 항상 혼자일 것이다" 등이다. 만약 부정적 사고의 특정 유형을 반복하는 것이 확실하다면, 치료자와 환자는 그 생각이 미치는 영향력을 감소시키기 위해, 특정 유형의 도전 과제를 만들어 반복해볼 수 있다. 예를 들어, 마음 읽기를 반복적으로 하는 환자(예 : "그는 내가 실패자라고 생각한다", "그들은 나를 좋아하지 않는다", "나는 비참하게 보일 게 분명하다")에게 이러한 반복적 사고에 대한 도전 과제 목록을 만들어보도록 할 수 있다. 이러한 도전에 대한 예시로는 "나는 어떤 증거도 갖고 있지 않다", "나는 성급한 결론을 내리고 있다", "그들이 나를 알지도 못하는데 나를 싫어할 이유가 있는가?", "나는 여기 있는 사람과 다르지 않게, 좋은 사람이다", "나는 그들의 인정이 필요 없다", "나는 모든 사람에게 좋은 인상을 남길 필요가 없다", "아마 그들은 내가 그들을 좋아할 것인가를 고민한 것이다" 등이 있다.

일어날 수 있는 문제

앞서 제시한 것처럼, 일부 환자는 그들의 사고를 왜곡된 것으로 분류하는 것이 곧 그들이 멍청하거나 미쳤다는 것을 의미한다고 생각할 수 있다. 일부 부정적 사고가 진실이라는 것을 명시하는 것은 중요하다. 예를 들어, "그녀는 나를 좋아하지 않는다"와 같은 사고가 그러하다. 우리는 이 생각을 마음 읽기로 보았지만, 그것이 사실일 수도 있다. 아마 그녀는 나를 좋아하지 않을 수 있다. 나는 생각을 분류하는 데 편리하다는 점에서 '인지적 왜곡'에 대한 양식을 사용하도록 환자들에게 알려주지만, 많은 부정적 사고는 그들에게 있어 일정 부분 진실에 해당할 수 있다는 것 또한 언급한다. 마음 읽기처럼 기분을 처지게 하는 사고의 패턴을 찾아낸다면, 그 패턴에 대한 특정 개입법을 함께 찾아낼 수 있다. 사고를 유형화하는 것은 사고를 반박하거나 부인하는 것과 일치하는 것이 아니라 사실 관계를 검증해볼 필요가 있는 것이다. 일부 사례에서, 환자들이 '왜곡'이라는 단어를 과도하게 비판적으로 느낄 수 있기 때문에, 치료자들은 '왜곡'보다는 '인지적 습관' 또는 '편향'으로 지칭하는 것을 선호할 수 있다.

기타 기법에 대한 탐색

관련된 기법으로는 앞서 설명한 생각 관찰하기, 즉 환자가 사고, 사실, 감정, 사고에 내재된 신념의 차이에 대해 지속적으로 관찰하는 것이 있다. 또한 양식 2.7 인지적 왜곡 체크리스트는 치료자가 하향화살표기법, 내재된 가정과 도식 확인하기, 두려워하는 환상 평가하기, 비용과 이익 확인하기, 특정 생각의 타당성에 증거 또는 반증 찾기와 같은 개입 방법이나 질문을 계획하는 데 활용할 수 있다.

양식

양식 2.7(인지적 왜곡 체크리스트), 양식 2.8(왜곡된 사고 분류하기)

기법 : 하향화살표

설명하기

때때로 부정적 생각이 사실로 드러나기도 한다. 한 남성 환자가 파티에서 무시당하거나 퇴짜 맞을 거라고 예측하는 것을 예로 들어보자. 이를 점치기라고 하는데, 실제로 이것이 정확한 것일 수도 있다. 결과에 대한 두려움에 내재된 신념을 탐색하는 것은 사고의 영향력을 낮추는 데 도움이 된다. 이 기법을 통해, 치료자는 그러한 생각 또는 사건에 대해 반복해서 질문할 수 있다: "만약 그게 진실이라면 어떤 일이 벌어지나요?" 또는 "만약 그런 일이 일어나면 당신에게 어떤 의미가 있나요?" 우리는 이 과정을 통해 가장 아래에 있는 신념으로 파고들어갈 수 있기 때문에, 이를 가리켜 하향화살표기법(vertical descent)이라고 한다. 즉, 치료자는 종이 맨 위에 환자의 생각을 적고 그 사고에 내재된 일련의 사고들과 사건들에 대해 하향화살표를 그리게 된다(그림 2.6).

토론 안건

"만약 당신의 생각이 사실이라면, 무엇이 당신을 불편하게 만드나요? 무엇 때문에 당신은 그렇게 생각하나요? 그렇다면 무슨 일이 벌어지나요?" 이렇게 치료자는 부정적 생각이나 사건에 대한 궁극적인 의미를 드러낼 때까지, 선행 사고가 사실이거나 선행 사건이 벌어졌을 때 뒤따르는 생각 또는 사건에 대해 점점 더 깊은 곳까지 파고들어간다.

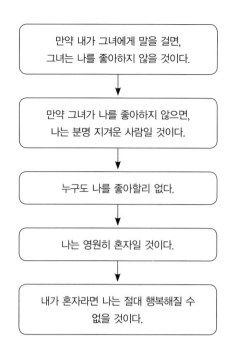

사건과 생각	의미
사건 : 파티에 가는 것을 상상하다. 생각 : "나는 파티에서 그 여성에게 다가가는 것에 대해 불안함을 느낀다."	
무슨 일이 일어날 것이라고 생각합니까?	나는 거절당할 것이다.
만약 그 일이 일어나면, 그것이 의미하는 것은 …	나는 패배자임에 틀림없다.
만약 내가 패배자라면, 그것이 의미하는 것은 …	나는 관계를 맺을 상대를 찾지 못할 것이다.
만약 내가 누군가를 만나지 못한다면 …	나는 영원히 혼자일 것이다.
만약 내가 항상 혼자라면, 내가 그로 인해 불편한 것은 … 때문이다.	내가 혼자라면 나는 행복할 수 없다. 즉 나는 평생 비참하게 살 것이다.
기저에 내재된 가정은 무엇인가?	나는 행복해지기 위해 다른 누군가가 필요하다.

그림 2.6 사고의 의미에 대해 하향화살표 그리기

예

화살표 아래로 내려가는 법은 환자가 인식하지 못하는 잠재된 두려움에 도달하는 데 있어 유용한 방법이다. 나는 환자의 내재된 신념과 두려움이 무엇인지 모를 때, 이 기법을 자주 사용한다. 예를 들어, 우리들 대부분은 죽는 것을 두려워한다고 하지만, 우리 각자가 정말 두려워하는 것은 무엇일까? 죽음에 대한 공포를 가진 2명의 환자에 대한 다음의 예시를 살펴보자.

치료자 : 당신은 암에 걸릴지 모른다는 공포를 갖고 있다고 했지요. 의사도 당신이 문제없다고 진단을 했는데도, 만약 당신이 암에 걸렸다면 그것은 당신에게 어떤 의미인가요?

환자 : 나는 내가 죽을까 봐 두려워요.

치료자 : 물론, 우리들 대부분은 그걸 두려워하지요. 하지만 당신만이 갖고 있는 죽음에 대한 공포에 대해 좀 더 질문해볼까요? 이 문장을 한번 완성해보세요. "나는 죽는 것이 두렵다. 왜냐하면 …"

환자 : 나는 내가 진짜로 죽지 않고 뇌사 상태에 빠진 상태로 매장되었다가 깨어날까 봐 두려워요.

이 환자의 생매장에 대한 두려움은 매우 상징적인 것이다(비인지적인 용어로 설명하자면). 그녀의 많은 문제들이 음식의 제한, 그녀의 상사가 그녀에게 가하는 제약, 그녀의 재정적 한계와 같이 그녀의 행동에 제재를 가하는 것과 관련하여 형성되어 있었다. 종이나 상담실 칠판에 일련의 사고들에 대해 핵심적 공포로 이어지는 하향화살표로 나열해보는 것이 도움이 된다. 생매장에 대한 두려움을 가진 첫 번째 환자의 예시는 그림 2.7에 제시하였다.

또 다른 환자는 모든 사람의 요구를 들어주려고 애쓰는 강박적인 보호자라고 설명할 수 있는데, 그 역시 죽는 것에 대한 두려움을 갖고 있었다. 그의 두려움은 그가 죽고 난 후 그의 아내와 딸이 행복하게 사는 것에 집중되어 있었다.

치료자 : 죽는 것에 있어 당신을 가장 괴롭히는 것은 무엇인가요?

환자 : 그건 신체적 고통이 아니에요. 나는 정말 그런 건 걱정되지 않아요. 그리고 나는 인생에서 다섯 번에 걸쳐 충분히 경험했거든요. 만약 내가 죽는다면 내가 모두를 제대로 돌볼 수 없다는 것이 걱정되는 거예요.

치료자 : 당신이 돌보아야 하는 사람은 누구인가요?

환자 : 내 아내와 딸이지요. 그들이 괜찮다는 것만 확인된다면 나는 죽을 수 있어요.

치료자 : 그러니까 당신은 당신이 사랑하는 사람들이 제대로 된 보살핌을 받을 수 있다는 것을 확신할

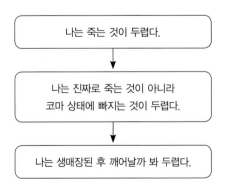

그림 2.7 사고의 의미에 대해 하향화살표 그리기

수 있다면 죽음을 받아들일 수 있다는 말씀이시네요?

환자 : 맞아요.

치료자 : 그렇다면 그들은 당신 없이는 희망이 없다고 보시나요?

환자 : 네. 아마도 그런 것 같아요.

치료자는 사건이나 생각에 대해 다음과 같은 여러 질문을 던질 수 있다.

"당신에게 그것이 왜 문제가 되나요?"

"무슨 일이 일어나나요?"

"그게 왜 당신을 불편하게 만드나요?"

"그러면 무슨 일이 일어나나요?"

"그것은 당신에게 어떤 의미인가요?"

"어떤 생각이 떠오르시나요?"

"일어날 수 있는 것 중 가장 최악의 것은 무엇인가요? 만약 그 일이 일어나면요?"

과제

환자에게 하향화살표 양식을 활용하여 부정적 생각들의 의미를 그려오도록 한다(양식 2.9). 이 양식을 통해 환자는 일련의 생각의 의미에 대해 확인해볼 수 있다. 치료자는 환자에게 "당신의 부정적인 생각들은 또 다른 부정적인 생각들과 연결되어 있습니다. 우리는 당신이 생각하는 방식과 각각의 부정적 생각이 당신에게 어떤 의미를 갖는지에 관심이 있습니다. '나는 시험 공부를 하지 않았다'라는 부정적 생각을 한다고 예를 들어봅시다. 그러면 그 생각은 '나는 시험에 떨어질 거야'라는 생각으로 이어지고 그다음에는 '나는 학교에서 퇴학당할 거야'라는 생각으로 또 이어질 수 있겠죠. 이렇게 당신의 부정적 생각들과 그에 뒤따르는 또다른 부정적 사고의 고리들을 찾아봅시다. 스스로에게 계속해서 이런 질문을 던져보세요. '만약 그것이 사실이라면, 그것이 …를 의미하기 때문에 나를 괴롭힌다.'"

일어날 수 있는 문제

몇몇 환자들은 이 연속선상의 중심에 있는 그들의 부정적 생각들을 확인하는 것을 그만두기도 한다. 예를 들어, 어떤 환자는 "나는 시험에서 낙제점을 받을 거야"라는 생각에서 멈추어 하향화살표를 따라 기저의 사고로 더 이상 내려가지 않을 수 있다. 그 환자는 "낙제점을 받는 것만으로도 충분히 나쁜 일이다" 또는 "나는 내가 실제로 시험에서 낙제점을 받을 것이라고 생각하지 않는다"라고 말할 것이다. 이런 경우 환자에게 처음 떠올린 생각에서부터 뒤따르는 더 '깊은' 또는 '더 나쁜' 생각들로 내려가보도록 유도하는 것이 도움이 된다. 종종 우리는 실패나 거절에 대한 환자의 생각이 끔찍한 환상이나 재앙적 결과와 연합되어 있다는 것을 알 수 있고 여기에 내재된 '최악의 공포'는 맨 처음 생각에 대한 불안을 상승시킨다.

기타 기법에 대한 탐색

하향화살표기법은 생각과 감정을 찾아내거나 생각과 일치하거나 반대되는 증거 찾기, 사고의 타당성에 대한 비용-이익 분석하기, 사고에 내재된 논리적 비약 평가하기, 순차적 개연성 분석하기, 사고 도전하기 등과 관련이 있다.

양식

양식 2.9(하향화살표기법)

기법 : 순서대로 확률 추정하기

설명하기

우울과 걱정을 경험하기 쉬운 사람들일수록 실무율적 사고 방식으로 생각하거나 과잉일반화나 모호한 생각을 하는 경우가 많다. 이러한 사고 유형은 종종 정확히 어떤 일이 벌어질지에 대한 구체적 내용 없이 "그건 잘 될리가 없어"와 같은 선언적인 주장으로 이어지곤 한다. 게다가 과도한 일반화와 모호한 방식으로 어떤 사건의 발생 가능성을 확신하긴 어렵지만 '의구심'을 유발한다. 확률추론(probabilities estimation)은 환자가 두려워하는 사건이 일어나지 않을 것이라는 가능성을 따져보고 환자가 그 위험을 과장하는 수준을 설명하는 데 매우 유용한 기법이다.

　앞서 설명한 하향화살표기법을 통해 환자는 선행 사건이 사실이라는 가정하에, 각각의 사건이 차례로 일어날 확률을 추측해볼 수 있다. 우리는 하향화살표에서 내재된 사고들뿐 아니라 주관적 확률의 추론에도 관심을 가져야 한다. 이러한 주관적 추정치들은 평균적으로 봤을 때, 사실이라고 보기 어려운 것들이 일반적이다.

토론 안건

"X사건이 일어날 확률은 무엇입니까? 0~100% 중 그 가능성은 어디에 해당합니까?"

예

치료자는 다음의 방식으로 확률에 대한 개념을 설명할 수 있다.

치료자 : 어떤 사건이 발생할 가능성을 가리켜 **확률**이라고 합니다. 확률은 0~100% 사이에서 다양하게 나타날 수 있는데, 거의 발생하지 않는 사건이 0% 또는 100%의 확률이라고 할 수 있습니다. 예를 들어, 내가 동전을 던졌을 때 앞면이 나올 확률은 50%입니다. 제 질문에 답을 해보세요. "당신이 말한 각각의 생각들이 사실일 확률은 어떻게 됩니까?" 첫 번째 생각부터 해보죠. "나는 시험 준비를 하지 않았다" 여기서 이 생각이 사실일 확률은 무엇입니까?

환자 : 90% 정도요.

치료자 : 당신의 다음 생각은 당신이 시험에서 떨어진다는 것이었습니다. 당신이 시험 준비를 하지 않았다고 했을 때, 시험에 실패할 확률은 어떻게 됩니까?

환자 : 음. 그건 약 30% 정도입니다. 나는 실제로 시험에 나올 만한 일부 내용들은 알고 있거든요.

치료자 : 네, 좋습니다. 하지만 당신이 시험에 떨어진다고 보면, 당신이 학교에서 퇴학당할 확률은 어떻게 됩니까?

환자 : 아마 2% 정도예요. 나는 이미 많은 과정들을 이수했고 통과도 했거든요.

치료자 : 네, 그럼 만약 학교에서 퇴학당한다면, 당신이 직장을 구하지 못할 확률은 어떻게 됩니까?

환자 : 1%도 안 됩니다.

치료자 : 자, 우리는 지금까지 일련의 사건들을 순서대로 봤을 때, 낙제가 30%, 퇴학이 2%, 미취업이 1% 미만과 같이, 일어나지 않을 가능성이 점점 증가하는 것을 알 수 있었습니다. 그리고 각각의 사건들은 순서대로 일어나게 되겠죠.

환자 : 그건 일어나지 않을 사건처럼 보입니다.

과제

치료자는 환자에게 양식 2.10을 사용하여 걱정스러운 일련의 사건들의 확률 추정에 대해 기록해 보도록 할 수 있다. 여기서 목표는 환자가 부정적 사건들에 부여하는 확률의 수준을 이해하는 것이다. 일부 사례에서는, 부정적 사건 대신 긍정적 사건의 발생 확률을 매겨보도록 하는 것이 효과적일 때도 있다.

일어날 수 있는 문제

앞선 하향화살표 연습에서처럼, 환자는 연속선상에서 이루어지는 그다음 생각이 사실이라고 믿지 않는다고 주장하면서 생각의 순서대로 확률 추측을 성급하게 그만둘 수도 있다. 또는 환자는 첫 번째 생각이 이미 충분히 부정적이라고 주장할 수도 있다. 이때, 상담자는 다음에 나오는 생각이 믿을 수 없거나 일어날 것 같지 않아 보이더라도 환자가 검토할 필요가 있는 내재된 두려움으로 기술한 만큼 그 내용을 확인해봐야 한다는 것을 강조해야 한다. 이 외에도 환자들이 "음. 나는 이 일이 일어나지 않을 거라고 생각한다. 하지만 만약 이 사건을 경험하는 사람이 내가 되면 어떻게 하지. 그것이 불가능한 일이라는 것을 내게 증명할 수 없다"라고 이야기하는 것 또한 문제가 된다. '확실성'을 강조하는 환자들은 "확실성을 주장하는 것에 대한 비용과 효익은 어떻게 되는 가?", "당신이 확신하지 못하는 무언가가 당신 삶에 존재하고 있습니까?", "왜 당신은 그 불확실 성을 참아야 합니까" 등의 주장을 할 수도 있다.

게다가 사람들은 '손실 회피', 즉 손해 보는 것을 두려워하기 쉬운데, 사건들이 손실로 간주 될 때 위험을 더욱 회피하거나 부정적인 태도를 보인다(Kahneman, 1979, 2011). 따라서 연속적 인 부정적 사건들에 대한 확률 추정을 하기 위해 긍정적 사건에 대한 확률 추정으로 질문의 관점 을 달리 적용해볼 수 있다. 앞선 예시에 대해, 치료자가 "당신이 시험을 통과할 확률은 얼마입니 까?", "당신이 대학을 졸업할 확률은 무엇입니까?" 그리고 "당신이 취업을 할 확률은 어떻게 됩 니까?"와 같이 질문을 던질 수 있다. 긍정적 결과의 관점에서 질문을 바꾸면, 환자들은 상황을 보 다 긍정적인 의미를 갖는 것처럼 바라보게 될 것이다.

기타 기법에 대한 탐색

제8장 '걱정과 반추 수정하기'에서 다루는 모든 기법들과 관련되어 있다

양식

양식 2.10(순서대로 확률 추론하기)

기법 : 생각을 추측하기

설명하기

환자가 언제나 부정적 사고를 확인할 수 있는 것은 아니다. 때로는 감정의 강도가 너무 커서 환자 들은 그 감정과 동반되는 사고에 대해 집중하기 어려울 때도 있다. Beck(1995)은 치료자가 환자 에게 몇 가지 가능한 생각들을 제시하여 환자의 생각 및 감정과 일관되는지 여부를 판단하도록 하는 방식을 제안하였다. 치료자는 그들만이 확인할 수 있는 환자의 '무의식적' 신념을 제시하지 않도록 주의해야 한다. 환자와 치료자 모두 내재된 생각의 특성에 대해 추론해볼 수 있다.

토론 안건

"당신은 어떤 생각을 갖고 있는지 정확히 말할 수 없군요. 이러한 부정적 감정들과 함께 떠오르는 생각들에는 어떤 게 있을까요? 이러한 것들을 스스로에게 말할 수 있습니까?"(치료자는 몇 가지 가능한 생각들을 제시한다.)

예

환자는 파혼 후 슬픔과 무망감에 압도된 상태이다. 그녀는 자신의 신체적 불편감에 집중하여 "나는 잘 먹지도 못하고 너무 피곤해요"라고 말한다. 그녀는 치료자에게 반복적으로 "나는 파혼 후 너무 끔찍하다는 느낌이 들어요. 나는 그냥 제대로 생각할 수가 없어요"라고 말한다. 치료자는 구체적인 부정적 생각들을 이끌어내기 위해 다음과 같은 시도를 해볼 수 있다.

치료자 : 당신은 파혼 후 끔찍한 감정을 느끼고 있다고 했는데, 당신이 가진 구체적인 생각들을 한번 이야기해줄래요?

환자 : 나는 기분이 너무 안 좋아요. 잠도 잘 못자요.

치료자 : 그렇군요. 당신이 지금 제게 설명하는 것들은 감정이에요. 대신에 "나는 …라는 생각 때문에 파혼 이후 끔찍하다고 느낀다"라고 한번 문장을 완성해볼까요?

환자 : 나는 아무것도 생각할 수 없어요. 나는 그저 죽을 것만 같아요.

치료자 : 무망감과 함께 떠오르는 생각을 아무것이나 이야기할 수 있을까요?

환자 : 아니요. 그 감정이 너무 강렬해요.

치료자 : 우리 한번 그런 부정적 생각들에는 어떤 게 있나 같이 추측해보죠. 나 역시 그것이 무엇인지는 잘 모르겠지만, 내가 몇 가지 제안을 해볼게요. 그러면 당신은 그중 어떤 게 당신에게 들어맞는 것인지 내게 말해줄 수 있겠어요?

환자 : 좋아요.

치료자 : "나는 다시는 행복해지지 못할 거야"라는 말을 스스로에게 할 수 있나요?

환자 : 음. 무슨 말인지 알겠어요. 그게 바로 내가 생각하는 거예요.

치료자 : 그럼 "[로저]가 내 인생에 존재하지 않는다면 나는 행복해질 수 없어"라는 건 어때요?

환자 : 바로 그거예요. 그게 내가 느끼는 감정이에요.

과제

치료자는 환자에게 불쾌한 기분을 적어보고 거기에 내재된 생각을 확인하거나 '추측'해보도록 한다.

일어날 수 있는 문제

치료자는 생각과 감정의 차이를 환자가 살펴보도록 하지만 때로는 환자가 그 생각을 찾아내기 위해 적당한 정서적 거리감을 유지하지 못할 때가 있다. 부정적 사고가 확인되면, 치료자는 하향화살표기법을 계속해서 적용할 수 있다: "나는 로저 없이는 다시는 행복해질 수 없다. …왜냐하면 로저는 특별하기 때문이다 … 나는 내가 그를 사랑했던 것만큼 누구도 사랑할 수 없을 것이다 …

내 인생에서 남자가 없다면 나는 행복해질 수 없을 것이다" 때로 환자는 생각이 아니라 감정만 존재한다고 주장하기도 한다. 치료자는 이때, 환자에게 눈을 감고(이 사례에 해당되는 것이다) 그녀가 할 수 있는 한 가장 강렬하게 부정적 감정에 빠져보도록 할 수 있다. 치료자는 환자가 이러한 감정을 이끌어낸 상황에 대해 상상해보도록 지시할 수 있는데, 예를 들어 "로저를 생각하며 혼자 집에 앉아 있는" 상상을 해볼 수 있다. 치료자는 환자에게 감정이나 정서가 강렬하게 느껴지는 동안 떠오르는 부정적 생각에 대해 확인하도록 유도할 수 있다: "당신이 정말 슬픈 감정을 느끼는 동안, 어떤 생각이 들었는지 떠올려볼 수 있나요? '나는 로저 없이는 다시는 행복해질 수 없어'라는 생각을 했을까요?"

양식 2.11을 통해 환자와 치료자는 이러한 가능한 부정적 사고에 대한 추론을 적어볼 수 있다. 많은 환자들이 알 수 없는 무의식적 생각과 동기가 모든 것들의 원인이 된다고 믿을 수도 있기 때문에 이러한 추론은 매우 신중하게 접근해야 한다. 치료자는 이것들이 환자와 함께 감정에 깔려 있는 실제 생각들이 맞는지 검증해야 한다. 또한 환자들은 다음 번에 슬프거나 무망감을 느낄 때, 이러한 문제적 사고를 지켜봄으로써 그 추론이 맞는지 확인해볼 수 있다.

기타 기법에 대한 탐색

하향화살표기법, 감정, 사고, 상황에 대한 모니터링, 내재된 사고를 일깨우는 연상 내용들이 있는지 인지적 오류 확인하기, 정서 환기시키기, 대위법(point-counterpoint), 생각 도전하기, 치료자와 부정적 · 긍정적 생각에 대한 역할 연기 등이 있다.

양식

양식 2.11(부정적 사고 추측하기)

양식 2.1

사건, 사고, 감정 구분하기

사건, 사고, 감정에 대한 사례를 아래 양식에 정리해보세요. 왼쪽 열에 적힌 각각의 문장을 정확하게 사건, 사고, 감정으로 구분할 수 있는지 확인하여 해당 칸에 '×'자로 표시해보세요. 예를 들어 "내 상사는 내 업무를 비판하였다"는 사건입니다.

	사건	사고	감정
내 상사는 내 업무를 비판하였다.			
나는 직업을 잃을 것이다.			
나는 불안하다.			
나는 휴식을 취할 수 없다.			
나는 슬프다.			
차가 막힌다.			
비가 내리고 있다.			
나는 그녀가 나를 좋아하지 않는다고 생각한다.			
나는 창피함을 느낀다.			

양식 2.2
어떻게 생각이 감정을 만드는가

우리의 생각은 종종 우리가 느끼는 방식과 관련이 있습니다. 예를 들어 "시험을 잘 못 볼 것 같다"라는 생각은 불안과 슬픔의 감정을 유발할 수 있습니다. 반대로 "나는 시험을 잘 볼 것이다"라는 생각은 평온함과 자신감을 불러일으킬 수 있습니다. 아래 양식의 왼쪽 열에는 생각을 써보고 오른쪽 열에는 그 생각이 떠올랐을 때 드는 감정을 써보세요.

생각 : 나는 …라고 생각한다	감정 : 그래서 나는 …라고 느낀다

양식 2.3
A-B-C 기법

'활성화 사건'은 당신의 생각이나 신념에 선행되는 사건을 말합니다. 예를 들어, "시험이 내일이다"라는 것은 "나는 준비를 하지 못했다"라는 생각에 선행되는 활성화 사건으로 불안과 걱정이라는 '결과 : 감정' 그리고 시험 공부를 더 열심히 한다는 '결과 : 행동'으로 이어집니다.

같은 활성화 사건도 서로 다른 생각과 감정, 행동을 유발할 수 있습니다. 당신의 상사가 당신의 업무에 대해 뭔가 비판적인 말을 했다고 생각해봅시다(활성화 사건). 당신은 "오늘 그녀가 힘든 일이 있었고 그래서 여기 있는 모두가 다 경험한 것이다"라고 생각해볼 수 있습니다. 그 결과 당신은 다소 좌절하겠지만(감정), 특별히 불안해하지 않을 것이며, 당신의 업무를 계속 이어서 해나갈 것입니다(행동). 반대로 당신이 "그녀가 날 해고할지도 몰라"라고 생각한다면 보다 강한 불안감(감정)을 느낄 수 있고 그래서 속상한 마음에 다음 날 집에서 쉬기로 결정(행동)할 수도 있습니다. 즉, 같은 활성화 사건이라도 다른 생각, 감정, 행동을 이끌 수 있다는 것입니다.

A열에는 당신에게 강한 감정을 유발하는 최근에 벌어진 사건을 적어보세요. B열에는 그 사건이 벌어졌을 때 당신의 머릿속에 떠오른 신념이나 생각을 간단히 적어보세요. C열에는 그 생각과 신념의 결과로 경험한 감정을 쓰고, D열에는 그 생각과 감정의 결과로 시도한 행동을 적어보세요.

A = 활성화 사건	B = 신념(생각)	C = 결과 : 감정	D = 결과 : 행동

양식 2.4
다른 가능한 사실

우리는 때때로 부정적인 생각을 하지만 다른 가능한 효과들에 대해서는 고려하지 않습니다. 예를 들어, 당신은 시험 준비를 하지 않았다고 생각하지만, 긍정적인 다른 가능한 사실들을 생각해볼 수도 있습니다. 예를 들어, 당신은 똑똑하다거나, 이미 일부 내용을 읽어봤다거나 일부 자료를 공부했다거나 말입니다. 아래 양식의 왼쪽 열에는 부정적인 생각을 찾아서 써보고, 오른쪽 열에는 긍정적인 다른 가능한 사실들을 한번 적어보세요.

부정적 생각	가능한 긍정적 사실

양식 2.5
감정과 신념 평가하기

당신의 부정적 생각을 얼만큼 믿는가 하는 것은 사건과 시점에 따라 달라질 수 있습니다. 당신이 부정적 생각을 떠올릴 때 당신이 경험하는 사건 또는 상황을 적어보세요. 예를 들어, '혼자 앉아 있기', '파티에 가는 상상해보기', '어떤 일을 끝내려 노력하기' 등과 같이 반복되는 사건과 상황을 써보고, 당신의 부정적 사고와 함께 그에 대한 신념의 강도, 어떤 감정을 느끼고 그 감정의 강도는 어떠한지를 써보세요.

사건/상황	부정적 사고와 신념의 강도(0~100%)	감정과 감정의 강도(0~100%)

양식 2.6
생각에 대한 신념의 강도 추적하기

당신의 부정적 신념에 대해 얼마나 동의하는가 하는 것은 하루 중에도 여러 번 바뀔 수 있습니다. 예를 들어 "나는 어떤 것도 할 수 없다"는 신념은 당신이 아침에 침대에 누워 있을 때 매우 강할 수 있습니다. 이것을 95% 정도라고 해봅시다. 하지만 당신이 회사에 있을 때, 이 생각에 대한 신념의 수준은 10%에 불과할 것입니다. 며칠에 걸쳐 당신의 부정적 신념을 한번 지켜보면서 당신이 그 신념에 동의하는 수준이 어떤 차이를 보이는지를 찾아보세요. 변화가 생긴다면 그때 당신은 무엇을 하고 있습니까? 누구와 함께 있나요? 시간대에 따라 그 신념의 강도는 달라지나요?

부정적 신념 :			
시간/활동	%(신념의 강도)	시간/활동	%(신념의 강도)
오전 6시		오후 4시	
7시		5시	
8시		6시	
9시		7시	
10시		8시	
11시		9시	
12시 정오		10시	
오후 1시		11시	
2시		12시	
3시		새벽 1시	

양식 2.7

인지적 왜곡 체크리스트

1. **마음 읽기**(mind reading) : 당신은 당신의 생각에 대한 충분한 증거 없이 다른 사람들이 생각하는 것을 알고 있다고 가정합니다. 예 : "그는 내가 실패자라고 생각한다"

2. **점치기**(fortune telling) : 당신은 위험이 도사리거나 상황이 악화될 미래를 예측합니다. 예 : "나는 시험에 떨어질 것이다" 또는 "나는 그 직업을 얻지 못할 것이다"

3. **파국화**(catastrophizing) : 당신은 과거 또는 미래의 사건이 너무 끔찍하고 참을 수 없어 스스로 견디지 못할 것이라고 생각합니다. 예 : "내가 실패한다면 그건 끔찍할 거야"

4. **낙인찍기**(labelling) : 당신은 스스로와 다른 사람에게 부정적 특질을 일반화시켜 생각합니다. 예 : "나는 바람직하지 않다", "그는 비열한 사람이다"

5. **긍정성의 평가절하**(discounting positives) : 당신은 당신이나 다른 사람이 얻은 긍정적 성취가 별 거 아니라고 주장합니다. 예 : "그건 모든 주부들이 하는 일이에요", "그녀가 나에게 친절한 건 아무 소용이 없어요", "이런 성공은 쉬운 거죠. 그건 특별한 게 아니에요"

6. **부정적 사고의 강조**(negative filter) : 당신은 부정적인 것에 한정하여 초점을 맞추고 긍정적인 것은 보려 하지 않습니다. 예 : "모든 사람들이 나를 좋아하지 않는 걸 좀 보세요"

7. **과잉일반화**(overgeneralizing) : 당신은 한 가지 사건에 기초해서 부정적인 것을 일반화시켜 생각합니다. 예 : "이것은 대개 나에게 일어나는 일이죠. 나는 많은 것에서 실패하곤 해요"

8. **이분법적 사고**(dichotomous thinking) : 당신은 사건이나 사람을 바라볼 때 흑백논리로 바라봅니다. 예 : "나는 모두에게 거절당할 거야", "그것은 시간 낭비야"

9. **당위적 사고**(should) : 당신은 단순히 사건 자체를 생각하기보다 어땠어야 하는지로 해석합니다. 예 : "나는 더 잘해야 한다. 그렇지 않으면 나는 실패자다"

10. **개인화** : 당신은 부정적 사건에 대해 지나치게 많은 부분을 자신의 탓으로 돌리고 다른 사람이 저지른 잘못에 대해 보려 하지 않습니다. 예 : "내가 실패했기 때문에 내 결혼생활은 끝난 것이다"

11. **비난하기**(blaming) : 당신은 다른 사람이 당신의 부정적 감정의 원인이라고 보고 스스로를 변화시켜야 할 책임은 외면합니다. 예 : "그녀는 내가 지금 갖는 감정에 대해 책임이 있다", "내 부모님이 내 모든 문제의 원인이다"

12. **불공평한 비교** : 당신은 당신보다 잘하는 사람에게만 초점을 두고 스스로를 비교의 열위에 있다고 판단함으로써 비현실적인 기준에 맞추어 사건을 해석합니다. 예 : "그녀는 나보다 더 성공했다", "다른 사람들은 내 시험 성적보다 더 잘했다"

13. **후회 성향** : 당신은 지금 더 잘할 수 있을 것이라는 생각보다는 과거에 더 잘할 수 있었을 것이라는 생각에 사로잡혀 있다. 예 : "내가 더 노력했으면 더 나은 직업을 가졌을 것이다", "나는 그 말을 하지 말았어야 했다"

14. **만약에 …하면**(what if) : 당신은 "만약에 …하면" 어떤 일이 일어날까에 대한 반복된 질문을 던지고 어떤 대답에도 만족하지 못합니다. 예 : "음. 하지만 만약 내가 불안해지면?", "만약 내가 숨을 참지 못하면?"

15. **정서적 추론**(emotional reasoning) : 당신은 당신의 감정에 따라 현실을 해석하려 합니다. 예 : "나는 우울하다. 분명 내 결혼생활이 문제가 있는 것이다"

16. **거절에 대한 불능**(inability to disconfirm) : 당신은 당신의 부정적 생각에 반하는 어떤 증거나 주장도 받아들이지 못합니다. 예를 들어, 당신이 "나는 사랑받을 수 없어"라고 생각할 때, 당신은 사람들이 당신을 좋아한다는 어떤 증거도 모두 부적절하다고 생각하고 받아들이지 않습니다. 결과적으로 당신의 사고는 논박할 수 없습니다. 또 다른 예는 "이건 진짜 문제가 아니다. 더 깊은 문제가 있다. 다른 요인들이 존재한다"

17. **평가 초점** : 당신은 당신 자신, 타인 그리고 사건에 대해 단순하게 설명하고 수용하고 이해하기보다는 흑백논리로 평가하려 합니다(좋고 나쁨, 우등과 열등). 당신은 지속적으로 임의적인 기준에 맞추어 스스로와 타인을 제단하고 부족하다고 판단합니다. 당신은 스스로에 대한 당신 자신의 판단뿐 아니라, 타인에 대한 판단에도 집착합니다. 예 : "나는 대학에서 성적이 좋지 못했다", "내가 테니스를 하면 잘할 수 없을 것이다", "그녀가 얼마나 성공했는지를 봐라, 나는 그만큼 성공할 수 없다"

양식 2.8
왜곡된 사고 분류하기

왼쪽 열에는 당신이 가진 자동적 사고를 적고, 오른쪽 열에는 이 사고가 속하는 왜곡된 사고 유형을 확인해보세요. 왜곡된 사고 유형으로는 다음을 활용하세요: 마음 읽기, 점치기, 파국화, 낙인찍기, 긍정성의 평가절하, 부정적 사고의 강조, 과잉일반화, 이분법적 사고, 당위적 사고, 개인화, 비난하기, 불공평한 비교, 후회 성향, '만약에 …하면', 정서적 추론, 거절에 대한 불능, 평가 초점.

자동적 사고	인지적 왜곡

양식 2.9
하향화살표기법(내 생각이 맞다면 그것이 왜 나를 힘들게 하는가?)

우리에게 어떤 사건의 의미를 평가하는 한 가지 방법은 그 사건에 대해 갖고 있는 일련의 생각들을 살펴보는 것입니다. 예를 들어, 그 사건이 내가 혼자 있는 것이라고 해봅시다. 첫 번째 생각은 "나는 누구와도 함께 하지 못할 것이다"입니다. 만약 그 생각이 사실이라면, 나는 "…왜냐하면 나는 사랑받을 수 없기 때문에"라고 결론을 내릴 수 있습니다. 그리고 만약 그 생각이 사실이라면, 나는 "나는 누군가 없이는 행복해질 수 없다"라고 생각할 수 있습니다. 우리는 이것을 '하향화살표'라고 부르는데, 생각이 그다음 생각으로 이어지기 때문입니다. 아래 양식에서, 일련의 사건과 생각의 흐름에 대해 화살표를 따라 확인해보세요.

사건 : _____

생각

그것은 내가 …생각이 들게 하므로 나를 괴롭힌다.

생각

이것의 의미는

이것의 의미는

이것의 의미는

이것의 의미는

양식 2.10
순서대로 확률 추론하기

우리는 각 사건이 순서에 따라 발생 확률이 점점 낮아지는 데 반해, 그 일련의 사건에 대해 기분이 나빠지고는 합니다. 예를 들어, 누군가 "내 상사는 기분이 나쁘다"라고 생각했을 때 그 확률을 50%라고 하고, "만약 그녀가 기분이 나쁘다면, 나는 해고될 것이다"라고 생각한 후 그 확률을 10%로 볼 수 있습니다.

사건 : _____

그것은 내가 …생각이 들게 하므로 나를 괴롭힌다.

생각

⬇

이것의 의미는 [확률]

⬇

이것의 의미는 [확률]

⬇

이것의 의미는 [확률]

⬇

이것의 의미는 [확률]

양식 2.11
부정적 사고 수습하기

'정서'란 슬프고 불안하고 화나고 무기력하거나 희망이 없는 감정을 말합니다. 가운데 열에는 이러한 감정들과 함께 떠오르는 '가능한 부정적 사고'들을 적어보세요. 오른쪽 열에는 0~100%까지의 척도를 활용하여 각각의 부정적 사고에 대한 당신의 신념의 강도를 평가해보세요.

정서	가능한 부정적 사고	신념의 강도(0~100%)

제3장

사고 평가하기와 검증하기

환자와 치료자가 다양한 부정적 사고를 구체화해서 범주화하고, 그것들이 우울, 불안, 분노와 어떻게 연관되는지 조사한 이후의 단계는, 이러한 사고들을 평가하고 검증하고 도전하는 것이다. 인지치료는 우울, 불안, 그리고 분노와 관련된 사고의 확인과 현실의 정확한 혹은 균형잡힌 설명인가의 관점에서 이러한 사고의 타당성을 평가하는 것과 연관되어 있다. 사람이 부정적인 사고를 가지고 있다는 것을 인식하는 것은 단순하지 않다. 사람들은 이러한 생각들이 사실에 근거하는지, 유용한지, 그리고 단지 자신만이 아니라 보편적으로 적용할 수 있는 생각들인지 여부를 조사함으로써 그러한 생각의 신뢰성에 초점을 맞출 수 있다. 그래서 인지치료에서 불쾌한 감정과 연관된 사고를 검토하는 것은 이러한 사고의 신뢰성 또는 지각된 타당성이 환자의 어려움을 유지시키는 것이라는 가정에 기반하고 있다.

치료자는 문제가 되는 사고를 이끌어내고 확인해내기 위해서 환자와 함께 작업하지만 또한 환자에게 미치는 이러한 사고의 신뢰성이나 영향력을 평가하는 데에도 집중을 한다. 예를 들어, "나는 실패자다"라는 생각을 가지는 것은 가능하지만, 이러한 낙인을 논박할 증거가 압도적으로 많다면 신뢰성이 거의 없다. 더욱이 인지행동치료자는 환자가 부정적인 생각이 든다고 해서 반드시 그러한 생각과 일치하는 방식으로 행동해야만 하는 것은 아님을 검증할 수 있도록 도울 것이다. 예를 들어, 만약 사람들이 지루해하고 있다고 믿는다고 해서 자신의 의견을 표현해서는 안 된다고 생각할 필요는 없다. 사람들은 마치 그 생각을 믿지 않았던 것처럼 그 생각과는 반대로 행동할 수 있다. 행동 실험과 기법들을 설명할 때, 그리고 상위인지치료가 사고의 발생(심지어 생각의 신뢰도까지)이 행동 선택을 통제할 필요가 없다는 것을 환자가 인식하도록 도울 수 있는 방법을 간략히 설명하기 위해서, 나는 행동으로부터 사고를 분리해내는 것을 먼저 검토하고자 한다.

인지모델의 중심 가정은 의심과 회의가 힘을 실어줄 수 있다는 것이다. 실제로 예를 들어, "나는 치료가 나를 도와줄 것인지 모르겠다"라는 그(녀)의 의심을 분명히 말하면서 치료를 시작하는 환자는 건강한 회의론을 개발하도록 격려받을 수 있다. 치료자는 그 의심과 함께 할 수 있다. 즉, "우리는 솔직한 회의는 이러한 종류의 지료에서 이용되는 가장 강력한 도구 중 하나가 될 수 있다는 것을 알게 됩니다. 나는 당신이 우리가 하는 일과 당신이 가지고 있는 부정적인 생각, 둘 다에서 의심의 이러한 힘을 적용할 것을 권합니다. 의심이 클수록, 당신이 취하는 생각과 행동의 평가에 적용할 수 있는 솔직성이 커지는 것입니다. 의심은 우리에게 우리가 일하고 생각하는 것을 자유롭게 검토할 수 있도록 해줍니다. 당신은 낡은 습관이나 당신이 느낄지도 모르는 방식으로 제한받기를 원하지 않습니다. 당신은 어떤 생각도 할 수 있고 '내가 그것에 대해 의심한다면 어떤 일이 일어날지 생각해봅시다'라고 말할 수도 있습니다. 그리고 우리는 더 나아갈 수 있으며, '의심이 든다 해도 행동을 취하는 것이 가능하다'고 제안할 수 있습니다. 예를 들어 당신이 '나는 내 친구들과 함께 나가면 즐거운 시간을 보낼 것이라고 생각하지 않는다'는 의심을 할 수도 있습니다. 그러나 당신은 그러한 의심에도 불구하고 수행하는 것을 선택할 수 있습니다. 즉 취할 선택과 의심을 분리할 수 있습니다."

사람들이 부정적인 생각을 가질 수 있지만 그것을 믿지 않을 수도 있다. 이 '신뢰성' 의제는 인지모델에서 사고를 조사하고 검증하고 도전하는 데 중점을 두는 부분이다. 사람들은 완전히 믿지 않으면서 그리고 그 생각이 자신의 선택을 통제하도록 하지 않으면서도 어떤 생각들을 할 수 있다. 인지치료는 사고의 억제에 대한 치료가 아니다.

이 장에서는 부정적인 사고가 때로는 사실이라는 것을 기억하면서 부정적 사고의 타당성을 검증하기 위해서 이용되어 온 다양한 기법들을 고려할 것이다. 인지치료는 '긍정적 사고의 힘'을 옹호하는 것이 아니며, 생각되고 있는 것이 무엇이든 그것을 식별하고 그 타당성을 조사할 수 있는 힘을 옹호한다. 몇몇의 사람들은 예를 들어 알코올 또는 약물을 남용하는 개인들 또는 조증 경향성을 가진 사람들은 그들의 행동에 대한 부정적인 의미를 과소평가한다(Leahy, 1999, 2002a, 2002b). 기법적으로 인지치료자들은 의미를 조사하고, 증거를 찾거나 대안적인 해석을 고려하면서 사고를 평가하거나 검증한다. 그러나 때때로 치료자는 적극적인 논박을 통해 새롭고 보다 적응적인 해석을 활성화하기 위해 환자에게 보다 격렬한 도전을 요청할 수도 있다. 어떤 의미에서 이러한 도전이나 논박은 어떤 부정적인 사고의 타당성을 검증하기 위한 방법이다. 만약 부정적인 사고가 타당하다면, 격렬한 도전을 견디어낼 수 있어야만 할 것이다. 그러나 환자와 논쟁하는 지나친 논박은 환자에게 인정받지 못하거나, 지배받거나, 모욕당하거나, 오해받는다는 느낌을 일으킬 수 있다는 것을 치료자는 알고 있어야만 한다. 이러한 주의 사항을 염두에 두고 환자가 고려 중인 생각의 유효성을 검사하는 데 도움이 될 수 있는 기법 예시들을 살펴보자.

기법 : 용어 정의하기

설명하기

치료자는 환자에게 다음 단계를 이런 방법으로 설명할 수 있다: "당신의 생각을 조사하고 도전하기 위해서 우리는 당신이 무엇에 대해서 말하고 있는지를 알아야만 합니다. 만약 당신이 자신을 '실패자'라고 낙인 찍으면 우리는 실패자가 무엇을 의미하는지를 알 필요가 있습니다" 당신은 실패자를 어떻게 정의하는가? 당신은 자신에게 혹은 다른 사람들에 있어서 결코 정의해본 적이 없는 용어와 개념을 사용하고 있는가? 용어 정의하기 기법은 당신이 사용하고 있는 용어의 의미를 정의하기 위한 질문을 당신에게 하기 때문에 '의미론적 기법'으로 알려져 있다. 당신이 연구를 수행하고 있는 과학자 또는 심리학자라고 상상해보자. 누군가가 "빌은 실패자"라고 말하면 당신은 만약 이 진술이 빌에 대한 정확한 지각을 반영하는 것인지의 여부를 결정하고자 할 것이다. 우선 우리가 해야 할 것은 **실패자**를 정의하는 것이다. 예를 들어, 당신은 다음과 같이 실패자를 정의할 수도 있다.

- 성공하지 못한 것
- 상을 받을 수 없는 것
- 모든 것에 있어 거의 모든 사람보다 열등한 것

"또한 당신이 자기 비판과 우울증에 걸리기 쉬운 사람이라면, 당신은 혼자만의 실패자를 정의하는 다소 독특한 방식을 가지고 있을 것입니다. 당신은 실패자를 거의 아무도 정의하지 않는 방식으로 정의할 것입니다." 예를 들면, 당신은 다음과 같은 준거로 스스로를 실패자로 정의할 것이다.

- 내가 잘하고 싶은 것만큼 하지 못함
- 스스로 최선을 다하지 않음
- 다른 사람만큼 잘하는 것이 없음
- 하나의 일을 제대로 수행하지 못함

"그래서 오늘 우리는 실패에 대한 당신의 정의를 발견할 것이다."

토론 안건

"당신은 당신을 괴롭히는 일들을 어떻게 정의하나요? 예를 들어, 우리는 누군가가 무가치한지, 성공했는지, 실패했는지 등등을 어떻게 알 수 있을까요? 우리는 누군가가 이러한 것들 중에 어디에 속하는지를 어떻게 알 수 있을까요? 구체화된 정의를 제시하세요. 당신이 말하고 있는 것의 예시로서 우리는 현실에서 무엇을 관찰할 수 있을까요? 만약 당신이 무엇을 보고 있는지를 알 수 있는 방법을 누군가에게 가르치고 있다면, 당신은 예시로서 무엇을 지적할까요? 그 사람은 당신의 정의에 즉시 동의할 수 있을까요? 어째서 그렇죠 또는 어째서 그렇지 않죠?"

예

치료자 : 당신은 빌이 당신 곁을 떠난 후부터 실패자처럼 느낀다고 말했어요. 당신은 실패자를 어떻게 정의하나요?

환자 : 글쎄요, 결혼 생활이 원만하지 않았어요.

치료자 : 그래서, 당신이 사람으로서 실패자이기 때문에 결혼이 원만하지 않았다고 믿는군요?

환자 : 만약 성공했더라면, 그가 지금까지 나와 같이 있겠죠.

치료자 : 그럼, 우리는 결혼에 실패한 사람은 모두 실패자로 결론 내릴 수 있나요?

환자 : 아니요, 나는 그건 좀 거리가 멀다고 생각합니다.

치료자 : 어째서 그렇지 않죠? 당신에게 해당되는 정의와 다른 사람을 위한 다른 정의가 있어야 합니까?

이 예에서는 치료자는 실패자라는 용어를 그가 어떻게 사용하고 있는지를 확인할 수 있도록 도와주었고, 그 정의를 다른 사람에게까지 일반화하는 것의 의미를 확인시켰다. 정의의 핵심 요소 중에 하나는 적용함에 있어서 보편적이어야 한다는 것이다. 정의는 명확하고, 보편적이며 내적으로 일관성이 있어야 할 필요가 있다. 예를 들어, 내 관계가 잘 풀리지 않는다고 해도 이것이 다른 누구에게도 적용되지 않는다면 자신을 실패자라고 논리적으로 말할 수 없다. '예외적으로 크게 성공적인 것'보다 약간 못한 것을 실패자로 정의한 사람들은 그들의 정의를 이분법적 용어로 하는 양극화된 것임을 알 수 있다. 즉, '완전한 성공' 대 '완전한 실패'만이 있을 뿐이다. 그것을 모든 사람에게 적용할 수 있을까? 의미론적 기법의 변형은 환자에게 다른 사람들이 '성공 또는 실패'를 어떻게 정의하고 있는지를 말해보도록 요청하는 것이다. 나는 환자에게 '성공' 또는 '가치 있는'과 같은 용어를 정의해보도록 요청함으로써 연속선상의 긍정적인 면에 초점을 맞추는 것을 선호한다. 연속선상에 긍정적인 측면을 포함함으로써, 환자는 단순히 극단적으로 부정적인 성질의 반대가 아니라 '긍정적인 특성'을 지니고 있다는 증거들을 조사할 수 있다.

치료자 : 당신은 실패자에 대한 당신의 정의가 다른 사람들이 그것을 이해하는 방식과 상당히 다르다는 것을 아셨죠. 사람들은 이혼한 사람들을 실패자라고 거의 말하지 않아요. 이제 긍정적인 극단에 초점을 맞추어봅시다. 대부분의 사람들은 사람들과의 관계에서 성공을 어떻게 정의하나요?

환자 : 글쎄요, 그들은 자신의 목표에 일부 도달했을 때 성공적이라고 말하는 것 같아요.

치료자 : 좋아요. 사람들이 몇 가지 목표에 도달했다면 그들을 성공했다고 말할 수 있을까요?

환자 : 그래요.

치료자 : 우리는 사람들이 성공에 대해 다른 수준을 가지고 있다고도 말할 수 있나요? 몇몇 사람들은 다른 사람보다 더 많이 목표에 도달할 수 있나요?

환자 : 그 말이 맞는 것처럼 들립니다.

치료자 : 그렇다면, 이런 생각들을 당신에게 적용한다면, 당신이 인생에서 당신의 목표 중 일부에 도달했다고 말할 수 있나요?

환자 : 네, 나는 대학을 졸업했고, 6년 동안 일을 했습니다. 나는 아들을 바쁘게 키웠고, 그는 지난 몇 년 동안 몇 가지 의료 문제를 겪었지만 나는 그를 위해 바로 의사와 만났어요.

치료자 : 그럼, 우리는 이런 성공적인 행동을 당신의 일부라고 해도 될까요?

환자 : 맞아요. 나는 몇 가지 성공을 했어요.

치료자 : 그렇다면, 당신의 생각에 모순이 있군요. 당신 자신을 실패자로 부르면서 당신은 일부 성공했다고 말하는군요.

환자 : 네, 그것은 말이 안 되네요, 그렇죠?

과제

양식 3.1을 사용해서 환자는 그들의 부정적인 사고에 대한 용어를 정의하는 연습을 할 수 있다. 그림 3.1은 어떤 남자 환자의 생각이 매우 특이하다는 가능성을 실제로 시험해보기 위해 그의 정의를 표현한 예시이다. 환자는 자신이 사용하고 있는 용어의 최선의 정의를 내리도록 요청받을 수 있다.

일어날 수 있는 문제

일부 환자들에게 느낌은 "나는 실패자처럼 느낀다"와 같이 정의된다. 이 '정서적인 추론'은 자신이 실패자라는 그(녀)의 개념을 지지하기 위해 사용하는 증거일 뿐이다. 나는 환자들에게 사전이 정의하는 방식을 조사해보라고 제안한다. 사전은 어떤 한 단어의 일반적인 사용, 즉 "대부분의 사람들은 **실패자**를 어떻게 정의하는가?"와 같은 것을 조사한다. 우리는 과학적 연구(다른 사람들이 같은 사실을 보고 같은 결론에 도달하게 하는)에서 사용하는 정의를 찾아내기 위해 노력해야 한다고 제안한다. 예를 들어, 내가 '추운'을 '화씨 30도 이하'로 정의하면, 그다음 사람들은 밖이 추운지 아닌지를 쉽게 결정할 수 있다. 만약 내가 성공적인 행동을 목표를 향해서 전진하는 것으로 정의한다면, 그때 나는 누군가가 그(녀)의 목표를 향해서 전진하고 있는지 여부를 평가할 수 있고 그(녀)가 그 행동의 결과로 어떤 성공을 이루었는지를 결정할 수 있다.

환자의 정의에서 종종 일어날 수 있는 다른 문제점들은 너무 포괄적이거나 애매하거나 특이하

자동적 사고 : "나에게 제대로 된 인간관계는 없다."

용어	정의	자신의 정의와 관련 있는 문제점
어느 누구도 없음	한 명도 없음	이분법적 사고. 나는 긍정적이고 부정적인 다양한, 많은 다른 종류의 인간관계를 맺고 있다.
관계	낭만적 관계	나는 수많은 종류의 우정, 낭만적 관계 그리고 단기적 관계 등을 가지고 있다.
관계의 효과성	영원하고, 행복한 결혼으로 결론이 남	효과성이 있다는 것이 영원하고 더 없이 행복한 결혼을 의미하는 것은 아니다. 실상은 시간의 다양한 수준에서 부정적이기보다 좀 더 긍정적일 수 있다.

그림 3.1 용어 정의하기의 예

거나 일관성이 없다는 것이다. 정의는 기분의 변화에 따라서 변할 수도 있다. 정의가 분명하지도 않고 충분히 정확하지도 않다는 것을 환자에게 지적해주는 것이 유용하다. 이러한 것을 전달하기 위한 방법은 "다른 사람들이 당신의 실패자에 대한 정의를 사용한다면, 그들은 나가서 어떤 사람이 실패자인지를 당신의 정의대로 결정할 수 있습니까?"라고 질문하는 것이다. 환자의 정의가 너무 독특해서 다른 사람들이 같은 용어를 정의하는 방법과 거의 유사하지 않다는 점을 강조할 필요가 있다. 치료자는 "이것이 대부분의 사람들이 이 용어를 정의하는 방식입니까?" 또는 "다른 사람들은 이 용어를 어떻게 사용합니까?"라고 질문해야만 한다. 다음과 같이 유머를 섞을 수 있다. "당신의 주치의가 검사를 수행하고 당신 안에서 실패자가 어디에 있는지 찾아낼 수 있습니까?" 또는 "우리가 모두에게 실시할 수 있는 실패자에 대한 확인 검사가 있습니까?"

더욱이 용어는 가치가 부여되어 있고 주관적으로 결정되므로 실제로 정의를 따르기가 쉽지 않다. 예를 들면, 우리의 의도에 있어서 '훌륭한 사람'이라는 용어는 의미가 없는데, 우리에게 누가 훌륭한 사람이고, 누가 아닌지를 결정할 수 있는 방법이 없기 때문이다. 우리는 자기 자신과 다른 사람들에게 가치 있는 행동을 '보람 있는 행동'이라는 용어로 이해할 수 있지만, 심지어 이 시점에서 특정 맥락에 있는 이 개인에 대해서만 가치 있는 일이기 때문에 마치 얇은 얼음 위에서 스케이트를 타는 위태로운 일과 같은 것을 한다. 제공된 정의에 대한 또 다른 도전은 부정적인 평가 용어를 사용하지 않고 무슨 일이 있었는지를 좀 더 간단히 설명할 수 있는 방법이 있는지를 물어보는 것이다. 예를 들면 "'이 행동이 나에게 그때 효과적이지 않았다는 것'을 말하는 좀 더 정확한 방법은 어떤 것이죠?" 실제로 일어난 일에 대해 전반적이고 특이한 용어 대신 더 구체적이고 중립적인 서술 용어로 대체함으로써 부정적인 영향은 줄어든다. 나는 다른 기법에 대해서 좀 더 살피기 위해서 모호함, 과장된 사고 및 부정적인 평가의 이슈로 다시 돌아간다. '훌륭한 사람', '패배자' 또는 '모든 것을 실패한 사람'과 같은 의미 없는 용어들로 인해 당황했다는 것을 개인들이 알게 되는 것이 보편적이다. 환자에게 다소 바람직한 행동에 초점을 맞춰 환자를 돕는 것은 이러한 행동이 어떻게 빈도를 증가시키거나 감소시키는지에 대한 평가 단계를 설정하도록 한다. 정말로 가장 유익한 정의는 공개적으로 증명 가능하고, 명확하고 반복 검증 가능하며, 행동의 융통성과 자유의 기회를 제공해준다.

기타 기법에 대한 탐색

관련된 기법으로는 자동적 사고 이끌어내기, 자동적 사고를 인지적 왜곡으로 범주화하기, 사고의 타당성을 지지하거나 반대하는 증거 찾기, 증거의 질 조사하기가 있다.

양식

양식 3.1(용어 정의하기)

기법 : 명확하고 공정한 의사결정하기

설명하기

주목한 바와 같이, 사람들은 우울, 불안 그리고 분노를 유발하는 말을 막연하고 그들 자신의 관심에 편향된 방식으로 정의내리는 것이 일반적이다. 연구를 수행하거나 지적인 논의에 개입할 때, 우리가 사용하고 있는 용어에 동의해야 공동의 기반하에서 계속 진행할 수 있다. 우울에 취약한 사람들은 과잉일반화된 언어를 사용하고 그래서 특정한 세부적인 사항은 종종 명확하지 않은 채로 남아 있다(Williams, Teasdale, Segal, & Soulsby, 2000). 예를 들면, '실패'를 '아주 옳지 않은 것'으로 정의내린 사람은 모호하고, 지나치게 일반화시켜서, 평가하기 어려운 용어로 안내된 것이다. '아주 옳지 않은 일들'을 우리가 어떻게 평가할 수 있고 어떻게 잘못되었다는 것을 밝힐 수 있을까? 더욱이, 어떤 용어나 정의는 개인에게 현저히 불공정하다. 예를 들어, '실패'는 '일을 원하는 대로 작동시키지 못하는 것'과 같다고 주장하는 것이 한 예가 될 수 있다. 이 특이한 정의는 개개인에 대해 불리한 것인데, 왜냐면 거의 모든 사람들이 자신이 원했던 방식대로 일이 정확하게 작동하지 않는 어떤 때가 있다고 말할 수 있기 때문이다. 어떤 정의를 사용하는 대부분의 사람들에게 부정적인 수행 결과를 가져다주는 편향이 있는 것이라면, 우리는 그것을 '불공정'하다고 간주할 것이다. 이용할 수 있는 기법에는 어떤 한 정의의 명확성과 공정성을 평가하는 것이 있다.

토론 안건

"당신은 정의를 제안하였지만, 내가 우선 평가하기를 원하는 것은 당신이 사용하고 있는 그 용어의 정의가 완벽히 명확한지의 여부입니다. 예를 들어, 이것을 듣고 있는 누군가가 당신이 의미하는 것을 정확히 이해할 수 있습니까? 그들이 관찰하고 있는 것이 당신이 의미하는 것인지 여부를 그들이 어떻게 알죠? 실생활에서 명확하고 쉽게 볼 수 있는 정의의 예는 '의자'는 다리가 있고 앉을 자리가 있는 가구라고 말하는 것입니다. 사람들은 개를 의자와 혼동하지 않지요. 그들은 차이를 쉽게 알 수 있습니다. 그러나 당신이 사물에 대해서 정의내리는 방식은 막연하거나 명확하지 않습니다. 예를 들어, 당신이 '실패'를 당신이 원하는 것이 잘되지 않는 것으로 정의내리면 그 정의를 듣는 모두가 그것이 무엇을 의미하는지 정확히 알 수 있을까요?" 더욱이, 치료자는 그 정의의 '공정성'에 대해서 질문할 수 있습니다. 예를 들어, 만약 '실패'를 당신이 원하는 것을 얻지 못하는 것으로 정의한다면, 그러면 자신들이 원하는 것을 얻지 못한 모든 사람은 '실패자'인가요? 만약 그렇지 않다면, 당신이 사용하고 있는 정의는 당신에게 공정하지 않은 것으로 간주될 수 있습니다. 우리의 목표는 명확하고 공정한 용어나 정의를 가지는 것입니다."

예

치료자 : 당신을 화나게 하는 용어를 사용할 때 당신이 생각하고 있는 것에 대해서 명확히 하는 것은 매우 중요합니다. 어떤 면에서, 어떤 생각은 도구나 목표와 같지요. 그것은 일들을 일어나게 하는 도구입니다. 예를 들어, "나는 실패자"라는 생각은 나를 비난하게 하는 도구인 셈이지요. 또한 평가를 위한 표적이 됩니다. 우리는 당신이 사용하는 용어가 말이 되는지 어떤지를 알아보려고 그 생각에 초점을 맞추기 시작할 것입니다. 그것들은 명확한가요? 그리고 공정한가요?

환자 : '명확한'이 어떤 의미인지 확신할 수 없네요.

치료자 : 음, 그것이 요점입니다. 그것들이 너무 불명확해서 우리 중 한 사람이나 둘이 모두 무엇을 말하는지 알 수 없다면 그 생각을 우리는 어떻게 평가하죠? 그래서 당신이 '내가 원하는 것을 얻을 수 없는 것'으로 정의내린 "나는 실패자다"라는 생각을 떠올려봅시다. 행동을 보고 있는 누군가가 어떻게 "당신이 원하는 것을 얻을 수 없다"고 말할 수 있을까요? 그 사람이 당신을 아침에 일어나는 시간부터 저녁에 잠자리에 드는 그 시간까지 관찰하였다면, 그것이 그(녀)에게 명확한 것입니까?

환자 : (잠깐 멈추면서) 나는 그런 방식으로 그것에 대해 생각하지 않았어요. 그것은 내가 실패자라고 생각할 때 내가 어떻게 느꼈는지에 관한 것입니다.

치료자 : '어떻게 내가 느꼈는지'가 재미있는 관찰입니다. 그것은 마치 "나는 실패자"라는 당신의 생각이 느낌이라는 것이지요. 그것은 전적으로 사실적이라기보다는 정서적인 것입니다. 우리는 매우 정서적인 생각들이 상당히 막연하다는 것을 종종 알게 됩니다. "이것은 의자다"라는 생각은 명확하죠, 우리는 그것이 의자라는 것에 동의할 수도 또는 동의하지 않을 수도 있습니다. 그러나 "나는 실패자

다"라는 것은 명확성을 가진 것이 아니죠, 그렇지 않나요?

환자 : 아니요, 그것은 강력하게 느꼈지만 그것을 정확히 표현하기가 어려워요.

치료자 : 그러면 그것의 아이러니에 대해서 생각해보세요. 내가 그것을 명확히 표현할 수 없다면, 다른 사람들이 그것이 무엇을 의미하는지를 알 수 없다면, 그러면 그렇게 막연하고, 표현하기 힘들어서 애매함과 부정확성으로 저 자신을 벌주고 있다는 것에 대해서 제가 나쁘다고 느끼고 있어야 할까요?

환자 : 당신 말이 맞다고 생각합니다.

치료자 : 그리고 만약 그것이 너무나 막연하다면, 당신이 옳은지 또는 그른지를 알기가 어렵고 당신에게 무망감이나 무력감을 느끼게 할 것입니다.

환자 : 그것이 내가 느끼는 것이에요.

치료자 : 그래서 우리가 할 필요가 있는 것은 우리가 사용하고 있는 용어에 대해서 좀 더 명확하고, 좀 더 정확해지는 것이며, 그래서 결과적으로는 정말로 우리가 생각하는 것, 그것이 사실인지를 아는 것입니다. 명확해지는 한 가지 방법은 우리 모두가 관찰할 수 있는 일이나 행동에 있어서 당신이 정의한 용어들을 사용하는 것입니다. 예를 들면, 그것이 의자이고 저것은 시계라는 것을 관찰할 수 있어요. 우리는 내가 지금 오른팔을 들었고 그러고 나서 오른팔을 바로 내린 것을 관찰했어요. 좋은 정의는 그것 자체가 당신이 동의할 수 있는 쉬운 관찰로 이끌어줍니다. 모든 사람이 당신의 행동을 관찰해서 당신이 실패자라고 결론내릴 수 있다고 생각하십니까?

환자 : 아니요, 그들은 제가 제 자신에 대해서 느끼는 똑같은 방식대로 느낄 수 없어요.

치료자 : 그렇다면, 우리가 '실패자'나 '가치 있는'과 같은 모호한 용어보다는 행동이나 관찰 가능한 일들에 대해서 생각하기를 시작한다면 어떨까요? 당신에게 있어서 '실패자'가 어떤 의미인지를 누군가에게 정확히 이해시키고자 가르치고 있다고 가정해보세요. 다른 사람이 어떤 용어를 사용하는 것과 같은 방식으로 그 용어를 당신이 사용하고 있는지의 여부를 그 사람이 궁금해한다고 상상해보세요.

과제

치료자는 환자에게 그(녀)가 저조한 기분을 느낄 때 사용하는, 예를 들어, '실패', '실패자', 또는 '지루한'과 같은 수많은 용어들의 목록을 작성해보도록 요구할 수 있다. 그리고 나서 환자는 이러한 용어들의 의미가 어떤 것인지를 정의할 수 있다. 게다가 환자는 스스로에게 다음과 같은 질문을 해볼 수 있다: (1) "이 정의가 정말로 명확해서 모든 사람들이 내가 지금 말하고 있는 것을 정확히 알 수 있을까?" (2) "만약 내가 이 정의를 모든 사람에게 적용한다면, 그들은 그것이 공정하다고 생각할까?" (3) "내가 사용하고 있는 보편적인 용어를 대표할만한 행동의 예시에는 어떤 것이 있을까?" 예를 들면, 만약 환자가 실패를 '자신이 원하는 것을 얻지 못한 것'으로 정의한다면, 다른 사람들은 남들 속에 있는 실패를 관찰할 수 있는 능력이 거의 없을 것이다. 게다가 이 정의가 다른 사람에게 적용된다면, 우리는 모든 사람들이 실패자라고 결론내릴 수 있으며, 그것은 그 용

내가 화났을 때 사용하는 용어	이 용어를 내가 정의하는 방법	내가 말하고 있는 것을 다른 사람들이 알 수 있을까? 그것은 애매한가, 특이한가, 정의하기 어려운가? 어째서인가?
내가 하는 일은 아무것도 없음	'아무것도 없음' - 하나도 없음	사람들은 이것이 모호하고 과잉일반화되어 있다고 생각할 것이고 내가 상황을 합리적으로 보고 있지 않다고 생각할 것이다.

그림 3.2 정의를 분명하게 하기

어 자체를 의미 없게 하는 것이다. 그리고, 결론적으로 우리는 특정한 행동이 선호할 만한 결과를 유발해내지 않는다는 것을 관찰할 수도 있고, 우리는 이러한 행동을 목록화할 수 있다. 이러한 것들은 '이 상황'에서 성과를 거두지 못했던 행동의 예시가 될 것이며 '실패자'라는 좀 더 일반적이고 모호한 용어를 대체하는 데 사용될 수 있다. 환자는 양식 3.2를 사용해서 그(녀)의 정의를 탐색할 수 있다. 한 환자가 이 양식을 어떻게 사용하였는지의 예시는 그림 3.2에서 볼 수 있다.

일어날 수 있는 문제

환자로 하여금 그들의 정의를 좁히고 명확히 하도록 하는 것은 때로는 어려운 과제인데, 왜냐면 많은 사람들은 그들 용어에 대한 '사적 언어'에 너무 익숙해져서 다른 사람들이 그것들을 이해하는 데 어려움을 가질 것이라고 상상하지 못하기 때문이다. 그러나 애매하고, 관찰 불가능하며 검증할 수 없는 용어에서 명확하고 구체적이고 행동적이며 관찰 가능한 용어로 전환하는 것은 혁명적일 수 있다. "그러나 나는 실패자처럼 느껴져요"라고 주장하는 환자가 정서(예 : 무력감, 사기저하, 패배감)에 대한 진술을 "그는 실패자이고 모든 사람은 그것에 동의한다"와 같은 공공의 현실에 대한 진술과 혼동하고 있다. 치료자는 환자에게 모호하고 전반적으로 일반적인 용어를 대신하여 특정 행동을 해보도록 하는 실험을 요청할 수 있다: "만약 당신이 일들을 설명하는 데 있어서 이러한 모호하고 일반적인 용어를 포기하고 단순한 행동을 사용하기 시작한다면, 당신에게 무슨 변화가 일어날까요?" 예를 들어, 당신이 자기 비판적인 용어인 '실패자'를 '이 특정한 상황에서 이 행동이 성과를 거두지 못했다'라는 좀 더 정확한 진술로 대체한다면 무엇이 달라질까요?" 종종 환자들은 특정한 행동적 용어는 덜 비방하며 좀 더 인내하기가 쉽다는 것을 인식할 수 있다. 행동적인 용어는 일반적으로 쉽게 관찰되며 많은 정서적인 부담 없이도 자신과 다른 사람들에게 사용될 수 있다. 그리고 행동적인 용어는 그 자체로 행동적인 변화를 유발한다.

기타 기법에 대한 탐색

관련된 기법으로는 의미론적 기법, 찬반의 증거를 탐색하기, 이중기준기법, 정서적 추론, 과잉일반화, 이분법적 사고와 같은 인지적 왜곡 조사하기 등이 있다.

양식

양식 3.2(명확한 의사결정하기)

기법 : 사고의 비용-이익 분석

설명하기

일단 환자가 힘든 감정을 유발하는 사고를 확인하였다면, 질문은 "당신의 생각을 변화시키고 싶나요?"일 것이다. 우리는 환자가 특정한 신념을 유지하는 것의 긍정적이거나 부정적인 양쪽의 결과를 조사하도록 하는 것에 관심을 가지고 있다. 결과가 명확하면, 환자는 자신의 신념을 유지하거나 또는 그것을 다른 것으로 대치하는 것 중에 하나를 선택할 수 있다. 어떤 생각이나 행동에 대한 비용-이익에 초점을 맞추는 데 있어서, 치료자는 환자로 하여금 환자 자신에게 비용과 이익이 장기적인지 혹은 단기적인지 그리고 그 생각이나 행동이 장기적인 목표나 가치에 부합하는지의 여부를 탐색하도록 도울 수 있다. 예를 들어, 어떤 학생은 친구와 외출하는 것보다 오늘 밤 공부하는 것이 좀 더 높은 비용을 지불해야 하며, 즉각적인 이익은 파티에 가는 것이라고 생각할 수도 있다. 그러나 좋은 학생이 되고 대학원에 진학한다는 장기 목표와 가치는, 좀 더 장기적인 이익을 추구하기 위해서 단기적인 손실을 감수하는 것이 좀 더 현명한 것임을 의미한다. 비용과 이익은 환자에게 있어서 가장 중요한 가치와 목표라는 용어로 조사되기 위해서 사용된다.

토론 안건

"당신이 그러한 신념을 믿어서 지불해야 하는 비용과 얻게 되는 이익은 얼마나 됩니까? 당신 사고의 이익과 불이익은 어떤 것입니까? 목록을 만들어보세요. 당신이 그것을 덜 믿는다면 무엇이 변화하나요? 당신이 그것을 좀 더 믿는다면 어떻죠? 만약 당신이 비용과 이익 간에 100%를 배분해야 한다면 50/50 균등 분할이 될까요? 아마도 60/40 또는 40/60? 이러한 비용과 이익 간의 100%를 어떻게 배분해야 할까요? 대안적으로, 좀 더 긍정적으로 또는 좀 덜 비판적으로 생각을 살펴보세요. 그 생각의 비용과 이익은 무엇이죠? 당신의 원래 생각에 대한 분석과 비용-이익 분석을 어떻게 비교할까요?" 그림 3.3에서는 파티에 가는 것보다 집에 있는 것을 고려한 환자의 비용-이익 분석을 예시하고 있다. 치료자는 환자에게 양식 3.3을 사용해서 신념의 비용과 이익을 기록하고 그 비용과 이익에 가중치를 매기도록 요청할 수 있다.

예

치료자 : "내가 그 파티에 간다면 나는 거절당할 것이다"라는 당신의 생각을 살펴봅시다. 그 생각을 쓰

고 이 페이지 중간 아래 줄을 치세요. 윗부분의 왼쪽에, '이익'을 쓰시고, 오른쪽에 '불이익'이라고 쓰세요. 자! 당신이 파티에 거절당할 것이라고 믿고 있는 것에 대한 모든 이익에 대해서 조사하세요.

환자 : 저는 어떤 이익도 생각할 수 없어요.

치료자 : 어떤 것을 믿는 데는 가지게 되는 이유나 이익이 항상 있죠. 그렇다면 이 생각이 당신을 보호해주는 어떤 것이 있나요?

환자 : 글쎄요, 내가 거절당할 것이라고 믿고 있다면, 저는 당황하지 않게 될 것이라고 생각해요. 그래서 저는 그렇게 준비를 하고 있죠.

치료자 : 좋아요, 다른 이익이 있나요?

환자 : 저는 파티를 피하는 것으로 거절을 피할 수 있다고 생각해요. (치료자와 환자는 그때의 불이익을 알아본다.) 거절당할 것을 생각하면, 나를 불안하게 하고 나의 자존감을 떨어뜨립니다. 그것은 나로 하여금 사람을 피하도록 만들어요. (치료자와 환자는 어떤 다른 이익이나 불이익이 있는지 여부를 계속해서 조사하고, 양식 3.3을 채운다. 그리고 나서 그들은 이익과 불이익 간에 100점을 가지고 분할하여 점수를 매긴다.) 불이익은 이익보다 중요해요. 내가 100점을 분할하여 점수를 매긴다면, 나는 10%는 이익에, 90%는 불이익에 주고 싶어요.

치료자 : 그러면 불이익이 이익보다 80점 더 높은 것이네요.

치료자는 이 환자를 여기에서 끝내지 않고 대안적인 가정이나 사고를 조사한다: "나는 사람들이 나에 대해 어떻게 생각하는지 관심을 덜 가져야만 한다" 치료자와 환자는 이 새로운 사고를 위해 비용-이익 분석을 작성하고 양쪽을 저울질한다(양식 3.3을 이용). 환자는 이익 95%, 불이익 5%로 결론을 내림으로써 이익이 90%가 더 높은 결과였다. 분명히, 환자는 사람들이 그녀를 어떻게 생각하는지에 대해 신경을 덜 써야만 한다고 믿는 것에서 좀 호전된다.

환자가 부적응적인 가정의 이익이 불이익보다 더 크다는 것을 발견하면 어떨까? 그리고 나서 무엇이 있는가? 예를 들면, 다음에 제시되는 빌의 경우를 생각해보자. 빌은 "나는 항상 그들이 얼마나 비합리적이든지 간에 상사의 기대를 충족시켜야만 한다"고 생각한다. 빌은 이 믿음의 이익들은 그가 더 열심히 일할 수 있도록 그를 '촉구하고 더 각성시키며', '일하는 모든 사람들이 그렇게 되어야 하고', 그리고 그는 이렇게 하는 것과는 다르게 할 수 없다고 주장한다. 불이익은 불안, 자기 비판, 과중한 업무, 그리고 상관의 비합리적인 요구에 대한 복종 등이 포함된다. 그가 이익에 비중을 두었을 때는 이익에 70%, 불이익에 30%를 주었다. 결과적으로 그는 이익이 불이익보다 영향력이 더 크다고 믿었다. 즉, 균형을 맞추어 보면 그 생각은 그에게는 '효과적'이다. 환자 자신을 동기화시키기 위해 상사의 비합리적인 기대에 모두 맞추어야 한다고 믿어야만 한다는 증거를 치료자가 조사할 때조차도, 그는 여전히 직장에서 생산적이 되려면 이 생각이 필요하다고 결론을 내린다.

부정적인 사고 : "파티에 가는 것보다는 나는 집에 앉아 있어야만 한다."

이 사고의 이익과 불이익 : "만약 내가 파티에 간다면 나는 거절당할 것이다."

이익	불이익
나는 놀라지 않을 것이다. 나는 거절을 피할 수 있다.	나는 불안하다. 나의 자존감은 가라앉았다. 나는 사람들을 피한다. 나는 주장을 잘 못한다. 나는 내가 원하는 것도 얻지 못한다. 나는 다른 사람들보다 열등하다고 느낀다. 나는 내가 알고자 하는 사람들도 만나지 못한다.

그림 3.3   이익과 불이익을 조사하기

치료자 : 당신은 이 생각이 당신에게 효과가 있다고 결론을 내렸나요?

빌 : 네. 만약 내가 이런 방식으로 생각하지 않았다면, 나는 거기서 일을 할 수 없었을 거예요.

치료자 : 좋아요. 당신은 당신이 바라는 것을 믿을 자격이 있어요. 당신이 이 생각에 전념하고 그것을 믿기로 선택한다면, 나는 당신이 이 생각의 비용을 기꺼이 받아들일 것이라고 생각해요.

빌 : 그 말은 무엇을 의미하죠?

치료자 : 나는 당신이 불안, 과도한 일, 자기 비판에 대한 비용을 기꺼이 지불하고 있고 당신의 기분은 상사의 변덕에 따라서 달라지고 있다고 가정합니다.

빌 : 나는 불안하고 자기 비판적인 느낌을 원하지 않습니다.

치료자 : 네, 나는 당신이 이 가정에 대한 비용을 좋아하지 않는다는 것을 알아요. 그러나 그것이 당신이 필요하다고 믿는 생각이라면, 비용을 감당할 방법이 없죠. 이런 것들이 그 생각의 비용이죠.

위 내용은 환자가 선택에 어떻게 직면해야 하는가, 즉 문제가 되는 생각을 수정하거나 또는 비용을 지불해야만 하는 것을 예시해준다. 이 특별한 회기에서, 빌은 그의 신념을 유지하기로 결정했다. 이 기법은 환자로 하여금 자신의 신념에 따른 결과를 자유롭게 검토할 수 있도록 한다—신념의 비용을 인정하는 한, 환자는 어떤 신념이라도 유지하기로 선택할 수 있다.

치료자는 환자의 계산이 단기적으로는 타당하지만, 장기적인 목표는 희생될 수 있다는 것을 인식할 수 있다. 예를 들어 9kg 감량을 원하는 환자는 아마 아침에 운동보다는 빈둥거리면서 시간을 보내는 것이 좀 더 적절하다고 할 수 있는데, 왜냐면 오늘 운동하는 것의 이익이 최소이기 때문이다. 치료자는 그때 다음과 같이 질문할 수 있다: "당신은 장기적인 목표보다는 단기적인 이익에 주로 초점을 맞추고 있으신가요? 그렇게 생각하는 것의 이익과 비용은 어떤 것입니까?"

과제

비용-이익 분석은 환자의 꾸물거림, 회피, 또는 내재된 가정을 직면시키는 데 유용하다. 헬스클럽에 가입할지를 고민하는 환자의 예를 생각해보라. 그에게 집에 앉아서 텔레비전을 보는 것의 비용과 이익, 헬스장에 가는 것의 비용과 이익 목록을 작성하게 했다(양식 3.3 이용). 마찬가지로 환자와 치료자는 "내가 무엇인가 하기 전에 확신해야 한다"는 내재된 믿음을 확인했을 것이다. 이 믿음에 대해 비용-이익 분석을 했고 "이 생각은 나는 합리적인 위험을 택할 수 있다"는 다른 생각과 대조를 이루었다. 비용-이익 분석의 목적은 환자에게 대안 중에서 선택하도록 직면시키고 변화의 동기에 집중하는 것이다.

과제는 양식 3.3을 활용하는 것으로 구성되어 있는데, 그 양식에서는 환자가 직면하고 있는 생각이나 선택을 확인하고 그들의 비용과 이익 분석을 신중하게 하는 것이 포함되어 있다. 치료자는 "우리는 당신에게 문제가 될 수 있는 몇몇의 사고와 행동을 구체화했습니다. 나는 당신이 목록을 작성하고 각각 한 가지씩에 대해 비용과 이익을 적고 그것들이 당신에게 얼마나 중요한지 보세요"라고 말할 것이다.

일어날 수 있는 문제

흔히 일어나는 문제는 부정적인 사고에 이익이 있다는 것을 부정하는 것이다. "아, 저는 그것이 비합리적이라는 것을 알아요. 아무 이익이 없어요. 나는 그것을 왜 어째서 계속 하는지 모르겠어"라고 말하기도 한다. 그러나 치료자는 환자에게 있을 수 있는 '침묵'에 이익이 있는지를 조사하도록 한다: "이익이 없는데도 우리가 하는 것은 거의 없어요. 예를 들어 사람들이 흡연은 매우 높은 희생만이 있고 이익은 전혀 없다는 것을 말함에도 불구하고 실제로 흡연을 하는 사람들은 흡연으로부터 단기적인 이익을 얻지요. 그들이 좀 더 기분 좋게 느끼고, 그리고 흡연의 갈망에서 잠깐 벗어나지요." 치료자는 합리적이 되지 **않도록** 노력해보라고 다음과 같이 요청할 수 있다: "당신의 부정적인 생각의 가능한 이익에 대해서 신경증적이 될 정도로 깊이 생각해보세요" 부정적인 생각의 가능한 이익에는 좌절, 절망적인 행동, 실패, 위험 그리고 불쾌감을 피하도록 하는 것이 있다. 걱정하는 것의 가능한 이익은 준비하는 것, 놀라는 것을 피하는 것, 그리고 스스로 동기화되는 것 등이 있다. 환자에게 눈을 감고, 선택(예 : 헬스클럽에 가는 것 vs. 텔레비전을 시청하는 것)에 직면한 모습을 상상하고 그러한 방식으로 얻을 수 있는 감정과 모든 이유들을 생각해보도록 하는 것이 때때로 유용할 수 있다.

다른 문제는 부정적 사고 또는 행동에 대한 이익 중 일부는 단기간임에도 불구하고 즉각성과 뚜렷함이라는 점에서 강화 효과가 높다는 것이다. 예를 들어 흡연, 음주, 과식 그리고 수동적인 행동은 높은 강도로 즉각적인 이익을 줄 것이다. 따라서 환자들은 이러한 생각과 행동의 좀 더 장기적인 부정적인 결과를 조사할 필요가 있다. 이때 투자 비유를 사용하는 것이 유용할 수 있는데,

변화하는 것의 비용은 시간이 지남에 따라 결과 값이 누적되는 초기 단계 비용이며 선행투자 비용인 셈이다(Leahy, 2001a). 그래서 적응적인 행동의 이익은 마치 긍정적인 영향이 효과를 내려면 시간이 걸리듯이, 축적되는 데 시간이 걸릴 것이다.

기타 기법에 대한 탐색

관련된 기법으로는 자동적 사고 이끌어내기, 하향화살표기법, 반대 생각을 역할 연기하기, 생각 추측하기가 있다. 심상기법은 긍정적인 행동이나 사고를 사용하지 않는 이유를 이끌어내는 데 유용하다.

양식

양식 3.3(사고의 비용-이익 분석)

기법 : 단기와 장기 비용-이익 분석의 타당성 조사하기

설명하기

어떤 일을 하거나 생각하는 것의 비용이 매우 높을 것이라고 예견하는 사람은 실제로 무슨 일이 일어날 것인지 그리고 그(녀)가 그것에 대해서 어떻게 느낄 것인지에 대해서 미리 예측을 한다. 예를 들어, "내가 오랜 시간 산책을 하면, 소진됨을 느끼고 아플 것이며, 고통이 있을 것이라는 생각은 '비용(그 사람이 어떻게 느낄 것인가)'이 얼마나 될 것인가에 대한 예측이다. 마찬가지로, "만약 내가 운동을 할 경우에 즐겁지도 자부심을 느끼지도 않을 것이다"라고 생각하는 것은 그 개인이 어떻게 느낄 것인지에 대한 또 다른 예견이다. 그러나 차후에 개인이 어떻게 느낄 것인지에 대한 예측은 정확성이 매우 떨어진다는 결과를 연구에서 제시하고 있다(Wilson & Gilbert, 2003, 2005). 사람들은 부정적인 사건의 발생은 오래 지속되고 극단적인 부정적 감정을 유발한다고 믿어서 다른 긍정적인 사건으로 균형을 맞추거나 완화시키는 것의 효과를 과소 추정하는 경향이 있다. 우울하거나 불안한 사람들은 종종 그들이 선택한 결과의 부정성에 대해 좀 더 극단적이 되거나 발생할 수 있는 일의 긍정적인 측면을 낮게 평가한다. 그래서 예견된 비용이나 이익은 부정적인 것으로 과장될 수 있다.

이러한 예측 편향에 더해서, 수많은 이익이 누적되고 긍정적인 영향을 쌓고 얻는 데에는 상당한 시간이 걸린다. 예를 들어, 몸무게를 감량하기 위해서 운동을 하는 것은 장기적인 과정이 될 수 있는데, 종종 바라던 목표를 이루는 데 수개월을 필요로 한다. 치료자는 환자로 하여금 만약 환자가 생각하는 유일한 이익이 최종 목표인지 평가하도록 도울 수 있고, '계속 지속하는 것'이나 '자조모임에 참여하는' 것을 긍정적인 중간 목표로 고려하도록 도울 수 있다. '가능한 이익'의 '예시'는 종 종 환자 마음 안에서만 제한되기 때문에 비용이 훨씬 더 두드러지게 보이게 된다.

마지막으로, 우울하고 불안한 수많은 사람들은 비용과 이익을 제한적으로 탐색하고, 만약 그들 이 빨리 어떤 일을 하는 것의 비용을 생각해내면, 그들은 바로 '멈추거나', '그만두어' 버린다. 나 는 이 행동을 이후 제5장에서 논의할 것인데, 왜냐하면 지금은 이익과 불이익을 계산하는 것에 동 기를 갖도록 강조하는 것이 환자로 하여금 좀 더 유연하게 적응적인 행동을 추구할 수 있도록 한 다는 사실을 기억하는 것이 중요하기 때문이다.

토론 안건

"당신 생각의 비용과 이익을 확인했어요, 그렇지만 나는 당신이 장기적인 비용과 이익을 고려하 기보다는 단기적인 비용과 이익에 초점을 맞추지는 않았는지 모르겠어요. 당신이 장기적으로 생 각한다면, 무엇이 비용과 이익이 될 수 있죠? 때때로 어떤 일을 한다는 것의 이익은 이러한 이익 이 누적될 때까지 반복을 요구하기도 하죠. 그것은 전혀 이분법적이지 않고 즉각적이지도 않죠. 만약 당신이 긍정적인 행동을 반복적으로 참여한다면, 당신은 이익이 변화할 수도 있다고 생각하 십니까?"

"또한 우리는 길을 따라갈 때 어떻게 느끼게 될 것인지의 예측을 잘하지 못한다는 것을 종종 알 게 됩니다. 과거에 어떤 일이 부정적이었는데 결국에는 중립적이거나 긍정적인 것으로 밝혀졌다 면 당신이 비용과 이익을 어떻게 예측할지 궁금합니다. 당신이 미래 감정에 대해서 부정적인 고 정관념을 가지고 있다고 말할 수 있을까요?"

예

치료자 : 친구와 함께 지내는 데 드는 비용과 이익을 설명할 때, 그들을 만나는 것에 대해 생각할 때 느 끼는 많은 불쾌감과 그들과 함께 있을 동안에 편하지 않을 것이라는 수많은 생각에 많이 집중하는 것 같아요. 그래서 당신은 그들을 만나지 않으려는 경향이 있어요. 그러나 당신이 수많은 즉각적인 비용과 이익에만 초점을 맞추어서 장기적인 비용과 이익에 대해서 생각하지 않는 것이 의아했어요. 예를 들어, 만약 친구를 만나고, 운동하고 외출하고 무엇을 하는 것을 좀 더 적극적으로 한다면, 그 과정 속에 이익은 시간이 가면서 누적될 거예요.

환자 : 글쎄요, 짐작컨대, 내가 많이 우울할 때, 친구들을 만나는 것은 더 힘들다고 생각할 것 같아요.

치료자 : 좋아요. 그런 경우 불편함을 느낄 것이라고 이해할 수 있어요. 그러나 우리가 때때로 어떤 일 의 비용에 대해서 생각할 때, 우리는 즉각적인 경험에 초점을 맞추죠. 예를 들어, 당신은 "만약 내가 체육관에서 운동을 하면 매우 피곤함을 느낄 것이다"라고 생각해본 적이 있으시죠. 그러나 그때 당 신이 어쨌든 가서 운동을 하면 기분이 좋아집니다.

환자 : 맞아요. 그런 일은 일어나죠. 나는 동기부여에 어려움을 느낍니다.

치료자 : 아마도 어떤 것을 하는 데 비용에 대해서 생각할 때, 당신은 우선 부정적인 것을 생각하고, 그것이 중요한 유일한 것이라고 생각하고 있음을 알게 되죠. 그리고 나서 당신은 그것을 하지 않기로 결심을 하죠. 친구를 만나는 데 드는 비용은 초기의 힘든 감정이 될 것이지만, 만약 그러한 일이 일어난다면 이익은 다음에 올 것입니다. 이것이 당신이 관찰한 것이죠?

환자 : 당신이 중요한 점을 말하였어요. 잘은 모르겠지만요. 제가 짐작하기에는 친구와 제가 어떤 일에 대해서 말하고 있게 되면, 내 마음에서 우울증을 빼앗아 갑니다.

치료자 : 그래서 이익은 시간이 지나면서 올 수도 있어요. 몸무게를 줄이는 생각을 해봅시다. 누군가 단지 한 번만 운동했다면, 그것은 도움이 되지 않지만 그(녀)가 1년 동안 일주일에 다섯 번씩 운동했다면, 그 사람은 상당한 이익을 보여줄 것입니다. 아마도 이 점은 누적되겠지요?

환자 : 네, 제가 알기로는 그래요. 저는 2년 전에 체육관에서 운동을 하겠다고 했고, 몸무게를 많이 감량했어요. 그렇지만 너무도 많은 시간이 걸렸죠.

치료자 : 당신 자신을 그렇게 할 수 있게 만드는 것은 무엇이었나요?

환자 : 제가 좀 더 좋은 사회생활을 원한다고 생각했고, 그리고 저는 그것에 충실했다고 생각해요. 나는 스스로를 돌보았기 때문에 체육관에 가는 매순간 좋았다고 느낍니다.

치료자 : 아마도 누적적으로 이익을 생각하고, 발전하는 것에 대해서 자부심을 가지며, 장기적인 이익을 위해서 기꺼이 행동하는 것은 강력한 힘을 발휘하는 것 같아요.

환자 : 짐작컨대, 나는 너무 좁게 단기적으로 내가 얼마나 기분이 좋을지에 대해 주로 생각했던 것 같습니다.

치료자 : 이익과 비용에 대한 당신의 인식을 넓히는 것이 중요해요. 즉, 장기적이고 누적적이며 즉각적인 불편함에는 집중을 덜하고, 앞으로 나아갈 수 있는 최선을 다하는 것에 자부심을 갖는 것입니다. 때때로 당신은 포기할 수도 있어요. 왜냐면 노력을 했는데도 제대로 된 것이 없거나 비용과 불쾌감이 오히려 클 것이라고 예측하기 때문이죠. 그러나 때로는 우리가 느끼는 방식에 대한 예측이 지표가 될 수 없습니다.

과제

치료자는 환자에게 현재의 예측과 생각에 대해 생각해보고 발생할 수 있는 가능성의 범위, 즉 긍정적인지, 부정적인지, 중립적인지 등을 고려하도록 요청할 수 있다. 그리고 나서 과거 예측을 회상하도록 하면서, 치료자는 다음과 같은 한 가지 또는 그 이상의 질문을 할 수 있다: "실현되지 않았던 어떤 것들이 있었나요?", "극단적으로 부정적으로 예측하거나 또는 현재 순간에 느끼는 방식이 항상 그렇게 느끼는 방식일 것이라고 생각하는 경향이 있습니까?" "예측에서 이러한 편향의 결과는 무엇입니까? 그것들이 무력감, 절망감, 우울 및 불안의 느낌을 가중시킵니까?" 치료자는

사고	단기적 비용과 이익	장기 비용과 이익
내 친구와 저녁식사를 하려 외출한다면 모든 사람들에게 거절당할 것이다.	비용 : 고립, 자기 비난, 고독, 우울, 부정적인 것에 머물기, 상황에 대해서 걱정하기 이익 : 나는 거절을 피할 것이다.	비용 : 심한 우울과 고립 그리고 내 일상에서 효능감을 더 적게 느끼고 즐거운 일이 하나도 없음 이익 : 전혀 없음

그림 3.4 단기 및 장기적 비용과 이익의 타당성 조사하기

어떤 사고 또는 행동의 단기 및 장기적 비용과 이익을 환자가 조사하도록 하는 데 초점을 맞출 수 있다. 양식 3.4를 이용하여, 그(녀)가 좀 더 유용한 장기적 이익을 희생시킬 수 있는 단기적 결정을 계속하고 있는지를 평가할 수 있다. 그림 3.4에서는 한 환자가 이 양식을 어떻게 사용하였는지 그 예를 제시하고 있다.

일어날 수 있는 문제

부정적인 예측을 하는 많은 환자들은 이러한 예측의 타당성에 대해 질문하는 것을 거부하거나 경멸하거나 인정하지 않는 것으로 경험할 수 있다. 치료자는 사고 조사하기가 그 생각을 가진 사람을 인정하지 않는 것처럼 보일 수 있지만, 타당한 생각은 어떤 질문이라도 받아낼 수 있어야 하고 대안적인 해석이나 예측을 조사함에 있어서 어떤 위해도 없다는 것을 인식할 것이다. 어떤 환자들은 그들이 일들이 어떻게 될지 확실하게 알고 있으며, 이러한 확실성은 앞으로 나올 수 있는 증거의 측면에서 검토될 수 있다고 말할 것이다. 이때 치료자는 다음과 같이 말할 수 있다: "이것이 강한 믿음인 것처럼 들리므로, 우리는 그것을 기록하고 앞으로 어떻게 되는지 확인하기 위해 몇 가지 사실을 수집할 것입니다."

기타 기법에 대한 탐색

관련된 기법으로는 증거 조사하기, 과거 예측 찾아보기, 행동 실험 설정하기, 환자들이 사용하는 '발견적 방법'이나 '경험 법칙' 그리고 '논증과 반증을 조사하기' 등이 있다.

양식

양식 3.4(단기와 장기의 비용-이익 분석의 타당성 조사하기)

기법 : 증거 조사하기

설명하기

증거를 조사하는 기법에 대해 설명을 할 때 치료자는 "지금 당신은 용어에 대한 정의를 내렸고, 당신의 생각을 검증하는 것이 어떤 것인지에 대해 말했습니다. 당신의 생각으로부터 어떤 예측을 할 것인지를 포함해서 당신은 부정적인 신념의 타당성에 일치하거나 반대되는 두 가지 측면의 증거를 모두 조사해야 합니다"라고 말할 것이다. "나는 실패자다"라는 부정적인 사고를 가져와 보자. 당신은 실패자를 '목표를 성취하지 못한', 그리고 성공을 '목표를 성취한'으로 정의했다. 페이지 가운데 줄 위에 '나는 실패자'라고 적혀 있는 왼쪽 칸에는 당신의 믿음과 일치하는 모든 증거가 있고, 오른쪽 칸에는 당신의 믿음에 반대되는 모든 증거가 열거되어 있다(그림 3.5).

당신 생각의 타당성에 일치하는 것과 반대되는 것의 개수를 세어서, 그것들의 중요성을 평가하는 것이 심리적으로 중요하다. 즉, 이 증거가 한 가지 측면에서 또는 다른 측면에서 당신을 얼마나 납득시키는가?" 증거에 비중을 둘 때 어떤 신념을 지지하는 몇 가지 증거가 항상 있다는 점에 당신은 주목해야 할 것이다. 중요한 것은 증거조사표(그림 3.5)의 두 측면에서 모든 증거를 조사해야 한다는 점이다.

신념을 검증할 때, 신념을 사실에 대한 명제의 형식으로 만드는 것이 필수적이다. 즉, 당신이 믿고 있는 것에 대한 진술은 사실이다. "나는 슬프고, 우울하고, 화가 난다" 등과 같이 감정을 단순히 언급하는 어떤 진술을 피해라. 왜냐하면 이것은 우리가 조사할 수 있는 사고나 믿음이 아니기 때문이다. 당신이 슬프다고 느끼는 것을 말하면서 슬픔을 느끼지 않는다고 주장하는 것은 이치에 맞지 않다. 마찬가지로, 우리가 "인생이 끔찍하지 않아?" 또는 "이런 일이 일어나다니 믿을 수 없어"와 같은 수사학적 진술을 조사하는 것은 피할 필요가 있다. 이것 역시 검증할 수 없는 사고들이다. 당신은 그것들을 "인생은 두렵다" 또는 "그것이 일어나는 것은 끔찍하다"와 같은 사실에 대한 진술, 즉, 명제로 바꾸어 말할 수 있고, 그래서 우리는 이러한 사고의 타당성에 일치하는 것과 반대되는 증거를 모을 수 있다.

"거의 모든 사람들에게 사실이기 때문에 그것들이 무의미한지를 알아보기 위해 조사하고 있는 진술을 검토하라. 예를 들면, '내가 공황 발작이 있을 가능성이 있다는 것이 모든 사람에게 해당하기 때문에 의미 없다'와 같은 것이다. 당신이 정말로 걱정하는 것 그리고 사실인지 아닌지를 검증할 수 있는 것은 '나는 아마 공황 발작을 할 것이다' 또는 '내가 공황 발작을 하게 된다면 끔찍할 것이다' 또는 '내가 만약 공황 발작을 한다면 나는 미쳐버릴 것이다'와 같은 암묵적 신념들이다. 종국적으로 우리는 '만약 ~라면' 진술에 대한 증거를 모을 수 없는데, 왜냐하면 그러한 것들은 사실에 대한 명확한 진술이 아니기 때문이다. 결론적으로 우리는 '만약 ~라면' 진술을 사실에 대한 예측이나 진술인 명제로 바꾸어 놓을 필요가 있다. 예를 들면, '만약 내가 공황 발작이 있다면 어쩌

부정적인 사고 : "나는 실패자다."

지지 증거 …	반대 증거 …
나는 미혼이다. 나는 돈이 많지 않다. 나는 다른 사람들만큼 인기가 없다. 나는 우울하다.	나는 친구들이 있다. 나는 좋은 사람이고 꽤 가치 있는 사람이다. 나는 직장에서 괜찮은 일을 하고 있다. 나는 친절하고 가족에게 사려 깊다.
이 생각에 일치하는 중요한 증거 : 나는 돈이 많지 않다.	이 생각에 반대하는 중요한 증거 : 나는 좋은 사람이다.
이 생각에 지지 증거(%) : 10	이 생각에 반대 증거(%) : 90
지지 증거 − 반대 증거 : 반대% − 찬성% = − 80%	
결론 : 많은 좋은 사람들이 우울에 빠지며, 돈을 많이 버는 것이 누군가를 다른 누구보다 더 좋거나 나쁘게 만들지 못한다. 모든 사람들은 어느 순간에는 미혼이었다. 나는 실망하지 말고 '실패자'와 같은 단어 사용을 중단해야한다.	

그림 3.5 증거를 조사하기

지'와 같은 문장은, '나는 공황 발작을 할 것이다' 또는 '공황 발작이 있는 것은 끔찍하다' 또는 '공황 발작이 있으면 죽을 것이다'로 바뀔 필요가 있다."

토론 안건

"당신의 생각을 지지하는 증거와 반대되는 증거의 중요성을 평가하세요. 50/50 혹은 60/40, 40/60은 어떤가요? 만약 이익에서 비용을 감한다면 결과는 어떠한가요? 게다가 당신은 보다 긍정적인 사고의 대안을 고려해야 할 것입니다. 유사한 비용−이익 분석을 실시하고 결과를 비교하세요. 가장 중요한 비용은 어떤 것인가요? 가장 중요한 이익은 어떤 것인가요? 이러한 것이 어째서 가장 중요한 이익 또는 비용이 됩니까?"

예

치료자 : 당신과 로저가 이혼했기 때문에 당신은 '실패자'라고 말합니다. 우리는 이미 실패자를 어떤 것을 성취하지 못한 사람으로 정의했지요.

환자 : 맞아요. 그것은 극단적으로 들리는군요.

치료자 : 좋아요. 당신이 어떤 것을 성취했는지 이 사고의 타당성을 지지하거나 반대되는 증거를 찾아봅시다. 페이지 가운데에 선을 그으세요. 위에 "나는 어떤 목표를 성취했다"라고 쓰세요.

환자 : (선을 그리고 진술문을 적는다.)

치료자 : 당신이 어떤 목표를 성취했다는 증거는 무엇인가요?

환자 : 나는 대학을 졸업했고, 아들을 키우고 있고, 사무실에서 일하고, 친구가 몇 명 있고, 운동을 합

니다. 나는 좋은 사람이고, 믿을 수 있는 사람이고, 친구들에게 관심을 가지고 있습니다.

치료자 : 좋아요. 왼쪽 열에 그 모든 것을 적어봅시다. 이제, 오른쪽 열에 당신이 몇 가지 목표를 성취했다는 사고의 타당성에 반대되는 증거들을 적어봅시다.

환자 : 글쎄요. 어쩌면 비합리적이지만 나는 이혼한 것을 적을 것 같아요.

치료자 : 좋아요. 지금 당신이 몇 가지 목표를 성취했다는 사고의 타당성에 대한 지지 증거와 반대 증거를 적어보세요. 당신은 그것을 50/50 비중으로 두고 있나요? 다른 비율로 두고 있나요?

환자 : 나는 긍정적인 사고에 95%라고 말하고 싶어요.

치료자 : 당신이 몇 가지 목표를 성취한 것을 얼마만큼 믿나요?

환자 : 100%요.

치료자 : 그리고 당신이 이혼했기 때문에 실패자라는 것을 얼마만큼 믿나요?

환자 : 어쩌면 나는 실패자가 아니라 결혼에 실패한 것입니다. 나는 약 10%를 나 자신에게 줄 거예요.

과제

환자에게 양식 3.5를 주고, 그(녀)에게 매일의 부정적 사고를 기록하도록 (또는 회기 중에 확인된 부정적인 사고를 기록하게 하고) 부정적 사고의 타당성에 일치하거나 반대되는 증거를 평가하도록 요청한다. 나는 또한 환자로 하여금 긍정적 사고의 타당성에 대해 일치하거나 반대되는 증거도 평가하도록 하는 것을 선호하는데, 이것이 그(녀)의 기분을 좀 더 끌어 올리는 것으로 보인다.

일어날 수 있는 문제

부정적 사고에 대한 다른 인지적 도전들에서 그러한 것처럼 환자는 "나는 그것이 비합리적이라는 것을 알지만 그것이 사실로 느껴진다"라고 말한다. 언급한 것처럼, 이러한 반응의 범주를 정서적 추론이라고 하고, 이중기준, 비용–이익 분석, 지지 증거–반대 증거, 심상 유도, 심상의 재구성, 두려워하는 공상, 역할 연기를 포함한 다양한 기법들을 통해 다뤄질 수 있다. 다른 환자들은 이러한 부정적 사고에 대한 평가를 인정하지 않거나. 거부하거나, 비판하거나 과소 평가하는 것처럼 간주할 수 있다. 치료자는 이런 연습의 목적은 그(녀)의 사고에 대해 환자가 보는 것처럼 단순히 증거를 조사하는 것이라고 설명한다. 실제로, 몇 가지 부정적인 사고는 사실이고, 이러한 타당성은 사고에 대한 정서적인 영향을 가중시키는 내재된 가정에 대한 조사를 즉시 할 수 있도록 이끌어주거나 환자가 불확실하게 반응하는 외부의 현실을 바꾸기 위해 문제 해결을 시도할 수 있게 이끈다.

기타 기법에 대한 탐색

관련된 기법으로는 자동적 사고를 유발하고 구체화하기, 비용–이익 분석, 인지적 왜곡의 범주화,

용어 정의하기, 이중기준기법, 제한된 정보 조사하기, 도식 조사하기가 있다.

양식

양식 3.5(증거 조사하기)

기법 : 증거의 질 조사하기

설명하기

증거의 질을 조사하는 것에 대한 기법을 설명할 때 치료자는 다음과 같이 말할 것이다: "당신은 당신의 부정적 사고(자기 자신을 기소하고 처벌할 것이라는 신념)의 타당성에 대해 지지하거나 반대하는 목록의 증거를 가지고 있습니다. 이런 신념이 없었더라면, 당신이 더 나았을 것이라고 확신하고 있지만 당신의 신념을 지지하는 증거를 조사할 때, 당신은 부정적 사고를 유지하는 많은 이유가 있다는 것을 발견합니다. 그때 당신이 스스로에게 할 수 있는 질문은 '이 증거가 얼마나 유익한가?'입니다. 직접적인 표현으로 설명하면, '당신은 당신의 부정적 신념을 다른 사람에게 확신시킬 수 있는가? 배심원이 당신의 증거를 타당하다고 받아들일까?'입니다. 예를 들어 '나는 실패자다'라는 부정적 신념을 가지고 있다고 합시다. 당신은 자신의 신념을 지지하기 위해 다음과 같은 증거를 제공할 것입니다."

"나는 실패자처럼 느껴진다."
"댄은 내가 자신만큼 훌륭하지 않다고 생각한다."
"나는 이번 시험을 잘 보지 못했다."
"나는 테니스 게임에서 졌다."

"당신이 자신을 상대로 한 사건의 증거로 배심원에게 이 항목들을 제시한다고 상상해보십시오. 당신은 다음과 같이 배심원에게 말합니다: '나는 실패자처럼 느껴집니다. 그래서 그것이 내가 실패자라는 증거입니다' 배심원이 누군가의 가치 있는 증거로서 느낌을 받아들일까요? 절대 아닙니다."

"또는 배심원에게 '댄이 내가 훌륭하지 않다고 생각하기 때문에 나는 실패자입니다'라고 말한다면 어떻겠습니까? 배심원이 증거로서 당신이 말한 댄의 평가에 대한 풍문을 받아들일까요? 다시 한 번 아닙니다. 당신이 시험을 잘 못 보았다고 지적했다고 해서 배심원이 당신이 인간으로서 실패했다고 결론 내릴까요? 다시 말하지만, 명확히 아닙니다. 당신의 감정, 인정에 대한 욕구, 또는 당신의 빈약한 시험 결과는 인간으로서 당신 실패의 질적 증거로 받아들여지지 않습니다."

"중요한 점은 당신이 정서적이고, 사적이며, 논란이 있고, 관련이 없는 정보를 증거로 사용하고 있다는 것입니다. 당신이 부정적인 믿음을 뒷받침할 많은 이유를 생각해냈다고 해서 그 증거가 결정적이거나 심지어 적절함을 암시하는 것은 아닙니다. 예를 들어, 당신은 정서적 추론, 사건을 개인화하기, 과잉일반화, 완벽주의적 기준 사용하기, 긍정적인 점 평가 절하하기, 부정적인 점만 걸러내기, 지레짐작, 미래에 대한 결론으로 바로 건너뛰기, 관련 없는 요소들 참고하기, 또는 비논리적인 결론 짓기를 사용하기 때문에 당신이 실패자라고 결론 내리고 있는 것입니다."

토론 안건

"당신의 믿음을 지지하고 논박하는 증거가 얼마나 유효한가? 다른 사람들이 당신의 증거가 확실하다고 생각하는가? 또는 비합리적이라고 생각하는가? 극단적이라고 생각하는가? 다른 사람들은 당신의 진술이 사실이라고 배심원들을 설득할 수 있다고 생각하는가? 또는 너무 극단적이라고 생각하는가? 어째서인가? 당신의 생각에 어떤 오류가 있는가?"

예

치료자 : 당신이 매력적이지 않다는 증거는 스스로 못생겼다고 느끼고 로저가 당신과 헤어진 것이라고 말했어요.

환자 : 나는 매력적이지 못하다고 느껴요.

치료자 : 맞아요. 당신은 또한 잡지에 나온 여자들이 당신보다 더 매력적이라고 말했습니다.

환자 : 맞아요. 그들은 완벽해 보여요.

치료자 : "나는 못생겼다"와 관련해서 당신의 증거의 특징에 대해 어떻게 생각하나요? 당신은 그들이 **못생겼다고 느끼기 때문에** 못생겼다는 것을 확신할 수 있나요?

환자 : 아니요. 그들은 몇 가지 종류의 다른 정보를 요구할 것입니다.

치료자 : 당신은 몇 가지 독립된 정보(당신이 느끼는 방법과는 다른)를 의미하는 것이지요?

환자 : 네, 다른 사람들이 그 사람에 대해 생각하는 것처럼요.

치료자 : 당신이 매력적이라고 생각하는 사람들이 있나요?

환자 : 글쎄요, 내가 매력 있다고 생각하는 몇 명이 있어요. 그러나 나는 그들에게 관심이 없어요.

치료자 : 당신이 매력적이지 않다는 증거로, 로저가 당신과 결별한 사실을 말씀하시는군요. 결별한 이유는 무엇일까요?

환자 : 우리는 사이가 좋지 못했어요. 그는 어느 누구에게도 충실할 수 없었어요. 그는 거짓말을 했지요.

치료자 : 그래서 당신은 **로저의 결점을 개인화하고** 당신이 매력적이지 않다고 결론지었군요.

환자 : 사실입니다.

치료자 : 나는 당신이 당신의 부정적인 신념을 지지했던 증거들을 보고 그 증거들이 관련 있다고 확신

한 수 있는지 또는 이런 왜곡들이 특징적으로 나타나는지 궁금하네요.

양식 3.6을 사용해서, 환자는 부정적인 신념을 지지하는 증거들을 목록으로 만들 수 있고 어떤 왜곡이 있는지를 찾아내기 위해 그것의 속성들을 평가할 수 있다. 많은 환자들은 관련이 없거나 확신할 수 없는 증거에 의해 그들의 믿음이 지지되고 있음을 인식하는 것이 유익하다는 것을 알 수 있게 된다.

과제

환자는 일주일 동안 각각의 부정적인 사고와 그 부정적 사고의 타당성을 지지하거나 반대되는 증거를 구체화하면서 여러 생각을 추적할 수 있다. 또한 환자는 그(녀)가 부정적 사고에 대한 증거를 목록화해 놓고 거기에다 이전의 과제를 복습하거나 치료 회기노트를 적어둘 수 있다. 과제는 증거와 관련하여 있을 수 있는 문제를 조사하는 것인데, 인지적 왜곡이나 편향, 비논리적 추론이 있는지에 초점을 맞춘다. 치료자는 다음과 같이 말할 것이다: "당신의 부정적인 사고와 관련된 증거들을 목록화한 후에, 돌아가서 증거의 속성들을 조사하기 위해 이 양식(양식 3.6)을 사용합니다. 자, 목록 안에 어떤 왜곡들이 있는지 자신에게 질문하세요. 당신은 A, B, C, D 또는 F처럼 증거의 속성 각각에 대해 점수를 줄 수 있고, 또한 당신의 부정적 사고의 타당성에 반대되는 증거에 대한 속성을 평가할 수 있습니다."

일어날 수 있는 문제

앞에서 주목한 바와 같이 많은 환자들은 그들의 감정을 증거로 고집한다. "나는 그것이 비합리적이라는 것을 알지만 그럼에도 그것이 사실이라고 느껴져요. 나는 증거가 이 관점을 지지하지 않는다는 것을 알아요." 위와 같은 종류의 반응을 보고 다음과 같은 몇 가지 질문이 생길 수 있다. 첫째, 치료자는 이 책 뒤에서 언급할 논증-반증 기법을 활용할 수 있다. 둘째, 치료자는 감정이 증거는 아니지만 중요하다는 점을 설명할 수 있고, 우리는 감정과 사실을 구별할 필요가 있다고 지적한다. 셋째, 치료자는 신념의 타당함과 타당하지 않음의 느낌은 정신적 또는 인지적 지식과는 다른 수준의 경험이라고 설명할 수 있다. 환자들이 특정한 신념이 진정 타당하지 않다고 진심으로 느낄 때, 그들의 부적응적 신념은 더 변화될 것이다. 더구나 치료자는 여러 번 사실과 그들의 생각에 대한 논리를 조사한 후에야 낡고 습관적인 신념이 진정으로 진실이 아니라는 느낌이 나타난다는 점에 주목할 수 있을 것이다.

기타 기법에 대한 탐색

언급한 것처럼 논증-반증 기법, 이중기준기법, 역할 연기, 하향화살표기법, 그리고 인지적 왜곡 조사하기와 추론된 논리 또는 유추 조사하기를 사용하는 것이 유용하다.

양식

양식 3.6(증거의 질을 조사하기)

기법 : 방어 변호사

설명하기

방어 변호사 기법을 설명할 때 치료자는 다음과 같이 말할 것이다: "당신의 사고에 도전할 때 기소자 측(당신의 자동적 사고에 의해 진행되는)이 지난 며칠 동안 당신을 게으른 실패자, 무능력자, 일반적으로 죄가 있는 사람으로 낙인찍으면서 당신을 공격해오는 시련 속으로 자신을 데려가는 상상을 할 수 있습니다. 당신은 이제 증거를 공격해야 하는 변호인의 역할, 즉 당신(피고)에 반하는 증인의 신빙성, 기소자 측의 논리를 공격해야 하는 역할 연기를 하는 것입니다. 고소로 며칠 동안 고생한 후, 당신은 '내 의뢰인은 무죄입니다'라고 일어나서 간단히 말하고, 앉아서 쉬는 방어를 기대하지 않습니다. 당신은 왕성한 방어를 기대하면서, 당신 편이 될 수 있는 자신의 증거와 목격자를 제시합니다. 변호자로서 당신은 의뢰인(당신 자신)에 대한 무죄를 믿을 필요는 없습니다. 당신은 단지 그 일을 진지하게 해야만 할 뿐입니다"(유사한 것은 Freeman et al., 1990; Reinecke, Dattilio & Freeman, 1996; de Oliveira, 2014 참조).

토론 안건

"만약 당신이 자신을 방어하는 변호인인 것처럼 행동한다면, 당신은 자신을 무엇이라고 변호하겠습니까? 자신을 방어하는 가능한 최상의 변호사가 되도록 하세요. 부정적인 생각이 나타내는 논리의 오류에 대해 생각해보세요. 그것이 개인화하거나, 낙인찍거나, 비난하거나, 긍정적인 것을 줄이거나, 지나친 일반화하거나, 요구적인 '당위적' 진술을 사용하거나 부정적인 것에만 초점을 맞추거나 파국화하는 것입니까?"

예

치료자 : 당신은 성인으로서 당신 삶의 많은 부분에 대해 자신을 실패자, 가치 없는 사람, 게으른 사람이라고 부르면서 비판해 왔습니다. 지금 나는 당신이 '톰의 변호사'로 고용되어 이러한 비방하는 공격에 대항해서 톰을 방어해야만 한다고 상상해보기 바랍니다. 당신이 톰의 무죄를 믿거나, 톰을 좋

아할 필요는 없습니다. 나는 단지 톰에 대한 당신의 방어에서 당신이 유능한 변화사이기를 원합니다. 나는 기소자 측을 연기할 것이고 당신에게 톰이 얼마나 나쁜지 말할 것입니다. 당신은 톰을 변호해야 합니다.

환자 : 좋습니다.

치료자 : [검사로서] 톰은 어떤 것도 결코 성취한 적이 없는 게으른 실패자입니다.

환자 : [방어하는 변호사로서] 그것은 사실이 아닙니다. 그는 대학을 졸업했습니다. 그는 좋은 직업을 가지고 있고, 가족들을 믿고, 그의 상관은 그가 일을 잘한다고 생각하고 있습니다.

치료자 : [검사로서] 글쎄요, 톰은 나에게 실패자처럼 느껴집니다.

환자 : [방어 변호사로서] 감정은 법정에서 증거로 채택되지 않습니다. 사실은 그가 실패자라는 생각을 지지하지 않습니다.

치료자 : [검사로서] 글쎄요. 그는 완벽하지 않으므로 실패자입니다.

환자 : [방어 변호사로서] 그것이 사실이라면, 모든 사람이 실패자입니다.

이 방어 변호사 연습의 이점은 많은 사람들이 그들 자신을 변호하기보다는 다른 누군가를 방어하는 변호사 존재를 상상하기가 좀 더 쉽다는 것을 알게 된다는 것이다. 변호사라는 '전문적인 역할'을 취함으로써 환자는 그들 자신에게 증거를 요구하는 역할, 기소자에게 도전하기, 즉 우리가 변호사에게 기대하는 모든 것을 할 수 있다.

과제

치료자는 환자에게 고려해야 할 질문에 따라 양식 3.7(그림 3.6의 채워진 양식의 예 참조)을 제공하고 그(녀) 자신의 방어 변호사인 것처럼 행동하는 것을 상상하도록 가르칠 수 있다.

일어날 수 있는 문제

부정적 사고에 적극적으로 도전하는 많은 기법에서처럼 환자는 이런 연습을 그들이 좀 더 좋게 느끼게 하기 위해서 자신을 속이는 순진한 시도로 여길지도 모른다. 몇몇 사례에서 환자는 그들 자신이 비판받을 만하다고 믿고 그들 자신을 방어하지 않는다. 왜냐하면 그들은 실제로 자신들을 경멸하기 때문이다. 이러한 방해하는 사고들은 다음과 같은 질문을 통해 찾아낼 수 있다. "당신은 당신 자신의 방어 변호사로서 활동한다는 것과 관련해서 어떤 어려움이 있는지 나에게 말해줄 수 있나요?" 몇몇 환자들은 그들이 긍정적인 면을 전적으로 믿지 않는다면 부정적 사고에 대항하는 논쟁을 할 수 없다고 믿는다. 치료자는 훌륭한 변호사의 역할은 양쪽의 관점을 받아들이는 것이라고 지적할 수 있는데, 이것은 배심원으로 하여금 모든 관점을 고려할 기회를 주는 것이다.

어떤 법을 어겼습니까? 당신 스스로에게 어떤 죄를 씌울 수 있을까요? 압도적인 증거가 있습니까? 나는 우울한데 우울해서는 안 됩니다. 왜냐면 나는 좋은 직업을 가지고 있고 내 파트너와도 좋은 관계를 유지하고 있기 때문입니다.

피고인이 어떤 범죄를 저질렀습니까? 저는 아무 이유 없이 우울합니다.

피고인에 대한 압도적인 증거가 있습니까? 내가 우울하다는 것에 대해서는 강력한 증거가 있습니다. 나는 과거에도 우울증 문제를 가지고 있었습니다.

피고인의 행동에 대한 다른 설명을 할 수 있습니까? 우울증이 나의 가족에게서 발생하는 것처럼 보입니다. 나의 어머니도 우울했고 종종 나에게 매우 비판적이었습니다.

피고인이 악의적으로 행동했습니까? 아니요, 단지 저에게 일어났을 뿐입니다.

피고인은 합리적인 사람이 행할 수 있는 방식으로 행동을 했나요? 그 질문에 어떻게 대답해야 하는지 모르겠습니다. 당신이 우울하다면 우울한 사람처럼 행동하겠지요.

다른 누군가가 유죄입니까, 아니면 책임의 일부를 공유합니까? 우울하고 비판적인 어머니와 정서적으로 먼 아버지에게서 자라면서 나의 유전자와 경험이 이것을 일으켰다고 말할 수 있습니다.

검사가 실제로 증명할 수 있는 것을 감안할 때, 피고인이 무언가 끔찍한 죄를 지었다고 할 수 있나요? 아니요, 내가 무죄라고 말하는 것이 좀 더 합당합니다.

이 규칙을 모든 사람에게 적용하겠습니까? 우울하다고 해서 사람들을 비난해야 한다고 생각하지 않습니다.

배심원이 유죄판결을 내릴까요? 아니요.

당신은 당신 스스로를 어떻게 방어할 것입니까? 나는 우울하기로 선택하지 않았구요. 저는 운이 없습니다.

당신의 행동에 대한 다른 설명이 있습니까? 단순히 우울증을 겪고 있습니다. 유전, 문제 있는 양육. 때때로 상황이 좋지 않고, 내가 우울해서 과민 반응을 하는 경우가 있습니다.

당신은 악의적이거나 또는 잔인하게 행동했습니까? 아니요.

책임 있는 사람은 어떻게 행동합니까? 책임 있는 사람은 치료를 찾을 것이고, 그것이 내가 노력해야 할 것입니다.

당신에 대한 찬반 증거 질은 어떻습니까? 나에게 대항하는 증거의 질은 좋지 않습니다. 우리는 우울증 때문에 사람들을 비난하지 않으며, 그들을 돕습니다. 나를 지지하는 증거는 타당합니다.

배심원은 나에게 대항하는 증거를 어떻게 평가할까요? 배심원은 나에게 연민을 느낄 것입니다. 그들은 그 증거를 거절할 것입니다.

배심원은 당신이 스스로를 처벌하는 만큼 심각하게 처벌할까요? 결코 아닙니다.

그림 3.6 당신 자신의 방어 변호사 역할 연기하기

기타 기법에 대한 탐색

관련된 기법으로는 증거 조사하기, 논증-반증 기법, 논리적인 추론 평가하기, 역할 연기, 그리고 인지적 왜곡 범주화하기가 있다.

양식

양식 3.7(자신의 방어 변호사 역할 연기하기)

기법 : 자동적 사고와 관련 있는 합리적 반응은?

설명하기

환자는 부정적인 사고에 도전하는 '합리적인 반응'을 여러 번 목록화하지만, 그러나 합리적인 사고는 부정적인 사고를 반박하거나 도전하는 논박이나 증거이기보다는 단순히 긍정적인 확신(예 : "나는 좋은 사람이다.")일 뿐이다. 이러한 합리적인 반응과의 '무관계성'의 결과로, 환자는 그(녀)가 여전히 강력하게 부정적 사고를 믿기 때문에 이 기법들은 효과적이지 않다고 결론을 내린다. 이것의 전형적인 예시는 환자가 이중 또는 삼중의 열 양식을 사용하여 자동적 사고와 합리적인 반응을 목록화하는 것인데, 왼쪽 열에는 부정적인 사고를 나타내는 목록이 그리고 오른쪽 열, 즉 '합리적인 열'에는 긍정적인 사고 목록이 표시된다. 중요한 것은 가장 의미 있는 자동적 사고와 그러고 나서 그 사고를 조사하고 검증하고 도전하는 인지치료기법들이 사용된다는 점이다. 단순히 긍정적인 확신을 나열하는 것으로 그 생각이 '거짓임이 드러나지' 않는다. 생각의 논리적인 허점, 증거의 부족, 내적인 모순, 그리고 그 생각의 불공정성을 안다는 것은 긍정적인 속성이나 자신에 대한 성취의 목록을 작성하는 것보다 훨씬 더 효과적일 것이다. 환자의 합리적인 반응은 부정적 사고에 도전하고 물리치며, 강력함을 경감시키는 것과 관련되어야 한다.

토론 안건

"사람들이 자신의 부정적인 사고에 도전하거나 조사할 때, 그들은 긍정적인 진술을 목록화합니다. 이러한 긍정적인 진술들은 때때로 당신이 기분이 좀 좋아지는 것에는 유용하지만, 그것들은 당신을 힘들게 하는 정확한 생각과는 관련이 없습니다. 예를 들어, '나는 실패자다'라는 생각은 당신으로 하여금 '나의 부인은 나를 좋아한다'와 같은 '도전(긍정적인 생각)'을 쓰도록 할 것이지만, 당신의 부인이 당신을 좋아한다는 사실은 당신이 실패자라는 당신의 생각에 적절하게 도전하도록 하지 못할 것입니다. 또는, '나는 학교에서 실패할 것이다'라는 당신의 생각은 '나는 좋은 일을 하려고 열심히 노력하고 있다'의 생각으로 대항하도록 할 것인데, 그것은 유용할지도 모르지만 당신이 학교에서 실패할 것이라는 생각에 도전하지 못하게 하는 것입니다. 그래서 우리는 당신의 합리적인 반응이 당신을 괴롭히는 자동적인 사고와 정말로 관련이 있는지를 알아보기를 바랍니다."

예

치료자 : 당신의 부정적인 생각에 도전할 때 중요한 부분은 한 번에 하나의 생각에 초점을 맞추고 그 생각에 대한 당신의 논박이나 증거를 제시하는 것입니다. 다시 말해서, 그때 당신이 조사하고 있는 것은 어떤 생각이고 그 생각에 반하는 당신의 논박은 무엇인지를 알고자 합니다. 예를 들어, 당신이 "나는 실패자다"라는 생각을 가지고 있다고 합시다. 그것은 매우 부정적이고, 매우 일반적인 생각이며, 그런 생각을 가지고 있고 그것을 믿는다면 매우 괴로울 것입니다. 당신의 과제 기록을 보면 왼쪽 열에 여러 가지 부정적인 생각을 나열한 다음 오른쪽 열에 긍정적인 생각을 기록한 것을 볼 수 있습니다. 그러나 어떤 긍정적인 사고가 어떤 부정적인 사고를 정확히 가리키고 있는지가 명확하지 않습니다. 예를 들어, "나는 실패자다"라는 생각이 왼쪽 열에 있고, 오른쪽 열에는 "나는 일하러 간다" 그리고 "나는 내가 할 수 있는 한 최선을 다해 노력하고 있다"가 쓰여 있습니다. 그러나 이러한 긍정적인 생각이 부정적인 생각에 적절하게 대처를 하고 있는지 궁금합니다.

환자 : 글쎄요, 나는 긍정적으로 생각하려고 노력하고 있어요. 이 치료가 그런 것이 아니었나요?

치료자 : 그런 인상을 가질 수 있어요. 그러나 인지치료는 긍정적으로 생각하는 것이 아닙니다. 즉 그것은 현실적이고 합리적이며 유용하게 생각하는 것에 관한 것입니다. 자 "나는 실패자다"라는 생각을 보면서 그 생각을 논박하기 위한 몇 가지 적절한 논쟁을 생각해낼 필요가 있다는 생각이 듭니다. 당신이 실패자라는 생각에 도전할만한 관련 증거는 무엇인가요?

환자 : 좋아요, 당신이 무엇을 하려고 하는지 알겠어요. 나의 긍정적인 생각을 관련성 있게 만드는 것. 나는 그런 방식으로 그것에 대해서 생각해보지 않았어요.

치료자 : 당신도 아다시피, 그것이 일반적이죠. 왜냐면 자동적 사고는 너무 정서적이라서 그것들은 당신이 논리적으로나 사실적으로 생각하도록 항상 이끌어주지는 않아요. 그러나 인지치료는 현실과 관련된 것입니다. 자, 당신이 실패자가 아니라고 생각할 수 있는 증거는 어떤 것입니까?

환자 : 글쎄요, 나는 일이 있고, 친구가 있고, 대학을 졸업했고, 많은 빚을 다 갚았어요.

치료자 : 우리는 정말로 앞으로 나아가고 있다고 생각해요. 이런 것들이 그 사고에 반하는 관련된 증거들이죠. 당신이 실패자라는 생각과 관련성이 있다고 생각하는 것은 또 무엇이죠?

환자 : 글쎄요, 당신이 지적한 바와 같이 제 생각에는 '실패자'라는 용어는 너무 애매하고 일반적이며, 전적으로 한 사람을 실패자로 부르는 것이 공정하지 않아 보여요.

치료자 : 그래서, 하나의 적절한 주장은 몇 가지 부정적인 행동을 토대로 전체 사람에게 낙인을 찍는 것은 논리적이지도, 공정하지도, 정확하지도 않다는 것입니다.

환자 : 맞아요. 그것이 좀 더 이치에 맞네요.

치료자 : 자, 관련이 있는 논리와 증거에 대해서 생각해보면, 당신이 실패자라는 부정적인 생각에 도전하는 데 자신감을 가질 수 있도록 하겠죠?

환자 : 네, 이제는 내게 더 집중된 것처럼 보입니다.

과제

치료자는 환자에게 다음 주 동안 몇 가지 전형적인 자동적 사고를 기록하고, 그러한 사고에 대한 합리적인 반응을 적고, 그리고 나서 각 합리적인 반응이 자동적 사고를 반증하거나 논박하는 것(양식 3.8 이용)과 얼마나 연관되어 있는지를 설명하도록 요청할 수 있다. 환자는 꽤 자주 '부정적 사고(예 : "나는 실패자다")'를 기록하고 그리고 나서 합리적이거나 긍정적인 사고가 부정적이거나 자동적 사고와 얼마나 관련이 있는지를 확인하지 않은 채로 '긍정적 사고(예 : "나는 친구들이 있다")'를 기록할 것이다. 관련성이 없는 합리적 반응은 자동적 사고의 신뢰성을 효과적으로 줄이지 못할 것이다.

일어날 수 있는 문제

경우에 따라서 몇몇 환자들은 합리적이거나 유용한 반응이 그(녀)를 기분 좋게 할 수 있다고 주장할 것이므로, 그 관련성이나 논리를 조사할 필요는 없다. "내가 기분이 좋아지면, 왜 문제가 되지?" 이것은 그럴 듯해 보이고 때로는 유용하게까지 들리지만, 치료자는 부정적인 사고가 사실에 근거하지 않았고 비논리적이거나 불공정하다는 것을 입증하는 것이 결국에는 더 강력할 것이라고 제안할 수 있다. 치료자는 바로 당장 기분이 나아지는 것은 충분하지 않으며, 부정적인 생각의 돛에서 바람을 빼내는 것이 더 중요하다고 제시할 수 있다. 그것을 하는 가장 효과적인 방법은 부정적인 생각이 부당하고 진실하지 않다는 것을 증명하는 것이다: "유령을 믿는 아이에게 나는 아이스크림을 가지고 아이의 주의를 흐트러뜨렸고, 아이가 '나는 지금 무섭지 않아요'라고 말했다고 상상해봅시다. 이것이 그녀가 유령에 대한 공포를 포기할 만큼 충분할까요? 또는 유령이 단순히 상상의 일부분이며 실제로 현실에 근거가 없다는 것을 그녀가 이해하는 것이 장기적으로 더 효과적일까요?"

기타 기법에 대한 탐색

관련된 기법으로는 사고의 비용과 이익 확인하기, 증거 조사하기, 증거의 질 조사하기, 사고에 대항하는 역할 연기하기, 방어 변호사 기법을 사용하기 등이 있다.

양식

양식 3.8(나의 도전이 나의 부정적 사고와 연관되어 있을까?)

기법 : 사고에 대한 두 측면 역할 연기하기

설명하기

부정적인 사고를 수정하기 위해 환자와 치료자는 사고에 대한 두 측면을 번갈아 역할 연기를 할 수 있다. 예를 들어, 환자가 부정적인 입장을 취하는 동안 치료자는 처음에 긍정적이고 합리적인 입장을 취할 수 있다. 그들이 각 위치에서 역할 연기를 한 후 치료자는 부정적인 사고를 지지하고 환자는 긍정적인 사고를 지지하는 입장으로 바꿀 수 있다. 이러한 역할 반전의 한 가지 장점은 환자가 치료자에 의해 제시되는 몇 가지 상당히 유용한 도전을 관찰할 수 있다는 점과, 치료자는 어떤 합리적 반응이 환자에게 도움이 되는지, 어떤 자동적 사고가 환자를 힘들게 하는지를 결정할 수 있게 된다. 이러한 역할 전환은 환자와 치료자가 자신의 역할을 바꾸어 여러 차례 반복할 수 있다.

토론 안건

"당신의 부정적인 생각을 가지고 역할 놀이를 해봅시다. 나는 긍정적인 사고의 역할을 할 것이고, 즉 긍정적이고 합리적인 방식으로 반응할 겁니다. 당신은 부정적인 사고의 역할을 하고 당신의 부정적인 생각이 정말로 사실이라고 나에게 확신시키기 위해서 노력해보세요." 역할극을 하는 동안에, 치료자는 어떤 합리적인 반응이 효과적이고, 어떤 합리적인 반응은 효과적이지 않은지, 그리고 어떤 부정적인 생각이 다루기에는 가장 어려운지에 대해서 물어볼 수 있다. 덧붙여, 치료자는 언급되지 않는 부가적인 부정적인 사고가 있는지를 물어볼 수 있다.

예

치료자 : 역할 연기를 해봅시다. 당신은 실패자라는 부정적 사고에 대한 역할을 연기하고, 나는 합리적이고 긍정적인 당신의 역할을 할 것입니다.

환자 : [부정적인 역할로서] 제인과 결별했기 때문에 당신은 실패자입니다.

치료자 : [긍정적인 역할로서] 글쎄요. 그것은 이분법적 사고입니다. 당신은 나와 관련된 모든 것에 대해서 실패했다고 말하는 겁니까?

환자 : [부정적인 역할로서] 아니요, 그러나 당신은 실패했어요.

치료자 : [긍정적인 역할로서] 나는 그것이 한 사람으로서 당신이 실패했다는 것을 의미한다고 믿지 않아요. 내가 '한 사람으로서 실패한' 것을 행동에서 어떻게 관찰할 수 있죠?

환자 : [부정적인 역할로서] 당신이 관계를 어떻게 엉망진창으로 만들었는지 보아야 합니다.

치료자 : [긍정적인 역할로서] 당신이 의미하는 것은 당신이 내 행동의 일부를 찾았다는 것이지요?

환자 : [부정적인 역할로서] 네, 맞아요.

치료자 : [긍정적인 역할로서] 당신은 어떤 구체적인 행동을 말씀하시는 거죠?

환자 : [부정적인 역할로서] 글쎄요. 당신은 그녀에게 비판적이었어요.

치료자 : [긍정적인 역할로서] 좋아요. 당신은 그 행동이 좋지 않았다고 생각하시는 거죠? 내 행동의 일부는 긍정적 혹은 중립적인가요?

환자 : [부정적인 역할로서] 당신은 긍정적인 행동도 물론 했어요. 당신은 그녀에게 관대했지요. 그녀에게 선물을 주었고, 그녀를 위해 저녁을 준비했어요.

치료자 : [긍정적인 역할로서] 그러면 내 행동의 일부는 긍정적이고 일부는 부정적인가요? 내가 몇 가지 긍정적인 것도 했다면, 어떻게 나는 한 사람으로서 실패자인가요?

환자 : [부정적인 역할로서] 나는 당신에 대해 긍정적인 것과 부정적인 것이 있다고 생각해요.

치료자 : [긍정적인 역할로서] 모든 다른 사람들과 같다는 뜻입니까?

환자 : [부정적인 역할로서] 그렇다고 생각해요.

환자와 치료자가 역할 연기를 실행한 후, 치료자는 어떤 자동적 사고에 대해서 어떤 합리적 사고가 잘 작동되지 않았는지 환자에게 질문할 수 있다. 위의 예에서, 환자는 그가 여자 친구에게 비판적이었다는 사실을 받아들이는 데 어려웠다고 지적했다. 그는 결코 비판적이지 않았고 실수도 하지 않았다고 믿었다. 이러한 논쟁은 그의 완벽주의와 자기 비판에 대해서 조사할 수 있게 하였고 그리고 나서 "나는 실수로부터 학습할 수 있고 그것들을 수정하기 위해 노력할 수 있다"는 대안적 가정으로까지 이끌었다.

과제

양식 3.9를 사용할 때, 치료자는 환자에게 그(녀)의 부정적 사고에 대한 대답으로 긍정적인 또는 합리적인 논박을 쓰도록 할 수 있으며, 이러한 합리적인 논박에 대한 일련의 부정적인 반응을 기록하도록 요청할 수도 있다. 더욱이, 환자에게 어떤 자동적 사고를 아직도 조정하기 힘든지, 어떤 합리적인 반응이 잘 작동하지 않는지 말하도록 요구할 수 있다. 그다음 회기에서 "나는 항상 완벽해야만 한다" 또는 "나는 결코 실수를 해서는 안 된다"와 같은 그들의 내재된 가정에 대해 검토할 수 있다.

일어날 수 있는 문제

몇몇 환자들은 부정적 사고에 동의해서 그들이 믿는 것에 반하여 논박하는 데 힘들어 한다. 치료자나 친구가 할 수 있는 논박의 종류들이 제시되어야 하는데, 예를 들면 "당신은 지금부터 당장 어떤 것도 믿을 필요가 없고, 우리는 단지 다른 사고 방식에 대한 아이디어를 얻으려고 하고 있어요"와 같은 것이 있다. 마찬가지로, 환자는 치료자가 제시한 것들과는 상이한 부정적인 사고를 가지고 있다고 말할지도 모른다. 치료자는 다음과 같이 반응할 수 있다: "당신은 지금 당장 이러한 생각들을 가지고 있지 않을 거예요. 그렇지만 만약 당신이 그런 생각을 가진다면, 어떻게 처리할 수 있는지 알아보고 싶네요." 역할극을 하는 것과 관련된 다른 문제는 어떤 환자들은 치료자가 장난치거나 놀리는 것으로 생각할 수도 있다는 것이다. 치료자는 다음과 같이 답할 수 있다: "나는 당신을 웃기려고 하는 것이 아니고, 어떤 것이든 나는 당신이 생각하고 느끼는 것에 있어서 새로운 방식을 발견하게 도와주고 싶어요. 역할 연기는 때때로 거슬릴 수도 있어요. 당신이 그런 식으로 느낄 때 나에게 알려주세요. 그러면 우리는 멈추고 다른 것을 고려할 수 있어요."

기타 기법에 대한 탐색

관련된 기법으로는 인지적 왜곡의 범주화, 비용과 이익 조사하기, 증거 조사하기, 의미론적기법, 이중기준기법, 논증-반증기법 등이 있다.

양식

양식 3.9(사고 두 측면 역할 연기하기)

기법 : 사람과 행동을 구별하기

설명하기

사고하는 데 있어서 일반적인 실수 중 하나는 한 가지 행동으로 사람 전체를 보는 것이다. 한 가지 행동을 실패하면 그때 나는 완벽한 실패자다. 이 기법은 환자들로 하여금 실수나 오류를 분리하고 그들 자신에 대한 전체적인 판단과 이것들을 구분하게 도울 수 있다. 게다가 그것은 특정 범주의 인지 왜곡을 수정하는 환자의 능력을 촉진시키는데, 특히 낙인찍기, 개인화, 이분법적 사고, 과잉일반화가 이에 속한다. 사람과 행동을 구별함으로써 환자는 변화될 수 있는 **행동**들을 확인할 수 있다. '사람' 전체를 변화시키는 것을 상상하는 것은 어렵다.

토론 안건

"행동과 사람 전체를 구별하는 것이 중요합니다. 때때로 우리는 '나는 실패자다'라고 말하지만 진실은 '나는 그 시험을 잘 보지 못했다' 또는 '나는 해고당했다'와 좀 더 가깝습니다. 당신의 자기비판적 사고의 일부를 살펴보고, 당신이 정말로 이야기해야 할 것이 전반적으로 당신 자신 전체를 명명하는 것이라기보다는 당신 행동의 일부인지에 대해 조사해봅시다. 당신이 특정 행동을 하나의 문제로 바라본다면, 행동을 변화시켜서 상황을 개선하는 방법을 상상할 수 있을 것입니다."

예

치료자 : 시험 후에 당신은 자신을 실패자로 생각했다고 말했습니다. 나는 우리가 시험에 있는 몇 가지 질문에서 틀린 것과 사람으로서 실패자인 것 사이의 차이점을 말할 수 있는지 궁금합니다.

환자 : 그러나 나는 실패자인 것처럼 느껴집니다.

치료자 : 글쎄요, 그것은 감정적인 추론이지요. 그렇죠? 당신은 당신의 감정이 사람으로서 실패한 증거라고 말합니다.

환자 : 나는 그것이 비합리적이라는 것을 알아요.

치료자 : 좋아요, 그러나 "나는 실패자다"라는 생각을 살펴봅시다. 당신의 삶에서 당신이 잘하는 몇 가지가 있지요?

환자 : 나는 많은 과정을 거쳤고 그것들을 잘 통과했습니다. 나는 친구들이 있고, 남자 친구도 있습니다.

치료자 : 좋아요. 그것들은 몇 가지 성공적인 행동들이군요. 시험에서 40개 질문들이 있지 않았나요? 당신은 그것 중 일부가 맞을 거라고 생각하나요?

환자 : 아마도 그것 중 대부분 맞았을 겁니다. 그러나 나는 그것 중 5개 이상은 틀린 것 같아요.

치료자 : 당신은 그것들을 아주 잘했는데 몇 개를 잘못했다고 말하는 것이 좀 더 정확한가요?

환자 : 네, 그것이 좀 더 정확합니다.

치료자 : 그래서 시험 질문에 약간 잘못한 것에 대한 평가는 당신이 한 사람으로서 실패자라는 생각과 약간의 실수를 했다는 생각, 둘 중에서 어느 것과 일치할까요?

환자 : 나는 약간 실수했다는 것이지요.

과제

과제는 전반적인 낙인찍기와 구체적인 행동 사이를 구별하는 것에 초점을 둔다. 환자들에게 양식 3.10을 사용하도록 권하고, 그 위에 부정적인 개인적 낙인찍기, 예를 들면 '패자', '실패자', '무가치' 등을 열거하고, 그 낙인에 자신의 믿음 정도를 평가하도록 한다. 그러고 나서 부정적인 특성의 증거가 되는 부정적인 행동들과 항상 부정적인 것만은 아니라는 것을 제시하는 긍정적 행동들을 열거하도록 한다. 또한 환자들은 앞으로 발생할 것으로 예상할 수 있는 부정적인 행동과 긍정적인 행동을 열거하여 전반적인 낙인에 도전하고, 결론을 분명히 하고, 증거를 찾은 후 부정적인 낙인에 대한 자신의 믿음을 재평가하도록 요청을 받는다. 그들 자신과 상황을 바라보는 좀 더 균형적인 방법이 있을까?

일어날 수 있는 문제

일부 개인들은 그들 자신 또는 다른 사람들의 행동에 도덕적 판단을 부가하기 쉽다. 그들은 이러한 판단이 양심적, 윤리적 또는 도덕적이라고 생각할 것이다. 나는 이 유형을 '도덕적 저항'으로 언급해왔고, 이런 종류의 사고에 도전하는 방법으로 제기할 몇 가지 질문에 대해 설명했다 (Leahy, 2001b). 예를 들어, 환자가 "글쎄요, 내가 나쁜 짓을 했다면, 그것은 내가 나쁘다는 것을 의미합니다"라고 말한다면, 우리는 그(녀)에게 나쁜 짓을 하면 누구든지 나쁜 사람이라는 것이 모든 사람에게 적용될 수 있는 규칙인지를 알아보도록 요청할 수 있다. 우리는 이 규칙이 인간의 존엄성을 증진하는지 물어볼 수 있는데, 이 질문은 철학자 칸트가 제기한 것이다. 환자가 제시하는 또 다른 문제는 예를 들어 "나쁜 사람은 나쁜 짓을 한다"고 주장하면서 범주적 오류를 일으키는 것이다. 정말로, 모든 사람이 나쁜 일을 하고, 좋은 사람이 좋은 일을 하고, 그리고 나쁜 사람도 좋은 일을 한다는 것을 논의할 수 있다. 최종적으로, 우리는 '좋은 사람' 또는 '무가치한'과 같은 용어는 특별히 의미가 있는 것은 아니라는 것을 제시할 수 있다. 우리는 이러한 전반적이고 가치가 부여된 낙인이 "이 사람의 행동으로 나는 무엇을 예측할 수 있을까?"와 같이 경험에 근거한 사고 유형으로 대치되기를 바란다. 예를 들어, 그녀의 상사를 '잡종'이라고 낙인찍은 고용인은 그 상사가 하는 모든 것은 부정적일 것이라고 추측할 것이다. 그러나 그러한 전반적인 낙인을 실용적이고, 경험에 근거한 예측으로 대치함으로써 그녀는 그녀의 '잡종' 상사가 실제로 많은 긍정적인 일들을 했는지를 알아볼 수 있을 것이며, 이것은 중요한 인식이다. 그리고 나서 환자는 자신이 어떻게 긍정적인 것의 이점을 취하고 부정적인 것은 피할 수 있는지 그 방법을 질문받을 수 있다.

기타 기법에 대한 탐색

관련된 기법으로는 부정적 사고 범주화하기, 하향화살표기법, 비용과 이익 조사하기, 증거 조사하기가 있다.

양식

양식 3.10(부정적 낙인 평가하기)

기법 : 다양한 상황에서 행동의 변화 조사하기

설명하기

생각하는 데 있어서 자주 일어나는 실수는 행동의 한 가지 사례에 초점을 두고 그것을 사람 전체로 일반화하는 것이다. 우리가 흔히 사용하는 언어 기술 중 많은 것이 소인, 특질 또는 기질 등을 함의하고 있다. 예를 들어, 우리는 그의 비판적인 언어 사용을 지적하면서 "나는 그를 50번 다른 상황에서 관찰했는데, 한 가지 상황에서 20% 적대적이었다"고 규정하기보다는 "그는 적대적이다"라고 말한다. 게다가 "그는 적대적이다"라고 말할 때 우리는 행동 특성을 상황에 대한 요소보다는 사람에 귀인한다. 그의 행동을 유도하거나 불러일으키는 것, 그 이후에 일어난 일 또는 다른 사람과의 관계 역사와 같은 상황적인 요인에 다시 초점을 맞춤으로써, 우리는 그의 행동을 맥락 속에서 이해할 수 있다. 우리는 하나의 주어진 순간을 넘어서 우리의 초점을 분산시킴으로써 행동의 빈도와 강도에서의 차이뿐만 아니라 그 행동이 발생하는 상황에서의 차이도 볼 수 있다. 이렇게 넓게 보는 초점은 한 가지 차원의 측면에서 사람을 낙인찍는 가능성을 줄이고, 문제가 되는 행동을 지원하거나 완화하는 요인들, 즉 도발이나 잠재적 결과와 같은 요인들을 이해할 수 있는 능력을 향상시킨다.

토론 안건

"우리는 누군가를 낙인찍을 때, 종종 이분법적 측면에서 사고합니다. 만약 당신이 자신을 '실패자' 또는 '어리석은 자'(또는 어떤 부정적인 꼬리표)로 낙인찍는다면, 당신은 수많은 증거를 무시하고 있는 중입니다. 당신 자신(또는 그 밖의 사람들)을 적대시하여 사용하는 부정적인 낙인을 고려해보세요. 지금 당신의 행동이 다양한 상황에서 얼마나 많이 변화하는지에 대해서 생각해보세요. 당신 행동의 다양한 수준을 찾아보세요. 예를 들어, 당신 자신을 '게으름뱅이'라고 낙인찍는다면, 당신이 얼마나 게으른지를 시간대별로 0~100%까지의 조건으로 당신의 행동을 평가해보세요. 당신이 덜 게으른 몇몇 상황들이 있나요? 당신이 활기가 넘치는 몇몇 상황들이 있나요? 무엇이 당신의 행동의 다양성을 설명합니까? 이 다양성은 게으름뱅이라고 낙인찍는 측면에서만 볼 때 당신 자신에 대한 생각과 얼마나 모순되나요?"

예

치료자 : 당신은 당신이 운동하지 않는 이유가 당신이 '게으름뱅이'이기 때문이라고 말했습니다. 0~100%까지에서 당신이 얼마나 게으르다고 생각하는지, 100% 중 어디에 표시하겠습니까?

환자 : 나는 운동할 때 내 자신에게 95%를 줄 것 같습니다.

치료자 : 당신이 운동했던 때가 있습니까?

환자 : 네, 저는 지난주에 헬스클럽에 갔으나 2주 동안은 가지 못했습니다.

치료자 : 그러면 당신이 헬스클럽에 갔을 때 당신은 얼마나 게으릅니까?

환자 : 0%라고 추측됩니다.

치료자 : 좋아요. 당신은 공무원으로 종일 일합니다. 당신은 언제 일을 시작하고 언제 일을 끝내나요?

환자 : 나는 오전 8시에 시작해서 오후 6시에 일을 마치고, 운전해서 집에 가는 데 약 1시간이 걸립니다. 물론, 아침에도 1시간 운전을 합니다.

치료자 : 당신이 이 스케줄을 완수했을 때 얼마나 게으른가요?

환자 : 전혀 게으르지 않습니다. 나는 종일 일했습니다.

치료자 : 그리고 당신은 아이들을 도와줍니다. 당신은 아들과 야구 연습을 하지요. 그것을 했을 때 당신은 얼마나 게으릅니까?

환자 : 전혀 아닙니다.

치료자 : 그래서, 만약 당신이 이렇게 많은 영역에서 게으르지 않다면, 당신이 운동을 안 한 이유가 당신이 게으르기 때문이라고 말하는 것은 무슨 의미입니까?

환자 : 아마도 나는 피곤했던 것 같습니다.

치료자 : 그것은 당신이 게으르다고 말하는 것과 얼마나 다른가요?

환자 : 그것은 자기 비판적이지 않네요.

과제

양식 3.11을 사용할 때, 환자에게 그들 자신 또는 그 밖의 사람들에게 적용하는 매일 매일의 부정적 낙인 한 가지를 목록으로 작성하도록 요구한다. 그리고 나서 그들은 자신의 행동이나 질이 다른 시간이나 상황에 따라 어떻게 변화하는지를 조사해야만 한다. 환자들은 다양한 상황에서 그들의 행동이 어째서 변화하며, 그 변화는 이분법적 용어로 그들 스스로를 낙인찍는 것에 대해서 무엇을 말하고 있는 것인지에 대해 검사하도록 요청받을 수 있다. 사람들이 유연하고 변화가 가능하다고 말하는 것이 좀 더 정확한 것인가? 그들의 행동이 상황에 따라 변화한다면, 이것은 전반적인 낙인을 사용하는 것에 대해서 어떤 것을 말하고 있는가?

일어날 수 있는 문제

몇몇 개인들이 그들의 부정적인 낙인에 매달리는 것은 그들 자신을 비판하는 것이 현실적이고 동기 유발을 한다고 믿기 때문이다. 그들은 종종 자신들이 얼마나 어리석고 열등했는지에 대해 스스로에게 말할 필요가 있다고 믿으며 스스로 만족하지 못한다. 치료자는 이러한 환자에게 낙인찍기와 비판의 비용과 이익을 조사하고 긍정적인 행동에 대한 자기 보상을 증가하는 것의 가치를 고려하도록 요청할 수 있다. 일부 환자들은 이 연습이 그들 자신에게 쉽지는 않겠지만 '그들에게 얽매인 것에서 벗어나게' 해줄 것이라고 믿는다. 치료자가 환자의 행동 변화로 어떤 요인이 긍정적인 행동을 촉진하는지를 알려줌으로써 이러한 행동의 빈도가 증가할 수 있다는 점을 지적하는 것은 유용하다. 행동 실험은 환자들로 하여금 2주간 자기 보상의 이익과 불이익을 조사하도록 도와주는 것으로 구성될 수 있는데, 이는 혹시 부정적 속성이 증가하는지를 알아보기 위한 것이다. 이 연습은 특히 상대방에 대해서 부정적인 낙인을 지속하는 것이 상대방의 동기를 유발시킨다고 믿는 커플에게 유용하다.

기타 기법에 대한 탐색

관련된 기법으로는 인지적 왜곡 범주화하기, 연속선기법, 이중기준기법, 하향화살표기법, 비용-이익 분석, 증거 조사하기가 있다.

양식

양식 3.11(변화 찾기)

기법 : 부정적 사고를 다루기 위해 행동 활용하기

설명하기

많은 자동적 사고는 사실이며 환자는 현실을 왜곡하고 있지 않다. 따라서 그 사고에 대한 도전은 환자가 좀 더 희망적으로 느끼도록 도와주는 것으로는 충분치 않다. 그러나 왜곡되지 않은 자동적 사고는 실제로 더 희망적이며, 환자를 덜 무기력하게 만드는데, 왜냐면 초점이 문제 해결이나 문제 수용 중 하나로 옮겨졌기 때문이다. 이러한 변화는 환자로 하여금 필요한 기술을 습득하고 변화를 시작하기 위해 행동을 취할 수 있게 하며, 그들이 사회적이고 의사소통을 하려고 하고 직업과 관련하여 무엇이든 하게 한다. 부정적인 행동이 있다면 환자는 그 행동을 변화시키는 데 초점을 맞출 수 있다.

토론 안건

"만약 부정적인 사고가 사실이라면, 내가 나아지기 위해 할 수 있는 것은 무엇인지, 내가 문제를 해결하거나 상황을 변화시키거나 나의 기술을 향상시킬 수 있는 방법은 무엇이 있는지 스스로에게 자문해보세요."

예

치료자 : 당신은 직장 면접에 대해 상당히 낙심하고 있군요.

환자 : 네, 나는 당신에게 아무도 나를 고용하길 원하지 않는다고 말하려고 했어요. 면접은 허사가 되었습니다.

치료자 : 좋아요. 시나리오에 따라 역할 연기를 해봅시다. 내가 당신을 면접하는 사람의 역할을 하고 당신은 면접에서 자기 자신의 역할을 할 수 있어요(환자와 치료자는 상호작용하고, 환자는 과장된 방식으로 행동하고 이전의 고용인을 비난한다).

환자 : 그래서, 내가 어떻게 했나요?

치료자 : 당신이 옳아요. 면접을 망쳤다는 당신의 생각이 옳은 것으로 판명되었어요. 당신은 면접에서 정말로 그렇게 잘하지는 못했어요.

환자 : 오, 그래요. 지금 나는 정말로 희망이 없어요.

치료자 : 아니요. 정말로 희망이 없는 것은 아니에요. 실제로 이것은 매우 좋은 정보입니다. 지금 우리는 당신의 면접 기술을 훈련해서 끌어올려야만 합니다. 이 사람이 누군가를 고용하기 위해 무엇을 보는지 조사를 시작합시다.

환자 : 그래서, 당신은 내 부정적 사고가 사실이라고 말하는 것입니까?

치료자 : 이 경우에서 우리는 이 문제를 좁힐 수 있다는 것을 발견하는 것이 중요합니다. 당신은 더 나은 면접 기술을 배울 수 있습니다. 당신이 테니스를 치고 있었다고 상상해봅시다. 당신의 코치가 당신이 라켓을 잘못 잡아서 그물에 자꾸 공이 걸리게 친다는 것을 알게 되었다고 합시다. 그러면 코치는 당신에게 올바르게 라켓을 잡는 방식을 보여줄 겁니다. 그래서 당신의 생각은 "나는 그물로 공을 쳤다"는 것은 사실이지만, 당신은 당신의 행동을 변화할 수 있고 좀 더 훌륭한 테니스 선수가 될 수 있다고 생각할 수 있습니다.

환자와 치료사는 인터뷰 기술을 향상시키고, 면접에서 해야 할 것과 하지 말아야 할 것의 목록을 작성하고 치료에서 수행된 역할극을 녹음하는 작업을 하였다. 환자는 이후에 취업 제의를 받았다.

과제

치료자는 다음과 같이 설명할 수 있다. "때때로 우리의 부정적 사고는 사실입니다. 때때로 누군가는 우리를 좋아하지 않고 어떤 일은 전혀 효과가 없지요. 그러나 그때 그러한 현실은 다음과 같은 긍정적인 질문을 유도합니다: '내가 그 문제를 해결하기 위해 무엇을 할 수 있을까?' 또는 '내가 사용할 수 있는 대안책은 무엇일까?' 만약 당신의 부정적인 사고가 사실이라면, 당신은 '나의 행동을 증진시키기 위해 어떻게 달라질 수 있을까?'와 같은 질문을 할 수 있습니다."

"양식 3.12를 이용해서 당신을 괴롭히고 있는 일들의 목록을 작성하고, 그리고 나서 스스로 문제를 개선하기 위해 할 수 있는 여러 일들의 목록을 만드세요."

일어날 수 있는 문제

일부 환자들은 자동적 생각이 사실이라면 상황이 정말로 절망적이라고 믿는다. 결론적으로, 인지치료는 우리가 부정적인 생각을 검토하거나 평가하는 현실 검증 또는 현실 치료라는 것을 지적하는 것은 필수적이다. 따라서 우리는 부정적 사고가 사실일 수도 있다는 것에 대해 열린 태도를 취해야 한다. 일부 환자들은 치료자가 부정적 사고가 사실임을 인식한다면, 그들을 비난할 것이라고 믿는다. 반대로 치료자는 부정적 사고가 사실이라는 것을 인정하는 것이 환자들로 하여금 필요한 변화 방법을 발견하는 데 강력한 힘이 된다고 설명할 수 있다. 그러나 환자들은 너무 자기 비판적이어서 그들 자신들이 이러한 변화를 할 수 없다고 믿을 수도 있다. 이러한 부정적 자기 진술은 행동적인 과제로 검증될 수 있다: "간단한 긍정적 행동 목록을 만들어봅시다. 그러나 그 목록 중에서 당신이 할 수 있다고 생각하는 것과 할 수 없다고 생각하는 것을 나에게 말해주십시오. 이 목록 각각을 하는 데 있어서의 비용과 이익을 찾아봅시다."

기타 기법에 대한 탐색

관련된 기법으로는 점진적 과제 부여, 주장 훈련, 문제 해결, 하향화살표기법, 비용-이익 분석, 증거 조사하기가 있다.

양식

양식 3.12(행동을 변화시킴으로써 부정적 사고 변화시키기)

양식 3.1
용어를 정의하기

우리는 때때로 꽤나 모호한 용어를 사용합니다. 다른 사람들은 우리가 무엇을 언급하고 있는지를 모르거나 다른 방식으로 그 용어를 사용할 것입니다. 아래의 양식지에, 표의 제목으로 당신을 괴롭히고 있는 부정적인 생각을 찾아보세요. 왼쪽 열에는 당신이 사용하고 있는 용어들의 목록을 만들어보세요. 가운데 열에는, 당신이 각 용어를 어떻게 정의하는지를 적어보세요. 오른쪽 열에는, 이러한 용어들과 그것들에 대한 당신의 정의 방식에서 어떤 종류의 문제가 있는지 확인해보세요.

부정적인 생각 : _____

용어	정의	내 정의의 문제

양식 3.2
정의를 분명하게 하기

'질'에 대한 좋은 정의는 거의 모든 사람들이 동의하고 쉽게 사실이라고 결정할 수 있는 것이 될 것입니다. 예를 들면, 대부분의 사람들은 밖에 비가 내리고 있는지 아닌지를 동의할 수 있지만, "끔찍하네요" 또는 "그는 멍청해요"를 말할 때 그것이 무엇을 의미하는지를 모든 사람들이 알지는 않습니다. 만약에 그것들이 명확하지 않다면, 당신은 모호하고, 결정하기 어렵거나 심지어 무의미한 것에 대해 자신을 화나게 하고 있나요? 아래의 양식지에, 왼쪽 열에는, 당신을 화내게 했던 것에 대해 설명하기 위해서 당신이 사용하는 용어나 표현을 써보세요. 가운데 열에는, 그 용어를 현재 당신이 정의 내리는 방식을 적어보세요. 오른쪽 열에는, 다른 사람들이 이 표현을 해석하는 방식과 그것이 이해하기 쉬울 것이라고 당신이 기대하는지, 하지 않는지에 주목해보세요.

화났을 때 내가 사용하는 용어	나는 이 용어를 어떻게 정의하는가?	내가 말하고 있는 것을 다른 사람들이 알 수 있을까? 그것은 애매한가, 특이한가, 정의하기 어려운가? 어째서?

양식 3.3

사고의 비용-이익 분석

우리는 때때로 우리를 기분 나쁘게 하는 생각을 하지만, 또한 우리는 이러한 부정적인 생각들이 유용하다고 믿을 것입니다. 우리는 어떤 생각이 우리에게 동기를 부여할 것이라고, 또는 우리가 단지 현실적이라고 믿을 수도 있습니다. 당신을 괴롭히는 부정적인 생각을 적어보세요. 그리고 나서 그 생각을 유지하는 비용(왼쪽 열에는)과 이익(오른쪽 열에는)을 적어보세요.

이익과 불이익 조사하기

부정적인 생각 : _____

이익	불이익

우리는 때때로 우리를 기분 나쁘게 하는 생각을 하지만, 또한 우리는 이러한 부정적인 생각들이 유용하다고 믿을 것입니다. 우리는 어떤 생각이 우리에게 동기를 부여할 것이라고, 또는 우리가 단지 현실적이라고 믿을 수도 있습니다. 당신을 괴롭히는 부정적인 생각을 적어보세요. 그리고 나서 그 생각을 유지하는 비용(왼쪽 열에는)과 이익(오른쪽 열에는)을 적어보세요.

신념 : _____

비용	이익
결과 : 비용=	이익= 비용-이익=
결론 :	

단기와 장기의 비용-이익 분석의 타당성 조사하기

우리는 종종 매우 현실적으로 거의 확실해 보이는 생각과 예측을 합니다. 그러나 우리의 생각과 예측은 우리가 증거를 조사할 경우 극단적이거나 부정확한 것으로 밝혀지기도 합니다. 우리에게 단기와 장기 비용과 이익 교환이 어떤 것인지를 생각하는 것은 중요합니다. 예를 들어, 다음 몇 시간 동안 운동하는 것이 별로 이익이 없다고 생각할지도 모르겠지만, 만약 당신이 장기적으로 생각한다면 규칙적으로 운동하는 것의 가능성을 생각한다면 그것은 장기적으로 이익이 있는 것입니다. 당신의 생각, 결정, 예측을 살펴보세요. 그리고 장기와 단기 비용과 이익 교환을 조사하세요.

사고	단기간 비용과 이익	장기간 비용과 이익
	비용 : 이익 :	비용 : 이익 :
	비용 : 이익 :	비용 : 이익 :
	비용 : 이익 :	비용 : 이익 :
	비용 : 이익 :	비용 : 이익 :

양식 3.5

증거 조사하기

우리는 단지 제한된 증거만을 가질 수 있는 부정적인 생각을 가지고 있습니다. 아래의 양식지를 가지고 당신은 자신의 부정적인 생각의 지지와 반대 증거를 조사할 수 있습니다. 그 증거가 정말로 당신의 생각을 강하게 지지하고 있는지 아닌지 여부를 평가하는 맨 마지막에 있는 질문에 답하세요.

부정적인 생각 : _____

지지 증거	반대 증거
이 생각에 일치하는 중요한 증거	이 생각에 반대하는 중요한 증거
이 생각에 지지하는 증거 백분율(%)	이 생각에 반대하는 증거 백분율(%)
지지 증거−반대 증거=	
결론 :	

양식 3.6
증거의 질을 조사하기

당신이 평가하기를 바라는 자동적 사고를 확인해보세요. 그리고 나서 그 사고를 지지하는 증거를 목록화하세요. 마지막에, 정서적 추론, 사건의 개인화, 과잉일반화, 완벽주의적인 기준 사용, 당신의 긍정적인 면을 평가절하하기, 정보로 여과하기, 넘겨짚기, 미래에 대한 성급한 결론, 관련이 없는 자료를 가지고 추론하기, 또는 비논리적 결론 도출과 같은 인지왜곡의 징후들의 증거 각각을 평가하세요. 마지막으로, 가장 강력한 증거는 'A', 가장 약한 증거는 'F'로 하여 증거에 대해 점수를 매기세요. 최종적으로, 이러한 분석에 근거해서 당신이 내린 모든 결론도 적으세요.

증거	질 또는 관련성에서의 가능한 문제	증거 점수 매기기
결론 :		

양식 3.7
당신 자신의 방어 변호사 역할 연기하기

우리는 자주 자신을 비난하지만, 우리의 부정적인 사고로부터 스스로를 방어하는 데는 시간을 들이지 않습니다. 이 연습에서, 당신은 당신에 반대해서 만들어진 비판이나 '부담금'으로부터 자신을 방어하는 변호사의 역할을 합니다. 이 양식지의 모든 질문 각각에 답하고 당신이 자신에게 너무 가혹한지 여부를 조사하세요.

어떤 법을 어겼는가? 당신 스스로에게 어떤 죄를 뒤집어씌울 수 있을까? 압도적인 증거가 있는가?
피고인이 어떤 범죄를 저질렀는가?
피고인에 대한 압도적인 증거가 있는가?
피고인의 행동에 대한 다른 설명을 할 수 있는가?
피고인이 악의적으로 행동했는가?
피고인이 합리적인 사람이 행할 수 있는 방식으로 행동을 했는가?
다른 누군가가 유죄인가? 아니면 다른 사람이 그 책임의 일부를 분담하는가?
검사가 실제로 증명할 수 있는 것을 감안할 때, 피고인이 무언가 끔찍한 죄를 지었다고 할 수 있는가?

(계속)

당신 자신의 방어 변호사 역할 연기하기(계속)

이 규칙을 모든 사람에게 적용하겠는가?
배심원이 유죄 판결을 내릴까?
당신은 스스로를 어떻게 방어할 것인가?
당신의 행동에 대한 다른 설명이 있는가?
당신은 악의적이거나 또는 잔인하게 행동했는가?
책임 있는 사람은 어떻게 행동하는가?
당신에 대한 찬반 증거의 질은 어떠한가?
배심원은 이러한 증거를 어떻게 평가할까?
배심원은 당신이 스스로를 처벌하는 만큼 심각하게 처벌할까?

양식 3.8

나의 도전이 나의 부정적 사고와 연관되어 있을까?

우리는 우리를 괴롭히는 부정적인 생각을 여러 번 확인할 수 있으며 그러고 나서 일시적으로 기분이 좋아질 수 있는 긍정적인 생각을 떠올릴 것입니다. 그러나, 좀 더 도움이 되는 것은 우리의 부정적인 생각을 반증하거나 보다 현실적인 관점에서 사물을 보는 대안적인 생각들을 생각해내는 것입니다. 왼쪽 열에는 당신의 부정적인 생각을, 가운데 열에는 당신의 유용한 생각을 적으세요. 그 후에 오른쪽 열에는 당신의 유용한 생각이 당신의 부정적 생각과 얼마나 관련이 있는지를 설명하세요. 당신의 부정적인 생각이 비현실적이고, 비논리적이며, 사실에 근거하지도 않는다는 것을 보여주는 것과 관련 있는 증거를 당신은 논의하고 보기를 원합니다.

자동적 사고	대안적인 유용한 사고	자동적 사고와 얼마나 관련되어 있을까?

양식 3.9

사고의 두 측면 역할 연기하기

이 양식의 양쪽 면을 사용하세요. 첫 번째 부분에는 당신이 부정적인 사고로 시작하여 그것의 긍정적인 면으로 반론을 펴세요. 두 번째 부분에는, 당신은 긍정적인 생각으로 시작하여 그것의 부정적인 면으로 논증을 하세요. 당신의 답변들을 검토한 후, 당신이 생각하기에 당신에게 유용하지 않은 것들과 여전히 강한 부정적인 생각들을 선택하여 동그라미 치세요.

부정적	긍정적

사고의 두 측면 역할 연기하기(계속)

긍정적	부정적

어떤 반응이 유용한가?	
왜 그런가?	
어떤 반응이 유용하지 않은가?	
왜 그런가?	

양식 3.10
부정적 낙인 평가하기

우리는 종종 다른 사람이나 우리 자신에 대해서 매우 일반적인 용어를 사용합니다. 예를 들어, 우리가 부정적이라면, 아마 스스로를 실패자, 찌질이, 매력적이지 않은 또는 지루한 것으로 낙인 찍을지도 모릅니다. 이러한 부정적인 낙인은 실망감을 느끼게 하고 우리가 얼마나 수많은 다양한 행동을 할 수 있는지를 무시하도록 이끕니다. 아래 양식지의 왼쪽 상단에 당신 자신(또는 다른 사람)의 부정적인 낙인을 적고 그 낙인이 사실이라고 믿는 정도를 평정하세요. 그런 다음 이 부정적인 특성의 증거가 되는 부정적인 행동과 당신이나 그 사람이 항상 이렇게 부정적이지는 않다는 것을 제시하는 긍정적인 행동을 적으세요. 덧붙여 미래에 당신이 예측할 수 있는 부정적인 그리고 긍정적인 행동들을 목록화하세요. 이 정보에서 어떤 결론을 도출하시겠습니까? 당신은 여전히 이 부정적인 낙인이 당신이 처음 생각했던 것만큼 진실이라고 믿습니까?

부정적인 낙인 : _____

신념(%) : _____

관련 있는 부정적인 행동	관련 있는 긍정적인 행동
미래에 내가 예측할 수 있는 부정적인 행동은 어떤 것입니까?	미래에 예측할 수 있는 긍정적인 행동은 어떤 것입니까?

결론 :

부정적인 낙인을 재평가하라(%) : _____

부정적인 낙인 평가하기(계속)

내 행동이나 다른 사람의 행동이 다른 시간에는 다를 수 있는 이유는 어떤 것이 될 수 있는가?

부정적	긍정적

사고의 양쪽 측면 역할 연기하기

긍정적	부정적

어떤 반응이 유용한가?
왜 그런가?
어떤 반응이 유용하지 않은가?
왜 그런가?

양식 3.11
변화 찾기

우리는 때때로 자신을 또는 다른 사람을 게으른, 지루한, 잔인한 등의 이분법적인 용어로 낙인을 찍습니다. 이것은 마치 사람들이 항상 하는 식이라고 생각하는 것과 같습니다. 당신이 자신이나 다른 사람에게 적용하고 있는 부정적인 낙인을 적으세요. 척도의 가장 부정적인 결말, 예를 들면 '잔인한'을 설명하기 위해서 어떤 낙인을 사용할 수 있는지를 생각해 본 후, 예를 들면 '친절한'과 같은 척도의 가장 긍정적인 결말에 대해 생각해보세요. 이 척도의 결말을 오른쪽 표 위쪽에 쓰세요. 이제 왼쪽 열에는 그런 종류의 행동에서의 변화를 적으세요. 오른쪽 열에는, 이러한 다양한 행동이 어떤 상황에서 발생하는지 설명하세요. 예를 들면, 당신이 스스로 '게으른'으로 낙인을 찍었다고 말해봅시다. 그 척도의 다른 끝은 '의욕적인' 또는 '활동적인'입니다. 당신의 행동에서 '게으른'과 '의욕적이거나 활동적인'의 다양한 정도의 예시를 적어보세요. 그 상황을 설명하세요. 어떤 결론을 내리겠습니까?

부정적인 낙인 :	척도의 부정적인 결말
	척도의 긍정적인 결말
긍정적 행동의 예 :	그 상황을 설명하라 :
부정적 행동의 예 :	그 상황을 설명하라 :
당신의 행동이 이러한 상황들에 따라서 변화하는 이유는 무엇인가?	
결론 :	어떤 상황이 가장 긍정적인가?
	어떤 상황이 가장 부정적인가?

양식 3.12

행동을 변화시킴으로써 부정적 사고 변화시키기

여러 번 당신의 부정적인 생각은 진실이며, 적어도 어느 정도는 진실입니다. 부정적인 생각이 드는 것은 어떻게 하면 자신의 행동을 변화시켜 상황을 더 좋게 만들 수 있는지와 자신에게 더 좋을 수 있는 대안을 생각해볼 수 있는 좋은 기회입니다. 예를 들어, 자신이 취업 면접에 약하다고 생각하는 사람은 이러한 부정적인 생각이 사실이라고 생각할 것입니다. 그가 노력할 수 있는 행동에서의 변화에는 취업 면접 기술을 배우는 것이 포함됩니다. "나는 항상 외롭다"라고 한탄하는 여성은 많은 시간 마음을 바로잡으려고 했을 것입니다. 그녀는 좀 더 주장적으로 되는 방법을 학습할 수 있고, 활동에 참여하고 그녀가 혼자였을 때 좀 더 보상적인 것들을 할 수 있습니다. 아래 양식지, 왼쪽 열에는 당신의 부정적인 생각들을 목록화하세요, 그리고 난 후 당신 스스로 좀 더 나아지는 데 도움이 되는 수행할 수 있는 행동이나 활동들을 목록화하세요.

부정적인 생각	그 문제를 해결하기 위한 가능한 행동에서의 변화나 방법
결론 :	
수행한 목록 :	
행동들	내가 언제 그것들을 할 수 있을 것인가?

제4장

가정과 규칙을 평가하기

때때로 부정적 자동적 사고는 사실이다. 예를 들어, 그 환자는 지레짐작을 사용해서, "수잔은 나를 싫어한다"라고 생각할 수도 있고, 수잔이 그(녀)를 좋아하지 않는 것이 실제로 사실일 수도 있다. 혹은 그 환자는 예언하기를 사용해서 "나는 시험을 망칠 거야"라고 예측할 수 있고, 실제로, 그(녀)는 시험에 실패한다. 인지치료가 '긍정적인 사고의 힘'이나 또는 단순히 '낙관적인 사고'와 같은 것이 아니라는 것을 깨닫는 것은 중요하다. 그보다는, 인지치료는 현실적인 사고의 힘이며, 그것에는 부정적인 일이 일어나고, 사람들은 실수하고, 문제는 지각될 수 있고, 때때로 해결책은 발견될 수 있다는 것의 인식을 포함된다.

자동적 사고가 사실일지라도, 때때로 "왜 그것이 문제가 될까?"와 같은 유용한 질문이 생길 수 있다. 하향화살표기법을 이용하면 우리는 "누군가 당신을 좋아하지 않는다면 그것이 왜 신경 쓰일까요?"와 같이 질문함으로써 그 환자에 있어서 거절의 의미를 탐색한다. 질문에 대해 환자는 "그것은 내가 가치 없는 사람을 의미하기 때문이죠"라고 대답한다. 그래서 하나의 부정적인 생각은 좀 더 일반적이고, 광범위하며, 경직된 규칙과 연결된다. 즉, "만약 당신이 어떤 것에 실패하면 그러면 당신은 가치가 없다"와 같은 식이다.

우울, 불안 그리고 부부갈등의 재발 문제는 종종 경직된 규칙, 가정, '당위성', 명령형과 '만약-그렇다면' 신념의 결과물이다. 우울 재발 취약성에 대한 연구에서는 완벽주의의 중요성에 대한 내재된 가정과 승인 욕구가 부정적인 기분 상태나 부정적인 생활 사건에 의해서 활성화되며(Dozois & Beck, 2006; Miranda, Persons, 1988; Miranda, Persons & Byers, 1990; Segal & Ingram, 1994), 역기능적 태도 척도(Dysfunctional Attitude Scale, DAS)에서 부정적인 귀인 양식이나 역기능적인 태도는 우울의 취약성에 기여한다(Haeffel et al., 2005).

이 내재된 가정은, 예를 들어 파트너가 있을 때 자신이 사랑스럽다고 믿는 사람이 관계 속에서 좋은 기분을 느끼는 것처럼, 일이 잘되고 있을 때는 문제로 보이지 않는다. 그러나 관계의 위협 또는 급격한 단절은 내재된 가정(예 : '만약 내가 혼자라면 행복할 리가 없어')과 부정적인 개인 도식('나는 애교가 없어')을 활성화시킨다.

비교적 안정된 기간 동안에는 이러한 내재된 가정은 나타나지 않을 것이다. 치료자는 우울 또는 갈등의 과거 일화를 탐색할 수 있다(예 : "당신이 정말로 기분이 나쁘다고 느낄 때 그때에 대해 말해주세요. 무엇이 당신을 기분 나쁘게 하지요?"). 그것은 어떤 하나의 불쾌한 사건(예 : 비난을 받는 것, 관계가 끝나는 것 또는 요청을 거절당하는 것 등)이 부정적인 자동적 사고(예 : "나는 항상 실패할 거야")를 유발하고 결국에는 좀 더 일반적인 부적응적인 가정(예 : "만약 어떤 것에 실패하면, 당신은 실패자야")에 이른다.

대안적으로 치료자는 환자에게 그들을 화나게 만들 수 있는 것들(예 : 환자는 "만약 내가 시험을 잘 보지 못했다면"이라고 대답한다)이 어떤 것인지를 상상하도록 요청할 수 있다. 어떤 부정적인 사고와 가정들이 활성화될 것인가? 이러한 것들에는 위의 예를 이용하면 다음과 같은 것이 포함된다 : "우리의 관계가 깨졌을 때, 그것은 내가 혼자가 될 것이므로 나는 결코 행복할 수 없다고 생각하게 만들 것이다." 또는 "만약 시험을 잘 보지 못하면, 그것은 내가 최선을 다하지 않았다는 것을 의미하고 그것은 내가 실패자라고 말하는 것이다." 이 장에서 우리는 치료자가 환자가 좀 더 긍정적인 느낌을 느낄 때조차도 유지하고 있는 내재된 가정과 규칙을 확인하고 검증하는 데 있어서 그들을 어떻게 도울 수 있는지를 알아볼 것이다.

기법 : 내재된 가정 또는 규칙 확인하기

설명하기

하향화살표기법은 일반적으로 내재된 가정을 유도한다. 내재된 가정은 '만약-그렇다면' 진술, 규칙, '당위(should)', '의무(must)', 또는 '당연함(have-to)'인데 이러한 것들은 엄격하고 명령형이며, 우울, 분노, 불안의 취약성과 관련되어 있다. 예를 들어, 하향화살표기법은 다음의 가정과 규칙 또는 기준들을 유도한다.

"만약 내가 혼자가 된다면, 나는 불행(또는 불쾌)할 것임에 틀림이 없다."
　　또는 "만약 내가 혼자가 된다면, 나는 항상 혼자 남겨지게 될 것이다."
　　또는 "미혼인 사람들은 항상 실패자다."
　　또는 "내가 행복해지기 위해서는 항상 파트너가 있어야만 한다."
　　또는 "나는 내 스스로를 행복하게 할 수 없다. 행복이라는 것은 다른 사람들로부터 나온다."

"만약 내가 어떤 것을 능숙하게 잘할 수 없다면, 나는 실패자임에 틀림이 없다."

　　또는 "나는 모든 것을 항상 잘해야만 한다."

　　또는 "나는 어느 누구보다도 더 잘해야만 한다."

　　또는 "어떤 것에 실패할까 봐 두렵다."

　　또는 "만약 내가 실수를 한다면, 나는 스스로를 비난해야만 한다."

　우울, 불안, 분노는 다양한 가정 및 규칙들과 관련되어 있다. 동일한 사람이 단일 사건의 활성화된 몇 개의 그러한 신념을 가질 것이다. 그녀는 몇 년 동안 유능한 직장인이었음에도 불구하고, 상사가 그녀를 좋아하지 않는다고 가정해보자. 치료자의 조망으로 보면 이러한 상황은 명백히 성격 충돌의 결과를 가져온 것이다. 그 환자는 실업 상태에 놓이게 되었지만, 다른 곳에서 생산적인 일을 얻을 수 있다. 이러한 단일 사건은 다음과 같은 몇 개의 가정을 활성화시킬 것이다.

"만약 내가 해고당한다면, 그것은 내가 실패했음을 의미하는 것이다."

$$\downarrow$$

"만약 내가 이 직장에서 실패했다면, 그것은 내가 한 인간으로서 실패자라는 것이다."
　또는
"만약 내가 한 번 해고당했다면, 어느 누구도 나를 고용하기를 원하지 않을 것이다(해고된 이후 첫 번째 면접을 앞두고)."

$$\downarrow$$

"나의 상사가 나를 좋아하지 않는다면, 나는 틀림없이 모든 사람과 소원하게 될 것이다."
"사람들이 나를 좋아하지 않는다면, 나는 가치 없는 존재임에 틀림이 없다."
"만약 내가 가치 없는 존재로 여겨지면, 나는 행복할 리가 없다."
"만약 내가 가치 없다면, 인생은 살 가치가 없다."

　실제로, 해고 사건은 때로는 다양한 일들이 일어나도록 하고 스트레스 많은 직업 환경으로부터 벗어나서 새로운 일이나 훈련을 할 수 있는 기회들을 얻게 할 수도 있다. 물론, 소득 손실이나 구직 활동에 있어서의 불확실성으로 인한 스트레스 증가, 직장에서의 보수 손실 등의 결과를 초래하기도 한다. 그러나 이런 경우, 위에서 언급한 바와 같이 개인이 가지고 있는 가정이 우울에 빠질 위험성을 증가시킨다. 왜냐하면 그러한 가정들은 절대적이고, 엄격하며, 자기 비판적이기 때문이다. 이러한 가정에는 긍정적이거나 실제적인 것은 거의 없다.

토론 안건

"당신이 방금 확인한 가정과 규칙들에 대해 생각해봅시다. 우리는 자신에 대한 또는 다른 사람들에 대한 규칙을 오랜 시간 동안 간직하고 있지요. 이러한 규칙은 '나는 성공해야만 한다' 또는 '나는 다른 사람으로부터 동의를 얻어야만 한다'와 같은 것입니다. 때때로 만약 어떤 것이 발생한다면, 그 어떤 것이 사실이라는 가정을 만듭니다. 예를 들어, 우리가 '만약 내가 성공하지 못한다면, 나는 가치 없는 사람이다' 또는 '누군가 나를 좋아하지 않는다면, 나는 사랑받지 못할 것임에 틀림이 없다'와 같은 가정을 만들 것입니다."

치료자는 내재된 가정을 측정하기 위해서 전반적인 역기능적 태도 척도(DAS)의 축소판을 사용하고자 할 것이다. 좀 더 포괄적인 역기능적 태도 척도는 Weissman과 Beck(1978)이 개발하였는데, 이 척도는 다양한 영역을 잴 수 있게 되어 있다. 이때 치료자와 환자는 차후에 우울, 불안, 분노에 대한 취약성이 어느 정도가 될지 결정하기 위해서 DAS에 대한 모든 극단적인 반응을 탐색한다.

예

치료자 : 당신이 실직했기 때문에 매우 당황했다고 말했어요. 저는 당신의 생각이 어떤 것이었는지 궁금합니다. "실직한 것은 _____ 때문에 나를 괴롭힌다"에서 문장의 밑줄 친 곳을 완성해보세요.

환자 : 나는 실패자처럼 보일 것입니다.

치료자 : 그러면, 만약 당신이 실패자처럼 보인다면 그것은 무엇을 의미합니까?

환자 : 그렇다면 나는 실패자인 거죠.

이혼을 경험한 다른 환자와의 상담에서 치료자는 그에게 이 사건의 의미에 대해서 질문한다.

치료자 : 당신과 엘렌이 이혼했기 때문에 당신이 힘들다는 것을 알고 있습니다. 그러나 이러한 고통을 가중시키는 당신의 생각에 주목합시다. "엘렌과 헤어졌다는 사실에 대해서 생각할 때, 이것은 _____을 의미하기 때문에 나를 괴롭힌다"에서 밑줄 친 곳에 말을 넣어보면?

환자 : 나는 어느 누구도 결코 만나지 못할 것이다.

치료자 : 그러나 내가 누군가를 만나지 못한다면, 그것은 _____을 의미한다. 밑줄 친 곳에 말을 넣어 보면?

환자 : 나는 비참해질 것이다.

치료자 : 당신이 행복하게 되기 위해서는 누군가를 만나야만 한다고 생각하는 것처럼 들립니다.

환자 : 저는 그렇게 생각해요. 그것이 제가 생각하는 것입니다.

과제

양식 4.1을 이용해서, 환자가 유지하고 있는 특정한 '당위들'과 '규칙들'을 확인하고 모니터할 수 있다. 치료자는 "다음 주 동안 이러한 생각에 내재된 규칙과 가정들을 확인하고 따라가 보세요"라고 말할 수 있다. 치료자는 '규칙들'이 종종 '만약-그렇다면'의 성질 또는 '당위'적 성질, "만약 누군가에 의해서 거절당한다면, 그렇다면 나는 실패자임에 틀림이 없어" 또는 "나는 노력한 모든 것에서 성공해야만 해"와 같다는 것을 제시할 수 있다. 그림 4.1에서는 한 환자가 양식 4.1을 어떻게 사용하였는지 그 예시를 제공해준다.

일어날 수 있는 문제

어떤 치료자들은 부정적인 자동적 사고를 우울하거나 불안해질 수 있는 충분한 근거로 생각한다는 것을 필자는 알고 있었다. 예를 들어 그들은 환자가 "거절당하는 것은 끔찍하다"라는 의견에 말없이 동의하면서 종종 그(녀)가 거절당하지 않을 것이라는 것을 환자로 하여금 확신시키려고 시도한다. 좀 더 일반적인 부적응적인 가정에 초점을 맞추는 것의 치료적 가치는 실제 생활에서 사람들은 정말로 실패를 하고, 거절을 당하며 불공정하게 취급받는다는 것에 있다. 그래서 더 전반적인 부정성을 더하는 내재된 신념에 도달하는 것이 훨씬 더 자동적 사고를 넘어서서 값진 것이다. 사람들은 주요우울증으로 발전되지 않는다 해도 거절당할 수 있고, 실패할 수도 있고, 해고당할 수도 있다.

어떤 환자들은 그들의 규칙, 기대, 가정, 판단이 단순히 사실이라고 믿는다. 즉, 예를 들어 "당신이 많은 돈을 벌지 못한다면, 당신은 실패자다" 또는 "만약 당신이 매력적이지 않다면, 당신은 추하다"라고 믿는다. 어떤 환자들은 그들의 개인적인 기대, 규칙 그리고 가치들을 마치 그것들이 과학적이거나 객관적인 자료인 것처럼 취급한다. 이러한 규칙 또는 기대가 문화적으로 공유될 때

나의 전형적인 가정, 규칙, 기준의 예	신념을 믿는 정도 매기기(0~100%)
완벽한 직업을 가질 수 없다면, 나는 실패한 것이다.	90%
나는 항상 내가 할 수 있는 최선을 다해야만 한다.	90%
내 일에서 두각을 나타내지 않으면 사람들은 날 얕볼 것이다.	85%
내 실패에 대해서 나 자신을 비난해야만 한다.	80%

내 가정의 문제

이러한 신념들은 나의 불안과 스트레스를 가중시키고 내가 어떤 것을 즐기기를 어렵게 한다. 나는 실패하는 것에 대해서 걱정하고 내가 하는 일에 대해서 스스로 신뢰할 수 없다. 나는 쉴 수 없다. 이러한 생각들은 나로 하여금 새로운 일을 선택하기를 어렵게 한다. 나는 위험을 감수하는 것이 두렵다.

그림 4.1 가정, 규칙, 기준을 모니터하기

(예 : 결혼해야만 한다, 성공해야만 한다는 널리 알려진 기대), 그것에 대한 집착은 마치 사실인 것처럼 그들에게 특별히 강력한 것이 된다. 규칙과 가정을 확인하는 단계에서 치료자는 그것들을 논박하기보다는 단순히 기록하는 것이 핵심이라는 것을 명확히 할 수 있다.

기타 기법에 대한 탐색

관련된 기법으로는 자동적 사고를 확인하는 것, 하향화살표기법, 심상기법, 합리적인 역할 연기, 그리고 비용과 이익 조사하기 등이 있다.

양식

양식 4.1(당신의 가정, 규칙 기준을 모니터하기)

기법 : '당위' 진술에 도전하기

설명하기

수많은 보편적인 규칙 또는 기준은 "나는 항상 완벽해야만 한다" 또는 "나는 항상 성공적이어야만 한다"와 같이 도덕적 명령형으로 경험된다. 그것들은 도덕적인 명령형으로 기술되기 때문에, 자신이나 타인의 가치 또는 평가에 대한 판단을 포함한다. 예를 들어 "나는 항상 완벽해야만 한다"는 것은 "나는 가치 없다" 또는 "열등하다" 그리고 만약 그 규칙이나 기준이 성취되지 않으면 "나는 행복할 수 없다"와 같은 정반대의 것을 의미할지도 모른다. 자기 비판, 죄책감, 수치심은 이러한 가치 판단적인 '당위' 진술의 공통적인 부작용이다. Ellis(1994)는 이러한 '당위' 진술은 비논리적이고, 과잉일반화된 그리고 역기능적인 생각으로 구성되어 있다고 강조하였다. 다음과 같은 당위 진술의 논리에 대항해서 수많은 도전들이 이루어져야 한다.

"사람들이 [어떤 것]을 해야만 한다는 합리적 근거, 논리 또는 증거는 어떤 것인가?"
"그 규칙의 기원은 무엇인가?"
"그 규칙을 모든 사람에게 적용할 수 있을까?"
"이 규칙이 정말로 강령이라기보다는 선호가 될 수 있을까?"

인지치료와 합리적 정서적 치료에서는 이러한 당위 진술을 해체하고 그것들의 비논리적이고 불공정하고, 모욕적인 특징이 드러나도록 한다.

토론 안건

위에서 언급한 바와 같이 치료자는 수많은 인지적인 도전을 취할 것이다. 예를 들면, "나는 완벽해야만 한다"는 당위 진술을 고려해보자. 제기될 수 있는 물음에는 다음과 같은 것들이 포함된다.

"당신이 완벽해야만 한다는 증거는 무엇이죠(당신이 완벽할 리가 없다는 증거는 무엇이죠)?"

"이 규칙은 어디에서 오는 것이죠? 누가 또는 어떤 권위자가 당신에게 완벽해져야만 한다고 합니까?"

"모든 사람이 완벽해져야만 합니까? 당신은 자신과 다른 사람에게 적용하는 판단 기준이 왜 다릅니까?"

"완벽하게 되고자 하는 헛된 욕구를 고집하기보다는 좀 더 좋은 일을 얻고자 한다고 말하는 것이 좀 더 현실적인 것이 아닙니까?"

"일상 사건들을 도덕적인 이슈로 간주하는 '당위적' 진술을 당신은 언제 사용합니까? 당신이 고려하고 있는 것과 연관되어 있는 어떤 도덕적인 이슈가 있습니까? 그것이 비윤리적입니까? 그렇지 않으면 그것이 단순히 선호의 진술입니까?"

"만약 당신이 일상 사건들을 도덕적인 이슈(예 : '당위'나 '의무')로 간주한다면, 당신은 스스로를 자기 비난과 자기 비판에 맞추어 놓는 것입니다. 그것이 정말로 당신을 도와줄까요?"

예

치료자 : 당신이 시험을 좀 더 잘 봐야만 한다고 말했는데 어째서죠?

환자 : 제가 똑똑하기 때문이고, 그리고 제가 할 수 있는 최선을 다해야만 하기 때문입니다.

치료자 : 당신이 할 수 있는 최선은 어떤 것이죠?

환자 : 저에게 적용한다면 A학점을 맞는 것입니다.

치료자 : 그러나 당신이 항상 A학점을 받을 수 없다면, 스스로 완벽하지 않다고 생각하는 것처럼 보이네요. 별로 당신이 잘할 수 없을지도 모르는 것을 수행해야만 한다면 어떨까요?

환자 : 아마도 좀 더 열심히 한다면, 저는 A학점을 받을 것입니다.

치료자 : 완벽을 요구할 때, 비용과 이익은 무엇인가요?

환자 : 비용은 압력과 실망감을 느껴야 하는 것이고, 이익은 아마도 제가 좀 더 열심히 하려고 노력을 하는 것입니다.

치료자 : 그래서 그것이 어떻게 작동하지요?

환자 : 저는 비참해요.

치료자 : "나는 항상 일을 잘하려고 노력할 것이다"라는 기준을 당신이 가지고 있다면, 완벽을 요구하는 것과 비교해서 이러한 생각을 가지고 있는 것의 이익은 무엇일까요?

환자 : 아마도 압도당하는 기분을 느끼지 않을 것입니다.

치료자 : 당신의 친구들은 모두 완벽한 성적을 받습니까?

환자 : 아니요. 그들 중에 어떤 친구는 평균도 안 되는 점수를 받기도 하고 어떤 친구는 좀 더 좋은 점수를 받기도 합니다. 제가 아는 모든 사람이 A학점을 받는 것은 아닙니다.

치료자 : 그들에 대해서 어떻게 생각합니까?

환자 : 그들은 잘하고 있다고 생각합니다. 저는 제 자신에게 좀 더 엄격해요.

치료자 : 당신이 만약 자신에게도 똑같은 기준을 적용한다면 어때요?

환자 : 그럼 기분은 훨씬 많이 나아지겠죠.

과제

"당신의 '당위' 진술 중에서 한 가지를 선택하고, 그것을 양식 4.2에 적으세요. 당신이 그것을 믿는 정도가 어느 정도인지, 어떤 느낌이 일어나는지 당신이 그것에 몰입하는 정도는 어느 정도인지, 비용과 이익에 주목하세요. 그리고 나서 양식에 있는 질문에 대답함으로써 그 당위 진술에 도전해보세요." 그림 4.2에서는 환자가 이 양식을 완성하는 방법의 예를 제공해준다.

'당위' 진술 : 나는 항상 뛰어난 직업을 가져야만 한다.

신념을 믿는 정도(0~100%) 90%

정서(그리고 정도 0~100%) 불안 90%, 좌절 90%, 분노 80%

비용과 이익 :　비용 : 나는 지속적인 스트레스하에 있다. 나는 뭘 수가 없다. 나는 어떻게 할 것인지에 대해서 걱정한다. 완벽하지 않다면 나는 결코 나를 믿을 수 없다. 내 스스로를 비난한다.
　　　　　　이익 : 아마도 내가 동기화되어서 좀 더 열심히 노력할 것이다.

이 규칙은 누가 세웠을까? 이것은 나의 규칙이다. 나의 아버지는 나에게 수많은 요구를 하였다.

당신은 이 규칙을 모든 사람에게 적용하는가? 왜 아닌가? 정말로 아니다. 나는 내 자신보다 다른 사람들에 대해 더 관용적인 경향이 있다. 그럼에도 때때로, 나는 다른 사람들 때문에 좌절할 수도 있다. 특히 그들이 내 일을 방해한다면 더욱 그렇다.

하나의 '당위'보다는 하나의 선호로 이 규칙을 재진술하라. 나는 일을 훌륭하게 해내는 것을 선호하지만, 그러나 그것이 반드시 필수적인 것은 아니다.

무엇이 좀 더 합리적인 기대가 될 수 있을까? 내가 매우 잘한 일 또는 잘한 일을 괜찮게 한 것으로 받아들이면서 일을 훌륭하게 해내려고 노력하는 것이 좀 더 합리적일 것이다.

신념과 정서를 재평가하라 : 신념 : 60%.
　　　　　　　　　　　　　　정서 : 불안 60%, 좌절 60%, 분노 40%

그림 4.2　'당위' 진술을 조사하고 도전하기

일어날 수 있는 문제

어떤 사람들은 자신들의 '당위' 진술에 도전하는 것 자체를 자신들의 행동을 책임지지 않거나 또는 비도덕적인 것을 유도한다고 생각할 것이다(Leahy, 2001b). 나는 좋은 '당위' 진술과 나쁜 '당위' 진술을 구분한다. 좋은 당위 진술은 우리가 모든 사람에게 적용할 수 있는 규칙들이다. 예를 들면, "너는 누군가를 강간해서는 안 된다"이다. '당위' 진술에 도전하는 것을 반대하는 환자들은 합리적인 도덕 규칙들이 어떤 요소들로 구성되어 있는지를 생각할 수 있다. 예를 들면, 합리적인 도덕 규칙은 인간 존엄성을 향상시킬 수 있고 모든 사람에게 적용할 수 있는 규칙이다(Leahy, 2001b). 가치 있게 되기 위해서 완벽해져야 한다고 말하는 것은 모든 사람이 가치가 있지 않다는 것을 의미하는 것인데, 이는 모든 사람이 완벽하지 않기 때문이다. 대부분의 사람들은 이러한 절대적이고 모욕적인 규칙을 받아들이지 않을 것이다.

어떤 환자들은 그들의 '당위' 진술이 그들로 하여금 좀 더 열심히 노력해서 일이 잘 수행되도록 유도한다고 믿는다. 치료자는 이러한 엄격한 규칙들이 지연, 회피, 비효율성, 산만, 집중 저하 등을 유발하는지의 여부를 물어볼 수 있다. 실제로 이러한 규칙들은 불안, 비효율성, 우울과 관련되어 있어서, 그것들은 종종 수행 저하를 초래한다.

더욱이 책임이 없는 행동이 임의적이며 극단적 당위를 포기한 결과라는 잘못된 생각은 다음과 같은 증거로 도전되어야 한다: "당신은 모든 것에 대해서 완벽주의적인 기준을 가지고 항상 가장 극단적인 용어로 생각합니까?" 모든 사람들이 모든 면에 있어서 완벽하지는 않으므로 개인이 좀 더 합리적인 기대를 할 때 책임성을 가지게 된다는 증거가 있다. 이중기준 또한 유용하다. 즉, "만약 다른 사람들이 완벽주의자가 아니지만, 그들이 무책임하지 않다는 사실을 어떻게 설명합니까?"

기타 기법에 대한 탐색

수많은 기법들이 '당위' 진술에 도전하는 데 적용될 수 있다. 예시한 바와 같이 우리는 비용–이익 분석, 이중기준기법을 사용하고 논리와 증거를 조사한다. 이에 더해서 치료자는 하향화살표기법, 연속선상에서 규칙들 탐색하기, 역할 연기 그리고 그 신념에 반(反)하여 행동하기 등을 사용할 것이다.

양식

양식 4.2('당위' 진술을 조사하고 도전하기)

기법 : 조건적 규칙을 확인하기

설명하기

환자의 내재된 가정이 "누군가가 나를 좋아하지 않는다면 나는 가치 없는 사람이다"라고 생각해 보자. 타인에 의한 부정적 평가나 거절을 막기 위해서, 환자는 거절로부터 자신을 보호할 수 있는 안내 지침이나 전략들인 '조건적 규칙'을 발달시킬 것이다. 이러한 규칙에는 "내가 사람들이 원하는 것을 준다면, 그들은 나를 거절하지 않을 것이다" 또는 "만약 다른 사람의 욕구를 충족시키기 위해서 내 욕구를 희생한다면, 나는 거절당하지 않을 것이다"와 같은 것들이 포함될 것이다. 완벽주의가 주제인 조건적 규칙들에는 "만약 내가 항상 일을 한다면 나는 완벽하게 일을 해낼 수 있을 것이다" 또는 "만약 내가 어려운 일을 하고자 노력한다면, 아마도 나는 실패할 것이다. 그러므로 나는 어떤 도전도 피해야만 한다"라는 것이 포함되어 있을 것이다. 조건적 규칙은 환자로 하여금 보상으로서, 즉 특별한 노력을 기울임으로써 열등감을 극복하고자 노력하는 것 또는 거절이나 실패의 위험을 가져올 수 있는 상황의 회피로서(즉, 거절의 가능성을 피하기 위해서 사람들을 피하는 것 또는 실패나 패배를 피하기 위해서 도전하지 않는 것) 결점이나 공포에 대처하도록 한다. 이러한 생각들은 본래 Alfred Adler(1964)에 의해서 개발되었고 이후에 Guidano와 Liotti(1983), 그리고 Beck, Davis, Freeman(2014)에 의해서 인지모델에 적용되었다.

이러한 조건적 규칙들에는 두 가지 문제점이 있다. 첫째는 이러한 규칙들을 가지고 살아가는 것은 거의 불가능하다는 것이고, 둘째는 그것들은 내재된 가정의 잘못을 증명하도록 이끌지 못한다는 것이다. 예를 들면, "만약 내가 다른 사람의 의견에 따르면, 다른 사람들이 나를 좋아할 것이고 그러면 나는 가치 있는 사람이 될 것이다"라는 규칙은 그 사람으로 하여금 "다른 사람들이 나를 좋아하지 않는다면, 나는 가치가 없다"라는 내재된 가정 또는 핵심 신념을 조사하고 도전하도록 하지 않을 것이다. 예를 들면, 알코올 환자는 "내가 마시지 않는다면, 나는 살아남을 수 없을 것이다"라고 믿어서 그 자신이 술을 먹는 것을 끊을 수 없기 때문에 결국 이러한 가정을 검증하지 못할 것이다.

토론 안건

"우리는 어떤 특정 규칙에 맞추어 살아가면서 일어날지도 모르는 나쁜 일들은 피하려고 합니다. 우리는 '만약 누군가 나를 거절한다면, 나는 가치가 없다'라는 당신의 가정 또는 핵심 신념을 이미 확인했습니다. 지금 우리가 고려할 수 있는 질문은 당신이 거절당하는 것을 피하기 위해서 어떤 규칙 또는 안내 지침을 사용하느냐입니다. 예를 들면, '거절당하지 않기 위해서, 나는 _____하는 경향이 있다'(대안적으로 '만약 내가 [어떤 것]을 한다면 나는 거절당하지 않을 것이다. 또는 내가 [어떤 것]을 한다면, 나는 실패하지 않을 것이다')."

"마찬가지로 때때로 우리는 피해야만 하는 것에 대한 규칙을 가지고 있고 그래야만 나쁜 일이 일어나지 않을 것이라고 생각합니다. 예를 들어, 나는 무가치하다는 핵심 신념을 가지고 있을 때, 만약 누군가 당신을 거절한다면 당신은 그 거절을 어떻게 피할 것인지에 대한 전략이나 규칙을 가지고 있을 것입니다. 다음과 같은 문장을 당신은 어떻게 완성할 수 있을까?: 거절당하는 것을 피하기 위해서 나는 '어떤 종류의 일 또는 어떤 사람들'을 피하는 경향이 있다(대안적으로, 대신에 "나는 실패를 피하기 위해서 [어떤 종류의 행동 또는 과제]를 피하는 경향이 있다')."

예

다음의 사례는 실패의 위험이 좀 더 높고 요구를 많이 하는 사기업에서 일하기보다는, 공기업에서 일해야 한다고 하는 완벽주의적인 기준을 가진 매우 지적인 여성이다.

치료자 : 당신은 현재의 일에 대해서 불평을 하지만, 당신은 사기업이나 또는 시 정부에서 일하는 것과 같은 다른 일을 찾고 싶지는 않은 것 같아요. 당신은 좀 더 도전적인 일을 찾으려고 하지 않은 것처럼 보여요. 당신을 불편하게 만드는 것에 대해서 도전하는 것에 어떻게 생각하세요?

환자 : 저는 실패할까 봐 두려워요.

치료자 : 그리고 당신에게 실패하는 것은 무엇을 의미하죠?

환자 : 제가 멍청하다는 것이죠.

치료자 : 당신이 실패할까 봐 두려워서 시도하거나 수행하는 것을 회피하는 것이 당신의 규칙입니까?

환자 : 네, 저는 법학전문대학원에 가려고 하지 않았습니다. 내가 갈 수 있을 때조차도요.

치료자 : 당신이 실패할 수 있는 일을 하는 것을 피하는 것이 당신의 규칙인가요?

환자 : 그래요. 저는 그것이 사실이라고 생각합니다. 저는 제가 멍청하다는 것을 알게 되길 바라지 않습니다.

치료자 : 당신이 멍청한지 여부를 검증할 수 있는 다른 방법이 있을 것 같아요. 예를 들면 당신의 SAT(학습능력 적성시험) 점수는 얼마였죠?

환자 : 그것은 괜찮았습니다. 나는 상위 5% 내에 있었어요.

치료자 : 대학에서 공부하는 것은 어땠어요?

환자 : 괜찮았어요. 물론 제가 원하는 만큼은 아니었어요. 모두 A는 아니었거든요.

치료자 : 당신은 어떤 점수를 받고 싶죠?

환자 : 대부분 A요. 그러나 저는 B도 받았죠.

치료자 : 만약 당신이 증거를 생각해본다면, 당신이 멍청하거나 또는 멍청하지 않다는 것 중 어떤 것이죠?

환자 : 글쎄요, 나는 멍청하지는 않아요. 그러나 가장 똑똑하지도 않지요.

치료자 : 당신의 가정은 멍청하지 않기 위해서 가장 똑똑해야 한다는 것입니까?

환자 : 그런 것 같아요.

치료자 : 저는 그 신념의 결과가 어떤 것인지 궁금합니다.

과제

치료자는 다음과 같은 방식으로 이 기본적인 생각을 설명하고 관련된 과제를 내줄 것이다. "우리는 어떤 나쁜 일이 일어나지 않을 것이라는 희망 속에서 오랜 시간 어떤 규칙에 의지합니다. 예를 들어, 어떤 사람들은 '만약 내가 미리 걱정해버리면, 나는 놀라지 않을 것이다'와 같은 신념 또는 규칙을 가지고 있지요. 우리는 이것을 '조건적 규칙'이라고 명명하는데, 조건적 규칙은 우리를 보호하거나 또는 준비시킨다고 생각하는 신념입니다. 기타 다른 일반적인 조건적 신념에는 '만약 내가 100% 수행을 하지 못한다면, 나는 실패자가 될지도 모른다' 또는 '만약 내가 모든 사람들을 감동시키면, 나는 받아들여질 것이다' 등이 있습니다. 이런 종류의 대처 신념에 대해 생각해봅시다. 당신이 규칙적으로 사용하는 조건적 신념을 확인하도록 도와주는 양식 4.3을 이용해보세요."

일어날 수 있는 문제

위에서 논의한 내재된 가정들이 실제로 일어났을 때, 어떤 환자들은 그들의 조건적 신념이 객관적이고 유용하다고 믿는다. 우리는 그 시점에서는 단순히 정보를 모으는 것을 강조하지만, 이후에 우리는 이러한 조건적 신념의 유용성을 평가할 수 있다.

기타 기법에 대한 탐색

관련된 기법으로는 가정 확인하기, 하향화살표기법, 비용–이익 분석, 증거 조사하기, 이중기준기법 등이 있다.

양식

양식 4.3(조건적 신념 확인하기)

기법 : 두 번째 수준의 가정을 평가하기

설명하기

대부분의 경우에, 환자는 불안과 우울로의 위험성에 훨씬 더 큰 취약성을 가중시키는 일련의 두 번째 수준의 가정을 가지고 있다. 첫 번째 수준의 부적응적인 가정은 다음과 같은 것이 될 수 있을 것이다: "만약 내가 어떤 것에 실패한다면, 나는 실패자임에 틀림이 없다" 그래서 사람들은 하나의 행동을 가지고 개인 전체를 평가한다. 그러나 두 번째 수준의 가정에서는 그 개인이 첫 번째 가정의 결론에 어떻게 반응해야만 하는지를 언급한다. 여기에 몇 가지 예가 있다.

"만약 내가 실패자라면, 나는 나 자신을 비난해야만 한다."
"만약 내가 실패자라면, 나는 어떤 즐거움이나 행복도 가질 만한 자격이 없다."
"만약 내가 재미없다면, 나는 대인관계를 맺을 수 없다."
"만약 내가 실수했다면, 나는 포기해야만 한다."

이러한 두 번째 수준의 가정은 자기 비판, 회피, 그리고 광범위한 자기 비난을 유발한다. 이러한 두 번째 수준의 가정을 평가하는 데 있어서, 만약 환자들이 그들이 '실패자'라고 결론 내린다고 해도, 그 신념에 대해서 자신을 비난하지 않는 사고와 행동으로 반응할 수 있다는 것을 지적할 수 있다. 예를 들어, "내가 실패자라고 생각할 때조차도 나는 여전히 행복과 사랑을 발견할 수 있다", "나를 스스로 재미없는 사람으로 생각할지라도, 나는 여전히 나를 재미있어 하는 사람들을 발견할 것이다" 또는 "내가 스스로 실패자라고 생각할지라도, 나는 나 자신에게 친절함과 연민을 느낄 수 있다."

토론 안건

"당신은 당신의 부적응적인 가정에 수반되는 일련의 신념들을 가지고 있을 수 있습니다. 예를 들면, 시험을 망칠 것이라는 자동적 사고를 가지고 '만약 내가 시험에 실패한다면, 나는 실패자다'에 대해 살펴봅시다. 그러나 지금 당신은 또 다른 신념을 가지고 있을 수 있습니다. 즉, '만약 내가 실패자라면, 나는 내 자신을 비판해야만 한다' 또는 '나는 결코 행복해서는 안 되며, 나는 그럴 만한 자격도 없다' 우리는 이러한 두 번째 수준의 가정을 바라볼 수 있습니다. 즉 전반적이고 부정적인 진술을 가지고 당신을 일단 판단한다면 당신이 해야만 한다고 생각합니까?"

예

치료자 : 당신은 "나는 시험에 실패할 겁니다"라고 말했고 "만약 내가 시험에 실패한다면, 나는 실패자다"라는 당신의 가정이 계속 떠오르네요. 당신이 시험에 실패할 경우 당신은 실패자라는 가정에 대해 말해봅시다. 그것은 너무나 강력해서 하나의 신념이며, 그것은 당신의 부적응적인 가정의 첫 번째 수준입니다. 그러나 그러고 나서, 다음과 같은 물음에 답하도록 해보십시오: "만약 내가 실패자라면, 나는 무엇을 생각하거나 해야만 하는가?"

환자 : (멈칫 하면서) 음… 제 생각에는 저는 기분이 나쁘고요. 아마도 내가 스스로를 비난하고 있기 때문일 겁니다.

치료자 : 그래서 신념은 당신이 실패자라면 당신은 우울하거나 자기 비난을 해야만 한다는 것이죠.

환자 : 네.

치료자 : 좋아요, 이것을 생각해봅시다. 당신이 실패자일 경우에 당신을 비난하는 것의 이익은 무엇이죠?

환자 : 모르겠어요. 아마도 다음에 저는 좀 더 열심히 노력할 것입니다.

치료자 : 이것이 당신을 비난해서 우울해진 이후에 당신이 실제로 한 것입니까? 당신은 좀 더 열심히 노력했나요?

환자 : 아니요, 저는 포기하고 스스로를 고립시키죠. 저는 정말로 아무것도 할 수 없어요.

치료자 : 그래서 만약 당신이 다른 가정을 유지한다면 당신이 어떻게 느낄지를 상상할 수 있습니까? "만약 내가 실패자라고 생각할 때, 나는 나 자신에게 직접적인 위로의 말을 해줄 수 있어"라는 것은 어떠세요?

환자 : 그렇게 하는 것을 상상할 수 없어요.

치료자 : 그러면, 당신 인생에서 당신이 정말로 사랑하고 돌보아줄 누군가가 있다고 상상해보세요. 특별한 누군가를. 그리고 그 사람이 실패했고, 그(녀)가 스스로를 실패자라고 생각하고 있어요. 당신은 그(녀)에게 위로를 하실 것인가요?

환자 : 제 생각에는 물론 그렇습니다.

치료자 : 당신 자신에게 그것을 할 수 있다면 어때요?

환자 : 기분이 좀 더 좋아질 것입니다.

과제

환자는 수많은 당위 진술과 부적응적인 가정을 확인할 수 있다. 그래서 이러한 것들을 목록화한 이후에, 그(녀)는 두 번째 수준의 가정을 확인할 수 있는데, 이는 "만약 첫 번째 진술이 참이었다면 당신이 생각하고 또 해야만 하는 것이 무엇이라고 생각하십니까?"이다. 환자는 이러한 두 번째 수준의 가정을 평가하기 위해서 양식 4.4를 이용할 수 있다.

그림 4.3은 양식 4.4를 환자들이 어떻게 완성할 수 있는지 그 예시를 제공해준다. 환자들이 두 번째 수준의 가정을 일단 확인만 하면 환자들은 비용-이익 분석을 거기에 적용할 수 있다. 이에 더해서 그들이 두 번째 수준의 가정의 정반대의 것을 하는 것을 생각한다면 어떨까? 예를 들어, "만약 내가 실패자임에 틀림없다고 생각한다면, 그러면 나 자신을 비난하기보다는 나 자신에게 연민과 수용을 준다면 어떨까?" 이것의 비용-이익은 얼마나 될까?

일어날 수 있는 문제

어떤 환자들은 두 번째 수준의 가정이 '논리적으로' 또는 '필연적으로' 첫 번째 가정으로부터 나온다고 믿는다. 즉, "실패한 사람들은 자신들을 비난해야만 한다" 또는 "지루한 사람들은 결코 대인

이것이 발생한다면	그때 내가 해야만 한다고 생각하는 것	그리고 그것이 사실이라면, 나는 무엇을 해야만 하는가
나는 내가 원하는 만큼 잘하지 못한다.	그것에 대해서 걱정한다.	나 자신을 비난한다.
누군가는 나를 좋아하지 않는 것 같다.	무언가를 잘못했을 것이라고 느낀다.	다른 사람이 나에 대해서 어떻게 생각할지를 걱정한다.
나는 시험 전에 모든 것을 알지는 못하고 완전하게 준비가 되어 있지는 않다.	시험에 떨어질까 봐 걱정한다.	그것에 대해서 계속 걱정을 하고 나는 공부를 해야겠다고 동기화될 것이다.

그림 4.3 두 번째 수준의 가정 평가하기

관계를 맺을 수 없다." 이때 경험적 분석을 통해 다음과 같이 질문할 수 있다. "많은 실패를 했거나 당신을 지루하게 만들지만, 자기 비판적이지 않거나 친구가 있는 사람들이 있습니까? 그들은 행복한가요? 그들은 웃습니까?" 어떤 환자들은 "내가 변화할 수 없다는 것이 바로 내가 생각하는 것입니다"라고 믿는다. 이러한 입장은 환자로 하여금 그것이 어떻게 느껴지는지를 보도록 하기 위해서 그(녀) 자신에게 반대되는 것을 행하도록 함으로써 다뤄질 수 있다. 즉 "당신은 자신에게 동정심을 갖게 될 때 어떻게 느끼나요?"와 같은 질문을 할 수 있다. 치료자는 역할 연기에 참여할 수도 있는데, 거기서 치료자는 "나는 실패자입니다"라고 말하는 한 개인의 역할을 하며 환자는 그(녀)에게 동정심을 표현하는 역할을 할 수 있다.

기타 기법에 대한 탐색

관련된 기법으로는 하향화살표기법, 일련의 가능성 검토하기, 무관련 기법, 무관심 기법 등이 있다.

양식

양식 4.4(두 번째 수준의 가정 평가하기)

기법 : 가치체계 조사하기

설명하기

수많은 가정이 개인의 어떤 영역과 관련되어 있다. 예를 들면, 직업적 성공의 필요성에 대한 가정에는 재정적인 이익에서의 성취만이 포함될 수 있다. 환자가 이 한 가지 영역에 대해서 불안해하거나 우울해한다면, 그 영역의 다른 가치들은 보이지 않게 된다. 가치체계를 조사하고 명확히 하는 것은 폐기된 다른 가치의 조망으로 자기 용서적 판단을 하는 데 유용하다. 예를 들어, 자기 가치에 과도하게 초점을 맞추는 환자가 성취를 측정할 때 사랑, 용서, 친절, 호기심, 개인적인 성장, 즐거움 그리고 여가와 같은 부가적인 가치들을 생각할 것을 요구받을 수 있다. 그 경우 강요된 선택 방법이 도입될 수 있다. 이때 선택은 강요된 것이다. "만약 당신이 좀 더 성취하는 것과 좀 더 사랑을 주는 것 사이에서 선택해야 한다면, 당신은 어떤 것을 선택할 것입니까?" 첫 번째 과제는 위에 언급된 것과 같은 삶의 가치 목록을 만드는 것이다. 어떤 환자는 신체적 건강, 우정 그리고 종교적 가치와 같은 다른 가치를 표현할 것이다. 그러고 나서 그 환자는 선택안에 대해 비교한 후 자신의 위계 내에서 어떤 가치가 더 높고 낮은지를 결정할 것이다. 환자가 어떤 가치를 배우자나 자녀가 추구하기를 바라는지 분명하게 표현하도록 하거나(이중기법의 변형) 또는 환자가 자신이 좋아하는 가치가 일반 대중에게 적용될 수 있는지를 알아보도록 요청하는 것이 하나의 대안이다.

토론 안건

"당신이 중요하게 생각하는 일련의 다양한 가치를 조사해봅시다. 다음과 같은 가치를 고려해보세요: 사랑, 용서, 친절, 호기심, 개인적 성장, 즐거움, 여가, 자기 존중감, 종교, 문화적/재정적/직업적 성공, 신체적 매력 그리고 다른 사람의 인정 등. 지금 이 순간 당신에게 중요한 직업적 성공과 같은 이슈를 선택해봅시다. "만약 당신이 직업에서의 성공과 좀 더 사랑을 주고받는 것(대안적으로, 용서, 친절, 호기심, 개인적인 성장 등) 사이에서 선택을 해야 한다면, 당신은 어떤 것을 선택하겠습니까?"

예

치료자 : 당신은 이 프로젝트를 잘 수행하는 것이 중요하다고 말했지만, 자신의 수행 결과에 대해서 스스로 비난하고 있어요…. 불충분하다고… 당신이 직업적 성공에 가치를 두고 있는 것처럼 우리는 때때로 어떤 것에 상당히 많은 가치를 두지요. 그러나 또한 당신이 그만큼 가치를 두고 있는 다른 것도 있을 것입니다. 예를 들어, 사랑, 용서, 친절, 호기심, 개인적 성장, 여가, 자기 존중감, 종교, 문화적/재정적 성공, 신체적인 매력 그리고 타인의 동의, 인정(이러한 것들을 써 보세요) 등을 생각해보세요. 만약 당신이 직업적 성공과 이러한 가치 중에서 선택을 해야 한다면, 이런 다른 가치들 중에서 어떤 것이 당신에게 좀 더 중요할까요?

환자 : 거의 모두 다요. 아마도 여가는 아닌 것 같아요. 비록 정말로 휴식 시간을 떼어놓을 필요가 있겠지만요.

치료자 : 좋아요. 이러한 다른 영역 모두가 당신에게 정말로 더 중요합니까? 지금 당신을 사랑하거나 친절을 베풀거나 용서하려고 해보는 것은 어때요?

환자 : 어떻게요?

치료자 : 당신이 원하는 만큼 잘하지 못하는 자신에 대해서 친절하고 사랑하고, 용서하는 것이죠.

환자 : 그것을 할 수 있다고 생각해요, 기분이 좀 더 나아질 것 같아요.

치료자 : 이러한 것이 더 중요한 가치라고 당신이 방금 말하지 않았나요?

과제

환자들은 양식 4.5를 받고 이 양식지에서는 환자들이 중요하게 생각하는 가치, 예를 들어 직업적 성공과 같은 가치를 확인하고, 그런 다음 16개의 다른 가치들에 대해 생각해보고 순위를 매긴다. 이 양식지를 통해서 환자들은 다양한 가치의 상대적 중요성과 이러한 가치와 연관되어서 추구될 수 있는 특정한 행동을 확인할 수 있다.

일어날 수 있는 문제

때때로 환자들이 당황해하는 것은 그들 자신에게 일례로 직업적 성공과 같이 가장 중요한 가치이다. 치료자는 다음과 같은 질문을 함으로써 이 상황을 다룰 수 있다.

> "만약 당신이 이러한 다른 가치들 모두를 추구하거나 그것들 중에 일부를 추구한다면, 어느 정도 가치는 있는 것이 아닌가요?"
> "똑같은 가치체계를 당신이 사랑하는 누군가에게도 적용할 수 있나요? 왜 아니죠?"
> "대부분의 사람들이 더 바람직한 가치체계로서 생각하는 것은 어떤 것이죠?"
> "사람들이 매긴 가치의 순위와 당신의 순위는 어째서 다르죠?"

기타 기법에 대한 탐색

관련된 기법으로는 비용–이익 분석, 이중기준기법, 하향화살표기법 등이 있다.

양식

양식 4.5(가치 명료화)

기법 : 완벽과 진전 구별하기

설명하기

완벽주의는 적응적일 수도 있고 부적응적일 수도 있다. 건강한 높은 기준을 가지고 있는 것은, 이러한 기준들이 자기 비판의 악영향 없이 방향을 제시해주거나 동기를 증진시킨다면 유용할 수 있다. 반대로 부적응적인 완벽주의는 사람들이 명시된 목표를 달성할 때조차도 계속해서 더 많은 요구를 하는 기준들을 특징으로 하며, 가장 높은 수준을 달성하지 못하면 자기 비난이나 우울 또는 불안을 초래한다(Egan, Wade, Shafran, & Antony, 2014; Di Schiena, Luminet, Philippot, & Douilliez, 2012; Cox, Enns, & Clara, 2002).

부적응적인 완벽주의의 특징 중 하나는 '기준점을 뒤로 빼는' 표준의 지속적인 상승이다. 개인이 얼마나 잘 수행하던지 간에, 어떤 것도 충분하지 않은데, 왜냐하면 '나는 항상 좀 더 잘할 수 있기' 때문이다. 완벽주의자는 성취된 것이나 그(녀)가 해놓은 진전으로부터는 어떤 즐거움도 얻을 수 없다. 치료자는 환자들로 하여금 그(녀)의 수행 기준이 좀 더 요구적으로 계속 변화하는지, 요구적인 기준을 맞추지 못하는 것이 자기 비난을 유발하는지, 환자가 어떤 목표에 대한 진전을 '충분하지 않은 것'으로 여기는지, 그리고 이러한 완벽주의 기준들이 자기 개선적인지 또는 자기 패배적인지의 여부를 고려하도록 한다. 환자는 완벽주의 설문지(Hill et al., 2003)를 완성할 수 있고, 이 질문지는 8개의 하위 요인으로 구성되어 있는데, 8개의 하위 요인은 실수에 대한 우려, 다른 사람에 대한 높은 기준, 승인 요구, 조직화, 부모 압력, 계획성, 반추, 우수해지기 위한 노력이 포함되어 있다(양식 4.6 참조). 완벽보다는 진전을 목표로 하는 기법을 적용함으로써, 환자는 불가능한 기준을 달성하기 위해 고심하기보다 과거 수행의 일부분을 개선하는 방법에 중점을 둘 수 있다.

진전 정도는 다양한 방식으로 평가될 수 있다. 예를 들면, 처음에 BDI에서 36점을 얻은 환자가 자신의 BDI 점수가 6주 후에 22점이 되었을 때 치료 효과가 없다고 말하면서, 자신이 여전히 우울하다고 불평할지도 모른다. 치료 효과를 우울 증상이 완전히 없어진 것으로 평가하기보다 필자는 그 환자가 BDI 점수에서 14점 감소가 증명하듯이 자신이 수행한 진전을 인식하도록 하였다. 필자는 우리가 계속해서 진전을 쌓아가고 있는데, 이 진전을 유도하는 요인이 어떤 것인지를 함께 조사하자고 제안하였다.

토론 안건

"완벽하기 위해서 노력하기보다는 좀 더 나아지기 위해서 노력하는 것의 이익을 조사해보세요. 만약 당신이 완벽해지려고 노력한다면, 당신은 반드시 좌절할 것입니다. 반대로 당신이 좀 더 나아지려고 한다면, 당신은 좀 더 통제감을 느끼고, 희망적이라고 느낄 것입니다. 당신이 좀 더 나아지고자 하는 영역이 있습니까? 당신은 나아지기 위한 것과 단지 완벽을 위한 것, 둘 중에 어떤 것을 더 신뢰합니까? 완벽을 기다리는 것보다 나아지는 것을 당신이 믿는다면 그 결과는 어떨까요?"

예

치료자 : 기대했던 성적보다 낮은 시험 성적을 얻었기 때문에 당신은 지금 당황해하고 있습니다. 성적

이 어느 정도이죠?

환자 : C학점입니다. 잘할 것이라고 기대하지는 않았습니다. 왜냐하면 저는 공부를 많이 하지 않았기 때문이죠. 그러나 이 점수는 실망스럽습니다.

치료자 : 당신은 지금 어떤 생각을 하고 있습니까?

환자 : 저는 정말로 실패자입니다. 아마도 사회 생활에서도 잘하지 못할 겁니다.

치료자 : 다음 시험에서 당신이 좀 더 잘할 수 있을 것이라고 생각합니까?

환자 : 저는 점점 상황이 악화되는 것을 상상할 수 없어요!

치료자 : 시험 준비의 중요성에 있어서 당신이 배운 것은 무엇입니까?

환자 : 나는 좀 더 공부를 해야만 하고, 그러면 다음에는 좀 더 잘할 거라고 생각합니다.

치료자 : 그래서, 만약 당신이 발전과 학습에 초점을 맞추게 되었다면 그것이 바로 당신이 배운 어떤 것이 되겠죠.

환자 : 네.

치료자 : 예를 들어, 공부하기와 준비하기 그리고 자신의 수행을 당연시하지 않는 것이 중요한 것처럼, 이 경험은 정말로 중요한 어떤 것에 대한 값진 교훈이 될 것입니다. 이 교훈이 당신의 인생을 통해서 당신에게 유용한 것이 될 수 있다고 생각합니까?

환자 : 그럴 것이라고 추측합니다.

치료자 : 그러면, 당신이 학습한 것에 그리고 이 일시적인 하강이 차후에 당신이 나아지도록 어떻게 동기부여를 할 것인지에 초점을 맞춥시다. 당신이 완벽하지 않기 때문에 실패자라고 생각하는 것보다는 이것이 훨씬 낫습니다.

환자 : 그것이 현재 상황을 바라보는 좀 더 좋은 방법인 것 같군요.

과제

치료자는 환자에게 양식 4.6을 줄 수 있는데, 그 양식지는 삶의 다양한 영역에서의 완벽주의를 평가한다. 게다가 환자는 '완벽 대 진전'의 비용과 이익을 탐색하기 위해 양식 4.7A를 사용하고, 양식 4.7B에서는 자기 비판을 촉발하는, 예를 들면 학교 수행 결과, 대인관계, 건강, 재정 등의 다양한 영역의 목록을 완성한다. 그리고 나서 그(녀)가 이 영역들에서 예를 들면 열심히 일하기, 공부 열심히 하기, 좀 더 증진적으로 의사소통하기, 운동과 다이어트 하기, 저축하기와 같은 영역에서 개선할 수 있는 다양한 방법들의 목록을 작성한다. 그림 4.4는 양식 4.7A와 양식 4.7B를 완성하는 방법의 예시를 제공한다.

일어날 수 있는 문제

어떤 사람들은 자기 비판이 일을 좀 더 열심히 하도록 동기부여를 한다고 믿는다. 인지치료에서

내가 완벽을 요구하는 행동 : 처음 만난 사람에게 어떻게 좋은 인상을 줄 것인가?

	진전 수용	완벽 요구
비용 :	아마도 나는 치장을 안 해서 멍청하게 보일 수도 있을 것이다. 어쩌면 나는 열심히 노력하지 않을 것이다.	나는 불안하다. 나는 사람에게 다가가지 않을 것이다. 나는 지속적으로 자의식적으로 될 것이다. 나는 걱정을 할 것이다. 나는 뒤돌아보고 그것을 후회할 것이다.
이익 :	나는 좀 더 편안함을 느낄 수 있다. 나는 좀 더 그대로의 내 모습을 가질 수 있다. 나는 사람들이 생각하는 것에 대해서 걱정을 덜 할 것이다.	아마 나는 최선을 다하려고 할 것이고 그것은 나에게 동기를 부여할 것이다.

결론 : 나는 완벽보다는 진보를 목표로 하는 것이 훨씬 낫다. 나는 완벽해지려고 하지 않고 여전히 노력할 수 있고 좋은 인상을 만들 수도 있다. 세상 어느 누구도 완벽하지 않다. 나는 다른 사람들이 나와 완벽하게 되기를 기대하지 않는다.

나 자신에게 어떤 것을 비판하는가?	나는 어떻게 나아질 수 있는가?
새로운 사람을 만났을 때 어떻게 좋은 인상을 줄 것인가.	나는 그들을 알게 되는 것에 중점을 둘 수 있다. 나는 좀 더 자연스럽게 대화를 할 수 있다. 나는 항상 그들을 감동시키려고 노력하지 않아도 된다.

어째서 완벽을 추구하는 것보다 진전이 훨씬 나은가? 나는 그렇게까지 자신을 의식할 필요가 없다. 나는 항상 발전하고 나아지려고 하고 여전히 노력하는 나 자신을 믿어준다. 나는 결코 완벽해지지 않겠지만 상황이 나아지도록 할 수 있다.

그림 4.4 완벽과 진전의 비용과 이익

우리는 자기 비판보다는 문제 해결에 중점을 두며, 문제를 진단하는 것과 그것을 해결하는 것은 서로 같은 것이 아니라는 것을 환자에게 지적해야 한다. 예를 들어, 스스로 4.5kg의 체중이 증가했다고 진단하는 것과 운동과 다이어트로 그 문제를 해결하는 것은 같지 않다.

기타 기법에 대한 탐색

관련된 기법으로는 가정 확인하기, 점진적 과제 부여와 활동 계획 짜기와 같은 행동적인 과제, 문제 해결하기, 그리고 비용-이익 분석 등이 있다.

양식

양식 4.6(완벽주의 척도), 양식 4.7A(진전과 완벽의 비용과 이익), 양식 4.7B(완벽을 시도하기보다는 진전 만들기)

기법 : 재학습을 위해 재발 활용하기

설명하기

완벽주의적인 가정에 도전하는 한 가지 방법은 학습 실험으로 재발의 의미를 재구성하는 것이다. 실패나 수용(또는 어떤 다른 기준이나 가치)에 대해 이분법적인 가정을 가진 환자는 문제의 재발을 상황이 얼마나 절망적인가의 예시로 간주할 것이다. 예를 들면, 밤마다 술을 한 병씩 마시는 것으로 술 소비를 줄인 환자는 술의 양이 다섯 병으로 다시 늘어났다. 그녀는 자기 비판을 많이 하였고, 절망적이라고 스스로를 생각하기 시작했다. 그러나 이 상황을 학습 실험 또는 자연스러운 실험으로 간주하도록 필자가 제안하였는데, 이 실험에서 그녀는 자기 조력 안내 지침을 따르지 않았을 때, 어떻게 느끼는지를 고려하였다(Leahy & Beck, 1988). 그녀의 재발로부터 그녀가 알 수 있는 것은 바로 우리의 분석이 옳았다는 것이다. 우리의 분석은 (1) 그녀는 술 먹고 토한 그 다음 날 기분이 악화됨을 느꼈다. (2) 친구들과 술을 마심으로써 친구들을 즐겁게 하고자 하는 것이 자신의 최고의 관심사가 아니라는 것이다. (3) 제일 중요한 것은 밤마다 한 병 이상 알코올 음료를 마시는 것은 가치 있는 일은 아니었다. 재발을 바라보는 또 다른 시각은 그것을 고통의 유익한 형태로 그 의미를 재구성하는 것이다. 즉, "고통은 때로는 학습의 필수적인 부분이며, 무엇이 당신에게 제대로 효과가 없는지를 인식하게 해줌으로써 고통을 친구로 만들라."

토론 안건

"당신이 재발되었다는 것을 매우 기분 나쁘게 느끼고 있지만, 이러한 좌절을 중요한 학습 경험으로 활용하는 것이 도움이 될 것입니다." 첫째, 재발은 당신이 나아졌다는 것을 의미함을 기억하는 것이 중요합니다. 당신은 앞으로 2단계와 뒤로 한 단계로 생각할 수 있습니다.

우리는 재발을 이끄는 것에 대해서 배울 수 있고, 그래서 미래에 대비하고 다양한 기법과 기술을 사용할 수 있습니다. 당신은 당신 자신에 대해서 무엇을 배웠나요? 당신에게 어떤 것이 효과적이고, 어떤 것이 효과적이지 않았습니까? 당신은 앞으로 자신을 제대로 이끌어가기 위해 이 고통과 실망을 어떻게 이용할 수 있을까요?" 치료자는 재발에 앞서 그 상황에서의 사고, 정서 및 감각의 세부 사항을 확인함으로써 '연쇄분석'을 이용할 수 있다.

예

폭식증을 피하는 데 개선을 보였던 환자는 치료 회기가 시작되기 전날 밤 진탕 폭식을 했다고 보고했다. 그녀는 지금 자기 비판을 매우 많이 하고 있으며 이제 희망이 없다고 생각한다고 말했다.

치료자 : 당신이 한 폭음으로 인해서 정말로 자신에게 실망하고 있는 것처럼 보입니다. 당신은 포기한 것같이 느껴진다고 말했어요.

환자 : 네, 어떤 것도 효과가 없어요.

치료자 : 그건 분명히 당신이 훨씬 더 나빠졌다고 느끼도록 만드는 강한 진술입니다. 그러나 만약 이미 개선되지 않았다면 당신은 재발을 할 수 없다는 것을 기억해보십세요. 당신이 16km를 여행하고 조금 우회해야 하는 경우에도 당신은 여전히 나아갈 수 있습니다. 당신은 지난 석 달 동안 어떤 진전이 있었죠?

환자 : 글쎄요, 짐작컨대, 폭식이 많이 줄었고, 지금 나의 정서를 관리할 수 있는 방법들이 있어서 내가 폭식을 할 필요가 없다는 것을 알고 있어요.

치료자 : 그래서 당신은 다양한 방법으로 개선되었지만, 그것이 완벽하지는 않고 재발은 당신이 열심히 노력한 모든 것을 평가 절하하도록 만듭니다.

환자 : 네, 그것이 제가 때때로 하고 있는 것이죠. 저는 일이 잘 안 되면 압도당하고 포기하죠.

치료자 : 그것은 분명히 당신에게 힘들 것입니다. 진전에 대해서 인정을 하지 않는 거죠. 좋아요. 그러면 당신이 폭식 바로 전에 느끼거나 생각하는 것이 어떤 것인지 알아봅시다.

환자 : 저는 집에서 혼자였고 공허했고 슬픔을 느꼈죠. 그리고, "나는 결코 누군가를 찾지 못할 거야"와 같은 느낌이 있었고, 이러한 슬픈 감정에 압도당했어요. 그리고 나서 좀 더 불안했고 스스로에게 "왜 못 찾지?"라고 말했어요. 그리고 아이스크림을 과하게 먹었어요. 그리고 나서는 약간 멍해졌어요.

치료자 : 우리가 일에 대해 알아본다면, 당신은 학습 기회로서 각 단계를 생각할 수 있어요. 나는 항상 외로울 것이라는 생각을 예로 들면, 당신은 그 생각에 어떻게 도전할 수 있을까요?

환자 : 저는 친구들이 있구요. 이전에 대인관계가 있었다는 것을 알아요. 미래를 정말로 예측할 수 없지만, 저는 제공할 수 있는 상당한 것을 가지고 있어요.

치료자 : 좋아요, 그러니까 그것이 당신이 다음에 이런 방식으로 느낄 때 기억해야 할 것이죠. 당신은 그 생각에 도전할 수 있어요. 마음챙김을 이용해보는 것은 어떠세요? 다음에 어떤 것을 이용할 수 있을까요?

환자 : 저는 뒤로 물러 서서 생각과 감정을 관찰할 수 있고, 그것들을 이 순간에 내가 가지고 있는 어떤 것으로 받아들일 수 있고, 이 순간이 지나갈 것이라는 것을 알 수 있어요.

치료자 : 맞아요, 순간들은 오고 또 가죠. 그래서 마음챙김은 차후에 이용할 수 있는 하나의 도구입니다. 그 순간을 더 좋게 해보는 것은 어때요? 이것을 다음 번에 당신은 어떻게 사용할 수 있을까요?

환자 : 나는 멋진 목욕을 할 수도 있고 촛불 몇 개를 꺼내서 음악을 들을 수 있어요. 그리고 나는 이완 할 수도 있고, 당신도 아다시피, 요가를 할 수도 있죠.

치료자 : 그래서 이 재발이 당신이 다음 번에 슬픔이나 긴박함을 느낄 때 사용할 수 있는 도구가 어떤 것이 있을까에 대해서 생각할 매우 좋은 기회인 셈이죠.

환자 : 맞아요. 저는 무언가 배울 수도 있어요.

치료자 : 무언가를 학습하는 것은 당신 자신을 비난하거나 포기하는 것과는 다른 것입니다.

환자 : 맞아요. 저도 알아요. 저도 알아요.

일어날 수 있는 문제

"우리가 개선을 경험했지만 재발했다면, 그것은 무언가를 배울 좋은 기회입니다. 예를 들면 당신이 다이이트 중인데도 많이 먹고 배가 불룩한 느낌을 가졌다면, 당신은 자신을 비난하기 시작할 것입니다. 그러나 그 경험으로부터 얻을 수 있는 가치 있는 것은 당신에게 무엇이 효과적이었고, 어떤 것은 효과적으로 작용하지 않았는지를 학습하는 것입니다. 이 표(양식 4.8, 이 양식을 환자가 어떻게 완성했는지 그 방법의 예시가 그림 4.5에 제시되어 있음)를 사용하여 당신에게 좀 더효과적인 영역(예 : 다이어트, 운동, 의사소통을 더 잘하기, 자기 훈련)에 대해서 생각할 수 있습니다. 그리고 나서 그 다이어트 경로에서 어떻게 떨어졌는지에 대해서 생각해보세요. 당신 스스로를 비난하기보다는 당신에게 어떤 것이 효과적이고 어떤 것이 효과적이지 않은지를 확인하는 노력을 해보세요."

재발은 무력감이나 자기 비판의 느낌을 활성화할 수 있다. 활성화되는 흔한 생각에는 "어떤 효과도 없고, 그래서 나는 포기하는 것이 낫겠다"와 "나는 실패자다"라는 것이 포함된다. 이러한 자기 비판적 반응은, 특히 술, 흡연, 폭식과 같은 물질장애가 있는 사람에게서 좀 더 심하다. 만약우리가 어떤 영역에서 개선을 만들지 못했다면, 재발은 일어날 수가 없다. 수행 결과에 대한 완벽주의적인 가정은 재발의 긍정적인 면을 고려하지 않고, 재발을 과잉일반화하는 결과를 낳을 것이

내가 걱정하고 있는 행동 : 과음하는 것 – 여섯 병

이전에 효과가 있었던 것	미래에 좀 더 잘하기 위해 내가 배운 것	나를 실수하게 하는 것
내가 몇 병을 마시는지를 세고 두 병으로 제한을 둔다.	나는 불안했고 술을 많이 마시는 나의 친구들에게 나를 맞추기를 원했다.	나는 너무 많이 마셨을 때, 기분이 매우 나빴다. 나는 취했을 때 과거에 바보 같은 일을 말했다.

실수나 과실을 학습 경험으로 이용하는 것의 이익은 무엇인가?

나는 실수들을 학습 경험으로 항상 이용할 수 있다. 나의 최근의 경험으로, 다른 사람에게 맞추고자 노력하는 것은 아무런 가치가 없다는 것을 깨달았다. 나는 더 이상 취할 필요 없다.

불이익은 어떤 것인가?

솔직히 말하면, 나는 내가 원하는만큼 술을 마실 수 있었으면 한다. 그래서 내가 하고 싶은 일을 포기하는 것이 아무런 가치가 없다는 사실에 직면해야 한다. 나는 그것에 직면하고 싶지 않다. 나는 그것을 포기하기를 원하지 않는다.

그림 4.5 재발로부터 학습하기

다. 유용한 중재 방법에는 재발을 일시적인 것으로 간주하는 것인데, 예를 들어 연속선상에서 간략히 표시해보거나 파이 도표를 그려보는 식의 시각적인 방법을 이용할 수 있다. 또한 "과거 몇달 동안이나 좋은 상태가 지속되었죠?" 또는 "1년 전과 비교해서 과거 몇 달 동안 당신의 전반적인 수행 결과를 어디에 표시하겠습니까?"와 같은 질문을 사용할 수 있다.

기타 기법에 대한 탐색

관련된 기법으로는 인지 왜곡(예 : 이분법적 사고, 미래 예언하기, 긍정적인 것을 평가 절하하기, 과잉일반화, 부정적인 낙인찍기)을 확인하기, 완벽보다는 개선을 확인하기, 가정을 수정할 때의 비용과 이익 확인하기, 이중기준기법, 합리적인 역할 연기 등이 있다.

양식

양식 4.8(재발로부터 학습하기)

기법 : 사례 개념화 이용하기

설명하기

환자에게 내재되어 있는 가정과 조건적 규칙을 확인하는 것은 사례 개념화를 하는 데 유용하다 (Beck, 1995; Kuyken et al., 2009; Needleman, 1999; Persons & Miranda, 1992; Tompkins, 1996). 이 사례 개념화에서 우리는 자동적 사고, 핵심 신념, 조건적 신념, 그리고 개인적 도식에 대한 현재의 인지적 평가를 발달적인 이슈와 현재 및 과거의 대처 양식과 연결한다. 예를 들면 나는 사랑받을 만하지 못하며, 다른 사람들은 나를 비난하고 거절할 것이라는 도식을 지니고 있는 개인은 다음과 같은 자동적 사고를 가지고 있을 것이다.

"그녀는 나를 실패자라고 생각한다."
"나는 실패자다."
"내가 그녀에게 데이트를 청했을 때 그녀는 '아니요'라고 말할 것이다."
"나는 거절당할까 봐 두렵다."
"어떤 일도 제대로 된 것이 없다."
"나는 결국 혼자가 될 것이다."

이에 더해서, 그는 다음과 같은 부적응적인 가정들을 가지고 있을 것이다.

"당신이 진정으로 생각하고 있는 것을 어느 누구도 알게 해서는 안 된다."
"만약 당신이 사람들에게 의존한다면, 그들은 당신을 버릴 것이다."
"만약 사람들이 정말로 내가 어떤 사람인지를 안다면, 그들은 나를 좋아하지 않을 것이다."
"행복해지려면 다른 사람의 인정이 필요하다."

조건적 신념에는 다음과 같은 것이 포함된다.

"만약 내가 매우 즐겁게 해주고 양보한다면 사람들은 나를 좋아할 것이다."
"만약 내가 모든 사람의 욕구를 맞춘다면, 그들은 나를 떠나지 않을 것이다."

그는 회피(예 : 사람들에게 접근하지 않기, 개방하지 않기, 누군가에게 요청하지 않기) 또는 보상적 시도로(예 : 누군가가 말하는 모든 것에 미소 짓기, 양보하거나 자기 희생적인 행동) 거절에 대한 공포에 대처하고자 할 수 있다. 그가 자신에 대해서 가지고 있는 핵심 신념은 자신은 불완전하고 사랑스럽지 않다는 것이다. 그의 이전 발달력을 개관해보면 그가 아버지에 의해서 정기적으로 비난을 받았으며, 어머니에 의해서 가족을 떠나라고 위협을 받았다는 것이 밝혀졌다. 게다가 동료들은 그들보다 좀 더 작다고 그를 괴롭혔다. 사례 개념화는 양식 4.9에서처럼 도표로 제시될 수 있다.

토론 안건

치료자는 다음과 같은 것을 설명하면서 회기 내에서 사례 개념화를 제공한다: "당신의 사고와 가정이 서로 어떻게 연관되어 있는지 확인하는 것은 유용합니다. 나는 당신의 사고, 느낌, 그리고 행동이 어떻게 관련되어 있는지의 개념화를 도표로 제시함으로써 당신의 이해를 도울 것입니다."

예

치료자 : 파티에서 그녀가 당신에게 관심이 없어 보였기 때문에 스스로 실패자라고 말했죠. "나는 실패자다"라는 것이 자동적 사고입니다. 그리고 나서 당신은 줄 것을 많이 가지고 있지 않기 때문에 누구도 결코 만나지 않겠다고 생각했다고 말했죠. 이것을 이용해서 도표를 그려봅시다(그림 4.6의 도식을 이용).

환자 : 네, 그것은 제가 무엇을 말하고 있는지를 보여주는군요.

치료자 : 좋아요. 계속해봅시다. "그녀가 나를 좋아하지 않는다"는 생각은 당신에게 무엇을 의미하죠?

환자 : 저는 사랑스럽지 않다는 것을 의미한다고 생각해요.

치료자 : 전에 그와 비슷한 다른 생각을 해본 적이 있습니까? 예를 들면, "만약 사람들이 저를 알게 된다면, 저는 어떤 것이 두려울까요?"와 같은 질문을 스스로에게 해보는 것이 도움이 될까요?

환자 : 맞아요. 그들이 저를 알면 알수록 그들은 저를 덜 좋아할 거예요. 그러고 나서 그들은 저를 떠나
   겠죠. 그들은 진정한 저를 알게 될 겁니다.

치료자 : 그래서 사람들이 자동적으로 당신을 비판하고, 거절하고, 버릴 것이라고 느끼는 것 같아요.

환자 : 맞아요.

치료자 : 좋아요. 여기 차트에 그 내용을 적어봅시다. 사람들이 당신을 비난하지 않게 하기 위해서 당

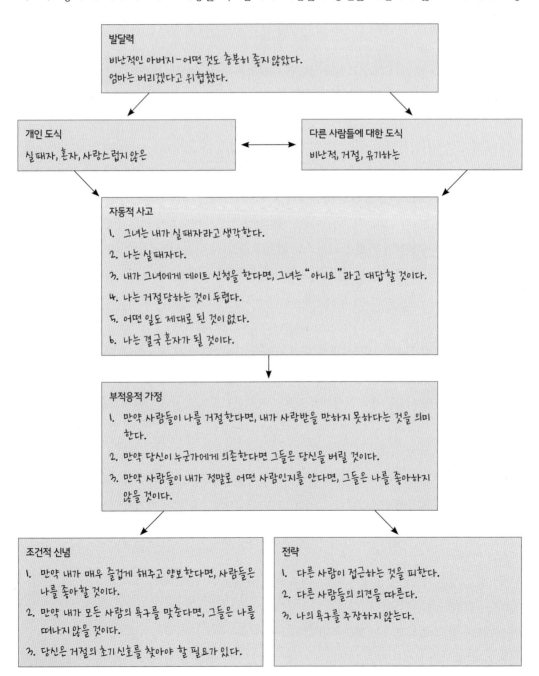

그림 4.6 사례 개념화의 도표

신은 어떤 일을 하지요?

환자 : 네, 저는 보통 사람들의 말에 동의해요. 저는 제 욕구보다는 모든 사람들의 욕구를 맞추려고 노력해요.

치료자 : 당신은 어떤 것을 회피하지요?

환자 : 네, 저는 새로운 사람들에게 접근해서 대화를 시작하는 것을 피합니다. 저는 사람들이 저에 대해서 많이 알려고 하는 것을 피합니다.

치료자 : 자, 사람들이 당신을 싫어할 것이라는 생각과 사람들이 당신을 비난할 것이라는 생각은 어디에 근거합니까? 어디에서 나옵니까?

환자 : 저의 아버지는 정말로 차갑고 비판적이었어요.

치료자 : 좋아요. '발달력'을 쓰기 위한 칸에 그 내용을 넣읍시다. 어머니는 어땠나요? 그분은 어떤 분이었죠?

환자 : 어머니는 아버지와 결코 결혼하지 말았어야 했다고 말하곤 했어요. 그녀는 "할 수 있다면 처리해야 할 일은 너한테 맡기고 그저 떠나고 싶어. 넌 내게 감사해야 해"라고 말했죠.

치료자 : 좋아요. 그래서 엄마는 버리겠다고 위협을 했던 것이군요. 학교에서 다른 친구들은 어땠나요?

환자 : 그들은 내가 그들만큼 키가 크지 않다고 하면서 나를 비난했어요. 제 생각에는 그들은 내가 당황해하는 모습을 보는 것을 좋아했던 것 같아요. 나는 정말로 당황했었거든요.

치료자 : 좋아요. 당신의 도식에 관한 도표를 보면, 우리는 비판적인 아버지와 버리겠다고 당신을 위협했던 어머니가 있었고 당신을 괴롭혔던 친구들과 상호작용했다는 것을 알 수 있습니다. 이것이 당신이 실패자, 홀로 남겨질 것이라는 것 그리고 당신은 사랑받지 못할 것이라는 생각을 하도록 만들었죠. 당신의 가정은 만약 사람들이 당신을 거절한다면 그렇다면 당신은 사랑받지 못할 존재라는 것이죠. 당신은 모든 사람들을 즐겁게 하려고 노력하거나 또는 만약 당신이 거절당할 것 같다고 생각되면 그 사람들을 피함으로써 보상하고자 하였어요.

환자 : 그것이 지금의 나를 설명해주는 것 같아요.

과제

치료자는 환자에게 회기 내에 사례 개념화를 제공하고 그에게 그것에 대한 생각과 느낌을 쓰도록 권유할 수 있다. 이러한 것에는 부가적인 기억 또는 개념화에 대한 정서적 반응들이 포함된다. 양식 4.9에서 환자는 관련되어 있는 어떤 생각, 느낌, 대처양식, 가정, 전략 또는 관련된 어린 시절 경험에 대한 정보들을 어떤 것이든 사례 개념화에 추가할 수 있다. 사례 개념화 내에서 각 '칸'은 전략과 치료 방법을 위해서 이용될 수 있다. 그래서 치료자는 후에 발달력, 도식, 가정 그리고 신념의 영향력을 조사할 수 있다. '도식 수정하기'를 다루는 제10장에서 도식에 초점을 맞춘 치료에 대한 논의를 참조하라.

일어날 수 있는 문제

사례 개념화가 환자로 하여금 현재 문제를 알게 하는 데 도움을 주는 강력한 치료 방법이지만, 어떤 걱정이나 염려가 발생할 수 있다. 예를 들면, 어떤 환자들은 그들이 어린 시절 경험에 의해서 망쳐졌으므로 그들은 희망이 없다고 믿는다. 이러한 '근본적인' 결함에 대한 이러한 걱정은, 혹시 그들이 차후에 변화된 신념을 가진 적이 있는지 또는 어떤 새로운 행동을 학습한 적 있는지에 대해 생각해보도록 요청함으로써 도전할 수 있다. 우리는 매일 학습하고 변화하고 있으므로, 초기에 형성되었던 과거의 습관과 신념들을 아는 것은 지금 그것들을 변화시키는 데 있어서 첫 번째 단계이다. 물어볼 수 있는 가장 좋은 질문은 다음과 같다: "지금 당신을 괴롭히는 신념 중에서 어떤 것이 당신이 여섯 살 때 만들어졌다고 해서, 당신이 어린아이일 때 학습한 것을 계속해서 지금도 믿고 싶으세요?" 다음과 같은 또 다른 지적 사항들이 부가될 수 있다: "아이로서 이 신념을 학습했을 때 당신은 성인으로서 생각할 능력을 갖고 있지 않았죠. 그러나 지금은 좀 더 성숙하고 현명해졌다는 많은 이점을 가지고 이러한 신념에 도전할 수 있습니다."

기타 기법에 대한 탐색

이 책에서 설명된 모든 기법들은 사례 개념화를 하려는 노력에 유용하다. 필자는 접수 면접부터 사례 개념화를 하려고 했고 계속해서 그것을 환자와 함께 치료 기간 내내 정교화하려고 하였다. 이러한 과정은 치료의 신비로움을 벗겨주고, 환자가 그들의 문제는 이해될 수 있고 잠재적으로 관리될 수 있다는 것을 아는 데 도움을 준다.

양식

양식 4.9(사례 개념화 도표)

기법 : 완벽주의의 의미를 조사하기

설명하기

스스로 완벽주의를 지켜야 할 엄격한 규칙으로 간주하는 많은 사람들은 완벽성을 성취하는 것은 지속적이고 유익한 결과를 가져다줄 것이라고 가정한다. 우리는 목표를 성취하지 못하는 것의 의미를 조사하는 하향화살표기법에 대해 논의해왔다. 예를 들면 다음과 같다: "내가 완벽하지 않으면, 그것은 내가 실패자라는 것이다. 만약 내가 실패자라면, 삶은 살 가치가 없다." 그러나 우리는 또한 완벽이라는 목표 또는 어떤 목표를 성취하는 것(예 : 모든 사람의 인정을 받는 것)의 의미를 조사할 수 있다.

토론 안건

"당신은 완벽을 성취하는 것(또는 모든 사람의 인정이나 확신을 얻는 것 등)이 중요하다고 믿는 것처럼 보입니다. 그러나 이것에 대해서 생각해보고 목표를 성취하는 것이 무엇을 의미하는지를 조사해봅시다. 다음에 제시하는 문장을 완성해보십시오: '만약 내가 완벽을 성취한다면, 그 것은 _____을 의미한다.' 또는 '일단 내가 완벽을 성취하면, 다음과 같은 _____일들이 일어날 것이다.'"

예

치료자 : 당신은 당신의 일에서 실패할 것 같은 두려움에 초점을 맞추어왔고, 우리는 당신에게 있어서 실패가 어떤 부정적인 의미를 지니고 있는지를 조사하였습니다. 만약 당신이 어떤 일에서 실패할 경우, 당신은 자신을 실패자로, 그다음, 당신이 만약 실패자라면, 당신은 행복할 수가 없으며, 정말로 완전히 행복과는 반대되는 것만 생각할 것입니다. 즉 당신은 당신의 전체 삶이 비참할 거라고 생각하는 것 같습니다. 그러나 당신이 성공하고 당신이 원하는 완벽을 이룬다면 그것이 무엇을 의미하는지 봅시다. "만약 내가 성공하고 마침내 완벽을 이룬다면 _____"

환자 : 그러나 정말로 완벽하게 되는 것은 가능하지 않죠.

치료자 : 그럴지도 모르겠지만, 그것에 대해 좀 더 생각해보죠. 당신이 완벽을 성취하였다면 무슨 일이 일어나죠?

환자 : 짐작컨대, 행복하겠죠.

치료자 : 좋아요, 완벽을 성취한 이후 그날을 상상해봅시다. 그리고 어떻죠?

환자 : 제 생각에 다시 미끄러질까 봐 걱정할지도 모르겠어요.

치료자 : 당신이 일단 완벽을 성취하면, 당신 삶의 모든 부분에서 당신은 행복할까요?

환자 : 그것을 상상하기가 어려워요. 인생은 너무 복잡하거든요.

치료자 : 복잡한 인생에서, 완벽을 성취하는 것은 당신에게 순간적인 즐거움을 가져다줄 것이지만, 그 것은 지나가버리는 것이죠. 자, 당신이 기억하고 생각할 수 있는 가장 성공적인 사람들이 완전히 행복하고 만족하는지에 대해 생각해보십시오.

환자 : 아니요, 인생은 때때로 모든 사람에게 어려워요. 만족감은 단지 짧은 시간만 지속되죠.

치료자 : 짧은 시간 지속되는 어떤 것, 완벽주의, 잃어버릴까 봐 걱정하는 어떤 것, 당신 인생의 다른 영역에 전혀 영향을 끼치지 않는 어떤 것에 목표를 두는 것은, 그것은 왔다 가고 또는 가버리는 어떤 것에 목표를 두는 것과 같은 것처럼 들립니다.

환자 : 저는 결코 그렇게 생각하지 않았어요.

일어날 수 있는 문제

환자는 양식 4.10을 이용하여 그(녀)와 관련된 경직되고 요구 수준이 높은 목표를 달성하는 것의 의미를 조사할 수 있다. 예를 들면 다음과 같다: "일단 모든 사람의 인정을 얻는다면, 무슨 일이 일어날 것인가?", "일단 내가 완벽을 성취하면 무슨 일이 일어날 것인가?", "내가 확신을 가진다면, 무슨 일이 일어날 것인가?" 환자는 즐거움 또는 만족이 얼마나 오랫동안 지속되는지를 고려할 수 있다. 그것이 그(녀) 생활의 모든 면에 영향을 끼칠 것인가 아니면 그 영향이 단기간에 지속되고, 특정 사안에 국한될 것인가?" 치료자는 다음과 같이 물어볼 수 있다: "그렇게 짧게 지속되는 무언가를 성취하기 위해 행복을 희생하는 것이 가치가 있습니까?" 그림 4.7에서는 환자가 이 양식을 완성하는 방법을 보여준다.

일부 환자들은 완벽주의를 포기하면 동기 부여가 상실되고, 스스로에 대한 기준이 낮아지고, 평범함을 나타내며, 결국 실패로 이어질 것이라고 믿을 수 있다. 그들은 완벽주의의 이상이 자신의 힘으로 굳건히 서고, 최적의 성과로 자신을 놀라게 하는 데 필요하다고 믿을 수 있다. 치료자는 건강하고 높은 기준을 가지는 것은 유용할 수 있지만 완벽주의는 성취하는 것이 불가능하므로 지연과 무력감을 유발할 수 있다는 것을 인식할 수 있다. 치료자는 환자가 완벽하지는 않지만 자부심을 가지는 어떤 성취물이 있는지 물어볼 수 있다. 또한 최고 수준의 수행을 달성하는 것이 지속적인 만족을 가져다준다는 증거는 무엇인가?

만약 내가 이 활동에서 완벽을 성취한다면	그때 다음과 같은 것이 사실일 것이다.
시험에서 완벽한 성적을 얻는다면?	나는 그 과정에서 A학점을 얻을 것이다. 나의 평균 점수는 상승할 것이다. 나는 훌륭한 법과전문대학원에 들어갈 것이다. 나는 멋진 직업을 얻을 것이고 돈을 많이 벌 것이다. 나는 인생에서 성공할 것이다.

완벽을 추구하는 것이 당신이 원하는 결과로 이어질 가능성은 얼마나 될까? 이 접근의 문제점을 설명하라.

그것은 수많은 과정에서 수많은 시험 중의 하나였다. 나는 점수가 오를 때도, 떨어질 때도 있었다. 내가 어떤 법학전문대학원에 들어가게 될지 누가 알겠는가? 그리고 나는 이 한 가지 시험을 토대로 내 인생이 어떻게 끝날지 알 수 없다.

얼마나 자주 당신은 실제로 완벽을 달성하였는가? 왜 그렇게 어려웠을까?

나는 결코 완벽을 성취해본 적이 없다. 그래서 나는 이번에도 완벽을 달성하기 어려울 것이다. 그것은 환상일 뿐이다. 완벽해지는 것은 불가능하다.

그림 4.7 완벽주의의 의미 조사하기

기타 기법에 대한 탐색

관련된 기법으로는 하향화살표기법, 비용과 이익, 증거 조사하기, 정반대 행동, 수용, 연민 초점 접근 그리고 규칙의 보편적인 적용이 포함된다.

양식

양식 4.10(완벽주의의 의미 조사하기)

기법 : 완벽해지기보다는 환자에게서 호기심, 도전의 긍정적인 경험, 성장을 증진시키기

설명하기

많은 가정은 그들의 상황 속에서 큰 노력을 요하거나 타협되기 어려운 것들이다. 개인은 모든 사람에 의해서 수용되고 사랑받아야만 하고 일상의 과제에서 뛰어나야 한다고 믿는다. 그 결과, 사건들이 완벽하게 수행되지 않았을 때, 그 사람은 무력감 또는 자기 비판적인 느낌을 받을 것이다. Dweck와 동료들(Dweck, Davidson, Nelson, & Enna, 1978; Dweck, 2000, 2006)은 사람들이 도전적인 과제에 직면했을 때, 만약 그들이 그 과제를 배울 수 있는 경험으로 간주하거나 호기심을 발전시킨다면, 그 과제를 평가 또는 시험으로 간주할 때에 비해서 더 효과적으로 지속할 수 있다는 것을 발견하였다. 실제로 Dweck은 능력과 마음에 대한 이론이 개인마다 달라서, 어떤 사람은 능력이 고정되어 있다고 믿는 반면 다른 사람들은 변화될 수 있다고 믿는다고 제시한다. 이러한 고정된 사고방식과 성장의 사고방식 간의 차이는 좌절감에 직면해서 포기한 사람들과 열심히 노력하는 사람들 간의 차이를 반영한다. 완벽주의적 기대는, 개인이 '실패' 또는 '좌절'의 첫 경험에서 낙담하게 되고 실패와 무능을 변화할 수 없는 것으로 간주하므로 지속성을 약화시킬 수 있다.

토론 안건

치료자는 다음과 같은 질문을 할 수 있다: "무엇을 배웠습니까?", "이 경험에 있어서 어떤 점이 흥미롭습니까?", "도전을 경험하는 것은 어떻습니까?", "당신이 다음 번에 더 잘한다면, 어떻게 느낄까요?" 좀 더 구체적으로 "만약 당신이 시험을 못 봤다면, 점수를 자신의 최종적 가치를 측정해주는 것으로 초점을 맞추기보다는 어떻게 하면 이후에 좀 더 잘하도록 도전받는다고 느끼게 할 수 있을지 또는 특정 주제에 대한 당신의 호기심을 발전시킬 수 있을지를 고려해보세요", "이것이 더 열심히 하고 더 많은 노력을 기울일 수 있는 기회라고 생각하는 것의 이점은 무엇일까요?", "당신의 능력을 경험과 학습으로 성장하는 어떤 것으로 생각한다면 어떨까요? 아니면 당신은 당신의 능력을 고정되거나 변화할 수 없는 것이라고 생각합니까? 당신이 성장, 발전시킨 어떤 기술과 능력이 있나요? 그런 일이 어떻게 발생했습니까? 좌절, 실수 및 실패로부터 무엇을 배웠습니까?"

예

치료자 : 당신이 기대했던 것보다 시험을 잘 보지 못했기 때문에 실망감을 느끼는 것처럼 들립니다.

환자 : 네, 저는 A를 받기를 희망했지만 B를 받았어요.

치료자 : 역사 시험에서 어떤 부분은 좀 더 열심히 했지만, 어떤 부분은 그렇게 하지 못했나요?

환자 : 평론 부분은 잘했어요. 저는 역사적 사건들을 함께 연결하는 것은 매우 잘합니다. 그러나 날짜나 이름 부분은 잘 알지 못합니다.

치료자 : 좋아요. 날짜가 왜 역사에서 중요한지에 대해서 호기심을 가져봅시다.

환자 : 저는 그런 방식으로는 역사를 생각해본 적이 없어요. 확실히, 어떤 사건 후에 어떤 일이 일어났는지는 알아야만 합니다.

치료자 : 날짜와 이름을 기억하는 것을 당신 스스로의 도전 과제로 어떻게 발전시킬 수 있을까요?

환자 : 아마도 플래시 카드를 만들어서 날짜와 이름을 배울 수 있는지를 알아보아야 할 것 같아요.

치료자 : 다음 번에 이러한 것들을 잘한다면, 어떻게 느낄까요?

환자 : 학습해야 하는 어떤 것을 배웠다고 느낄 것 같아요.

치료자 : 좀 더 수행을 잘하고 이 경험으로부터 학습하는 것을 당신의 도전에 있어 다음 목표라고 생각해봅시다.

더 나아가 치료자는 환자에게 다음과 같이 물어볼 수 있다: "이 상황에서 당신의 목표는 어떤 것이죠? 모든 것에서 성공하는 것이 당신의 목표인가요? 모든 사람에 의해서 수용되어야 하나요? '내가 잘할 수 있는 것을 학습하기' 또는 '새로운 사람 만나기'로 당신의 목표를 수정할 수 있나요?" 가끔 환자의 목표는 비현실적인 기준에 초점이 맞추어져 있다. 새로운 목표를 고려함으로써 환자들은 도전에 다가가기 위한 좀 더 많은 방법을 자유롭게 고려할 수 있다.

치료자는 '일을 놀이로 전환하기'(양식 4.11)를 사용하여 비판적인 생각을 도전과 호기심에 대한 생각으로 변화시킬 수 있다.

일어날 수 있는 문제

치료자는 환자에게 양식 4.11을 사용하여 그들이 실패자라고 느끼고 좌절했던 경험에 대해서 물어볼 수 있다. 간단한 이야기를 적을 수 있는데, 거기에 어떤 사건들이 일어났고 부정적인 생각 또는 행동이 일어났는지 기술한다. 그리고 나서 환자는 그들이 학습한 것, 차후에 좀 더 다르게 수행될 수 있는 것, 직면한 문제에 대해서 호기심을 어떻게 발달시킬 수 있는지에 대해서 적는다.

환자가 이 양식을 어떻게 이용할 수 있는지의 예시는 그림 4.8을 참조하라.

완벽을 추구하기보다 진전을 만들기 위한 기법에서와 마찬가지로, 때때로 환자들은 그들의 목표를 성취하는 데 요구 수준이 높은 기준과 자기 비판이 필수적이라고 믿는다. 치료자는 이러한 완벽주의적인 가정을 평가를 필요로 하는 것으로 확인할 수 있다. 예를 들면, 치료자는 "'완벽주의적인 태도' 대 '호기심과 도전의 태도'의 이익과 비용은 어떤 것인가?" 그리고 "다른 행동에 대한 호기심을 발전시킨 경험이 있습니까?"와 같은 질문을 할 수 있다. 만약 환자가 과거 성공 경험들을 바라볼 수 있다면, 그러한 경험들은 계속 유지하고, 더 열심히 노력하고, 도전감을 개발시킨 것의 결과인가?

호기심의 경험이 사람을 행동하도록 동기화할 수 있는지에 대한 찬성과 반대 증거는 무엇인가? 환자들은 단순히 그들에게 즐겁고 흥미롭기 때문에 그들이 열심히 하는 행동을 확인하도록 요구받기도 한다. 환자들의 호기심은 과도한 자기 비판에 의해 감소될 수 있으므로, 그들은 그 과제를 단순한 의무 또는 요구로 바라보기도 한다. 예를 들어, "나는 역사에는 흥미가 없어요. 역사는 필수과목이라서 수강하고 있어요"라고 환자들은 반응한다. 치료자는 환자에게 어째서 다른 사람들이 역사에 관심을 가지고 있는지에 대해서 "그들로 하여금 무엇이 역사에 관심을 갖게 하는 걸까요?"라고 질문하여 자세히 살펴보도록 요구함으로써 환자의 호기심을 증진시킬 수 있다. 또한 환자에게 본질적으로 재미있었지만, 비판적인 평가를 받게 되어서 흥미를 잃은 행동에는 어떤 것이 있는지를 질문할 수 있다.

기타 기법에 대한 탐색

관련된 기법으로는 비용–이익 분석, 증거 조사하기, 이중기준기법, 하향화살표기법, 부정적인 여

내가 평가 측면에서 생각하는 행동 : 다가올 시험 잘 치르기

비판적인 사고	호기심과 도전의 사고
내가 답하지 못한 문제들이 있을 것이다. 다른 사람들은 좀 더 준비를 잘했을 것이다. 나는 잘하지 못할 것이다. 일찍 준비하지 못한 나는 어리석다. 나의 정신은 멍해질 것이다.	나는 실제로 이 주제에 관심이 있다. 심리학은 나의 전공이고, 그래서 공부를 통해서 내가 재미있어 하는 것들을 배울 것이다. 만약 내가 심리학자가 되기를 원한다면, 이러한 것들은 언젠가 나에게 유용할 것이다. 나는 성장할 수 있고 새로운 것을 학습하기를 도전할 수 있다. 새로운 것을 학습하는 것은 재미있다.

호기심과 도전에 대한 사고가 가지는 이익은 무엇인가?

호기심은 긍정적인 느낌이고 새로운 것들은 흥미롭고 흥분되므로 나는 훨씬 더 기분이 나아졌다. 내가 흥미를 느끼는 것을 배울 때 훨씬 더 좋으며, 나를 덜 비판한다. 호기심은 나에게 동기를 부여할 수 있다.

그림 4.8 일을 놀이로 전환하기 : 비판과 실망을 호기심으로 변화시키기

과 조사하기, 역할 연기가 있다.

양식

양식 4.11(일을 놀이로 전환하기 : 비판과 실망을 호기심으로 변화시키기)

기법 : 새로운 적응적인 규칙과 기준, 가정 개발하기

설명하기

우리는 효과적인 대안적 신념을 발견할 수 없다면, 어떤 신념을 쉽게 포기하고 싶어 하지 않는다. 부적응적인 기준, 가치 또는 가정에 도전하고 거부하면서 치료자는 환자가 새로운 좀 더 융통성 있고 현실적인 것들을 개발하도록 환자를 도울 수 있다. 이러한 새로운 진술들은 매우 엄격한 규칙보다는 선호로 표현된다. 예를 들면, 환자는 "나는 모든 것에서 완벽해야만 한다"는 진술을 "높은 기준을 가지고 있는 것이 좋지만, 내가 얼마나 수행하는지와 상관없이 내 스스로를 수용할 수 있는 것이 더 낫다" 또는 "나는 뛰어나고 싶지만, 그것이 항상 가능하지는 않다. 그래서 내가 성취한 것에서 만족감을 찾기로 했다"와 같은 좀 더 적응적인 기준으로 대치할 것이다. 부적응적인 기준은 보통 이분법적 사고와 관련되어 있다(예 : "나는 항상 성공해야만 한다"). 그리고 이러한 부적응적인 기준은 자기 비판 또는 타인의 판단이 수반된다(항상과 결코라는 말은 이러한 진술 유형을 판단하는 데 간단한 단서가 된다). 새로운 규칙, 기준, 가치, 가정은 판단, 거절, 포기보다는 유연하고, 구별되고, 활동 지향적이며, 학습, 성장, 수용을 강조하는 것일 수 있다(예 : "내가 장애물과 마주쳤을 때, 나는 그것을 극복하기 위해서 생산적인 행동에 참여할 수 있다"). 이러한 새로운 신념들은 그것의 비용과 이익, 유용함의 지지 증거, 다른 사람들에 대한 적용 가능성(예 : "만약 [과거의 경직된 가정과는 반대인 이 규칙을 타인에게 적용한다면 당신은 어떻게 느낄 것인가?")의 관점에서 조사될 수 있다.

토론 안건

"우리는 오랜 시간 동안 '나는 항상 성공해야만 한다. 또는 나는 다른 사람의 인정을 받아야만 한다'와 같이 우리가 따라갈 수 없는 규칙들을 만들고 가정을 유지했습니다. 우리는 이러한 엄격한 가정들이 당신의 생활을 얼마나 어렵게 만드는지를 조사했습니다. 지금 좀 더 현실적이고, 융통성 있으며, 더 성장 지향적인 새로운 가정과 규칙을 개발해봅시다. 예를 들면, '나는 항상 매우 잘해야만 한다'는 규칙을 가지고, 그것을 새로운 기준 또는 가치로 대치시켜봅시다. 즉 '나는 잘하고 싶지만 나의 실수로부터 학습할 수 있고, 비현실적인 잣대로 나 스스로를 재기보다는 내가 수행한 것을 좀 더 신뢰할 수 있다.'"

예

치료자 : 당신이 좋은 학점을 얻지 못했기 때문에 역사 시험을 본 후에 정말로 속상했군요. 당신의 규칙은 "나는 항상 높은 점수를 얻어야만 한다"였어요. 당신의 호기심, 성장과 수용 능력을 증진시킴으로써 당신에게 힘을 줄 수 있는 새로운 규칙을 만들어봅시다.

환자 : 저는 실수로부터 학습할 수 있다고 생각해요. 저는 제가 잘할 수 있는 부분을 신뢰할 수 있어요.

치료자 : 좋아요. 당신의 실수로부터 학습하는 것의 비용과 이익은 어떻게 되나요?

환자 : 비용은 내가 부정적 의미로 안분지족하게 되는 것이에요. 게을러질 것이고, 높은 점수를 받으려고 노력하지 않을지도 모릅니다. 이익은 어떤 일이 잘되지 않았을 때조차 계속 동기화되어 있을 것입니다. 나는 자기 비판적으로 되지는 않을 겁니다.

치료자 : 지금 당신의 말이 어떻게 들리죠?

환자 : 제 실수로부터 학습할 것이 충분히 많으며 도전할 수 있다는 것처럼 들려요.

치료자 : 이 새로운 규칙의 형성으로 인해 수반되는 구체적인 행동은 어떤 것이죠? 다음 주에 새로운 가치나 기준을 당신이 일하는 데 적용하기 위해서 당신이 할 수 있는 것은 무엇이죠?

환자 : 저는 제가 잘했던 것이 무엇이고, 제가 지속적으로 잘하기를 바라는 것이 무엇인지를 알 수 있어요. 그리고 공부 계획을 짤 수 있어요. 날짜와 이름 암기를 도전하는 것으로 역사 공부를 시작할 수도 있어요.

치료자 : 그래서 당신은 완벽을 요구하기보다는 발전을 할 수 있을 겁니다.

환자 : 맞아요.

모든 사람에게 인정을 얻는 데 중점을 두는 다른 환자와 작업할 때, 치료자는 새로운 가정의 비용과 이익을 따져보도록 요청하였다. 그는 다음과 같은 목록을 작성하였다.

새로운 가정 : "나는 다른 사람이 나에 대해서 어떻게 생각하는지와 관계 없이 가치 있는 사람이다."

비용 : 자만해지기와 다른 사람으로부터 소원해지기

이익 : 자신감, 위험을 무릅쓸 수 있음, 소심해지지 않음, 타인에게 의존하지 않음, 좀 더 주장적으로 됨

비용 : 5%, 이익 : 95%, 비용−이익=−90%

결론 : 이 가정은 나 자신을 좋아하기 위해서는 다른 사람들이 나를 좋아하도록 만들어야 한다는 가정보다 낫다.

가정을 평가할 때 발생하는 또 다른 사항은 환자에게 다음에 제시되는 것을 고려하도록 요청하는 것이다. 즉 "당신의 반응 방식에 사로잡혀 있기보다, 당신이 생각하기에 매우 적응적인 누군가를 확인해보세요. 만약 그(녀)에게 이 사건이 발생했을 경우, 그(녀)는 어떻게 생각하고 행동할까요? 다른 사람들이 적응적인 생각을 하는 데 역할 모델로서의 역할을 할 수 있다. 예를 들어, 한 미혼 남성이 만약 그가 어떤 여성에게 데이트를 청했을 때 거절당할까 봐 걱정을 하고 있었다. 치료자는 그에게 그 여성에게 당당하게 대할 수 있는 사람이 누구인지를 확인해보고, 그 친구가 데이트를 신청하는 상황에서 어떻게 생각할지를 고려해보도록 요구하였다. 그는 "일단 데이트 기회를 잡고 그러고 나서 안전하게 그것을 즐기는 것이 낫다"는 그의 친구의 적응적인 가정을 확인할 수 있었다.

마침내, 환자들이 적응적인 융통성을 개발하는 것의 이점을 고려할 수 있다: "당신의 기준과 행동에서 융통성을 가지는 것의 이익을 조사해보세요. 당신이 스스로 실수나 실패를 허용한다면 어떤 일이 발생할까요?"

일어날 수 있는 문제

환자에게 부적응적인 규칙과 가정을 확인하는 방법을 알려준다. 그러고 나서 좀 더 합리적인 대안책을 제시한다(양식 4.12 참조). 새로운 규칙 형성을 위한 안내 지침은 다음과 같다: "새로운 규칙과 가정은 좀 더 적응적이고, 융통성이 있으며, 공정하고, 현실적이고, 긍정적이어야 한다. 그것은 공정함, 성장, 수용 그리고 긍정적인 목표에 초점을 맞추어야 한다. 그리고 당신이 사랑하고 돌보는 사람들에게 사용하는 규칙의 종류여야 한다" 나아가 환자들은 새로운 규칙 또는 가정을 평가하고 그것에 수반되는 행동을 제안하도록 요청받는다. 환자들이 이 양식을 완성한 예는 그림 4.9를 참조하라.

완벽주의에 대한 어떤 도전에서와 마찬가지로 환자들은 좀 더 합리적인 규칙들이 너무 관대해서 그들이 게으르고 느슨하게 되고 무책임하게 될지도 모른다고 믿을 수 있다. 이러한 완벽주의적인 생각은 위에 제시된 바와 같이 찬성과 반대에 대한 증거를 찾음으로써, 이중기준을 사용함으로써 또는 새로운 규칙과 함께 하는 실험을 수행함으로써 도전할 수 있다.

기타 기법에 대한 탐색

관련된 기법으로는 비용-이익 분석, 하향화살표기법, 지지와 반대 증거 평가하기, 이중기준, 행동 실험이 있다.

양식

양식 4.12(낡은 규칙/가정을 새로운 규칙/가정으로 변화시키기)

기준	낡은 가정	평정 기준	새로운 적응적 가정	평정 기준
융통성 있는	나는 모든 것을 책에 근거해서 해야만 하고 모든 시간 동안 완벽하게 집중해야만 한다.	전혀 산만해지지 않음-0 항상 매우 잘함-2 실수를 참을 수 없음-1	나는 내가 숨 쉴 여지를 주어야만 하고 내가 모든 것을 알 수는 없다는 것을 받아들인다.	초점을 맞추려고 하지만 산만하게 되는 것이 인간임을 깨달음-8 나의 산만함을 알아채지만 다시 내 과제로 돌아감-7
공정한	세상은 공평하고 사람들은 내가 하는 일이 얼마나 좋은지를 인정해야만 한다.	내가 하는 모든 일에 대해서 사람들이 칭찬을 함-5 모든 사람이 나에게 공평하고 친절하고 합리적임-5	사람들도 나도 항상 공평하지는 않다. 사람들이 반응하는 방식에서 변화가 있을 수 있다는 것을 받아들이는 편이 훨씬 낫다. 세상은 내가 공정하게 취급받을 수 있도록 맞추어져 있지 않다.	불공정함을 받아들임-8 사람들이 항상 내가 하는 일을 알지는 못함-7 내 삶에서 사람들을 다루는 전략들을 학습함-6

좀 더 적응적인 규칙/가정을 평가하고 그에 따라 행동하기

새로운 규칙 또는 가정 : 인간 본질의 한 부분으로서 불공정함을 수용하기

비용	이익	할 일
내가 싫어하는 것을 참아야만 할 것이다. "저를 나쁘게 대우해도 괜찮아요"라고 말하는 것과 같다.	이것은 좀 더 합리적이고 현실적이다. 나는 분개하지 않을 것이다. 나는 일들을 개인적으로 받아들이지 않을 것이다.	눈에 띄지도 않고 보상도 없다는 사실을 받아들이면서 가능한 최선을 다한다. 일들을 개인적으로 받아들이지 않는다. 나는 우주의 중심이 아니다.

새로운 가정을 내가 믿을 경우 나는 어떤 일을 좀 더 하게 될까?

나는 나의 동료들과 사이좋게 지낼 것이다. 나는 사람들의 피드백에 덜 저항적일 것이다.

새로운 가정을 내가 믿을 경우 나는 어떤 일을 좀 덜 하게 될까?

논쟁을 덜 할 것이고, 불공정성에 머무를 가능성이 적을 것이다.

그림 4.9 낡은 규칙/가정을 새로운 규칙/가정으로 변화시키기

기법 : 권리 선언

설명하기

환자들은 특히 천부인권, 자유, 행복 추구 등에 해당되는 부분에 초점을 맞추면서 독립 선언문을 읽도록 요구받을 수 있다. 모든 새로운 가정과 낡은 가정들은 이러한 기본권에 대해서 평가될 수

있다. 좋은 규칙은 인간 존엄성을 향상시키는 것이라는 가정으로부터 우리의 권리가 나온다고 생각한다. 인간의 존엄성은 인간 존중, 연민 및 돌봄을 반영하는, 그리고 열악한 환경에 있는 사람들을 돌볼 책임을 인식하는 특성들로 정의된다. 인간의 존엄성은 사랑하는 사람을 향한 연민과 존경을 가리키는 규칙이나 행동의 관점으로 조작적 정의를 내릴 수 있다.

그러고 나서 치료자는 다음과 같이 설명할 것이다: "사람으로서 당신의 권리 목록을 만들고 그것을 어떻게 실행할 수 있는지를 고려해보세요. 새롭고 보다 적응적인 규칙과 가정은 인간의 인권에 대한 포괄적인 인식에서 도출될 수 있습니다. 이러한 권리에는 다음이 포함될 수 있습니다: 우울증, 불안 및 분노에서 자유로울 권리, 자신을 수용할 권리, 성장, 용기 및 도전을 경험할 권리, 실수로부터 배울 권리, 어떤 사람들은 당신을 좋아하지 않을 것이라는 사실을 받아들일 권리"

토론 안건

"인간으로서 당신은 어떤 권리를 가지고 있다는 것을 동의할 것입니다. 독립 선언문에는 삶의 권리, 자유 그리고 행복 추구권이 포함되어 있습니다. 당신만의 새로운 권리장전을 떠올려 봅시다. 이러한 권리를 당신뿐만 아니라 올해 새로 태어난 모든 아이에게 적용된다고 상상해봅시다. 이러한 것들이 인간의 권리입니다."

예

치료자 : 당신은 남편이 보통 술을 마시면 당신을 비난하고 당신에게 멍청하다고 말해왔기 때문에 마음이 상했죠. 그것에 대해 당신은 어떻게 느끼나요?

환자 : 덫에 걸려든 느낌이고요, 마치 폭발할 준비가 된 상태 같아요.

치료자 : 우리가 당신의 개인적인 권리 선언을 떠올린다면 어떨까요? 이 권리는 당신뿐만 아니라 올해 모든 신생아에게 적용된다고 상상해봅시다. 이것이 인간의 권리가 될 수 있어요. 당신이 자신에게 주는 권리에는 어떤 것이 있죠?

환자 : 맞지 않고, 비난받지 않고, 알코올 중독자와 함께 살지 않아도 되는 권리로 시작하고 싶어요. 전 행복할 권리가 있어요.

치료자 : 그리고 그것이 정말로 정말로 나쁘고, 당신이 그것을 더 이상 견딜 수 없다면 어떻게 해야 할까요?

환자 : 떠날 권리.

치료자 : 당신은 두 살짜리 조카가 있죠. 당신은 조카가 이러한 권리를 가지길 원하시나요?

환자 : 물론 절대적으로 원하죠.

일어날 수 있는 문제

환자들은 스트레스를 일으키는 문제, 규칙, 그리고 가정들에는 어떤 것이 있는지를 탐색하고 그러고 나서 그들의 기본권 목록을 고려할 수 있다. 환자가 그들이 각자의 권리를 확인하는 데 있어서(양식 4.13 참조) "나는 _____에 대한 권리를 가지고 있다"라는 문장을 사용하는 것이 유용하다. 인간의 존엄성으로 확장되고 그들이 사랑하고 존경하는 누군가에게 적용할 수 있는 권리라는 점이 강조되어야 한다. 예를 들어, "당신은 당신이 사랑한 누군가에게 비난, 배제, 박탈과 증오보다는 연민, 수용, 관용과 친절함으로 대하기를 원할 것입니다." 그림 4.10에서는 환자가 양식 4.13을 완성하는 방법의 예시를 제공한다.

높고, 지나친 요구를 하는 기준 또는 자기 희생적인 도식을 가진 사람들은 그들이 도덕적으로 되기 위해서는 고통을 견뎌야만 한다고 믿는다. 이러한 지나치게 요구적이고, 자기 희생적인 규칙을 가진 세상에서 신생아가 살아가는 의미를 탐색해봄으로써 그들이 적용할지도 모르는 이중 기준에 주의를 기울이는 것은 유용하다. 환자들은 그들의 권리를 요구하지도, 주장하지도 않았기 때문에 일어난 결과를 조사할 수 있다.

기타 기법에 대한 탐색

관련된 기법으로는 이중기준기법, 인간 권리에 대한 그들의 생각에 대해서 다른 사람에게 물어보기, 비용-이익 분석, 하향화살표기법, 합리적인 역할 연기가 있다.

양식

양식 4.13(나의 새로운 권리 선언)

나는 _____에 대한 권리를 가진다.	그러므로 나는 _____할 수 있다.
인간에 대한 권리 실수하는 것에 대한 권리	나는 완벽하지 않고 만족을 느끼는 일을 할 수 있다. 나는 진전을 이룬 것에 대해 나 자신을 칭찬할 수 있다. 나는 자기 비난으로부터 자유로워질 수 있다.
새로운 권리 선언을 가지면 어떻게 더 나아질까?	
자기 비난을 덜함, 걱정을 더 적게 함, 더 적은 불만족, 낮은 스트레스	
만약 아들이나 딸이 있을 경우, 그 자녀들을 위해서 당신은 어떤 권리 선언을 가지고 싶은가?	
나는 내 딸이 스트레스를 덜 받고 완벽할 필요가 없는 그냥 인간으로서 자신을 수용하기를 바랍니다. 나는 그녀가 자신이 하는 성취와 관계없이 사랑을 느낄 수 있기를 원합니다.	

그림 4.10 나의 새로운 권리 선언

양식 4.1
당신의 가정, 규칙, 기준 모니터하기

당신의 전형적인 가정, 규칙, 기준을 조사하는 데 다음의 양식지가 유용합니다. 당신의 다음 몇 주 동안 당신의 부정적인 생각들을 따라가 보았을 때, '당위' 진술, 만약 – 그렇다면 진술, '의무' 또는 규칙을 확인할 수 있는지 알아보고, 다음에 제시하는 양식에 그것들을 적어넣으세요. 어떤 것이 당신의 내재된 '당위' 진술인가요? "만약 그 일이 발생한다면 다른 어떤 것이 사실임에 틀림이 없다"와 같은 내재된 가정을 가지고 있습니까? 페이지 하단에, 당신은 이러한 가정들로 인해서 생길 수 있는 모든 문제를 목록화할 수 있습니다.

전형적인 가정의 예	믿음 정도의 표시(0~100%)
나는 내가 하는 모든 일에서 완벽해야만 한다.	55%
내가 어떤 것에 실패한다면, 나는 실패자다.	75%
실패는 견딜 수 없다.	90%
나 자신을 좋아하려면, 모든 사람들로부터 인정을 받아야 한다.	40%
나의 전형적인 가정, 규칙 기준	**믿음 정도의 표시(0~100%)**
내 가정의 문제점	

양식 4.2
'당위' 진술을 조사하고 도전하기

당신의 전형적인 '당위' 진술 － "나는 수행을 더 잘해야만 한다" 또는 "나는 완벽해야만 한다" 또는 "나는 아름다워야만 한다" 등과 같은 진술 중 하나에 대해 생각해보세요. 다음 양식의 각 질문에 대답하세요. 당신이 '당위' 진술을 선호 진술로, 예를 들면 "나는 더 잘해야만 한다"라기보다 "잘했으면 좋겠다"와 같이 어떻게 바꿀 수 있는지 생각해보세요.

'당위' 진술 :	
신념의 정도(0~100%)	
정서(그리고 정도 0~100%)	
비용과 이익 :	비용 :
	이익 :
누가 이러한 규칙을 만들었는가?	
당신은 이 규칙을 모든 사람에게 적용하는가? 왜 아닌가?	
'당위'보다는 선호로 이 규칙을 재진술하라.	
좀 더 합리적인 기대는 어떤 것인가?	
신념과 정서를 재평정하라.	신념 :
	정서 :

양식 4.3
조건적 신념 확인하기

관심 영역	당신은 이 영역에 얼마나 관심이 있는가?(0~100%)	대처 방법
예 : 나는 똑똑한가?(지능)	95%	유능해지려면 나는 어느 누구보다 더 잘할 필요가 있다. 또는 만약 내가 정말로 도전적인 과제를 피한다면, 나는 실패할 것이다.
지능		
매력		
타인과의 친밀성		
자신 또는 타인에 대한 믿음		
자신 또는 타인의 나태함		
타인의 거절		
타인에 의해서 통제되는 것		
자존심 상하는 것		
어떤 것을 확실히 아는 것		
흥미로운 것		
혼자되는 것		
기타 :		

조건적 신념 또는 대처 신념의 예 :

유능해지려면, 나는 어느 누구보다 더 잘할 필요가 있다.

매력적이기 위해서, 나의 외모가 완벽해져야만 한다.

나는 나의 모든 정서를 통제할 필요가 있다. 그렇지 않으면 완벽하게 나를 통제하지 못할 것이다.

만약 내가 더 조심한다면, 나는 거절을 피할 수 있다.

만약 내가 다른 사람에게 양보한다면, 그들은 나를 좋아할 것이다.

양식 4.4
두 번째 수준의 가정 평가하기

때때로 우리는 어떤 신념이나 가정을 가지고 있고 그다음 따라야 하는 또 다른 가정을 가지고 있습니다. 예를 들어, 어떤 사람은 "나는 실수를 해서는 안 돼"라고 생각하고 "그리고 내가 실수한다면, 나 자신을 비난해야만 해"라는 가정에 수반하는 또 다른 가정을 가지고 있습니다. 또는 "어떤 나쁜 일이 일어날 수 있다면, 그때 나는 미리 그것에 대해서 걱정해야만한다" 그리고 "나는 그것에 대해서 계속 생각해야만 하고 방심해서는 안 된다"라는 가정에 뒤따르는 또 다른 가정을 가지고 있습니다. 다음 아래의 양식을 사용하여 당신의 가정이나 규칙에 수반하는 또 다른 가정이나 규칙이 있는지를 확인해 보세요.

이것이 일어난다면	나는 _____ 해야만 한다고 생각한다.	그리고 그것이 사실이라면, 나는 _____ 해야만 한다.

양식 4.5

가치 명료화

현재 당신을 괴롭히는 것처럼 보이는 가치(예 : 재정적으로 성공하는 것)에 대해서 생각해보세요. 왼쪽 열에 제시된 가치와 당신을 괴롭히고 있는 가치를 대조해보세요. 가운데 열에는 이 가치들 모두를 1~17까지 가장 중요한 순서대로 순위를 매기되, 가장 중요한 것이 1이 되게 하세요. 각 가치에 대해 다른 숫자를 사용하여 순위를 매기세요. 오른쪽 열에는 당신이 이러한 다른 가치들을 추구할 수 있는 방법의 목록을 만드세요.

현재 내가 중요하게 여기는 가치는 _____

가치	순위(1~17)	어떻게 하면 이 가치를 추구할 수 있는가?
사랑		
용서		
가족/친밀한 관계		
직업에서의 성공		
우정		
재정적인 성공		
자기 존중감		
개인적인 성장		
신체적인 아름다움 또는 매력		
신체적인 건강		
타인의 인정		
친절함		
즐거움		
학습		
종교		
문화적인 노력		
개인적인 자유		
기타 :		

양식 4.6

완벽주의 척도

다음의 선택 기준을 사용하여 당신이 각 진술에 얼마나 동의하는지를 평가하시오.

1	2	3	4	5
매우 동의하지 않는다	다소 동의하지 않는다	동의하지도 반대하지도 않는다	다소 동의한다	매우 동의한다

1. 내가 만족하기 위해서는 내 일이 완벽해야 한다. _____

2. 나는 다른 사람의 의견에 지나치게 민감하다. _____

3. 보통 나는 사람들이 자신의 업무가 내 기준에 미치지 못할 때 알려준다. _____

4. 나는 잘 조직되어 있다. _____

5. 나는 결정을 내리기 전에 나의 선택을 신중하게 생각한다. _____

6. 내가 실수할 경우, 사람들은 나를 얕볼 것이다. _____

7. 나는 부모님으로부터 최고가 되라는 압박을 항상 느껴왔다. _____

8. 만약 내가 완벽하게 어떤 일을 수행하지 못하면, 나는 그것을 극복하기 위해서 힘든 시간을 보낸다. _____

9. 내 모든 에너지는 흠잡을 데 없는 결과를 성취하는 데 쏟아진다. _____

10. 나는 내 일을 다른 사람들과 비교하고 종종 부적절하다고 느낀다. _____

11. 나는 다른 사람들이 나와 같은 기준을 유지하지 않으면 화가 난다. _____

12. 나는 사물들이 그들 자신의 자리에 놓여져야 한다고 생각한다. _____

13. 나는 내 결정의 많은 부분을 계획하고 있는 것을 인식한다. _____

14. 나는 실수로 인해서 특히 당황한다. _____

15. 나의 부모는 나에게 높은 기대를 유지하고 있다. _____

16. 나는 내가 한 일이나 해야 할 일에 대해 걱정하는 데 많은 시간을 보낸다. _____

17. 나는 일을 끝마치지 않는 것을 견딜 수 없다. _____

18. 나는 다른 사람들이 내 일에 어떻게 반응하는지에 민감하다. _____

19. 나는 형편없이 일을 해놓고 하는 변명을 잘 참지 못한다. _____

20. 나는 질서 정연한 사람이라고 나를 설명할 수 있다. _____

21. 내 결정의 대부분은 내가 그것들에 대해 생각할 시간을 가진 후에 내려진다. _____

22. 나는 실수하는 것에 대해 과잉으로 반응한다. _____

23. 내 부모를 기쁘게 하는 것은 어렵다. _____

24. 내가 실수를 하면, 그날 하루를 망친다. _____

25. 나는 내가 하는 모든 과제에서 최고가 되어야만 한다. _____

(계속)

완벽주의 척도(2/4)

26. 나는 다른 사람이 내 행동을 찬성하는지 아닌지 걱정된다. _____

27. 나는 종종 다른 사람을 비판한다. _____

28. 나는 항상 체계적이고 정리된 상태를 좋아한다. _____

29. 나는 보통 내가 무엇을 원하는지 알기 전에 충분히 생각할 필요가 있다. _____

30. 누군가 내가 했던 실수를 지적한다면, 나는 어떤 면에서 그 사람이 나를 존중하지 않을 것 같은 느낌이 든다. _____

31. 나의 부모는 성취에 대한 높은 기대를 가지고 있다. _____

32. 내가 바보 같은 일을 말하거나 하면, 나는 하루 종일 그것에 대해 생각하는 경향이 있다. _____

33. 나는 높은 기준을 철저하게 달성하려고 노력한다. _____

34. 나는 종종 어떤 말도 하지 않는데, 왜냐면 내가 틀린 것을 말할까 봐 두렵기 때문이다. _____

35. 나는 게으르거나 엉성하게 일하는 다른 사람들 때문에 종종 화가 난다. _____

36. 나는 자주 집을 청소한다. _____

37. 나는 실행으로 옮기기 전에 계획을 생각할 시간이 필요하다. _____

38. 내가 한 기지 일을 망치면 사람들은 내가 하는 모든 일에 대해 의문을 품기 시작할 것이다. _____

39. 자라면서, 나는 모든 것을 올바르게 해야 한다는 압박감을 많이 느꼈다. _____

40. 내가 실수하면, 나는 대체로 그것에 대해 생각하는 것을 멈출 수 없다. _____

41. 나는 내가 할 수 있는 모든 것에서 탁월함을 성취해야만 한다. _____

42. 나는 다른 사람들이 나에 대해 어떻게 생각하는지에 대해서 의식한다. _____

43. 나는 남의 부주의한 실수에 대해 관대하지 않다. _____

44. 나는 물건을 다 사용하자마자 그것들을 언제나 두는 곳에 치워야 한다. _____

45. 나는 결심하기 전에 숙고하는 경향이 있다. _____

46. 나에게 실수는 실패와 같은 것이다. _____

47. 나의 부모님은 나에게 성공하라는 많은 압박을 가했다. _____

48. 나는 종종 내가 한 일들에 집착한다. _____

49. 나는 종종 사람들이 내가 말한 것을 잘못된 방식으로 받아들일까 봐 걱정된다. _____

50. 나는 종종 다른 사람의 실수에 대해 좌절한다. _____

51. 내 옷장은 깔끔하고 정돈되어 있다. _____

52. 나는 대개 바로 즉석에서 결정을 내리지 않는다. _____

53. 실수하는 것은 어리석음의 표시이다. _____

54. 나는 항상 나의 부모님이 내가 완벽하기를 원한다고 느꼈다. _____

55. 프로젝트를 제출하고 나서도, 어떻게 하면 그것이 더 나을 수 있었는가에 대해서 생각하는 것을 멈출 수 없다. _____

56. 내 작업 공간은 보통 체계적으로 되어 있다. _____

57. 내가 심각한 실수를 하면, 나는 내가 인간 이하인 것처럼 느낀다. _____

58. 나의 부모님은 오직 나의 최선만을 기대하셨다. _____

59. 나는 나에 대한 다른 사람들의 의견에 대해 걱정하면서 많은 시간을 보냈다. _____

(계속)

완벽주의 척도(3/4)

1. 실수에 대한 관여(8문항) :　　　6　14　22　30　38　46　53　57
2. 타인에 대한 높은 기준(7문항) :　　3　11　19　27　35　43　50
3. 승인에 대한 필요(8문항) :　　　2　10　18　26　34　42　49　59
4. 조직화(8문항) :　　　　　　　4　12　20　28　36　44　51　56
5. 지각된 부모 압력(8문항) :　　　7　15　23　31　39　47　54　58
6. 계획 능력(7문항) :　　　　　　5　13　21　29　37　45　52
7. 반추(7문항) :　　　　　　　8　16　24　32　40　48　55
8. 탁월함을 위한 노력(6문항) :　　1　9　17　25　33　41

9. 양심적 완벽주의 척도 : 타인에 대한 높은 기준, 조직화, 계획 능력, 탁월함을 위한 노력
10. 자기 평가적 완벽주의 척도 : 실수에 대한 관여, 승인에 대한 필요, 지각된 부모 압력, 반추
11. 완벽주의 총합 : 1~8의 척도의 총합

해석 : 규준 데이터는 www1.appstate.edu/~hillrw/Perfection.Inventory.JPA.pdf에 기술되어 있다. 일반적으로 평균 +1표준편차 점수는 높은 점수를 말하며, 평균 −1표준편차는 좀 더 낮은 점수를 반영한다. 완벽주의 척도 평균은 대학생 366명의 자료에 근거했다.

척도	문항	평균	표준편차
실수에 대한 관여	8	2.46	.75
타인에 대한 높은 기준	7	2.83	.78
승인에 대한 필요	8	3.22	.77
조직화	8	3.50	.86
지각된 부모 압력	8	3.17	.89
계획 능력	7	3.40	.76
반추	7	2.83	.82
탁월함을 위한 노력	6	3.10	.80
양심적 완벽주의		12.83	2.41
자기 평가적 완벽주의		11.68	2.61
완벽주의 총합	59	24.51	4.40

(계속)

완벽주의 척도(4/4)

완벽주의 척도, 구인 정의, 문항의 예

완벽주의 지표 척도	구인 정의	문항의 예
실수에 대한 관여	실수에 대한 걱정이나 근심을 느끼는 경향	"나는 실수로 인해서 특히 당황한다."
타인에 대한 높은 기준	자신의 완벽주의 이상을 다른 사람에게도 유지하려는 경향	"나는 다른 사람들이 나와 같은 기준을 유지하지 않으면 화가 난다."
승인에 대한 필요	다른 사람에게서 검증을 구하고 비판에 민감해지는 경향	"나는 내 일을 다른 사람들과 비교하고 종종 부적절하다고 느낀다."
조직화	정돈되고 질서 정연하게 해야 하는 경향	"나는 항상 체계적이고 정리된 상태를 좋아한다."
지각된 부모 압력	부모의 승인을 받기 위해 완벽하게 수행해야 할 필요성을 느끼는 경향	"나의 부모는 나에게 높은 기대를 유지하고 있다."
계획 능력	사전에 계획하고 의사결정을 숙고하는 경향	"나는 결심하기 전에 숙고하는 경향이 있다."
반추	과거의 실수나 완벽하지 않은 성과 또는 미래의 실수에 대해 걱정하는 경향	"나는 내가 한 일이나 해야 할 일에 대해 걱정하는 데 많은 시간을 보낸다."
탁월함을 위한 노력	완벽한 결과와 높은 기준을 추구하는 경향	"나는 높은 기준을 철저하게 달성하려고 노력한다."

양식 4.7A

진전과 완벽의 비용과 이익

우리는 우리들 자신과 다른 사람의 완벽주의를 요구하므로 때때로 우리의 생활을 어렵게 합니다. 당신이 완벽주의적으로 생각하는 것을 고려한 후에 진전을 받아들이는 것과 완벽을 요구하는 것의 비용과 이익을 비교해보세요.

내가 완벽을 요구하는 행동 : _____

	진전을 받아들이는 것	완벽을 요구하는 것
비용		
이익		
결론		

양식 4.7B
완벽을 시도하기보다는 진전 만들기

당신 스스로를 비난하는 삶의 일부 영역을 확인하세요. 예를 들면 학교나 직장에서의 수행 같은 것이 있습니다. 그러고 나서 그 영역에서 개선을 위해서 할 수 있는 행동들의 목록을 열거해보세요. 예를 들면, 좀 더 열심히 공부하는 것, 준비하는 것, 일을 좀 더 열심히 하는 것, 어떤 기술을 학습하는 것 등이 있습니다. 여러 영역의 자기 비판과 그 영역을 개선하기 위해 취할 수 있는 구체적인 행동들을 목록화하세요.

나는 스스로 무엇에 대해서 비판하는가?	나는 어떻게 진전을 만들 수 있는가?

완벽을 추구하는 것보다 진전이 어째서 더 좋은가?

양식 4.8
재발로부터 학습하기

당신 스스로를 비난하는 삶의 일부 영역을 확인하세요. 예를 들면 학교나 직장에서의 수행 같은 것이 있습니다. 그리고 나서 그 영역에서 개선을 위해서 할 수 있는 행동들의 목록을 열거해보세요. 예를 들면, 좀 더 열심히 공부하는 것, 준비하는 것, 일을 좀 더 열심히 하는 것, 어떤 기술을 학습하는 것 등이 있습니다. 여러 영역의 자기 비판과 그 영역을 개선하기 위해 취할 수 있는 구체적인 행동들을 목록화하세요.

내가 걱정하고 있는 행동은 : _____

이전에 효과가 있었던 것	나를 실수하게 만든 것	앞으로 좀 더 그 일을 잘하기 위해서 학습해야 하는 것

학습 경험으로 실수나 잘못을 사용하는 것의 장점은 무엇인가?

불리한 점은 어떤 것인가?

양식 4.9
사례 개념화 도표

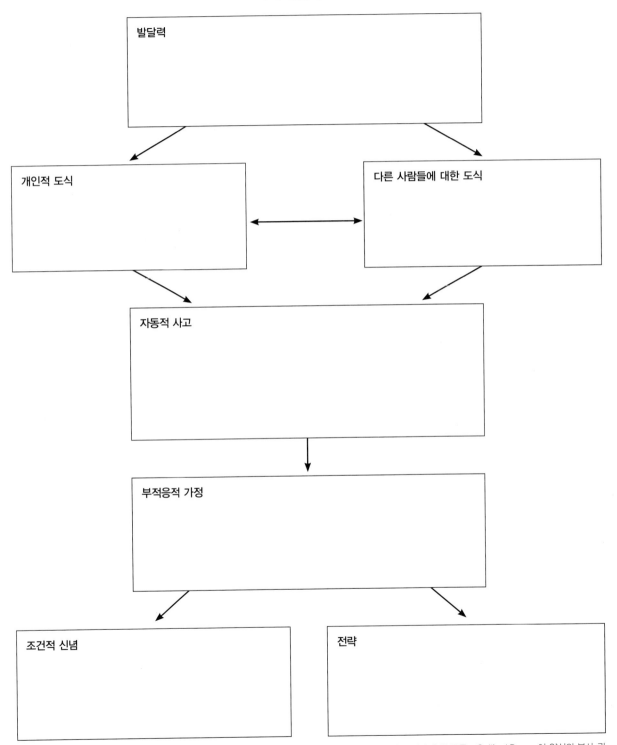

양식 4.10
완벽주의의 의미 조사하기

만약 어떤 것에서 완벽을 성취한다면, 우리는 어떤 유익한 일들이 수반될 것이라고 때때로 믿습니다. 우리는 존경받거나 사랑받거나, 만족감을 느끼고, 높은 자기 존중감을 얻으며 또는 안전감을 느낄 것이라고 믿습니다. 완벽을 성취하거나 요구 수준이 높은 기준이 당신에게 무엇을 의미하는지를 살펴보세요.

이 활동에서 내가 완벽을 성취한다면	다음과 같은 것이 사실일 것이다.
완벽을 추구하는 것이 당신이 원하는 결과로 이어질 가능성은 얼마나 되는가? 이 접근이 가진 문제점에 대해서 설명하라.	
당신은 실제로 얼마나 자주 완벽을 성취하였는가? 어째서 그것이 그렇게 어려운가?	

양식 4.11

일을 놀이로 전환하기 : 비판과 실망을 호기심으로 변화시키기

왼쪽 열에는 자신이나 다른 사람들에 대한 부정적인 판단과 비판의 몇 가지 예를 적으세요. 오른쪽 열에는, 왼쪽 열의 비판적 생각에 대한 호기심을 키울 수 있는 몇 가지 방법을 적으세요. 예를 들면, 판단적인 생각에는 "내 상사는 잔인하다. 그녀는 전혀 우호적인 것처럼 보이지 않는다" 등이 있습니다. 호기심을 반영하는 생각은 "그것이 어째서 나를 괴롭히는지 궁금하다" 그리고 "나는 그녀가 좀 더 우호적일 때가 있는지 궁금하다. 만약 그렇다면, 어째서 그럴까?" 등입니다.

내가 평가의 관점에서 생각하는 행동 : _____

비판적인 생각	호기심과 도전의 생각

호기심과 도전에 대해서 생각하는 것의 이익은 무엇인가?

양식 4.12
낡은 규칙/가정을 새로운 규칙/가정으로 변화시키기

우리 자신에 대해서 가지고 있는 규칙은 때때로 우리가 가지고 살기에는 경직되고, 불공정하고, 비현실적이며 어렵습니다. 아래의 양식으로, 당신의 규칙 중에 하나를 평가하는 기준(예 : 그 규칙은 융통성이 있는가?, 그 규칙은 공정한가?)을 살펴보세요. 지금 두 번째 열에 당신의 낡은 가정들을 열거하세요. 각 가정을 0~10점 기준으로 평가하세요. 10점이 가장 가능성이 높은 것입니다. 네 번째 열에는 당신의 새로운 가정을 적고, 낡은 가정에서 했듯이 0~10점으로 평가하세요. 당신이 마쳤을 때, 다음과 같은 물음에 대해서 생각해보세요. 당신이 좀 더 새로운 적응적인 가정을 가진다면 당신에게 어떤 변화가 있을까요?

기준	낡은 가정	평점 기준	새로운 적응적 가정	평점 기준
융통성 있는				
공정한				
현실적인				

(계속)

낡은 규칙/가정을 새로운 규칙/가정으로 변화시키기(2/3)

기준	낡은 가정	평점 기준	새로운 적응적 가정	평점 기준
긍정적				
성장 지향적인				
긍정적인 목표 달성을 도움				
자존감 향상				
모든 사람에게 적용할 수 있는 규칙				

(계속)

낡은 규칙/가정을 새로운 규칙/가정으로 변화시키기(3/3)

새로운 규칙 또는 가정 : _____

비용	이익	해야 할 행동

만약 내가 이 새로운 가정을 믿는다면 무엇을 할 가능성이 더 큰가?

만약 내가 이 새로운 가정을 믿는다면 무엇을 할 가능성이 더 적은가?

양식 4.13

나의 새로운 권리 선언

당신의 권리를 알고 연습하는 것은 중요합니다. 왼쪽 열에는, 당신이 가지고 있어야만 한다고 믿는 권리의 목록을 열거하세요. 오른쪽 열에는 당신이 이러한 권리를 추구할 수 있는 방법들을 열거하세요. 스스로를 위한 '실행 계획'에 대해서 생각하세요. 이는 당신의 권리와 욕구가 충족되도록 미래에 취할 수 있는 행동 계획을 말합니다.

내가 가지고 있는 권리는…	그러므로 내가 할 수 있는 것은…

이 새로운 권리 선언으로 어떻게 더 나아질까?

당신에게 아들이나 딸이 있다면, 당신은 그(녀)를 위해서 어떤 권리 선언을 원하는가? 그 이유는?

제5장

정보 처리 및 논리적 오류 탐색하기

인지이론에서는 우울과 불안이 정보 처리상의 편향과 왜곡에 의해 유지 혹은 악화된다고 제안하고 있다. 도식에 대한 정의와 수정을 제시한 제10장에서처럼 인지모델에서는 개인이 기존의 신념 체계와 일치하는 정보에 선택적으로 주의를 기울이고 이를 기억에서 인출한다고 제안한다. 이번 장에서는 부정적인 신념을 선택적으로 확신하게 되는 정보 처리상의 오류에 집중하고 개인으로 하여금 현재의 정보 범위를 넘어서 부정적인 결론에 이르게 하는 전형적인 논리적 오류들을 탐색해보고자 한다.

기법 : 확증편향

설명하기

도식적 처리의 특징은 우리가 우리 자신의 신념 혹은 도식과 일치되는 정보를 찾으려는 경향성에 있다. 기존의 신념과 일치되는 정보에 자동적으로 주의를 기울이고 집중하며 가치를 부여한다. 이는 의도적 혹은 의식적인 처리과정이 아니며, 오히려 매우 빠르고 자동적으로 일어나는 과정이자 기존의 신념 체계를 더욱 공고히 만들어주는 과정이기도 하다(Gotlib & Neubauer, 2000; Bargh & Morsella, 2008; Beck & Haigh, 2014). 확증편향은 주의뿐 아니라 정보에 집중하는 시간의 양, 기억, 인상 형성 시 어떤 정보에 강력하게 가중치를 부여하는지, 그리고 개인의 기질 혹은 일반적인 성격 특성을 형성하는 정보의 핵심 등에 영향을 미친다. 주의와 기억에서의 이러한 지속적 편향은 우리의 의식하에 자리한 채 정보 처리 과정의 배경으로서 기존 신념을 지속적으로 극대화시킨다. 인지심리학자들은 이런 특정 패턴을 '확증편향'이라고 부르고 있다. 이를 일상적인 언어로 표현하자면, 우리의 인지가 기존의 신념과 일치되는 정보만을 찾으려는 경향이라고 정의할 수 있다. 예를 들어, 만일 우리가 파란 눈동자의 사람들이 심술궂은 사람들이라고 믿는다면 그러한 신념을 확증하는 정보를 찾으려 할 것이며 그런 연후에야 찾는 것을 그만둘 것이다. 이런 탐색 과정에서 내가 가진 신념과 불일치하는 어떤 정보도 무시될 수 있다(Simon, 1983 참조).

토론 안건

"우울하거나 불안한 경우 종종 기존의 신념 체계는 부정적인 경우가 있습니다. 예를 들어, '나는 실패자야'라는 신념을 가지고 있다고 합시다. 당신은 이런 저변의 신념을 지니고 있기 때문에 이와 일치되는 정보에 더 잘 주의를 기울이거나 기억을 해내는 쪽으로 편향될 수 있습니다. 당신은 과거에 저질렀던 실수를 보다 쉽게 떠올릴 수 있고 혹은 결코 잘될 리 없어 보이는 일에 집중하거나 심지어 실패가 예견되는 일에 집착하고 있는 자신을 발견할 수 있습니다. 이토록 편향된 방식으로 집중하는 경향성을 '확증편향' 혹은 '부정적 편향'이라고 칭합니다. 때로 '내쪽 편향(my-side bias)'이라고 부르기도 하는데, '나의 관점'과 일치되는 정보에 자동적으로 주의를 기울이기 때문에 붙여진 이름입니다. 그러나 이는 개인이 의도적으로 혹은 기분이 나빠지기를 원해서 그런 식으로 주의를 기울인다는 의미가 아닙니다. 이는 자동적이며 즉각적인 사고 방식입니다. 이런 편향 여부는 우선적으로 현재 어떤 정보, 즉 부정적인 어떤 것에 집중하고 있는지를 검토하고 이러한 과정이 기존 신념을 강화시키는지 여부를 확인하면 알 수 있습니다. 확인 결과, 당신이 부정적인 정보에만 주의를 기울인다면, 당신은 부정적인 것만을 알아차릴 수 있다. 그러나 바로 그 시점에 부정적인 것 외에 다른 일들도 역시 일어나고 있습니다."

예

치료자 : 때로 사람들은 습관적으로 부정적인 방식에 따라 사물을 바라볼 뿐 아니라 과거의 부정적인 사건을 스스로 기억해내며 현재의 삶에서도 부정적인 일들에만 주의를 기울이기도 합니다. 일종의 생각하는 습관이죠. 당신이 사고하는 방식도 이렇게 설명할 수 있을까요?

내담자 : 예. 제 아내도 저에게 정말 많은 시간 부정적이라고 얘길 해요.

치료자 : 자, 그건 일종의 색안경과 같은 건데, 부정적인 필터를 통해서 세상을 바라보는 것이죠. 이때 색안경은 매우 어둡고 당신으로 하여금 과거 부정적인 사건을 곧바로 떠올리게 할 수도 있어요. 혹은 지금 현재의 부정적인 일들을 보게 할 수도 있죠. 실제로 이런 필터 때문에 미래 역시 부정적으로 예상하게 될 수 있습니다. 그런 일이 일어나는 것 같으세요?

내담자 : 어떤 때는 제게 아주 가혹한 부정적 올가미 같아요.

치료자 : 그래서 "나는 실패자야"라는 기존 신념이 떠오르게 되면, 당신의 필터는 부정적으로만 작동하게 되고, 결국 또 다시 부정적 신념이 확인될 뿐 아니라 더욱 강고해지게 되죠. 그렇죠?

내담자 : 예, 맞아요. 그런 일이 일어나는 것 같아요. 하지만 그게 사실인걸요. 전 지금 프로젝트를 잘

하지 못했어요. 아시다시피 전 그 일을 제대로 해내지 못했어요.

치료자 : 아니요. 지금 당신이 그 일을 해냈다는 게 아닙니다. 지금 이 기억들은 어떤 면에서는 매우 정확하지만, 다른 모든 것들을 제치고 오직 부정적인 것에만 우선 주의를 기울인다는 거예요. 그리고 이런 생각들은 당신이 실패자란 기존의 신념을 더욱 확고히 해줄 뿐입니다. 우리는 이런 경향성을 '확증편향'이라고 불러요. 왜냐하면 자신의 부정적인 신념을 확증할 수 있도록 선택적으로 주의를 기울이기 때문이죠. 의식적이거나 의도적인 것은 아닙니다. 자동적으로 일어나는 습관 혹은 편향이지요.

내담자 : 제 자신이 기분이 나빠지려고 일부러 그러는 게 아니라는 거죠? 그렇죠?

치료자 : 예, 아니에요. 사람들이 가지고 있는 생각하는 습관의 일종이에요. 그래서 이런 생각이 우리 마음에 지나갈 때 우리 스스로 알아차려야만 해요. 이를 알아차리게 되면, 그다음에 우리는 자신의 생각을 보다 정확하고 균형잡힌 형태로 만들어갈지의 여부를 볼 수 있죠.

내담자 : 선생님은 저에게 긍정적으로 생각하라고 하시지 않네요. 맞죠?

치료자 : 예, 맞아요. 전 사람들이 어떻게 생각하는지를 볼 수 있죠. 사람들이 한쪽 면만 바라보느라 다른 면을 보지 못하고 있다면 전, 그 다른 면도 볼 수 있도록 제안하죠. 당신이 부정적인 방식으로 생각하고 주의를 집중하는 습관이 있어서, 현실적인 방식으로 생각하지 못한다면 제안을 하기도 합니다. 단지 긍정적으로 생각하라고 제안하기보다는 보다 현실적이고 균형잡힌 방식으로 생각해보도록 제안하죠.

내담자 : 타당한 것 같아요. 제가 너무 부정적으로만 바라보긴 했어요.

과제

치료자는 내담자가 한 주 동안 슬프거나 불안하거나, 화가 나는 그 순간에 무슨 생각을 하는지 적어봄으로써 생각의 흐름을 따라가도록 제안할 수 있다. 내담자는 이러한 감정들이 부정적 사고의 끈과 관련이 있음을 검증해볼 수 있다. 그에 더해 치료자는 내담자에게 현재 혹은 과거의 자신에 대해 생각할 때 가장 먼저 떠오르는 생각이나 이미지를 묘사해보도록 제안할 수도 있다. 긍정적이거나 혹은 중립적인 생각보다 부정적인 생각을 떠올리기가 쉬운가? 내담자는 그런 사고의 편향이 갖는 장점과 단점에 대해 리스트를 작성할 수 있다. 양식 5.1은 부정적인 방식으로 확증편향된 사고 경향을 뒤쫓아가는 데 활용될 수 있다.

일어날 수 있는 문제

앞서 언급한 바와 같이, 일부 내담자들은 자신의 사고가 현실적이라고 주장하기도 한다. 왜냐하면 실제 (부정적) 사건들을 회상하기 때문이다. 아마도 내담자들은 시험에 실패했거나 누군가로부터 거절당한 경험을 떠올릴 수 있다. 치료자는 이렇게 제안할 수 있다. 즉, 이런 사건들이 물론 부정적인 것이지만 해당 사건과 관련된 것들 중 중립적이거나 심지어 긍정적인 것들이 배제된 채 오직 부정적인 것들에 집중해서 떠올려진 부정적인 경험일 수 있다는 점을 제안할 수 있다. 이런 점을 설명하기 위한 한 가지 방법으로 다른 사람들이 덜 부정적인 방식으로 그러한 사건이나 경험들을 바라보는지 혹은 다른 사람들이 긍정적인 점을 지적함으로써 내담자를 지지하려 할 때가 있는지를 내담자에게 질문해보는 것이다. 만일 사람들이 그렇게 한다면, 아마도 다른 사람들은 내담자를 힘들게 만드는 확증편향이나 부정적인 도식을 갖고 있지 않기 때문에 보다 균형 잡힌 방식으로 사건을 바라볼 수 있을 것이다.

기타 기법에 대한 탐색

다른 관련 기법들로는 자동적 사고를 범주화하기, 지지하는 혹은 반대되는 증거를 검증하기, 사고에 대한 역할극 하기, 긍정적 결과물에 대해 긍정적인 진술을 만들어내기, 다른 사람의 관점에서 지각된 부정적 사건/경험을 바라보기, 편향에 영향을 주는 기분을 변화시키고 새로운 기분을 유도해내기 등이 있다.

양식

양식 5.1(확증편향 점검하기)

기법 : 제한된 탐색

설명하기

우울하거나 불안할 때, 사람들은 부정적인 단서를 자동적으로 찾는 경향이 있다. 그래서 일단 부정적인 신념이 확인되면, 더 이상 추가적으로 정보를 찾지 않는다. 앞서 확증편향에서 언급된 바와 유사하게, 이런 제한된 탐색 습관은 원래의 부정적 신념을 반박할 수 있는 다른 증거를 발견할 가능성을 배제시킨다.

치료자는 다음과 같은 개념을 설명할 수 있다: "앞으로 우린 '제한된 탐색'이란 주제를 알아볼 겁니다. 이는 당신의 우울/불안 사고가 사실이라는 것을 증명하는 데만 초점이 맞춰진 채 인식을 제한하는 일련의 정보 처리 과정의 특성에 대한 것입니다. 예를 들어, '나는 실패자야'라는 부정적 생각을 가지고 있다고 생각해봅시다. 이런 생각을 확신하기 위해서 당신은 아마도 당신의 실패를 보여줄 수 있는 정보에만 초점을 맞출 겁니다. 일단 당신이 실패했다는 증거를 확보하게 되면, 그 외에 다른 어떤 정보도 더 찾으려 하지 않게 됩니다. 특히, 당신이 성공했다는 것을 지지해주는 정보들은 더 찾지 않지요. 결과적으로 당신은 스스로에게 이렇게 말합니다. '봐봐, 역시 내 인생은 실패야'. 마치 증명이라도 해낸 듯이, 추호의 의심도 없이 당신이 실패자라고 스스로에게 말합니다. 전에 언급했듯이 이는 '확증편향'입니다. 그런데 여기서 중요한 것은 부정적인 것만을 보는 것뿐 아니라, 당신의 신념이 잘못되거나 불균형적이라는 것을 알려줄 어떤 정보도 더 이상 찾지 않는다는 것 역시 중요합니다. 당신은 사용 가능한 모든 정보를 아예 보지 않는 것이죠.

"이런 선택적인 과정을 여러분 컴퓨터의 검색 과정에 비교해보죠. 검색창에 '실패'라는 단어를 입력하면 어떤 일이 벌어질까요? 아마도 '실패'라는 단어가 언급된 셀 수 없이 많은 사이트의 글들이 보일 겁니다. 이처럼 제한된 검색 도식을 설정하면, 내가 쓴 모든 글은 실패에 대한 것뿐이라고 결론 내릴 겁니다(실제로 지금 이 책의 한 장에서는 9,670개의 단어들이 사용되었고 이 중 '실패'라는 단어는 47번 언급되었다. 9,623개는 전혀 다른 단어들이다)."

"편향된 정보 처리 과정에서 파생된 우울하고 불안한 사고는 거의 항상 이런 제한된 검색을 특징으로 합니다. 당신이 불안할 때면 '내가 실수할 가능성도 있지 않을까?'라고 궁금해 할 수 있습니다. 실수를 하는 것은 언제나 늘 가능한 일이기에 대답은 '그래'입니다. 그리고 이 대답은 당신으로 하여금 더 이상의 정보 찾기를 중단하게 하고 그 자리에서 그만두게 합니다. 제한된 검색은 제한된 행동을 이끌어냅니다. 확증편향은 당신으로 하여금 부정적인 신념과 부합되는 정보에 주의를 기울이게 하며, 제한된 탐색은 당신의 신념에 반하는 정보 찾기를 그만두게 만듭니다. 당신은 우울하거나 불안하고 싶어 하지 않지만, 당신이 가진 자동적인 '법칙', 즉 일단 부정적인 것을 찾았으면 더 이상 다른 정보 찾기를 그만하고 중지하는 법칙을 갖고 있는 것입니다."

전문가들을 위해 다음과 같은 설명을 사용하곤 한다: "다음의 예를 잘 생각해보세요. 카이 제곱을 설명하기 위한 통계 초급 과정을 예로 들어보죠. 지적인 15명의 금발머리 사람들이 있다면, 금발은 지적이라는 결론을 내릴 것입니다. 그러나 다른 질문을 할 수 있습니다. '금발인데 지적이지 않은 사람은 없나? 검은 머리의 사람들은 지적이지 않은가? 다른 사람들은 어떻지?'와 같은 질문들입니다. 아래 표와 같은 예가 있다고 하죠.

	금발	흑발	대머리
지적	15	30	10
비지적	15	30	2

놀랍게도 위의 표를 통해 우리는 금발의 절반만이 지적이며, 흑발 역시 마찬가지라는 걸 알 수 있습니다. 흑발의 경우 금발에 비해 지적인 사람들이 두 배이긴 하지만, 이는 금발 집단의 사람 수보다 두 배가 더 많기 때문일 수 있습니다. 가장 흥미로운 점은 대머리인 사람들이 압도적으로 지적인 것으로 나타난 점입니다. 비록 전체 인원은 작더라도 말이죠."

"대부분의 사람들은 카이 제곱의 모든 가능성 혹은 표집 오류를 검증할 수 없습니다. 예를 들어, 만일 당신이 우울하다면 당신이 뭔가에 실패했던 사실만 강조할 것이며 당신이 실패자라 결론을 내릴 것입니다. 심지어 당신의 주장을 반증할 수 있는 아래 표와 같은 증거가 있는 경우에도 말이죠."

	나	타인
과제 실패	3	30
과제 성공	57	70
전체 과제	60	100

"표를 보면, 60개의 과제 중 3개에서만 실패를 경험했습니다(5%). 반면 다른 사람들은 100개의 과제 중 30개를 실패했습니다(30%). 그럼에도 정보 검색 과정에서 당신은 오직 세 번의 실패만 바라보며, 스스로를 실패자라고 결론짓습니다. 그러나 보다 완벽하고 정확한 검색은 일반인이 평균 30%의 실패율을 보였다는 것(당신의 실패율인 5%보다 월등히 높은)과 당신이 60번의 수행 과정에서 보인 실패율을 검토, 비교하는 것입니다. 모든 백조가 흰색이라는 신념을 가지고 있다고 생각해보죠. 그리고 호수에 나가 다섯 마리의 하얀 백조를 발견했습니다. 다섯 마리의 하얀 백조를 발견한 당신은 '이것 봐, 모든 백조는 하얀색이야'라고 빠르게 결론을 낼 것입니다. 그러나 이런 단일의 그리고 매우 제한된 경험은 당신이(당신의 신념이) 옳다는 증거가 되지 못합니다. 세상엔 검은 백조가 있을 것이며, 만일 당신이 계속 찾아 다닌다면 언젠가는 발견할 것입니다."

"아래의 예를 살펴보죠. 이를테면, 당신 내담자가 치료를 중단하겠다고 말하는 것을 들었다고 해봅시다. 첫 번째 드는 생각은 '내가 도움이 안 됐구나'입니다. 그런 생각이 들면 끔찍한 기분이 찾아옵니다. 하지만 당신이 지난 1년간 당신이 보았던 내담자들의 전체 사례들을 찬찬히 살펴보고, 이들 중 80%는 치료를 조기에 종료하지 않았다는 것을 발견한다면, 당신의 기분은 훨씬 좋아질 것입니다. 더불어, 다른 치료자들의 경우 단지 40%만이 조기 중단을 보이지 않았다는 사실을 알게 되면 그들을 딱하게 여길 순 있지만, 당신 기분은 역시 훨씬 좋아질 것입니다(물론 결과가 다르다면 당신에게 불리할 수도 있습니다)."

이런 제한된 탐색 습관을 정의하는 핵심 요소는 다음과 같다: (1) 일단 부정적 정보에 '꽂히면' 여타의 정보를 탐색하는 것을 중지한다, (2) 탐색 중지로 인해 모든 정보를 고려하고 가중치를 둘 기회가 감소된다, (3) 무심코 부정적인 신념을 강화한다, (4) 신념에 도전하고 반증해볼 기회를 갖지 못한다. 사실, 훌륭한 과학자는 가정이 **잘못**되었다는 것을 증명할 수 있는 기회를 찾는다. 즉, 그런 진술이 진실이 아니라는 것을 증명하기 위한 일련을 실험들을 진행하면서 반박하려는 시도를 한다(Popper, 1959).

토론 안건

"스스로 제한된 탐색을 하고 있는지를 알아보기 위해 자신에게 이런 질문을 해볼 수 있습니다. '내가 가진 부정적인 신념과 불일치하는 정보를 찾기 위해 어떻게 하고 있는가? 어떤 정보가 나의 부정적 관점과 불일치하는가? 추가적으로, 부정적인 것을 찾아내려는 제한된 탐색의 득과 실은 무엇인가?' 마지막으로, 부정적인 결과를 예측하고 있을 때, 이와는 반대로 예측할 수 있는 긍정적이거나 혹은 중립적인 결과는 무엇인가에 대한 질문을 해볼 수도 있습니다."

예

치료자 : 화학 시험을 잘 못 본 것 때문에 지금 이 순간 당신은 기분이 정말로 나쁘다고 했어요. 얼마나 못 본 건가요?

내담자 : 한 75점 정도요. 그 정도면 저에겐 실패예요. 그리고 다른 시험에서 이미 70점을 맞았어요.

치료자 : 그 점수가 당신에게 의미하는 바가 뭔가요?

내담자 : 내가 정말 바보라는 거죠.

치료자 : 지금까지 성적이 어느 정도였나요?

내담자 : 25개 과정에서 평균 A⁻를 받았어요.

치료자 : 그러니까 지금 딱 두 번의 시험에서 받은 점수에만 초점을 두고 있네요.

내담자 : 그렇죠.

치료자 : 다른 학생들의 평균은 어떻죠?

내담자 : 한 B⁻ 정도죠. 제가 평균보다는 잘해요.

치료자 : 지금 당신은 매우 좁게 탐색하고 오직 당신이 잘하지 못한 두 번의 시험에만 집중하고 있네요. 그러면서 다른 정보들은 무시하고 있어요. 그걸 알고 있었나요?

내담자 : 제가 이번 시험들만 생각하고 있긴 했어요.

치료자 : 만일 당신과 다른 학생들이 치른 모든 시험들을 함께 고려했다면 어떨까요? 그러면 어떤 결론을 내릴 것 같아요?

내담자 : 꽤 잘한다.

치료자 : 때로 우울할 때, 우리의 생각은 오직 부정적인 것에만 초점이 맞춰져 있을 때가 있어요. 그러면서 어떤 긍정적인 정보에도 눈을 돌리지 않죠. 마치 컵에 물이 반이나 있네가 아니라 반밖에 없네라고 보는 것처럼요.

과제

내담자가 부정적인 측면에서의 정보 탐색에만 묶여 있을 때, 과제의 목표는 그런 부정적인 생각들에 대해 균형을 맞추거나 혹은 반증할 수 있는 증거를 발견할 수 있는지의 여부를 보는 것이다.

치료자는 내담자에게 부정적인 신념에 반할 수 있는 보다 많은 정보들을 포함해서 탐색의 범위를 넓히는 것의 가능한 장단점을 찾아보도록 제안할 수 있다. 또 치료자는 일련의 과제 혹은 문제를 수행하는 것에 대한 부정적인 생각과 실망의 리스트를 작성하도록 요청할 수 있다. 그리고 그런 생각들을 반박할 수 있는 추가적인 정보를 찾아보도록 하고, 또 다른 사람들이 그런 과제를 잘할지 못할지에 대한 생각을 지지하거나 반박할 증거를 찾아보도록 이끌 수 있다. 더불어 치료자는 자신에 대해, 과거와 현재의 경험에 대한 다른 부정적인 생각들에 대해서 질문할 수 있는데, 그런 연후에 부정적인 생각과 상호 균형을 맞출 수 있는 긍정적이거나 중립적인 가능한 정보를 산출해 보도록 요청할 수 있다. 내담자는 양식 5.2를 사용해 대안적이며 긍정적 정보를 검토하고 오직 부정적인 사고와 일치하는 정보만을 제한되게 탐색하는 경향성 여부를 탐색해볼 수 있다. 그림 5.1에는 이 양식을 사용한 내담자의 사례가 제시되어 있다.

일어날 수 있는 문제

어떤 내담자들은 그런 부정적 행동이 사실이라고 주장하기 위해 보다 절박하게 관련 정보를 탐색하려고 할 것이다. 예를 들어, "결국, 내가 아무것도 잘한 게 없다는 건 사실이예요"라는 식으로 말한다. 치료자는 다른 사실, 즉 모든 정보들이 사용되었을 때 보다 정확한 그림을 그릴 수 있다는 사실이 존재함을 알려야 한다. 완벽주의적인 내담자들은 단 한 번의 실패조차 참을 수 없다고 주장한다. 이런 완벽주의에 대해 "잘하지 못했을 때 정확히 무슨 일이 일어나나요?" 그리고 "그럼에도 여전히 같은 건 무엇인가요?"라는 질문으로 도전할 수 있다.

기타 기법에 대한 탐색

관련된 기법으로는 이분법적 사고에 도전하기, 연속적으로 생각하기, 이중기준 파이, 그 외 의미론적 기법이 있다.

양식

양식 5.2(모든 정보를 이용하기)

부정적 신념 혹은 예측	신념을 지지하는 사례	신념에 반하는 사례
난 이 일을 절대 끝마칠 수 없어.	내일 오후까지가 마감인데 아직도 끝내지 못했어. 혼란스럽고 집중해서 할 수 있다는 생각을 도저히 못하겠어.	이런 과제를 전에도 했었고 그때 난 잘했어. 난 대개 마지막 순간에 일을 마치는 편이야.

그림 5.1 모든 정보를 사용하기

기법 : 기저율 무시하기

설명하기

주어진 어떤 행동의 위험성을 결정하기 위해 우리는 스스로에게 이런 질문을 하곤 한다: "일이 잘 못될 가능성이 있을까?" 그러나 이런 예외적인 경우를 평가하기 위한 정보를 어떻게 얻을 수 있을까? Kahneman(1995)과 Tversky와 Kahneman(1974, 1979)은 우리들 대부분이 최근의, 선명하고 개인적으로 관련된 정보에 과도하게 집중하고 있음을 지적해 왔다. 이 과정에서 흔히 '기저율'이라는 추상적인 개념을 무시하곤 하는데, 즉, 어떤 상황하의 모집단에 기초한 빈도 분포인 기저율을 고려하지 않는다는 것이다. 예를 들어, 비행 공포를 호소하는 여행객이 비행이 얼마나 위험한지 고민할 때, 바로 그날 뉴스를 통해 비행기 추락 사고 소식을 접하거나 혹은 비행기가 불타고 있는 것을 보게 되면, 즉시 자신이 탈 내일 비행기가 추락할 것이라고 결론을 내릴 것이다. 이들은 기저율, 즉 비행기 여행이 동일한 거리를 여행할 때 여타의 여행 수단보다 확률적으로 안전하다는 기저율을 무시한다. 왜냐하면 뉴스 정보는 최신이고 선명하며(불타는 잔해), 나와 관련된(내일 비행하는) 정보이기 때문에 통계적인 수치가 전달하는 추상적 정보, 즉 기저율 정보의 영향을 뛰어넘는다.

우리는 기저율을 항상 무시한다. 예를 들어, 미국 여성은 다른 나라의 사람들보다 자신의 몸무게를 과체중으로 평가하는 경향이 있다. 대부분의 미국인들은 자신의 실제 경제적 위치와 상관없이 스스로를 중산층이라고 믿는다. Tversky와 Kahneman(1974)는 대부분의 사람들은 사건이 일어날 가능성을 높이기 위해 비유관 정보를 사용하곤 한다고 보았다. 유사하게 불안한 여행객은 지각된 위험을 추정할 때 비행기에서 들리는 어떤 소리에도 민감하게 반응하며 강조하는 경향이 있다.

우울하거나 불안한 사람들 중 많은 사람들은 자신의 정신적 문제를 비일상적인 것이라고 믿는다. 심지어 위생 당국이 국민의 절반이 정신과 질환을 앓고 있다는 조사 결과를 발표해도 말이다. 어떤 행위에 의해 제기된 위험성을 평가하거나 행위를 평가하는 개인의 능력을 가늠하는 첫 단계에서 유용한 접근 중 하나는 개인이 이런 기저율을 고려하고 있는가 아닌가 —그것이 의도적이든 아니든 상관없이 —를 평가하는 것이다.

토론 안건

"불쾌한 뭔가가 일어날 때, 우리는 종종 그 순간의 부정적인 것에만 초점을 맞추고 이런 일이 일반적으로, 다른 상황에서 얼마나 자주 일어나는지를 무시하곤 합니다. 예를 들어, 어떤 사람이 지금의 두통이 뇌종양 때문이라고 두려워한다고 합시다. 그러나 우리는 일반적으로 두통을 경험하는 사람이 뇌종양을 가지고 있을 확률에 대해서 알기를 원합니다. 우리는 이러한 정보를 '기저율'

이라고 부릅니다. 기저율은 우리에게 그와 같은 일이 일반적으로 얼마나 자주 일어나는지에 대해 얘기해줍니다. 당신이 걱정하고 있는 사안을 살펴봅시다. 비행에 대한 당신의 공포와 관련해서 기저율이 얼마인지를 고려해보세요. 얼마나 자주 비행기가 추락합니까? 실제 세계에서 얼마의 비율로 비행기 추락이 일어납니까?"

예

내담자 : 다음 주 비행이 너무 두려워요. 공항에서 폭발에 가까운 사고를 봤어요.

치료자 : 무서웠겠어요. 그런데, 비행기 사고가 난다는 걸 어떻게 믿게 되었나요?

내담자 : 비행은 위험하잖아요. 작년에 롱아일랜드에서 비행기가 폭발했어요.

치료자 : 말씀하시는 걸 보니 가장 뉴스거리가 된 기사들만 초점을 두시는 것 같네요. 이런 사건들이 비행이 위험하다는 것을 가리킨다고 결론을 내리시는 건가요?

내담자 : 제 생각에는 그래요.

치료자 : 만일 비행이 위험하다는 것을 알고자 한다면, 비행당 얼마나 많은 사람들이 사망했는지를 살펴봐야 하지 않을까요? 혹은 추락한 비행기의 비율을 알아본다거나 말이죠.

내담자 : 그렇게 하는 게 논리적이긴 하죠.

치료자 : 자, 우선 우리는 비행이 다른 교통수단에 비해 같은 거리당 상당히 안전한 수단이라는 걸 알고 있어요.

내담자 : 알아요. 들어본 적 있어요. 하지만, 여전히 전 두려운걸요.

치료자 : 작년 한 해 동안 시카고 오하라 공항에서만 약 6,500만 명의 사람들이 비행기를 탔고 이 중 아무도 죽지 않았다는 것을 알았나요?

내담자 : 흥미롭네요.

치료자 : 이건 당신이 매일 왕복으로 민간여객기를 타고 4만 5,000년 동안 비행하는 것과 같아요.

내담자 : 듣고 보니 내 생각보다 안전하네요. 하지만 롱아일랜드의 추락은 어떤가요?

치료자 : 뉴스 가치가 있는 것은 비행기 추락사고죠. 6,500만 명의 사람들이 안전하게 오하라 공항에 착륙하고, 아무 일도 일어나지 않은 것에 대해 그 많은 사람들에게 인터뷰한다고 생각해보세요.

과제

치료자는 다음과 같은 질문으로 내담자의 기저율에 대한 추정치를 이끌어낼 수 있다: "어떤 일이 일어날 확률이 얼마나 될 거 같아요?" 혹은 "얼마나 많은 사람들에게 그 일이 일어날까요?" 이러한 확률적 질문은 내담자가 자신의 잘못된 신념을 방어하기 어렵다는 결론을 추론해낼 수 있게 한다. 예를 들어, 내담자는 위의 질문에 어느 비행기든 비행기가 추락할 확률이 1%라고 주장할 수 있다. 그러한 내담자의 주장에 근거한다면, 뉴욕 공항에 매일 뜨고 내리는 비행기들을 바라보

예상 혹은 부정적 신념	전 인구에게 그런 일이 일어날 확률이 얼마나 될까?(0~100%)
비행기가 추락할 거야.	20%

그런 생각이 사실로 나타날 가능성에 대한 정보 출처는 어디인가?

과거 수많은 비행 중에 비행기가 추락하는 사고를 볼 수 있어.

그런 일이 사실일 혹은 그렇지 않을 가능성을 과대추정하고 있는가?

그래. 수십 수만 대의 비행기들이 있는데, 지난 한 해 동안 미국 내에서 상업용 항공기가 추락한 사고는 없었어.

실제로 존재하는 가능성에 기반해서 사건을 바라보면 어떠한가?

덜 불안해질 것 같다. 이집트에서 폭발한 러시아 항공기를 보고 더 불안해진 것 같다.

그림 5.2 사건의 발생 가능성에 대한 추정

면서 매일 추락 사고가 날 수 있다고 결론내릴 수 있다. 그러나 이런 확률은 지지될 수 없다.

내담자는 기저율 및 자신의 추정치를 점검하기 위해 양식 5.3의 형식을 사용할 수 있다. 내담자들이 자신의 예상(예 : "비행기가 추락할 거야")을 기입하고 자신이 두려워하는 일이 일반적으로 일어날 확률(예 : 1%)도 추정해서 기입해보도록 한다. 유사하게, 이 표는 비교에도 사용할 수 있다. 예를 들어, "나는 가난하다"라고 생각하는 내담자는 왼쪽 칸에 "나는 가난해"라고 쓰고 오른쪽 칸에는 우리나라 인구의 평균 수입에 대한 추정치를 기록해본다. 치료자는 정상분포 곡선에 내담자가 타인과 비교해서 자신의 위치라고 믿는 곳을 정해보도록 한다.

일어날 수 있는 문제

확신에 대한 요구가 문제가 될 수 있다. 즉 "다 아니어도 내가 그 하나가 될 수 있어요"라는 것이다. 이런 종류의 요구에 대해 치료자는 확신을 요구하는 것과 그대로 수용하는 것 사이의 득과 실을 검증하고 홍수법을 연습하게 할 수 있다. 또 다른 문제로는 이러한 개입이 내담자에게 타당하지 않다는 인상을 줄 때이다. 이럴 때 치료자는 이 훈련의 목적이 상황에 대한 타당한 해석에 도달하기 위해 모든 정보를 점검하는 것이라는 점을 설명해줄 수 있다.

기타 기법에 대한 탐색

관련된 기법으로는 득과 실 따지기, 증거, 과잉일반화, 파국화, 이중기준, 불필요한 탐색 지속하기 등이 있다.

양식

양식 5.3(사건 발생 가능성 추정하기)

기법 : 논리를 검증하기

설명하기

우울하고 불안한 사고의 상당수는 비논리적 결론을 특징으로 한다. 다음을 살펴보자.

> "난 미혼이고, 그래서 난 사랑받을 만한 사람이 아니야."
> "시험에 떨어졌고, 그러니 난 실패자야."
> "나쁜 일들은 일어날 수 있고 또 일어날 거야."
> "만약 빌이 너 이상 날 좋아하지 않는다면 난 아무 가치도 없어."
> "좋은 일이 일어나면, 곧 나쁜 일이 뒤따라 오지."

비논리적인 결론은 종종 "~ 때문에", "~이니까"로 시작한다. 우울 사고의 상당수는 사실을 관찰하는 것으로 시작하는데, 이후 전혀 논리적이지 않은 부정적인 결론을 이끌어낸다. 논리적 오류를 살펴보자.

> 단일의 사례를 통해 일반적이고 광범위한 결론을 이끌어낸다.
> 단일 행동으로 한 사람 전체를 규정 짓는다.
> 필연성 혹은 확률을 가능성과 혼동한다.
> 모든 사건들이 상호 관련되었다고 믿는다(예 : 좋은 일은 반드시 나쁜 일을 끌어낸다는 믿음).

비논리적 사고에 대한 도전의 예

> **내적인 모순을 검증하기** : "자기 모순적인 생각 두 가지를 갖고 있나요? 예를 들어, '난 완벽해야만 해. 하지만 나 자신을 비판하고 싶지는 않아' 혹은 '난 가능한 많은 사람들을 만나고 싶어. 하지만 사람들에게 거부되는 건 정말 싫어'와 같은 것들이죠."
> **귀류법** : "당신의 신념에 대한 논리적 의미를 살펴보세요. 이상하지 않나요? 예를 들어 "미혼이면 난 사랑받을만한 사람이 아니야"라는 생각 같은 거죠. 당신 신념 대로라면 '결혼한 모든 사람들이 한때는 미혼이었고, 따라서 모든 결혼한 사람들은 사랑받지 못할 사람'이라는 얘

기가 되죠."

순환적인 자기 비난에 도전하기 : "도망갈 수 없는 자기 비난의 순환 고리에 갇혀 있는 것은 아닌지 검증해볼 수 있어요. 예를 들어 '내가 우울하기 때문에 난 실패자야. 실패자니까 난 우울해' 같은 것입니다."

토론 안건

치료자는 내담자에게 다음과 같은 질문을 할 수 있다.

"이런 사실이 주어졌을 때, 당신은 어떤 결론을 내릴 건가요?"

"가능한 다른 결론은 없을까요? 이 결론이 다르게 상상할 수 있는 전부인가요?"

"당신의 예측/결론과는 다른 식의 결론을 갖고 있는 사람들은 없을까요?"

"가능성과 필연적 결과를 혼동하고 있는 것은 아닐까요? 혹은 확률?"

"절대 일어날 수 없다고 생각한 일이 일어났던 적이 없나요?"

"하나의 일이 다른 일을 일으킬 수 있다고 생각할 때, 어떻게 그런 일이 일어날 수 있죠? 그 안에 포함된 물리적인 힘이 있나요? 아니면 사건들끼리 소통이라도 하는 걸까요?"

"당신의 결론을 모든 상황, 모든 사람들에게 적용할 수 있나요?"

예

치료자 : 당신은 미혼이기 때문에 스스로 가치 없다고 생각한다고 했어요. 모든 결혼한 사람들이 한때는 싱글이었다는 것에 동의하나요?

내담자 : 물론이죠.

치료자 : 자 그럼, 당신의 논리대로라면, 즉 당신이 만일 싱글이라면 당신은 가치가 없는 사람인데, 모든 결혼한 사람들은 가치 없는 사람들과 결혼을 한 거고, 그들이 결혼할 때까지는 두 사람 모두 가치 없는 사람들이었다는 얘기가 되죠.

혹은 다음과 같은 예를 들 수도 있다.

치료자 : 당신말로는 엘리베이터의 추락 가능성 때문에 아마도 추락할 거라는 거죠.

내담자 : 바보 같다는 건 알아요. 하지만 그런 생각이 들어요.

치료자 : 우주인이 당신의 머리 위에 착륙하는 건 가능할까요?

내담자 : 가능이야 하겠죠. 하지만 보진 못했어요.

치료자 : 엘리베이터가 추락하는 것을 단 한 번도 보지 못했어요. 하지만 두 사건은 모두 가능한 일이

죠. 문제는 "그 사건들이 일어날 확률이 얼마나 될까?"인 거예요.

내담자 : 잘 모르겠어요. 외계인의 경우엔, 매우 희박하죠. 엘리베이터 건은 잘 모르겠어요.

치료자 : 자, 그럼 당신은 얼마나 자주 엘리베이터 추락 사고를 듣죠?

내담자 : 들어본 적은 없어요.

치료자 : 희박하다, 아주 희박하다 이렇게 생각해도 될까요?

내담자 : 네. 그럴 수 있죠.

치료자 : 만일 가능한 모든 일이 일어날 수 있다고 생각하면 무슨 일이 벌어질까요?

내담자 : 늘 항상 걱정을 하겠죠.

과제

치료자는 양식 5.4를 사용해 내담자가 일상적인 왜곡들을 평가할 수 있도록 도울 수 있다. 양식은 다음과 같이 설명될 수 있다: "우리 모두는 결론에 도달하거나 추론을 할 때 흔한 실수를 합니다. 당신이 가진 부정적 생각을 검증하고 그런 생각들이 갖는 문제점들을 찾아가 볼 겁니다. 예를 들어, 당신이 파티에 갈 때 누군가는 당신에게 친절하지 않을 수 있습니다. 만일 부정적인 입장에서 이를 바라보면 '아무도 나를 좋아하지 않아'라고 결론을 내릴 거예요. 사고에 있어서 이런 오류는 오직 한 사람에 대한 경험에 기초해서 내린 결론일 뿐이죠."

일어날 수 있는 문제

일부 내담자들은 자신의 부정적 결론이 실제로 정확하다고 주장한다. 과제 연습은 이러한 추론 혹은 결론의 논리를 검증해보는 데 맞춰져 있다. 또한 이러한 이면 기제를 검증하거나 혹은 그런 사고에 반하는 증거를 찾음으로써 경험적인 타당도를 검증해볼 수 있다('모든 사람들에게 인정을 받아야만 해' 등등의 사고).

기타 기법에 대한 탐색

관련된 기법으로는 이면 가정을 확인하기, 이중기준기법, 조건화된 룰을 검증하기, 사고의 타당도를 지지하거나 반하는 증거 찾기 등이 있다.

양식

양식 5.4(논리적 오류 검증하기)

기법 : 비유관 사건과 연계 및 패턴을 발견하기

설명하기

우리 대부분은 어떤 경우 서로 전혀 관련이 없는 일들을 관련지은 채 하나의 사건이 다른 사건의 원인인 양 결론을 내릴 때가 있다. 이런 마술적 사고, 미신적 사고 혹은 단순히 인간의 본성 등등 이를 뭐라 칭하든 간에 우리는 우리의 통제 내 혹은 통제 밖에 있을지도 모를 사건들의 원인을 찾으려 애를 쓴다. 존재하지 않는 패턴을 찾으려는 경향은 도식적인 처리 과정의 일부이며, 우리 모두에게 영향을 줄 수 있는 정보 과부하를 피하게 도와준다. 더불어 전술한 바와 같이 많은 사람들이 자신의 부정적 관점을 확인할 수 있는 증거를 찾는 확증편향의 경향을 보이고 있다. 마술적인 관련 사고, 범주적인 진술, 실체가 없는 패턴이나 경향성을 지각하는 것 등이 불안과 우울 감정을 유발하는 데 기여한다. 심지어, 이를 반증하기에 충분하고 가용한 증거들이 있음에도 그러한 경향을 보인다. 치료자의 과제는 이러한 마술적인 사고와 잘못된 패턴들을 논박하는 것이다.

종종 우리는 어떤 사건 1이 발생하고 또 사건 2가 발생하는 것을 보았다는 단순한 이유로 두 사건이 관련 있다고 믿는 경향이 있다. 예를 들어 다음 주 토요일에 뉴욕 공항을 출발해서 플로리다로 비행할 계획이 있다고 하자. 동시에 우리는 케네디 공항에서 비행기가 추락했다는 뉴스를 라디오로 들었다. 12개월 전에 인도네시아에서 비행기가 납치되었다는 소식을 기억한다. 이때 우리가 내리는 결론은 다른 비행기 역시 추락하거나 어떤 식으로든 케네디 공항 인근에서 공중납치될 가능성이 높다는 것이다. 이는 마술적인 유관 사고이다. 즉, 우리는 발생 가능성에 대해 전혀 예측할 수 없는 두 사건들을 놓고 매우 유의미한 확률로 둘이 관련되어 있다고 생각한다.

불안한 사람들은 실체가 없는 관련성을 추론하는 경향이 많은데, 결과적으로 종종 마술적 사고를 이끌어낸다. "수잔이 나와의 관계를 끝낸 날 붉은색 타이를 메고 있었어. 붉은 타이는 틀림없이 불행이야"라는 것과 같다. 혹은 이렇게 생각할 수도 있다. "내가 엘리베이터에 있을 때, 위험을 알리는 소리를 확인할 필요가 있어. 내가 그렇게 해오는 동안 내가 탔던 어떤 엘리베이터도 추락하지 않았지" 역시 마술적 사고이다.

마술적 사고의 문제는 우리가 만든 이런 관계 패턴에 대한 신념이 실제 존재하지 않는다는 것이다. 예를 들어, 만일 엘리베이터가 추락하는지의 여부를 예언하려 한다면, 이상한 소리에 대해 확인을 안 했을 때 엘리베이터가 추락할 가능성을 알고자 해야 한다. 그래야 강박적인 확인자는 이렇게 결론을 내릴 수 있다. "내가 확인했으니까 엘리베이터가 추락하지 않은 거야"라고 말이다. 만일 JFK 공항에서 비행하는 것이 얼마나 위험한지를 알고자 한다면, 얼마나 많은 비행기가 안전하게 이착륙을 하는지 알아야 한다. 다시 말해, 사건이 발생할 가능성과 사건이 없을 가능성을 확인할 필요가 있다.

토론 안건

"당신은 2개의 사건이 인접해서 일어났기 때문에 한 사건이 다른 사건의 원인이 되었다고 결론을 내립니다. 만일 당신이 집 밖으로 나가고, 주변 곳곳에 재떨이가 있다는 걸 알아챘다고 해보죠. 그러면 당신은 재떨이가 사람들을 담배 피게 만들었다고 결론을 내릴 건가요? 혹은 메리가 월요일에 붉은 드레스를 입었다는 걸 알아차렸다고 해보죠. 그녀가 입은 붉은 드레스가 한 주의 시작을 가져왔다고 결론을 내릴 수 있을까요? 한 사건이 다른 사건의 원인인 듯이 묶어서 생각하는 경우를 생각해보세요. 예를 들어, 당신은 "비행기가 추락했다는 것을 알았어. 그러니까 비행기가 많이 추락함에 틀림없어"라고 말합니다. 한 사건이 다른 사건의 원인이 되는지를 검토하기 위해서 한 사건이 일어났지만 또 다른 사건이 일어나지 않은 많은 경우를 검증해야만 합니다. 예를 들어, 만일 당신이 비행 공포증이 있을 때 최근 비행기 추락 기사를 읽은 것 때문에 비행기가 위험하다고 생각할 수 있습니다. 그러나 그보다 훨씬 많은 경우, 그 많은 비행기들이 추락하지 않은 것을 어떻게 설명하면 좋을까요?"

또 다른 방법으로 이러한 설명을 할 수 있다: "당신은 이 두 사건이 서로 연결되어 있다고 생각하는 것처럼 보여요. 예를 들어, X라는 사건이 일어나면 Y가 뒤따라 올 거라고 생각하는 거죠. 어쩌면 하나의 사건이 다른 사건의 원인이라고 생각할 수도 있죠. 그러나 이런 가능한 상관을 검증하기 위해서는 X가 일어나지 않을 때 Y가 얼마나 일어날지를 알 필요가 있습니다."

예

내담자는 주식 변동성을 걱정하는 전문 투자자였다.

치료자 : 하루에 몇 시간씩 주가가 떨어질까 봐 주식 화면을 강박적으로 주시하면서 시간을 보내는 것에 대해 걱정을 하고 계시군요. 왜 그러시는지 한번 살펴봅시다.

내담자 : 아마도 제가 먼저 뭔가를 찾아낼 수 있을 거라고 생각하는 것 같아요.

치료자 : 불안 때문에 주식 거래에서 위험이 자주 있었나요?

내담자 : 있었지요. 그런 식으로 많은 돈을 잃어 왔어요.

치료자 : 만일 당신이 책상을 떠나면 주식에 무슨 일이 일어날 것 같나요?

내담자 : 무엇이든 일어나겠죠. 더 나빠질 건 없어요. 휴가 중에 주식이 폭락할까 걱정했던 게 기억나요. 돌아와서는, 뭐 실제로 주가는 오르고 있었죠.

치료자 : 주식 시황을 보고 있는 게 주가 하락을 막고 좀 더 일찍 뭔가를 알아챌 수 있을 거라는 마술적인 생각이 있군요.

내담자 : 예, 맞아요.

치료자 : 화면을 쳐다보는 시간을 제한하는 건 어떠세요? 한번 다음 달에 당신이 보고 있을 때와 그렇

지 않을 때 주가가 오르는지 혹은 떨어지는지 볼까요?

내담자 : 좋아요.

내담자는 존재하지 않는 착각 속의 상관과 패턴을 찾는 데 보냈던 시간을 중단했다. 말할 필요도 없이, 화면을 보는 시간 감소가 주가의 오르내림에 전혀 영향을 미치지 않았다. 그러나 그 자체만 으로도 공황으로 인한 충동적인 거래 활동을 감소시키는 데 도움을 주었다. 착각 속의 상관 혹은 잘못된 패턴 인지의 또 다른 예가 다음에 있다.

치료자 : 비행기 타는 것이 매우 위험하다고 생각하시는 것 같아요. JFK 공항에서 비행기가 추락했다 는 뉴스를 들으셨죠.

내담자 : 예. 그리고, 비행기가 납치된 9월도 기억해요.

치료자 : 맞아요. 정말 비극이었죠. 비행기를 타는 게 위험하다고 생각하나요?

내담자 : 예. 비행기가 터지거나 추락할 거 같아요. 많이 일어날 것 같아요.

치료자 : 그런 결론을 갖게 된 근거가 뭔가요?

내담자 : 글쎄요. 최근에 비행기가 추락했죠. 그리고 9월에 두 대의 비행기가 납치를 당했어요.

치료자 : 최근의 추락과 비행기 납치가 관련이 있다고 생각하나요?

내담자 : 아니요. 뭔가 기술적 결함이 있다고 말하죠. 비행기 구조상 어딘가의 취약 부분들.

치료자 : 이 일들은 서로 관련이 없는 건가요?

내담자 : 그렇죠.

치료자 : 한달에 JFK 공항에서는 얼마나 많은 비행기들이 이착륙을 하고 있나요?

내담자 : 수천 번이겠죠.

치료자 : 1년에는요?

내담자 : 수만 번? 그럴 거 같네요.

치료자 : 모든 다른 비행기들이 안전하게 착륙하는 것에 대해 어떻게 생각하시나요? 여기에 어떤 패턴 이 있나요?

내담자 : 아… 잘못된 비행기 하나에 대한 거군요.

치료자 : 서로 관련이 없는 추락 사고들을 관련짓게 만드는 게 뭔가요? 당신은 지금 테러로 인한 추락 을 기체 결함과 관련을 짓고 있어요.

내담자 : 맞아요. 두 사건들은 서로 관련이 없죠. 진짜로.

치료자 : 우연일 뿐이죠.

내담자 : 맞습니다.

과제

치료자는 내담자로 하여금 자신이 지각한 관련성 혹은 패턴이 걱정과 불안을 일으키는 예를 기록해보도록 지시할 수 있다. 예를 들어, "[X 패턴]이 일어났기 때문에 내가 걱정하고 있다"라던가 "A가 B를 초래할 것이기 때문에 걱정스러운 마음이다"와 같다. 지각된 재앙을 미연에 방지할 수 있는 일련의 확인, 관찰, 회피 등의 행동들이 모니터링될 수 있다. 이런 패턴이나 규칙에서 예외가 있었는가? 일어나지 않았던 때는 몇 번인가? 이 과제의 목적은 보다 분화된 지각을 촉진시키는 것이다. 이를 통해 내담자는 "때로 이런 생각이 진실은 아니구나"라는 것을 인식하게 된다. 그림 5.3에는 내담자가 이 형식을 어떻게 사용할지의 예가 제시되어 있다.

일어날 수 있는 문제

상관이 있으며 설명이 필요한 어떤 패턴들이 있다. 예를 들어, 내담자의 새로운 남자친구가 주말에 좀 더 많은 술을 마신다는 것과 내담자가 자기 주장을 할 때, 남자친구가 잔인하고 비아냥대는 식으로 그녀를 대한다는 것을 알아차렸다고 하자. 개입 전략을 일종의 정보 수집 과정으로 바라

패턴	패턴에 반하는 증거
비행기는 이집트에서 폭발했어. 파리에서는 테러리스트의 공격이 있었지. 그러니까 비행기는 안전하지 않고 테러리스트에게 살해당할 수도 있어.	미국에만 3억이 넘는 사람들이 살아. 이들 중 테러 희생자들은 극히 소수야. 테러리즘보다 피부암으로 죽을 확률이 더 높지.

패턴으로 상황을 보기보다는 이 사건들을 다른 이유로 볼 수 있을까?

오직 한 가지 패턴은 세상 다른 곳, 다른 시간대에 테러리즘이 발생했다는 거야. 그 사실이 가능성을 의미한다는 것은 아니야. 비행기를 타고 여행을 하는 것은 가장 안전한 여행 방법 중 하나야.

사건들이 서로 연결되지 않을 수 있을까?

테러리즘 사건은 서로 연결되어 있어. 하지만 뉴욕에서 시카고로 비행을 하는 것과는 실제로 관련이 없지. 만일 패턴이 있다면, 비행기는 안전하게 착륙한다는 것이지.

이 사건들에 대해 어떻게 생각하는가?

이집트에서 일어난 사건, 그리고 파리에서 일어난 사건들은 뉴욕으로 비행하는 것과 아무런 관련이 없어. 과거 비행에 기초해서 실제 일어날 가능성에만 집중할 필요가 있어—비행은 안전해.

모든 사람들이 패턴을 볼까? 왜 안 그럴까?

어떤 사람들은 뉴스를 보고 얼어붙지. 하지만 사람들은 여전히 비행기를 타고 여행을 다녀. 수백만의 사람들이 말이지. 사람들은 그냥 자기의 일상을 살아. 그게 내게 필요한 거야.

그림 5.3 실제하지 않는 패턴 보기

보는 것이 중요하다. 내담자는 근거 없는 사상들의 관련성을 지지하는 예를 떠올릴 것이다. "그런 사람을 알아요⋯" 혹은 "여러 일들을 보아왔죠⋯"라는 식으로 말이다. 이러한 확증편향의 예는 내담자의 신념을 강화하는 데 기여하곤 한다.

기타 기법에 대한 탐색

증거를 평가하기, 확률 검증하기, 의미적 기법, 증거의 질 평가하기, 행동 실험, 부당성을 입증하기 위한 규칙을 평가하기 등의 다른 관련 기법들을 사용할 수 있다.

양식

양식 5.5(실제하지 않는 패턴 보기)

기법 : 잘못된 이분법적 사고를 만들기

설명하기

많은 우울 사고의 전형적인 형태는 사람들이 오직 두 가지의 선택(매력적이거나 그렇지 않거나 식)만 있는 것처럼 본다는 것이다. 이러한 생각은 결과적으로 무기력하고 갇힌 듯한 느낌을 가져온다. 예를 들어, 불행한 결혼생활을 하는 한 여성이 유부남과 혼외관계를 갖고 있을 때, 그녀 스스로 두 가지의 매력 없는 관계 중 하나만을 선택해야 한다고 믿는 경우가 있다. 그녀에게는 이들 두 남자를 제외한 다른 그리고 다양한 멋진 대안(예 : 보다 나은 남자 혹은 친구, 혼자서 시간을 보내기 등과 같은)이 떠오르지 않는다.

문제에 대한 효과적인 협상의 키는 세 번째, 네 번째, 심지어 다섯 번째로 이어지는 다양한 대안들을 창조적으로 탐색하는 것이다. 한 가지 입장만 고수하는(예 : '당신이 원하는 것을 우리가 하거나 혹은 내가 원하는 것을 우리가 하는 것'과 같은) 대신에, 우리 모두의 요구에 부합하는 여러 다양한 대안들을 검토할 수 있다. 예를 들어 회사의 매니저가 승진에서 제외되어 무척 화가 났다고 하자. 그녀는 너무 화가 나서 사장실로 뛰어 들어가 사장에게 바보 같은 인간이라고 욕을 퍼붓고 그 자리에서 사표를 내고 싶을 정도였다. 우리는 이러한 행동들이 갖는 득과 실에 대해 생각해보았고, 긴 안목으로 회사에서의 그녀의 목표를 검토해보았다. 그녀는 확장된 책임, 명예, 재정적인 보상 등과 같은 목표를 제시했다. 우선, 우리는 그녀의 잘못된 이분법적 사고에 대해 지적했다. '사장에게 욕을 하거나 혹은 납작 엎드리기'와 같은 이분법적 태도 말이다. 그런 연후에, 이 두 가지 외에 다른 대안을 생각해보았다. '이 회사를 성장시키는 데 나 자신이 어떻게 도움이 될지에 대해 사장에게 설명하기'와 같은 것이다. 사장에게 세 번째 대안(회사에 그녀가 충분히 도움이 되리라는)에 대해 설명하는 장면을 리허설해본 후, 그녀는 사장을 만났다. 사장은 그녀의 사업가로 서의 통찰력과 능수능란함 등에 강한 인상을 받았으며, 회사의 다른 부서에 그녀의 승진 자리를 마련하였다. 이런 경험이 있은 지 몇 해가 지났다. 그녀는 여전히 같은 회사에서 일을 하고 있으 며, 실질적인 재정적 보상도 받았고, 안정적인 지위에 올랐다는 확신을 가졌다. 잘못된 이분법적 사고(완전히 무시하며 욕을 하거나 매우 수동적으로 눈치를 살피는 등)를 하기보다는 그녀 자신 을 위한 보다 나은 선택지를 만들어냈다. 그외 잘못된 이분법적 사고는 다음과 같다.

"승자 아니면 패자, 실패 아니면 성공, 쪽박 아니면 대박."
"두 가지 일 중에, 두 사람 중에, 두 곳 중에 하나만 선택해야 해."
"지금 안 하면 결코 다시는 없어."
"지금 하는 일을 때려 칠 수 없어. 왜냐면 절대 다른 일은 얻을 수 없을 테니까."
"존 아니면 빌이야. 둘 중의 하나를 더 좋아할 수는 없어."

토론 안건

"당신은 모 아니면 도로 세상을 바라보는 것 같아요. 우리는 이를 이분법적 사고(양자택일, 흑백 논리 등등)라고 부르죠. 예를 들어, 당신은 "난 항상 실패만 할 뿐이야"라고 말하거나, "항상 거절 당할 거야"라고 말하죠. 중요한 점은 흑백이 아닌 회색지대를 봐야 하고, 상황의 다양한 면, 그리 고 변화하는 것들을 봐야 한다는 겁니다. 양자택일식의 생각에 반하는 증거를 찾아보세요. 당신 에게 조금이라도 나은 쪽으로 일이 진행되는 예를 찾아보세요."

예

치료자 : 완전히 실패자라고, 모든 걸 자신이 망쳤다고 말하네요. 제 생각에 완전한 실패란 결코 아 무것도 손에 얻지 못한 사람을 뜻하는 것 같아요.

내담자 : 그렇죠. 전 실패자예요.

치료자 : 그렇군요. 그런데, 방금 말씀이 이분법적 사고, 흑백논리처럼 들려요. 회색지대는 없는. 살펴 보죠. 과거에 잘한 게 전혀 없나요?

내담자 : 있어요. 회계 수업을 들었고 잘했어요. 그리고 10파운드 살을 빼기도 했죠. 좋았어요.

치료자 : 친구들은 당신을 좋아하나요?

내담자 : 예. 친구들은 절 꽤 괜찮은 친구라고 생각해요. 전 잘 듣고 재미도 있죠. 우울하지 않을 땐 꽤 유머 감각도 있다고 들어요.

치료자 : 좋습니다. "난 완전히 실패했어"와 같은 이분법적 생각은 사실이 아닌 것 같죠?

내담자 : 네. 하지만, 시험에서 A를 받고 싶었지만, B를 받았어요.

치료자 : B라는 점수를 아무것도 아니라고 보는 건가요? 당신이 이분법적 사고 "만일 A를 못 받으면 완벽한 실패야"라는 생각처럼?

내담자 : 아마도요. 저도 그 생각이 이상하다는 건 알아요.

치료자 : 왜요?

내담자 : 왜냐면 어떤 과목들은 정말 잘했고, 다른 과목들도 잘한 편이거든요.

치료자 : 지금 그 모습이 회색지대, 다양성을 찾아 생각하는 모습일 거예요.

내담자 : 그럴 수 있다면 기분이 좀 더 나아질 것 같긴 해요.

과제

과제는 이분법적 사고를 찾는 데 맞춰져 있다. 반드시, 모든 게, 전부 다, 완전히, 항상, 결코, 대부분 등의 단어들이 들어간 말들이 그러한 예이다. 내담자는 양식 5.6에 맞춰 이분법적 사고의 예를 기록한다. 또한 그러한 생각이 사실이 아닐 때를 기록한다. 마지막으로 이분법적으로 쓰여진 진술문을 "때로 나는…"식의 대안적인 진술문으로 바꿔 기록한다. 보다 정돈되고 조건화된, 유연한 생각의 틀로 목표가 나아갈 것이다.

일어날 수 있는 문제

어떤 내담자들은 자신의 무가치함에 대한 증거 혹은 되는 일이 하나도 없다는 증거가 넘쳐난다고 주장한다. 이런 내담자들은 합리화 전략으로 연습들에 도전할 것이다. 이에 대한 치료자의 반응으로는, 그런 부정적인 것을 지지하는 증거들이 많을 수 있지만 그보다 상황이 좀 더 나은 때를 지지하는 증거들을 찾는 것이 보다 중요할 수 있음을 알려주는 것이다. 이를 통해 어떤 일이 제대로 진행된 이유가 무엇인지를 이해할 수 있게 한다. 예를 들어, 이성관계가 "절대 제대로 굴러가지 않는다"고 불평하는 내담자가 있다고 하자. 그럼 우리는 먼저, 그녀의 과거 관계 중 보다 나은 관계를 맺었던 경험의 증거를 검토하고, 검토 결과, 상대방 이성이 우울하지 않은 미혼의 남성일 때 관계 경험이 좋았던 점을 알아낼 수 있다. 이러한 통찰은 미래에 그녀가 맺을지도 모를 승산 없는 연애를 피하는 데 도움을 줄 수 있다.

기타 기법에 대한 탐색

관련된 기법으로는 신념의 다양한 양상을 찾아보기, 증거 검토, 사고의 두 가지 측면 모두에 대한 역할극 하기, 사람과 행동을 구분하기, '완전'과 '진행 중'이라는 두 개념을 구분하기 등이 있다.

양식

양식 5.6(잘못된 이분법적 사고에 도전하기)

기법 : 모순을 감소시키기

설명하기

논박에 사용되는 일반적인 기법은 모순적 결론에 대한 논박의 논리를 전달하는 것이다. 이를 위해 여러 다양한 재미있는 형식을 적용해볼 수 있다. 그중 하나는 논박의 구조를 가져오는 것으로 어떻게 병렬적인 논거들이 모순되게 연결되는지를 검증해보는 것이다. 예를 들면 다음과 같다.

1. 실수를 하는 사람들은 멍청하다.
2. 나는 실수를 했다.
3. 따라서 나는 멍청하다.

논거의 병렬적 형태는

1. 어떤 동물들은 다리가 4개다.
2. 나는 동물이다.
3. 따라서 나는 다리가 4개다.

혹은

1. 어떤 말들은 갈색 눈을 가지고 있다.
2. 나는 갈색 눈이다.
3. 따라서 나는 말이다.

모순적인 논리를 감소시키는 또 다른 기법으로는 진술의 비논리적 함축을 찾는 것이다. 예를 들어, 많은 미혼자가 "만일 내가 미혼이면 나는 사랑받지 못하는 거야"라고 할 때, 이런 사고의 모순성을 감소시키기 위해 다음과 같은 진술을 생각해볼 수 있다: "결혼한 모든 사람들이 한때는 미혼이었다. 따라서 모든 결혼한 사람은 사랑스럽지 않다." 다음의 사고를 생각해보자.

1. 나는 아직 끝내지 못했다.
2. 따라서 나는 결코 끝내지 못할 것이다.

이러한 사고의 황당한 적용은 다음과 같다.

1. 일단 일을 끝내 본 경험이 있는 사람들은 그 이전에 그 일을 끝내지 못한 때가 있다.
2. 따라서 일을 마친 모든 사람은 결코 일을 마치지 못할 것이다.

토론 안건

"이제 우리는 당신 생각의 논리적 의미에 대해 검토해보겠습니다. 당신의 추론 작업이 사물을 바라보는 합리적인 시각인지의 여부를 보는 겁니다. 당신이 지닌 다른 사고들을 여기에 써보고 그런 사고에 당신이 부여하는 의미도 써보죠. 그런 연후에 그런 의미들이 이끄는 것들이 어떤 건지 보죠. 다음의 명제를 생각해보세요: '만일 내가 미혼이면 나는 사랑받을 만한 사람이 아닌 거야' 이러한 신념은 다음과 같은 의미를 이끌어냅니다: '결혼한 모든 사람들이 한땐 모두 미혼이었지.' 그리고 결론은 '결혼한 모든 사람들은 사랑받을 만하지 않아'입니다. 우리가 검증할 수 있는 비논리적 사고를 아마 당신도 가지고 있는 것 같아요."

예

치료자 : 당신은 스스로가 가치 없다고 생각하고 그래서 죽고 싶다고 하셨어요.

내담자 : 난 모든 것에서 실패한 것 같아요.

치료자 : 무가치하다는 게 무슨 의미인가요?

내담자 : 많은 걸 성취하지 못한 사람이라는 뜻이죠.

치료자 : 많다는 게?

내담자 : 크게 성공했거나 돈이 아주 많은 거죠.

치료자 : 그럼 성공하지 못했거나 돈이 없는 사람은 무가치하다는 건가요?

내담자 : 그런 거 같아요. 약간 판단하는 것 같은 생각이 드네요.

치료자 : 만일 우리가 당신의 생각대로 쫓아가다 보면, 무가치한 사람은 살 가치가 없다는 생각에 도달할 것 같아요.

내담자 : 글쎄요. 엘리트주의자 같네요.

치료자 : 그럼 우리는 성공하지 못했거나 부자가 아닌 사람들은 죽어야 한다는 결론에 도달하는 것 같아요.

내담자 : 아, 아니요. 그건 너무 멀리 간 거죠

치료자 : 왜 안 돼요? 나치가 그랬잖아요. 나이 든 사람들을 죽였고 장애인을 죽였고 정신지체자들을 죽였어요. 만일 이런 판단에 따라 결론을 내리면 우리는 성공하지 못했거나 부자가 아닌 모두를 죽여야 해요.

내담자 : 그건 너무 비인간적이에요.

치료자 : 당신 스스로에게는 인간적일 수 없나요?

과제

양식 5.7을 사용해서 치료자는 내담자에게 여러 부정적인 사고를 정의하도록 이끌 수 있다. 그리고 그 생각들의 저변에 깔린 의미들을 극단에 이를 때까지 따라가 보도록 한다. 예를 들어, "나는 실패했고 살 가치가 없어"라고 주장하는 내담자에게는 이러한 명제를 모든 사람들에게도 적용할 수 있는지 물을 수 있다. 즉, 실패한 모든 사람들은 죽어 마땅하다는 논리이다.

일어날 수 있는 문제

어떤 내담자들은 자신의 이런 비논리적인 결론이 타당하다고 믿는다. 연습은 그러한 사고의 타당성을 검증하는 것이 아닌 그런 의미가 일반화되었을 때 어떤 현상을 보일 수 있는지를 보여주는 것이다. 따라서 이런 이슈들은 사고가 '참' 혹은 '논리적'인지의 여부가 아니라 이런 사고의 의미가 일반적인 원칙 혹은 합리적인 추론 과정이 될 수 있는지를 따져보는 것이다. 치료자들은 이렇게 설명할 수 있다: "지금 우리는 당신 생각이 참인지 거짓인지를 검증하려는 게 아닙니다. 그보다는 당신 생각의 의미가 모든 사람들에게 적용되어도 그럴 듯한지의 여부를 확인하는 것입니다."

기타 기법에 대한 탐색

관련된 기법으로는 '당위' 명제에 대한 도전, 득과 실을 검증하기, 가치체계를 검증하기, 새로운 적응적 가정을 개발하기 등이 있다.

양식

양식 5.7(모순된 생각 감소시키기)

기법 : 감정 휴리스틱

설명하기

불안하고 우울한 사고의 일반적인 특성은 개인의 현재 정서적 상태가 현실을 평가하는 기반이 된다는 점이다. 예를 들어, Finucane, Alhakami, Slovic, Johnson(2000)은 불안한 각성이 개인으로 하여금 관련 없는 사건에 대해서도 위기, 위험으로 지각하게 하는 경향을 높인다고 보았다. 이러한 결과는 "나는 불안해, 그래서 위험해"라는 저변의 정서적 추론 과정을 제안한다(Keller, Siegrist, & Gutscher, 2006). 정서는 외부 사건에 대한 좋은 지표가 아니다. 감정 휴리스틱을 검증하면서, 우리는 내담자에게 정서가 얼마나 사고에 영향을 미치는지 검토해보라고 제시하는데(인과적 방향 : 정서 → 사고), 이는 인지주의자들에게는 다소 기이해 보일 수 있다. 정서유발기법,

즉 내담자가 특정 정동을 일으키는 방법에 대해 배우는 것은 감정 휴리스틱을 수정하도록 이끌어 낼 수 있다. 예를 들면, 만일 내담자가 정서적 추론을 사용한다면 혹은 개인의 생각이 부정적 정서로부터 유도된 경우, 긍정적인 정서를 이끌어냄으로써 기분의 변화를 가져올 수 있다. 예를 들어, Velten 기법을 사용할 경우, 긍정적인 정서가 경험될 때까지 내담자들은 긍정적인 어휘를 반복하거나 혹은 긍정적인 심상을 회상한다. 그리고 새로운 정서 상태에서 현재의 문제를 다시 검토해 본다(Snyder & White, 1982; Velten, 1968).

토론 안건

정서적 추론

"걱정이 있거나 불안하고 우울할 때 우리는 우리의 감정을 통해 방향을 잡습니다. 우리의 감정이 슬프거나 불안하기 때문에 '모든 일들이 잘못되고 있다'라고 생각할 수 있습니다. 이를 '정서적 추론'이라고 부르죠. 당신이 걱정하는 것이 있을 때 스스로에게 이런 감정이 혹시 내 생각을 이끌고 있는 게 아닌지 물어봅시다. 상황을 다르게 볼 수 있는 대안적인 방식은 없을까요?"

감정 휴리스틱

"때로 당신의 감정은 직접적으로 당신이 생각하는 방식에 영향을 미칩니다. 예를 들어, 슬픈 마음이 들 때, 이런 슬픈 감정은 많은 부정적 사고를 양산합니다. 세상에 대한 당신의 경험은 당신의 슬픈 감정에 의해 영향을 받습니다. 이러한 패턴을 검증하기 위해 우리는 세 가지를 물어볼 수 있습니다. 첫째, 현재의 부정적 감정을 쓰고 당신이 가진 부정적 사고를 기록해봅니다. 둘째, 10분 동안 당신 기분이 나아질 때까지 긍정적 단어를 반복합니다. 셋째, 당신의 새롭고 긍정적인 정서의 유리한 점을 기반으로 현재의 상황에 대해 새롭게 생각해보는 걸 시도합니다. 이러한 생각들, 특히 가지고 있는 긍정적이고 건설적인 생각을 기록해봅니다."

예

정서적 추론

치료자 : 다음 주 비행기를 타야 하는 것과 관련해서 매우 흥분되었다는 말씀하셨어요. 그런 감정을 '흥분한' 기분이라고 말해도 될까요?

내담자 : 난 정말 불안하고 초조해요. 비행을 해야 하고 그리고 비행기가 추락할 거라는 생각을 떨칠 수가 없어요. 정말 긴장돼요. 잠을 잘 수가 없어요.

치료자 : 그러니까 당신이 흥분했다는 것을 알게 된 방법이 그것이군요. 즉, 당신은 초조하고 긴장되고 그래서 잠을 잘 수 없는 거죠. 당신이 비행기를 타는 것에 대해 생각할 때 비행에 대한 공포와 초조한 감정이 어떻게 관련되어 있나요?

내담자 : 난 정말 긴장되고 두렵고 그래서 "비행기 타는 게 정말 위험할 거야"라는 생각을 하게 되죠.

치료자 : 당신의 공포와 두려움을 비행이 위험하다는 것의 증거로 사용하는 것처럼 들리네요.

내담자 : 네. 긴장될 때마다 뭔가 안 좋은 일이 일어날 것 같아요.

치료자 : 하지만 그런 긴장과 불안이 정말로 뭔가 나쁜 일이 생길 거라는 것에 대한 근거가 되나요?

내담자 : 아니죠. 그냥 느낌일 뿐이죠.

치료자 : 만일 그런 감정들을 무시하고 스스로에게 "비행이 위험하다는 정말 강력하고 실제적인 증거 가 있나?"라고 질문한다면 어떨까요?

내담자 : 위험하다는 어떠한 증거도 갖고 있지는 않죠.

감정 휴리스틱

치료자 : 당신은 최근에 정말로 기분이 다운되었어요. 그리고 당신과 낸시는 헤어졌죠. 부정적인 생각 과 감정이 물밀 듯이 밀려오고 있어요. 때로 우리의 기분이 가라앉았을 때, 부정적 감정은 부정적 사 고를 일으키는 촉발인자가 되죠.

내담자 : 예. 다시는 그녀 같은 사람을 만날 수 없을 거란 생각이 들어요. 다시는 행복할 수도 없죠.

치료자 : 알겠어요. 한번 실험을 해보죠. 눈을 감고 이완을 해볼게요. 긍정적인 감정을 만들어내기 위 한 작업을 할 거예요. 눈을 뜨고 이걸 한번 읽어보세요. 그리고 단어가 불러일으키는 긍정적인 감정 에 집중해보세요(내담자에게 Velten 카드를 보여준다). 기분이 어때요?

내담자 : 나아졌어요. 아까보다는 좀 덜해요.

치료자 : 낸시와의 결별에 대해 당신이 어떻게 생각하는지 알아보죠. 긍정적 혹은 중립적인 생각이 있 나요?

내담자 : 글쎄요. 이게 최선이었을 거예요. 우리는 노력했지만, 서로 많이 달랐어요.

치료자 : 낸시와의 결별이 가져온 긍정적인 결과가 있을까요?

내담자 : 아마 보다 나와 잘 맞는 타입의 사람을 만날 수 있겠죠.

치료자 : 그런 생각이 어떻게 느껴지나요?

내담자 : 좀 낫네요. 희망이 보여요.

치료자 : 스스로에게 기분의 변화와 사고의 변화를 어떻게 이끌어내는지에 대해 이런 변화가 뭘 얘기 해주는지 한번 말해볼래요?

내담자 : 네. 이 단어들을 읽으면서 좀 덜 슬프고, 지금은 … 좀 더 긍정적인 관점에서 생각을 하는 것 같아요.

치료자 : 우리의 감정이 우리가 생각하는 방식에 영향을 미친다는 것을 배운 것이죠.

과제

양식 5.8을 이용해 치료자는 내담자에게 (1) 그들이 현재 붙잡고 있는 부정적인 신념들("아무도 날 좋아하지 않아", "난 항상 혼자예요", "난 어떤 일도 제대로 해낼 수 없어" 등)을 검증해볼 수 있다, (2) 이러한 신념과 관련된 감정들에 대해 생각해본다(불안, 우울, 슬픔, 분노, 외로움 등). 마지막으로 치료자는 내담자에게 감정이 '좋게' 혹은 '낙천적으로' 바뀌었을 때 현재의 상황을 어떻게 볼 수 있는지를 물어볼 수 있다.

일어날 수 있는 문제

어떤 사람들은 현재 자신이 느끼는 감정에서 벗어나 다른 감정을 상상하려 할 때 어려움을 겪기도 한다. 불안이 높거나 슬픈 내담자들은 그들의 부정적 감정에 사로잡혀 있다. 치료자는 내담자에게 이완 훈련 및 긍정적인 심상을 사용케 해서 긍정적인 정서를 유도할 수 있다. 이러한 심상은 내담자에게 과거의 행복 경험이나 안정 경험에 대한 긍정적인 기억 세트를 가져오게 이끌 수 있다. 심상은 긍정적 혹은 이완된 감정을 유도하고 현재의 상황을 특징짓는 감정 휴리스틱에 도전하는 데 사용될 수 있다.

기타 기법에 대한 탐색

이중기준, '발코니'에서 현재의 상황을 바라보기, 특정 관점에 상황을 놓아보기 등과 같은 거리두기 기법을 사용하는 데 유용하다. 또한 타임머신 기법, 득과 실을 따져보기, 신념이 유용한지 타당성을 지지하는 증거와 반하는 증거들을 검토해보기 등이 있다.

양식

양식 5.8(정서 유도와 대안적 사고)

기법 : 최신성 효과

설명하기

소위 '주먹구구식'(혹은 발견법적인) 방법은 오랜 시간 누적된 평균적인 정보들을 사용하기보다는 최근의 정보에 과도하게 강조점을 두곤 한다. 최근 사건들이 이전의 반복된 사건 혹은 기저 사건들에 비해 훨씬 강력하게 대표적인 특성을 지닌 것처럼 보인다. 예를 들어, 최근 비행기 추락 소식을 들은 사람은 비행기가 매우 위험하다고 결론을 내린다. 또 최근에 관계가 끊어진 사람은 거부된 느낌을 갖기 쉬우며, 이런 최근의 '거부' 경험이 앞으로 맺게 된 모든 관계의 가장 대표적인 모습처럼 느끼게 된다.

토론 안건

"당신은 최근에 일어난 일들에 정말 많은 강조점을 두고 있네요. 예를 들어, [X]라는 사건이 최근에 일어났음을 알아차리고, 지금 이 [X]라는 사건이 계속해서 일어나리라 생각합니다. 현 상황에서 한 발 벗어나서 보다 긴 시간대로 이 상황을 바라보죠. 과거 [몇 년] 동안 [X]라는 사건이 안 일어났나요? 실제로 사건 [X]가 일어난 것은 몇 번인가요?

예

치료자 : 다음 주에 비행기를 타는 걸 두려워하고 있어요. 왜냐하면 당신이 말했다시피, 지난주에 비행기 추락 소식이 있었기 때문이죠.

내담자 : 맞아요. 전 비행이 위험하다고 생각해요.

치료자 : 비행기 추락 소식이 전해지기 전 최근 2주 전과 비교해서 지난주에 비행이 보다 위험하다고 생각했어요?

내담자 : 네. 물론이죠.

치료자 : 최근의 추락 소식이 비행이 얼마나 위험한지를 보여주는 것이라고 당신이 생각하는 것 같아요. 하지만 지난 한 해 동안 얼마나 많은 비행기들이 이륙하고 안전하게 목적지에 도착했을까요?

내담자 : 수천 대겠죠, 아마.

치료자 : 그럼 수천 대의 비행기 중 한 대가 추락한 거라면, 다음 주에 탈 비행기가 추락할 확률은 얼마나 될까요?

내담자 : 매우 작죠.

치료자 : 때로 우리는 합리적인 현실 대신 최근의 사건을 더 강조하기도 합니다. 비행이 얼마나 위험한지를 이해하기 위해서는 아주 긴 시간 동안의 모든 비행들에 대해 알 필요가 있습니다. 룰렛 게임을 한다고 가정해보죠. 100번 게임을 하고 매번 잃었다고 해봅시다. 그런데 지금 다음에 던져서 당신이 이겨요. 계속 연승할 거라 생각이 드세요?

내담자 : 아니요.

치료자 : 아마 당신은 다음 룰렛 게임이 이전의 100번 게임에서 매번 돈을 잃었던 그때의 모습과 보다 닮아 있을 거라 생각할 거예요.

내담자 : 그게 맞죠.

치료자 : 그러니, 최근 사건은 위험성 여부를 판단하기 위한 유일한 고려사항이 아니예요. 대신, 할 수 있다면 사건의 모든 경우를 고려해야 하죠.

과제

과제는 부정적으로 지각되는 최근의 사건들을 그에 반하는 과거의 사건들과 대조하는 데 초점을 둔다. 치료자는 내담자에게 최근의 사건 리스트 혹은 문제가 된 경험들을 물어보고 가능한 많은 이전의 리스트들을 작성케 한다. 특히 먼 과거로부터 최근까지 가장 최근의 경험과 일치하지 않는 사건 혹은 경험들의 리스트를 작성한다(양식 5.9를 이용). 대안적이며 보다 긍정적인 사고들을 이끌어낸다. 현재의 위험을 추정하는 데 영향을 미치는 최신성 효과(최근에 비행기가 추락했기 때문에 비행이 위험하다고 믿는 내담자 등)에 직면하고 기저율에 근거해 타당도를 살펴본다. 예를 들어 비행 공포가 있는 내담자는 www.airsafe.com 홈페이지에서 얼마나 많은 승객들이 안전하게 비행기를 이용해 여행을 하는지 알아볼 수 있다.

일어날 수 있는 문제

최근성 효과로 인해 내담자들은 자신의 부정적 자동적 사고와 일치되는 부정적 사건을 보다 잘 회상할 수 있다. 예를 들어, 시험 성적이 안 좋은 내담자가 이전에 목표 달성을 하지 못했던 경험들을 회상해내고 거절당했던 기억을 끄집어낼 수 있다. 치료자는 이런 내담자들에게 과거 한 번이라도 시험에 통과한 때, 목표를 달성했을 때 혹은 어떤 것이라도 즐거웠던 일을 했던 경험들에 대해 물어볼 수 있다. 내담자에게 이력서나 자기소개서 등을 가져오게 하는 게 도움이 될 수 있다.

기타 기법에 대한 탐색

관련된 기법으로는 증거를 검토하기, 증거의 가치 검토하기, 연속적으로 일어날 가능성을 살펴보기, 걱정의 득과 실을 따져보기 등이 있다. 또한 불확실한 사고에 노출하기 등과 같이 불확실성 훈련이 도움이 될 수도 있다.

양식

양식 5.9(최신 효과 검증하기)

기법 : 논리적인 오류에 기초한 논쟁

설명하기

아리스토텔레스는 논리적·논쟁적 추론 과정에서 보이는 수많은 일반적 오류를 정의했다. 많은 사람들이 진실의 증거로서 권위자의 인용문을 사용한다. 예를 들어, 누군가 권위 있는 사람이 진실이라고 얘기했기 때문에 사실이라고 주장하는 것과 같다. 유명한 말로 "나의 아버지는 항상 이렇게 말씀하셨지" 혹은 "우리 사장은 이렇게 말해" 혹은 "내 치료자가 말하길"과 같은 식이다. 또다른 예는 추론 중 오류로 관습을 언급할 때이다. 즉, "모든 사람이 그래"와 같은 식으로 증거를 삼는 것이다. 예를 들어 "언제나 그러했듯 이번 것도 그래"와 같은 것들처럼 이전의 사례에 기초해 논리를 전개하는 오류이다. 이러한 추론은 현재의 사건을 정확하게, 논리적으로, 실용적으로, 바람직하게, 혹은 도덕적으로 증명하지 못한다. 많은 권위자들이 매우 부정확한 주장을 편다. 즉, 지구가 태양계의 중심이라는 등의 주장 말이다. 이와 비슷하게 누군가 어떤 방식으로 무언가를 했다는 것이 당신이 그 방식을 그대로 적용하는 게 유용하다는 것을 의미하지 않는다. 실제로 어떤 일을 하는 데는 다양한 방식이 있다. 그래서 여러 가지 교환 방법, 선호도, 기회 등 지금 가용한 자원을 모두 고려해야만 한다. 또 다른 잘못된 추론은 인신공격성 논조이다: "그가 믿는 유일한 이유는 그가 끔찍한 사람이기 때문이다". 이런 인신공격성 논쟁은 논쟁의 타당성을 구축하기보다는 개인의 성격을 공격하는 논쟁이다. 논리적 오류에 대한 뛰어난 논의가 Halpern(2002)의 사고와 지식 : 비판적인 사고 소개(*Thought and Knowledge: An Introduction to Critical Thinking*)와 Cohen과 Nagel(1993)의 논리의 소개(*An Introduction to Logic*)에서 제시되고 있다.

토론 안건

"타당하지 않은 생각이나 논쟁에 반응하느라 우리는 부정적 신념에 너무나 많은 시산을 사로잡혀 있습니다. 이런 생각 혹은 논쟁은 권위자의 말이나 관습이라는 이유로 타당도를 획득한 것들입니다. 예를 들어, 누군가 전문가의 주장이 어떤 일에 있어 사실이라고 강력하게 믿는다고 합시다. 혹은 입증되지 않은 가정에 입각한 논쟁, 즉 모든 사람이 그래라는 식 말입니다. 유사하게 이전 행동에 기초한 논쟁도 있습니다. 예를 들어, "과거에 그랬거든"과 같은 경험이 이에 해당됩니다. 혹은 공격 그 이상이 아닌 논쟁, 예를 들어 "오직 바보만이 이렇게 해"라는 식의 말들 말입니다. 당신이 믿는 부정적인 일들에 대해 왜 믿고 있는지 생각해봅시다. 그런 후에 당신의 판단이 과연 권위자의 말인지, 관습인지, 개인적인 공격에 대한 두려움인지, 단지 과거에 했던 방식 중 하나라서인지 스스로에게 질문해봅시다.

예

치료자 : 당신이 게이라는 것이 부끄럽다고 말했어요. 왜죠?

내담자 : 다른 사람들이 게이들을 무시하니까요.

치료자 : 모든 사람이요?

내담자 : 뭐. 모두는 아니죠. 그렇지만 우리 아버지는 늘 게이들을 비난했어요. 성경에서도 게이들을 비난하죠.

치료자 : 당신의 부끄러움은 권위 있는 사람의 말이나 관습 그런 것에 기반한 것이네요. 갈릴레오라는 사람에 대해 들어봤나요?

내담자 : 천문학자죠.

치료자 : 맞아요. 당시 가톨릭 교회는 지구가 태양계의 중심이 아니라고 주장한 갈릴레오를 비난하고 벌을 내렸어요. 그는 지구가 돈다고 주장했죠. 그러나 교회의 권위는 그리고 거의 당대의 거의 모든 사람들은 그를 비난했어요. 그들이 맞나요 아님 갈릴레오가 맞나요?

내담자 : 갈릴레오가 옳았죠.

치료자 : 좋아요. 그럼 당신이 게이라는 사실을 생각해보죠. 그리고 당신이 주변의 권위가와 그리고 당신 아버지의 불인정 때문에 수치감을 느낀다는 것도 생각해보죠. 아버지는 이런 부분, 게이에 대해 정말로 알고 있나요?

내담자 : 아니요.

치료자 : 게이가 되는 게 모든 사람에게 일어나는 것이 아니라고 말했을 때, 그게 틀렸다는 건가요? 모든 사람이 왼손잡이가 아니예요. 또 모든 사람이 초콜렛을 좋아하지는 않아요.

내담자 : 아니죠. 그건 개인적인 거죠. 그런 성향을 타고 나는 거죠.

치료자 : 그럼 권위자들의 주장에 따르거나 다른 사람의 인정을 받기 위해 혹은 다른 사람들이 원하는 것에 기반한 논쟁을 더 이상 하지 않게 되면, 이제 온전히 개인적인 성향만이 남게 됩니다.

과제

양식 5.10을 이용해서 치료자는 내담자에게 모든 논쟁을 기록하게 한다. 자기 비난 혹은 부정적인 신념에 불을 붙이는 논쟁들 말이다. 예를 들어, 만일 내담자가 수치심 때문에 게이인 것에 대해 부정적인 신념을 가지고 있다면, 이런 부정적인 신념을 기록한다. 유사하게 내담자가 스스로에게 과도하게 요구적인 기대를 가지고 있다면(예 : "나는 내가 하는 모든 일에서 성공해야만 해"와 같은) 이러한 기대 저변에 깔린 부정적인 신념을 기록한다. 그런 후에 내담자는 그런 부정적 신념을 지지해줄 수 있는 가능한 모든 논쟁거리를 떠올려서 기록해본다. 예를 들어, 관습적인 편견에 기초해 게이가 되지 말아야 한다는 부정적 신념을 '지지'하는 논쟁("대부분의 사람들은 게이가 아니야"와 같은)을 쓰거나 권위("아버지는 게이가 나쁜 거라고 생각하셨어"), 인신공격적 편견("게이인 사람들은 결함이 있는 사람들이야"), 감정이나 편견, 무례함, 대중들의 생각 등등 해서 부정적 신념을 지지할 수 있는 근거들을 쭉 적어본다. 그런 후 내담자들은 그러한 논쟁이 비논리적인 이유를 적어본다. 예를 들어, 관습적인 기준에 맞춰 제기된 논쟁에 대해 관습이란 항상 시대에 따라 변하고 세계화 시대에 하나로 규정하는 것이 비합리적임을 쓴다. 인신공격적 논쟁은 타당하지 않은데, 왜냐하면 타인의 성향을 폄하하는 것이 당신이 동의하지 않는 관점을 무효화하지 못하기 때문이다.

일어날 수 있는 문제

일부 사람들은 잘못된 논쟁 속의 논리적 오류들을 분석하는 데 어려움을 보일 수 있다. 예를 들어, 관습적으로 자리잡은 오랜 동안의 신념들("X를 하는 사람은 대개 Y일 거라고 사람들이 생각하지")은 제거되기 어렵다. 치료자는 내담자로 하여금 그런 논쟁이 다른 상황에 적용될 때 어떨지에 대해 검증하게 함으로써 내재된 오류를 찾도록 도울 수 있다. 예를 들어, 관습에 기반한 논쟁은 노예제 혹은 반유대주의와 같은 오래전 관습들을 떠올리게 하면서 비합리성이 지적될 수도 있다. 인신공격적인 논쟁은 역사적으로 사람들의 부당한 비방을 당했던 성인 혹은 위인들(예수, 모세, 부처, 링컨 등)을 언급하며 논박해볼 수 있다.

기타 기법에 대한 탐색

관련된 기법으로는 손익비교, 이중기준, 합리적인 역할극, 귀류법 등이 있다.

양식

양식 5.10(논쟁 오류 : 부정적 신념 분석하기)

양식 5.1
확증편향 점검하기

때로 우리는 부정적인 일들에 자동적으로 주의를 집중하는 자신을 발견하곤 합니다. 마치 검은 선글라스를 쓰고 세상을 보는 것과 같은데, 그로 인해 결국 세상을 어둡게 보고 맙니다. 부정적인 생각을 가지고 시작하게 되면 모든 것에 부정적인 것을 보는 자신을 발견하게 됩니다. 우리는 이를 '확증편향'의 경향성이라고 말하는데, 이는 당신을 부정적인 방향으로 더욱 잡아 끌게 된다는 의미입니다. 이는 당신이 원해서가 아닙니다. 단지 특정한 방식, 즉 부정적인 방식으로 생각하고 부정적인 것에 주의를 기울이고, 부정적인 것을 기억하고 또 사건들을 부정적인 방식으로 해석하는 데 익숙해져 있기 때문입니다. 아래 표에 당신이 느낄 수 있는 부정적인 감정들(불안, 슬픔, 분노, 좌절 등)을 적어봅시다. 첫 번째 열에는 부정적인 감정을 적어보고, 다음 열에는 그때 실제로 무슨 일이 일어나는지 적어보고, 세 번째 열에는 일어난 일에 대한 해석을 적어봅니다. 네 번째 열에는 긍정적 편향이 있는 사람이 만일 이를 해석한다면 어떻게 해석할지도 적어봅시다. 당신이 바라보는 관점에 패턴이 있습니까?

부정적인 감정	실제 일어난 일	부정적인 해석	긍정적인 사람이라면 어떻게 볼까?

양식 5.2
모든 정보를 이용하기

불안하거나 기분이 처질 때, 우리는 정보를 탐색하기 위한 노력을 제한하는 경향이 있습니다. 부정적인 예를 한번 떠올려보면, 우리는 그 일이 매우 부정적임을 입증했다고 생각합니다. 제한된 정보 탐색뿐 아니라, 부정적인 신념에 대응하는 정보를 찾으려는 노력 자체를 중단한다는 데 문제가 있습니다. 가능한 많은 정보를 이용하는 것이 중요합니다. 아래 표에서 왼쪽 열에는 부정적인 신념을 쓰고 중간 열에는 다가오는 한 주 동안 그러한 신념과 일치되는 정보들의 예를 수집해서 적어봅시다. 마지막 열에는 부정적인 신념에 반하는 정보들을 적어봅시다. 무엇을 알 수 있나요?

부정적인 신념 혹은 예언	부정적인 신념을 지지하는 예	부정적인 신념에 반하는 예

양식 5.3

사건 발생 가능성 추정하기

당신이 생각하고 있는 부정적인 예언 혹은 걱정, 혹은 부정적인 신념을 아래 표에 적어봅시다. 오른쪽 열에는 그러한 일들, 신념들, 가정들이 사실인지 혹은 실제로 일어날 일인지에 대한 가능성(0~100%)에 대해 적어봅시다. 그리고 아래 표에 있는 질문들에 답해봅시다.

예언 혹은 부정적인 신념	진실일 가능성(0~100%)

그런 생각이 사실일 가능성을 발견하기 위해 사용할 수 있는 정보원은 무엇인가?

그런 생각이 사실 혹은 실제 일어날 거라는 가능성 추정이 과장되어 있는가?

만일 실제 존재할 가능성이라는 관점에서 그런 생각, 사건들을 바라보면 어떨까?

양식 5.4
논리적 오류 검증하기

논리적 오류 검증하기의 예 : 논리를 비약해 결론 내리기, 가능성을 개연성으로 혼동하기, 행동과 사람을 혼동하기, 두 가지의 독립적인 사건을 연결 짓기, 자기 모순적인 진술하기("난 많은 성공을 했어. 하지만 실패자야"), 다른 사람의 생각에 기초해 자신의 가치를 평가하기

부정적인 사고	사고의 오류

보다 합리적이고 실제적이며 논리적으로 사건을 바라볼 수 있는 방식은 무엇인가?

만일 지금 이런 일들을 다른 방식으로 생각한다면 어떻게 느끼게 될까?

양식 5.5
실제하지 않는 패턴 보기

우리 대부분은 정확하지 않음에도 특정 패턴으로 사건이나 세상을 바라보곤 합니다. 예를 들어 누군가 "내가 하는 일들은 모두 엉망이야"라고 말하지만 정작 현재 잘 진행되고 있는 많은 일들에 대해서는 인식하지 못하는 경우가 그에 해당됩니다. 혹은 단 하나의 사건 혹은 행동이 다른 것의 원인이라고 생각하는 사람이 있을 수 있습니다. 그래서 "다른 사람과 얘기하려고 할 때마다 꼭 끝이 안 좋아"라고 얘기하는 사람도 있습니다. 이러한 패턴이 실제로 존재하는지 혹은 내 생각일 뿐인지를 검증하는 것이 중요합니다. 패턴으로 보이는 혹은 항상 떠올리는 하나의 원인에 대한 생각이 타당하지 않다는 예를 마음속에 떠올리는 것이 중요합니다.

내가 보는 패턴	패턴에 반대되는 예

패턴으로 보기보다는 사건을 잘 설명할 수 있는 다른 이유는 없는가?
각 사건들이 서로 관련이 없을 수 있는가?
이런 패턴에 들어맞지 않는 사건들이 있는가?
이런 사건들이 어떻게 일어났는가?
모든 사람들이 이 패턴을 보고 있는가? 아니라면 왜인가?

양식 5.6
잘못된 이분법적 사고에 도전하기

우리는 때로 잘못된 이분법적 결론을 창출하는 실무율적 사고를 합니다. 이런 사고 유형으로는 "난 승자 아니면 패자" 혹은 "난 항상 사람들에게 차여"라는 것 등이 있습니다. 아래 표의 왼쪽 열에 당신이 가지고 있는 이분법적 사고의 예를 적어보세요(당신의 잘못된 이분법적 사고). 가운데 열에는 이런 생각이 사실이 아닐 때의 예를 써봅니다. 마지막 오른쪽 열에는 부정적인 사고와 함께 긍정적인 사고도 적으면서 당신의 흑백논리적 진술을 적어보세요. 예를 들어, "때로 나는 잘하기도 하지만, 때로 잘 못하기도 해". 만일 당신의 부정적 사고가 선택적이라면(A 아니면 B야), 적어도 한 가지 대안을 떠올려 봅시다.

실무율적 사고(잘못된 이분법)	그 생각이 사실이 아니라는 예	"때로 나는 …" 진술

양식 5.7
모순된 생각 감소시키기

당신의 신념에 대한 논리적인 함축을 살펴보세요. 불합리한가요? 예를 들어, "난 미혼이야. 나는 사랑받을 만한 사람이 아니야"라는 생각이 함축하는 바는 "결혼한 사람들은 모두 한때는 미혼이야. 따라서 모든 결혼한 사람은 사랑받을 만한 사람이 아니야"라는 결론에 이르게 됩니다. 당신이 지닌 부정적인 생각 중 하나를 가져와서 가장 극단적인 수준의 모순적인 위치에 놓아봅시다. 이런 모순적인 생각에 대해 당신은 어떤 생각을 가지고 있나요?

현재의 부정적 사고	이런 방식의 생각이 왜 모순적인가?
모든 싱글들이 결혼하지는 않아. 따라서 싱글은 실패자야. 그래서 사람들은 항상 실패자와 결혼을 하지. 왜냐하면 사람들은 모두 싱글들과 결혼을 하니까. 따라서 결혼한 모든 사람들도 역시 실패자야. 따라서 모든 사람은 실패자야.	싱글이든 결혼한 사람이든 그걸 개인적인 단점, 흠과 연결지을 수는 없어. "난 싱글이야. 그래서 난 실패자야"라는 생각의 논리는 모든 사람이 실패자라는 결론을 내리게 해. 그건 정말 불합리한 결론이야.

양식 5.8
정서 유도와 대안적 사고

왼쪽 열에 현재의 부정적 사고를 적어보고, 가운데 열에는 현재의 부정적 감정 혹은 느낌을 적어보세요. 그리고 다음의 감정 유도 경험을 시도해봅시다.

정서 유도 : 눈을 감고 긍정적이고 이완된 장면을 떠올려보세요. 온 몸의 근육을 이완시키고 숨을 천천히 쉽니다. 마음속에 긍정적인 장면이 떠오를 때, 이를 몇 개의 긍정적 단어로 생각해봅시다. 이런 단어들에는 이완, 안정, 따뜻함, 친절, 안전 등이 있습니다. 긍정적인 이미지를 형성하고 기분이 안정되고 이완된 후에, 다시 현재의 상황을 가장 긍정적인 측면에서 생각해봅시다. 지금 느끼는 긍정적인 감정에 기반해서 현재 상황을 다시 바라봅니다. 이제 눈을 뜨고 긍정적인 기분을 느끼는 상태에서 오른쪽 열에 긍정적인 생각을 적어보세요.

현재의 부정적인 생각	현재의 부정적 감정	긍정적인 감정을 경험하는 동안의 대안적 긍정적 사고

양식 5.9
최신 효과 검증하기

왼쪽 열에 당신의 부정적 감정을 불러일으킨 최신 사건을 적어보세요(낮은 성취, 사고, 거절, 실망 등). 오른쪽 열에는 최근은 아니지만 현재의 경험에 반대되는 사건들을 적어보세요. 예를 들어, 최근의 시험 결과를 놓고 "시험을 망쳤어. 난 정말 바보야"라고 생각하는 사람은 과거에 좋은 성적을 냈었던 때를 기억하고 적어보세요.

과잉일반화하고 있는 최근의 사건 혹은 경험	이에 반하는 이전의 사건

모든 정보가 아닌 최신 정보에 강조점을 두면 얻게 되는 결과는 무엇인가?

만일 최근의 사건이 아니라 일반적인 경우, 모든 사건에 기반해서 판단을 내린다면 어떨까?

양식 5.10
논쟁 오류 : 부정적 신념 분석하기

사고상의 오류 혹은 실수들의 예를 살펴봅시다. 우리 모두 어느 정도는 이런 오류들을 가지고 있습니다. 현재의 부정적 사고를 알아차리고 이 사고들 중 어느 것이 추론 과정의 오류에 해당하는지를 살펴보세요. 이러한 오류들을 수정할 수 있는 방법을 생각해볼 수 있나요? 당신의 추론에서 잘못된 부분은 무엇인가요?

논리적 오류	부정적 신념에서의 오류 예	이러한 오류를 내가 사용하는 경우	이런 생각에서 오류는 무엇인가?
인신공격	그는 나쁜 사람이라 틀린 거야.		
권위에의 호소	우리 아버지가 그렇게 잘못됐다고 생각하셔.		
관습	항상 그랬던 거니까 그런 거야.		
정서	그 생각을 하면 화가 나. 그러니까 잘못된 거지.		
공포	그걸 믿게 되면 나쁜 일이 일어날 거야.		
연민에의 호소	누군가는 불행해지는 거니까 그렇게 하면 안 돼!		
모욕에 대한 공포	네가 그걸 하면, 모든 사람이 널 실패자라고 생각할 거야.		
군중심리에의 호소	모든 사람이 그렇게 해.		
선결문제	다른 사람이 좋아하지 않으니까 넌 하면 안 돼. 그러니까 그걸 하는 건 잘못된 거야.		

(계속)

논쟁 오류 : 부정적 신념 분석하기(계속)

논리적 오류	부정적 신념에서의 오류 예	이러한 오류를 내가 사용하는 경우	이런 생각에서 오류는 무엇인가?
인과 설정의 오류	난 멍청이임에 틀림없어. 그러니 일이 될 리가 없지.		
도박사의 오류	이제 반드시 행운이 올 거야. 그동안 정말 많이 잃었으니 이제 행운은 내 차례야.		
어거지로 부정적 의미 부여하기	그 남자와 어울리다니 그녀는 정말 나쁜 사람이야.		
상상력의 부족	그가 왜 그걸 했는지 난 도무지 생각할 수 없어. 그 사람이 미친 게 틀림없어.		
"스코틀랜드 사람의 오류"(내식대로 정의하기)	어떤 현실적인 사람도 그렇게 하지는 않아. 그런데 그는 그걸 했어. 그러니 그는 현실적인 사람이 아니야.		
상대성 오류	모든 것은 상대적이야. 누구나 자기 방식이 있어. 실제란 없는 거지.		
연쇄반응의 오류	만일 실수를 한다면 모든 게 산산이 부서질 거야.		
인과적 오류	난 X를 하는 많은 사람들이 어떤지 알아. 그녀는 X를 했어. 그러니까 그녀 역시 그런 사람들과 비슷할 거야.		
작은 표집 오류	인터넷 데이트에 대해 내 친구 두 명이 나쁜 경험이 있어. 그러니까 인터넷 데이트는 나쁜 생각이야.		
잘못 강요된 선택	수잔과 캐럴 사이에서 반드시 선택을 해야만 해.		
선호와 필연성의 혼돈	난 부자로 살고 싶어. 그러니까 반드시 부자가 되어야만 해.		

제6장

의사결정 수정하기

무엇을 먹을 것인지, 운동을 할 것인지, 무엇을 살 것인지, 어떤 관계를 추구할 것인지, 어디
에서 살 것인지, 무엇을 말할 것인지, 어떤 경력을 추구할 것인지, 결정을 뒤집고 직업이
나 관계에서 벗어나야 하는지 등을 선택하는 것과 같이 의사결정은 삶의 거의 모든 면에서 핵심
이다. 우울은 종종 우유부단함을 특징으로 한다. 예를 들어 사람들은 무엇을 해야 할지 결정할 수
없어서 중요한 행동을 지연하는 경우가 많으며, 잘못된 결정을 하면 갖게 되는 자기 비판적 사고
가 밀려드는 것을 두려워한다. 불안은 종종 불쾌감을 불러일으키는 상황을 피하려는 결정과 관련
되어 있어서, 공황 발작을 경험할까, 오염될까, 어리석게 보일까 또는 삶을 위협하는 상황에 직면
할까 두려워한다. 기대된 수행 결과의 강도와 지속 시간을 과장하는 것은 드문 일이 아니며 예상
보다 나은 결과가 나왔음을 나중에 알게 된다. 약물 사용 문제를 가진 사람들은 음주를 하거나 불
법 약물을 사용하는 것을 선택하는 결정에 직면하여, 종종 장기적인 결과보다는 단기적인 감정과
감각에 초점을 맞춘다.

이 장에서 필자는 의사결정을 하는 데 있어서 많은 문제를 조사하고, 환자들에게 좀 더 적응적
인 결정을 내릴 수 있도록 하는 기법과 전략들에 대해서 개괄할 것이다. 의사결정하는 것에 대한
고전적인 모델에서는 '유용성(utility)', 즉 특정한 대안과 관련된 이익 또는 손해에 초점을 맞추었
다. 유용성에 대한 모델들은 종종 틀린 것으로 판명되는, 결정권자에 대한 가정을 근거로 한다.
이러한 모델에는 의사결정자가 모든 관련 정보를 갖고 있다는 가정, 정보의 경중을 합리적으로
잰다는 가정, 다른 정보 원천에 비해 최근 정보나 눈에 띄는 정보를 선호하지 않는다는 가정, 과
거의 결정을 무시하고 미래의 효용성에 초점을 둔다는 가정, 정보를 안내하는 데 자신의 감정을
사용하지 않는다는 가정, 그리고 자신의 선호도에서 일관성을 유지한다는 가정 등이 포함된다.
그러나 의사결정에 대한 연구는 이러한 가정들의 각각이 모두 틀렸다는 것을 제시하고 있다. 그
결과, 의사결정은 잘못된 방향으로 이루어지며 차후 우울증과 불안을 불러일으킨다.

의사결정자가 합리성을 이용하고, 비용과 이익을 재고, 단지 관련 정보만을 이용한다는 '규범 적인 모델'과는 달리, 개인은 결정을 하기 위해 약칭 경험의 법칙 또는 발견법을 이용한다는 증거 가 현재 상당하다. 이러한 발견법은 사람들로 하여금 기본적인 비율을 고려하거나 둘 간의 비교 에 몰입하는 것 없이 재빠른 결정을 하게끔 한다. 하나의 발견법은 '만족시키는' 규칙인데, 즉 "나 는 수행 결과를 최적화하거나 최선의 결정에 도달하지 않고 단순히 내 욕구를 충족시키는 대안을 찾을 때까지 검색할 것이다"와 같다. 예를 들어, 나는 점심 시간에 정찬을 먹으러 갈 것이지만 약 속이 있어서 곧 사무실로 돌아가야 하기 때문에 시간의 압박이 있다. 메뉴판이 도착하는데, 100가 지의 앙트레, 전채 및 샐러드를 비교하여 검토할 수 있는 기회를 제공하고 있다. 어떤 결정 전략 을 사용할까? 하나의 경험 법칙은 아마도 "먹기에 아주 좋은 내가 잘 알고 있는 것을 선택하라"일 것이다. '만족' 규칙에 따르면 '처음의 것', 즉 이 기준에 맞는 첫 번째 음식이 충분히 좋다는 것이 다. 대안적 경험의 법칙(이것은 지름길은 아님)은 웨이터에게 모든 요리의 장단점을 물어보고 이 들 요리 간의 비교를 요청하는 것이다. 시간이 중요하기 때문에 나는 만족하는 첫 번째 것을 이용 한다. 자, 검색만 계속했다면 메뉴에 훨씬 더 나은 대안이 있을 수도 있지만, 시간이 중요할 수 있 기 때문에, 그래서 나는 만족시키는 선택에 도달했을 때 나의 검색을 멈춘다. 계속 검색하는 것은 검색 비용이 들어서, 즉 먹을 시간이 줄어들 것이고, 좌절할 수도 있다. 그리고 나는 샐러드와 스 트로가노프를 비교하는 것을 좋아하지 않는다. 그러나 이러한 추론은 확증편향을 가질 수도 있다 는 것인데, 확증편향은 단지 나 자신의 본래 신념을 확신하는 하나의 대안만을 찾으려고 하는 것 이다. 예를 들어, 내가 실패자라고 믿고 실패의 첫 번째 예를 찾을 때까지 증거를 찾고 그리고 나 서 이것이 나의 신념을 유지하기에 충분하다고 결론을 내린다.

또 다른 발견법은 '손실 혐오'인데, 이것은 이익을 즐기기보다는 손실로 고통을 받을 수 있다 는 것을 말한다. 그래서 1,000달러의 손실은 1,000달러의 이익보다 더 중요한 것으로 경험된다. Kahneman과 Tversky(1979)의 기대이론에서는, 예를 들어 손실 또는 이익으로 대안이 만들어지고 고려되는 방식은 기대된 유용성 이론 위반의 결과를 낳고, 즉 비합리적 결정으로 이끈다는 것을 제시한다. 예를 들어 다음의 대안들을 고려할 때, 즉 1,000달러를 잃을 50%의 확률 대 500달러의 확실한 손실을 고려할 때, 개인은 두 대안의 기대 효용이 동일한 경우조차도 손실의 50% 확률을 선택한다. 손실 혐오와 관련된 것은 '부여 효과'인데, 이는 이미 지불된 것에 대해서 좀 더 가치를 부가해서 소유하는 경향성을 말한다. 즉 내가 그것을 가지고 있기 때문에 단순히 소유한 것에 높 은 가치를 둔다는 것이다. 그래서 어떤 주식을 가지고 있는 투자자는 소유한 적이 없는 주식을 사 기 위해 돈을 지불하기보다는 주식에 대해 더 높은 지불을 요청할 것이다. 부여 효과 때문에, 사 람들은 그들이 우울증의 우유부단함과 같이 이미 가지고 있는 특징을 포기하거나 변화시키려 하 지 않을 것이다. 이 효과는 이번 장 뒤에서 설명하고 있는 '매몰비용'의 개념과 개념적으로 연관 되어 있다. 사람들은 스스로 하는 결정이나 소유권에 높은 가치를 부여하므로, 그들은 주식투자,

관계나 의견에서 '패배자'가 될 확률이 더 높다.

우리는 종종 위험의 평가에서 눈에 띄거나 최신의 정보를 좀 더 강조한다. 예를 들어 최근 비행기 추락 소식을 들었다면, 이것은 뉴스와 뉴스 웹사이트의 오프닝 페이지에서 매우 눈에 띄었을 것이고, 우리는 다른 사고가 있었을 가능성을 과대평가한다. 우리는 안전하게 이륙하고 도착하는 비행기의 확률과 같은 눈에 잘 보이지 않는 기초적인 정보는 무시하고, 강력한 시각적 이미지를 활성화하고 구체적으로 보이고 쉽게 우리의 의식에 접근할 수 있는 정보를 더 강조한다(Kahneman, 1995; Tversky & Kahneman, 1974, 1979). 이러한 결과는 최근의 널리 알려진 사건을 들었을 때 지나치게 걱정하는 범불안장애를 가진 사람들에게 시사하는 바가 있다("나는 비행기를 타는 것이 안전하지 않다고 생각하는데, 왜냐하면 어제 사고가 있었기 때문이다"). 건강염려증을 가진 개인은 인터넷을 스캔하고 암의 모든 '증상'에 대한 정보를 개관할 경우, 이 정보와 질병은 추상적이기보다는 좀 더 접근 가능하고, 기저율을 믿을 수 없게 되며, 이것은 그 개인으로 하여금 더 이상 검사를 할 수 없게 한다. 결과적으로 정서적인 각성은 위험 지각에 영향을 주며 그에 따른 불안의 증가는 삶의 다른 영역에서의 위험 추정치를 증가시킨다(Finucane et al., 2000; Slovic, 2000). 불안이 일단 활성화되면, 그것은 가능한 위험의 지각을 촉발시키는 촉매제로서의 역할을 한다. 인지치료자들(이들이 이것을 정서적 추론의 예로 생각한다)이 사람들은 외부의 위협을 평가하는 데 자신의 정서를 사용할 수 있다는 점에 주목하는 것은 적절하다. 이러한 정서적 발견법과 뒤이은 위험 지각 또는 자원의 부족은 우울과 다양한 불안장애에서 의사결정과 대안 지각에 영향을 미치는 중요한 요소이다. 위험은 우울하고 불안한 사람의 눈에는 어느 곳에서나 있는 것이다.

나는 개인들은 그들의 위험 인내에서 차이를 보이며, 이러한 차이는 노출, 가능성, 회복력, 위험 관리에 영향을 주는 수많은 요인에 대한 신념들을 기초로 한다는 제안을 토대로 의사결정을 하는 데 있어서 위험 평가 모델을 제기해왔다(Leahy, 1997, 1999, 2001a, 2003). 특히 우울과 불안 경향이 있는 개인들은 위험을 혐오하는데, 왜냐하면 그들은 다음에 제시하는 신념들을 가지고 있기 때문이다. 즉 그들은 현재 또는 미래의 자원을 거의 가지고 있지 않고, 그들의 시간 연속성(또는 긍정적인 이점의 기대)은 짧고, 그들이 목표 지향적인 행동을 반복할 수 있다고(Hawley, Ho, Zuroff, & Blatt, 2006) 믿지 않고, 그들이 가진 것을 즐기지 못하고, 손해를 고통스러워하고, 지나치게 후회를 하는 것에 맞추어져 있고, 자신의 판단을 믿지 않는다. 위험에 대한 우울한 평가의 결과로 이러한 사람들은 강력한 정보를 요청하고, 재확인과 안심을 추구하고, 초기에 멈추고, 이점을 일탈로 평가절하하고, 결정하는 데 긴 시간을 써버리고, 위험 또는 위기의 징후를 찾으면서 '위험을 관리하는' 경향이 있다(Leahy, 1997, 1999, 2001a, 2003). 예를 들어, 새로운 사람들을 만나기 위해 파티에 가는 것을 '위험을 무릅쓰는 것'으로 생각하는 우울한 사람은 자신이 관계를 청함을 받은 적이 없고, 거절은 매우 대가가 크고, 거절당한다면 강하게 후회할 것이고, 그 거절로부터 회복하는 데 많은 시간이 걸릴 것이며, 만약 여기에서 성공하지 못하면 포기하는 편이 낫다고 믿을 것이다. 그는 실제로 가려고 결정하기도 전에, 확실함을 필요로 하면서 재확인과 안심을 구하고자 할 것이다. 그는 위험을 혐오한다. 반대로 좀 더 자신감 있는 사람은 좋아하는 것이 많고, 보상을 주는 사람들과의 차후 상호작용을 위한 기회를 많이 가지며, 어떤 거절은 사람을 사귈 때 정상적인 것이라는 관점 때문에 거절도 중요한 문제가 되지 않는다고 믿는다. 요컨대, 그녀는 후회에는 초점을 덜 두며 기회에 더 많은 초점을 둔다. 이러한 두 종류의 개인은 상이한 평가와 가정에 근거한 상이한 비관적인 그리고 낙관적인 위험 전략들을 나타낸다.

이 증거는 우울이나 불안의 높은 수준에 있는 개인들이 좀 더 위험-혐오적인 신념을 가지고 있다는 일반적인 견해를 지지한다. 그래서 인지치료에서 의사결정하는 것을 고려해보면, 긍정적인 것을 만들어내고, 부정적인 사건들로부터 회복하고, 보상과 행동 또는 원천을 다각화하는 그(녀)의 능력에 대한 신념을 평가하고, 후회를 과잉하게 강조하고, 긍정적인 수행 결과를 대단치 않게 생각하고, 의사결정을 하는 데 상당한 정보를 필요로 하는 그(녀)의 경향성에 대한 개인적인 신념을 평가하는 것이 유용하다. 이러한 요인들은 문제 있는 위험 관리 전략들로서 회피, 부족한 인내심, 후회 그리고 위협 감지에 있어서 핵심적인 요소이다(Leahy, 1997, 1999, 2001a, 2003). 이 모델에 따르면, 개인들은 결정을 심사숙고하고 위험을 무릅쓰는 데 있어서 수많은 요인들을 고려한다. 이러한 요인들에는 다음의 것들이 포함된다. 즉 현재의 자원에 대한 지각, 차후 소득이나 이익(현재 결정과는 독립된)에 대한 기대, 결과를 예측하고 통제하는 능력, 긍정적인 결과와 부정적인 결과의 일반화, 손실이나 이익을 규정하는 준거, 자기 또는 타인을 비난하는 성향, 이익을 차지하려는 경향, 손실이나 이익의 가속, '투자' 또는 목표 지향적인 행동의 반복, 시간 수평선, 정보의 요구, 그리고 위험 혐오 또는 위험 인내 등이다. 필자는 다음 부분에서 의사결정에 대한 비관적인 그리고 낙관적인 모델을 논의할 때 이러한 주제들에 대해서 더 설명할 것이다.

위에서 개괄하였듯이, 의사결정의 이슈와 관련된 것은 '영향력 예측'에 대한 연구와 이론이다. 이 용어는 사람들이 미래에 주어진 어떤 사건들에 대해서 어떻게 느낄 것인가를 예측하는 과정에 대한 것이다. 연구는 사람들은 '영향 편향'의 형태로, 정서가 주어진 사건을 변화시키는 그 정도를 종종 과대평가한다고 제시한다. 그래서 사람이 종신재직권을 얻거나 결혼을 할 때, 사람들이 훌륭하다고 느끼는 정서적인 영향력을 과잉 예측하는 경향이 있다. 이것은 긍정적이거나 부정적인 영향, 둘 다에 해당된다. 어떤 영향력 편향의 형태는 '지속성' 효과인데, 이것은 정서가 오랫동안 지속된다는 신념을 말하는 것이다. 당신은 영원히 훌륭하다고 느낄 것이다. 결정과 사건의 정서적인 영향력을 예상하는 데 있어서 사람들은 종종 다른 관련성 있는 요인이 배제된 하나의 단일 요인에 초점을 맞추기도 한다. 예를 들어 한 장소에서 다른 장소로 이사할 때, 사람들은 관계나 직업 그리고 취미 삼아 놀 수 있는 할인점과 같이 기분에 영향을 미치는 다른 요인을 간과하면서 새로운 장소의 좋은 기후에만 초점을 맞출지도 모른다. 이 과정은 '초점주의'라고 알려진 것이다. 반복해서 말하면, 부정적인 경험의 사건(예 : 이혼)에 있어서, 사람들은 곧 뒤따를 새로운 관계나 새로운 기회들은 간과하면서 차후에 효과적으로 대처하는 그들의 능력은 종종 낮게 평가한다. 이것은 개인이 이러한 예상되는 지속적 부정적인 사건에 면역되었다는 인식의 부족을 반영하는 '면역 방치'라고 알려졌다. 필자는 이 장 후반부에 많은 영향력 예측 오류를 다루기 위한 간단한 개입들을 설명할 것이다.

기법 : 단기 목표와 장기 목표를 확인하기

설명하기

의사결정자는 특히 자신이 어떻게 느낄 것인지를 예측하는 것과 같이, 자신들의 단기 목적에 종종 지나치게 초점을 맞춘다. 예를 들어 운동하는 것을 고려할 때, 개인은 예상된 불쾌감, 헬스클럽에 가는 것의 불편함, 필요한 시간, 그 시간에 포기된 덜 힘든 활동들에 초점을 맞출 것이다. 이러한 의사결정자는 단기적인 것에 초점을 맞춘 것이다. 즉 우리는 그들이 즉각적인 결과만을 고려하고 장기적인 이익의 중요성을 인식하지 않기 때문에 근시안적이라고 말할 수 있다. 반대로 장기적인 이익에 초점을 맞춘 의사결정자는 단기적인 불편감은 건강을 유지하고 체중을 줄이기 위해 지불되는 값이고 그리고 이러한 행동들은 바라는 성공을 실현하기 위해 오랜 시간 동안 반복될 필요가 있다는 것을 인정할 것이다. 단기적인 사고의 다른 면은 장기적인 이익의 이점이 무시되는 것인데, 즉 사람들은 이후 더 큰 보상을 기다리기보다는 적지만 즉각적인 보상을 기꺼이 받아들인다. Mischel에 의한 마시멜로 실험들의 고전적인 예는 만족을 지연시키지 못하는 것의 전형적인 예가 된다. 나는 나중의 4개의 마시멜로보다는 지금의 2개를 선택할 것이다(Mischel, Cantor, & Feldman, 1996). Mischel의 연구는 만족을 지연시키지 못하는 것은 학문적인 수행이나 자신의 직업에서의 성공에 대한 장기적인 시사점을 가진다고 제시하였다.

토론 안건

"우리는 종종 단기 목표 또는 장기 목표들에 근거한 결정을 합니다. 예를 들어, 나는 지금 돈을 쓰는 결정을 할 수 있는데, 왜냐하면 나는 이 식사, 또는 이 옷을 사는 것을 즐기기 때문이죠. 또는 나는 돈을 저축하고 그리고 그것을 투자하고 그리고 나중에 차와 같이 좀 더 큰 것을 사기를 희망합니다. 당신의 장기적인 목표, 즉 당신 인생에서 자신에게 중요하다고 느끼는 것을 생각해보세요. 그것들은 당신의 건강, 훈련, 재정적인 행복, 경력, 또는 당신의 개인적인 관계와 관련된 것이라고 할 수 있습니다. 지금의 안락, 먹고 마시는 것의 유혹, 여유 시간을 즐기기 위해 시간을 보내는 것, 단기적으로 당신을 유인하는 흥분 또는 다른 것들과 같이 즉각적인 만족에 초점을 맞추는 단기 목표에 대해서 생각해보세요. 당신의 인생에서 당신이 결정을 내리는 것에 대해서 어떻게 생각하십니까? 목표의 장기적인 결과에 대해서 생각하지 않고 단기적인 만족에 당신은 종종 초점을 맞추고 있습니까? 장기적인 것이 아니라 단기적인 것에 초점을 맞추었을 때 결과는 무엇인가요?"

예

치료자 : 당신이 체중과 친구 관계를 포함한 사회 생활 때문에 좌절했다는 것을 이해합니다. 체중을 줄이고 좀 더 나은 사회 생활을 하는 것이 당신에게 장기적인 목표입니까?

환자 : 네, 저는 10kg을 줄여야 할 필요가 있어요. 그리고 저는 기분이 저하되었을 때 친구들을 만나러 외출하고 싶지 않고 그래서 집에 앉아서 아이스크림을 먹고 텔레비전을 봐요.

치료자 : 아이스크림을 먹고, 운동하고 외출하는 것의 불편함을 피하는 것은 당신에게 중요한 단기 목표처럼 들리네요. 장기적으로 체중을 줄이기를 시작하는 것은 어떻게 생각하세요?

환자 : 다이어트와 운동, 제가 무엇을 해야 하는지 알아요. 그렇지만 너무 어려워요.

치료자 : 그것이 때때로 좌절시키고 실망시킨다는 것을 알아요. 그러나 만약 당신이 열량 섭취량을 줄이고 1년 동안 매일 운동을 한다면 어떻게 될까요?

환자 : 체중을 줄이고 기분이 좀 더 좋아질 수 있다고 확신해요.

치료자 : 당신은 장기적인 것에 대해서 결정을 하고 장기적인 목표를 성취할 때까지 정기적으로 당신의 계획에 따라 실천한 적이 있습니까?

환자 : (생각하다가) 음, 생각이 났어요, 그것은 내가 원하던 대학에 어떻게 가느냐와 관련된 것이었어요. 나는 거의 매일 밤 공부하기로 결정했고 내 점수에 초점을 맞추었고 그리고 나는 해냈어요. 시간이 많이 걸렸죠.

치료자 : 그리고 그것이 자부심을 가지는 것인가요?

환자 : 맞아요, 돌이켜보니 "내가 해냈어"라는 생각이 났어요.

치료자 : 그래서, 아마도 당신은 단기적으로 희생이 있지만 장기적인 이익이 있는 다이어트를 하고 운동을 하는 것과 같은 행동에 자부심을 가질 수 있을 것입니다.

환자 : 제 생각에는 그것이 발전할 수 있는 유일한 방식일 것입니다. 그러나 하기가 어렵군요.

치료자 : 맞아요, 습관이 되어서 그것이 자동적으로 될 때까지 하는 것은 어려울 것입니다. 자동적으로 된다는 것은 아마도 당신이 가지고 있고, 가졌던 매우 좋은 습관처럼, 그것이 매우 자동적이어서 무슨 일이 있는지 당신이 할 수 있는 것을 말하죠.

과제

치료자는 어떤 장기적인 목표, 특히, 좀 더 나은 신체적 상태, 좀 더 나은 친숙하거나 개인적인 관계들, 좀 더 일에서 효과적인 것 등과 같이 '삶의 질'을 반영하는 목표들을 확인하기 위해 환자에게 물어볼 수 있다. 이러한 것들이 환자가 마음속에 간직할 수 있는 좀 더 장기적인 목표들이다. 그리고 나서 치료자는 그(녀)가 이러한 목표들을 실현하는 것에 더 가까이 다가갈 수 있도록 그 다음 주 동안 매일 어떤 행동을 해야 하는지 확인하도록 요청할 수 있다. 그다음 치료자는 환자에게 다음의 (1), (2)에 대해서 고려하도록 요구할 수 있다: (1) 단기 및 장기적 관점, 둘 다에서 이러한 행동들의 대가와 이익들, (2) 할당된 행동을 유지하는 것의 대가와 이익들. 환자는 목표의 이러한 상이한 일시적인 요소들을 확인하기 위해서 양식 6.1을 사용할 수 있다. 환자는 초기에 근시안적이었는가? 추가로 환자는 장기적인 안목에서 행동과 의사결정의 의미를 평가하기 위해 양식 6.2를 사용할 수 있다. 이러한 두 양식의 반응 예시는 그림 6.1과 그림 6.2에 각각 제시되어 있다.

일어날 수 있는 문제

단기적인 이익에 초점을 맞추는 많은 사람들은 즉각적인 순간을 넘어서서 보는 것과 정서 조절에 어려움을 가지고 있다. 예를 들어, 환자는 "단기적 만족의 이익이 꽤 클 것이라고 예측해서 아이스크림을 먹는 것은 너무 유혹적이다"라고 말할 것이다. 치료자는 "당신이 생각하기에 아이스크림으로 얻을 수 있는 즐거움을 0~10점으로 평가한다. "몇 점이라고 생각하세요? 그 즐거움은 얼마나 오래 가죠? 그 즉각적인 즐거움에 굴복한 것에 대해서 나중에 당신이 어떻게 느낄까요?"라고 치료자는 물어볼 수 있다. 또한 치료자는 대안적으로 "만약 당신이 즉각적인 만족을 받아들이지 않고 실제로 좀 더 어려운 것(운동, 후식 금하기, 공부하기)을 수행했다면 어떨까요? 숙달감을

문제 행동	단기 이익	장기 비용
아무것도 안 하고 빈둥거림. 운동하지 않음.	쉴 수 있음. 헬스클럽에 갈 필요가 없으며 내 몸매가 좋아질 것이라고 느끼지 않음. 여기서 안락하고 편안함.	계속 해서 살이 찌고 몸매가 안 좋아지고 있다고 느낄 것임. 편안한 데이트는 되지 않을 것임. 나는 더 이상 발전하지 않을 것이라고 느낄 것임.

그림 6.1 단기 목표에 초점을 맞춘 문제 행동

장기 목표	내가 지금 해야만 하는 것	내가 지금 해야 할 일을 했다면 미래에 어떤 기분이 들 것인가
체중을 줄이는 것과 몸매가 좋아지는 것	매주 네 번씩 운동하기 걸어서 일하러 가기 낮은 열량을 섭취하기	나는 피곤함을 덜 느낄 것이고, 좀 더 많은 에너지, 자부심을 가질 것이고, 좀 더 편안한 데이트를 할 것임.

그림 6.2 장기 목표에 초점 맞추기

당신은 얼마나 경험했나요? 당신은 개선되었다는 느낌을 가져본 적이 있나요? 그것은 당신에게 중요한가요?" 등을 질문할 수 있다.

기타 기법에 대한 탐색

관련된 기법으로는 비용-이익 분석, 즐거움 예측하기, 활동 계획 짜기, 예측 검증하기 그리고 적응적인 행동의 과거 예시 조사하기 등이 있다.

양식

양식 6.1(단기 목표에 초점 맞추기), 양식 6.2(장기 목표에 초점 맞추기)

기법 : 사전 위탁 전략(사전 계약 전략)

설명하기

많은 사람들은 다른 방식으로 행동하려는 유혹이 있을 경우 '실시간'에 결정을 내리는 데 어려움을 겪을 것이라는 점을 인식한다. 예를 들어, 많은 사람들은 저축 계획 또는 은퇴 계획을 위해서 그들의 월급으로부터 달마다 공제하는데, 이는 자신이 돈을 쓰지 않을 것이라는 것을 스스로 신뢰할 수 없어서다(Thaler & Shefrin, 1981; Thaler, 1992). 사람들이 자발적으로 자기 통제에 의존할 수 없다는 인식을 하게 되면 개인은 유혹에 직면하기 전에 자기 통제 계획을 세우게 된다. 이러한 사전 조정 전략들에는 세금의 자동 납부, 저축을 위한 자동 공제, 헬스클럽 가입이 의무화된 회원권 구매, 당신이 아무리 하고 싶지 않더라도 자동적으로 나타날 트레이너의 고용 그리고 자동적으로 사라지는 알람 맞추기 등이 포함된다. 게다가 사전 조정은 다른 사람에게 자신이 책임질 것임을 약속하는 것과 관련 있다. 예를 들어, 자조와 관련해서 한 일을 친구에게 보고하는 것이다. 사전 조정의 또 다른 형태는 어떤 음식을 먹을지, 어떤 운동을 열심히 할지, 어떤 연구 행동을 할지와 같이 사람들이 수행하고 있는 행동들의 개요를 보여주는 일종의 계획서이다. 사전 조정은 또한 각각 규정 준수에 대한 보상과 규정 불이행에 대한 처벌과 관련될 수 있다. 예를 들어 "나는 내가 약속한 행동을 하지 못하면 내가 싫어하는 조직에 1만 원을 보낼 것이다."

토론 안건

"우리 중 많은 사람들은 유혹이 너무 유혹적이라는 것과 마지막 순간까지 기다린다면 장기적인 관심 속에 있는 것을 아마 하지 않을 것이라는 것을 알고 있습니다. 그래서 우리는 은퇴계획을 위해서 월급으로부터 자동이체와 세금 자동이체를 사용하는 것처럼, 우리가 자조활동에 참여하거나 다음 이틀 동안 정확히 무엇을 먹고 무엇을 한 것인지를 누군가에게 미리 약속하면서 해결책을 사용합니다. 이것이 소위 '사전 조정'이라고 부르는 것입니다. 즉 우리는 그 상황에 들어가기 전에 결정을 하고자 합니다. 사전 조정의 이익은 우리가 사건 이전에 정서적으로 평정심을 유지하고 정말로 장기적인 이익을 위한 결정을 할 수 있다는 것입니다."

예

치료자 : 당신은 좀 더 몸을 단련하기를 원하지만, 밤에 외로움을 느낄 때 아이스크림이 너무 유혹적이라고 말했어요. 이것에 대해서 생각하는 한 가지 방법은 우리가 충분히 현명해서 자기 통제력이 우리가 원하는 만큼이 되지 못한다는 것을 깨닫고, 그래서 우리가 차분하고, 유혹이 없을 때, 그리고 즉각적인 쾌락이 아닌 장기적인 목표에 초점을 맞추고 있을 때 결정을 내리는 겁니다. 예를 들어, 당신은 월말에 급여를 모두 받을 경우, 급여를 더 많이 지출할 가능성이 있다는 것을 알 수 있으므로, 저축을 위해 돈을 자동으로 공제하기로 하는 결정을 내릴 수 있습니다.

환자 : 네. 제가 그 돈을 가지고 있을 때 그것을 써버리지 않는 것이 어렵다는 것을 압니다.

치료자 : 이것은 우리가 '사전 조정' 전략이라고 부르는 것입니다. 즉 현실에서 마주치기 전에 뭔가를 하기로 결심하는 것입니다. 예를 들어, 아이스크림은 너무 유혹적이고 맛있으므로, 당신의 냉장고에다가 아무것도 사서 넣지 않기로 결정하는 것이 사전 계약입니다. 그리고 당신이 아이스크림을 구입했을 때 당신 자신과 나에게 이메일을 보내기로 약속할 수 있어요. 그래서 당신은 자동적으로 자신에게 책임을 물을 수 있게 됩니다.

환자 : 그것이 냉장고 안에 있다면, 저는 먹을 것입니다.

치료자 : 다른 사전 조정 전략은 당신이 나에게 미리 1만 원짜리 지폐를 주는 것입니다. 그리고 만약 당신이 일정량의 안 좋은 음식을 먹는다면, 나는 당신이 좋아하지 않는 자선단체에 그것을 보낼 것입니다.

환자 : 그것은 저에게 동기를 부여해주네요. 그것은 제가 한 약속을 깨뜨린 것에 대한 처벌을 이미 정했다는 것을 깨닫게 해줍니다.

치료자 : 그것이야말로 사전조정 전략을 제대로 바라보는 좋은 방법이네요.

과제

치료자는 다음과 같은 것을 제시할 수 있다: "우리는 유혹적인 자극 또는 대상이 우리 앞에 있을 경우 유혹에 저항하는 데 매우 능숙하지 않다는 것을 종종 깨닫습니다. 우리가 유혹에 굴복하고 이후에 후회를 한다는 것을 알고 있지요. 때때로 우리는 이것을 예상할 수 있고 미리 계획을 세웁니다. 하나의 예시는 만약 아이스크림이 우리 앞에 있다면, 우리는 아이스크림에 저항할 수 없다는 것을 깨닫는 경우가 있지요. 그래서 우리는 아이스크림을 사서 집에 가져가지 않겠다고 미리 약속을 할 수 있습니다. 우리는 가게에 들어 가기 전에 조치를 취한 것입니다. 우리는 이것을 '사전 계약' 전략으로 생각할 수 있는데, 이 전략에서 우리는 굴복하기를 원하지 않는다는 것을 알고 있고, 그래서 우리는 유혹을 미리 제거하거나 또는 결과를 설정합니다. 사전 조정의 예는 초과 지출로 이어질 수 있는 결정을 내릴 필요가 없도록 하기 위해 미리 저축 또는 퇴직 계정으로 자동 공제를 하는 것입니다. 당신은 원하지 않는 결과에 대해 생각할 수 있고 규칙을 어길 경우 당신 스스로를 처벌할 수도 있습니다. 또는 규칙을 어길 경우 발생할 수 있는 자동 공제에 대해서 생각할 수 있습니다. 사전 조정에 대해 생각하는 다른 방법은 학습이나 운동을 위해 어떤 자원을 제공하는 학습 모임이나 헬스클럽의 회원권을 사는 것입니다." 치료자는 또한 "이러한 결과를 설정함으로써 당신이 감소 또는 증가하기를 원하는 어떤 행동이 있습니까?"라고 물어볼 수 있다. 과제에는 또한 행동하고 싶은 유혹이 있을 때 먼저 누군가(치료자를 포함한)에게 문자 메시지를 보내기로 약속하는 것이 포함될 수 있다. 환자는 그(녀)의 사전 조정 전략을 강화하기 위해서 양식 6.3을 사용할 수 있다. 환자를 위한 사전 조정 접근의 예시는 그림 6.3에 제시되어 있다.

일어날 수 있는 문제

어떤 경우에, 환자들은 그들의 바람직하지 않은 행동에 대한 '반응 대가'를 설정하기 싫어할 것이다. 환자는 "왜 제가 시도할 경우 저 자신을 벌 주어야 하죠?"라고 논쟁할 것이다. 치료자는 비록 그들이 원하지 않더라도, 변화하겠다는 의사결정은 종종 결과를 경험하는 의사결정과 연관되어 있다고 제시한다. 작은 부정적인 결과는 개인이 원하는 변화를 만들기 위해 더 많은 동기를 얻는 데 도움을 줄 수 있다. 어떤 경우에, 환자는 자기 통제를 실행하는 그(녀)의 능력을 과대평가할 것이다. 즉 "나는 스스로 옳은 일을 하는 데 인위적인 제약을 필요로 하지 않아요"라고 말할 수 있다. 이것은 자기 통제에 대한 흔한 잘못된 이해이다. 치료자는 일들이 잘되는지 아닌지를 알아보기 위해서 사전 조정 전략 없이 환자에게 몇 주 동안 실험을 설정하도록 제안할 수 있다. 이에 더해서 치료자는 환자가 그(녀)가 자기 통제를 실행했지만 계속할 수 없다고 믿었던 다른 경우가 있었는지 물을 수 있다. 자신의 한계를 알고 미리 계획을 세우는 것의 비용과 이익은 무엇인가?

내가 변화하기 원하는 행동	이것을 변화하는 것의 이익	내가 기꺼이 하려고 하는 것(처벌, 문자 보내기, 친구에게 말하기 등)
일주일에 네 번씩 운동하기	체중 감소, 좀 더 많은 에너지, 나의 외모가 나아졌다는 느낌, 몸매가 좋아지는 것, 내 자신을 돌보고 있다는 느낌	나는 내가 매일 운동하는 것을 추적할 것이다. 운동을 해야함을 상기시키기 위해 내 핸드폰에 있는 앱을 사용할 것이다. 나는 내 친구 카렌에게 내가 실제로 한 일을 보고할 것이다.

그림 6.3 지금 결정함으로써 미래에 전념하기

기타 기법에 대한 탐색

관련된 기법으로는 활동 계획하기, 즐거움 예측, 비용-이익 분석, 미래의 자신을 위해 의사결정하기 그리고 영향력 예측 조사하기 등이 있다.

양식

양식 6.3(지금 결정함으로써 미래에 전념하기)

기법 : 매몰비용 극복하기

설명하기

합리적인 의사결정은 미래의 비용-이익 비율에 초점을 맞추는 것이다. 즉 그것이 미래 유용성인데, "내가 이 일을 할 경우 나는 무엇을 얻고 어떤 것을 희생할까?"를 뜻한다. 결정하는 것의 비용은 다른 선택을 잃는 것이다. 예를 들어 내가 친구를 만나러 보스턴을 여행한다면, 나는 집에서 가까운 해변에 갈 기회를 희생할 것이다. 이러한 선택의 손실이 '기회비용'이다. 그러나 많은 사람들은 미래 유용성보다는 기회비용을 무시하면서 어떤 행동 또는 사전 조정(매몰비용)에서 발생한 비용에 초점을 맞출 것이다. 우리는 매몰비용을 미래 유용성보다는 과거 비용에 초점을 맞추는 것으로 생각할 수 있다. 즉 당신이 미래에 처리할 것보다는 당신이 지불한 것에 관심이 있다. 매몰비용은 과거 회고적인 결정이다. 인간은 매몰비용을 존중하는 유일한 동물이다(Arkes & Ayton, 1999). 실험실 쥐는 강화가 제거되어 소거 시도에 직면했을 때 많은 활동을 보여주지만, 그러나 그들은 재빨리 또 다른 곳에서 보상을 찾는 것을 학습한다. 왜 쥐들이 인간보다 똑똑하지 못할까? 또는 우리는 우리 자신을 위해서는 너무 영리한 것인가? '합리적인' 쥐와는 달리, 인간은 그들의 과거 결정을 이해하려고 하고, 과거를 참고하여 그들의 미래 결정을 정당화려고 하면서, 그들의 과거의 결정을 지속적으로 반영하도록 저주받은 것처럼 보인다. 매몰비용을 존중하는 것은 우리는 손실 감정이나 생각을 좋아하지 않는 손실 혐오에 의해서(Wilson, Arvai, & Arkes, 2008), 우리는 비용이 얼마든지 끝까지 가겠다는 것에 갇혀 있는 전념이론에 의해서(Kiesler, Nisbett, & Zanna, 1969), 이익을 과장함으로써 비용을 정당화하거나 이해하고자 하는 인지부조화이론에 의해서(Festinger, 1957, 1961), 변화를 이익보다는 손실로 먼저 생각하는 기대이론이나 손실이론에 의해서(Kahneman & Tversky, 1979), 상황이 나아지기를 희망하면서 프로젝트가 어떤 것이든 우리가 고수하는 것이 낭비가 아니라는 것이 증명되기를 원하는, 낭비에 대한 두려움에 의해서(Arkes, 1996; Arkes & Blumer, 1985), 그리고 즉각적으로 후회하는 것에 대한 두려움 때문에 변화를 시작하는 것보다는 변화하지 않는 것이 더 용이하다는 무활동·무기력 이론에 의해서(Gilovich & Medvec, 1994; Gilovich, Medvec, & Chen, 1995) 설명될 수 있다. 각각의 경우에 우리를 발목 잡는 과거를 '설명할 필요'와 변화에 대한 해석을 인식하기 전까지는, 이러한 혼동을 만드는 것은 보상의 부재이다.

매몰비용이 어째서 우리에게 걸림돌이 되는지 또는 그 비용을 존중하는지를 좀 더 자세히 살펴보자. 몇 가지의 이유가 있다. 첫째는, 우리는 낭비하는 것에 대한 두려움을 가지고 있다. 우리는 써버린 모든 시간과 노력에 대해서 생각하는 것을 원하지 않는다. 다음의 예를 생각해보자. 나는 10만 원을 들고서 그것을 누군가에게 주거나 써버리지 않고 태울 것이라고 당신에게 말할 수 있다. 당신의 즉각적인 반응은 격분이다. 왜? 당신은 내가 돈을 낭비하는 것을 관찰하는 것이 전혀 손해를 끼치지 않더라도 낭비한다는 생각을 견딜 수 없다. 그리고 써버리는 것의 공포는 우리가 정장에 써버린 돈 또는 미술사를 전공하는 데 써버린 시간 또는 막다른 관계에 써버린 2년의 시간을 생각할 때 좀 더 명백하다. 둘째로, 우리는 자신이 결정을 내리는 것에 대해 옳다는 것을 증명할 필요가 있으며 매몰비용을 포기하는 것은 우리가 실수를 했다는 것을 증명할 것이라고 생각할 수 있다. 우리는 후회를 두려워하고, 그래서 상황이 나아질 것이라는 희망으로 매몰비용을 포기하는 것에 실패한다. 세 번째, 우리는 매몰비용을 포기할 때 얼마나 기분이 나쁠까에 대해 걱정할 수 있다. 우리는 우리의 불행이 너무 강렬해서 그것을 견뎌낼 수 없다고 생각할 것이다. 넷째로, 일단 매몰비용을 포기하면 따라오는 긍정적인 기회들을 예상하지 못할 것이다. 우리는 닻을 올리고 항해하기 시작하면 열릴 새로운 가능성들을 인식하지 못한다. 그리고 다섯 번째로 만약 매몰비용을 포기한다면, 다른 사람들이 우리를 비난하고 더 빨리 포기하지 않은 것을 비난하고, 우리를 포기자로 바라보는 것을 예상하면서 다른 사람들이 나를 어떻게 볼 것인지에 대해서 지나치게 우려할 수도 있다.

똑똑한 사람들은 장기적으로 가치 있는 것으로 입증되기를 희망하면서 그들이 유지하고 있는 취약한 결정들을 종종 고수한다. 나는 환자들이 결혼, 경력, 직업 또는 옷장에 있는 정장/드레스를 변덕스럽게 포기하라고 제안하는 것은 아니다. 단지 그들이 더 이상 보상이 없는 것처럼 보이는 과거 결정에 대한 자신의 헌신을 조사하는 데 약간의 시간을 사용하라고 제안하는 것이며, 그러면 지금 좀 더 나은 의사결정을 할 수 있을 것이다. 나는 좋은 결정은 미래 이익이라는 것을 지적하고 있다. 그들은 앞으로 나아감으로써 좀 더 많은 이익을 얻을 수 있을 때 과거를 정당화하는 데 지나치게 신경을 쓰지 말아야 한다.

토론 안건

치료자는 환자에게 다음과 같은 것을 고려하라고 요청할 수 있다.

"현재 상황에서 지속되는 당장의 비용과 이익은 무엇입니까?"

"현재 상황에서 지속되는 장기적인 비용과 이익은 무엇입니까?"

"만약 당신이 매수(관계 맺기 등)를 다시 결정했다면, 당신은 같은 결정을 할까요? 어째서 아니죠?"

"만약 당신이 정장 또는 드레스를 잃어버렸다면, 밖으로 나가서 다시 같은 것을 살 것입니까? 어째서 아니죠?"

"당신이 매몰비용을 고집하기 때문에 다른 기회를 희생하고 있나요? 예를 들어 꽉 막혀 있는 것들을 고수함으로써 다른 관계나 일 또는 공부의 가능성을 포기하고 있나요? 과거 결정을 고수하는 기회비용은 무엇이죠?"

"비용이 증가하는 동안 시간이 지나면서 당신의 선택의 이익이 감소될 수 있을까요? 만약 그렇다면, 비용 대 이익의 거래는 달라졌나요?"

"초기 결정을 했을 때 모든 정보를 가지고 있지는 않았지만, 새로운 정보가 있는 지금 이것이 당신이 예상한 것이 아니라는 것이 명확한가요?"

"당신이 잘못된 결정을 여전히 고수할 때조차도 당신이 옳다고 입증하려고 하고 있나요? 행복하게 되는 것보다 옳은 것이 더 중요한가요?"

"당신이 똑같은 상태에 있는 다른 누군가를 발견했다면, 당신은 그(녀)가 매몰비용을 알고 있으라고 권할 것입니까 아니면 빠져나가라고 권할 것입니까? 우리는 보통 매몰비용을 포기하도록 누군가에게 조언하는데, 왜냐하면 우리 자신의 행동을 정당화시키지 않으려고 하기 때문입니다. 우리는 다른 사람에 대해 말하고 있는 겁니다."

"매몰비용을 포기하는 것이 나쁜 의사결정이라기보다 좋은 의사결정의 신호가 될 수 있습니까? 우리 모두는 좋지 않은 결정을 내리기도 합니다. 그러나 좋은 의사결정의 핵심 요소는 그만둘 때를 아는 것입니다."

"당신은 형편없는 투자를 포기한 좋은 의사결정자를 존경하나요? 접을 때를 아는 것은 좋은 포커의 신호입니다."

"매몰비용을 포기하는 데 있어서 단기적인 불편감의 중요성을 과대평가하고 있나요? 초기 불편함이 위안으로 바뀌는 것이 가능할까요?"

"과거에 매몰비용을 포기해본 적이 있나요? 당신이 할 수 있을 때 빠져나온 것이 기쁜가요? 포기한 후 긍정적인 어떤 것이 일어났나요?"

예

치료자 : 나는 당신이 지난 4년 동안 론에 연연했고 자신은 얼마나 불행했는지에 여전히 머물러 있다는 것을 알고 있어요. 얼마나 오랫동안 당신이 그 관계에서 불행했다고 생각하십니까?

환자 : 솔직히 말하자면, 약 3년이라고 할 수 있어요. 첫해는 꽤 좋았지만 그러나 그는 쉽게 화를 잘 내고 오랫동안 정서적으로 문제가 있었어요. 나는 정말로 불행했어요. 나는 떠나야만 한다고 생각했지

만, 4년 동안 그와 함께 있었네요.

치료자 : 그와 함께 있는 것의 장기적인 비용과 이익이 무엇이라고 보시나요?

환자 : 글쎄, 아마도 일들이 장기적으로 풀릴 것입니다. 어쩌면 우리가 잘해낼 수도 있지요. 그러나 장기적인 비용은 아마도 그보다 훨씬 더 많을 것입니다. 서로 연결되어 있다고 느끼지 않고, 정말로 행복하지도 않아요. 내 생각에 나는 더 이상 젊지 않아요. 그래서 그것은 아마도 시간 낭비일 것입니다.

치료자 : 단기적인 비용과 이익은 어떻죠?

환자 : 글쎄요, 관계를 유지하는 단기적 비용은 내가 불행하다는 것입니다. 그러나 이익은 헤어짐의 고통과 외로움을 느끼고 일들을 후회하는 것을 직면하지 않아도 된다는 것이죠.

치료자 : 당신은 친구에게 어떤 조언을 해주시겠습니까?

환자 : 그녀에게 빠져 나오라고 말해줄 것입니다. 그것은 아무런 가치가 없어. 너는 단지 사진을 속이고 있을 뿐이야.

치료자 : 상당한 돈을 지불해야 하는 옷과 같은 어떤 것을 사서 그것을 집으로 가져온 후에 옷걸이에 걸고 다시 보고, 그것이 진정으로 당신에게 어울리지 않는다는 것을 깨달은 경험이 있으십니까? 그리고 옷이 마지막 세일이기 때문에 교환할 수도 없고 그 옷을 입지 않을 것이라는 것을 알 때조차도, 당신은 그것에 대해서 상당한 돈을 지불했기 때문에 그것을 기부하려고 하지 않을 것이죠? 그것이 '매몰비용'이라고 알려진 것입니다. 당신은 그것이 지금 당신에게 쓸모가 없다는 것을 받아들일 수 없고 그것에 이미 당신이 투자했기 때문에 그것을 간직하고 있는 것이죠.

환자 : 맞아요. 그것이 정말로 나에게 해당되요. 물건들을 모으고 버리지 못하죠.

치료자 : 론과의 관계가 그것과 같다고 생각해요. 그것이 매몰비용인가요?

과제

치료자는 환자에게 그(녀)가 변화하기로 결심할 경우 장기적으로 그리고 단기적으로 생길 수 있는 문제를 관리할 수 있다고 생각하는지를 물어볼 수 있다. 양식 6.4는 환자가 매몰비용을 가지고 있으려는 욕구에 내재된 문제와 오류를 파악할 수 있도록 도와줄 수 있다. 유부남과 헤어지려고 생각하는 환자의 매몰비용 반응의 예는 그림 6.4에 제시되어 있다.

일어날 수 있는 문제

전형적으로 환자들은 매몰비용을 버리는 데 있어서 많은 반대 의견을 가지고 있다. 이러한 것에는 지금 포기하는 것은 그들이 모든 시간을 낭비했고, 그들이 좋지 못한 의사결정자라는 것을 의미하며, 다른 사람들은 그들에게 "내가 당신에게 그렇게 말하지 않았느냐"라고 말하면서 그들을 조롱할 것이고 손실을 인정하고 받아들일 수밖에 없다는 믿음을 포함한다. 치료자는 이전에는 이익이 비용보다 더 컸을지라도 이러한 거래는 변화되었고, 매몰비용을 지속하는 것은 시간 낭비

문제 행동 : 유부남과 데이트 하는 것

- **현 상황에서 지속되는 지금의 비용과 이익은 무엇인가?**

  비용 : 주말에 소외되고, 화나고, 원망스러움을 느낀다. 덫에 걸린 기분, 친구와 말하면서 당황스러움을 느낌.

  이익 : 그와 함께 시간을 보내는 것을 즐길 수 있고, 좋은 성관계, 지금 헤어지는 고통을 겪지 않아도 됨.

- **현 상황에서 계속 발생되는 장기적인 비용과 이익은 무엇인가?**

  비용 : 적절한 다른 대상을 찾을 수 없음. 이것에 대해 훨씬 더 후회할 것임. 더 우울해지고 더 덫에 걸린 느낌을 가질 것임.

  이익 : 그가 부인과 헤어질 것이라는 희망을 지속적으로 가질 수 있음.

- **만약 물건을 구매하거나 어떤 관계를 맺기로 다시 결정한다면, 당신은 똑같은 결정을 할 것인가? 그 이유는?**

  아니요. 만약 이것이 나에게 어떻게 끝날지 안다면 나는 이 관계를 추구하지 않을 것이다. 어디에도 갈 수가 없고, 나는 점점 더 덫에 걸린 기분과 원망스러움을 느낄 것이다.

- **만약 그 정장이나 드레스를 잃어버린다면(또는 현 상황), 당신은 다시 나가서 같은 것을 살 것인가? 그 이유는?**

  나는 다시는 유부남과 사귀지 않을 것이다. 그것은 어리석은 일이다.

- **매몰비용 때문에 다른 기회를 희생하고 있는가? 예를 들어, 당신은 꽉 막혀 있는 것을 고수함으로써 다른 관계나 일이나 공부의 가능성을 포기하고 있는가? 과거 결정에 헌신하는 것의 기회비용은 어떤 것인가?**

  그렇다. 내가 만날 수 있는 다른 남자들이 있다. 하지만 지금 이 관계 때문에 나는 그들에게 진정으로 마음을 열지 못하고 있다.

- **시간이 지남에 따라 비용이 증가하는 동안 선택의 이익이 줄어들 수 있는가? 만약 그렇다면 이 거래교환(비용-이익)이 변화되었는가?**

  그것은 사실이다. 처음에는 내가 그것을 감당할 수 있다고 생각해서 나를 속일 때 더 즐거웠다. 그러나 시간이 지남에 따라 좀 더 화가 나게 되었고 우울해졌다.

- **처음 결정했을 때 모든 정보를 갖고 있지는 않았지만, 이제 새로운 정보로 인해 이것이 예상했던 것이 아니라는 것이 명백해졌는가?**

  어떤 면에서는, 아니다. 왜냐하면 그는 그의 결혼생활이 얼마나 나쁜지를 계속 말했고, 나는 그가 아내와 헤어지길 바랐다. 그는 나를 속였다.

- **비록 잘못된 결정에 계속 전념하고 있을지라도, 여러분이 옳다는 것을 증명하려고 노력하고 있는가? 행복한 것보다 옳은 것이 더 중요한가?**

  나는 그것이 멍청하게 들린다는 것을 안다. 그러나 나는 친구들과 이야기할 때 방어적이 되기 때문에 내가 옳다는 것을 증명하려고 하는 것 같다.

- **만약 당신이 같은 곤경에 처한 다른 사람을 관찰하고 있다면, 당신은 그(녀)가 매몰비용을 계속 감수할 것을 추천할 것인가 아니면 빠져나가 볼 것을 추천할 것인가?**

  좋은 지적이다. 나는 비슷한 상황에 있는 다른 친구들에게 그들이 두 번째로 좋은(최선이 아닌) 관계에 갇혀 있고 다른 곳에서 대안들을 가질 수 있다고 말했다.

- **매몰비용을 포기하는 것이 나쁜 결정을 내리기보다는 좋은 결정을 내리는 신호가 될 수 있을까?**

  이 관계를 유지하면서 1년 넘게 잘못된 결정을 내려왔다. 지금 나는 적절한 결정을 내리고 빠져나오기 시작할 때이다.

(계속)

- 당신은 형편없는 투자를 포기한 좋은 결정자를 존경하는가?

  그렇다. 잘못된 결혼으로부터 빠져 나온 내 친구를 존경해왔다는 것을 알 수 있다.

- 당신은 매몰비용을 포기하는 데 있어서 단기간 불편함의 중요성을 과대평가하고 있는가?

  그렇다. 내가 황폐해질 것이라고 생각했기 때문이다. 나는 잠깐 동안은 나쁠 수 있지만 아마 몇 달 후에 안도감을 느낄 것이다.

- 과거에 매몰비용을 포기해본 적이 있는가? 당신이 할 수 있을 때 빠져나온 것이 기쁜가? 포기한 이후 어떤 긍정적인 일이 일어났는가?

  그렇다. 나는 예전에 막다른 관계에서 벗어난 적이 있고, 다시 생각해보니, 빠져나온 것을 후회한 적이 없다. 나는 그렇게 오랫동안 관계에 머물렀던 것을 후회한다.

그림 6.4 관계에서 매몰비용을 조사하는 예

라고 지적할 수 있다. 또한 비록 그들이 시간을 낭비했다 하더라도, 그것이 패배 과정을 계속 하는 것에 대한 정당화가 될 수 없다. 모든 사람들이 어느 시점에서 시간을 낭비하기도 하므로, 의제는 언제 환자가 다른 기회를 추구하는 결정을 내리느냐이다. 더욱이, 좋은 의사결정은 매몰비용을 인정하고 포기하는 것과 관련 있고, 그래서 '포기하는 것'은 실제로 그 개인이 좀 더 나은 의사결정으로 향해 가고 있다는 신호이다. 다른 사람들이 그 사람을 비웃을 것이라는 생각에 대한 이의 제기는 진정한 친구들은 마침내 그(녀)가 이익이 없는 무언가를 포기할 때 행복할 것이라고 지적함으로써 다뤄질 수 있다. 최종적으로 손실을 인정하고 받아들이는 데는 처음에는 슬픔이 있을지라도, 그것이 지나가도록 하면 성취 가능한 목표를 추구할 자유가 생긴다.

기타 기법에 대한 탐색

관련된 기법으로는 비용-이익 분석, 미래의 자기를 위해 의사결정 하기, 영향력 예측 조사하기 등이 있다.

양식

양식 6.4(매몰비용을 조사하기)

기법 : 의사결정에 있어 정서적 추론 수정하기

설명하기

문제가 되는 의사결정의 핵심 요소는 위험, 결과와 대안책을 결정하는 데 감정에 의존하는 것인데, '정서 발견법', 또는 '감정으로서의 위험'이라는 용어에 잘 나타나 있다(Lowenstein, Weber, Hsee, & Welch, 2001). 사람들이 우울하거나 불안할 때, 그들은 종종 결과를 예측하는 데 그들의 감정을 이용한다. 예를 들어, 비행기를 탈 것으로 예상하는 사람은 "나는 너무 불안해. 그래서 그것은 정말로 위험함에 틀림이 없어"라고 생각할지도 모른다. 누군가가 "그것이 위험하다는 것을 어떻게 알죠?"라고 물을 때, 그 사람은 "나는 모르지만, 단지 그렇게 느낀다"라고 반응할 것이다. 이 정서 발견법은 의사결정에서 흔히 나타내는 요인이며, 합리적인 위험을 피하거나 불필요한 위험을 초래할 수도 있다(Finucane et al., 2000; Slovic, Finucane, Peters, & MacGregor, 2004). 예를 들어, 그 사람은 음주, 마약 사용, 무방비 섹스, 안전벨트 미착용 운전과 같은 활동을, 특히 즐거운 활동이라고 생각하면서 그 위험은 최소일 것이라고 예상할지도 모른다(Alhakami & Slovic, 1994). "만약 그것이 즐겁다면, 그것은 안전함에 틀림이 없다"라는 것은 암묵적 신념이다. 의사결정은 좀 더 신중하면서 자동적이며(자동적이라는 것은 Kahnmam, 2011에 의해서 '빠른 vs. 느린' 과정으로 설명되었음), 그리고 결정 과정의 속도를 늦추는 것은 위험 추정에 미치는 효과의 영향을 줄일 수 있다. 덧붙여 Peters와 Slovic(1996)은 선택에 대한 정서적인 반응은 다가오는 위협이 알려지지 않았거나, 보이지 않거나, 결정하기 어렵다는 지각에 의해 영향을 받는다는 것을 발견하였다. 예를 들어, 방사선이나 독에 대한 공포는 차 사고의 위협보다도 더 많은 정서 반응을 유발한다.

자극에 대한 단순한 노출은 어떤 긍정적인 유관성이 없더라도, 긍정적인 느낌의 증가를 초래한다(Zajone, 1982). 개인은 다른 유해한 결과(예 : 교통사고)를 생각할 때보다 그들이 공포스러워하는 어떤 것(예 : 암)을 생각할 경우 위험이나 해를 입을 확률을 더 높게 추정하는 경향이 있다(Slovic, Finucane, Peters, & MacGregor, 2007).

토론 안건

"때때로 우리는 현재의 정서에 근거해서 의사결정을 합니다. 예를 들어, 우리가 슬프거나 불안하면 우리는 위험을 무릅쓰려고 하지 않고 도전을 해야 하는 것처럼 보이는 상황을 피하고자 합니다. 반대로, 우리가 행복하고 자신감이 있을 경우, 우리는 도전에 직면하려고 하고 일을 덜 피하려고 하지요. 자, 당신이 지금 어떻게 느끼는지를 고려해서 당신의 부정적인 감정이 의사결정에 영향을 미치는지의 여부에 대해서 스스로에게 물어보세요. 당신은 좀 더 비관적인가요, 어떤 일을 덜 하고자 하나요?, 도전에 직면하는 데 더 머뭇거리고 있나요? 당신이 정말로 행복하다고 느끼고 있을 경우, 당신은 기꺼이 무엇을 하고 싶나요? 좀 더 행복한 순간으로 돌아가서 생각해보세요. 당신 마음속에 있는 이미지와 기억들을 그려보세요. 스스로 자신감 있고, 강하고, 행복하다고 느끼는 것을 상상해보세요. 당신은 무슨 생각을 하고 싶은가요? 또는 무엇을 하고 싶나요?"

예

환자 : 저는 제 아들이 걱정이 돼요. 그는 지난 주 매우 힘든 시간을 보냈어요.

치료자 : 네, 알아요. 당신이 매우 걱정하는 것처럼 들려요. 특히 걱정된 것을 나에게 말해줄 수 있나요?

환자 : 그가 지난 몇 달 동안 기분이 요동쳤다는 것을 알고 있지만 저는 정말로 불안했고, 어떤 일이 일어날지도 모른다고 생각했어요.

치료자 : 당신은 무슨 일이 일어날까 봐 두려운가요?

환자 : 정말 모르겠어요. 단지 불안함을 느껴요.

치료자 : 당신이 하고 싶은 것은 무엇이었죠?

환자 : 그의 아파트에 가서 그의 상태를 확인하고 싶지만 그것은 그를 화나게 할 것임을 알고 있어요. 그는 제가 자신의 생활을 간섭하는 것을 원하지 않아요.

치료자 : 자, 그것이 당신을 좌절시키는군요. 그러나 정말로 나쁜 일이 있다고 생각하는 이유는 무엇이죠?

환자 : 제가 불안하다는 것 이외에 어떤 것도 생각할 수 없어요.

치료자 : "내가 불안하기 때문에 나쁜 일이 일어나고 있다"고 당신은 생각하고 있는 것인가요? 현실에 대한 증거로서 당신의 감정을 사용하고 있는 것 같네요.

환자 : 제가 그렇게 많이 하죠.

치료자 : 그리고 당신이 그렇게 할 때 무슨 일이 발생하나요?

환자 : 좀 더 불안해지죠. 그러고 나서 저는 정말 끔찍하다고 생각해요.

치료자 : 여러 번 우리는 자신의 정서의 근거해서 결정을 내릴 수 있어요. 때때로 그것은 괜찮아요. 그러나 그것은 실제로 진행되고 있는 것에 대한 최선의 지침이 아닐 수도 있어요. 당신의 아들이 나아지고 있다는 어떤 증거라도 있나요?

환자 : 제 생각으로는 그가 새로운 치료자를 만나기 시작했어요.

과제

환자는 갈등을 겪었던 현재의 결정 또는 과거의 결정을 고려할 수 있고, 불쾌한 정서(예 : 불안, 슬픔, 분노)를 확인하고, 부정적인 또는 불쾌한 정서와 수반될 수 있는 결정을 파악할 수 있다. 그때, 환자는 과거 경험의 긍정적인 이미지를 떠올리면서 이러한 감정을 불러일으켜서 그(녀)가 매우 행복하고 낙관적인 것을 느낄 경우 어떤 일이 일어날지를 상상할 수 있다. 일단 긍정적인 감정이 유발되면, 환자는 그(녀)가 긍정적인 정서를 근거로 해서 어떻게 결정을 내릴 것인지를 고려할 수 있다. 일단 긍정적인 감정이 유발되면 어떤 정보가 다른 중요성을 갖는 것으로 보였는가? 어떤 정보는 덜 중요했는가? 어째서인가? 환자는 긍정적인 감정에서 더 많이 추구될 수 있는 대안들을 평가하고 의사결정에 미치는 부정적인 감정(예 : 슬픔, 분노, 불안)의 잠재적 영향력을 평가하는

내가 고려한 결정	내가 부정적인 감정 상태에 있을 경우 그것에 대해서 어떻게 생각할 것인가	내가 긍정적인 감정 상태에 있을 경우 그것에 대해서 어떻게 생각할 것인가
다른 사람과 결혼한 마크와 헤어짐.	나는 그 없이는 결코 행복하지 않을 것이다. 그는 나를 행복하게 해줄 유일한 사람이다. 나는 사랑할 어느 누구도 찾지 못할 것이다.	나는 솔직한 미혼 남성과 만나는 더 나은 선택안을 가지고 있다고 생각할 것이다. 나는 그를 포함하지 않는 많은 일들이 내 인생에서 계속되고 있음을 인정할 것이다.

그림 6.5 의사결정에 있어 감정의 영향력 고려하기

데 양식 6.5를 사용할 수 있다. 이러한 이슈에 대한 환자의 반응은 그림 6.5에 제시되어 있다.

일어날 수 있는 문제

어떤 환자들은 그들의 정서가 현실에 근거하고 있으며 그들이 다르게 느끼는 척하는 것은 비현실적이라고 믿는다. 치료자는 다르게 생각하는 것에 대한 실험이라고 제시한다. 즉 다가오는 일이 새로운 방식에 그들의 상상력을 여는 방식이다. 그들은 이후에 언제나 선택을 평가할 수 있고 새로운 행동을 시도함으로써 상황을 검증할 수 있다. 이에 더해서 치료자는 환자가 정서를 지침으로 사용했던 과거의 비관적이고 불안한 예측에 대해 물을 수 있다. 이러한 예측이 틀렸는가? 누군가 현 상황을 관찰하고 있는데 환자가 경험한 감정을 가지고 있지 않다면, 그(녀)는 어떻게 다르게 생각할 것인가?

기타 기법에 대한 탐색

관련된 기법으로는 활동 계획하기, 즐거움 예측하기, 정서적 추론의 비용과 이익 조사하기, 과거 예측과 결과 조사하기 등이 있다.

양식

양식 6.5(기분과 의사결정하기)

기법 : 손실보다는 변화를 재정의하기

설명하기

의사결정하는 데 있어서 흔한 실수는 주로 변화를 이익보다는 어떤 것의 손실로 간주하는 것이다. 사람들은 주로 손실을 혐오스러워하고 변화를 꺼리는데, 왜냐하면 그들은 그러한 결정을 얻

는 것보다는 잃는 것으로 생각하기 때문이다. 이것이 '기대이론'으로 알려진 것인데, 이것은 결정을 정의하는 것이 실질적인 거래(교환)보다 더 중요할 것이라고 제안한다. 예를 들어 매몰비용(이전에 설명한)의 예에서 설명하였던 그 사람이 관계로부터 빠져 나오는 것을 새로운 기회를 얻거나 또 현 상황의 무기력으로부터의 구원을 경험하는 것으로 보기보다 손실로 간주할 수 있다(Kahneman & Tversky, 1979; Thaler, 1992). 이익보다는 손실의 지각에 초점을 맞추는 것의 결과는 상대적으로 더 나쁜 결과를 유지하는 더 위험한 대안을 취할 수 있다는 것이다. 나쁜 관계에 머물거나 나쁜 습관을 유지하는 것은 장기적으로 더 위험하다.

토론 안건

"우리는 종종 변화에 대해서 이익보다는 손실로 생각합니다. 물론, 그것은 어떤 것을 얻는 동안 무엇인가 손실될 수 있는 교환을 포함하기도 하고, 우리가 어떤 좋은 면을 얻기 위해 어떤 불리한 점을 감수해야 할 수도 있습니다. 당신이 의사결정을 내리는 것에 대해 생각할 때, 얻을 수 있는 것을 어느 정도 간과하면서 주로 부정적인 면 또는 손실 부분에 초점을 맞출 수도 있을까요?

예

치료자 : 자, 당신이 브라이언과 헤어지는 것에 대해서 생각할 때, 당신은 처음에 얼마나 안 좋게 느낄 것인지 당신이 무엇을 놓치게 될 것인지에 많은 초점을 맞추는 것처럼 보입니다. 그 관계가 당신에게 많은 것을 의미하기에 그것은 저에게는 꽤나 정상적인 것처럼 보입니다. 그러나 헤어짐으로부터 수반될 수 있는 어떤 긍정적인 것이 있을지 궁금해요. 예를 들어, 더 이상 존재하지 않을지도 모르는 관계에서 불쾌하고 고통스러운 경험이 있을 수 있을까요?

환자 : 네. 저는 그가 바람 피우고 있는지 여부에 대해서는 걱정할 필요가 없어요. 제 말은, 그는 싸우고 나서 가끔씩 사라지곤 했고, 그가 어디 있는지 말해주지 않습니다. 그때 저는 그의 전화를 발견하고 그가 이전 여자 친구와 연락을 했었다는 것을 알게 되었죠. 저는 이제 그런 일을 처리하지 않을 것입니다.

치료자 : 그래서 그 변화로부터 얻은 것은 바람 피우고 사라지는 것을 이제 처리하지 않아도 된다는 것이죠. 또 다른 것은?

환자 : 네, 그는 항상, 아마도 항상은 아니지만, 종종 저와 일로 논쟁을 하였지요. 그리고 우리는 정말로 잘 지내는 데 어려움을 겪고 있었어요. 그리고 당신도 아시다시피, 지난 몇 달 동안 어떤 친밀한 접촉도 없었어요. 전혀요.

치료자 : 그러니까 당신은 그런 일을 모두 없애는 것을 얻었네요.

환자 : 그래요, 그렇지만 나는 그를 그리워할 거예요.

치료자 : 당신과 관계된 누군가를 그리워하는 것은 꽤나 정상적이죠. 그것이 얼마나 오랫동안 지속될

것이라고 생각하시나요?

환자 : 모르겠어요. 추측컨대, 그것을 극복하겠죠.

치료자 : 헤어짐 후에 새로운 기회들은 어떨까요?

환자 : 아마도 믿을 수 있는 누군가, 나에게 잘 대해줄 누군가를 만날 수 있겠죠.

치료자 : 그래서 당신이 이익을 보고, 그것을 손실과 비교해본다면, 많은 잠재적인 긍정적인 것들이 있을 것 같은데요.

환자 : 저도 그렇게 생각해요.

치료자 : 당신은 변화를 이익이 아니고 주로 손실로 생각하는 경향이 있다고 생각하나요?

환자 : 그것이 제가 관계를 고수했던 이유이죠.

과제

환자는 초점이 잠재적 이익보다는 주로 잠재적인 손실에 두었다는 측면에서 문제가 되는 것처럼 보이는 현재 및 과거의 결정을 검토할 수 있다. 이 손실 초점은 어느 정도까지 영향을 미치는가? 환자가 잠재적인 이익을 고려하는 견해로 균형을 잡는 것에 초점을 맞추는 경우, 어떤 대안들이 고려될 수 있을까? 손실과 이익 모두 객관적인 가능성이므로, 손실과 이익 둘 다를 고려하고 손실과 이익 둘 다에 대해서 논쟁하는 것의 결과는 무엇일까? 환자는 양식 6.6을 사용할 수 있다. 이러한 질문에 대한 한 환자의 반응이 그림 6.6에 제시되어 있다.

일어날 수 있는 문제

어떤 환자들은 잠재적 이익을 현실성 있는 대안으로 간주하는 것을 어려워한다. 그들은 "오, 이것은 단순히 긍정적으로 생각하는 것으로서 스스로를 바보로 만든 것이죠"라고 주장할지도 모른다. 치료자는 단지 긍정적으로만 생각하도록 하는 것은 비현실적일 수 있다는 것을 인정할 수 있지만, 여기서의 목표는 대안을 생각하고 가능성을 고려하는 것임을 제시한다. 즉 가능성과 대안

가능한 결정	내가 주로 손실에 초점을 맞출 때 어떤 일이 발생할까?	내가 주로 이익에 초점을 맞출 때 어떤 일이 발생할까?
유부남과의 헤어짐.	내가 얼마나 안좋은 기분을 느낄까, 내가 얼마나 외로울까, 내가 얼마나 그를 그리워할까에만 초점을 맞춘다.	나는 새로운 남자를 만날 새로운 기회들에 초점을 맞출 수 있다. 나는 이기는 상황이 없는 곳에서 벗어나는 것에 초점을 맞출 수 있다. 내 자신에 대해서 좀 더 좋게 느낄 수 있고 내가 실제로 해낼 수 있는 긍정적인 목표를 추구할 수 있다고 느낄 것이다.

그림 6.6 의사결정을 손실 대 이익의 초점으로 바라보기

들은 모든 결정들이 비용과 이익의 거래 관계를 포함하여 변화를 손실보다는 잠재적 이익으로 바라보는 것이 보상과 활동에 대한 새로운 가능성을 열어줄 것이다. 예를 들어, 이혼을 전적으로 손실로만 바라보는 환자는 결국 감소된 매일의 갈등 그리고 차후 누군가와의 좋은 관계를 맺은 가능성을 포함하여 관계를 끝내는 결과로서 얻을 잠재적 이익을 바라볼 수 있었다. 이것은 관계 상실이나 자녀와 함께 할 시간 단축이라는 현실을 부인하지는 않았지만 의사결정의 일부로 긍정적인 면도 찾아냈다.

기타 기법에 대한 탐색

관련된 기법으로는 비용과 이익 조사하기, 예측을 세우고 그것을 검증하기, 과거 결정으로부터 증거 조사하기, 부정적인 생각에 반하는 역할극 하기, 결정할 때 누군가 다른 사람의 조망으로 바라보기 등이 포함된다.

양식

양식 6.6(손실 대 이익의 초점으로 의사결정 바라보기)

기법 : 후회의 회피 극복하기

설명하기

새로운 행동에 대해 쉽게 의사결정하지 못하거나 오래된 행동의 변화에 대해 깊이 생각하는 것의 핵심 요인은 후회가 심각하고, 오래 지속되며, 사기를 저하시킬 것이라는 인식이다. '후회 이론'에서는 의사결정권자가 미래의 후회를 최소화하는 방법에 기반하여 결정을 내릴 수 있으며, 그에 따라 개연성이 높은 더 객관적인 정보를 간과할 수 있다고 주장한다(Zeelenberg, van Dijk, Manstead, & van der Pligt, 2000). 예를 들어, 투자자들은 더 유망한 대안의 장점을 고려하기보다는 인기 있는 주식이나 안전한 내기(베팅)에 돈을 투자하는 식의 '인습적'이거나 '대중적인' 의사결정을 내릴 것이다. 대중을 따라가는 것이 후회 전략인데, 왜냐하면 사람들이 항상 "나는 그것을 하는 유일한 사람은 아니었다"고 말할 수 있기 때문이다. 또는 좀 더 정보를 요청하는 것이나 기다리는 것, 재확인을 구하는 것, 다른 사람에게 결정을 맡기는 것이 잠재적인 후회를 완화시키는 방법으로 사용될 수 있다. 그리하여 사람들은 잠재적인 이익을 최대화하기보다는 잠재적인 후회를 감소시키는 데 더 강조점을 두는 결정을 할 것이다. 앞의 우울한 의사결정에 대한 논의에서 제시한 바와 같이, 후회는 자기 비난적인 반추의 지속적인 원천으로 간주될 수 있으므로 '실패한' 의사결정에 대한 높은 비용을 지불하게 한다.

토론 안건

"우리는 종종 나쁜 상황에 있기도 하고 조치를 취하지 못하기도 하는데, 왜냐하면 우리가 후회할지도 모른다고 믿기 때문입니다. 그 결과, 우리는 종종 변화를 피하고 답답하게 느낍니다. 미래에 어떤 것을 후회하는 것이 두려워서 결정을 하거나 결정을 하지 않습니까? 당신이 어떤 것을 하지 않았다는 것을 뒤돌아보고 후회한 적이 있습니까? 때때로 우리는 했던 것보다는 하지 않았던 것을 후회합니다. 효과적인 의사결정만 하고 인생을 살아가는 것이 정말로 가능할까요?"

예

치료자 : 당신은 직업 전환에 대한 결정을 내리는 것에 대해 두 가지 마음이 있는 것처럼 들립니다. 우리가 처음에 논의했을 때, 그 직업 제안이 당신에게 꽤 괜찮은 것처럼 들렸는데, 그러나 지금 당신은 내키지 않는 것처럼 보여요. 왜 그러죠?

환자 : 글쎄요, 저는 새로운 직업의 불확실성을 볼 수 있었고 그것이 어떻게 될지 모르겠어요. 그리고 제가 그 직업을 선택하였는데 그것이 제대로 되지 않으면, 저는 거기에 꽂혀서 후회할 거예요.

치료자 : 그래서 당신은 어떤 것에 대해서도 절대 후회할 수 없다는 것을 확실히 하기를 원하는 거죠. 지난 2년 동안 당신이 현재 직업에서 실망감을 느꼈다는 사실에 대해서 당신은 어떻게 생각하십니까?

환자 : 저는 그것이 저에게 맞지 않다는 것을 알고 있다고 하지만, 좋지 않은 결정을 할 수도 있겠지요.

치료자 : 그것은 언제나 있을 수 있는 일이라고 생각해요. 그러나 의사결정을 한다는 것은 그것들이 어떨지를 확실히 알지 못하는 것을 포함합니다. 그러나 당신은 무엇을 가지고 있고 무엇을 좋아하지 않는지 알고 있어요. 당신이 다음 해까지도 이곳에 머문다면, 당신은 그 결정을 후회할까요?

환자 : 아마도 그럴 거예요.

치료자 : 때때로 사람들은 그렇게 좋지도 않은 어떤 것에 머무르는 결정을 하는데, 왜냐하면 그들은 변화하는 것이 좀 더 큰 후회가 될 것이라고 생각하기 때문이죠. 문제는 후회의 가능성이 있는지의 여부가 아니라 머물거나 또는 떠나는 것의 이익과 손실이 어떤 것이냐, 입니다.

환자 : 저는 제가 한 일에 대해서 후회하는 것을 원하지 않기 때문에 항상 변화하는 것이 두려워요.

치료자 : 그리고, 역설적으로, 그것이 당신이 변화하지 않는 것에 대해 수많은 후회를 하게 합니다.

과제

치료자는 환자에게 후회를 피하는 것이 의사결정을 하는 데 있어서 얼마나 중요한지 질문할 수 있다. 결정하기 어려웠던 과거의 결정들 혹은 지금 뒤돌아보면 최적이 아닌 것처럼 보이는 과거의 결정들을 목록화하면서 치료자는 의사결정을 하는 데 있어서 가능한 후회에 대해서 얼마나 많이 생각하였는지에 대해서 물을 수 있다. 그(녀)는 변화의 결과에 대해 후회할 가능성에 대한 걱정 때문에 문제가 있는 상황에 머물러 있는가? 그(녀)는 단기적 후회 또는 장기적 후회에 좀 더 초점을 맞추는가? 지난 몇 년을 되돌아 볼 때, 그(녀)는 변화의 선택을 후회하는가 아니면 같은 상황에 머무는 선택을 후회하는가? 환자는 후회를 피하기 위한 강한 욕구로 인해 내린 문제성 있는 결정을 확인하기 위해 양식 6.7을 이용할 수 있다. 이 양식을 사용하고 있는 한 환자의 예시는 그림 6.7에 제시되어 있다.

일어날 수 있는 문제

어떤 환자들은 과거 후회했던 것을 지적하면서 변화를 위한 결정을 하는 것을 후회할 것이라고 주장할 것이다. 치료자는 결정들이 종종 불확실한 상황 속에서 제한된 정보를 가지고 이루어지고, 변화를 하지 않은 어떤 결정도 변화를 가져오는 결정과 마찬가지로 위험을 동반한다고 제시할 수 있다. 이것이 위험 대 위험이다. 의사결정을 하는 것은 의사결정의 그 시점에서 그 순간 이익 대 손실을 비교하는 것을 포함한다. 따라서 사람들은 결과를 보장할 수 없다. 좋은 의사결정은 단일의 결과에 기반해서 측정되지 않는다. 즉 그것은 그 사람이 의사결정을 하는 그 시점에서 측정될 수 있을 뿐이다. 후회 회피는 의사결정을 전혀 할 수 없게 만들 수 있다. 치료자는 환자가 변하지 않은 것을 후회하는지 물어볼 수 있다. 게다가 후회가 반추로 이어질 필요는 없다. 즉, 긴 기간 동안 반추하는 것 없이 "나는 이것을 선택한 것을 후회한다"라고 말할 수 있다. 덧붙여, 후회가 반드시 자기 비판을 포함하지는 않는다. 나는 나 자신을 비판하지 않으면서 이 길을 택한 것을

고려하거나 고려했던 결정 : 이직을 하는 것

	예시
오랜 시간 기다렸음	나는 수개월, 거의 1년 동안 이것에 대해서 생각해왔다.
다른 사람들이 나에게 하라고 말한 것을 했음	실제로, 어느 누구도 나에게 하라고 말한 사람은 없다. 내가 대화를 나눈 사람들은 그 일이 나에게 얼마나 불쾌했는지를 깨닫지 못한다.
변화하지 않으려는 이유에 초점을 맞추었음	그렇다. 나는 어떤 것을 하지 않는 이유에 대해서 항상 생각할 수 있다. 항상 꼼짝하지 않고 있으면서.
많은 재확인을 구하였음	나는 수없이 사람들의 확인을 구했고, 친구들을 화나게 했다.
누군가 다른 사람에게 결정을 하도록 하였음	내 친구 중의 한 명이 나 대신 결정하는 것에 대해 지속적으로 생각했다. 그러나 그런 일은 일어나지 않았다. 그리고 그것은 좋은 생각이 될 수 없을 것이다.
그것에 대해서 생각하지 않으려고 하였음	나는 때때로 가끔 밤에 명해지고 과식하고 와인을 너무 많이 마셔서, 상황에 직면할 필요가 없다.
기타	나는 일을 많이 그리워한다. 단지 상황에 직면하기를 원하지 않는다. 피하기를 원한다.

그림 6.7 후회를 피하기 위해 노력하기

후회한다고 말할 수 있다.

기타 기법에 대한 탐색

관련된 기법으로는 변화를 피하기 위한 과거 결정으로부터 증거 조사하기, 비용과 이익, 후회와 반추, 그리고 자기 비판 간에 구별하기, 과거와 현재 그리고 미래의 결과에 대처할 수 있는 능력 조사하기, 위험 대 위험에 대해 생각하기 등이 있다.

양식

양식 6.7(후회 회피)

기법 : 미래의 자기를 위한 결정

설명하기

의사결정을 하는 데 있어서 빈번한 문제는 지속적인 장기 보상보다는 단기의 작은 보상을 더 선호하는 것이다. 투자 모형의 관점에서 이 이슈를 생각해보자. 사람들은 좀 더 나은 건강, 체력, 그리고 좀 더 예뻐지려는 장기적인 목표를 성취하기 위해서 1년 동안 규칙적으로 운동에 투자할 수 있다. 그러나 사람들은 인스턴트 음식을 먹고, 몇 병의 음료수를 마시고, 집 주변에서 놀며 지내는 것과 같은 단기적인 목표에 초점을 맞춘 선택을 할 수 있다. 우리는 위에서 장기적인 더 큰 이익보다 근시안적이고 단기적인 보상을 더 선호함을 논의하면서 이런 이슈들의 일부를 검토하였다. 이것이 '시간 할인(time discounting)'이라는 개념인데, 즉 미래 목표의 가치는 단순히 기다려야만 하므로 간단하게 평가절하된다. 그것은 마치 다음과 같이 말하는 것과 같다. "1년에 2만 원 보다는 지금 만 원을 받을 것이다." — 만 원을 얻기 위해 100%의 이자율을 지불할 것이다(당신이 100% 이자율로 대출을 받을지 고려해보라. Ersner-Hershfield, Garton, Ballard, Samanex-Larkin, & Knutson, 2009; Hershfield, Goldstein, Sharpe, & Fox, 2011). 시간 할인을 생각하는 하나의 방식은 '미래 자기에 비해 현재 자기'에 더 높은 가치를 두는 경향성이다. '미래의 자기를 위한 결정' 기법은 그 초점을 뒤집는다.

토론 안건

"우리는 즉각적으로 어떤 것을 얻는 것에 대해서 어떻게 느끼는지, 즉 우리는 참을 수 없고, 지금 당장 원하고, 나중에 기다릴 수 없다는 생각을 근거로 해서 결정을 내립니다. 그래서 당신의 경우에, 미래에 어떻게 생각하고 느낄 것인가에 대해서보다는 지금 또는 다음 20분 동안 당신 스스로에게 어떻게 말하고 있는가에 대해서 생각해보세요. 그러나 미래의 자기, 즉 지금부터 10년 후 또는 지금으로부터 1년 후 당신에게 말하고 있는 자기를 상상해봅시다. 그 미래 자기가 당신에게 지금 당장 무엇을 하라고 말한다면, 그(녀)(미래 자기)는 당신에게 무엇을 말할까요? 당신이 장기적인 이익이 정말로 있다고 생각하는 모든 일을 했고 미래의 자기가 당신과 이야기하고 있다면, 그(녀)는 무엇을 말할까요?

예

치료자 : 즉, 두 명의 당신이 있다고 상상해봅시다. 지금 또는 10분 후의 당신과 한 달이나 또는 1년 후의 당신. 현재의 당신은 소파에 누워서, 아이스크림을 먹고, TV를 보고 있는데, 왜냐하면 현재의 당신은 맛있는 아이스크림을 먹으면서 10분쯤은 편안함을 느끼겠다고 결정했기 때문입니다. 그러나 다른 당신을 생각해봅시다. 그는 한 달 또는 1년 후의 당신입니다. 그는 한 달 또는 1년 뒤를 되돌아보고, '여기(지금 당장 앉아서 있는 곳)'에서 '저기(한 달이나 한 달 이후에 되기를 원하는 당신의 미래 자기가 있는 곳)'에 도달하기 위해서 당신이 어떤 결정을 내리기를 원하는지에 대해서 이야기를 하고 있어요. 미래 자기는 당신에게 어떤 말을 하고 있죠?

환자 : 그는 자리를 박차고 나와서 무언가를 하고 불평을 하지 말라고 나에게 말하네요.

치료자 : 미래 당신은 꽤 많이 요구하는 것처럼 들립니다. 역할극을 해봅시다. 그리고 나는 아이스크림을 먹기로 결정한 지금의 당신을 연기할 것이고, 당신은 미래의 당신 역할을 하는 것입니다.

환자 : 좋아요.

치료자 : [현재 당신] 나는 여기에 누워서 아이스크림을 먹으면서 쉬기를 바래요.

환자 : [미래 당신] 이봐, 당신은 자리를 박차고 나와서 운동을 할 필요가 있어. 나는 몸매를 맵시 있게 가꾸기를 원해. 당신은 역할을 하고 있지 않아.

치료자 : [현재 당신] 운동은 너무 힘들어, 난 하고 싶지 않아.

환자 : [미래 당신] 당신이 생각하는 것만큼 그렇게 힘들지 않아, 그리고 우울해지고 몸매를 망치는 것은 더 힘들지. 당신은 당신의 역할을 할 필요가 있고 내가 원하는 곳에 가도록 좀 도와줘.

치료자 : [현재 당신] 당신은 죄책감을 느끼게 해.

환자 : [미래 당신] 아니야, 나는 당신이 그것을 할 수 있다고 말하고 있고, 나는 당신이 그것을 하기를 원해. 나는 지금 당신이 필요해.

치료자 : 미래의 당신이 되었을 때 어떻게 느꼈나요?

환자 : 이러한 방식으로 결코 생각해보지 않았어요. 정말로 제가 어떤 것을 원하는지를 알게 되었고, 저는 제 자신, 즉 제 미래의 자신을 실망시키고 있는 것처럼 느껴집니다.

치료자 : 우리는 종종 우리가 지금 하고 있는 것이 미래의 자기 모습을 결정하는 것이며, 그것은 당신이 원하거나 당신이 원하지 않는 어떤 것일 수 있다는 것을 종종 잊어버립니다. 그러나 현재 의사결

정을 내리는 것은 당신에게 달려 있어요. 언젠가는 오늘 당신이 무엇을 했는지를 실제로 뒤돌아보고 평가할 미래의 당신을 기억하세요.

과제

환자는 앞으로 1년과 10년 후 미래의 자기와 관련해서 현재와 과거의 결정을 어떻게 바라볼 것인지 그리고 지금으로부터 1분의 관점에서 자기 결정을 어떻게 고려해야 할 것인가에 관해서 질문받을 수 있다. 따라서 세 가지 자기가 있는데, 즉 지금 자기, 1년 후 자기, 10년 후 자기이다. 환자에게 다음과 같이 물어보라: "1분 내에 당신이 어떻게 느낄지에 관한 결정을 고려한다면 중요한 요인은 어떤 것이 될까요? 어떤 요인이 덜 중요하죠? 대안적으로 지금부터 1년 후와 10년 후 미래 자기의 관점으로부터 고려할 때 중요한 것은 무엇이죠? 당신의 미래 자기가 어떻게 생각하고 느낄 것인지를 고려한다면 당신이 하였던 과거 의사결정은 어떤 것이 달라질까요?" 양식 6.8은 현재 순간 결정에 초점을 맞출 때 현재 자기와 미래 자기 간의 차이점을 분명히 하는 데 도움이 될 수 있다. 그림 6.8에서 이 양식을 이용해서 유부남과의 헤어짐을 결정한 한 환자의 예시가 제시되어 있다.

일어날 수 있는 문제

어떤 환자들은 긍정적인 미래 자기를 상상할 수 없다고 주장한다. 그들은 스스로를 줄어들지 않고 영원히 계속되는 부정적인 패턴에 사로 잡혀 있는 것으로 본다. 치료자는 그 환자가 효과적인 장기적인 계획을 가지고 있는지의 여부를 물어볼 수 있다. 예를 들어, 이러한 것에는 개입 단계로서 간단한 단기 계획(예 : 여행이나 휴가 계획 짜기) 또는 장기 계획(예 : 대학 입학이나 진로 준비하기)이 포함되어 있다. 환자가 미래 자기를 상상하는 것이 어렵다고 주장할 경우에, 치료자는 변화 기회로서 다음과 같은 신념을 사용할 수 있다. "아마도 더 생산적일 수 있는 행동 방침에 당신을 머무르지 못하게 한 것은 바로 당신의 미래를 상상하는 것의 어려움 때문일 것입니다. 때때로 좋은 결정은 지금 이 순간과 현재 불안의 수준, 불편감을 참지 못하는 것에 근거해서 결정을 내기

내가 숙고하는 현재 결정	지금 당장 중요해 보이는 것	미래 자기 : 지금으로부터 1년	미래 자기 : 지금으로부터 10년
마크와 헤어짐.	내 인생에서 그와 함께 한 것들. 그를 만날 때 그에게 친밀함을 느끼는 것	나의 미래 자기는 그것이 나쁜 생각이고 더 오래 관계를 유지했다면 후회할 것이라고 말해 주고 있다.	나는 10년 동안이나 이와 같은 상황에 있다는 것을 상상할 수 없다. 그런 경우 인생은 살 가치가 없다고 생각하게 될 것이다.

그림 6.8 현재와 미래 자기의 조망으로 의사결정하기

기보다는 미래를 상상하여 이후에 우리가 어떻게 느끼기를 원하는지에 기반을 두는 것입니다."

기타 기법에 대한 탐색

관련된 기법으로는 비용–이익 분석, 의사결정 초점으로서 손실과 이익 고려하기, 손실 혐오 그리고 사전 조정 전략 등이 있다.

양식

양식 6.8(현재 자기 그리고 미래 자기에 의한 결정)

기법 : 보상 원천 다양화하기

설명하기

의사결정을 하는 데 핵심 요인은 잠재적으로 긍정적인 행동 또는 보상의 원천들이 다양하다는 것을 인식하는 것이다. 자진하여 위험을 무릅쓰려는 것의 예측 요인들 중 하나는 광범위한 긍정적인 활동들에 몰입하는 능력을 가지고 있고 새로운 기회들을 만들어낼 수 있다는 것에 대한 인식이다(Leahy, 1997; Leahy, Tirch, & Melwani, 2012). 예를 들어 개인은 그들이 사회 생활에서 폭넓은 지지를 이미 가지고 있어서 필사적이지 않고 도움도 덜 필요하다고 믿는다면, 사회적 사건에서 다른 사람에게 다가가는 위험을 좀 더 기꺼이 할 것이다. 그들은 잘해내지 못하는 어떤 것도 위험을 무릅쓸 수 있다. 때때로 환자들은 "여기에서 잘해내지 못한다면 나는 어떤 것도 가질 수 없어요. 또는 어떤 것도 결코 잘할 수 없을 거예요"라고 말할 수 있다. 반대로 개인들이 많은 보상원과 새로운 보상원을 만들어낼 수 있는 잠재력과 보상의 많은 원천으로 '다양화'되었다고 믿을 경우, 그들은 이용 가능한 보상의 다른 잠재적인 원천까지 가지고 있으므로 한 영역에서 좌절한다고 해서 사기가 저하될 확률은 적다.

치료자는 다음과 같은 방식으로 이 아이디어를 설명할지도 모른다. 즉, "당신 저축의 모두를 한 주식에 투자했고 그 주식의 가격이 오르락 내리락 하면서 변동이 크다는 것을 상상해보세요. 당신은 어마어마하게 불안해할 것입니다. 반대로, 당신의 저축을 10개 종류의 주식에 걸쳐서 다양하게 분산해서 투자하였고 부동산과 채권과 같은 다른 투자도 하였다는 것을 상상해보세요. 한 투자에서의 감소는 다른 투자에서의 감소를 의미하지 않습니다. 이 다각화는 하나의 분야에서 위험을 감수할 때 안전감을 제공해줍니다." 의사결정하는 것에 적용해본다면, 사람들이 현재와 그리고 미래에 보상의 다양한 원천을 가지고 있다는 것을 깨달으면, 변화와 관련된 어떤 위험을 감수하도록 격려받을 수 있다.

토론 안건

"때때로 우리가 의사결정에 대해서 생각할 때, 우리는 한 가지가 효과가 없다면, 여전히 이용 가능한 즐거움, 보상, 의미의 원천이 많다는 것을 깨닫지 못합니다. 우리는 종종 어떤 한 가지 일이 효과적이지 않을지라도 우리가 추구할 수 있는 수많은 보상이 있다는 것을 깨닫지 못한 채 그 한 가지 일에만 초점을 맞출 것입니다. 당신이 뷔페에 있고 당신이 제일 좋아하는 음식이 떨어졌다고 상상해보세요. 자, 당신은 그 음식에 집중하여 기분 나빠할 수도 있고 또는 당신은 이용할 수 있는 광범위한 다른 음식들을 고려할 수 있습니다. 어떤 의미에서, 우리는 우리의 삶에서 이용 가능한 보상 활동들을 광범위하게 고려함으로써 우리의 생활에서 그러한 것을 할 수 있습니다."

예

치료자 : 당신 생각에 브라이언과 헤어지면 당신 삶에 아무것도 남지 않았을 것이라는 사실에 당신이 너무 많이 초점을 맞추는 것 같아요. 그것에 대해서 저에게 좀 더 말해줄 수 있나요?

환자 : 글쎄요, 지난 몇 년 동안 우리는 함께 있었고 저는 무엇을 해야 할지 모르겠어요. 저는 혼자이고 제가 무엇을 해야 할지 알지 못해요. 너무 우울해요.

치료자 : 네, 그건 힘든 일이죠. 그렇지만 당신에게 아무것도 없을 것이라는 그 생각에 대해서 좀 궁금한데요. 그것은 무엇을 의미하죠?

환자 : 저는 혼자서 무엇을 해야 할지 몰라요. 아무것도 할 게 없어요.

치료자 : 브라이언을 만나기 전에, 당신이 하고 싶어 하는 일들이 있었나요?

환자 : (잠시 머뭇거리면서) 네, 저는 친구가 많았구요. 매일 일했어요. 여행도 했고, 요가도 했고 그리고 운동도 많이 하곤 했어요.

치료자 : 당신이 하고 싶었던 일을 스스로 혼자서 자유롭게 할 수 있다면, 그 일들 중 어떤 것이 지금 가능할까요?

환자 : 추측컨대, 저는 친구와 좀 더 많은 시간을 가질 것입니다. 제 생각에 지난 1년 동안 고립되어 있었어요. 당신도 아시다시피, 저는 미술관과 영화 보러 가는 것을 좋아했지만, 그는 그러한 것들을 좋아하지 않아서 할 수 없었어요.

치료자 : 운동을 해보는 것은 어때요? 그것이 때때로 보상을 주나요?

환자 : 브라이언을 생각하면 너무 우울해져서 일에 대한 관심을 다 잊어버렸어요. 그러나 우울해지기 전에는 일하러 가는 것을 좋아했었고 잘했어요.

치료자 : 그러면, 보상이 있었고 보상이 있을 수 있으며 브라이언을 필요로 하지 않는 생활의 영역이 많이 있다고 생각한다면, 변화하는 것에 대해서 어떻게 느끼십니까?

환자 : 나는 좀 더 단호해지고, 그냥 놔둘 것 같아요.

치료자 : 사용할 수 있는 보상과 경험 그리고 성장의 다른 훌륭한 원천들을 배제하고 브라이언에만 초

점을 맞추었다는 것을 스스로 알게 되었을 것입니다. 아마도 우리는 보람이 있고 의미 있는 활동들의 범주들을 만드는 것으로 시작할 수 있습니다. 예를 들어, 바로 지금 마음속에 떠오른 것이 친구들, 일, 운동, 요가, 수업, 여행, 영화, 책 읽기라면, 그것을 그냥 시작하는 것입니다. 그리고 나서 이러한 보람이 있는 활동 범주들을 추가할 수 있고 당신에게 다양한 보상 경험이 있는지를 알아보기 위해서 매일 당신이 무엇을 하였는지를 점검할 수 있습니다.

과제

치료자는 환자에게 가능한 현재와 미래의 보상적이고 의미 있는 활동들의 다양성을 고려하는지를 물어볼 수 있다: "과거에는 어떤 활동들이 보상적이었죠? 이러한 것들은 지금 또는 미래에도 동일한 가능성을 가지고 있나요?" 당신은 이러한 활동들을 어떻게 계획할 수 있나요? 실제로 이런 일을 행했다면 어떻게 느낄 것이라고 생각하나요?" 환자는 과거, 현재, 예기된 미래로부터 가능한 보상 활동들을 양식 6.9를 사용해서 목록화할 수 있다. 그림 6.9에서는 환자가 헤어지기로 한 자신의 결정을 가능한 긍정적인 행동 측면에서 검토하였다.

일어날 수 있는 문제

어떤 환자들은 그들의 우울이나 불안이 보상을 불가능하게 한다고 주장하면서 가능한 보상 활동을 상상하는 데 어려움을 겪는다. 치료자는 그 주에 각 활동의 기쁨과 숙달 정도를 평정하면서 활동을 유지하도록 함으로써 이것을 다룰 수 있다. 게다가 치료자는 환자가 즐거움을 얼마나 정확하게 예측하는지를 평가하기 위해 즐거움 예측하기를 사용할 수 있다. 더욱이 보상 메뉴는 보상의 가능성이 있는 표본 행동으로 사용될 수 있다. 최종적으로, 치료자는 환자가 현재의 결정과는

과거에 내가 했던 것	지금 내가 할 수 있는 것	미래에 내가 할 수 있는 것
나의 친구들을 만났음 운동을 했음 영화관이나 극장에 갔음 책을 읽었음 여행을 했음 다양한 사람을 만났음 개와 놀았음 도시를 산책했음 일 했음 가족을 만났음	나는 왼쪽 열에 있는 모든 것을 지금 할 수 있다.	나는 왼쪽 열에 있는 모든 것을 할 수 있다. 새로운 사람과 데이트 하는 것 좀 더 많이 여행하는 것 과정을 밟는 것 친구들을 좀 더 많이 만나는 것

그림 6.9 현재와 미래 자기의 조망으로 의사결정하기

별도로 과거에 어떤 보상적인 행동을 경험했는지 물어볼 수 있다. 결정을 주저하는 것은 종종 이용 가능한 다른 보상이 없으므로 이 결정이 반드시 효과적이어야 한다는 신념 때문이다.

기타 기법에 대한 탐색

관련된 기법으로 비용-이익 분석, 미래 자기를 위해 의사결정하기, 사전 계약, 활동 계획하기, 보상 메뉴 등이 있다.

양식

양식 6.9(과거, 현재, 그리고 미래의 보상 활동)

기법 : 위험 대 위험 비교하기

설명하기

많은 사람들은 결정을 내리는 데 주저하는데, 왜냐하면 그들은 관련된 위험이 있다고 믿고 결정을 하지 않는 것이 위험을 피할 것이라고 믿기 때문이다. 예를 들어, 파티에서 누군가에게 다가가는 것에 대해서 생각한 젊은 여성은, 그녀가 거절당할 것이고 그래서 창피함을 느낄 것이므로 그것이 위험하다고 생각할 수 있다. 그녀는 행동을 취하지 않을 때의 위험성보다는 행동을 취할 때의 위험성에 초점을 맞춘다. 위험을 피하는 그녀의 전략을 지지하기 위해서, 그녀는 '편안함을 느낄 때까지' 긴 시간을 기다리고, 꼭 맞은 순간을 찾으며, 다른 사람이 관심을 보이는 신호를 찾으며, 자신감을 느낄 수 있을 때까지 기다릴 것이다. 그러나 그녀가 기다릴 때, 기회는 지나가고, 그녀는 매력적인 사람을 만날 기회를 잃어버릴 것이다. 의사결정을 하는 데 있어, 합리적인 견해는 결정의 위험성과 결정하지 않을 때의 위험성의 경중을 재는 것이다. 위험으로부터 자유로운 대안은 없으며, 그래서 개인은 결정하지 않음으로써 잃어버린 기회들의 비용을 따져볼 필요가 있다.

토론 안건

"당신은 결정하기 위해서 오랜 시간을 기다리고, 앞으로 나아가거나 또는 그렇지 않던 간에 위험이 없는 지점을 찾으려는 것처럼 보입니다. 당신은 마치 위험으로부터 자유로운 선택을 찾고 있는 것처럼 보입니다. 그러나 인생에 있어서 수많은 것이 그러하듯이, 기다리는 데는 비용, 즉 기회 상실의 비용이 있습니다. 우리는 그것을 '기회'비용이라고 부르지요. 그래서 의사결정을 하는 것은 하나의 위험과 반대 비용의 경중을 재는 것과 관련 있습니다."

예

치료자 : 당신과 캐럴은 모두 약 18개월 동안 함께 있었는데, 당신은 결혼을 할지, 이사를 할지를 결정하는 데 힘든 시간을 보내는 것처럼 들려요. 당신이 한 가지 또는 다른 방식으로 의사결정을 하는 데 도움을 주기 위해서 부가적으로 필요한 정보가 있나요?

환자 : 저는 해안가를 걸으면서 아무것도 하지 않는 것이 더 쉽다고 생각하지만, 캐럴은 약혼을 결정하도록 저에게 압력을 가하고 있어요. 그런데 저는 원치 않아요. 저는 이 관계가 일생 동안 유지될 거라고 보지 않아요.

치료자 : 캐럴과 결혼할 때 일어날 수 있는 문제는 어떤 것이죠?

환자 : 글쎄요, 저는 많은 시간 그녀가 지루해한다는 것을 알게 되었어요. 우리는 공통점이 없어 보여요. 그리고 18개월 동안 정말로 어떤 변화도 없었다고 생각해요. 그녀는 좋고, 정말로 저에게 헌신을 하지만 저는 재미있지 않아요. 그녀를 그리워하지도 않구요. 저는 사업에서 좀 벗어나고 싶기도 해요. 저는 제가 헤어져야만 하는지 아직 확신하지 못해요. 그러나 저는 그녀와 대화하는 것을 원하지 않구요. 그것은 상상하기도 어려워요.

치료자 : 그러면 당신이 헤어지는 것의 위험은 어떤 것이죠? 당신에게 있어서 잠재적인 문제는 어떤 것이죠?

환자 : 제가 그녀에게 말해야만 하고 그것은 그녀를 정말로 화나게 할 것입니다. 제 말은 그녀는 너무도 많은 시간을 쏟아부었죠. 그러나 저는 다시 데이트를 하는 것이 두려워요. 데이트는 저에게는 가장 쉽지 않은 거예요.

치료자 : 네, 당신은 그녀의 느낌에 대해서 정말로 걱정하고 있고 그녀는 좋은 사람처럼 보이네요. 그래서 떠나는 것의 문제는 그녀를 화나게 하는 것이고요. 그리고 당신은 데이트를 다시 해야겠네요. 그리고 데이트를 하는 것은 그녀와 당신에게는 불편한 것이구요. 그래서 이러한 것들이 헤어지는 데 있어서 위험들이네요. 관계를 유지하는 것의 잠재적인 문제는 어떤 것이죠?

환자 : 만약 우리가 결혼했다면 저는 아내에게 지루함을 느낄 가능성에 대처해야만 해요. 그리고 나서 저는 다른 누군가를 만날 수도 있으며 그녀가 저에게는 더 나은 파트너였다는 것을 알게 되는 거죠. 그러나 저는 결혼했기 때문에 그녀를 좇아갈 수 없어요. 그리고 아마도 아이를 가지게 되겠죠. 그래서 빠져나오기가 더욱 힘들겠죠.

치료자 : 그래서, 이것이 정말로 위험 대 위험, 즉 떠나는 위험과 머무르는 위험입니다. 우리는 결정하지 않는 것도 결정하는 것이라는 것을 명심해야만 합니다. 위험으로부터 자유로운 대안은 없어요. 그렇지 않나요?

환자 : 그 말씀이 옳다고 생각해요. 저는 단지 떠나는 것, 그녀를 화나게 하는 것에 대해서 생각하는 것, 데이트를 다시 하는 것이 얼마나 어려울지에 대해서 생각하는 것의 위험에만 초점을 맞추었다고 생각해요.

치료자 : 의사결정하는 것에 대해 생각하는 한 가지 방법은 당신이 관계를 유지하거나 떠날 경우 잃어버릴 수도 있는 기회에 대해서 생각하는 것입니다.

환자 : 만약 내가 그녀와 함께 머문다면, 저는 정말로 관심이 있는 누군가, 제가 정말로 즐기고 싶은 누군가를 찾을 기회를 잊어버리는 것이죠.

과제

환자는 현재를 고려하면서 대안들을 생각할 수 있다. 치료자는 다음과 같이 반복해서 말할 수 있다: "위험으로부터 자유로운 선택은 없고 모든 것은 잠재적인 비용과 잠재적인 이익을 가집니다. 아무것도 하지 않는다는 것은 그것의 비용과 이익을 가지고 있고, 어떤 것을 한다는 것도 그것에 상응하는 비용과 이익이 있습니다. 당신이 위험으로부터 자유로운 대안을 찾고 있을지도 모르지만, 그러한 것들은 존재하지 않습니다." 치료자는 환자에게 다른 어떤 것도 하지 않는 것과 다른 어떤 것을 하는 것의 상대적 위험성을 고려하도록 요청할 수 있다. 또한 치료자는 다음과 같이 물어볼 수도 있다. "위험이 없는 선택을 찾는 것의 결과는 어떻게 되었나요?"

일어날 수 있는 문제

어떤 환자들은 그들이 충분히 열심히 생각하고 충분한 사실과 재확인을 수집했다면, 그들이 위험을 피할 수 있을 것이라고 믿는다. 그 결과 그들은 너무 많은 시간을 기다리고 종종 기회를 잃어버린다. 사람들이 더 오래 찾을수록, 더 많은 기회를 잃어버린다. 예를 들어, 어떤 젊은 남성이 막다른 관계의 덫에 걸렸다고 느꼈지만, 그것에 대해서 반추하고 계속 재확인을 하고 새로운 정보를 찾으면서 관계를 지속하였다. 치료자는 그가 관계에서 발견한 좋은 것들이 있다 해도, 그는 위험 없는 결정을 하고자 노력하고 있는데, 떠나는 위험과 머무르는 위험이 모두 있으므로 그러한 노력은 불가능하다는 것을 지적하였다. 문제는 어떤 위험이 좀 더 나은 결과를 가져다 줄 것인가이다. 환자는 양식 6.10을 사용할 수 있는데, 그것은 대안들을 위험의 거래로서 비교하고, 상대적 위험성을 통해서 분류할 수 있는 공간과 형식을 제공한다.

기타 기법에 대한 탐색

관련된 기법으로는 비용-이익 분석, 행동에 대한 예측 검사하기, 단기 대 장기 결과 조사하기 등이 있다.

양식

양식 6.10(위험 vs. 위험 선택)

양식 6.1

단기 목표에 초점 맞추기

우리는 자주 장기적으로 달성하고자 하는 것보다 우리가 즉각 느끼고 싶은 방식에 초점을 둡니다. 예를 들어, 체중을 줄이기를 원하지만 당신은 당신 앞에 바로 있는 맛있는 케이크를 먹는 것에 초점을 둡니다. 당신이 생각하기에 당신에게는 문제가 될 수 있는 결정이나 행동에 대해 생각해보고 그 행동을 왼쪽 열에 적으세요. 가운데 열에는 그 행동의 단기 이익에 대해서 목록화하세요. 오른쪽 열에는 장기적인 비용에 대해서 적으세요.

문제가 되는 행동	단기적 비용	장기적 비용

양식 6.2

장기 목표에 초점 맞추기

우리 생활의 향상을 위해서, 우리는 장기적인 목표에 대해서 생각할 필요가 있습니다. 예를 들어 좀 더 나은 외형을 가지고 싶다면, 당신이 원하지 않을 때에도 운동을 해야만 합니다. 왼쪽 열에는 당신의 장기적인 목표를 적으세요. 가운데 열에는, 이 목표를 달성하기 위해서 열심히 할 필요가 있는 행동을 적으세요. 오른쪽 열에는, 만약 당신이 가운데 열에 있던 행동을 지속적으로 했을 경우 미래(지금부터 몇 달 이후)에 무엇을 느낄지 적으세요.

장기 목표	지금 나는 무엇을 해야만 하는가	지금 할 필요가 있는 것을 했다면 미래에는 어떻게 느낄 것인가

양식 6.3

지금 결정함으로써 미래에 전념하기

우리는 종종 우리가 성취하고자 하는 것에 대한 목표와 확신을 따르는 것에 유능하지만, 따르지 않습니다. 따르려는 가능성을 높이는 하나의 방법은 당신 앞에 놓인 그 상황에서 특정한 계획을 짜거나 전념을 하는 것입니다. 예를 들어 여기에는 당신이 하는 것을 멈추고자 하는 행동을 하기 전에, '작은 벌금을 지불하는 것' 또는 '문자 메시지나 이메일을 보내는 것'의 방법이 포함될 수 있습니다. 왼쪽 열에는, 당신이 멈추거나 또는 시작하기 원하는 행동을 적으세요. 그리고 나서 가운데 열에는, 이 행동을 하거나 또는 하지 않거나 할 때의 이익에 대해서 적으세요. 오른쪽 열에는, 당신이 기꺼이 하기를 원하는 행동(예 : 작은 벌금을 지불하는 것, 문자 메시지를 보내는 것, 친구에게 말하는 것 등)을 적으세요.

내가 변화하기 원하는 행동	이러한 변화의 이익	내가 기꺼이 전념하여 하고자 하는 것

양식 6.4
매몰비용을 조사하기

우리는 자주 어떤 일이 효과적이지 않으리라는 사실을 인정하기 싫어서 그 일을 멈추지 못하고 그것으로부터 떨어져서 나아갈 수 없기에 행동의 과정을 계속하는 것을 옳다고 주장하려는 경향이 있습니다. 예를 들어, 사서 거의 입지 않고 10년 동안 당신의 옷장에 걸려 있는 옷을 상상해보세요. 당신의 파트너는 "어째서 버리거나 남에게 주지 않나요?"라고 말하고, 당신은 거기에 대응해서 "나는 그럴 수 없고, 나는 그것에 상당한 돈을 들였다"고 말할 것입니다. 이것이 더 이상 유용하지 않아도, 당신은 그것을 버리지 못한다고 느낍니다. 우리는 오랜 시간 동안 그러한 과정을 필요가 있어서 단순히 계속해서 하고 있습니다. 이것이 '매몰비용' 또는 '나쁜 돈에 좋은 돈을 던져버리는 것'이라고 부릅니다. 아래의 질문을 보고 각각에 당신의 답을 적으세요.

현재의 상황을 지속하는 데 지금의 비용과 이익은 무엇인가?
현재의 상황을 지속하는 데 장기적인 비용과 이익은 무엇인가?
만약 당신이 그 구매를 다시 하거나 또는 그 관계에 다시 들어가기로 결정했다면, 당신은 똑같은 결정을 내릴 것인가? 왜 아닌가?

(계속)

매몰비용을 조사하기(2/3)

만약 당신이 그 정장이나 옷(또는 현재 상황)을 잃어버렸다면, 당신은 나가서 같은 것을 다시 살 것인가? 왜 아닌가?

당신은 매몰비용을 고수해서 다른 기회를 희생시키고 있는가? 예를 들어, 답답한 것을 고수함으로써 다른 관계나 일 또는 공부의 가능성을 포기하고 있는가? 과거의 결정에 대한 기회비용은 어느 정도인가?

비용이 증가되는 동안에 시간이 지나면서 당신의 선택 이익이 줄어들 수 있는가? 만약 그렇다면, 비용-이익이라는 천칭 저울이 변화되었는가?

당신이 지금은 아니지만(지금 새로운 정보로는 그것이 당신이 기대한 바가 아니라는 것이 명확하다) 처음에 결정을 했을 때 모든 정보를 가지고 있었는가?

잘못된 결정을 당신이 했다는 것을 알고 있을 때조차도 당신이 옳다는 것을 증명하려고 노력하고 있는가? 행복하게 되는 것보다 옳은 것이 더 중요한가?

(계속)

매몰비용을 조사하기(3/3)

만약 똑같은 상태에서 누군가를 당신이 관찰하고 있다면, 당신은 그(녀)가 매몰비용에 머물도록 할 것인가? 또는 빠져 나오라고 할 것인가?
나쁜 의사결정을 하기보다는 매몰비용을 포기하는 것이 좋은 결정을 하는 표시가 될 수 있을까?
당신은 나쁜 투자를 포기한 좋은 의사결정자를 존경하는가?
당신은 매몰비용을 포기하는 데 있어서 단기적인 불편감의 중요성을 과잉평가하고 있는가? 초기 불편감이 완화되는 것이 가능한가?
과거에 매몰비용을 포기해본 적이 있는가? 당신이 할 수 있는 동안 당신이 기꺼이 버릴 것인가? 포기함으로써 수반되는 긍정적인 것은 무엇인가?

양식 6.5
기분과 의사결정하기

우리는 때때로 그 당시 기분 또는 정서에 대한 우리의 생각에 근거해 결정을 내립니다. 예를 들어, 우리가 슬프고 불안할 때, 우리는 비관적인 견해에 근거한 결정을 내릴지도 모릅니다. 안전하고 편안함을 느낄 때, 우리는 긍정적인 기분에 근거해서 결정을 내릴 것입니다. 왼쪽 열에, 당신이 고려했던 현재 또는 과거의 결정을 적으세요. 가운데 열에는 당신이 우울하거나 불안할 때 이 결정을 어떻게 접근하는지를 적으세요. 그리고 나서 오른쪽 열에는, 당신이 행복하거나 안전하다고 느낄 때 그것에 대해서 어떻게 생각하는지를 적으세요.

내가 고려한 결정	내가 부정적인 기분일 때, 그것을 어떻게 생각하는지	내가 긍정적인 기분일 때, 그것을 어떻게 생각하는지

양식 6.6
손실 vs. 이익의 초점으로 의사결정 바라보기

우리는 종종 이익보다는 손실을 바라보는 쪽으로 편향되어 결정을 내립니다. 예를 들어, 우리는 우리가 고려할 수 있는 변화 또는 잃어버린 것에 관해서 시도할 수 있는 새로운 행동을 볼 수도 있습니다. 또는 우리는 얻어질 수 있는 것의 관점에서 결정을 생각할 수도 있습니다. 만약 당신이 현재의 또는 과거의 결정을 바라본다면, 잃어버린 것과 얻어질 것 중 어떤 것에 근거해서 초기에 의사결정을 하고 있나요? 의사결정하는 데 있어서 좀 더 균형을 맞추는 방식은 어떤 것이 될 수 있을까요?

일어날 수 있는 결정	내가 주로 손실에 대해서 초점을 맞출 때 어떤 일이 발생하는지	내가 주로 이익에 초점을 맞출 때 어떤 일이 발생하는지

양식 6.7

후회 회피

대안책을 고려할 때, 우리는 종종 미래에 우리의 결정을 후회할 가능성에 초점을 맞춥니다. 그 결과 우리는 변화하는 것을 꺼리거나 덜 '위험한' 대안책을 선택할 것입니다. 어떤 사람들은 '대중적인' 대안책을 선택하거나, 다른 사람으로부터 재확인을 얻거나, 다른 사람에게 결정을 요청하거나, 긴 시간을 기다리거나 좀 더 많은 정보를 모으거나, 결정에 대해서 생각하지 않으려고 하면서 후회를 피하려고 노력합니다. 당신이 하였던 또는 생각하고 있는 결정들을 바라보세요. 그리고 아래에 그것들 중에 하나를 적으세요. 그러고 나서 후회를 피하기 위해서 당신이 이용했던 전략들을 생각해보세요. 그리고 오른쪽 열에 예들을 제시하세요. 의사결정을 하는 데 이러한 접근에 대해서 당신은 어떻게 생각하나요?

내가 생각하고 있고 또는 생각해왔던 결정은 : _____

	예 :
오랜 시간 기다리는 것	
다른 사람들이 나에게 하라고 했던 것	
변화하지 않기 위한 이유에 초점을 맞추는 것	
수많은 재확인을 찾으려고 하는 것	
다른 사람이 결정을 하도록 하는 것	
결정에 대해 생각하기를 회피하는 것	
기타	

양식 6.8
현재 자기 그리고 미래 자기에 의한 결정

우리는 종종 결정할 때 즉시 또는 직후에 어떻게 느낄 것인가에 초점을 둡니다. 즉, 우리는 단기 논제에 초점을 둡니다. 그러나 당신이 하였던 또는 생각하고 있는 결정들을 바라보세요. 그리고 아래에 그것들 중 하나를 적으세요. 그리고 나서 후회를 피하기 위해서 당신이 이용했던 전략들을 생각해보세요. 그리고 오른쪽 열에 예들을 제시하세요. 의사결정을 하는 데 이러한 접근에 대해서 당신은 어떻게 생각하나요?

내가 숙고하는 현재 결정	지금 당장 중요해 보이는 것	미래 자기 : 지금으로부터 1년	미래 자기 : 지금으로부터 10년

양식 6.9

과거, 현재 그리고 미래의 보상 활동

기분이 좀 더 좋아지기 위한 최상의 방법은 보상적이고 의미 있는 활동들에 몰입하는 것입니다. 보상이나 즐거움의 원천이 다양할수록 좀 더 기분이 좋아질 것입니다. 다음 양식의 왼쪽 열에는, 과거 당신이 즐겨왔던 활동들을 적으세요. 그러한 활동들은 꽤나 단순한 활동일 것입니다. 가운데 열에는 현재의 보상 활동들을, 그리고 오른쪽 열에는 미래의 활동들을 목록화하세요. 당신이 이러한 활동들을 많이 했다면 스스로 어떻게 느낄 것이라고 생각하십니까?

과거에 내가 했던 일	현재 내가 할 수 있는 일	미래에 내가 할 수 있는 일

양식 6.10
위험 vs. 위험 선택

우리는 종종 어떤 일을 하지 않거나 그것을 안전하게 유지하려고 함으로써 위험을 최소화하기 위해 노력합니다. 그러나 모든 결정은 실제로 위험 대 위험의 문제입니다. 위험이 없는 결정은 없습니다. 현재와 과거 결정을 고려하여 대안 1과 대안 2로 각각 나열하세요. 이제 결정과 관련된 일을 하거나 하지 않는 것에 대한 위험과 단점들을 목록화하세요. 모든 위험을 피하려고 하는 데 있어서 당신의 결론은 어떤 것입니까?

내가 고려하고 있는 결정	그것을 하는 것의 위험	그것을 하지 않는 것의 위험
대안 1		
대안 2		

제7장

침투적 사고에 대응하고 평가하기

침투적 사고(thoughts) · 심상(images) · 욕구(urges)는 강박장애(obsessive-compulsive disorder, OCD), 범불안장애(generalized anxiety disorder, GAD), 외상후 스트레스장애(posttraumatic stress disorder, PTSD)를 비롯한 다양한 장애와 사회공포증, 공황장애, 건강염려증, 조현병, 신체이형장애(body dysmorphic disorder, BDD)의 핵심 증상이고, 우울 반추(depressive rumination)와 만성적 불안의 기저를 이루는 것이다. 이들은 자발적으로 발생하는 사고나 심상으로서, 개인의 관점에서 보면 일부 타당성도 있고, 원치 않지만 경험하게 되는 것이다. 강박장애의 환자의 경우 오염에 대한 공포, 실수에 대한 믿음 등의 침투적 사고를 경험한다. 이러한 사고들은 견딜 수 없거나 나쁜 어떤 일이 일어날 것 같은 징조로 여겨지며, 씻기나 확인하기 등의 행동을 통해 이러한 사고를 중화시켜야 한다는 사고로 이어지게 된다. 강박장애 환자의 경우, 특정한 사고나 행동(또는 사고와 현실)이 동일하다고 생각한다. 즉, "내가 누군가를 칼로 찌를지도 모른다"고 생각하면, 그러한 생각을 중화시키거나, 두려움의 대상을 회피하지 않는 한, 그러한 생각은 현실이 될 것이라고 생각하게 된다. 이러한 '사고와 행동의 융합'이 강박장애군에 해당하는 대부분의 환자들에게 신념과 행동의 기저에 깔려 있다. 여기서 말하는 신념이란 사고(thoughts)는 위험한 것이며, 이를 통제하지 않으면 안 된다는 믿음, 그리고 이러한 사고는 결코 용납될 수 없다는 믿음을 말한다. 더 나아가, 이러한 성향을 지닌 환자는 "충분하다"(자신이 주관적으로 느끼는 기분상에서)는 느낌이 들 때까지 중화를 계속한다. 즉, 환자는 해당 사고나 충동이 잦아들었는가를 기준으로, 중화를 위한 노력이 '충분'한 것인지 여부를 판단하게 된다.

범불안장애의 경우에는 침투적 사고가 미래에 대한 반복적인 부정적 사고, 즉 걱정이라는 형태로 나타난다. 과도한 걱정을 하는 사람들의 경우, 결코 일어나지 않을 미래 속의 삶을 살아가며, 과도하게 부정적인 결과를 예상하고, 확증을 갈망하게 된다. 또한 긍정적인 결과에 대한 가능성은 배제하며, 실질적인 문제가 발생하였을 때 이에 대처할 수 있는 능력을 과소평가한다. 외상후 스트레스장애 환자의 경우에는 침투적 사고가 트라우마 기억을 연상시키는 이미지, 느낌, 기억, 사고, 충동과 같은 경험으로 이루어진다. 예를 들어, 과거에 잔인하게 공격을 당한 사람은 자신이 방심하면 또 다시 공격을 당할지도 모르는 불안감에 침대에 누워서도 잠을 이루지 못한다. 이러한 환자는 창틀에 부는 바람소리가 날 때, 누군가 창문으로 침입했을 때 났던 소리를 상기하면서 소스라치게 놀라게 된다. 외상후 스트레스장애 환자들은 최초 트라우마 사건과 닮아 있는 자극이 발생하게 되면 트라우마 사건의 이미지와 느낌을 떠올리게 된다. 그리고 이러한 침투적 이미지, 사고, 느낌은 어떠한 '새로움'을 추가하여 체험된다. 즉, "그때 일이 지금 다시 벌어지고 있어!"라고 생각하는 것이다. 이러한 침투에 대한 두려움 때문에, 외상후 스트레스장애 환자들은 감각의 흥분을 가라앉히고, 약화시키기 위해 종종 음주나 마약에 손을 대기도 하고, 또 자신이 두려워하는 트라우마와 관련된 기억을 연상시키는 상황을 기피하게 된다. 마찬가지로 공황장애 환자의 경우에는 특정한 신체적인 느낌(심장이 쿵쾅거리는 증상, 어지럼증)을 대참사의 전조로 받아들이는 특성을 보인다. 심장 마비, 실신, 자제력의 상실 등이 이러한 대참사의 예가 될 수 있으며, 이러한 경우 위의 느낌이 바로 '침투적 요소'로 작용하게 되고, 환자는 안전이 확보되지 않는 한, 이들을 '대참사'의 발생과 동일시하게 된다. 따라서 공황장애 환자의 경우, 안전 행동(예 : 거리를 걸을 때 누군가에게 같이 가 달라고 하기)을 하거나, 심박을 확인해 자신이 자제력을 잃고 있는지 확인하게 된다. 또한 이러한 느낌을 유발하는 행위를 기피하는 경향도 있으며(예 : 수영), 의사에게 확답을 구하거나, 이러한 느낌을 막아 줄 수 있는 약을 먹기도 한다(SSRI, 베타 차단제 등). 건강염려증 환자들의 경우에는 침투적 사고에 앞서, '증상'의 작은 징후에도 매우 민감하게 반응하는 양상이 나타난다. 이러한 증상은 신체적 느낌이나 불완전성을 나타내는 것으로, 환자는 이것을 더 큰 질병이 나타날 징후라고 해석하게 된다. 따라서 피부에 점이 새로 하나 생겼다고 이것을 바로 피부암처럼 심각하게 받아들이거나, 소화 불량이 있다고 이것을 위암과 동일하게 생각하게 된다. 침투는 '자아(self)의 질병 모델' 안에서 적용된다. 즉, 환자는 질병에 대한 생각이 드는 것만으로 자신이 현재 질병에 걸려 있거나, 질병이 진행 중인 매우 위험한 상황에 있는 것으로 받아들이고, 따라서 즉각적으로 어떤 조치를 취해야 한다고 믿게 된다.

조현병의 경우, 침투적 사고가 실질적으로 유효한 것으로 받아짐으로 인해 망상적 사고와 환각이 발생하게 된다. 누군가 사악한 인물에 의해 감시를 받고 있다는 망상을 없애거나 싸워내야 할 사고로 받아들이는 것이 아니라, 현재 존재하는 위험을 현실적으로 투영하고 있다는 사고를 하는 것이다. 이러한 침투는 일종의 경고나 징후의 형태를 띠며, 환자는 이에 대해 민감하게 경계하는 행동을 하게 된다. OCD 환자('사고-행동 융합')의 침투와 비슷하게 편집 증세를 보이는 환자의 경우 자신의 피해망상이 유익한 것이라고 생각한다. 즉, 미래의 해악으로부터 자신을 지켜준다고 여기는 것이다. 마지막으로, 신체이형장애의 경우, 몸이나 얼굴의 조그마한 결점에 불과한 것이라도 이것은 곧 환자에게 추함, 뚱뚱함, 기형을 의미하며, 이로 인해 추가적으로 거울을 통해 자신의 신체에 대해 확인하거나(자기 감시), 이러한 신체 부분에 대해 관찰하는 행위를 기피하게 된다. 예를 들어, 자신이 (실제로는 비만은커녕 과체중에도 해당하지 않으나) 지나치게 뚱뚱하다고 믿는 사람의 경우, 자신의 복부를 거울로 관찰하거나, 확대 거울을 통해 이를 확대해서 관찰하기도 하며, 배를 꼬집거나, 타인에게 자꾸 되물어 확인을 구하거나, 과도하게 운동을 하는 행동을 보이기도 한다. 또한 이들은 칼로리가 매우 낮은 식사를 하거나, 하제를 사용해 변을 비우는 행동을 하기도 하며, 타인의 조롱을 두려워해 자신을 드러내지 않으려 하는 양상을 보일 수도 있다.

환자에게 침투, 침투적 사고, 침투적 이미지가 어떻게 발생하며, 이들이 이러한 요소들을 어떻게 평가하고 또 반응하는지를 설명하기 위해, 인지행동 분야에서 많은 접근법이 발전을 거듭해 왔다. 예를 들어, 강박장애(OCD) 환자의 경우, 침투적 사고나 이미지가 떠오를 때 이를 피해야 하고, 자신에게 관련되어 있는 위험한 것으로 생각한다. 그래서 무엇인가를 해야 한다는 의무감을 느끼거나, 억제하거나 제거해야 하는 대상으로 여긴다(Purdon 1999; Purdon & Clark, 1999; Salkovskis, Forrester & Richards, 1998). 따라서 침투적 사고, 예를 들어 "내 손은 세균에 오염되어 있어"라는 생각이 자신과 관련성이 있는 사고로 해석되며("내가 이런 생각이 드는 이유는 필시 무엇인가 잘못되어 있기 때문일 거야."), 행동이 필요하다고 인식하게 된다("손을 씻어야 한다."). 그에 따른 책임감도 발생하며("만일 손을 씻지 않으면 병에 걸릴 것이고, 이것은 모두 나의 책임이야."), 추가적으로 나타나는 침투적 사고를 제거해야 한다는 생각도 하게 된다("이런 생각이 사라질 때까지 뭔가를 해야 해."). 이러한 평가와 통제 전략은 자신의 사고에 대한 자발적 감시로 이어지며, 침투적 사고의 발생을 위험의 예측 요인이라고 판단하게 된다. 이는 다시 중립화, 주술적 안전 행동 또는 이러한 사고가 발생할 수 있는 상황을 회피하기 등의 다양한 통제 및 기피 전략의 활성화로 이어진다.

이 장에서는 침투적 사고나 원치 않는 사고에 대응하는 다양한 방법을 짚어보기로 한다. 이들 기법의 대부분은 강박장애(OCD)의 침투적 사고에 대응하기 위해 사용하는 초인지치료(meta-cognitive therapy), 그리고 수용-전념치료(acceptance and commitment therapy), 통합적 CBT 모델과 일맥상통한다. 이러한 기법들은 불안장애, 트라우마, 우울증, 정신병적 망상에서 특징적으로 나타나는 침투적 사고에 대응하는 데에도 사용될 수 있다. 제8장에서 걱정, 그리고 반추에 효과적으로 사용될 수 있는 다양한 기법에 대해 살펴볼 것이지만, 이 장에서 소개하는 기법들 또한 이들 문제에 대응하는 데 효과적으로 사용할 수 있다.

기법 : 의식적으로 거리 두기

설명하기

침투적 사고나 걱정이 생겼다고 해서, 이 사고에 적극적으로 대응하거나 논쟁할 필요는 없다. Wells와 동료들은 정교한 구성과 우수한 효과를 지니는 '초인지 치료'를 개발하였다. 이들은 사고의 내용 자체보다는 이러한 사고에 관심이 더 중요하다고 주장함으로써, 침투적 사고에 대한 개인의 반응을 다루고 있다. Wells에 의하면 인지적 주의 증후군(cognitive attentional syndrome, CAS)는 개인이 과도하게 침투적 사고에 집중할 때 발생한다(Wells, 2005, 2008). 이와 같이 주의를 기울임으로써 걱정 및 반추가 발생하게 되고, 사고가 줄어드는 일 없이 계속되므로, 일반화된 불안감, 우울 증세의 장기화라는 결과로 이어지게 된다. 의식적으로 거리두기기법은 환자로 하여금 한 걸음 뒤로 물러서서 관찰하되, 해당 사고의 유효성이나 중요성에 대한 판단과 이를 통제 및 억제하려는 시도는 하지 않는 것이다. 여기에는 사고가 이루어지고 있다는 것을 인식할 때, 이를 지나가는 구름이라고 상상하는 과정과 텔레마케터가 전화를 일부러 받지 않고 내버려 두는 것을 상상하는 과정을 포함한다. 또 차례로 역으로 들어온 다음 한 대씩 출발하는 기차를 상상하면서, 환자 자신은 단지 기차가 오고 가는 모습을 지켜볼 뿐이라고 생각할 수도 있다. 이는 Roemer와 Orsillo(2002)가 제시했던 마음챙김(mindfulness)의 활용과 유사하다. 다만 초인지 모델에서는 특정한 사고가 생겼을 때에 그에 대한 가장 가치 있는 접근법이 아무것도 하지 않는 것이라는 사실을 설명하는 데 이러한 의식적으로 거리두기기법을 활용한다. 즉, 초인지 모델에서 의식적으로 거리두기기법은 특정한 사고를 제어하기 위해 노력할 필요가 없으며, 이렇게 제어하지 않는 경우 이러한 생각은 저절로 뒤로 물러나게 된다는 사실을 설명하는 데 활용된다.

토론 안건

"가끔씩 원치 않는 생각이 마음속에 떠오를 때가 있을 것입니다. 자꾸 이런 생각에 집중하고 그 의미를 해석하다가 또 머릿속에서 지우려고 의식적으로 노력하기도 하며, 또 그 생각에 답을 해 보거나 이러한 생각에 대응하기 위해 어떤 행동을 시도하기도 할 것입니다. 마치 이러한 생각에 주의를 빼앗겨 버린 것처럼 느껴지기도 하고, 도저히 그 생각에서 벗어날 수 없는 것처럼 느껴지기도 했을 것입니다. 여기서는 이런 생각을 인지한 후, 별다른 조치를 취하지 않으며 단지 이러한 생각이 떠오른다는 사실 자체를 관찰하기만 하는 새로운 기법을 시도해보기로 하겠습니다. 이 기법은 '의식적으로 거리 두기'라고 부르며, 단지 특정한 생각이 떠올랐다는 것을 인지하고, 한 걸음 뒤로 물러나 아무것도 하지 않고 그저 바라만 보는 방법입니다. 이 개념은 여러 가지 비유를 통해 설명할 수 있습니다."

예

치료자 : 그러니까 최근 들어 자꾸 자신이 언젠가는 죽을 것이라는 생각이 든다는 말씀이지요? 그리고 인생의 의미는 무엇인지, 그리고 자신의 죽으면 부인과 아이들은 어떻게 될지 걱정이 돼서 불안하다는 말씀이시지요? 하지만 당신은 아직 36살밖에 되지 않았고 건강하니, 실제로는 금방 죽을 것이라고 생각하지는 않으시는 거구요.

환자 : 이런 생각이 합리적인 생각이 아니라는 것은 저도 알고 있습니다. 하지만 이런 생각이 제 머릿속에 자꾸 떠오르는 것을 도저히 떨쳐버릴 수가 없습니다.

치료자 : 생각이란 원래 떨쳐버리려고 하면 더 돌아오게 되어 있지요. 제가 당신에게 백곰을 머릿속에 떠올려 보라고 요구한다면, 백곰을 머릿속에 떠올리기까지 시간이 얼마나 걸릴까요?

환자 : 방금 한 마리 생각했습니다.

치료자 : 이렇게 사고를 억제한다는 행위 자체가 애초에 불가능합니다. 당신은 이런 생각이 드실 때마다, 인생의 의미는 무엇인지, 그 답을 찾아야 한다고 생각하시는 것 같습니다. 마치 이런 생각에 환자분이 휘둘리시는 것처럼 말이지요.

환자 : 예. 맞습니다. 머릿속에서 지워버릴 수가 없어요.

치료자 : 그러면 목표를 바꿔서, 그런 생각이 들었다는 사실을 인지하되, 아무것도 하지 말고 그냥 내버려 둬 보십시오.

환자 : 어떻게 그럴 수가 있습니까?

치료자 : 우선, 생각이 떠올랐다는 사실은 인식하되 거기에 신경은 쓰지 않는다고 상상을 해보세요. 마치 거리의 소음이 들리더라도, 신경 쓰지 않고 배경 소음으로 치부해 버리는 것처럼 말이지요.

환자 : 그러면 좀 증세가 덜해지겠네요. 이렇게 계속 신경이 쓰이지는 않을 것 같습니다.

치료자 : 그렇지요. 지금은 마치 이런 생각이 떠오를 때마다 환자분이 열심히 이것을 잡으려고 쫓아다니는 것 같습니다. 잡아서 없애버리려고 말이지요.

환자 : 그래서 미칠 것만 같아요.

치료자 : 좋아요. 그러면 이렇게 한번 상상을 해보세요. 텔레마케터의 전화를 받으면, 오랫동안 이야기를 하면서 상대를 해 주시나요?

환자 : 아니요. 그냥 관심 없다고 말합니다.

치료자 : 그러면 이런 침투적 사고를 텔레마케터의 전화처럼 취급해버리면 어떨까요?

환자 : (웃음) 사실 실제로도 그렇습니다.

치료자 : 그냥 전화를 받듯, 생각이 떠오르면 끊어버리는 것입니다. 아니면 발신자 번호를 보고 그냥 전화를 받지 말아 버리십시오. 예를 들어 이렇게 한번 생각해봅시다. 당신은 지금 보스턴행 기차를 타기 위해 역에서 기다리고 있습니다. 그런데 뉴저지행이라고 써진 기차가 들어옵니다. 이것을 타시겠어요?

환자 : 아니요. 제 기차가 아닌걸요.

치료자 : 그렇지요. 침투적 사고도 마찬가지입니다. 기차가 온다는 사실은 알아차렸지만, 당신에게 맞지 않는 기차이니 타지 않는 것이지요.

환자 : 그럴 수 있다면 정말 좋을 거 같아요.

치료자 : 또 당신이 하늘에 떠 있는 구름을 보고 있다고 상상해보세요. 그것들은 흘러가고 있고, 당신은 그저 그들을 보고 있는 것이지요.

환자 : 그러면 편안해질 수 있겠네요.

치료자 : 그래서 침투적 사고는 텔레마케터의 전화와 같은 것입니다. 내 기차가 아닌 다른 기차이거나, 그냥 지나가는 구름인 것입니다.

환자 : 그럴 수 있다면 정말 편안해지겠네요.

치료자 : 스팸 편지함의 메일들을 일일이 다 읽어보십니까?

환자 : 아니요.

치료자 : 그러면 여기서 아셔야 하는 것은 아무것도 하지 않고 내버려두면 된다는 것입니다.

과제

여기서 환자에게 제시된 과제는 생각이 떠오르면 그것을 인지하되, 억제하려 하거나 그에 대해 신경을 쓰거나 반박·판단을 내리려 하지 말라는 것이다. 생각은 "그냥 생각일 뿐이다." 거리를 두고 관찰한다는 것은 침투적 사고를 텔레마케터의 전화처럼 생각하고 받지 않는다고 상상하는 것, 스팸 메일 같은 것으로 보거나, 하늘에 지나가는 구름 같은 것이라고 생각하는 것을 의미할 수도 있고, 또 내가 기다리는 기차가 아닌, 나와 상관없는 기차라고 생각하는 것이 될 수도 있다(Wells, 2000a, 2008). 환자는 양식 7.1을 사용해 한 걸음 물러서서 생각을 단순하게 관찰할 수 있고, 양식 7.2를 통해서는 침투적 사고가 떠오를 때 그것을 인지하되 흘려보내는 방법을 연습할 수도 있다. 그림 7.1에서는 한 환자가 의식적으로 거리두기기법에 보인 반응을 예로 제시하고 있다.

뒤로 물러서서 관찰하려고 했을 때 떠오른 딴 생각	그냥 관찰하고 흘려보낼 때의 장점	그냥 관찰하고 흘려보낼 때의 단점
자꾸만 내가 해야 하는 일, 예를 들어서 답을 구해야 한다는 생각이 떠올라 신경이 쓰였다. 그러다 날씨에 대해 생각을 했는데 이것이 정말 도움이 된 것 같다. 길거리의 자동차 소리도 의식하게 되었고, 또 안절부절해서 가만히 앉아 있을 수가 없다는 사실도 의식하게 되었다.	생각이 떠오를 때 거기에 빠지지 않고 한 걸음 떨어져서 관찰할 수 있다면 훨씬 더 마음이 편해질 것 같다. 나는 이런 생각이 들 때마다 항상 답을 찾아야 한다는 생각에 사로잡히는 것 같다.	나는 내가 중요한 일을 무시하고 지나치거나, 해야 하는 일을 하지 않게 될까 봐 겁이 나는 것 같다. 하지만 도움이 될 만한 것을 진짜로 생각해낼 수는 없다.

그림 7.1 의식적으로 거리두기기법의 연습

일어날 수 있는 문제

일부 환자의 경우는 한 걸음 물러서, 떠오르는 생각을 무심히 관찰하고 흘려보내는 것이 불가능할 수도 있다. 이러한 환자들의 경우 이들 사고가 마치 자석처럼 자신을 끌어당긴다고 생각한다. 환자가 이렇게 특정한 생각에 강제로 빨려들어 간다고 믿는 경우, 다음과 같이 지시하여 해결이 가능하다. "상사가 당신의 사무실로 찾아와서, '지금 급하게 의논해야 할 것이 있다'라고 말한다면, 당신은 지금 한참 생각에 사로잡혀 있으니 나중에 오라고 말하실 건가요?" 또는 치료자가 환자에게 자꾸 신경이 쓰이는 침투적 사고를 인식해보라고 주문한 다음, 환자에게 다시 진찰실 내에 있는 모든 녹색과 청색 형태 및 물체들을 최대한 자세히 묘사해보라고 지시한다. 이렇게 주의 전환 연습을 실시한 후, 치료자가 환자에게 아까의 침투적 생각은 어떻게 되었는지 물어본다. 여기서 주안점은 특정한 사고에 주목하여 계속 신경을 쓰는 것은 선택의 문제라는 사실, 그리고 강제로 빠져 드는 일 없이도 전화를 흘려듣거나, 기차가 들어오는 것을 바라보기만 하는 것은 얼마든지 가능하다는 점이다.

기타 기법에 대한 탐색

관련된 기법으로는 수용기법, 걱정 시간을 따로 정하는 방법, 발코니에서 내려다보기 기법, 의식적 호흡 운동 등이 있다.

양식

양식 7.1(의식적으로 거리 두기), 양식 7.2(생각을 다른 어떤 것으로 바꾸어 상상하기 : 전화를 받지 마세요)

기법 : 생각 풍선
●─────────────●

설명하기

의식적으로 거리두기기법과 관련된 또 다른 기법이 바로 사람의 생각, 충동, 감정을 공중에 떠다니는 '생각 풍선'이라고 상상하는 방법이다. 환자에게 풍선에 끈이 달려 있고, 끈을 당겨 풍선을 춤추듯 움직이게 하는 것을 상상하도록 한다. 또 환자에게 풍선의 끈을 놓아 풍선이 공중에 떠올라 흘러 지나가서 결국 사라져버리는 상상을 하도록 주문한다. 이러한 기법을 통해 환자가 이러한 생각에 묶여 있거나, 이런 생각이 자신의 일부("나는 나의 생각이다")라고 생각할 때, '나의 생각은 나와 떨어져 있고, 흘러 떠내려가 버릴 수 있는 것'이라는 생각으로 대체하여 문제를 해결할 수 있다.

토론 안건

"환자분을 신경 쓰이게 하는 (귀찮은) 생각들이 생각 풍선이라고 상상해보십시오. 환자분을 힘들게 하는 생각이나 감정, 충동을 안에 품고 있는 풍선이라고 말입니다. 이런 생각들이 파티에 쓰는 작은 풍선들이라고 생각해보는 것입니다. 빨간 풍선도 있고, 웃고 있는 광대 모양이 그려진 풍선일 수도 있습니다. 그리고 당신은 풍선에 달린 끈을 쥐고 풍선을 이리 저리 흔들 수 있습니다. 그런데 산들바람이 불어옵니다. 그래서 당신이 풍선의 끈을 놓아 버리면, 풍선은 바람을 타고 흘러가버립니다. 공기 중에서 풍선이 가볍게 떠올라 잠시 멈춰 있다가, 저 멀리 흘러가는 것입니다."

예

치료자 : 사람들은 생각이 정말 강력한 힘이 있다고 여깁니다. 또 이런 생각이 우리를 압도하고, 지배할 수 있다고 여기기도 하지요. 마치 생각이 우리의 머릿속에 파고들어, 혼을 빼앗아 버리는 것처럼 말입니다. 이런 생각을 '침투적 사고'라고 부릅니다. 왜냐하면 마치 우리 머릿속에 파고들듯, 우리를 괴롭게 하는 생각이기 때문입니다. 혹시 이런 경험이 있으신가요?

환자 : 네. 저는 항상 제가 왕따가 될 것이라는 생각에 사로잡힙니다.

치료자 : 생각이 머릿속에 떠오르면 거기에 사로잡혀 버리는군요. 생각에 잠식당하는 것이라고 볼 수 있습니다.

환자 : 이런 생각이 도저히 머릿속에서 지워지지 않을 것 같습니다.

치료자 : 생각에 빠져 들고, 거기서 헤어 나오지 못하는 것요. 하지만 좀 다른 방향으로 상상을 해봅시다. 항상 혼자일 것이라는 이 생각이, 풍선 속에 들어 있는 것이라고 상상을 해보십시오. 이 풍선을 저는 '생각 풍선'이라고 부릅니다. 지금은 이것이 빨간색 풍선이라고 상상합시다. 생일 파티에 쓰는 그런 풍선 말입니다. 그리고 환자분은 풍선에 연결된 끈을 쥐고, 풍선을 아래 위로 팅기고 있습니다. 상상이 가시나요?

환자 : 네. 빨간 풍선 말이지요. 알겠습니다.

치료자 : 이제, 당신은 산책을 하는 중이고, 풍선이 머리 위에 떠 있다고 생각을 해봅시다. 그런데 어디선가 산들바람이 불어옵니다. 풍선은 바람을 타고 움직이려 하지만, 아직 당신은 끈을 놓지 않고 있습니다.

환자 : 네. 그러네요.

치료자 : 이제 풍선의 끈을 놓아 버리기로 합니다. 풍선은 잠깐 흘러 떠내려가다가, 잠깐 멈추고, 또 바람을 타고 떠내려갑니다.

환자 : 네. 그렇습니다.

치료자 : 그리고 풍선이 위로 떠올라 가는 것이 보입니다. 아직 풍선이 그대로 있습니다. 그리고 환자분은 계속 풍선을 바라보면서 어디로 갈지 생각합니다. 풍선은 한동안 가만히 있더니, 다시 떠내려

갑니다.

환자 : 이거 좋네요. (웃음)

치료자 : 이렇게 생각 풍선이 있으니, 당신은 더 이상 그 생각 자체가 아닙니다. 생각은 풍선 속에 들어 있는 것입니다. 당신은 생각을 억누르려 할 필요가 없습니다. 백화점 추석 행사에 쓰는 대형 풍선처 럼 아주 거대한 생각 풍선이었다고 한번 상상을 해보십시오. 본인의 덩치보다 더 큽니다. 그리고 당 신은 팔을 뻗어 풍선을 잡으려고 하고 있었습니다. 그런데 갑자기 풍선이 공중으로 떠오르면서 당신 도 같이 끌려가기 시작합니다. 이것이 자기보다 큰 풍선에 사람이 끌려가버리는 그런 경우지요.

환자 : 아.

치료자 : 하지만 생각 풍선을 상상하시면, 이 풍선들은 작은 것들입니다. 그리고 작은 피에로 얼굴이 그려져 있습니다. 당신이 바라보는 가운데 풍선이 이리저리 떠다니고 있고, 이제 당신이 그 풍선을 놓아버리는 것입니다.

과제

환자에게는 걱정되는 생각이 떠오르는지 관찰하고, 이런 생각을 풍선이라고 상상하도록 지시한 다(양식 7.3 참조). 환자가 풍선의 색깔을 정할 수 있으며, 풍선에 우스꽝스러운 얼굴이 그려져 있 는 것을 상상하도록 한다. 또는 풍선이 공중에 떠다니는 모습을 상상하도록 할 수도 있는데, 이 경우 여러 풍선 속에는 각각 서로 다른 생각과 감정, 그리고 충동이 들어 있다. 풍선을 침투적 사 고라는 파티의 일부라고 생각하고, 환자가 풍선을 줄로 연결하여 흔들리게 한다. 이어서 환자가 끈을 놓는 것을 상상하고, 풍선이 둥둥 떠올라 사라져 가는 것을 바라본다. 그림 7.2는 이러한 방 법을 사용한 환자의 반응 예시를 보이고 있다.

일어날 수 있는 문제

경우에 따라서는 침투적 사고가 공포심을 유발하는 것일 수도 있다. 또 환자가 풍선이 주는 즐거 운 이미지를 떠올리기가 쉽지 않을 수도 있다. 이러한 경우 환자는 침투적 사고를 환자 자신의 덩

침투적 사고에 대한 생각/느낌	풍선을 놓아버리는 것에 대한 생각/느낌
내가 항상 혼자일 거라는 생각이 나를 괴롭게 한다. 어떨 때에는 이런 생각을 머릿속에서 도저히 지울 수가 없다. 혼 자 아파트 침대 위에 누워 절망과 슬픔, 외로움에 잠겨 있 는 모습이 자꾸만 떠오른다.	그래서 가끔은 잠시라도 모든 것을 놓아버리고, 하늘로 떠올 라 가는 것을 바라보고 싶다는 느낌이 들 때가 있다. 풍선에 그려진 피에로 얼굴이 마음에 든다. 뭔가 심각하게 받아들 일 필요가 없는 것처럼 보이기 때문이다. 손에서 풍선의 줄을 놓아 버리는 모습이 떠오르고, 풍선은 떠올라 사라진다.

그림 7.2 생각 풍선을 통해 생각을 놓아버리기

치보다도 더 큰 아주 거대한 풍선이라고 상상할 수 있다. 이미지의 재구성을 통해, 상상 속의 밸브를 눌러 풍선에서 공기를 빼내고, 공기가 풍선에서 빠져나가는 소리가 들리는 것을 상상할 수도 있다. 풍선의 크기가 훨씬 줄어들었으므로, 환자는 이제 작아진 풍선에 연결된 줄을 손에 쥐고 공원을 산책하는 상상을 할 수 있다. 풍선은 바람에 흔들리다가 결국 손을 떠나 사라지게 된다.

기타 기법에 대한 탐색

관련된 기법으로는 의식적으로 거리 두기 기법이나 생각을 다른 어떤 것으로 상상하는 방법이 있다(역에 들어서는 기차, 구름, 텔레마케팅 등).

양식

양식 7.3(생각 풍선)

기법 : 사고-행동 융합 점검하기

설명하기

침투적 사고로 어려움을 겪고 있는 많은 환자들은 생각이 떠오를 때마다 똑같이 원치 않는 행위가 발생할 위험성이 높아진다고 간주한다. 이것은 '사고-행동 융합(thought-action fusion)'이라고 알려져 있는 현상으로, 원치 않은 침투적 사고로 인해 어려움을 겪는 모든 불안장애 환자의 기저에 깔려 있다(Rachman & Shafran, 1999; Rachman, 2003). 예를 들어, 스스로 더럽혀졌다고 생각이 들 때 실제로 자신이 더럽혀졌다고 믿어버리거나, 또 자신이 폭력적인 행동을 할지도 모른다는 생각이 들 경우, 이러한 행동이 실제로 일어나지 않도록 이런 생각을 지워버려야 한다고 믿는다. 또 자신이 미쳐버릴지도 모른다고 생각하는 사람의 경우, 이런 생각으로 인해 실제로 자신이 미칠 것이라고 믿기도 한다. 그러므로 머릿속에 떠오르는 생각은 감시하고 두려워해야 할 대상이 되고, 이러한 현상의 기저에는 사고와 현실이 동일한 것이라는 믿음이 깔려 있는 것이다. 이러한 믿음을 검증하고, 반박함으로써 환자들은 머릿속에 생각이 떠오른다고 해서 이것이 반드시 현실이 되거나, 실제의 행동을 의미하는 것은 아니라는 점을 배울 수 있다.

토론 안건

"당신은 머릿속에 어떤 생각이 떠오른 것을 현실과 동일하다고 믿고 있는 것 같습니다. 그래서 당신은 자신이 더럽혀졌다(미쳐간다, 폭력적인 행동을 할 위험이 있다, 성적인 행위를 할 위험이 있다 등)는 생각을 하였을 때, 이것이 현실(또는 실제 행동)을 예고하는 것이라고 환자가 믿는 것으로 보입니다. 당신에게는 사고가 현실이고, 행위인 것입니다. 이것을 전문 용어로 '사고-행동 융합'이라고 부르는데, 당신이 겪고 있는 불안 증세에 있어 매우 중요한 부분을 차지하고 있습니다. 깨어 있는 동안 이런 저런 생각을 많이 하시게 될 텐데, 그중에 일부는 '특별히' 신경이 쓰이는 것들일 것입니다. 이러한 생각들이 위험하다거나, 앞으로 벌어질 어떤 일을 예언하는 것이라고 생각하기 때문이지요. 예를 들어, 제가 당신에게 사랑하는 사람의 이름을 종이에 적고, 그다음 "그에게 교통사고가 났으면 좋겠다"라는 글을 적으라고 주문했다고 칩시다. 이것을 쉽게 해 낼 수 있을까요? 대부분의 사람들은 어려움을 겪습니다. 왜냐하면 많은 사람들이 자신들이 원하지 않는 생각을 글로 적는 것을 위험한 행동이라고 생각하기 때문입니다. 물론 논리적으로 생각한다면 뭔가를 글로 적는다고 해서 반드시 그 일이 일어난다는 보장은 없습니다. 누군가 종이에 글로 쓴다고 해서 사고가 일어나는 것은 아니니까 말입니다. 이것은 단지 우리 모두가 이런 사고-행동 융합의 영향을 받을 수 있다는 것을 말씀드리기 위한 예시입니다."

"그렇지만 당신은 지금 생각에 어떻게 반응을 하고 계신지 한번 보십시오. 당신은 생각이 떠오르면 이것이 실제의 행동으로 옮겨질 것이라고 보십니까? 생각이 떠오른다고 해서, 이것이 현실과 같은 의미일까요? 생각과 현실은 서로 어떻게 다른 것일까요? 지금 병원에 가서 의사에게 내가 폐렴에 걸린 것 같다는 생각을 말하면, 의사는 당신의 생각을 진찰할까요? 아니면 당신 몸의 체온을 재고, 폐의 호흡 소리를 청진하고, 엑스레이를 찍을까요? 사고와 행위는 어떻게 다른 것입니까? 머릿속에 생각은 떠오르지만, 행위로 옮기지 않은 일이 얼마나 자주 있습니까? 왜 행동으로 옮기지 않습니까?

예

치료자: 사람들은 때때로 우리의 생각이 우리의 현실과 동일한 것이라고 생각하고는 합니다. 예를 들어, 당신이 "나는 더럽혀졌다"라는 생각을 하면 실제로 당신이 더럽혀져 있는 것으로 믿게 됩니다. 이로 인해 당신은 손을 씻거나, 또는 이러한 생각을 유발할 수 있는 사물과의 접촉을 피하기 위해 모든 노력을 기울이는 결과로 이어집니다.

환자: 저도 압니다. 하지만 저에게는 현실처럼 느껴집니다.

치료자: 물론 그러실 수 있습니다. 그래서 당신이 이렇게 어려움을 겪으시는 거고요. 이러한 생각이 드실 때마다, 당신에게는 실제로 자신이 더럽혀져 있다는 것을 의미하게 됩니다. 그리고 이러한 현실 때문에 짜증이 나게 되지요. 하지만 이것을 자세히 한번 들여다봅시다. "나는 오염되었다"라는 생각이 과연 실제로 오염이 되는 것과 같은 것일까요?

환자: 이해를 못하겠습니다.

치료자: 자, 당신이 폐렴이 걸린 것 같다는 생각이 들어서 병원에 찾아갔다고 합시다. 의사가 진단하는 것은 당신의 생각일까요? 아니면 신체일까요?

환자 : 물론 몸이죠.

치료자 : 그렇지만 환자분의 생각이 질병과 같은 것이라면, 환자분의 생각을 진단하는 것과 흉부 엑스
레이를 찍는 것이 똑같은 것 아니겠습니까?

환자 : 네. 듣고 보니 이상하네요.

치료자 : 이것은 마치 당신이 더러워졌다는 생각을 했다고 해서 오염된 손을 씻어야 한다는 것과 거의
동일한 것입니다.

환자 : 그런 기분이에요. 그런 생각이 들면, 손을 씻어야 한다는 느낌이 듭니다.

치료자 : 네. 저도 압니다. 그래서 이것을 사고-행동 융합이라고 부르는 것이죠. 이것은 머릿속의 사고
와 현실이 동일한 것으로 인식되는 증상을 말합니다. 하지만 사고는 실제로는 뇌 속에서 일어나는
화학적/전기적 사건일 뿐입니다. 이런 생각을 한번 예로 들어 봅시다. "저기 얼룩말이 있다"라는 문
장을 열 번 반복해서 말해보십시오.

환자 : ("저기 얼룩말이 있다"라는 문장을 반복)

치료자 : 얼룩말이 있습니까?

환자 : 아니오. (웃음)

치료자 : 그러면, 이제 "나는 더럽혀졌다"라는 생각을 가지고 한번 해봅시다. 이 생각을 문장으로 반복
해보세요.

환자 : ("나는 더럽혀졌다"라는 말을 반복)

치료자 : 느낌이 어떤가요?

환자 : 더럽혀진 느낌인데요.

치료자 : 그렇게 생각이 현실이 되는 것이죠. 사고-행동 또는 사고-현실 융합이라는 것인데, "나는 더
럽혀졌다"라는 생각이 실제 오염으로 변해버리는 것입니다. 이런 생각을 전혀 상관없고, 중요하지
않은 배경 소음 같은 것으로 여기면 어떨까요?

환자 : 그러면 좀 나아지겠죠.

치료자 : 좋아요. 눈을 감고, 주변에 들리는 소리에 귀를 기울여보세요.

환자 : (눈을 감는다)

치료자 : 무슨 소리가 들리나요?

환자 : 거리의 차 소리, 그리고 에어컨 소리가 들립니다.

치료자 : 좋아요. 하지만 제가 이 질문을 해서 눈을 감고 귀를 기울이기 전에는 그런 소리를 느끼지 못했
지요. 이 소리들을 배경 소음으로 취급한 것입니다. 당신의 생각에 대해서도 똑같이 할 수 있습니다.

과제

환자가 자신을 괴롭히는 생각을 목록으로 나열하도록 한 다음, 이러한 생각들 때문에 왜 괴로운

지를 표시하도록 한다. 예를 들어, 이러한 생각 때문에 실제로 그런 일이 벌어지고 있다고 생각하는 것인가, 또는 곧 그런 일이 벌어질 수 있다고 생각하는 것인가? 환자는 생각이 행동이나 현실과 어떻게 다른 것인지를 표시할 수 있다. 이러한 생각이 들었지만 실제로는 아무 일도 없었던 적이 얼마나 많았는가? 왜 그런가? 이에 대해 양식 7.4를 사용하여 답할 수 있다. 오염을 두려워하는 환자가 동일 양식을 사용한 예는 그림 7.3에서 찾아볼 수 있다.

일어날 수 있는 문제

일부 환자들은 사고가 그들에게 있어서는 사실처럼 느껴진다고 항변한다. 예를 들어, 어떤 환자는 "이것은 만들어진 것이 아니다. 이것은 실제로 내가 가지고 있는 생각들이다"라고 말할 수도 있다. 이것은 합당한 견해이다. 하지만 이 경우, 환자는 정신적인 사건(사고)을 겪는 일과, 현실 세계에서 이러한 일을 겪는 것은 같은 일이 아니라는 사실에 대해 혼란스러워하는 것으로 보인다. 사고-행동 융합의 망상을 깨닫도록 하는 방법은 다음과 같다. 우선 환자에게 얼룩말을 상상하도록 하고, 그 얼룩말이 눈앞에서 걷는 모습, 얼룩말을 손으로 쓰다듬는 행동, 그리고 얼룩말이 자신에게 "감사합니다"라고 말하는 모습을 상상하도록 주문한다. 그런 다음 치료자가 "이제 눈을 뜨고, 앞에 누가 있는지 보십시오. 현실 같은 상상을 한다고 해서, 그것이 바로 현실인 것은 아닙니다"라고 말한다. 더 나아가, 치료자는 사고-행동 융합의 망상을 설명하기 위해 환자에게 의자를 공중으로 띄워보라고 주문할 수 있다: "의자가 공중으로 떠오르도록 최대한 노력해보십시오." 아무런 일도 벌어지지 않는다. 더 나아가, 치료자는 환자에게 이러한 침투적 사고가 틀렸던 적이 과거에 얼마나 많았었는지 질문할 수도 있다. 만일 사고와 현실이 같은 것이라면, 이렇게 틀린 결과는 어떻게 설명할 것인가?

기타 기법에 대한 탐색

관련된 기법으로는 사고와 현실을 분리하는 기법, 사고와 감정을 연계시키는 기법, 의식적으로

나를 괴롭히는 생각	내가 생각하는 의미 : 이러한 생각이 떠오르면 나에게는 어떤 일이 생기는 것일까?	이러한 생각은 현실과 어떻게 다른가?
나는 다른 사람이 앉았던 의자에 손을 대어서 오염되었다.	이것은 손을 당장 씻지 않으면 내가 점점 더 불안해질 것임을 의미한다고 생각한다.	오염되었다는 생각만으로는 내가 실제로 더럽혀졌다는 것을 의미하지는 않는다. 우리는 매일 많은 물건들을 만지며, 그렇다고 해서 당신이 병에 걸린다는 것을 의미하지는 않는다. 만일 그렇다면, 모든 사람들이 항상 병에 걸려 있을 것이다. 나의 생각은 현실과는 다른 것이다.

그림 7.3 현실과 생각에 대한 점검

거리두기기법, 사고 풍선, 그리고 수용기법이 있다.

양식

양식 7.4(생각 대 현실)

기법 : 사고의 적절성 파악하기

설명하기

불안장애 및 반추 증상의 핵심 요소 중 하나가 특정한 사고가 환자에게 개인적으로 적절성이 있다고 믿는 것이다. 예를 들어, OCD 환자의 경우 오염에 대한 침투적인 사고로 인하여, 대처해야 하는 오염이 실제로 존재한다고 생각한다(Clark, 2005; Purdon, 2009). 마찬가지로, GAD 환자의 경우는 시험을 망칠지도 모른다는 침투적인 걱정으로 인해 자신이 무언가 하지 않으면 안 된다는 믿음을 갖게 된다. OCD의 경우, '말도 안 되는' 또는 '부적절한' 사고를 하게 되는 것은 환자 자신이 지닌 사악한 성격 때문이라고 믿게 된다. 범죄를 저지르지 않는 대다수의 사람들도 실제로 이러한 생각을 하고 있고, 그것을 쓸데없는 생각으로 치부하여 무시해버리고 있다. 그러므로 부정적인 사고가 발생하는 것이 원인이 아니라, 이러한 사고가 환자 자신에게 적절하다는 생각, 어떤 경우 이러한 사고는 환자 자신에게 책임이 있다는 생각, 이 사고가 위험하고 부정적인 사건의 전조가 된다는 믿음이 문제가 되는 것이다. 치료자는 특정한 사고가 환자 본인에게 적절성을 지닌다는 이러한 믿음, 즉 이러한 생각이 떠오르는 것은 환자 본인에게 뭔가 문제가 있어서라는 믿음을 진단할 수 있다.

토론 안건

"우리가 어떤 생각을 하게 되면, 많은 경우 이것이 우리 자신에 대해 뭔가 나타내는 것이라고 생각하는 경향이 있습니다. 우리가 폭력이나 섹스 또는 벌을 받아 마땅한 생각을 하는 경우, 또는 우리가 원하지 않는 내용의 생각을 하는 경우, 이것이 우리 개인에게 적절성이 있다는 생각을 할 수도 있습니다. 예를 들어 환자가 폭력에 대한 생각을 하게 되면, 환자가 폭력적인 행동을 하게 될 것이라는 믿음을 가질 수도 있습니다. 또 환자가 오염될 것이라는 생각을 함으로써, 환자가 오염되었다고 믿을 수도 있습니다. 그러므로 어떠한 생각을 한다고 해서, 이것이 환자 본인과 실제로 관련이 있는지에 대해 한번 검토해볼 필요가 있습니다."

예

환자 : 저는 자꾸 이런 생각이 들어서 미쳐버릴 것 같습니다. 그리고 걱정이 됩니다.

치료자 : 무엇이 걱정이 됩니까?

환자 : 아마 제가 미쳐가고 있다는 징후일지도 모른다는 생각이 듭니다.

치료자 : 자신이 미칠 수도 있다는 생각이 당신 자신에게 실제로 일어난다고 생각하시는군요. 이것은 "내가 이런 생각을 가지면, 나는 반드시 미치게 될 거야"라고 생각하는 것과 같다고 할 수 있습니다. 이런 생각이 아무런 의미가 없는, 그냥 떠오르는 생각일 수도 있지 않을까요?

환자 : 왜 제가 그런 생각을 하겠습니까?

치료자 : 자, 사람들의 머릿속에는 매일 수천 가지 생각이 떠오릅니다. 그리고 이런 생각들이 항상 의미가 있는 것은 아닙니다. 환자분은 이 생각이 환자 본인에게 뭔가 해당되는 바가 있다고 여기시는 듯합니다. 이 생각에 자꾸 신경을 쓰시는 편입니까?

환자 : 네. 이런 생각이 들 때마다 불안해집니다.

치료자 : 환자분이 이런 생각을 하게 되는 것이 나쁜 것이라고 생각을 해서, 자꾸 여기에 신경을 쓰고, 이러한 생각이 떠오르면 "또 이런 생각을 자꾸 하고 있네. 뭔가 잘못되었어!"라고 생각을 하게 되시는 것이군요.

환자 : 악순환이지요.

치료자 : 만일 이런 생각을 많이 하신다면, 왜 이미 미쳐버리지 않았을까요?

환자 : 모르겠어요. 아마 앞으로 미치는 것이겠지요.

치료자 : 자, 반대로 복권에 당첨될 거라는 생각이 든다고 합시다. 그렇다고 실제로 당첨될 확률이 올라갈까요?

환자 : 물론 아니지요.

치료자 : 그러니, 생각과 현실은 서로 아무런 관련이 없을 수가 있는 것입니다. 그냥 무작위로 일어나는 정신적인 작용일 수도 있는 것이지요.

과제

환자가 자신을 괴롭히는 생각이 무엇인지, 그리고 이러한 생각이 드는 것이 왜 괴로우며, 왜 자신에게 적절성이 있다고 생각하는지에 대해 검토해보도록 할 수 있다. 예를 들어, "내가 이런 생각이 드는 이유는 내가 정신이 무너져가고, 통제력을 잃고 있기 때문인가? 뭔가 나쁜 일이 벌어지려고 이러는 것일까? 대체 사람이 어떻게 이런 생각을 품을 수 있단 말인가?" 그런 다음, 환자에게 이러한 생각이 왜 자신에게 실제로 별다른 의미가 없는 것인지에 대해 말해보도록 할 수 있다. 예를 들어, 사람이 실제로 그러한 행위를 행할 위험이 없이, 폭력적이거나 성적인 환상을 품을 수가 있는 것인가? 이러한 생각을 자신과 아무런 상관이 없는 것으로 치부해버릴 경우, 어떠한 장단점

침투적 사고 또는 나를 방해하는 이미지	나의 특성과 무관한 이유	이런 생각들을 나와 무관한 것으로 취급하면 내가 얼마나 더 나아지는가?
나는 불안감을 느낄 때 통제력을 잃고 정신이 나간다. 나는 무너질 것이다.	단지 내가 미친 생각을 가지고 있다고 해서 내가 미쳐가고 있는 것은 아니다. 나는 매일 많은 생각을 하기를 원하지만 단지 내가 생각을 한다고 해서 나쁜 일이 일어나는 것은 아니다. 나는 이런 생각들을 몇 달 동안 반복하고 있지만, 나쁜 일은 일어나지 않았다.	나는 생각을 신경 쓰지 않아도 되는 배경 소음이라고 생각할 수 있으니 좋을 것 같다. 나는 내 인생을 즐기는 데 집중할 수 있다. 나는 내 일에 더 집중할 수 있다.

그림 7.4   이 생각들이 정말 적절한가?

이 있는가? 환자로 하여금 양식 7.5를 작성하도록 할 수 있다. 그림 7.4는 자신이 불안감을 느끼면 미칠 수도 있다고 생각하는 환자가 이 양식을 사용하여 작성한 예를 보이고 있다.

일어날 수 있는 문제

어떤 환자들은 "내가 그 생각을 하고 있으니까 분명 관련이 있을 거야"라고 주장한다. 치료자는 침투적 사고라는 것이 우리가 두려운 행동을 하고 싶지 않다는 사실을 반영하기 때문에 침투적 사고에 대해 자주 걱정한다고 주장할 수 있다. 예를 들어, 성적이나 폭력적인 생각에 대해 신경 쓰고 이런 생각을 두려워하는 환자에게 실제로 유일한 '관련성'은 그 사람이야말로 그런 사고를 행동화할 가능성이 가장 적은 사람이라는 점이다.

기타 기법에 대한 탐색

관련된 기법으로는 논리적인 왜곡, 사고에 대한 논쟁, 생각 풍선, 의식적으로 거리 두기가 있다.

양식

양식 7.5(이 생각은 정말로 타당한가?)

기법 : 방문자 환영하기

설명하기

대부분 침투적 사고의 경우, 환자는 생각을 밀어내고 억압하거나 중화시키려고 시도하거나 또는 무슨 수를 써서라도 생각을 안 하려고 노력한다. 여기에는 사고의 발생은 나쁜 결과를 초래할 수 있고 그 생각을 제거하고 물리쳐야 한다는 가정이 있는 것이다. 생각을 억압하고 싸우는 시도가 많아질수록 더 많은 좌절감으로 이어지고, 생각은 위험하고 문제라는 견해는 더욱 강화된다. '방문자 환영하기' 기법에서는 환자에게 예기치 않은 방문객을 상상하도록 한다. 방문자를 문전 박대하거나 그 사람에게 소리를 지르기보다는, 방문자를 환영하고 친절하게 대하며 방문자를 위해 자리를 마련해주는 상상을 해보라고 한다. 치료자와의 약속 시간에 나타나는 '누군가'의 침투적 사고에 대한 재미있는 일화를 소개하고자 한다.

토론 안건

"우리는 자신을 특정한 생각에 머물게 하면 나쁜 일이 일어날 것이라고 두려워하는 경우가 많다. 우리는 그 생각을 떨쳐버려야 한다고 생각한다. 그러나 이런 생각을 다루는 다른 방법이 있으며, 그것은 방문자를 환영하는 것처럼 생각을 다루는 것이다. 그것은 어쩌면 당신이 측은하다고 여기는 누군가일 수도 있다. 이 짧은 이야기를 읽고(양식 7.6 참조), 방문자를 환영하는 당신의 모습을 상상해보자."

예

치료자 : 우리는 때때로 자신을 괴롭히는 생각은 제거해야 한다고 생각합니다. 우리가 생각을 억압할수록 그 생각이 다시 돌아온다는 것에 우리는 더 불안해지고 심지어 화도 냅니다. 그러나 당신이 방문자를 환영하는 것처럼 생각을 환영한다고 상상해보세요.

환자 : 방문자요? 무슨 뜻인가요?

치료자 : 비록 이상한 이모라 해도 당신이 그녀에게 예의 바르게 대하고 존중하며 그녀를 만난 것이 기뻐서 행동하는 것처럼, 생각을 방문자로 상상해봅시다. 당신은 그녀가 조금 이상하다는 것을 알고 있고 그녀가 당신이 좋아하지 않는 아이디어를 가지고 있을지도 모르지만, 그것을 받아들이고 그녀가 방문하는 것을 환영하는 것을 배웠습니다.

환자 : 네.

치료자 : 이제, 예기치 않게 나타나는 방문자에 대해 짧은 이야기를 해줄 것입니다. (환자에게 이야기를 해준다)

이 이야기를 읽은 후, 당신이 당신의 침투적 사고를 방문자처럼 대하는 것을 상상할 수 있나요? 그저 친절하고 재미있게 대하고 그것들을 있는 그대로 두십시오.

환자 : 저는 이렇게 생각해보지 못했어요. 생각이 나타나고 치료자와 이야기를 하고 싶어지는 것이 조금 재미있습니다.

치료자 : 맞습니다. 치료자는 생각에게 다소 친절하고 그것을 받아들이고 그가 그 자신이 되도록 둡니다. 치료자는 그 생각이 실제로 정말 외롭고 관심을 원하는데, 아무도 관심을 주지 않는 외로운 생각의 한 종류임을 깨닫습니다.

환자 : (웃는다) 그것은 참 재미있는 이야기입니다.

치료자 : 다음 한 주 동안, 이 이야기를 상상하려고 해보십시오. 몇 번 읽어보고 그리고 당신이 어떻게 생각하는지 저에게 알려주십시오.

과제

치료자는 환자에게 '내 마음속에는'을 읽고 생각을 그저 방문자로 받아들이면 어떨지에 대해 상상하게 했다. 생각에 대해 정중하게 행동하고 "나는 당신의 말을 듣고 당신이 어떤 감정을 느끼는지 이해한다"라고 말하면서 생각이 그저 누군가와 이야기하고 싶은 슬프고 외로운 존재라고 생각해보자.

일어날 수 있는 문제

어떤 환자들은 이 기법이 자신이 가지고 있는 사고의 중요성을 조롱한다고 여기고 이 연습이 유효하지 않다고 생각할 수 있다. 이런 경우는 거의 드물지만, 어떤 환자들은 그럴 수 있다. 연습과 이야기는 우리가 생각을 얼마나 진지하게 받아들이는지를 보여주는 것이고, 한 발 물러나서 생각을 그저 관심을 받고 싶어 하는 것으로 여기는 것은 우리가 생각을 억압하려고 투쟁하지 않고 받아들이게 해준다.

기타 기법에 대한 탐색

관련된 기법으로 생각하는 광대, 생각 풍선, 수용, 그리고 현실과 사고의 구분이 있다.

양식

양식 7.6(생각 방문자)

기법 : 생각하는 광대

설명하기

침투적 사고에 대해 사람들이 가지고 있는 문제점들 중 하나는 그것을 비우호적이고 위험하고 문제가 있는 것으로 간주하고, 저항하고 제거해야 하는 것으로 여긴다는 것이다. '생각하는 광대' 기법은 환자들로 하여금 생각을 우스꽝스럽게 뛰어 다니고 수다스러우며, 익살스럽고 어리석은 광대로 상상하게 해준다. 생각을 재미있는 시각적 이미지로 외면화함으로써, 환자들이 생각을 놓아줄 수 있고 관찰할 수 있으며, 두려움과 저항을 내려놓고 생각을 그저 심각하게 받아들여지지 않는 배경 소음으로 수용할 수 있게 한다.

토론 안건

"우리를 괴롭히는 생각이 있을 때, 우리가 가지는 문제들 중 하나는 생각을 너무 심각하게 받아들이는 것입니다. 우리는 생각이 우리에 대해 나쁘게 말하고 위험할 수 있으며, 견딜 수가 없으므로 생각에게 무언가를 해야 한다고 생각합니다. 하지만 우리를 괴롭히는 생각을 다른 관점으로 바라볼 수 있는 또 다른 방법은 생각을 춤추고 소리 내고 그저 우리를 즐겁게 해주는 어리석은 광대로 생각해보는 것입니다. 높은 고음을 가졌고 큰 신발을 신고 춤을 추며, 그리고 손에 아주 큰 장갑을 끼고 있는 광대를 생각해보세요. 당신이 광대를 그저 배경에 있는 누군가, 또는 받아들이는 대상, 그리고 심각하게 생각하지 않는 누군가로 생각하면 어떨까요?"

예

치료자 : 당신은 마치 불안에 대한 전문가가 당신에게 공황 발작을 일으킬 것이라고 말하는 것처럼 당신의 부정적인 생각을 진지하게 받아들입니다. 그래서 당신이 공황 발작을 일으킬 것이라는 생각을 하면 그건 마치 세계 권위자가 당신에게 말하는 것 같고 심각해지고 불안해집니다.

환자 : 저는 그런 생각을 하면 두려워집니다.

치료자 : 만약 이러한 생각들이 아주 어리석은 광대로부터 오는 것이라고 생각한다면 어떨까요? 아주 큰 헐렁한 발, 깩깩거리는 목소리, 그리고 이상해 보이는 머리를 가진 광대를 상상해보십시오. 그가 깩깩거리는 목소리로(깩깩거리는 목소리를 사용하여), "너는 곧 공황 발작을 일으킬 거야"라고 말합니다. 그리고 이 광대는 뛰어다니며 "너는 곧 공황 발작을 일으킬 거야"라고 노래를 부릅니다.

환자 : 그것은 광대의 우스꽝스러운 모습입니다. 의사 선생님은 광대 목소리를 참 잘 내시는군요.

치료자 : 저도 알아요. 연습하거든요. (둘 다 웃으며)

그러면, 역할 놀이를 해봅시다. 제가 당신이 미쳐갈 거라고 설득하는 정신 나간 광대 역할을 하겠습니다. 당신은 저에게 반대하며 광대로 대하시면 됩니다. 어떤 일이 됐든. [광대로서] (깩깩거리는 목소리를 사용하며) 내 말 들어봐! 너는 미쳐갈 것이고, 공황 발작을 일으킬 거야!

환자 : 당신은 그저 광대일 뿐이야. 저리 가!

치료자 : 나는 떠나지 않을 거야. 난 여기 너의 머릿속에 살아. 나는 공황 발작 전문가야.

환자 : 너는 광대야. 나는 너를 심각하게 받아들일 필요가 없어.

치료자 : 물론 그래. 내가 장난치는 사람으로 보여?

환자 : (웃으며) 넌 그저 서커스 광대일 뿐이야. 넌 항상 춤추고 어리석은 말들을 하지.

치료자 : [역할 놀이에서 나오며] 자, 그러면 다음에 공황 발작이 일어날 것 같다고 생각할 때 당신은 "그저 그 광대일 뿐이야"라고 생각해봅시다.

환자 : 재미있을 것 같네요. 심각하게 받아들이지 않겠습니다.

과제

치료자는 환자에게 침투적 사고를 춤추며 돌아다니는 광대로 다시 상상하라고 요구할 수 있다. 목표는 광대나 생각을 제거하는 것이 아니며, 생각이 광대와 함께 춤추면서 모든 다양한 불안한 예측들을 해보게 하는 것이다. 환자는 광대와 생각을 인지하고 근원(양식 7.7 참조)을 고려해보라고 지시를 받는다. 변호사였던 그 환자는 생각하는 광대 기법을 이용하여, 자신의 불안감은 법원에서 소리 지르는 것(그림 7.5 참조)이라는 생각을 고려한다.

일어날 수 있는 문제

어떤 환자들은 생각을 무시할 수 없고, 생각하는 광대 연습을 생각을 무시하는 데 사용되는 기법으로 해석한다고 주장한다. 치료자는 광대를 무시되는 존재이기보다 어리석고 우스꽝스러운 존재로서 춤추며 생각을 노래하는 하나의 외적 이벤트로 관찰해야 한다고 말할 수 있다. 이런 시각화는 환자가 생각으로부터 거리를 두게 해주면서, 들리기는 하지만 심각하게 받아들이지 않게 해준다.

기타 기법에 대한 탐색

관련된 기법으로는 생각을 방문자로서 대하기, 생각을 다른 것으로 간주하기, 사고 풍선이 있다.

양식

양식 7.7(생각하는 광대)

광대의 모습이 어떤가?	광대가 하는 우스꽝스러운 말	나는 어떻게 광대를 어리석은 배경 소음으로 생각할까?
광대는 이빨을 드러내고 웃으며, 헐렁한 발, 아주 큰 장갑을 끼고 있는 어리석은 모습이다. 그가 작은 뿔피리를 불고 춤을 추는 모습도 상상할 수 있다.	나는 그가 내가 법정에서 자제력을 잃고 판사에게 소리를 지를 거라고 말하는 게 상상이 된다.	나는 한 번도 자제력을 잃어본 적이 없으므로 내 생각은 조금 어리석다. 그것은 그저 내 연약한 상상력이 나를 놀리는 것이다. 때로는 나는 한발 물러서서 나의 의뢰인이나 증인이 다소 말이 안 되는 말을 한다고 생각해볼 수 있다. 이건 별로 놀랄 일이 아니다. 그래서 나는 이것을 소음이라고 더 쉽게 상상할 수 있다.

그림 7.5 원하지 않는 생각을 없애기 위해 생각하는 광대 이용하기

기법 : 생각 통제를 포기하기

설명하기

생각-행동 융합은 사람들이 통제를 벗어나 원하지 않는 행동으로 이어지는 것을 방지하기 위해 생각을 통제하고 억압해야 한다고 생각하는 신념과 관련된다. 그러므로 "나는 비행기에서 소리를 지를지도 몰라"라고 생각을 하는 개인은 그 생각을 인식하고 그것을 억압하려고 시도하며, 자신에게 "나는 절대 소리 지르면 안 돼"라고 말하며 그 생각을 제거하려고 최선의 노력을 다한다. 이와 관련하여, 생각이 현실의 변화(본인의 행동과 관련 없는 경우에도)를 이끌 것이라고 생각하는 신념은 현실에서 사고의 융합을 보여주는 또 다른 예시이다. 통제를 포기하는 이 기법에서는 환자에게 생각은 위험하고 억압해야 한다는 본인의 신념을 관찰해보라고 지시가 내려진다. 다음에는 개인은 원하지 않은 생각을 하도록 허용하라는 지시가 내려진다. 마지막으로, 개인은 "나는 이것[사건]이 일어나는 것을 원한다"라고 반복하라고 요구받는다. 질문은, "통제를 포기하고 두려운 생각을 되풀이하는 것이 부정적인 결과로 이어지는가?"이다.

토론 안건

"우리가 침투적 사고를 할 때, 우리는 그것에 대해 통제를 할 필요가 있고 그렇지 않으면 다 흐트러질 거라고 생각합니다. 우리는 생각을 억압하려고 노력하고, 우리 자신에게 문제가 없을 것이라고 재차 확신을 줍니다. 우리는 다른 사람에게 확신을 요구할 수 있지만, 결국 생각은 돌아와 다시 거부하게 됩니다. 우리는 의미를 파악하고 어떻게 해야 하는지 알아내기 위해 생각에 머무를 수 있습니다. 우리가 생각을 억압하고 통제하려고 할 때, 생각도 자체적으로 생각을 가지고 있는 것처럼 보입니다. 당신의 생각을 억압 또는 통제하려는 시도가 효과가 있었나요? 생각을 지배할 수 없기 때문에 더 걱정하게 만들지는 않았나요? 만약 당신이 생산적인 행동을 수행할 때 각 생각들을 배경 소음으로 존재하게 두면 어떨까요?

예

환자 : 저는 제가 미쳐갈 것이라는 생각이 계속 듭니다. 그것이 정말 저를 괴롭힙니다.

치료자 : 당신을 괴롭히는 생각을 가지는 것에 대해 어떻게 생각하나요?

환자 : 글쎄, 저를 미치게 만들 것 같아요.

치료자 : 그래서, 그런 생각이 들면 그다음에 무엇을 하시나요?

환자 : 저는 제 자신에게 미치지 않을 것이라고 얘기합니다. 하지만 효과가 없습니다. 생각이 다시 돌아오고 그러면 저는 그것을 제거하려고 합니다. 저는 제 자신에게 "그만 생각해"라고 말합니다.

치료자 : 그것은 효과적이지 않죠?

환자 : 네.

치료자 : 당신은 생각을 통제하지 않으면 통제에서 벗어나 당신이 미칠 것같기 때문에 통제를 해야 한다고 생각하는 것 같아요. 그것은 마치 당신이 미쳐가는 것을 방지하기 위해 지속적으로 관찰하고 있는 것 같아 보입니다.

환자 : 네. 그것이 저를 매우 지치게 합니다.

치료자 : 네 그럴 것이라고 저도 생각합니다. 무엇인가가 당신의 시선을 사로잡고 방해할 때, 당신이 생각을 억압하려고 하지 않는데 왜 당신은 미치지 않나요?

환자 : 잘 모르겠습니다. 그렇다면 그것은 저를 괴롭히지 않습니다.

치료자 : 또는 당신이 잠을 잘 때 왜 미치지 않나요?

환자 : 그렇게 생각해본 적이 없네요. 잘 모르겠습니다.

치료자 : 그래서 지속하는 것은 매우 힘들고 미쳐버릴 수 있다는 생각을 통제해야 한다는 당신의 이론은 당연한 것입니다.

환자 : 아마도 그것을 두려워하는 것일 수도 있습니다.

치료자 : 그럼, 만약 당신이 엘리베이터 타기를 두려워하는데 제가 엘리베이터를 타자고 요청하여 수천 번 엘리베이터를 오르고 내린다면, 엘리베이터를 두려워하는 당신은 어떻게 될까요?

환자 : 사라질 것이라고 생각합니다.

치료자 : 그러면, 그것을 당신의 두려운 생각에 시도해봅시다. 저를 따라하세요. "나는 미쳐버릴지도 모른다"(치료자와 환자는 5분 동안 그 생각을 반복한다.) 당신은 금방 잠들어버릴 것처럼 피곤해진 것을 알 수 있습니다.

환자 : 네, 너무 지루합니다. 몇 분 지나자 집중하는 게 어려웠습니다.

치료자 : 그러면 두려운 생각을 반복하는 게 지루하게 했다면, 억압해야 하는 이유는 없습니다.

환자 : 그것은 제가 생각했던 것과는 아주 달라 보입니다. 그저 반복하는 것. 마치 혼자 없어져버립니다. 지루해집니다.

과제

환자에게 자신이 원하지 않은 생각을 중립, 억압, 또는 또 다른 수단을 통해 제거해보게 하고, 그런 생각은 적절하고 위험하다는 신념을 점검해보라는 지시가 주어진다. 환자는 그날의 과정 중에 가진 수많은 '무관한 생각'들이 중요하게 여겨지지 않았다는 것을 고려할 수 있다. 나아가 그런 생각을 인식하고 허용하라는 지시를 받는다. 그다음 환자는 10분의 과정 동안 그 생각을 반복하라는 지시도 받는다. 환자는 양식 7.8을 이용하여 자신에게 문제가 되는 반응을 침투적 사고에 대입해볼 수 있고, 양식 7.9의 지루함 기법(사고의 반복 노출에 대한 반응인 그림 7.6과 7.7 참조)을 연습할 수 있다.

나를 괴롭히는 생각	조정하거나 가라앉히기 위한 시도	극복
나는 통제력을 잃고 미쳐버릴 거야.	나는 내가 괜찮다고 스스로를 안심시키려고 노력할 거야.	나는 그 생각이 다시 돌아오기 전 몇 분간만 기분이 나아진다.
생각을 계속해서 되풀이하기 : "나는 통제력을 잃고 미쳐버릴 거야."	당신의 불안 수준을 0~10으로 평정하기(10은 가장 높은 불안 수위) 생각이 반복되기 전 : 8 1분 후 : 8 5분 후 : 5 10분 후 : 2 15분 후 : 1	

결론 : 생각을 반복할수록 더 지루해진다. 그건 마치 그런 생각이 나를 미치지않게 만드는 것 같다.

그림 7.6   원치 않는 생각에 대한 문제적 반응

혼란스러운 사고	최초의 불편감	3분 후	6분 후	10분 후
나는 직장을 잃고 말 거야.	9	4	3	1
나의 사장은 나에게 고함을 칠 거야.	8	3	2	2

그림 7.7   원치 않는 생각을 약화시키기 위한 지루함 기법 사용하기

일어날 수 있는 문제

일부 환자는 생각을 통제하는 것이 바람직하다고 생각해도 생각의 통제를 포기하는 것은 불가능하다고 생각할 수 있다. 그들은 "생각을 하고 있으면, 그 생각을 무시할 수가 없다"라고 말할지 모른다. 치료자는 그들의 상사가 "당신이 지금 침투적인 사고를 다루기 있기 때문에 지금 대화할 수 없습니다"라고 말할지도 모른다는 생각을 진지하게 하고 사무실에 걱정하면서 들어오는지 물을 수 있습니다. 더 나아가 치료자는 환자에게 방 안에 있는 파란색이나 초록색 모두를 묘사해보게 하고 이러한 실습 중에 침투적 사고가 무시되었는지를 물어볼 수 있다.

기타 기법에 대한 탐색

관련된 기법으로는 생각 풍선, 생각 방문자, 생각하는 광대, 의식적으로 거리 두기가 있다.

양식

양식 7.8(원하지 않는 생각에 대한 문제적 반응), 양식 7.9(지루함 기법)

양식 7.1
의식적으로 거리 두기

때때로 생각은 우리 마음 안에서 일어나며, 우리는 그것을 떠나보내기 위해 힘든 시간을 갖게 됩니다. 우리는 그 생각에 자신을 빼앗기고, 너무 빠져들어 그것이 중요하다고 여깁니다. 의식적으로 거리두기기법은 당신을 물러서도록 하고, 당신이 영화를 보거나 하늘에 떠다니는 구름들을 보는 것처럼 생각을 관찰할 수 있게 해줍니다. 매일 10분간 이것을 해보세요. 아무것도 하지 말고 단지 자신의 생각을 관찰하세요. 아무것도 하지 않는 것이 목표입니다. 관찰하고 그것이 지나가도록 하세요. 당신이 이러한 의식적으로 거리 두기 각성을 실습한 후에, 다음의 양식을 채워보세요. 왼쪽 열에는 당신의 생각하기를 관찰하면서 자신을 혼란스럽게 한 것을 적으세요. 당신은 또 다른 무엇을 생각했었나요? 당신을 혼란에 빠뜨렸었나요? 가운데 열에는 관여하거나 반응하거나 극복하기보다 단지 생각을 관찰하는 것의 장점을 적어보세요. 오른쪽 열에는 이러한 침투적 사고들을 단지 관찰하고 흘려보내는 것의 단점을 적어보세요.

물러서서 관찰하기 중에 깨달은 혼란	단지 관찰하고 떠나 보내는 것의 장점	관찰하고 떠나보내는 것의 단점

양식 7.2

생각을 다른 어떤 것으로 상상하기 : 전화를 받지 마세요

이 실습에서는, 당신이 가지고 있는 생각을 사고가 아니라 다른 어떤 것으로 상상해보세요. 그 생각을 당신이 답하지 않는 텔레마케팅 전화이거나 역 안으로 들어왔다가 떠나는 기차라고 상상해보세요. 당신은 전화에 답하거나 기차를 타지 않아도 됩니다. 당신이 자신에게 거리를 두도록 허용하고 그 생각이 지나가도록 했을 때 어떤 느낌이 들었는지를 추적해보세요.

생각을 당신이 답하지 않는 텔레마케팅 전화이거나 역 안으로 들어왔다가 떠나는 기차로 상상하기	전화를 받지 않거나 단지 기차가 지나가는 것을 관찰하는 것을 지켜보면서 드는 느낌	나의 침투적 사고를 다른 어떤 것으로 상상할 수 있는 능력을 갖게 되었을 때의 장점

양식 7.3

생각 풍선

당신의 침투적 사고나 불편한 감정을 지금 하나의 작은 풍선이라고 상상해보세요. 그것은 가느다란 실에 매어져 있고, 당신은 그 실을 쥐고 있고, 풍선은 공중에서 흔들리고 있다고 상상해보세요. 그리고 지금 당신은 실을 놓아버리고, 그 풍선은 공중으로 떠올라 부드럽게 멀어져 갑니다. 당신이 어떤 생각으로 당신을 괴롭히고 있을 때마다 이 실습을 해보세요. 당신이 생각 풍선을 시도하기 전에 먼저 이러한 사고에 대한 당신의 생각을 적어보세요. 그 생각은 왜 당신을 괴롭히나요? 그런 다음 풍선을 날려보고, 그것에 대한 당신의 생각을 적어보세요.

침투적 사고에 대한 생각/감정	풍선 날리기에 관한 생각/감정

양식 7.4
생각 vs. 현실

때때로 우리는 사고나 상상은 곧 닥칠 어떤 일을 의미한다고 믿곤 합니다. 우리는 생각이 떠오른 것은 우리가 통제력을 상실하거나 좋지 않은 일이 내 자신에게나 다른 사람들에게 일어나게 되는 것을 의미한다고 믿을 수도 있습니다. 이것은 '사고-행동 혼란'으로 알려져 있습니다. 그러나 생각은 현실과는 다릅니다. 생각은 단지 당신의 뇌에서 일어난 것입니다. 왼쪽 열에는 당신을 괴롭히는 생각들을 적어보세요. 가운데 열에는 당신이 가지고 있는 생각에 대한 의미를 적어보세요. 이러한 의미란 어떤 일이 일어날 것이라거나 당신이 자신을 헤칠 어떤 행동을 할 것을 의미하나요? 오른쪽 열에는 사고가 행동이나 현실과 다른 이유를 적어보세요.

나를 괴롭히는 생각	내가 생각을 하면 어떤 일이 일어난다는 것이 어떤 의미라고 생각하는가?	이 생각과 현실은 어떻게 다른가?

양식 7.5
이 생각은 정말로 타당한가?

우리는 가끔 실수로 생각한 우연한 생각과 상상이 우리에게 딱 맞아떨어지는 것을 경험합니다. 예를 들어, 누군가는 성적인 환상을 꾸는데, 그 환상에는 자신의 결혼 생활에 분명히 문제를 일으킬 내용이 포함될 수 있습니다. 또한 누군가는 자신이 끔찍한 병에 걸리고 죽게 된다고 생각하기도 합니다. 그러나 아마 우리가 가지고 있는 생각, 상상, 충동, 환상들의 대부분은 현실에서 일어나지 않습니다. 그것들은 상상에서 우연히 피어납니다. 왼쪽 열에는 당신이 관심을 갖고 있는 생각이나 상상을 적어보세요. 가운데 열에는 이 생각이나 상상이 당신의 일상의 삶에서 타당하지 않은 이유를 적어보세요. 오른쪽 열에는 당신의 많은 침투적 사고가 부적절하다고 판단하면 좋아질 부분을 적어보세요.

나를 괴롭히는 침투적 사고나 상상	나에게 타당하지 않은 이유	이 생각을 부적절하다고 취급하면 어떻게 도움이 되는가?

양식 7.6

생각 방문자

예상치 못했던 방문자이지만, 생각은 환영하고 그의 마음을 말할 수 있게 해주는 존재라고 상상해보세요. 다음의 이야기를 읽고, 만약 당신이 그 생각을 수용하고 받아들이면 당신에게 어떤 도움이 되는지 한번 적어보세요.

내 마음속에는

내가 세금에 대해 걱정하며 사무실에 앉아 있었을 때 대기실에서 고함 소리가 들렸다. 약속이 있었던 게 아니어서 나는 깜짝 놀랐다. 문을 열고 나가보니 구겨지고 찢겨진 양복에 머리카락이 공중으로 거칠게 솟구친 키 작은 남자가 서 있었다.

"나는 당신을 만나야 합니다. 지금 당장이요. 위급한 상황입니다."

"하지만 당신은 예약을 안 했습니다. 그리고…"

"나는 약속할 필요가 없지 않나요? 내가 지금 여기 있는데 왜 볼 수가 없나요?"

의심스럽고 질문에 대한 미리 정해 놓은 대답이 전혀 없는 상태로(또한 내가 방해받았다는 사실보다는 호기심을 가지고) 나는 말했다. "무슨 생각을 하고 있나요?"

"바로 그겁니다. 정확히! 당신이 내게 가장 적합한 사람이라는 것을 알고 있었습니다. 당신이 저를 이해해줄 거라는 걸 알고 있었습니다."

"무엇을 이해한다는 건가요?"

"어떤 조치를 취하든가, 아니 바로 조치되더라도 저는 더 이상 기다릴 수가 없습니다."

"무엇에 대한 것인가요?"

"제 마음속이요."

"저는 제 친구 중에 한 명이 저에게 장난치는 게 아닌가?"라고 생각했습니다. 이건 "누가 먼저인가?"의 문제입니다.

"당신은 누구십니까?" 나는 정중하고 조심스럽게 물어보았습니다.

"왜요? 저 모르시겠어요? 아니, 어떻게 그러실 수 있나요? 저는 곤경에 빠졌습니다."

"우리 전에 만난 적 있나요?"

"어쩌면 만났을 수도 있고, 아닐 수도 있어요. 아마도 천 번쯤, 또는 천에, 천에, 천 번일 수도 있어요."

"당신을 못 알아보겠습니다."

"아. 바로 그게 문제입니다. 알겠습니다. 제가 말씀 드리겠습니다. 저는 침투적 사고입니다. 네, 알아요. 믿기가 아주 힘들 수 있습니다. 아마 당신은 저와 대화를 나눈다는 게 정상이 아니라고 생각할 수도 있습니다. 하지만 전 진지하고, 여기 있습니다!" 순간 그는 행복해 보였지만, 절망으로 고개를 숙였다.

"당신은 자신이 침투적 사고라고 생각합니다. 하지만 당신은 내가 밖에서 만날 수 있는 행인으로 보입니다."

(계속)

Robert L. Leary(2006) 인용이 허용됨.

생각 방문자(2/4)

"생각? 물론 나는 생각합니다! 나는 생각합니다, 그러므로 존재합니다." 그가 웃기 시작했다. 그러다가 그는 기침을 했고, 숨을 크게 쉬려고 헐떡거렸다. "나에게는 시간이 별로 없습니다. 보십시오." 그는 쌕쌕 거리면서 말을 이어갔다. 그는 다리를 옆으로 늘어뜨리고 의자에 앉았다. "저는 한때 중요한 사람이었습니다. 사람들은 제게 집중했었고, 그들은 저를 분석했습니다. 제가 긴 연설을 하면, 사람들은 제 말을 해석했습니다. 제가 마치 스핑크스이기라도 한 것처럼. 저는 좋았습니다. '이게 정말 무슨 의미일까?' 그들은 한 시간 동안 소파에 앉아서 저를 이해하려 했습니다. 제 이야기를 받아 적고 제 과거를 추적해갔습니다. '이 생각을 처음 가질 때가 언제인지 기억하나요?' 아, 바로 그날입니다. 진정한 범주, 진정한 이론, 해석. '이것은 당신에게 무엇을 상기시켜주나요?' 전 그게 아주 좋았어요"

"그때가 당신에게 아주 훌륭했던 시간 같습니다." 나는 공감을 해보았다.

"네, 사람들은 저를 진지하게 대했습니다. 저는 항상 바빴습니다. 누구도 약속을 잡을 수가 없었습니다. 제 말은, 저는 뉴욕, 비엔나, 비버리힐즈 등 어느 곳에나 있을 수 있었고, 그리고 제가 나타나면 사람들, 그러니까 제 말은 교육받은 사람들, 진짜 의학 학위를 가진 사람이 일어서서 이렇게 말했습니다. "그가 저기 또 있습니다!""

"그것이 당신을 거만하게 만들었나요?" 나는 이렇게 말하고 이를 꽉 물었다. 좀 지나치게 말했던 거다.

"어떻게 생각하세요?" 그가 거만하지만 슬프게 말했다. 마치 그는 좋았던 시절을 몽상하는 것처럼 푹 빠져 있었다.

"저는 최고의 사람들 안에서 움직였습니다. 서는 잠을 자지 않았습니다(가만히 생각해보면 이게 핵심입니다). 24시간 일주일 내내 말이죠."

"그다음에 어떤 일이 생겼나요"

"글쎄요. 제가 예전에 한창 활동할 때, 처음에는 어떤 사람은 생각할 때, '그를 완전히 제거하자'라고 생각했었죠. 저는 그것을 좋아했습니다. 참 기가 막힌 초대였죠. 저를 완전히 제거하려고 하는" 그는 웃기 시작했고 기침이 더 심해졌다. 과거를 회상하면서 그의 눈에는 눈물이 흐르기 시작했다. "나를 제거하라고. 하! 그들은 저에게 소리지르기 시작했습니다. 그만. 그만 생각하세요! 그것은 효과적이지 않았습니다. 그러자 그들은 더 소리 지르기 시작했습니다. 하루 종일 소리를 질렀습니다. 그것은 제가 받은 가장 큰 집중이었습니다."

"그다음에 어떻게 되셨나요?"

"글쎄, 시간이 많이 지나고 나서 사람들은 소리를 지르는 게 상황을 더 악화시키고 있다는 것을 깨닫기 시작했습니다. 결국, 저에게 소리치기 위해서는 – 저에게 집중을 해야 했고 – 그리고 저를 진지하게 받아들여야 했습니다. 저는 없어지지 않았습니다. 저는 계속 나타났습니다. 그러던 어느 날 누군가 저에게 접근했습니다 – 완전히 차분하고, 침착하게 – 그리고 말했습니다, '제가 왜 당신을 진지하게 받아들여야 하나요?' 나비 넥타이를 한 이 남자는 종이를 꺼내고 이렇게 말했습니다. '당신을 시험해봅시다' 하루 종일, 매일, 그리고 저는 시험을 받고 있다고 생각했습니다. 그들은 논리로 저를 몰아치고, 저에게 이렇게 물었습니다. '증거가 무엇인가요?' 그들은 저에게 나가서 제 가정을 시험해보라고 했습니다. 상당히 지치는 일이었습니다."

"그다음엔 어떻게 되셨나요?"

"글쎄, 매일 굴욕을 당하는 것 같았습니다. 제 가정이 하나도 맞지 않았습니다. 그리고 침투적 사고인 나에게 '당신은 전혀 합리적이지 않아요!'라고 말하는 것을 상상할 수 있나요? 당신은 다른 사고들이 당신에 대해 어떻게 느끼는지 상상할 수 있나요?"

(계속)

생각 방문자(3/4)

"그들이 어떻게 느껴졌나요?"

그는 조금 부끄러워하며 아래를 쳐다봤다. "저와 아무 관련이 없었습니다."

그리고는 그는 내가 그를 판단하지 않을 거라는 확신을 갖고 나를 쳐다보았다. "그때부터 제가 술을 마시기 시작했습니다."

"당신이 참 힘들었을 거라는 상상이 됩니다. 한때 사람들은 당신을 해석했고, 당신의 은밀한 메시지에 대해 책을 쓰기도 했습니다. 그리고 이제 당신은 부끄러움을 느낍니다. 얼마나 끔찍할까요?"

"점점 더 안 좋아졌습니다."

"어떻게요?"

"글쎄, 하루는 어떤 사람이 말했습니다. '그래. 그가 즐기게 내버려둬. 우리는 어차피 계속 일을 할 것이니까.' 그 날 저는 심리학자가 저를 지나치는 것을 봤습니다. 그는, '당신이 만약 같이 가고 싶으면 그래도 좋아요. 하지만 나는 당신이 있든 없든 간에 일을 하고 있을 겁니다'라고 말했습니다.

"더 이상의 굴욕은 없었겠네요."

"오, 아닙니다. 더 안 좋아졌습니다. 한 남자는 이렇게 말했습니다, '당신은 당신이 힘이 있다고 생각하죠? 당신이 이것을 할 수 있는지 한번 봅시다. 거울 앞에 서서 혼자 반복적으로 말해보세요.' "

"당신이 그렇게 했을 때 어떻게 됐나요?"

"저는 사라지기 시작했습니다. 저는 그저 비어 있는 목소리일 뿐이었습니다. 저는 마침내 제 자신을 확인하고 침투적 사고를 위해 재활센터에 갔습니다."

"와. 엄청난 경험이네요."

"저를 도와주실 수 있나요?"

나는 그가 정확히 무엇을 원하는지 몰랐다. 사실은, 내가 그와 시간을 보내면 보낼수록 이것이 사실인지 의심스러웠다. 하지만 나는 '오늘은 뉴욕의 화창한 일요일이고, 그는 여행객이고 얼마나 오래 '이 도시에 있을지 모른다'라고 생각했다. "엠파이어스테이트 빌딩까지 택시를 타고 갑시다."

그는 밝아졌고, 발을 구르기 시작했다. "저는 그것을 본 적이 없습니다. 좋아요!"

우리는 아래 층으로 내려가서 택시를 잡아 시내로 갔다. 그가 흥분하기 시작했다. "저 얽혀 있는 차를 보세요. 위험합니다. 저는 무섭습니다." 내가 긴장하여 손잡이를 잡자 그의 얼굴에는 미소가 지어졌다. 우리가 엠파이어스테이트 빌딩에 도착하자, 나는 그를 데리고 안에 들어가서 전망대로 가기 위해 요금을 지불하고는 엘리베이터를 탔다. 엘리베이터 안에는 피츠버그에서 온 한 가족이 있었다. 그는 그들을 보고 큰 목소리로 말했다. "이 엘리베이터 안전한 거 맞나요?" 그의 에너지는 점점 강해졌다. 그에게 필요했던 것이 이것이다. 우리는 옥상에 갔고, 그와 함께 길을 따라 걸어갔다.

우리는 그곳에 서 있었고, 나는 그를 바라보며 말했다, "눈을 감아보세요." 그는 눈을 감았다. 나는 이것이 그를 긴장하게 한다는 것을 알 수 있었다. 그것은 바로 그가 통제력을 잃었기 때문일 것이다. 나는 맨해튼 너머 하늘을 바라보았다. 구름들은 햇빛 사이로 떠다니고 있었다. "눈 떠보세요." 나는 서쪽 하늘을 가리켰다. "이거 훌륭하지 않나요?" 내가 말했다.

(계속)

생각 방문자(4/4)

나는 그의 신음 소리를 들었고 그는 점점 깊어지는 한숨을 내쉬었다. 그는 기침을 했다. "저는 더 이상 … 참을 수가 없습니다" 그의 목소리는 더 부드러워졌다. 나는 주변을 둘러보았지만 길에는 아무도 없었다. 나는 점점 멀어지는 아주 작은 그림자를 본 줄 알았다. 속삭임보다 더 작은 목소리로, 나는 그가 슬프게 말하는 것을 들었다. "모두 다 감사합니다."

그는 떠났다. 나는 슬펐다. 그는 단지 장난꾸러기였다. 그리고 이제는 아무도 그를 신경 쓰지 않았다. 나는 건물 너머를 봤고, 창문에 반사된 구름을 봤다. 나는 하늘과 반사된 것들을 잊고, 잠시 평화를 느꼈다.

양식 7.7
생각하는 광대

우리는 종종 부정적이고 위험한 생각을 하고 그것을 심각하게 받아들이게 됩니다. 생각을 많은 소음을 내는 어리석은 광대라고 상상해보세요. 그 소리가 들린다고 상상해보세요. 아마도 삐걱거리는 소리일 것입니다. 아래 양식 안에, 어리석은 생각을 하는 광대에 대한 시각적 이미지를 묘사해보세요. 가운데 열에는, 광대가 말한 어리석은 것들을 적으세요. "곧 나쁜 일이 일어날 거야"와 같은 말입니다. 그리고 광대가 피리를 불면서 춤추고 돌아다니는 것을 상상해보세요. 오른쪽 열에는 당신의 사고를 진지하게 여겨야 할 사람이나 대상이 아닌 배경에서 광대가 춤추는 것으로 여기는 것에 대한 당신의 생각을 기록하세요.

광대의 모습	광대가 한 어리석은 말	광대를 어떻게 어리석은 주변의 소음이라고 생각할 수 있을까?

양식 7.8
원하지 않는 사고에 대한 문제적 반응

우리는 종종 자신이 원하지 않는 생각을 하게 되는 것을 알아채고, 그것들을 없애거나 누르기 위한 시도를 하게 됩니다. 이것에는 자신에게 생각이 그렇게 못하도록 멈추라고 말하기, 확신을 얻기, 반대의 생각을 말해보기, 우리가 그런 생각을 하게 되는 상황을 피하기 등을 포함합니다. 왼쪽 열에는 자신이 가지고 있는 원치 않는 생각을 적어보세요. 가운데 열에는 당신이 그 생각을 통제하거나 없애기 위해 해보았던 행동들을 적어보세요. 오른쪽 열에는 결과를 써보세요. 그것이 오랫동안 정말로 효과가 있었나요?

나를 괴롭히는 생각	통제하거나 억누르기 위해 했던 시도	결과

양식 7.9
지루함 기법

많은 경우에 우리는 침투적 사고나 괴롭게 만드는 사고를 없애는 것이 필요하다고 믿고 있으며, 그래서 자신과 논쟁을 벌이게 됩니다. 우리는 스스로를 확신하며, 확신을 구합니다. 그러나 많은 상황에서 이러한 노력은 쓸모가 없습니다. 이것은 우리가 생각을 통제하고 억누르려고 하기 때문입니다. 이번 실습에서는 우리는 반대로 해볼 것입니다. 우리는 일어날 수 있는 불행한 생각을 끝없이 끌어낼 것입니다. 무언가 나빠질까요? 지루해질까요?

 왼쪽 열에는 당신을 괴롭히는 생각을 적으세요. 가운데 열에는, 그것을 썼을 때의 불안이나 불편함의 정도(0부터 10, 10은 가장 많이 불편함)를 적으세요. 그리고 나서 조용하게 그 생각을 10분 동안 반복하고, 세 번째부터 다섯 번째 칸까지 그 간격 동안 느꼈던 불편감이나 불안의 정도를 적어보세요. 지루해졌나요? 왜 그러한가요?

혼란스러운 사고	최초의 불편감	3분 후	6분 후	10분 후

제8장

걱정과 반추 수정하기

불안증은 종종 여러 해 동안 지속되는 만성적 상태를 말한다. 범불안장애(GAD)를 겪고 있는 많은 환자들은 살아오는 내내 근심 걱정을 해왔다고 말한다. 만성적 불안증은 종종 우울증이나 기분저하증 발병 전에 부정적 요소에 계속 집착하고 문제가 될 수 있다고 생각되는 상황을 회피하며 순간의 즐거움을 누리지 못하는 선행 증상을 보인다. 불안증은 GAD에 국한되는 것이 아니다. 불안과 두려움은 강박증(OCD), 사회공포증, 공황장애, PTSD, 우울증을 앓고 있는 환자들이 보이는 증상이다. 근심 걱정이 많은 환자들은 자주 "근심 걱정을 그만 멈춰라/자기 자신을 믿어라/자기 자신을 비난하는 것을 중단해라/긍정적인 요소를 생각해보라/부정적 생각에서 벗어나라"라는 조언을 듣는다. 그러나 이러한 조언 중 어떤 것도 효과가 없었고 오히려 종종 이들 조언들이 "효과적인 해결책이 없다"는 신념만 더욱 공고히 해주는 결과를 초래하였기 때문에, 이러한 조언들 자체가 불안증 환자를 더 의기소침하게 만든다. 종종 사용되는 '생각 그만두기' 기법도 효과적이지 않다. 이 기법은 근심이나 강박증이 생겨날 때마다 치료자가 환자에게 "멈춰"라고 큰 소리(필요시, 조용한 목소리)로 말한다. 사실 불안감을 억제하려는 시도들은 종종 해당 불안이 오히려 증강되는 결과로 이어졌다. 왜냐하면 환자들이 근심 불안을 억제하려고 '근심거리를 물색해야 하기' 때문이다. 이러한 근심 불안의 재반발은 "불안증은 대단히 강력하고 통제 불능이라 이를 억제하는 것은 불가능하며, 이들을 진압하기 위해 훨씬 더 많은 노력이 필요하다"라는 신념을 더 공고히 해주게 된다.

불안증에 대한 인지행동모형은 최근 수년 사이에 정립된 것이다. 이들 모형은 불안이 가지고 있는 불안의 통제 불능성에 관한 신념, 불안에 주의를 기울이고 이를 억제할 필요성에 대한 신념, 불확실성에 대한 참지 못함, 문제 해결 능력에서의 인지된 제한, 과장된 기준율, 장래 위협 감지에 대한 인지된 필요성, 정서적 회피, 감정 이상 조절, 기본 과민증과 관계된다(Borkovec & Hu, 1990; Borkovec & Inz, 1990; Dugas, Buhr, & Ladouceur, 2004; Freeston, Rheaume Letarte,

Dugas, & Ladouceur, 1994; Mennin, Turk, Heimberg, & Carmin, 2004; Wells, 2000a, 2002). Wells는 근심 걱정이 많은 개인은 자동적으로 CAS(cognitive attentional syndrome, 인지적 주의 증후군)를 활성화한다는 불안 모형을 발전시켰다. CAS는 위협 감시, 반복적인 생각, 인지 자료 에서 감지된 제한, 도움이 되지 않는 제어 전략, 숙고 대상에 대한 지속적인 집중을 특징으로 한 다(Wells, 2000a, 2002; Wells & Carter, 2006; Wells & Matthews, 1994). MCQ(Metacognitions Questionnaire, 초인지척도)의 하위척도는 불안을 특징으로 하는 다음의 여러 가지 기능을 평가 한다: 불안에 대한 긍정적 견해, 통제 불능 및 위험, 인지적 자신감, 불안에 대한 부정적 신념, 인 지적 타인 의식(Wells, 2004). 회피 이론인 '불안에 대한 대안적 모형'에서는 불안은 '인지적' 또 는 추상적 불안이 활성화되는 동안 흥분의 일시적 감소에 의해 강화된다는 입장이다(Borkovec, Alcaine, & Behar, 2004; Borkovec & Inz, 1990).

실증적 조사 가운데 흥미로운 결과를 보면 불안이라는 실제적으로는 불쾌한 감정의 생리적 자 극을 금지시키며 이후에 재반발하는 걱정스러운 생각을 배양하고, 감정 억압으로 인하여 걱정 이 단시간 내에 명백히 강화되는 결과를 보인다(Wells & Papageorgiou, 1995; York, Borkovec, Vasey, & Stern, 1987). 불안은 일반적으로 추상적이거나 언어적인 형태로 경험되고 더 나아가 '감성 정보'를 중화시키고 습관화되는 것을 막아준다. 왜냐하면 '불안 스키마'의 감정적 혹은 흥 분 요소는 걱정 진행 과정 동안은 활성화되지 않기 때문이다(Borkovec & Inz, 1990; Wells & Papageorgiou, 1995). 아울러 불안증을 갖는 자는 불안이 한편으로는 부정적 요소로부터 보호되 고, 이에 대해 대처 준비를 하게 하며, 오히려 이들을 예방한다고 믿게 된다. 다른 한편으로는 불 안은 질병이나 정신 이상 같은 부정적 결과를 가져올 것이고, 따라서 불안증은 통제되고 제거되 어야 한다고 믿는다(Wells, 2000a, 2002).

이 장에서, 불안의 양과 이의 부정적 효과를 줄이는 데 도움이 되는 다양한 기법을 검토할 것 이다. 이 모든 기법은 반추(反芻)증에도 또한 적용 가능한 것이다. GAD(불안증이 가져오는 가 장 특징적인 장애)를 위한 인지행동 개입에 대한 보다 상세한 설명은 Dugas와 Ladouceur(1998), Wells(2000a, 2009, 2011), Portman(2009), Leahy, Holland, McGinn(2012)의 연구에서 찾아볼 수 있고, 걱정 치료: 당신을 멈추게 하는 데서부터 걱정을 멈추게 하는 7단계(*The Worry Cure: Seven Steps to Stop Worry from Stopping You*)(Leahy, 2006)를 읽어보면 도움이 될 것이다.

기법 : 불안 확인하기

설명하기

우리는 불안을 장래에 대한 부정적 생각이나 상상을 반복적으로 하는 행위로 볼 수 있다. 그리하여, "나는 실패할 수 있다"라는 단 하나의 부정적인 생각에 불과한 것은 만약 재빨리 무시될 수 있다면 이는 불안이라고 할 수 없다. 불안이란 그러한 생각이 반복되고 원하지도 않는 것이며, 부정적이고 일정 시간에 걸쳐 재발되는 것이다. 불안은 한 번 이상 발생되어야 하며, 불안해하는 사람이 그 생각에 꽂혀서 반복적으로 부정적 생각의 악순환을 경험하거나 그런 생각에서 헤어 나오지 못하는 바로 그런 상황을 말한다. 이들 불안 중 일부는 "나는 혼자 외톨이로 전락할까 봐 불안하다"와 같은 생각으로 경험될 수 있으며, 또 일부는 "빈 아파트 방에서 혼자 울고 있는 나 자신을 보고 있다"와 같은 상상으로 경험될 수 있다. 불안의 내용 및 발생을 확인하는 것 외에도, 불안을 촉발시키는 자극이나 상황을 확인하는 것도 중요하다. 예를 들어, 집에 홀로 앉아 있는 것이 "나는 항상 혼자 있게 될 거야"라는 생각을 촉발시킬 수 있으며, 또한 예기치 않은 청구서를 받게 되는 것이 "나는 파산하게 될 거야"라는 두려움을 촉발시킬 수 있다.

토론 안건

"우리는 불안을 장래에 관해 당신을 초조하게 만들 수 있는 생각이나 상상으로 볼 수 있다. 예를 들어, "나는 실패할 거야"라는 생각을 할 수 있고, 그 생각이 자신을 괴롭힐 수 있습니다. 이것이 불안의 한 예입니다. 이들 불안은 종종 반복적으로 되풀이됩니다. 때때로 우리는 우리 자신이 홀로 앉아 외로움이나 상실감을 느끼는 상상과 같이 무엇인가 나쁜 것이 발생할 수 있다는 상상을 할 수 있습니다. 이들은 불안 상상입니다.

　"당신이 초조함을 느낄 때 무엇을 되풀이 해서 생각하고 있는지 내게 이야기해줄 수 있나요? 언제 불안감을 느끼죠? 당신이 초조함을 느낄 때 마음속에 어떤 상상이나 장면을 떠 올린 적이 있나요? 당신을 괴롭히는 예언을 하고 있나요? 무슨 나쁜 일이 발생할 것이라고 생각하고 있나요? 어떤 상황이 당신이 불안감을 느끼게 하죠? 당신이 불안을 느끼기 시작하기 직전에 무슨 일이 발생했죠?"

예

치료자 : 당신은 파티에 갈 때 진짜로 불안을 느낀다고 말했어요. 내게 마음속에 어떤 것이 지나갔는지 말해볼래요?

환자 : "할 말이 없다. 나는 바보처럼 보일 거다"라는 생각을 했어요.

치료자 : 당신이 파티에 있을 때, 당신은 어떤 시각적 이미지를 떠올리나요?

환자 : 음, 나는 사람들이 나를 비웃는 것을 상상하곤 해요. 나는 사람들이 비웃는 것을 보고, 그들을 피하게 되고 수치심을 느끼게 되죠.

대안적으로 치료자는 다음과 같이 질문할 수 있다.

치료자 : 만약 당신이 누군가와 말하게 되면 무슨 일이 벌어질 것 같아 걱정하는지 말해줄 수 있으세요?

환자 : 내가 말을 더듬어서 사람들이 못 알아들을 것 같아 걱정이죠.

치료자 : 그럼 어떻게 될까요?

환자 : 바보처럼 보이는 거죠.

과제

치료자는 환자에게 오는 일주일간 떠오른 걱정의 예를 양식 8.1(이 장 맨 뒤에 있음)을 이용해서 적어 오라고 요구한다. 위의 환자 면접 장면처럼 치료자는 치료 과정에서 나타난 걱정의 예를 정의할 수 있다. "우리는 이미 당신의 걱정을 정리해 왔어요. 예를 들어, 당신은 이미 '만약 내가 시험에 떨어진다면 어떻게 될까?', '만약 내가 과정을 통과하지 못하면 어떻게 될까?' 같은 상황을 상상하며 걱정했다고 말했었지요. 또 당신은 새로운 사람을 만나는 것에 대해 걱정해 왔어요. 당신의 걱정은 '나는 이야깃거리를 가지고 있지 않다'와 '나는 자신을 바보로 보이게 할 것이다'였지요." 환자는 자신의 주제와 예측이 몇 개로 한정되어 있다는 것을 깨닫게 되어서, 자신의 문제 영역을 줄일 수 있다.

일어날 수 있는 문제

전형적으로 발생하는 문제들은 생각이나 걱정이 감정이나 정서와 혼돈되어 있어서 확인할 수 없다는 것과 근심을 적다 보면 걱정의 강도가 심해서 더욱 '실재화'될 것이라는 공포 때문에 과제를 수용하지 않는다는 것이다. 습관적으로 걱정을 하는 많은 사람들은 자신의 관심사에 대해 '사고 중지'나 '걱정 중지'를 해야 하며, 이것이 자신의 걱정을 줄여줄 것이라는 신념을 지키고 있다. 치료자는 걱정은 미래에 대한 기대인 반면, 불안은 누군가가 현재 가지고 있는 불안이라고 명확히 할 수 있다. 예측이라는 측면에서 걱정은 현실에서 검증될 수 있다. 반면에 감정은 매우 본능적으로 그 개인들에게는 참이다. 종종 임상적으로 걱정을 하고 있는 개인들은 자신의 관심에 대하여 '생각을 멈추기'나 '걱정 멈추기'를 해야 한다. 그리고 걱정 나무를 키우는 것은 그들의 걱정들을 증가시킬 것이다. 앞서 언급한대로 생각 멈추기는 걱정의 습관을 약화시키는 데 유용한 기법이 아니다. 치료자는 다음과 같이 말할 수 있다: "어떤 사람들은 그들의 관심을 적어보는 것이 자신을 더욱 걱정하게 하고 생각을 더 강력하게 만든다고 믿습니다. 당신은 우리가 치료회기 중에 당신의 사고를 작성해봤던 것을 회상할 수 있을 텐데요. 이러한 활동이 자신의 감정을 나쁘게 만든다고 생각하나요? 아니면 그 생각에서 벗어나게 하는 데 도움이 된다고 생각하나요?"

기타 기법에 대한 탐색

자기 관찰(self-monitoring)과 관련된 기법으로는 자동적 사고를 끌어내고 규정하고 범주화하기, 기분 관찰(mood-monitoring), 감정의 하향화살표기법, 자동적 사고에 초점을 둔 이미지 기법들이 있다.

양식

양식 8.1(걱정의 자기 관찰)

기법 : 걱정의 비용과 이익 점검하기

설명하기

많은 사람들이 걱정에 대해 문제 해결, 예측, 가능한 재앙에 대한 대비, 동기, 심지어 개인적인 책임감의 형태로 긍정적인 관점을 갖고 있다(Papageorgiou & Wells 2000; Wells 1997a 참조). Wells는 이런 걱정을 유형 1의 걱정으로서 도움이 된다는 믿음을 보인다. 초인지 모델에서 유형 2의 걱정은 통제권 밖에 있고, 위험하며, 일상의 기능을 방해하고, 또 다른 부정적인 결과를 가져오는 걱정이다. 그러한 사람들은 자신이 걱정을 억누를 뿐 아니라 걱정하기가 필요하다고 믿으면서 자기 갈등적인 전쟁에 갇히게 된다.

실제로, 걱정은 사람들이 무엇을 하게 하는 동기부여에는 도움이 된다. 예를 들어, 시험에 대한 걱정은 학생들이 시험 때문에 공부하도록 동기부여하는 데는 도움이 된다. 그러나 많은 경우에 걱정은 너무 강렬하고 지속적일 수 있어서, 집중하거나 문제를 해결하고 정보를 회상하는 능력을 감소시키게 된다. 환자의 걱정에 대한 기저 이론은 걱정의 비용과 이익을 평가하면서 탐색될 수 있다.

토론 안건

"걱정의 비용과 이익은 무엇인가요?(대안 : 걱정의 이익과 손해는 무엇인가요?), 만약 당신이 덜 걱정한다면, 당신에게 어떤 일이 예측되나요?"

예

치료자 : 시험에 대한 당신의 걱정에 대한 비용과 이익을 점검해보도록 합시다.

환자 : 좋아요. 비용은 내가 항상 긴장한다는 것이에요. 나는 이완되질 않아요. 나는 끔찍하고, 시험이 싫어요. 이익은 나를 공부하도록 동기화시킨다는 겁니다.

치료자 : 만약 걱정에 대한 비용과 이익을 비율로 나눈다면 어떻게 될까요? 50:50, 60:40, 혹은 40:60?

환자 : 걱정의 비용이 이익보다 더 많다고 할 수 있겠네요. 내게는 비용이 75%, 이익 25%인 것 같아요.

치료자 : 그렇다면 만약 당신이 덜 걱정한다면 더 나아질 것이라고 생각하세요? 만약 50% 미만이면 어떨까요? 무슨 일이 벌어질까요?

환자 : 잘 모르겠어요. 내가 충분히 걱정하지 않는다는 것을 걱정할 것 같은데요.

치료자 : 그렇다면 어떻게 될까요?

환자 : 아마도 시험에 좋지 않을 것 같아요.

과제

환자에게 걱정이 될 때마다 양식 8.2를 이용하여 특정한 걱정에 대한 비용과 이익을 적어보는 과제를 줄 수 있다.

일어날 수 있는 문제

환자에게 비용과 이익을 평가하도록 격려할 때 나타날 수 있는 문제에는 걱정에는 이익이 없다거나, 걱정을 '선택'이라고 생각해본 적이 없어서 비용과 이익을 점검하는 것은 적절하지 않다고 주장하는 것이다. 또는 걱정을 줄이면 자신이 무책임해지거나 부주의해질 것이라고 주장하는 것이다. 우리는 다음과 같이 요구함으로써 이러한 문제들을 다룰 것이다: "비록 당신이 걱정에는 이익이 없다고 말할지라도, 만약 사람들이 어느 정도 수준에서 유익한 무언가가 있다고 믿지 않는 한 그 일을 할 이유가 없습니다. 이 질문에 답할 때 이성적이지 않으려고 노력하세요." 치료자가 걱정에 대한 가능한 이익을 제시할 수도 있다: "걱정이 당신을 동기부여하고 준비하게 하거나, 혹은 보호할 수 있을까요?" 우리는 그것이 걱정에 대한 다른 신념을 평가하기 위해 Adrian Wells가 개발한 초인지 질문지(Wells, 2000a)를 실시하는 데 도움이 된다는 것을 알게 된다. 걱정은 선택인가에 대한 문제에 관해서, 우리는 환자들에게 잠시 질문에 대답하는 것을 보류하고, 대신에 정신적인 활동으로서 걱정하는 것을 더 잘 깨닫거나 자각하게 되도록 주의를 기울이라고 말한다. 무언가에 대해 더 각성하기(예 : 과식)는 통제력을 얻고 마침내 선택에 대한 느낌을 획득하는 데 도움이 된다.

기타 기법에 대한 탐색

걱정에 대한 비용과 이익을 확인하는 데 도움이 되는 또 다른 기법에는 자동적 사고를 확인하기, 하향화살표기법 활용하기, 걱정에 대한 자기 관찰하기, 걱정에 대한 행동적 결과를 점검하기, 내재된 가정을 확인하기가 있다.

양식

양식 8.2(걱정에 대한 비용–이익)

기법 : 걱정을 예측으로 전환하기

설명하기

언급한 대로, 많은 걱정은 막연하게 또는 '만일 ~라면, 어쩌나?' 하는 식으로 표현된다. 걱정이 실제로 과장된 질문이거나 언급인가를 판명하기란 어렵다. 결론적으로, 우리는 환자들이 자신의 걱정을 현실 세계 안에서 사건에 대한 특정한 예측으로 재진술하도록 격려한다.

토론 안건

"구체적으로 당신에게 무슨 일이 일어날 것 같나요? 언제 일어날 것 같으세요? 당신의 예측이 성확한지 여부를 알기 위해서는 정확히 설명해보아야 합니다. 얼마나 나빠질까요? 당신이 예측하는 것의 장기적 결과는 무엇일까요? 만약 당신이 걱정하는 것이 사실이 된다면 더 이상 당신이 할 수 있는 긍정적인 것이 있나요? 당신은 이러한 예측에 대해 얼마나 확신하고 있나요?"

예

한 대학생이 2주 후에 있게 될 시험에 대한 걱정으로 불평을 하고 있었다. 그녀의 걱정은 다음과 같다: "나는 시험을 준비하지 못했어요. 내가 모른다고 우리가 지나쳐버린 것이 있어요. 나는 시험을 잘 치루지 못할 거예요."

치료자 : 당신은 시험에 대해 많이 걱정하고 있네요. 혹시 당신의 걱정을 특정한 예측으로 재표현할 수 있을지 봅시다. 예를 들어, 당신은 "나는 시험을 준비하지 못했어요"라고 말했어요. 정확하게 당신은 무슨 일이 일어날 것이라고 생각하나요?

환자 : 나는 시험을 잘 못 볼 거예요.

치료자 : 시험은 2주 후에 있어요. 당신은 시험에서 몇 점을 받을 것 같으세요?

환자 : 모르겠어요. 다만 잘 못 볼 거예요.

치료자 : '잘 못 본'의 점수는 가령 몇 점인가요?

환자 : 한 70점 정도요.

과제

환자들은 양식 8.3을 이용하여 자신이 하고 있는 걱정들을 (혹시 '만일 ~라면 어떡하지?'식의 걱정일지라도) 적어볼 수 있다. 그때 환자들은 걱정을 구체적인 예측으로 바꾸어야 한다. 치료자는 다음과 같이 설명할 수 있다: "첫 번째 칸에 있는 걱정 목록을 작성한 후, 당신이 하고 있는 구체적인 예측들을 다음 칸에 기록해보셨으면 합니다. 예를 들어, 만약 당신이 시험 준비를 하지 않아서 걱정을 한다면, 당신의 일반적인 걱정과 다음에는 구체적인 예측을 적어보세요." 예를 들어, 당신이 말한 대로 "나는 70점을 받을 거야"라고 한 환자의 반응을 그림 8.1에 적어놓았다.

일어날 수 있는 문제

이 장 앞부분의 걱정 관찰(worry-monitoring)에서 기술했듯이, 환자들은 걱정과 감정을 혼동할 수 있다. 이 부분은 초기에 명료화할 수 있다. 또 일어날 수 있는 문제는 환자들이 구체적인 예측을 하기보다 모호하게 말한다는 것이다. 예를 들어, "나는 시험을 잘 못 볼 거예요" 또는 "나는 시험 중에 숨이 막힐 거예요"라고 말한다. 우리는 환자들에게 'W' 질문을 자기 자신에게 부여하는 등 "좋은 기자처럼 행동하라"고 강조한다. 무엇을, 언제, 어디서 "정확히 무슨(what) 일이 벌어졌나요? 어디에서(where) 일어났나요? 언제(when) 일어났나요?" 또 다른 문제는 환자들이 보다 더 근원적인 걱정에 대해 생각하지 않는다는 점이다. 예를 들어, "나는 준비되어 있지 않아요"라고 말한다. 그러나 문제가 발생하기 전에 해결책, 예를 들어 "나는 정말로 열심히 공부해야 해요"에 집중해야 한다. 이러한 혼란은 최초의 사고로부터 유도된 일련의 걱정과 예측을 확인함으로써 해결할 수 있다.

기타 기법에 대한 탐색

가장 적절한 기법에는 자동적 사고의 확인과 범주화, 사고와 감정을 하향화살표기법을 이용하여 연관짓기가 있다.

첫 번째 칸에는 예측한 당신의 걱정을 적는다. 예를 들어, "나는 시험을 망칠 거야."

나의 예측	확신(0~100)	실제 결과	결론
나는 시험을 망칠 거야.	80점	나는 시험에서 85점을 받았고, 꽤 괜찮은 점수이다.	나의 예측은 빗나갔다.
내 정신이 혼미해져서 나는 시험에서 아무것도 기억하지 못할 거야.	75점	나는 불안해서 두 번 정도 멈추었으나, 다시 돌아가서 시험을 마쳤다.	나는 단지 몇 분 동안 단지 부분적으로 옳게 했다. 큰 그림으로 나는 괜찮았다.

그림 8.1 부정적 예측을 시험하기

양식

양식 8.3(걱정을 예측으로 전환하기)

기법 : 예측이 검증 가능한 것인지 조사하기

설명하기

많은 사람들은 자신에게 낙인을 붙이거나 결코 거짓으로 판명될 수 없는 사고나 진술에 기반하여 예측한다. 예를 들어, '쓸모없는 사람'이나 '아무 데도 좋지 않은'이란 용어는 심지어 정의조차 될 수 없다. 우리는 이런 용어를 사용할 때 무엇에 대해 이야기하고 있는지도 모른다. 아이러니하게 도 우리는 자신을 의미 없는 것으로 망가뜨릴 수 있다.

환자들은 자신의 생각을 자신이 사실이라고 생각하는 것에 대한 가설, 혹은 진술로 살펴보아야 한다. 다음에 '사실'로 주장하는 언급을 고려해보라.

"빌의 키는 183cm이다."

"나는 시험에 떨어질 거야."

"내일 비가 올 거야."

"그녀는 내게 말하지 않을 거야."

"아무도 나를 좋아하지 않아."

우리는 정보(무엇이 진실이거나 거짓인지를 관찰함으로써)를 수집하여 위 언급들의 진실을 각 각 '검증'할 수 있다. 우리는 빌의 키를 잴 수 있고, 내가 시험을 어떻게 보는지 알 수 있으며, 비가 오는지 내일 밖을 볼 수 있다. 그리고 그녀가 내게 말을 하는지를 관찰할 수 있고, 사람들이 나를 좋아하는지에 대한 정보를 수집할 수 있다. 생각의 진실 여부를 검사해볼 수 있는 것이다.

어떤 생각은 사실로 언급되나, 검사할 수 없다. 우리는 그런 생각은 부당함을 증명할 수 없는 것이라고 말한다. 그것들은 '왜곡'이 아니다(Popper, 1959). 만약 그 언급을 반박할 방법이 없다 면, 그 언급은 의미 없는 것이다. 여기에 부당함을 반박할 수 없는 언급의 몇 가지 예가 있다.

1. "내가 무엇을 하든지, 나는 가치가 없어."
2. "천사는 존재한다."
3. "우리를 통제하는 영혼이 존재한다."
4. "나는 미쳐버릴 수 있어."

5. "나는 확신을 갖기 위해 알 필요가 있어."

이러한 언급을 반박할 수 있는지 여부를 각각 살펴보라.

1. 만약 "내가 무엇을 하든지, 나는 가치가 없다"면 나는 어떻게 이것을 반박할 수 있나? 당신은 자신이 가치 있다는 것을 알려줄 모든 행동의 증거를 무시하기 때문에, "나는 가치가 없고, 당신은 이 믿음을 바꿀 수 있는 어떤 말도 할 수 없어"라고 말하고 있는 것이다.

2. "천사가 있다"라는 말도 반박할 여지가 없다. 우리는 천사를 목격할 때만 그 말을 확신할 수 있다. 그러나 천사는 일반적으로 잘 볼 수 없기 때문에 우리가 보지 않은 사실은 증명할 길이 없다. 우리는 아마 "천사가 존재한다"는 생각이 잘못되었음을 증명할 수 없을 것이다.

3. 우리를 통제하는 관찰할 수 없는 '영혼'에 대한 것도 마찬가지이다. 우리는 그것을 관찰할 수 없기 때문에 우리에게 미치는 어떠한 영향도 반박할 수 없다.

4. 모든 사람에게 있을 수 있는 일이기 때문에 "나는 미쳐버릴 수 있어"라는 말도 또한 반증할 수 없다.

5. 우리 모두는 많은 것을 한다. 예를 들어, 일하러 가기 위해 운전을 하고, 점심을 먹으며, 대화를 한다. 그러나 우리는 다음에 어떤 일이 벌어질지 확실하게 알지 못하므로 여전히 그 일을 한다. 그러나 확실히 알고자 하는 욕구에 대한 신념은 반박할 수 없다. 그것은 선호성이고 정서이며, '욕구'나 '바람'이다. 그리고 그것을 증명하거나 반박할 만한 것은 없다.

'거짓을 입증할 수 있음(falsifiability)'의 기준은 우리에게 언급의 사실 여부를 검증하도록 해주기 때문에 중요하다. 과학은 사실에 대한 언급을 하고 그것을 검증하는 것을 바탕으로 한다. 만약 사고가 검증될 수 없다면, 그 사유자는 결코 무엇이 사실이고 거짓인지를 밝혀낼 수 없을 것이다. 과학적 관점으로 볼 때 검증될 수 없는 사고는 무의미한 것이다.

토론 안건

"당신의 걱정은 검증할 방법이 있나요? 당신의 걱정을 반박하는 것이 결국 가능한가요? 당신은 일어날 수 있는 나쁜 일을 예측할 때, 그것이 맞는지 여부를 어떻게 알 수 있나요?"

예

치료자 : 당신은 파티에서 잘하지 못할까 봐 걱정하고 있다고 말하고 있어요.

환자 : 음, 저는 아마 바짝 긴장할 거예요.

치료자 : 우리가 걱정을 할 때, 우리는 예측을 합니다. 우리는 종종 무언가 잘못될 것을 기대하고 있는

자신을 발견하게 되죠. 당신은 무언가 잘못되어가고 있다는 것을 어떻게 알 수 있나요? 무엇을 긍정적 결과로 여길 수 있을까요?

환자 : 만약 사람들이 내게 말을 걸고 미소 짓는다면 그렇겠죠?

치료자 : 좋아요. 그것은 당신의 부정적 예측이 정확하지 않을 수 있다는 것을 보여주는 한 가지 방법이겠지요?

환자 : 만약 내가 좋은 시간을 가진다면?

치료자 : 어떻게 좋은 시간이었는지를 알 수 있을까요?

환자 : 만약 제가 사람들을 만나 대화를 하고, 환각제를 먹지 않는다면요.

치료자 : 좋아요, 자 그렇게 당신의 예측이 틀렸다는 것을 알 수 있는 결과들을 할 수 있는 대로 적어보세요.

과제

치료자는 다음과 같은 설명으로 숙제를 낼 수 있다: "양식 8.4를 사용하면 당신을 괴롭히고 있는 생각('나는 실패자이고, 실패하고 말 거야')을 살펴보고, 당신이 어떻게 사실과 허위를 검증할 수 있는지 알 수 있습니다. 당신은 자신이 실패자가 아니고, 실패하지 않을 것을 어떻게 알 수 있나요?"

일어날 수 있는 문제

일부의 걱정하는 사람들은 자신만의 걱정과 정서, 예를 들어 "나는 파티에서 걱정을 하고 예민해질 거야"를 예측한다. 이러한 예측은 순환적이다: "나는 불안해서 걱정을 할 거야." 치료자는 환자에게 자신과 다른 사람에게 일어날 행동을 포함한 긍정적 사건을 예측하도록 요구한다. 예를 들어, "내가 말하고 누군가 웃을 거야" 또는 "누군가가 나와 대화하기 시작할 거야"라고 할 수 있다. 다른 경우에 걱정하는 사람들은 긍정적 결과를 무시하고, 미래의 긍정적 결과는 보장이 없다고 말한다. 이런 경우, 확실성의 요구는 이 장에서 나중에 기술할 '불확실성 훈련'을 통해 다루어질 수 있다.

기타 기법에 대한 탐색

적절한 대안으로 사고와 사실 구별하기, 예측 검사하기, 의미적(정의) 기법, 증거 점검하기가 있다.

양식

양식 8.4(검증할 수 있는 사고와 예측 만들기)

기법 : 부정적 예측을 검증하기

설명하기

환자들에게 이 실습을 설명할 때 치료자들은 다음과 말할 수 있다: "되돌아가서 당신의 생각과 예측들을 자세히 검토해봅시다. 당신이 '나는 실패자야'라는 생각을 가졌다고 합시다. 이 생각은 미래에 대해 무엇을 예측하도록 했습니까? 만약 당신이 아무것도 예측하지 않는다면, 당신은 아마도 그 예측이 꽤 무의미할 것이라는 것에 대해 동의할 것입니다. 그러나 앞으로 닥칠 일의 의미에 대해 무엇인가 생각했기 때문에, 당신의 기분이 가라앉는 것입니다. 예를 들어, 당신은 '나는 실패자야'라고 생각했을 수 있습니다."

"나는 결코 행복해지지 않을 거야."
"주디는 파티에서 내게 말을 걸지 않을 거야."
"나는 다른 데이트를 하지 못할 거야."
"나는 해고당할 거야."

"물론 당신이 맞을 수도 있어요. 그러나 이제 우리는 검증해볼 수 있는 분명한 예측을 가지고 있고, 실패자에 대한 당신의 생각이 맞는지 알아볼 수 있습니다. 만약 당신의 예측이 사실이 아니라면, 당신의 부정적 생각을 재점검해야 할 것입니다."

그러나 많은 경우 부정적 생각들을 가지고 있는 사람들은 모든 사람들에게 사실인 예측을 만들어낸다. 예를 들어, 다음과 같은 예측을 검토해보자.

"나는 불행해질 거야."
"누군가 나를 좋아하지 않을 거야."
"나는 토요일 밤에 혼자 있게 될 거야."
"나는 직장에서 문제를 갖게 될 거야."

이 사건들 각각은 세상 거의 모든 사람들에게 사실이다. 이러한 사건들이 "나는 실패자야"라는 생각을 입증한다고 말하는 것은 모든 사람이 실패자라는 의미가 된다. 예측이 환자들을 괴롭히는 생각의 좋은 검사가 되는지를 검토하는 것이 중요하다. 신념을 검증하는 것이 효과적이려면, 예측은 환자를 대부분의 다른 사람들과 차별화해야 한다. 즉, 거의 모든 사람에게 사실인 예측을 이끌어낼 수는 없다.

작업해볼 만한 또 하나의 중요한 측면으로서 효과적인 예측은 우리에게 합당한 시간 간격을 제공해야 한다. 예를 들어, "나는 해고당할 거야"라는 예측은 그런 일이 일어날 수 있는 날짜를 구체화하도록 확장되어야 한다. 거의 모든 사람이 일생의 어느 순간에 직업을 잃는 것이 합당하기 때문에, 지금으로부터 10년 안에 직업을 잃을 것이라는 말이 어떤 사람에게 독특한 것이라고 말하기는 어렵다.

결국, 우리가 환자들에게 일어날 일을 예측해보도록 요구하는 것처럼, 우리는 또한 그들에게 일어나지 않을 일을 예측해보도록 요구한다.

"나는 앞으로 3개월 동안 데이트를 하지 못할 거야."
"나는 내년에 승진하지 못할 거야."
"나는 낯선 사람과 대화를 시작할 수 없을 거야."
"나는 그 프로젝트를 마칠 수 없을 거야."
"나는 이 달에 세금을 낼 수 없을 거야."

양식 8.5를 이용하여 일어날 것이라고 예측했으나 일어나지 않은 사건과 실제로 일어난 사건을 목록화하여, 환자들은 자신이나 미래에 대한 부정적 신념을 검증할 수 있다.

토론 안건

"다음 주 동안 생각해본 구체적인 예측들을 목록화하고, 그 결과를 추적해보세요. 예를 들어, 특정한 활동을 하는 동안 경험하게 될 스트레스의 총량을 예측하고, 실제적인 산출을 표로 만들어보세요."

예

예를 들어, 한 여성이 자신의 아파트에 앉아 외롭다고 느끼고 있다고 하자. 그녀는 "내가 또다시 외로워진다는 것을 믿을 수 없어! 너무 기분이 나빠!"라고 생각하고 있다. 이러한 걱정이나 반추는 다음과 같은 형태로 표현된다.

치료자 : 당신이 기분 나빠지는 생각을 하면서 앉아 있을 때, 그 생각은 어떤 것이었나요?
환자 : 나는 항상 외로울 것이라는 생각을 했어요.
치료자 : 그 예측을 어떻게 검사해볼 수 있나요?
환자 : 만약 관계를 발달시킨다면 알 수 있어요.
치료자 : 좋아요. 그것도 한 가지 방법이겠네요. 당신은 또한 일주일 동안의 활동 일정을 적어보고, 당신이 거의 모든 시간을 혼자 보냈는지, 다른 사람들과 지낸 시간이 있는지를 확인해볼 수 있어요.

환자 : 나는 이미 알아요. 나는 매일 직장에서 사람들과 함께 보내고, 적어도 일주일에 두 번은 친구들과 만나요.

치료자 : 그러면 당신이 항상 혼자일 거라는 예측은 대부분의 시간 동안은 사실이 아닌 거네요.

환자 : 그러나 나는 지금 특별한 사람을 한 명도 갖고 있지 않아요.

치료자 : 당신은 결코 갖지 못할 것 같나요?

환자 : 아마도요.

치료자 : 좋아요. 당신은 이 예측을 마음에 새기고, 그것을 앞으로 검증해볼 수 있어요. 그러나 당신이 결코 관계를 형성하지 못할 것이라는 생각을 왜 하게 되는지를 보도록 합시다.

과제

과제는 최근의 특정한 예측에 대한 정보를 수집하고 현실에서 이 예측을 검사해보는 것을 포함한다. 환자에게 일주일 동안 가졌던 다양한 부정적 사고와 걱정들 예를 들어, "나는 집중할 수 없어요", "나는 이야깃거리가 전혀 없어요", "나는 잠을 전혀 잘 수가 없어요" 등을 적어오도록 요구한다. 그리고 자료들이 취합되면 그 결과를 검사한다.

일어날 수 있는 문제

걱정에서 유도된 예측을 검증하려면 예측의 부당성을 증명할 방법이 필요하다. 환자들이 걱정을 가능성이라는 용어로 표현한다면(예 : 나는 암에 걸릴 수 있어) 이것은 불가능을 입증할 방법이 없다. 또 하나의 문제는 예측은 먼 또는 막연한 미래로 간주된다는 것이다(예 : "나는 언젠가 파산할 거야"). 예측을 검사하기 위한 행동적 실험을 설정하기 위해서는 가까운 미래로 설정해보는 것이 필요하다. 게다가 어떤 예측은 부분적으로는 사실로 판명날 수 있다. 예를 들어, "나는 잠을 잘 수가 없을 거예요"라는 예측의 결과는 "나는 5시간 잤다"일 수 있다.

기타 기법에 대한 탐색

다른 적절한 기법으로는 자동적 사고를 확인하기, 걱정을 예측으로 바꾸기, 하향화살표기법, 기분 관찰 등이 있다.

양식

양식 8.5(부정적 예측 점검하기)

기법 : 과거의 생각과 예측 점검하기

설명하기

걱정은 종종 과거에 걱정이 결코 사실이 아니었다는 것을 잊어버리고, 현재의 불안한 마음 상태에 몰두하게 한다. 심지어 누군가가 이 부분에 대해 주의를 기울이라고 말해줄 때조차, 걱정을 하고 있는 사람은 다음과 같이 말할 수 있다: "맞아요. 그러나 이번에는 그렇게 될 수도 있잖아요." 과거의 예측을 점검할 때, 치료자가 자주 그 걱정은 증명된 거짓임을 제시해줄 수 있다. 그러나 우리는 그 사실을 잊어버리고 또 다시 걱정을 시작하는 경향이 있다. 치료자는 다음과 같이 지적할 수 있다: "당신이 어떻게 생각하고 느끼는지를 지금 여기에서 작업할 수 있습니다. 당신은 지금 '나는 항상 혼자야' 또는 '나는 항상 우울할 거야'와 같은 생각을 하고 있을 수 있습니다. 그러나 만약 당신의 과거 부정적 사고를 살펴보면, 거기에는 패턴이 있음을 발견하게 될 것입니다. 당신은 가끔 부정적 사건이나 감정이 무한정 계속될 것이라는 예측을 합니다. 당신이 가지고 있었던 과거의 부정적 예측을 점검하면서 당신의 비관론이 결코 정확하지 않음을 배우게 될 것입니다. 그래서 예측하기는 예측이 실현되는 것과는 많이 다릅니다." 만약 환자가 자신이 사실은 부족한 예측자라는 것을 알게 할 수 있다면, 최근의 걱정에 대한 확신을 줄일 수 있다.

토론 안건

"과거에 당신은 부정적 예측을 한 적이 있습니까? 그것이 사실이거나 거짓으로 판명이 났었습니까? 당신은 과거에 자신, 타인, 그리고 결국 일어나지 않은 상황들에 대해 부정적인 생각을 가져본 적이 있습니까? 당신은 더 이상 생각도 나지 않는 사건들 때문에 과거에 걱정을 했습니다. 이 과거의 경험들을 가능한 한 많이 적어보고, 그것들이 왜 더 이상 자신에게 중요하지 않은지를 자신에게 물어보십시오. 이것은 자신이 거짓 알람을 만드는 당신의 경향에 대해 당신에게 무엇을 말하고 있습니까? 당신의 최근의 걱정이 또 다른 거짓 알람일 수 있나요?"

예

다음을 생각해보라. 주디는 더 이상 남편을 사랑하지 않는다고 느껴서 최근에 남편과 별거를 했다. 비록 별거가 자신의 선택이었다 해도, 실제로 별거를 경험하면서 그녀를 우울하게 만드는 외로움에 대한 생각이 유도되었다. 그녀는 이제 자신을 돌봐줄 사람이 아무도 없을 것이며, 자신은 항상 우울할 것이라고 예측했다.

치료자 : 당신은 나에게 이번이 두 번째 결혼이라고 말했어요. 그리고 이 두 번의 결혼을 빼고도 두 번의 중요한 관계를 가졌었다고 했습니다.

환자 : 네. 빌과 결혼하기 전에 나는 테드와 결혼했어요. 그리고 데이브하고 에드와 관계가 있었지요. 에드는 테드 전에 만났었고, 데이브는 작년에 만났었죠.

치료자 : 관계가 끝났을 때 당신이 동일하게 느낀 것은 무엇이었나요?

환자 : 음, 나는 항상 우울했고, 희망이 없다고 느꼈었죠. 지금도 똑같아요.

치료자 : 그렇다면 우리는 관계가 끝날 때, 당신이 "나는 결코 다시는 누구도 사랑하지 못할 거야. 그리고 나는 항상 우울해지겠지"라고 생각한다고 예측할 수 있습니다.

환자 : 네, 나는 그랬던 것 같아요. 지금도 바로 그래요.

치료자 : 그러나 당신은 다시 사랑에 빠졌었죠. 그렇지 않나요? 테드 후에 에드가 있었고, 그다음에 빌이 있었고, 그리고 데이브가 있었지요.

환자 : 그것은 사실이에요. 나는 이러한 예측을 하고 있지만, 그러나 항상 또 다른 관계를 가져왔어요.

치료자 : 그렇다면 우리는 당신이 다시 사랑에 빠지는 것과 항상 우울한 것에 대해 무엇을 예측할 수 있을까요?

환자 : 음. 패턴은 나는 다시 사랑하게 되고, 우울을 극복한다는 거예요.

추가적으로 자신이 유일하게 행복할 수 있는 방법은 남자와 연결되어 있을 때라는 그녀의 믿음을 점검하는 것이 중요하다. 그러나 그녀가 사실이 아닌 부정적 사고를 반복하고 있다는 것을 깨닫도록 최근의 예측과 감정을 과거로 돌려보도록 돕는 것은 꽤 유용하다.

심장발작을 일으켜 통제력을 상실할 것이라는 예측을 지속적으로 하고 있는 불안한 환자에게 이 기법을 또한 적용하였다. 이 사람은 공황장애(공황 발작을 두려워하고 있는)로 고통을 받고 있다. 예를 들어, 베시는 4년 동안 자신이 통제력을 상실하고 전철에서 의식을 잃을 것이라고 예측하고 있다.

치료자 : 지난 1년간 당신은 전철이나 버스를 얼마나 타셨나요?

환자 : 나는 그것들을 피해 왔지만, 한 25번쯤은 돼요.

치료자 : 지난 4년 동안은 얼마나 되나요?

환자 : 더 자주 대중교통 수단을 이용했었죠. 한 150번쯤이요.

치료자 : 당신이 기절할 것이라는 예측은 얼마나 하죠?

환자 : 거의 100%요.

치료자 : 과거에 얼마나 자주 의식을 잃었었나요?

환자 : 결코요.

치료자 : 그렇다면 당신의 예측은 150번 다 전적으로 틀린 거네요. 100%가 말이죠.

환자 : 이 예측은 사실이 아니네요.

과제

치료자는 다음과 같은 방식으로 그다음 과제를 설명할 수 있다: "당신 생에서 부정적인 사건이나, 그 당시에는 부정적으로 생각했던 사건들을 떠올려보세요. 당신의 예측과 생각을 적어보고, 그 것의 실제 결과를 적어보세요. 예를 들어, 과거 사건은 '나는 바보처럼 보일 거야', '나는 얼어 죽을 거야'와 같은 부정적 예측이나 생각을 현재의 나에게 부여합니다. 그러나 실제의 결과는 '말을 했고, 긴장하긴 했지만 괜찮았어'일 수 있습니다. 또한 당신은 사실로 판명날 부정적 예측을 가질 수도 있습니다. 당신이 과거에 했던 부정적 예측을 가능한 한 모두 적어보고, 실제 결과를 점검해보세요." 환자는 양식 8.6을 활용할 수 있다.

일어날 수 있는 문제

어떤 환자들은 자신의 부정적 예측은 "나는 실패할 수도 있어"처럼 가능성으로 언급했기 때문에 실제로 예측한 것은 아니라고 믿는다. 어떻게 걱정이 특정한 형태의 예측일 수 있는지를 검토하라: "당신은 정말로 '나는 실패할 거야'라고 생각했었나요?" 진정된 경우에도 과거의 걱정들은 예측으로 바꾸어야 한다.

　또 다른 문제는 과거의 걱정이 계속된다는 것이다. 예를 들어, "나는 암에 걸릴 거야"이다. 이 가능성은 여전히 존재한다. 그러나 이런 형태로 다룰 수는 없다. 이러한 종류의 걱정들은 "내 걱정이나 예측은 이번 주에는 사실이 아니었어"로 재진술될 수 있다. 그러나 또 다른 문제는 어떤 환자들은 과거를 회상하는 것은 단지 기분을 나쁘게 만들 뿐이라는 믿음 때문에 걱정을 일으켰던 과거 사건들을 오히려 잊어버렸다는 것이다. 치료자는 특정 사건에 대한 과거 걱정들이 실제로 발생하지 않았다는 점을 점검하는 것, 현재의 걱정이 또 다른 거짓 예측들을 만드는 새로운 믿음을 갖게 한다는 것을 지적할 수 있다.

기타 기법에 대한 탐색

관련된 기법으로 자동적 사고를 이끌어내고 확인하며 범주화하기, 기분과 생각 관찰하기, 심상적 기법이 있다. 걱정을 예측으로 바꾸기를 환자와 청각적으로 검토하는 것이 도움이 된다.

양식

양식 8.6(과거의 부정적 예측을 점검하기)

기법 : 더 좋은 결과 상상하기

설명하기

걱정을 하고 있는 사람은 최악의 상황이 발생할 가능성에 너무 집중하여, 더 좋은 결과가 발생할 수 있다는 것을 무시하게 된다. 이러한 선택적 편향은 단지 불안을 더욱 증폭시킬 뿐이다. 환자는 어쩌면 사실일 수도 있는 더 좋은 결과를 상상해보는 것으로 이러한 잘못된 편향을 줄일 수 있다. 예를 들어, 치료자는 환자에게 앞으로 발생할 수 있는 최악의 결과, 최상의 결과, 가장 가능성이 많은 결과를 고려해보라고 제안할 수 있다. 그러면 환자는 정말로 이렇게 될 수도 있을 것이라고 말하면서, 최상의 결과나 좋은 결과를 자세히 설명할 수 있다.

토론 안건

"불안할 때 우리는 종종 자신이 상상할 수 있는 최악의 결과에만 집중하고, 여기에 빠져버립니다. 물론 좋은 결과나 보통의 결과를 포함해서 어떤 결과도 나올 수 있어요. 가장 좋은 결과와 나쁜 결과, 가능성이 가장 높은 결과는 무엇일까요? 내게 보통의 결과나 좋은 결과에 대해 설명해줄 수 있나요? 그리고 정말로 그렇게 된다면 어떤 일이 일어나야 하는지에 대해서도요."

예

치료자 : 당신은 사장이 당신에게 화가 나서 당신을 해고할 수도 있다는 가능성에 집중하고 있네요. 다른 결과가 나올 가능성도 있지 않나요?

환자 : 아무 일도 일어나지 않는 것을 상상해볼 수 있겠죠. 그것이 보통의 결과이겠죠. 그렇지만 사장은 짜증을 내고 있어요.

치료자 : 알겠습니다. 아무것도 일어나지 않는 상황을 보통의 결과라고 부릅시다. 최악의 결과는 무엇일까요?

환자 : 제가 해고되고 다른 일자리를 찾지 못하는 거예요.

치료자 : 알겠어요. 당신은 영원히 실업 상태로 있을까요?

환자 : 네. 그 말은 미친 소리란 걸 알아요. 나는 일자리를 갖게 되겠죠.

환자 : 나는 사람들이 필요로 하는 기술을 가지고 있어요. 나는 일자리를 갖게 될 거예요.

치료자 : 좋아요. 그러면 최상의 가능성은 무엇인가요?

환자 : 모르겠어요…. 사장님이 나를 승진시켜주는 것이요? 그런 일은 일어나지 않을 거예요.

치료자 : 가장 일어날 가능성이 높은 일은 무엇일까요?

환자 : 사장님이 내게 피드백 하기를 원할 수 있어요. 그래서 나는 그녀의 피드백을 활용하여 더 잘하는 거죠. 그러면 다 좋죠.

치료자 : 그 가능성에 대해 좀 더 자세히 말해주세요.

환자 : 제가 사장님의 비평을 건설적인 방법으로 활용해야 해요. 그리고 그분이 원하는 것을 하도록 노력하고, 그분에게 되돌려주는 거예요.

치료자 : 그렇게 될 수 있나요?

환자 : 그럴 수 있다고 봐요.

치료자 : 이제 당신이 이 결과에 집중하는 것을 상상해봅시다. 이것은 '피드백 활용하기' 목표일 수 있어요. 이제 당신은 해야 할 일이 있고, 오늘 시작할 수 있어요. 그렇게 하면 어떨까요?

환자 : 걱정하고 있는 것보다 훨씬 나아요.

과제

환자는 다음을 확인해볼 수 있다: 최악의 결과, 최상의 결과, 보통의 결과, 가능성이 가장 높은 결과. 추가적으로 환자는 그러면 그 최상, 보통, 가능성 높은 결과가 일어나게 하기 위해 무슨 일이 일어나야 하는지를 이느 정도 상세히 기술할 수 있다(양식 8.7 참조). 마지막으로, 환자는 가능성 있는 결과와 더 나은 결과를 가져오기 위해 무엇이 일어나야 하고 자신이 무엇을 해야 하는가에 대해 설명할 수 있다(양식 8.8 참조).

일어날 수 있는 문제

어떤 환자들은 "최악의 결과가 일어날 수 있다" 그리고 "만약 그것이 가능하다면, 나는 그것에 대해 걱정해야 한다"는 생각에 집중한다. 치료자는 환자에게 그가 오로지 최악의 결과에만 집중하는 데서 오는 영향에 대해 생각해보도록 요구할 수 있다. 비용과 이익은 무엇인가? 가능성이 가장 높은 결과에 집중할 때의 이익은 무엇인가?

기타 기법에 대한 탐색

사용할 수 있는 기타 기법으로는 예측 시험하기, 과거의 예측 점검하기, 환자가 과거의 부정적 결과 취급하는 방법, 분명히 시험해볼 수 있는 예측과 용어 만들기가 있다.

양식

양식 8.7(가능한 결과), 양식 8.8(결과에 대한 이야기)

기법 : '불완전한 해결책 거부' 회피하기

설명하기

불안해하는 사람들 중 일부는 완벽하고 어떠한 단점도 제거할 수 있는 해결책을 추구한다. 그들은 발생할 수 있는 문제를 생각하고 가능한 해결책을 만들어서, 그 해결책이 완전한 기준에 해당하는가를 시험해본 후, 그 해결책을 거부한다. 그들은 신속하게 걱정거리로 돌아와서 더 많은 문제들을 생성한 다음, 끝없이 완벽을 추구하면서 더 많은 해결책을 만들어낸다. 치료자는 환자에게 불완전한 세상에서 완벽한 해결책은 있을 수 없다는 가능성을 고려하고, 더 나은 대안이 될 수 있는 완벽하지는 않지만 현실 가능하고 실용적인 해결책을 받아들이도록 요구할 수 있다. 치료자는 사람은 '성공적인 불완전성(바른 방향으로 작고 불완전한 단계를 거쳐서 결국 긴 시간 끝에 성공을 만들어 가기)'을 실습해보면서 향상될 수 있음을 제안할 수 있다.

토론 안건

"때때로 불안할 때 우리는 자신이 추구할 수 있는 해결책을 생각해보지만, 그것이 완벽한 방법이 아니기 때문에 시도하기를 거부합니다. 우리는 '그것은 최선의 해결책이 아니야' 또는 '그게 효과가 있을지 확신이 없어' 또는 '그건 불쾌한 일이 될 거야'라고 생각할 수 있습니다. 우리의 완벽함에 대한 요구는 우리를 실제적이 될 수 없게 할 수 있습니다. 불완전한 세상에서 불완전한 해결책만이 우리가 활용할 수 있는 것일 수 있습니다. 완전한 해결책에 대한 요구의 예로 무엇이 있을까요? 당신이 고려해본 불완전한 해결책에는 무엇이 있나요? 불완전한 해결책을 수용해서 생기는 비용과 이익은 무엇인가요?

예

치료자 : 당신은 직장을 잃을 수도 있다는 걱정을 하게 되면, 당신이 할 수 있는 것들(사장에게 피드백을 받기, 당신의 수행을 개선하기, 다른 직장을 알아보기, 새로운 기술을 획득하기)을 생각해보지요. 그러나 각 해결책들을 거절해요. 당신은 걱정이 생기면, 문제를 생성하고 그것의 대처 해결책은 거절하는 것처럼 보여요.

환자 : 저는 다만 현실적이 되려고 하는 중이에요.

치료자 : 현실적이 되는 것은 중요합니다. 물론 그렇지요. 그러나 만약 당신이 해결책을 거부한다면, 그것이 현실적인 건가요? 비관적인 건가요?

환자 : 아마 양쪽 다이겠네요.

치료자 : 그럴 수 있습니다. 그러나 가능한 해결책에 대해 생각하는 방법 중 하나는 해결책을 찬성 대 반대의 입장에서 보는 것입니다. 모든 해결책에는 양자의 균형을 가져야 해요. 그래서 만약 당신이 걱정

에 집중하고 해결해보려고 한다면, 거기에도 양자의 균형이 있어요. 아마도 당신은 원하지 않는 일을 해야 할 수도 있어요. 그런 경우가 바로 이 경우가 되는 거죠. 또는 당신이 다른 직장을 고려하고 있다면, 거기에도 양자의 균형이 존재해요. 양자의 균형을 맞추지 않고 할 수 있는 해결책이 있나요?

환자 : 없겠죠. 그러나 더 나은 해결책은 있겠죠.

치료자 : 맞아요. 그래요. 어떤 해결책이 다른 것보다 나아요. 그러나 그들 중 어떤 것도 완벽하지는 않아요. 완벽한 해결책을 찾기 위해 드는 비용과 이익이 무엇일까요?

환자 : 비용은 제가 결코 좋은 방법을 찾지 못할 것이라는 거겠죠. 그것은 좌절스러운 것이지요. 그것이 바로 저를 더 불안하게 만들 거예요.

치료자 : 자, 그럼 완벽한 해결책을 찾는 데에는 어떤 이익이 있나요?

환자 : 아마도 제가 진짜 대단한 무언가를 발견할 거예요. 아마도 잘 풀려나가겠죠.

치료자 : 완벽한 해결책을 찾는다는 것이 당신에게 어떻게 도움이 되죠?

환자 : 잘 모르겠어요.

치료자 : 합리적인 대안, 완벽하지는 않지만 실용적인 해결책을 찾는 것은 어떨까요?

환자 : 제가 결국은 해야 할 것이라고 생각해요. 그렇죠?

치료자 : 아마도 불완전한 세상에서 불완전한 해결책에 집중하고 받아들이는 것이 당신에게 도움이 될 거예요.

환자 : 아마도 그렇겠죠.

과제

환자는 자신이 찾아낸 해결책을 완전하지 않다는 이유로 거절하였었는지 생각해볼 수 있다. 문제를 해결할 수 있다는 보장이 없다거나 불확실한 정보여서, 불쾌하거나 공정해 보이지 않아서, 또는 거절할 만한 기타 부정적인 것이어서 그것들을 거절하였는가? 불완전한 해결책을 수용해서 얻는 비용과 이익은 무엇인가? 불완전한 해결책을 사용하는 방향으로 갈 수 있는 생산적인 행동에는 무엇이 있을까?

일어날 수 있는 문제

어떤 환자들은 불완전한 해결책은 너무 위험하거나 부족한 것이어서 추구하거나 고려해보기를 반대한다. 위험 평가의 경우, 치료자는 거기에 두 가지 위험이 있다고 주장할 수 있다: 첫 번째 위험은 걱정을 계속하면 더 우울해지는 것이고, 최적보다 못한 해결책을 추구하는 것이다. 치료자는 걱정에는 문제와 해결책을 생성하는 데 드는 시간과 에너지라는 '탐색 비용'과 걱정이 일상의 기능에 영향을 미치기 때문에 인생의 즐거움을 보류하는 비용이 포함된 '기회비용'이 있음을 지적해줄 수 있다. '부족한 해결'의 반대는 다음처럼 재명명될 수 있다: "당신은 불완전한 대안 중에서 선택하고, 그 과제는 대안 중에서 더 나은 것을 찾는 것이다." 치료자는 적어도 현재 상황에서 그 사람이 걱정을 하고 있다면, 또한 해결책을 탐색하는 데 시간 제한을 둘 것을 제안할 수 있다. 예를 들어 시간 제한은 15분이 될 수 있고, 그때에는 환자는 지금 수용할 수 있을 더 나은 해결책의 순위를 고려해볼 수 있다. 이러한 접근은 개인들이 활용할 수 있는 새로운 정보로서 해결책을 재평가할 수 있도록 해준다.

기타 기법에 대한 탐색

관련된 기법으로 완벽주의의 비용과 이익을 점검하기, 대안과 해결책, 수용, 문제-해결 전략 점검하기가 있다.

양식

양식 8.9(불완전한 해결책의 예)

기법 : 과거 부정적 사건의 대처 점검하기

설명하기

걱정을 하는 사람들은 발생한 실재의 문제를 해결하는 것이 좋을 수 있다. 그러나 그들의 마음에 새겨진 문제를 해결하는 데 특별히 좋지는 않다. 걱정을 하는 사람들은 진짜 문제를 극복하는 것은 실제로 좋지 않으며, 다른 사람들만큼 하면 충분하다고 믿는다. 게다가 걱정을 하는 사람들은 걱정하기가 그들이 만든 걱정에 대한 문제 해결의 형태라고 믿으며, 문제란 해결책을 만들어 낼 필요가 있다고 생각하고 완벽한 기준에 맞추어 해결책을 시험하고, 해결책을 거부하고, 계속 걱정한다(Leahy, 2006).

　환자들은 실제로 발생한 과거의 문제가 무엇이고, 어떻게 그 문제를 풀었는지를 검토해볼 수 있다. 환자들에게 이 실습을 설명할 때, 치료자는 다음과 같이 말할 수 있다: "불안하거나 우울한 많은 사람들은 결과를 부정적으로 예측합니다만 많은 경우 그것은 틀린 예측입니다. 그러나 때때로 예측이 옳을 때도 있습니다. 사람들에게 나쁜 일이 일어날 수도 있습니다. 때때로 우리가 예상치도 않은 일조차 일어납니다. 현실적인 질문은 '당신은 부정적인 사건을 다룰 수 있었습니까?'입니다. 걱정에 대한 연구는 부정적인 결과가 발생할 때, 걱정하는 사람들은 그들이 생각했던 것보다 훨씬 더 효과적으로 그 결과를 다룬다는 것을 보여줍니다. 걱정의 이러한 부분은 부정적 결과를 극복할 수 있는 사람의 능력을 이해하는 데 중요한 발견입니다. 만약 걱정하는 사람들이 자신이 부정적 결과를 처리할 수 있다고 믿는다면, 덜 걱정하게 될 것입니다."

나는 종종 다음의 이야기를 이러한 점을 끌어내기 위해 사용한다. "헨리는 중소기업에서 경영 컨설팅을 하고 있습니다. 그는 사장과 지난 수개월 동안 수많은 마찰을 빚었으며, 그 결과 직장을 잃을까 봐 두려워하게 되었습니다. 그는 해고될지도 모른다는 생각에 시달리고 있었기 때문에, 우리는 헨리가 회사와 별개로 살아갈 수 있는지 그의 능력을 검토해보았습니다. 그것이 다소간의 도움이 되긴 했지만, 그의 불안은 여전히 남아 있었습니다. 그래서 우리는 그가 부정적 사건을 다루는 방식을 살펴보기로 했습니다."

"헨리가 과거 대학에서 힘들었을 때, 첫 직장을 얻었을 때, 아들이 문제 행동을 했을 때, 별 볼일 없던 회사를 끌어올릴 때 모두 부정적 사건을 꽤나 능숙하게 다루어 왔다는 것을 우리는 알게 되었습니다."

"나는 헨리에게 내가 전에 다른 심리학자에게 들었던 이야기를 해주었습니다. 그 심리학자에게는 성관계로 전염되는 병에 걸렸을까 봐 괴로워하고 있는 환자가 있었습니다. 환자에게 도움이 될 만한 것은 아무것도 없었습니다. 치료자와 환자는 혹시 그가 질병에 걸리더라도 할 수 있는 모든 것을 검토해보았으나 환자는 여전히 불안해했습니다. 그러던 어느 날 환자가 사무실로 찾아와 자신이 정말로 매독에 걸렸다고 선언했습니다. 그러나 놀랍게도 환자는 그 상황에 가장 적절한 기술로 반응했습니다. 그는 적절한 의료적 처치를 알아냈고 빠르게 회복했습니다."

"내가 헨리에게 이 이야기를 해준 몇 달 후 그는 내게 이렇게 말했습니다. '밥, 나 매독에 걸렸어요.' 나는 처음에 이 말을 듣고는 헨리가 내가 전에 해준 이야기라고 환기시켜주기 전까지 아무 생각도 나지 않았습니다. 헨리는 해고당했고, 이제 그는 자신에게서 힘이 느껴진다고 말했습니다. 그는 자신의 고객에게 모두 연락을 취했고, 그들 대부분이 헨리를 따라 새로운 자문회사를 이용했습니다. 이전에 그랬던 것처럼 그는 생존자가 되었습니다."

"당신이 예전에 부정적 사건을 어떻게 다루었는지를 점검하기 위해, 예전의 부정적 사건과 그것을 처리한 방법을 적어볼 수 있습니다. 만약 당신이 과거에 부정적 사건을 다루는 데 문제가 있었다면, 당신은 우리가 개발한 실습이나 또 다른 실습에서 배울 수 있을 것입니다."

"만약 당신이 예전에 부정적 사건을 잘 다루었다는 것을 자각하게 된다면, 당신이 이들 문제나 모험을 견뎌낼 수 있게 했던 기술과 원천, 문제해결 능력, 기타 능력이 무엇인지 점검하기를 원하게 될 것입니다. 예를 들어, 캐시라는 나의 내담자는 종종 미래에 일어날 부정적인 일들로 걱정을 했는데, 이것이 그녀로 하여금 문제를 풀기 위해서 남편에게 의지하는 것이 필요하다고 믿게끔 만들었지요. 우리는 그녀가 이미 자신의 인생에 직면하여 해결했던 문제들, 예를 들어 우울, 유방암, 어머니에게 자기 주장하기, 운전 배우기, 비행기 공포증 극복하기, 직장에서 계약 시 협상하기 등을 점검했습니다. 내가 그녀와 더불어 그녀가 얼마나 재치 있고 주장적이며, 똑똑했었는지를 검토했을 때, 그녀야말로 위기상황일 때 오히려 도움을 청할 만한 사람이라는 것을 깨달았지요."

토론 안건

"당신은 과거에 사실로 입증된 부정적 예측을 한 적이 있습니까? 당신은 그 결과를 잘 다룰 수 있었나요? 당신은 전에 부정적 사건에 직면했었습니까? 당신은 부정적 결과를 다룰 수 있는 자신의 능력을 과소평가하는 경향이 있습니까?"

예

환자 : 테드와 제가 어떻게 될 건지 잘 모르겠어요.

치료자 : 당신은 테드와의 관계가 끝날까 봐 걱정하고 있군요.

환자 : 음, 우리는 이미 싸웠고, 두 달 동안 좋았던 적이 없어요.

치료자 : 당신은 과거에 안 좋았던 일이 있었죠, 그렇죠?

환자 : 나는 3년 전에 직장을 잃었고, 작년에는 엄마가 돌아가셨어요. 제게는 행운이 전혀 없는 것 같아요.

치료자 : 전에 헤어져 본 적이 있나요?

환자 : 아, 네. 대학 다닐 때 테드와 헤어졌어요. 그리고 나서 2년 전에는 글렌과 지내다가 헤어졌어요. 정말 우울했어요.

치료자 : 네, 우울한 일이죠. 그러나 당신은 이별을 극복할 수 있었어요. 극복하는 데 도움이 된 것은 무엇이었나요?

환자 : 글쎄요. 나는 많은 친구들에게 의지했고, 일에 대단히 집중했어요. 내 친구들은 대단했어요.

치료자 : 만약 몇 주 전에 우리가 한 말을 기억할 수 있다면, 당신은 글렌과 헤어진다면, 더 이상 아무도 만날 수 없을 거라고 생각했었지요.

환자 : 음, 그러나 나는 내가 좋아하든, 좋아하지 않든 수많은 사람들을 만나 왔네요.

치료자 : 당신은 이별을 극복할 수 있을 것 같아요. 아마도 당신은 테드와 헤어지기를 원치 않을 겁니다. 그러나 만약 그렇게 된다 해도 아마 다른 관계적 상황을 과거에 어떻게 다루었는지를 생각하고, 이들 기술과 자원을 이용할 수 있을 것입니다.

과제

과제 할당을 다음처럼 제안할 수 있다: "만약 당신이 과거에 문제를 다룰 수 있었다면, 당면한 새 문제도 잘 처리할 수 있을 거예요. 나는 다음 주에는 당신이 과거에 해결했던 문제들—학교, 직장, 가족, 관계, 재정, 건강, 이사, 새로운 친구 사귀기 등 적용해볼 수 있는 어떤 문제라도—에 대해 듣는 시간을 갖고 싶어요. 양식 8.10을 이용해봅시다. 당신에게 도움이 되지 않았던 것뿐 아니라 문제 해결에 도움이 되었던 모든 것들을 적어오세요." 이 양식에 대한 한 환자의 반응이 그림 8.2에 예로 제시되어 있다.

과거의 부정적인 사건	극복한 방법	도움이 안 되는 방법
여자친구와 헤어짐.	도와줄 친구들에게 손을 뻗었다. 온라인에서 새로운 만남을 시도 했다. 헬스클럽에 다니기 시작 했다.	주저앉아서 한동안 혼자 지냈다. 지난 일들에 대해 반추 했다. 내 경험에 대해 사람들에게 불평을 했다.
최근 걱정하고 있는 문제	효과적인 극복 방법	도움이 안 되는 대처 방법
직장을 잃게 될까? 일이 줄고 있다.	내가 할 수 있는 최선을 다한다. 다른 직업 기회를 알려줄 친구들과 연결하기 내 기술을 점검하고 나와 맞는 직장을 알아 보기	직장에 대해 험담하기 위축되어 고립되기 신경을 안정시키려고 술 마시기

그림 8.2 과거의 부정적 사건의 대처 점검하기

일어날 수 있는 문제

많은 걱정을 하는 사람들은 불가능한 완벽주의적 기대 수준을 유지하고 있다. 그들은 자신이 부정적 결과를 뛰어나게 잘 다룰 수 있어야 한다고 믿기 때문에 부정적 사건이 발생했을 때 더 잘 대처할 수 있었을 것이라는 생각을 하게 된다. 완벽주의적 신념은 우울, 불안, 분노의 중심 요소이기 때문에 치료자들은 환자의 기준을 점검해야 한다. 비용-이익 분석과 이중기준기법은 부정적 사건을 극복하는 데 자신과 다른 사람을 비교할 수 있는 증거를 점검할 뿐 아니라, 이러한 목적에 효과적인 도구이다. 게다가 어떠한 패턴의 부정적 사건들은 다른 것보다 더 문제가 많을 수 있다. 예를 들어, 어떤 환자는 일과 관계된 문제는 잘 극복하는 반면, 관계에 대한 부정적 사건에 대해서는 특별히 손상감을 느낄 수 있다. 치료자는 이들 다른 범주에서 활성화되는 스키마와 가정을 점검해볼 수 있고, 환자에게 더 문제시되는 영역(문제 해결, 행동적 활성화, 의사소통 기술)에 기술을 적용해보도록 요구할 수 있다.

기타 기법에 대한 탐색

관련된 기법으로는 활동 계획표 작성하기, 문제 해결하기, 즐거움 예측하기, 증거를 점검하기, 이중기준, 하향화살표기법, 행동적 실험 시도하기가 있다.

양식

양식 8.10(과거의 부정적 사건 처리를 점검하기)

기법 : 결과를 점검하고 초점 두기 – 대비 초점 두기 이용하기

설명하기

어떤 사람들은 자신의 과거 부정적 예측을 점검하고 자신이 항상 너무 부정적이었다는 것을 깨닫는다. 예를 들어, 로라는 다리를 건너다 공황 발작을 일으킬까 봐 두려워하고 있다. 그녀는 자신이 통제력을 상실하고 제정신이 아니게 될 것이라는 과거 예측을 점검하였고, 그런 일은 결코 일어나지 않았다는 것을 깨달았다. 그러나 그녀는 매우 부정확한 예측을 했다는 것을 배우기보다는 과거 정보를 무시하며, "그렇지만 그런 일은 항상 일어날 수 있어"라고 말했다.

많은 불안한 사람들은 과거의 정보가 자신이 주장하는 미래에 대한 보장을 해줄 수 없기 때문에 과거 정보의 타당성을 무시한다. 그들은 **확률**과 **가능성**을 모두 배제하기를 원한다. 과거는 확률의 좋은 지표이지만, 가능성에 대해서는 아무것도 말해주지 못한다. 결과적으로 미래에 대한 확실성을 요구하는 이슈와는 무관한 것으로 간주된다. 결국, 로라는 차에서 통제력을 잃고 사고가 날 가능성이 있다.

사람들이 그들의 부정적 예측이 일어나지 않는다는 것을 학습하지 못하게 하는 두 번째 이유는, 사람들은 상황이 좋게 판명되면 긴장이 풀려서 자신의 사고 왜곡을 재점검하기를 원치 않는다는 점이다. 일어나지 않은 사건보다 일어난 사건을 회상하는 것이 기억 처리 과정의 본성 중 하나이다. 예를 들어, 어제 일어나지 않았던 모든 사건들을 회상하려고 노력해보라. 그 질문은 우습게 보일 수 있다. 그러나 어떤 면에서는 사실로 판명되지는 않았으나 원하지 않는 상황의 배제를 보장하는 데는, 실패한 많은 부정적 예측의 패턴을 만드는 것이 적절하기도 하다.

사람들이 과거 경험에서 배우지 못하는 세 번째 이유는 그들이 우리가 **절감하기**(discounting)라고 부르는 규칙에 대한 예외를 개발한다는 점이다. 예를 들어, 게리는 폴라가 파티에서 자신을 거절할 거라는 예측을 했다. 그러나 그가 그녀에게 말했을 때, 그녀는 아주 다정했다. 게리는 "그녀는 단지 다정하게 **행동했어요**"라고 기대하지 못했던 환대를 무시했다. 즉, 게리는 그의 신념이 항상 틀린 것만은 아닐 수도 있기 때문에 경험으로부터 배울 수 없었다.

사람들이 과거 경험에서 배우지 못하는 네 번째 이유는 자신의 부정적 신념에 과도하게 빠져 있다는 것이다. 아마도 그들은 자신의 부정적 신념이 어떤 면에서는 자신을 보호한다고 생각하거나, 자신이 틀렸다는 것을 인정하기 힘든 시간을 바로 막 가졌을 것이다. 어떤 경우에 환자들은 치료자들, 때로는 다른 사람들과 알력(power struggle)에 빠지고, 만약 자신이 틀렸다는 것을 수용한다면 '체면이 깎일 것'이라고 믿는다.

토론 안건

"당신은 과거 부정적 예측에서 배울 수 있었나요? 당신의 예전 부정적 예측에 대해 회고해보세요. 그들 중 일부는 일어나지 않았지요? 당신이 그것 중 일부는 일어나지 않았다는 사실을 회고할 때, 당신은 그것에 대해 어떻게 생각하나요? 당신은 부정확한 예측의 증거를 무시하나요? 당신은 자신의 새로운 부정적 예측이 틀림없이 타당하다고 생각하나요?"

치료자는 환자와 함께 현재 보이고 있는 부정적 사고와 모순되는 것처럼 보이는 과거의 증거를 나열하도록 요구하고 다음과 같은 점을 고려하게 함으로써 과거 경험에서 배울 수 없었던 경향을 점검한다.

1. 그들은 '현실' 세계에서 가능하지 않은 보증을 필요로 한다.
2. 그들은 자신의 신념과 모순되는 상황을 재점검하지 않는다.
3. 그들은 부정확한 예측의 증거를 무시한다.
4. 그들은 자신이 신념을 유지하고 옳다고 주장할 필요가 있음을 설명한다.

예

치료자 : 당신은 지금 당신 얼굴 색이 변하는 것이 피부암의 신호라고 생각하고 있습니다. 전에도 이런 식의 예측을 하신 적이 있나요?

환자 : 음, 항상 뭔가 있었네요. 작년에는 제가 AIDS에 걸렸다고 생각했고요. 몇 달 전에는 뇌종양일 거라고 생각했었어요.

치료자 : 정말 사실이 아닌 많은 예측들을 해왔었네요. 변색이 피부암이 아니라는 증거는 무엇인가요?

환자 : 의사가 보더니 별로 심각하게 말하지 않더군요. 전에도 여러 번 내 얼굴에 이런 것이 있었어요.

치료자 : 그렇다면 의사의 판단에 대해 어떻게 생각하세요?

환자 : 그녀는 언제든 틀릴 수 있어요.

치료자 : 그렇지요. 혹시 그녀가 틀렸다면요?

환자 : 그렇다면 내가 확실하지 않는 한 그녀의 말 그리고 다른 의사의 말들도 받아들여서는 안 되죠.

치료자 : 그리고 만약 당신이 확실하지도 않은데 의사의 말을 받아들인다면 어떻게 될까요?

환자 : 만약 결국에 피부암으로 판명된다면, 나는 아마 후회할 거예요.

치료자 : 당신의 생각은 "내가 확신할 수 있을 때까지 나는 계속 걱정해야 하고, 확인해야 한다"는 거네요?

환자 : 네.

과제

환자는 사실이 아닌 것으로 판명난 과거의 부정적 예측들을 목록화할 수 있다. 그리고 왜 이것을 부정적 예측의 패턴에 도전하기 위한 정보로 활용하지 않았는지 이유를 목록화한다. 양식 8.11은 이러한 목적에 활용될 수 있다. 과거가 최근의 부정성을 교정하도록 이끌지 못한 이유의 예에는 "나는 확실한 것 말고는 어떤 것도 만족 못해", "나는 내가 나의 최근 예측이 틀릴 수 있다는 어떠한 증거도 보지 못했어" 또는 "과거의 예측이 틀렸다는 증거를 보지 못했어"와 같은 사고들이 포함될 수 있다. 환자는 이러한 예측을 줄이기 위해 자신만의 이유를 만들어내도록 격려받는다. 추가적으로, 환자는 찬성과 반대의 측면으로 이동하면서, 논쟁에서 각 초점에 도전하기를 포함하여, 과거와 미래에 대하여 스스로 논쟁해보도록 할 수 있다. 환자에게 초점 두기(point)-대비 초점 두기(counterpoint)를 하도록 요청한다. 이 실습은 최근의 부정적인 생각(예 : "나는 AIDS에 걸렸을지도 몰라")에 합리적인 반응하기를 포함하며, 그다음에는 합리적 반응에 도전하기, 그리고 다시 부정적 생각에 도전하는 식이다. 환자는 이 초점 두기-대비 초점 두기 실습에서 과거와 미래를 거쳐 자동적 사고에서 합리적 반응으로의 논쟁을 하기 위해 양식 8.12를 활용할 수 있다.

일어날 수 있는 문제

하나의 문제는 환자가 비합리적 반응에 도전하기 위한 생각을 해낼 수 없다고 불평하는 것이다. 그들은 치료자에게 동의할 수도 있다. 이 경우 치료자는 과제를 역할 연기로 바꾸고, 치료자는 합리적 반응에 대한 부정적인 반대편의 역할을 맡는다. 이런 추가적 작업은 환자가 적절하게 도전할 수 없는 자동적 사고와 가정을 드러낼 수도 있다.

기타 기법에 대한 탐색

관련된 기법으로 비용과 이익 점검하기, 사고의 두 측면을 역할 연기하기, 증거 점검하기, 논리 점검하기, 이중기준 이용하기가 있다.

양식

양식 8.11(나는 왜 과거 예측에서 배우지 못하는가?), 양식 8.12(초점 두기-대비 초점 두기)

기법 : 생산적 걱정과 비생산적 걱정을 구별하기

설명하기

걱정하는 많은 사람들은 걱정하는 것은 쓸모없다는 생각을 고려해보는 것에 대해—수용하는 것은 차치하더라도—저항을 표현한다. 실제로, 걱정하기는 준비하고 부정적 결과를 억제하는 데 효과적인 촉매 장치일 수 있다. 치료자는 무엇이 '생산적'이고 무엇이 '비생산적'인지의 문제를 다루어야 한다(Wells, 1997). 치료의 목표는 환자가 모든 걱정을 제거하는 것이 아니라, 쓸데없는 걱정과 필요한 걱정을 구별하고, 걱정을 해결로 바꾸는 것을 학습하게 하는 것이다. 치료자는 다음의 설명을 이용할 수 있다.

"당신이 1,200km를 운전하려고 출발하는 모습을 상상해보세요. 당신은 '기름은 충분한가?', '길은 알고 있나?', '시간은 충분한가?'와 같은 생산적인 걱정을 하며 여행을 시작할 수 있습니다. 이 질문은 생산적이기 때문에 유용한 걱정입니다. 그것은 여행에 도움이 되는 합당한 가능성을 가진 사건 또는 문제에 초점을 둔 것이며, 만약 점검하지 않는다면 문제를 야기하며, 무엇보다도 중요한 것은 문제 해결로 이끌 수 있습니다. 반면 다음과 같은 방향으로 진행되는 일련의 생각들을 상상해봅시다. 운전하다 심장 발작이 일어나면 어떡하지? 고속도로에서 피곤이 엄습하면 어떡하지? 납치당하면 어떡하지? 만약 나만 남겨두고 아내가 다른 사람과 달아나 버린다면 어떡하지? 이런 걱정은 각각 다소 가능할 수도 있지만 가능성이 거의 희박한데, 이들은 좌절스러운 용어로 표현되며 당신이 거의 통제할 수 없는 것으로 설명됩니다."

"나는 '하는 것'의 목록과 '만약'의 목록의 차이로 생산적인 걱정과 비생산적인 걱정을 구별합니다. '하는 것'의 목록은 내가 할 수 있는 일련의 합당한 행동으로 이끕니다. 예를 들어, 나는 연료와 냉각수를 채울 수 있고, 지도를 챙기고 여행의 거리를 추정하기 위해 운전자 클럽과 접촉할 수 있습니다. 이것은 신중한 행동 목록입니다. 반면에 심장 발작, 피로감 엄습, 납치, 아내의 간통에 대한 불안은 '하는 것'의 목록으로 이끌지 못합니다. 이들 '만약'에 대한 생각은 단지 우울감과 무력감만을 이끌어낼 뿐입니다. 이것은 비생산적인 걱정입니다."

"그러나 모든 '만약'이 다 비생산적인 것은 아닙니다. '만약' 중 일부는 '하는 것'의 목록으로 전환될 수 있습니다. 예를 들어, '만약 내 컴퓨터가 망가져서 CPU가 다 지워진다면 어떡하지? 내 문서를 모두 잃고 말 거야'라는 이 걱정은 문제 해결 질문으로 바꿀 수 있습니다. '내 컴퓨터 파일을 안전하게 하기 위해 무엇을 할 수 있을까?', '나는 내 파일을 클라우드에 백업시킬 수 있어'와 같은 '하는 것'의 목록 구조는 파일을 백업하는 생산적인 행동으로 이끕니다."

비생산적인 걱정들은 "나는 이런 일이 일어나는 것을 믿을 수가 없어" 또는 "나는 내가 그것을 버티지 못하다니 너무나 불쾌해"처럼 전형적으로 확인할 수 없는 방식으로 표현된다. 이러한 반추는 우울을 심화시키고 유지하게 만든다(Nolen-Hoeksema, 2000). 그들은 다음과 같은 질문을 제기함으로써 재표현될 수 있다: "나는 내 언급을 예측으로 바꿀 수 있을까?", "해결될 필요가 있는 문제가 뭐지?", 그리고 "문제에 가능한 해결책이 무엇일까?"

토론 안건

"어떤 걱정들은 생산적이고, 다른 걱정들은 생산적이지 못합니다. 생산적인 걱정은 있을 법한 무엇인가(합리적인 사람이 생각해볼 만한 것)에 관심을 갖게 합니다. 예를 들어, 만약 당신이 뉴욕에서 워싱턴까지 운전해서 가려고 하는데 자신에게 '연료는 충분한지?', 그리고 'GPS 지도를 쓸 수 있는지' 묻는 것은 생산적일 수 있습니다. 생산적 걱정은 자신이 할 수 있는 행동의 '하는 것' 목록으로 유도합니다. 반면 비생산적이거나 쓸모없는 걱정은 전혀 일어나지 않을 사건들(합리적인 사람이라면 전혀 걱정하지 않을 것)입니다. 많은 경우에 이러한 걱정들은 자신이 할 수 있는 어떠한 것도 이끌어내지 못합니다. 걱정은 비생산적인 것들을 포함합니다. 예를 들어, '만약 내가 널부러져서 내 차가 돌아버리면 어떻게 하지?', 또는 '만약 내 차의 엔진이 부풀어 오른다면 어떡하지?' 또는 '만약 누군가가 내게 달려든다면 어떡하지?' 등입니다."

예

치료자 : 당신은 시험에 대해 걱정하고 있다고 말했어요. 우리는 이 걱정에 대해 살펴봤습니다. 예를 들어, 당신이 시험을 망친다면 당신은 로스쿨에 들어가지 못하고, 그러면 직장을 구하지 못한다는 것을 걱정하고 있는 것이죠. 이 걱정은 생계를 책임지지 못하고 실패자가 되는 것에 대한 두려움으로 이끌었지요.

환자 : 네, 저는 일련의 걱정을 하고 있지요.

치료자 : 이 걱정 중의 일부는 '비생산적 걱정'이라고 부르는 것들이에요. 그것들은 지금 바로 일어날 것들이 아니며, 당신이 실제 더 해볼 수 있는 것이 아니에요. 예를 들어, 당신이 직장도 없이 결국 실패하게 될 거라는 걱정은 지금 당신이 어떻게 해볼 수 있는 것이 아니에요. 당신은 지금 학생이기 때문에 오늘 직장을 구하러 갈 수는 없지요.

환자 : 저는 그런 식의 걱정을 많이 하고 있어요. 이를 테면, "만약 남자 친구가 떠나면 어떻게 하지?" 또는 "아프면 어떻게 하지?" 같은 거요.

치료자 : 시험을 망쳐서 로스쿨에 갈 수 없고, 직업을 못 얻어서 실패한 인생을 살 거라는 이런 걱정을 오늘이나 이번 주에 한 적이 있나요?

환자 : 아마 시험을 준비할 때만 그랬던 것 같아요.

치료자 : 좋아요. 시험을 준비할 때 하는 것들을 한번 적어봅시다. 당신이 다른 비생산적 고민을 할 때, 당신은 그것들을 '비생산적 걱정 목록'에 적어서 서랍 속에 넣어 둘 수 있을 거예요.

환자 : 당신은 내가 할 수 있는 것들에만 집중해야 한다고 말하는 것인가요?

치료자 : 맞아요. 우리는 자신을 생산적인 걱정을 하고 '하는 것' 목록으로 전환하도록 제한할 수 있어요. 그것이 훨씬 관리할 만하지요.

과제

환자에게 자신의 걱정을 관찰하고 그것들이 생산적인가 비생산적인가를 점검해보도록 요구한다. 생산적 걱정은 다른 사람에게도 일어나거나 합리적이고 특정한 행동을 유도하는 것이다. 보다 상세한 양식(양식 8.13)은 환자들이 스스로에게 걱정에 대한 일련의 질문을 하도록 되어 있다. 예를 들어, "이 걱정은 일어날 확률이 매우 희박한 것인가?, 나는 무엇을 예측하고 있나?, 풀어야 할 문제가 무엇인가? 내가 할 수 있는 구체적인 행동은 무엇인가? 이런 행동은 합리적으로 보이는가? 내가 거의 또는 전혀 통제할 수 없는 것들을 걱정하고 있는가? 그리고 이것은 생산적이거나 비생산적인 걱정인가?"

일어날 수 있는 문제

어떤 환자들은 그들의 모든 걱정이 비합리적인 것임을 안다고 반응한다. 그러나 모든 걱정이 다 비합리적이거나 이익이 없는 것은 아니다. 예를 들어, 다가올 정기 건강검진이나 세금 청구에 대해 걱정하는 것은 그러한 과제를 무시하는 것보다 낫다. 우리는 환자들에게 어떤 걱정들은 신속하게 유용한 '하는 것'의 목록으로 전환될 수 있음을 지적한다. 어떤 환자들은 '가능한' 걱정과 '있을 법한' 걱정을 혼동할 수 있다. 예를 들어, 고속도로에서 타이어가 터지고 차가 제멋대로 돌아가는 것은 가능한 일이다. 그러나 걱정에 대한 '하는 것' 목록은 타이어가 팽창되었고 정상 속도 제한이 관찰되는 것을 확인해야 한다. 안전감에 대한 확신이 필요하다고 주장하는 사람들은 확신을 요구하는 데 따른 비용과 이익을 점검하고 왜 그들이 일상에 존재하는 수많은 불확실성을 참다가 최근의 상황에 대해서는 확실성을 요구하는지 고려해볼 수 있다.

기타 기법에 대한 탐색

다른 적절한 기법에는 자동적 사고를 확인하기, 하향화살표기법, 생각과 관련된 기분 관찰하기, 비용-이익 분석하기가 있다.

양식

양식 8.13(생산적 대 비생산적 걱정)

기법 : 걱정하는 시간 할당하기

설명하기

걱정은 어떤 사람들에게 엄청난 양의 시간을 빼앗는 것 같다. 그 사람들은 직장이나 학교, 잠을 자려고 할 때도 걱정을 한다. 만성 걱정 질환에 효과적인 한 가지 방법은 걱정에 대해 '자극 통제'하는 것이다. 즉, 걱정하기를 특정한 장소와 시간(예 : 자극)으로 제한하는 것이다. 그래서 걱정과 일, 가정, 침대와 걱정과의 연관성을 줄이는 것이다. 게다가 특정한 '걱정하는 시간'은 그것이 비록 몇 시간 지연되는 것에 불과하더라도, 걱정하는 사람들에게 자신이 걱정을 통제하는 실습을 할 수 있다는 것을 인식하게 하는 데 도움이 된다. 마침내, 걱정을 하기 위한 특정 시간 할당하기를 통해 걱정하는 사람들은 제한된 걱정의 내용을 인식하게 된다. 즉, 그들은 일반적으로 같은 패턴의 것을 걱정하고 있다. 이러한 인식은 자신이 모든 것을 걱정하고 있다는 압도되는 느낌을 줄이는 데 도움이 된다.

치료자는 특정한 시간과 장소가 걱정을 위해 주어져야 한다고 설명한다. 환자는 걱정이 일어나도 시간을 제한해야 하고, 이 시간 동안에 집중적으로 걱정해야 한다. 만약 걱정거리가 그 시간 이전이나 이후에 발생한다면, 걱정하는 사람은 그것들을 종이에 적어 놓고, 그것을 걱정하는 시간까지 남겨두어야 한다. 걱정하는 시간 동안에는 다른 어떤 활동도 해서는 안 된다. 그리고 환자는 걱정을 적어두고, 그것에 대해 도전하거나 해결하려고 해서도 안 된다. 특정한 시간, 예를 들어 30분으로 정해져야 하고, 걱정하기는 그 전이 아니라 그 정해진 시간에 끝내야 한다.

토론 안건

"때때로 사람들은 걱정이 자신의 통제력 밖에 있다고 느끼며, 모든 시간을 걱정하고 있습니다. 나는 당신이 걱정하는 시간을 매일 30분씩 떼어두는 계획을 세웠으면 좋겠어요. 당신의 걱정을 적어보십시오. 만약 그날 다른 시간에 걱정을 하게 되었다면, 바로 종이에 적어두고 걱정하는 시간까지 남겨두십시오."

예

치료자 : 때때로 사람들은 자신이 항상 걱정하고 있다고 느낍니다. 그들은 자신이 걱정하는 시간이나 정도를 전혀 통제할 수 없다고 느낍니다. 당신은 어떻습니까?

환자 : 네, 걱정거리를 머리에서 지울 수가 없어요. 저는 버스를 탈 때나 집에서 혼자 앉아 있을 때 걱정하고 있는 나 자신을 발견할 거예요.

치료자 : 걱정이 당신을 어떻게 느끼게 만드는 것 같나요?

환자 : 나는 걱정을 통제할 수 없는 것 같아요. 그러면 나는 걱정을 중단하라고 자신에게 말하려고 애쓰지요. 그러나 좋아진 것은 없어요.

치료자 : 나는 당신에게 좀 이상하게 들릴지도 모를 어떤 것을 제안하려고 해요. 그것은 '걱정하는 시간'으로 불리지요. 우리가 당신에게 제안하는 것은 다른 것은 하지 말고 오로지 걱정에만 집중할 시간을 매일 두라는 것입니다. 만약 당신이 그날 더 이른 시간에 걱정을 하게 된다면, 그것을 적어두고 걱정하는 시간에만 걱정을 하는 겁니다.

환자 : 이것이 나를 더 걱정하게 하지는 않을까요?

치료자 : 거의 모든 사람이 그렇게 생각하지요. 그러나 우리는 당신이 걱정하는 시간으로만 당신의 걱정 대부분을 제한한다면, 덜 걱정하게 된다는 것을 알고 있습니다….

환자 : 내게 걱정할 시간을 할당하는 것이 나를 덜 걱정하게 만든다니 좀 이상해요. 나는 내 걱정을 줄이려고만 생각해왔어요.

치료자 : 네, 우리는 걱정을 없애려는 시도를 실제로 안 해요. 우리는 걱정을 보다 더 통제하려고 노력하는 거예요.

환자 : 언제 내가 이것을 해야 하나요?

치료자 : 매일 규칙적인 시간을 정하세요. 잠잘 시간에서 좀 떨어진 시간으로요. 잠자리에서 걱정하는 시간을 가져서는 안 돼요.

환자 : 좋아요. 나는 5시 30분에 하도록 할게요. 직장에서 집에 돌아왔을 때죠.

과제

치료자는 다음과 같이 과제 부여에 대해 설명할 수 있다: "매일 집중적으로 걱정할 시간을 30분씩 갖도록 하세요. 당신의 모든 걱정에 대해 적어보세요. 당신이 걱정하는 시간을 시작하기 전이나 후에 얼마나 걱정했는지는 직지 마세요. 잠자리에 들기 전에 시산을 싫게 갖노록 하세요. 짐대가 아니라 책상에 앉아서 마음에 있는 모든 걱정들을 적어 내려가세요. 만약 당신이 그날 이른 시간에 걱정을 했다면, 그것들을 종이에 적어 놓고 걱정하는 시간까지 건드리지 마세요. 당신이 일주일 동안 이 실습을 했다면, 당신의 걱정을 돌아보고 반복적인 공통의 주제를 발견하게 될 거예요. 양식 8.14는 걱정 시간 동안 걱정을 추적하는 데 활용될 수 있습니다. 이 양식에 대한 환자의 반응이 그림 8.3에 제시되어 있습니다."

일어날 수 있는 문제

때때로 걱정하는 사람들은 자신이 걱정으로만 전적으로 시간을 채울 수 없다는 것을 알게 된다. 이러한 '문제'는 걱정이 내용상 유사하다는 인식과 마찬가지로 걱정은 한계가 있다는 것을 암시하게 한다. 집중적으로 걱정하는 시간 갖기는 중립화(neutralization)에 의해 중재되지 않은 자극 노출(강박관념과 강박행동을 갖고 있는 사람을 치료할 때 사용되는 노출법과 유사하게 걱정을 해결하기 위해 사용됨)을 제공하려는 목적에 이용된다. 아마 걱정하는 사람들은 해결법을 찾아서 자신이 두려워하는 어떤 영상을 중립화하려고 한다(Borkovec et al., 2004). 반면에, 걱정하는 시간은 중립화가 아닌 걱정에 초점을 맞추라고 강요하는데, 중립화는 걱정하는 패턴을 습관화시킨다.

기타 기법에 대한 탐색

걱정하는 시간은 자동적 사고를 확인하는 것을 포함한다. 관련된 다른 기법에는 사고와 감정 관찰하기, 하향화살표기법, 심상기법, 자동적 사고 왜곡 범주화하기가 있다.

양식

양식 8.14(걱정하는 시간 동안 걱정의 행로 기록하기)

이 걱정을 유발시킨 상황	나의 특정한 걱정	전에 이러한 걱정을 한 적이 있었나?
이번 주말에 대해 생각할 때	나는 우울에 빠지고 외로울 거야.	그렇다. 이별을 했던 이전 주말
디너에서 내 친구들을 만나기로 계획할 때	내가 친구를 만났을 때, 그들은 내가 지루하다고 생각할 거야.	가끔, 내가 그 상황을 어떻게 느끼느냐에 달려 있다.
집에서 혼자 있을 때	나는 항상 혼자이고 끔찍하다.	이별을 하면 정기적으로 또한 다른 이별 후에도

걱정 시간

시간/날짜 : 9월 12일	기간(분) : 20

장소 : 내 아파트에서, 혼자

걱정의 시작 지점의 불안(0~100%) : 60	걱정의 끝 지점의 불안(0~100%) : 20

걱정 :
나는 항상 혼자일 거야.
나는 결코 행복해지지 못할 거야.
나는 혼자 죽게 될거야.

내 걱정의 공통 주제 :
외로움, 우울, 고립

이러한 걱정의 비용과 이익은 무엇인가?
비용 : 나를 불안하고 비참하게 만들고, 인생을 즐길 수 없다.
이익 : 아마 나는 걱정으로 나를 동기 부여할 것이다. 아마 나는 해결책을 찾을 것이다.

이것은 생산적인 걱정인가, 또는 비생산적인 걱정인가?
걱정은 비생산적이다. 단지 나를 불행하게 만든다.

내가 이 문제를 푸는 데 도움이 되도록 오늘 할 수 있는 생산적인 행동이 있는가?
나는 친구 만나기, 영화 보기, 외출 계획을 짜기, 운동을 하러 가기, 독서, 요가를 할 수 있다.

내가 최근 나의 한계를 수용했다면 더 나아졌는가? 내가 모르는 일에서 내가 할 수 있는 것은 아무것도 없었나? 항상 어떤 불확실한 게 있었나?
그렇다고 생각한다. 나는 정말로 선택할 여지가 없었다. 내가 얼마나 걱정했든지 간에 항상 불확실한 것이 있었다.

그림 8.3 걱정하는 시간 동안 걱정의 행로 유지하기

기법 : 자기 충족적 예언

설명하기

부정적 사건이 왜 일어나는가를 설명하려고 할 때, 우리는 종종 그 일이 일어났을 때 자신의 역할을 살펴볼 수 있다. 회피, 꾸물거림, 강요는 자기 충족적 예언을 촉진하는 세 가지 패턴이다. 회피하는 사람은 사람들과의 상호작용을 피하고, 자신의 대인관계 결여는 함께 할 수 있는 좋은 사람이 거의 없기 때문이라고 말한다. 꾸물거리는 사람은 자신이 프로젝트를 수행할 때 늘 그토록 불안한 이유가 그것을 마지막까지 미루기 때문인 것을 깨닫지 못한 채, 프로젝트에서 일하는 것이 자신을 불안하게 만든다고 주장한다. 아내에게 강제적이거나 처벌적인 남편은 자신의 아내가 냉정하다고 불평한다. 그리고 자신이 그녀의 마음이 달아나도록 비난을 해왔다는 것을 알지 못한다.

토론 안건

"당신의 문제는 당신 스스로가 예측이 사실이 되도록 행동한다는 것인가요? 당신의 생각이 마치 사실인 것처럼 행동하고, 그래서 당신이 틀릴 기회를 갖지 못하는 것인가요? 예를 들어, 당신은 아무도 자신을 좋아하지 않는다고 가정해왔고, 그래서 사람들과 관계하지 않았거나, 불편하다고 느끼면 바로 떠나버렸지요? 그 결과 당신은 자신의 부정적 사고에 도전할 기회조차 갖지 못한 것입니다."

예

남자를 만나기가 어렵다고 주장하는 젊은 여성을 보자. 그녀는 파티에 가지만, 남자들은 그녀를 쳐다보지 않는 것 같다고 말한다.

치료자 : 당신은 파티에 가기 전에 무슨 생각을 합니까?

환자 : 저는 "나는 결코 남자를 만나지 않을 거야"라는 생각을 합니다.

치료자 : 만약 어떤 여자가 남자를 만나는 데 관심을 보이고자 한다면, 어떻게 관심을 보일까요?

환자 : 이해를 못 하겠어요.

치료자 : 그녀는 남자를 쳐다볼까요? 그녀가 그를 만났을 때 그 사람의 눈을 쳐다보고, 웃어주고, 칭찬을 하고, 그에게 질문을 하겠지요?

환자 : 네, 나는 그렇게 할 수 없어요.

치료자 : 그 말은 "나는 그렇게 하지 않아"를 의미하죠. 만약 당신이 고개를 숙이고 그 남자에게 관심이 없다고 느끼는 순간 물러서지 말고, 자신을 계속 지지하고 있다면 어떻게 될까요?

환자 : 저는 거절당할 거예요.

치료자 : 남자가 긍정적으로 반응하고, 웃어주고, 당신에 대해 물어보고, 어쩌면 심지어 당신을 원할 수도 있지요.

이 지점에서 환자는 자신의 수줍음과 회피는 실제적으로 남자가 자신을 쫓아오지 않을까 봐 그런 것임을 알게 됐다. 나는 그녀에게 웃고 그녀를 쳐다보는 남자를 여러 번 관찰하고, 웃어주고, 그들에 대해 물어보라고 말했다. 두 달 후 결과는 그녀가 만났던 남자는 그녀에 대한 관심이 증가하였다. 이제 세금 내기를 만기일이 되는 주까지 미루다가 회계사에게 독촉을 과도하게 받는 사업가에 대해 살펴보자. 그의 생각은 이러했다: "세금 내기를 생각하면 언제나 불쾌해지기 때문에 나는 불안하다." 결론적으로, 그는 마지막까지 미뤘다. 치료자는 요구했다. "세금 내기가 불쾌한 사건인가요? 아니면 세금을 마지막에 내는 것이 불쾌한 사건인가요? 그는 세금을 결코 일찍 낸 적이 없기 때문에, 이 둘을 구별할 수 없었고, 불쾌한 과제를 미루는 것이 더 나은 선택이라고 결론지었다. 이것은 자기 충족적인 예언이다.

그러한 환자들에게 해볼 필요가 있는 질문은 "나의 행동(또는 어떤 행동의 부족)이 내가 불평하고 있는 것의 원인일 수 있나요?"이다.

우울한 사람들은 종종 자신의 친구들에게 불평을 하고 과도하게 부정적인 것에 관심을 갖는다. 그리고서 그들은 사람들이 자신을 좋아하지 않는다고 불평한다. 만약 신념이 "나는 친구가 없어"이거나 "사람들은 나를 좋아하지 않아"라면, 질문은 "나는 사람들과 함께할 수 있도록 무엇을 하고 있지?"일 수 있다. 치료자는 그런 질문과 대답이 그들에게 변화될 필요가 있는 행동, 예를 들어, 불평과 부정적 초점을 줄이는 것에 초점을 돌리도록 함으로써 그들에게 힘을 실어줄 수 있다.

과제

과제 할당의 목적은 환자가 부정적 예측이 종종 부정적 결과를 이끈다는 것을 인식하도록 돕는 것이다. 이것이 '자기 충족적 예언'이다. 치료자는 환자에게 과거나 최근에 경험한 부정적 예측을 적어보라고 요구거나 또는 환자에게 그때 무엇이 이러한 부정적 예측을 사실로 만드는 것으로 보이는지 확인해보라고 요구할 수 있다. 예를 들어, 환자의 꾸물거림, 회피하기, 시도하지 않기, 포기하기, 적대적이고 공격적인 행동하기가 어떻게 부정적 예측을 현실로 이끄는지를 확인하는 것이다. 자기 충족적 예언에 대한 양식(양식 8.15)이 환자가 어떻게 자신을 자기 충족적 예언에 관여하는지를 인식하는 데 도움이 되도록 과제 할당으로 활용될 수 있다.

일어날 수 있는 문제

자기 비판적 환자들은 종종 자신이 문제에 대해 어떤 역할을 하고 있다는 사실을 실패의 또 다른 증거로 간주하곤 한다. 그들은 치료자가 환자를 비난하고 있다고 믿을 수도 있다. 치료자는 그들의 관심이 정당하다고 해주어야 한다. 그리고 '비난거리를 찾기보다 문제를 찾기'에 초점을 두어야 한다. 문제에서 자신의 역할을 인식하는 것의 비용과 이익을 점검하고 행동적 대안, 예를 들어, 부정적 예측과 반대로 행동하기를 점검하는 것은 도움이 될 수 있다.

기타 기법에 대한 탐색

유용한 다른 기법에는 등급화된 과제 할당, 활동 계획표, 대안 점검, 문제 해결, 이중기준기법과 합리적 역할 연기가 있다.

양식

양식 8.15(부정적 예측을 실현하기 : 자기 충족적 예언)

기법 : 불확실성을 전적으로 경험하기

설명하기

걱정하는 사람들은 종종 끔찍한 사건(예 : "자, 비행기가 추락할 수 있어…, 나는 치과에서 AIDS에 걸릴 수 있어…, 나는 미쳐버릴 수 있어…, 나는 파산할 수 있어…")이 발생할 가능성에 대해 불평한다. 비록 걱정하는 많은 사람들이 확실하게 제거하려고 노력해도, 가능성을 제거한다는 것은 불가능하다. 치료자는 환자가 어떻게 가능성을 제거할 수 있는지에 초점을 두어야 한다. 우리는 현실 세계의 다양한 인간 경험 범주를 확률에 근거하여 살펴보아야 한다. 그래서 사람들이 치과에서 AIDS에 걸리는 것은 가능하지만, 그 확률은 대단히 낮아서 아마 0%에 가깝다. 시카고에서 이륙한 비행기가 추락할 수는 있지만, 이 가능성 역시 희박하다.

토론 안건

"우리가 그럴 수도 있을 것 같아서 많은 시간 동안 걱정한 일들은 실제로는 일어나지 않습니다. 예를 들어, 불안할 때 심장 발작이 일어날 수도 있지만 그 가능성은 얼마나 될까요? 만약 일어날 수 있는 모든 것들에 대해 걱정을 한다면, 우리는 아마 모든 것을 걱정해야 할 것입니다. 또 당신이 거리를 걸어가는데 누군가가 당신을 사탄이라고 생각하고 공격해서 당신을 죽일 수도 있습니다. 그러나 그러한 일이 벌어질 가능성이 얼마나 될까요? 우리는 현실 세계에서 일반적으로 일어나는 일들이 얼마나 자주 일어나는지를 관찰함으로써 가능성에 대한 정보를 얻게 됩니다. 때때로 우리는 기초 확률로 가능성에 대한 정보를 언급합니다. 예를 들어, 뇌종양으로 인한 두통 환자의 기초 확률(퍼센트)은 얼마나 될까요? 우리는 두통을 앓고 있는 사람들 ─ 거의 모든 사람일 것이다 ─ 과 모두 말해보고, 이들 중 어느 정도가 뇌종양을 앓고 있는지 확인해볼 수 있습니다. 대답은 그것이 매우 낮은 확률이라는 것입니다."

예

한 환자가 두통을 호소하고, 그것의 원인이 뇌종양일지 몰라서 걱정을 하고 있다. 그는 최근 뇌종양 환자에 대한 기사를 접했다.

치료자 : 당신이 뇌종양인 증거가 무엇인가요?

환자 : 나는 두통이 있어요. 그것이 뇌종양의 한 징후가 아닐까요?

치료자 : 얼마 동안 두통이 있었나요?

환자 : 한두 시간쯤이요.

치료자 : 무엇 때문에 당신이 뇌종양일 수 있다고 생각하셨지요?

환자 : 나는 뇌종양으로 죽은 한 남자에 대해 들었어요. 사람들이 그가 두통을 호소했다고 말했어요.

치료자 : 한 해 동안 뉴욕시에 사는 사람들 중 얼마나 많은 사람들이 두통을 겪는다고 생각하세요?

환자 : 절반 정도요.

치료자 : 두통을 보인 사람들 중 뇌종양이 원인인 사람은 얼마나 될까요?

환자 : 거의 없겠죠.

치료자 : 그렇다면 두통을 보이는 사람이 뇌종양일 가능성을 추정한다면, 그것은 얼마나 될까요?

환자 : 그렇지만 그것은 일어날 수 있는 일이에요. 그렇지 않나요? 비록 그것이 매우 희박한 가능성이 지만요. 내가 그 불행한 백만 명 중 한 사람일 수도 있어요.

치료자 : 당신은 모든 가능성을 배제하려고 하나요? 절대적인 확실성을 가지려고 하나요?

환자 : 그것이 불가능하다는 것은 알아요. 그러나 나는 확실하게 하고 싶어요.

치료자 : 확실함을 요구하는 데 드는 비용과 이익은 무엇일까요?

환자 : 비용은 내가 많이 불안하다는 것이고요. 이익은 잘 모르겠지만, 아마도 내가 잘못되어가는 것을 금방 파악할 수 있다는 것일 거예요.

치료자 : 그러나 당신은 하루의 모든 순간을 불확실성 속에서 삽니다. 어떻게 그것을 견디지요?

환자 : 저는 제가 통제할 수 없는 것은 수용하는 편이지요.

치료자 : 당신이 두통을 그런 식으로 수용하는 것은 어떤가요?

환자 : 나는 더 나아질 수 있을 거예요. 그러나 그것이 심각한 상황에 대한 증상을 간과하는 것일 수도 있어요.

치료자 : 당신이 뇌종양일 가능성은 얼마나 되나요?

환자 : 거의 0%죠.

치료자 : 만약 당신이 가능성을 제거하고자 한다면, 아마도 당신은 모든 시간을 걱정으로 보내야 할 수도 있어요. 만약 당신이 단지 일어날 수도 있는 일이나 가능성에 집중한다는 것은 무엇인가요? 예를 들어, 당신이 제때에 신용카드 대금을 결제하지 못해서 부과금을 낼 확률은 얼마나 되지요?

환자 : 100%요.

치료자 : 그것이 의미가 있는 확률입니다. 불확실한 세계에서 확실한 것은 없어요. 당신이 결코 확실하게 알 수 없는 많은 것을 받아들이고 인간 조건의 불확실성을 수용한다면 얻게 될 이익과 불이익은 무엇일까요?

환자 : 나는 더 나아질 거예요. 나는 확실성을 요구함으로써 나를 미쳐가게 하고 있어요. 나는 확실성을 추구하려고 생각하는 것 같아요. 그러면 내가 덜 불안해질 거라고 생각하는 거지요. 그러나 그것은 나를 더욱 불안하게 할 뿐이에요.

치료자 : 정말 그렇습니다.

혠지기 확실성이라는 것은 불가능하다는 것을 정립한 후, 치료자는 그에게 "내가 무엇을 하든지, 나는 결코 확실성을 획득할 수 없다"라는 문장을 10분 동안 반복하라고 요구했다. 그의 불안 각성 수준은 처음에는 증가하였으나, 나중에는 감소하였다.

과제

환자들에게 확실성의 요구를 포함한 걱정의 예(예 : 건강, 재정, 인간관계, 일에 대한 걱정)를 적어보라고 요구했다. 각각의 걱정은 "혹시 X가 일어날지는 확실하지 않아"처럼 다시 바꿀 수 있다. 예를 들어, "내가 암에 걸릴지는 확실하지 않아"처럼 할 수 있다. 그런 다음 환자들은 이러한 특정한 걱정을 해결하거나 감소시키기 위해 확실성을 요구할 때 발생하는 비용과 이익을 적어보라는 요청을 받게 된다. 마지막으로 환자들에게 걱정에 대해 "나는 확실하지 않아…"라는 표현을 써서 매일 15분씩 반복하여 말해보라고 요구한다. 목표는 불확실성에 대해 지루해지는 것이다. 양식 8.16은 이러한 범람 과정의 경로를 유지하여, 환자가 불확실성에 대해 익숙해지도록 하는 데 활용될 수 있다.

일어날 수 있는 문제

어떤 환자들은 불확실성의 진술을 반복하는 것이 자신을 더욱 불안하게 만들까 봐 두려워한다. 이 생각하기를 전적으로 경험하기(thought flooding)는 불안이 감소되는 것을 보여주기 위해 회기 내에 먼저 실시되어야 한다. 어떤 환자들에게는 15분 이상이 필요할 수도 있다. 그리고 그들에게 각성이 절반 정도로 감소할 때까지 생각을 반복하도록 지시한다. 환자들은 생각을 기계적으로 반복하거나 다른 행동이나 자극에 주의를 분산시킴으로써 생각하기를 전적으로 경험하기의 효과가 반감될 수 있으며, 그렇게 하는 것이 습관화 과정을 방해할 수 있다. 이러한 '안전 행동들'은 제거되어야 한다.

기타 기법에 대한 탐색

다른 적절한 기법으로는 비용-이익 분석, 수용 훈련, 이중기준기법, 하향화살표기법이 있다.

양식

양식 8.16(불확실성을 전적으로 경험하기)

기법 : 자신을 문제에서 분리하기/사라지기

설명하기

우리가 가지고 있는 불안의 대부분은 우리에게 일어날 수도 있는 것이나 우리가 해야 할 필요가 있다고 생각하는 것에 대한 것이다. 예를 들어, "나는 시험을 통과하지 못할 거야" 또는 "그 사람은 내가 지루하다고 생각할 거야" 또는 "나는 그를 설득시킬 필요가 있어"이다. 우리는 세상을 볼 때 자신이 사물의 중심이고, 그것의 통제, 승인, 결과물들이 모두 우리에게 달려 있다고 보는 경향이 있다. '자신을 문제에서 분리하기' 기법은 환자에게 자신이 일시적으로 사라지게 하고, 그 다음에 일어나거나 일어날 수 있는 일들이 자신과 상관없게 되는 것을 상상해보게 한다. 이 기법은 개인들에게 자신이 통제할 필요가 없고, 세상은 개인적으로 항상 그들과 관련이 있는 것이 아니라는 가능성을 상상해보게 한다.

토론 안건

"우리는 해야만 하는 것이나 우리에게 일어날 수도 있는 것에 대해 항상 걱정한다. 이것이 우리를 사람들이 생각하거나 행하거나 일어날 수도 있는 것의 중심에 서게 한다. 우리는 그다음에 우리가 알 필요가 있는 것, 할 필요가 있는 것, 결과를 통제할 필요가 있는 것을 생각한다. 그러나 잠시 당신이 사라졌다고 치고, 그때 일어나는 일들은 당신과 상관없다고 상상해보자. 당신은 그 상황에 포함되어 있지 않다."

예

치료자 : 나는 당신이 사람들이 파티에서 당신에 대해 어떻게 생각할지 걱정하고 있다는 것을 알아요. 당신은 내게 당신이 매력적이지 않다거나 재미없다고 생각할 수도 있다고 말했어요. 그래서 당신은

이것 때문에 걱정하고 있어요. 그것은 모든 눈이 당신을 보고 있는 것처럼 생각하는 거예요.

환자 : 네. 저는 제가 얼간이과라고 생각해요.

치료자 : 그래요. 그것이 **당신**에 대한 것이고, 당신을 보는 방식이고, 사람들이 당신에 대해 생각하는 것이에요. 모든 눈이 당신을 보고 있다고 생각하는 것을 감당하는 것은 너무나 힘든 일이에요. 그러나 만약 당신이 파티에 **투명** 인간으로 가게 되어 당신은 그저 다른 사람들이 상호작용하는 것을 지켜보고 있다고 상상해보면 어떨까요?

환자 : 그러나 나는 보이지 않잖아요.

치료자 : 물론 당신은 보이지 않아요. 그러나 아무도 당신을 볼 수 없고, 당신은 그저 지켜보고 그들이 하는 것을 기술해본다고 상상해보세요. 마치 당신이 보고 있는 영화를 보고하는 것처럼요.

환자 : 나는 훨씬 덜 불안해요.

치료자 : 그래요. 상상해보세요. 당신은 파티장으로 들어가고, 그리고 말해보는 거예요. "안녕" 그러나 그런 다음에는 뒤에 서서 그저 흥미로운 사람들을 지켜보세요. 그들은 무엇을 입었나요? 누가 웃고 있나요? 누가 말하고 있지요? 그들은 어떤 말을 하고 있나요?

환자 : 이 방식이 나에게는 훨씬 덜 불안해요. 내가 해야 할 것은 없는 것 같아요.

치료자 : 네. 당신은 원한다면 해야 할 말을 고를 수 있어요. 그러나 그저 지켜보고 기술하는 것만을 상상해보세요. 당신은 거기에 서 있고, 그들은 서로 말하고 있어요.

환자 : 좋아요.

치료자 : 자, 여기에 당신을 그것에서 분리시키는 또 하나의 방법이 있어요. 당신이 친구 린다와 말하고 있는데, 당신은 그녀의 정치적 견해를 좋아하지 않아요. 그래서 당신은 그녀와 논쟁을 하고 싶지 않아요. 그녀에게 화를 내거나 논쟁을 하는 것보다, 당신은 뒤에 서서 지켜보면서 이것은 당신과 상관 없는 체 하는 것입니다. 당신은 잠시 사라지는 것이죠. 그녀는 당신이 거기에 없는 것처럼 정치에 대해 같은 말을 할 거예요. 그래요. 거기에 없다고 상상해보세요. 당신은 사라진 것이죠.

환자 : 대단한데요. 때때로 저는 사라지고 싶어요.

치료자 : 그러나 당신은 아주 잠깐만 그럴 수 있어요. 당신은 참석하지 않았고, 아무것도 하지 않는다고 상상할 수 있기 때문이에요. 린다가 무어라 재잘거리는 영화를 보는 것처럼, 당신은 거기에 있지만, 파티에 참석하지 않은 거예요.

과제

환자는 자신이 사라져서 보이지 않거나, 실제로 존재하지 않는 것을 상상할 수 있다. 보이지 않을 동안, 환자는 참가자나 무언가를 해야 할 사람으로서가 아니라 벌어지고 있는 일을 바라보면서 어떤 일도 할 필요가 없는 관찰자로서 일어나고 있는 일을 지켜보도록 상상할 수 있다. "당신이 만약 잠시 존재하지 않는다면 벌어질 일을 상상해보세요." 양식 8.17은 보이지 않거나 사라졌을

나를 괴롭히는 상황	내가 걱정하는 것	내가 사라진다면 나는 무엇을 보게 될까?
모르는 여자들이 있는 파티에 가기	나는 멍청해보일 거야. 나는 할 말이 아무것도 없어. 사람들은 나를 쳐다보고 내가 얼간이라고 생각하겠지.	나는 많은 사람들이 둘러 서서 특별히 아무 말도 하지 않고 있는 것을 본다. 단지 몇 마디 말을 하며, 정말로 누군가가 말하는 신나거나 중요한 말은 없다. 그리고 나는 단지 이것을 관찰하면서 훨씬 이완되는 것을 느낀다.

그림 8.4 자신을 문제에서 분리하기/사라지기

때를 상상해보도록 활용될 수 있다. 그림 8.4는 파티에 가는 것을 생각하며 자기를 지나치게 의식하는 청년에게 이 기법을 활용하여 증명한 것이다.

일어날 수 있는 문제

어떤 환자들은 자신이 존재하지 않거나 보이지 않는 것을 상상할 수 없다고 주장한다. 치료자는 자신이 보이지 않는 경험을 인식하게 하는 방식으로, 자신이 포함되지 않고 지금 일어나고 있는 것들을 생각해볼 수 있다고 제안할 수 있다. 예를 들어, "당신이 염려하고 있는 사람에 대해 생각해보세요. 지금 당장 그가 당신에 대해 생각하지 않는 것은 가능한지요?" 아울러, 치료자는 "이 상황에 대해 생각해보세요. 심지어 당신이 존재하지 않더라도 어떤 일이 일어날 수 있는 것은 가능한지요?" 마지막으로, 치료자는 "잠시 동안 사라지는 연습은 당신이 존재하지 않는다는 것을 의미하지는 않아요. 그것은 단지 당신이 여기에 있지 않은 것을 상상해볼 수 있다는 것을 의미하는 것입니다"라고 지적할 수 있다. 그것은 일시적인 것이다. 목표는 참여자나 대상이 아니라 관찰자가 되는 것을 상상하는 것이다.

기타 기법에 대한 탐색

다른 적절한 기법으로는 수용, 생각 풍선, 발코니에서 바라보기, 미래에 대해 어떻게 느끼는지 점검하기가 있다.

양식

양식 8.17(자신을 문제에서 분리하기/사라지기)

기법 : 하나의 모래알 되기

설명하기

매우 많은 불안들이 우리 자신, 우리가 해야만 하는 것, 사람들이 우리를 보는 시선에 관한 것이다. 우리의 불안 속에서 우리는 매우 크고, 모든 것의 중심이며, 우리 주위에서 일어나는 것들은 우리와 매우 깊이 관련되어 있는 것처럼 보인다. 모래알 기법은 환자 스스로를 아주 작은 존재(실제 무시할 수 있을 정도로)이고, 다만 무한한 우주의 한 요소에 불과한 것으로 보게 하는 것이다. 자신을 끝없이 펼쳐진 해변 위에 있는 무수한 모래알 중의 하나로 생각하게 되면, 환자는 일어나고 있는 일들이 자신과 관계없다는 관점을 가질 수 있다. 자신을 세상의 중심이라고 보는 것을 포기하면 나에게 일어날 수 있는 일들, 사람들이 나를 바라보는 모습, 내가 해야 할 일들에 대한 걱정에서 자유로워진다.

토론 안건

"우리는 걱정에 빠질 때 종종 자신을 세상의 중심이라고 생각합니다. '나에 대해 뭐라고 생각할까?', '내가 뭐를 해야 할까?'같이요. 그것은 마치 세상의 70억 명의 사람들이 나와 관련되어 있다고 하는 것과 같습니다. 이렇게 거대하고 중심적인 존재가 되는 것은 부담스럽습니다. 그러나 우리는 거대하고 중심적인 자기가 되는 것과는 좀 다르게 해볼 수 있습니다. 당신이 끝없이 펼쳐진 해변의 모래알 중의 하나라고 생각보세요. 당신은 다른 모든 모래알들과 비슷합니다. 바람이 불면 이리 저리 휩쓸리고, 파도에 이리 저리 끌려다닙니다. 당신은 너무 작아서 잠깐 사라졌어도 아무도 알아차릴 수 없습니다. 어떤 상황을 경험할 때 때때로 이 모래알을 상상해보려고 하세요. 그러면 당신은 아주 작아지고, 세상은 당신의 통제권 밖에 있습니다."

예

치료자 : 당신은 동료들이 당신에 대해 어떻게 생각할까에 대해 굉장히 고민하고 있는데요. 그것은 세상과 그 안에 있는 사람들이 당신에게만 집중하고 있는 것 같은 거예요. 나는 때때로 우리 모두가 이렇게 한다고 생각해요. 우리는 자신의 관점으로만 세상을 바라보고, 우리가 그 세상의 중심이라는 결론을 내리지요. 그리고는 우리는 사람들이 뭐라고 생각할지, 우리가 무엇을 해야 할지 걱정을 합니다. 우리 모두가 그래요.

환자 : 알아요. 저는 사무실로 걸어 들어갈 때, 정신을 바짝 차리지요. 얀이 무슨 생각을 할까? 또는 내가 잘못한 일이 있을까 걱정하고요.

치료자 : 네, 우리 모두가 그래요. 그렇지 않나요? 그러나 매일 잠깐 동안 자신을 끝없이 펼쳐진 해변의 모래알 하나라고 상상해보세요. 우리들 각자는 정확히 다 똑같아요. 바람이 모래 주변에 불어요. 파도

가 들어왔다 나가죠. 모래알 하나에는 자기가 없어요. 당신 주변의 모두는 또한 하나의 모래알이에요.

휜지 : 당신이 이 말을 했을 때 처음에는 약간 두려웠어요. 그러나 좀 더 상상을 해보니, 편안해지네요.

치료자 : 우리는 모래알이 매우 많은 일을 하리라고 기대하지 않기 때문에 편안해질 수 있지요? 그리고 당신은 사람들이 당신에 대해 뭐라고 생각하던 관심 두기를 그만둘 수 있어요. 아무것도 아니게 되면, 너무 작은 모래알에 불과해지면, 당신은 벗어날 수 있어요. 당신은 자유롭고 염려할 것이 없어요.

과제

환자는 자신을 '자기'가 아닌 끝없이 펼쳐진 해변의 모래알로 상상할 수 있다. 각 모래알들은 다른 모래알들과 똑같다. 각 모래알들은 바람에 따라 흩날리고, 파도가 치는 대로 해변에 떠밀려다닌다. 양식 8.18은 관점을 획득하고 통제하기를 포기하기 위하여 모래알 되기를 상상하기 위해 활용될 수 있다. 그림 8.5는 가족과 식사하는 것에 불안을 느끼는 사람에게 이 기법을 활용한 예를 보여준다.

일어날 수 있는 문제

어떤 환자들은 이러한 훈련을 현실을 부정한, 그저 시늉뿐인 가벼운 훈련으로 볼 수 있다. 이것이 독특한 반응은 아니다. 그러나 치료자는 세상에는 최근 70억 이상의 인구가 있으며, 그들 각각은 주어진 어떤 순간에도 자신을 상황의 중심이라고 생각한다는 것을 설명할 수 있다. 만약 우리가 일시적으로 자신의 짐을 포기하고, 우리가 무언가 해야 하거나 얻어야 할(승인 같은 것) 필요가 있다는 생각을 포기할 수 있다면, 우리는 그때 자신을 걱정하기보다 그저 바라보게 놔둘 수 있을 것이다. 아무것도 하지 않으면 벗어날 수 있게 된다.

기타 기법에 대한 탐색

적절한 기법에는 발코니에서 내려다보기, 사라지기, 수용, 다른 시각으로 바라보기가 있다.

나에게 신경 쓰이는 상황	모래알로서의 사고와 느낌	내가 나를 모래알로 생각할 수 있다면 어떻게 나아질까?
사람들이 나를 화나게 하는 답답한 상황에 대해 말할 거야.	나는 뒤에 앉아서 이것을 지켜볼 수 있고, 이것이 나와 상관없다는 것을 깨닫는다. 내가 해야할 것은 아무것도 없다. 나는 그냥 내버려두면 된다.	나는 어떤 것도 할 필요가 없고, 사람들이 말하는 것에 신경을 쓸 필요도 없다. 휴식이다.
사람들은 나와 논쟁을 할 거야.		

그림 8.5 자신을 모래알로 상상하기

양식

양식 8.18(모래알)

기법 : 발코니에서 바라보기

설명하기

앞서 설명한 것처럼 걱정에는 종종 '우리가 무언가 해야 한다', '무언가 우리에게 일어나고 있다', '사람들은 우리에 대해 생각하고 있다', '우리는 뭔가 중요한 것의 중심이다'라는 의식을 포함한다. 우리가 우리를 바라보고, 우리에게 말을 걸고, 우리에게 무엇인가를 하고 있는 다른 사람을 바라보고 있는 참여자의 관점으로 세상을 본다면, 우리는 종종 무언가를 해야 하는 이러한 '자기'로 반응한다. 우리는 무언가를 말해야 하고, 다른 사람에게 영향을 줄 무언가를 해야 하고, 무언가를 통제해야 한다. 발코니에서 내려다보기 기법은 우리가 현재의 상호작용이나 상황에서 한 발짝 물러나, 자신이 그것 위에 서서 지켜보고 있는 것을 상상해보게 해준다. 그래서 이 상황을 '상대'와 '나'가 아니라, '저기 아래에 있는 저 두 사람'으로 지금 보게 한다. 이것이 사람을 자기 (와 타인)에게서 물러서서, 자기 중심적인(egocentric) 자기를 넘어서는 관점을 갖게 하는 초인지 관점이다.

토론 안건

"우리가 걱정에 빠져 있을 때, 우리는 종종 사물을 우리 자신의 관점으로만 보고, 우리가 사물의 중심이 아니라는 것을 상상할 수 없습니다. 우리는 누군가 우리에 대해 생각하고 있는 것, 우리에게 닥칠 일, 우리가 해야 할 일들로 걱정하고 있습니다. 우리는 거기에 서 있고, 우리는 우리 앞에 있는 사람 또는 우리 앞에 있는 도전을 바라봅니다. 그러나 잠시만 당신이 한걸음 물러나 보기를 결심한다면, 멀리 있는 발코니로 올라가 중립적인 관찰자, 즉 너무 많이 염려하지 않고, 아래에 있는 사람들을 내려다보고 있는 사람의 시각으로 일어나고 있는 일을 지켜본다고 상상해보세요. 당신이 (관찰자로서) 여기 위에 멀리 떨어져 있는 동안, 당신은 거기, 저 아래에 없는 것입니다."

예

치료자 : 당신이 파티에서 사람들과 어울릴 때, 당신은 누군가가 당신에 대해 뭐라고 생각할까, 당신이 어떻게 보일까, 혹은 당신이 따분하고 불안하게 하는 사람일까 많이 생각하는 것처럼 보여요. 그것은 자신에 대한 변치 않는 집중입니다.

환자 : 저도 알아요. 저는 이것을 제 마음에서 지울 수가 없어요. 누군가와 접촉하자마자, 저는 틀림없

이 따분하게 만들 거라는 생각을 해요.

치료자 : 그래요. 당신이 방 안으로 걸어들어 갔을 때, 모두가 당신에 대해 생각하는 것 같군요. 또는 당신이 대화를 하게 될 때, 당신은 자신과 자신의 생각에 집중되어 있군요.

환자 : 네, 그게 나를 미치게 해요.

치료자 : 좋아요. 그래서 당신 위로 보이는 (약 15미터 상공에 있는) 5층 건물의 발코니에 있다고 상상해봅시다. 그리고 당신은 사람들을 내려다보고 있고, 당신과 제인이 저 아래에 있다는 것을 알아채요. 그리고 당신은 그들을 지켜봅니다. 무엇이 보이나요?

환자 : 상상해보면, 여기서 아주 작은 두 얼굴과 주변에 떼지어 있는 수많은 사람들을 볼 수 있어요.

치료자 : 그리고 당신이 여기 위에서 그 장면을 볼 때, 당신은 작고 그저 저기 많은 사람들 중에 한 명에 불과해요. 당신은 분리되어 있어요. 여기 발코니 위에 말이죠.

환자 : 좋아요. 그렇게 상상할 수 있어요.

치료자 : 당신이 여기 있고, 그것을 쳐다보고 있다는 게 어떻게 느껴져요?

환자 : 걱정이 줄어들었어요.

치료자 : 아마 당신은 잠시 거기에 속해 있지 않고 그저 지켜보고 있기 때문에 걱정이 덜 될 거예요. 그리고 이렇게 떨어져 있으니까요.

환자 : 그게 자유롭게 해주네요.

과제

환자들은 자신이 현재 상황에서 벗어나 발코니에 올라와 있다고 상상할 수 있고, 자신이 내려다본 것을 기술할 수 있다. 만약 그들이 시험 때문에 걱정하고 있다면, 그들처럼 앉아서 공부하고 있는 사람을 기술하는 것을 상상할 수 있다. 그들은 무엇을 보는가? 또는 사람들이 자신에 대해 뭐라고 생각할지에 대해 걱정하고 있다면, 그들은 저 위 발코니에서 두 사람(자신과 다른 사람)을 보고 있는 것을 상상할 수 있다. 목표는 환자들이 자신을 참여자로서, 그리고 관찰자가 되어서 자신의 역할에서 분리시키는 것이다. 환자들은 양식 8.19를 활용하여 자신을 참여자로서 아래에 섞여 있는 존재로 보기보다는, 발코니에서 바라보는 시각을 갖도록 상상할 수 있다. 그림 8.6은 직

걱정하고 있을 때 나는 어떻게 생각하고 느끼나?	발코니에서 내려다보면 무엇이 보이나?	발코니에 서서 나는 어떻게 생각하고 느끼나?
나는 직장에서 사람들이 내가 한 일을 높게 평가하지 않는다고 생각한다. 그들은 나에 대해 이야기하고, 내가 정말 중요하지 않다고 생각한다.	나는 내 동료들이 일에 대해서 이야기하고 잡담을 하고 있는 것을 본다. 그리고 이것은 일상의 한 부분이다.	나는 내가 우주의 중심이 아니라는 것을 생각한다. 이것은 위안이다. 나와 상관없이 상황은 굴러간다. 일이 진행된다.

그림 8.6 발코니에서 바라보기

장에서의 갈등으로 힘들어하는 사람에게 이 기법을 활용한 예를 보여주고 있다.

일어날 수 있는 문제

어떤 환자들은 자신이 당면한 상황에서 벗어나는 것을 상상할 수 없다고 거절한다. 그들은 "이것은 사건이야" 또는 "나는 무언가를 해야 해"라고 생각한다. 치료자는 이러한 생각—무언가가 일어났고, 누군가 무언가를 해야 한다—은 매우 강력하다는 것을 인정할 수 있다. 그러나 그다음에 뒤로 물러나서 좀 멀리서 지켜보는 것이 그들에게 부정적이지 않다는 것을 제시한다. 그것은 다만 우리에게 잠시 동안 뒤로 물러나서 다른 관점으로 상황을 지켜보게 하는 것이다. 우리가 과거에 일어났던 일을 기억할 때에, 우리는 정말로 종종 이것을 한다. 우리는 과거 안에 현재로 있는 것이기 때문에, 무언가 해야 한다는 의식을 가지지 않는다. 그리고 그것이 걱정을 덜 하게 하는 이유가 될 수 있다.

기타 기법에 대한 탐색

관련된 기법으로는 다른 사람의 관점을 갖기, 자신을 모래알로 상상하기, 현실을 보기 위해 사라지기, 미래 시간 관점 갖기가 있다.

양식

양식 8.19(발코니에서 바라보기)

기법 : 타임머신(자신)

설명하기

우리는 종종 지금 우리에게 일어나는 일들이 우리를 영원히 혼란스럽게 할 것이라고 믿는다. 우리는 그 속에 휘말려 들고, 그 순간에 사로잡히며, 자신의 감정과 관점에서 벗어나기 어렵다. 때때로 우리는 사고와 감정이 변한다는 것을 깨닫지 못한 채, 그 순간에 우리 앞에 있는 것에 전적으로 집중한다. 우리가 그 순간에 붙잡혀 있을 때, 우리는 다른 시간과 상황에서 느끼는 다양성을 상상할 수 없다. 탈중심화는 뒤로 물러나 변화하는 감정과 상황을 관찰하는 것을 포함한다.

타임머신 기법의 목적은 최근의 문제에 대한 조망을 보여주는 것이다. 환자는 특정 시간으로 돌아가거나 미래 시간으로 나아가기 위해 이 실습을 이용할 수 있다. 치료자는 환자에게 그들을 과거나 미래의 삶 속으로 이끌어줄 타임머신 안에 자신이 있는 것을 상상하도록 요구한다.

토론 안건

"그때로 돌아가 아주 즐거웠던 경험을 회상해보세요. 당신이 지나간 긍정적인 경험을 생각할 때 당신의 기분이 어떻게 변하는지를 주목하세요."

"당신은 이것에 대해 지금 매우 걱정하고 있습니다. 그러나 나는 당신이 이것에 대해 지금으로부터 일주일 후, 한 달 후, 1년 후, 5년 후 어떻게 느낄지 궁금합니다. 당신이 미래에는 이것에 대해 덜 걱정할 수 있다면 그 이유는 무엇일까요? 당신은 바로 지금 이 순간에 휘말린 느낌을 받을 수 있습니다. 어떤 또 다른 사건(이 사건과 관련이 없는)이 당신으로 하여금 내일, 다음 주, 다음 달, 내년에 이 사건을 무시하게 할까요?"

예

치료자 : 당신은 직장에서 잘해내지 못해서 매우 힘들어하고 있습니다. 당신은 사장이 지난 화요일에 당신의 업무 수행에 대해 비난했다고 내게 말했어요. 이제 타임머신을 타고 당신이 행복하다고 느꼈던 시간으로 돌아가 봅시다. 아마도 어린 시절이 아닐까 싶네요.

환자 : 제가 부모님과 함께 현관 앞에 앉아 있는 그림이 보여요. 여름이고, 우리는 레모네이드를 마시고 있어요. 밖은 덥지만, 우리는 그늘에 있어서 시원해요.

치료자 : 당신에게 이 기억은 어떤 느낌인가요?

환자 : 이완이 되네요. 좋은 느낌이에요.

즐거운 기억 속으로 돌아가기는 환자들로 하여금 자신을 괴롭히는 순간에서 벗어나 더 즐겁고 평화로운 감정을 경험할 수 있다는 것을 인식하게 하는 데 도움이 된다. 다음 단계는 지금 벌어지고 있는 일들을 더 이상 신경 쓰지 않게 될 미래의 시간으로 가는 타임머신 속에 환자가 들어가게 하는 것이다.

치료자 : 자, 나는 당신이 미래로 가는 타임머신 속으로 들어가는 상상을 해봤으면 합니다. 한 달 후를 상상해보세요. 당신은 지난 화요일에 사장이 비난한 것에 대해 어떻게 느끼게 될 것 같나요?

환자 : 저는 대단히 많이 신경 쓰고 있지는 않을 거예요. 그러나 여전히 생각은 하고 있겠지요.

치료자 : 6개월 후에는 어떨까요? 당신은 어떻게 느낄 것 같나요?

환자 : 아마도 신경 쓰지 않을 것 같아요.

치료자 : 1년 후에는 어떨까요?

환자 : 아마 그때쯤에는 그 사실조차 잊고 있겠죠.

치료자 : 자, 그것 참 재미있네요. 나는 인생에서 당신을 괴롭히는 것들이 얼마나 많은지 궁금합니다. 그것들은 그 당시에는 당신을 황폐화시킨다고 느꼈던 것들이지요. 그러나 그것은 이제 신경 쓰이지

않으며, 심지어 그것들을 회상할 수조차 없어요.

환자 : 아마도 거의 모든 것들이 그럴 거예요.

이 실습은 환자들에게 어떤 상황에서의 즉각적인 반응이란 가장 불안하게 하는 것이지만, 시간이 지나면 부정적인 면이 없어진다는 것을 이해시키는 데 도움이 된다.

과제

치료자는 다음과 같이 과제 할당을 설명할 수 있다: "당신의 걱정을 바꾸는 한 가지 방법은 그것을 균형 있게 바라보는 것입니다. 즉, 장차 이것에 대한 관심이 어떻게 변하게 될 것인가에 대해 상상해보는 겁니다. 우리는 이것을 '타임머신' 방법이라고 부릅니다. 왜냐하면 당신은 타임머신 안에서 스스로 과거나 미래로 가 보는 것을 상상할 것이기 때문입니다. 자신에게 이것에 대한 관심이 미래의 다른 시간에서는 어떻게 느껴지는지 물어보시기 바랍니다. 당신이 이 걱정에서 고통을 덜 느끼는 이유는 무엇일까요? 당신이 걱정하고 있는 것들을 희미하게 만들 가치 있는 무언가이자 당신이 그저 즐거워할 수 있는 것을 발견했을까요? 양식 8.20을 이용해서 당신의 다른 걱정들을 적어보고, 그것이 미래의 다른 시간에 어떻게 느껴질지 표시해보세요."

일어날 수 있는 문제

아무 희망이 없다고 느끼는 환자들은 미래가 나쁠 것이라고 믿을 수 있다. 예를 들어, 파산해 가고 있는 환자는 앞으로 자신은 점점 더 외로울 거라고 믿을 수 있다. 치료자는 외로움을 극복할 수 있게 하는 긍정적 활동, 예를 들어 활동 계획표 작성하기, 수업 참여나 하이킹 그룹 가입처럼 사람들과의 접촉을 유도하는 활동을 하거나, 도전적이고 흥미로운 활동에 참여하기 등을 권해야 한다. 대안적으로 치료자는 전에 상실을 경험한 적이 있는 환자라면 만족스러운 사회 활동을 회복함으로써 얼마나 향상될 수 있는지를 물어볼 수 있다. 때때로, 걱정을 하는 환자는 자신의 당면 문제에 대한 해결 능력을 과소평가할 수 있지만, 과거에 적절하게 극복했던 것을 회상해낼 수 있다.

기타 기법에 대한 탐색

다른 적절한 기법으로는 이중기준기법, 문제해결기법, 합리적 역할 놀이, 하향화살표기법, 증거 점검하기가 있다.

양식

양식 8.20(타임머신)

기법 : 타임머신(타인)

설명하기

시간적 거리를 확보하는 것이 현재 일어나고 있는 것에 대해 우리의 기분을 낮게 하는 데 도움이 되는 것처럼, 시간의 경과에 따라 우리가 다른 사람을 지금보다 덜 신경 쓰게 되는 것을 상상할 수 있다. 예를 들어, 사회적 불안을 갖고 있는 환자는 사람들이 자신의 불안을 눈치채고 기억할 것이기 때문에, 자신이 약하고 부적절한 사람으로 각인될 것이라고 믿는다. 사실상 사람들은 다른 사람의 불안(다른 사람에게 중요한 것과는 관련이 없는 것이기 때문에)을 거의 기억하지 못한다.

토론 안건

"당신은 다른 사람들이 당신에 대해 어떻게 생각하는가를 걱정하고 있습니다. 그러나 사람들은 종종 아주 짧은 시간이 지나고 나면 생각하기를 멈춥니다. 당신은 타임머신 속으로 들어가 일주일 후, 한 달 후, 1년 후의 나를 상상할 수 있지요? 이제 당신은 사람들이 무엇을 생각하고 있는지를 배우게 됩니다. 만약 사람들이 당신에 대해 얼마나 생각하는가에 관심이 있다면, 타임머신 속에 그들을 넣고 그들이 일주일 후, 한 달 후, 1년 후에 당신에 대해 어떻게 느낄지에 대해 스스로 물어보세요. 그들이 당신과 당신의 일에 대해 생각하고 있나요? 아니면 다른 것에 대해 생각하고 있을까요?"

예

이 실습은 미팅에서 사람들이 자신의 불안을 알아채고 그것으로 인해 자신에 대해 부정적인 인상을 지속적으로 갖게 될 것을 두려워하는 한 젊은 간부에게 실시되었다. 그의 자동적 사고는 "그들은 내가 불안해한다는 것을 알게 될 거고, 내가 약하다고 생각할 것이며, 사장에게 다 말할 거야. 그것은 끔찍한 결과야"라는 것이었다. 그는 이러한 일련의 사건이 일어날 가능성이 없음을 인식하였기 때문에, 단지 이러한 자동적 사고를 제거하는 것이 그의 불안을 가볍게 했다. 그러나 우리는 다음처럼 타임머신 방법을 사용함으로써, 다른 사람들이 자신의 불안에 대해 생각하고 있다는 그의 독심술의 가정을 계속해서 다루었다.

치료자 : 좋아요, 당신이 미팅에 참여하고 있다고 상상해봅시다. 누가 거기에 있을까요?

환자 : 다른 회사에서 온 간부들이 6명 있어요. 저는 혼자서 우리 회사를 소개하고 있어요.

치료자 : 자, 존이라고 불리는 사람이 이 미팅에 있다고 칩시다. 그는 X 회사에서 왔어요. 그는 당신의 얼굴이 붉어지는 것을 보고, "저 녀석 불안하군!" 하고 생각합니다. 기분이 어떤가요?

환자 : 더 불안하지요!

치료자 : 좋아요. 이제 당신의 가정 중 하나는 사람들이 당신의 불안에 대해 많이 생각하는 것입니다. 그것이 확실한지 알아봅시다. 나는 당신이 존이 미팅이 끝난 후 어떨지 시간 단위로 내게 묘사해주었으면 좋겠어요.

환자 : 음. 실제로 어떨지 모르겠지만 미팅이 끝나면 오전 11시쯤이고요. 그는 아마도 자신의 사무실로 전화를 하고, 점심을 먹으러 가겠죠.

치료자 : 그는 점심을 먹으면서 당신의 불안에 대해 생각할까요?

환자 : 그럴 것 같지는 않아요.

치료자 : 그러면 무슨 일이 일어날까요?

환자 : 그는 점심을 마치고 공항을 향해 차로 이동해요. 그는 비행기가 오기를 기다려요. 그리고 비행기를 타죠.

치료자 : 당신이 불안했다는 생각을 할까요?

환자 : 아니요.

치료자 : 그러면 무슨 일이 일어날까요?

환자 : 그는 아마도 비행기에서 업무를 볼 거예요. 아마 음료도 마시겠죠. 그리고 두 시간 후에 비행기가 착륙하면 차를 찾아서 집으로 가겠죠. 그리고 가족을 만나겠죠.

치료자 : 존은 그날 걱정하거나 생각하는 것이 있을까요?

환자 : 그는 미팅이 자신에게 유리했나와 직장에서 문제는 없을까를 생각할 거예요. 그는 결혼이나 건강에 대해 생각할 수도 있어요. 수백만 가지가 있을 수 있겠네요.

치료자 : 그는 당신의 걱정에 대해 생각할 것 같나요?

환자 : 아니요. 그의 마음에는 다른 것들이 있어요. 우습네요. 그가 내 불안을 생각한다는 것은 일종의 제 자만이었나 봐요.

치료자 : 글쎄요. 그것은 아마 자만은 아닐 거예요. 왜냐하면 당신이 그것들을 생각하면 실제로 기분이 나빠졌으니까요. 그러나 당신의 자동적 사고가 사실인지 상상해보세요. 여기 무슨 일이 벌어지는지 보세요. 존은 미팅에서 당신의 불안을 알아챘어요. 그는 온통 당신의 불안만 생각할 수 있기 때문에 공항에 돌아가는 것도 잊어버려요. 그는 어떤 일도 할 수가 없어요. 그가 당신의 불안에 대해 생각하기 때문이죠. 그의 아내는 그가 자신에게 무심하다고 생각해요. 왜냐하면 그가 집에서도 온통 당신의 불안에 대해서만 생각하기 때문이죠. 너무 멀리 갔죠? 그렇지 않나요?

환자 : 그런 일은 상상할 수 없어요.

치료자 : 그래요. 그가 당신이 불안하다는 것을 알아차렸다 해도, 그것에 대해 얼마나 생각할 것 같나요?

환자 : 아마 10초 정도요.

나의 부정적 행동	자신과 상관 없는 다른 사람들의 행동이나 사고
나는 파티에서 취해서 기차 시간을 놓쳤다. 나는 바보같다고 말했다.	그들은 파티가 즐거웠는지 여부에 대해 생각할 것이다. 그들은 자신의 친구, 친척, 다가올 시험, 자신이 좋아하는 스포츠 팀에 대해 생각할 것이다.

그림 8.7 왜 다른 사람들이 나중에 나의 '부정적' 행동을 신경 쓰지 않는가?

과제

치료자는 다음과 같이 과제 할당에 대해 설명할 수 있다: "양식 8.21을 이용하여 당신이 걱정하고 있는 것들을 다 적어보세요. 특히 남과 있게 될 때 당신은 무슨 생각을 하고, 그들은 당신에 대해 무슨 생각을 하는지에 대해서요. 그다음에 타임머신으로 들어가 그들이 목록에 적혀 있는 미래의 여러 시점에서 이것에 대해 무엇을 생각할지 자신에게 물어보세요. 당신의 행동보다 다른 사람들이 무엇을 생각할지를 말이에요." 그림 8.7에서는 파티를 다녀온 후 다른 사람들이 자신에 대해 생각할지에 대한 생각을 보여준다.

기타 기법에 대한 탐색

적절한 기법으로는 걱정을 예측으로 바꾸기, 자동적 사고의 확인과 관찰, 하향화살표기법이 있다.

양식

양식 8.21(왜 다른 사람들이 나중에 나의 '부정적' 행동을 신경 쓰지 않는가?)

기법 : 문제 부정하기

설명하기

각 회기마다 '무엇이 잘못되었는가?'에 초점을 맞추기 때문에 치료자는 종종 문제를 제기하는 기능을 하는 것 같다. 물론 우리는 사람들이 자신의 문제를 해결하기를 바란다. 그러나 극복할 수 없을 것처럼 보이는 문제들이 실제로는 사소한 불편이나, 사실 전혀 문제가 아니라는 것을 인식함으로써 사건을 균형 있게 조망하는 것 또한 유용할 수 있다. 이 '문제 부정하기' 실습은 (분명히) 부정이나 억제의 목적을 제공하려는 것이 아니다. 오히려 다른 인지치료기법과 더불어 이것은 환자가 자신의 문제가 반드시 향상을 방해하는 장애물은 아니라는 것을 이해하는 데 도움이 된다. 어떤 것이 어떻게 "정말로 문제가 아닌가?"를 검토함으로써 환자는 문제를 올바른 관점에 놓을 수 있다. 이러한 집중은 또한 어떻게 문제가 해결되고 문제에 대한 강박적인 생각을 감소시킬 수 있는지에 대해 환자가 주의를 기울이도록 만든다.

토론 안건

"당신은 무언가 잘못되어 갈지도 모른다고 걱정을 하고 있습니다. 이것이 왜 문제가 아닌가에 대한 이유를 당신이 찾아낼 수 있는지 봅시다. 어떤 일 ─그것이 무엇이든 간에─ 이 벌어졌다고 칩시다. 당신은 왜 ─비록 그것이 일어났다 해도─ 이것이 문제가 아닐 수 있는지 이유를 생각할 수 있나요? 당신은 어떻게 문제를 해결할 것인지, 또는 어떻게 균형 있게 바라볼 것인지, 또는 어떻게 무시할 수 있을지에 대해 생각해 볼 수 있습니다."

예

이 기법에서 환자는 각 '문제'를 "이것은 … 때문에 문제가 아니다"라는 문장을 이용하여 다시 진술하게 된다.

치료자 : 지금 당신은 일을 하고 있지 않고, 일자리를 알아보고 있기 때문에 기분이 좀 가라앉아 있습니다. 우리가 살펴본 바로 당신은 희망이 없다는 생각을 해 왔는데, 이제 당신은 가능한 해결책을 알 수 있는 것처럼 보입니다. 이렇게 해봅시다. 당신을 괴롭히는 문제를 다시 말하는 것으로 시작하려고 합니다. 그러면 당신은 "이것은 … 때문에 문제가 아니에요"라고 대답하세요. 그리고 당신은 내게 해결책이 무엇인지 말하는 거예요. 예를 들어, 만약 내가 "당신은 밖에 비가 오는 게 문제라고 생각합니다" 하면, 당신은 "나는 우산이 있으니 문제가 아니에요"라고 대답할 수 있어요. 좋아요. "당신은 지금 직업이 없어요…"로 시작해봅시다.

환자 : 나는 직업을 구할 수 있다는 것을 알기 때문에 문제가 아니에요.

치료자 : 음, 그러나 직장을 구하려는 사람은 많아요.

환자 : 내게는 탁월한 경력이 있으니 문제가 아니에요. 나는 경험이 풍부하지요.

치료자 : 당신은 하루의 계획을 잘 짜지 않네요.

환자 : 나는 직장을 구하는 것으로 하루를 사용할 수 있고, 운동을 할 수도 있고, 친구를 볼 수도 있으니 문제가 아니에요.

치료자 : 그러나 당신은 현재 직장이 없으니 어떤 사람들은 당신을 좀 하찮게 여길 수도 있어요.

환자 : 내 친구와 가족은 지지적이고요. 나는 다른 사람의 생각에 신경을 안 쓰니까 문제가 아니에요.

문제 부정하기의 가치는 환자들로 하여금 반응의 의미론적 측면에서 부정성을 축소시키는 방향으로 이동하도록 만든다는 점이다. 그들은 자신이 걱정하고 있는 것이 문제가 아니라고 즉시 반응하게 되며, 그것은 긍정적 시각이나 해결책을 더 많이 제공해준다.

문제	문제가 아닌 이유
나는 취했고, 바보같다고 말했다.	나는 여전히 내 친구를 만나고, 공부하고, 일하고, 다른 파티에도 가고, 휴가 중에는 가족과 시간을 보내고, 여름철 일자리도 얻고, 다른 여자들을 사귈 수 있다. 어느 날 저녁, 바보같은 행동을 한 결과로 하지 못할 일은 아무것도 없다.

그림 8.8 '문제' 부정하기

과제

치료자는 환자들에게 자신이 걱정하고 있는 일들의 목록을 적으라고 한 다음, 그 걱정이 실제로는 문제가 아닐 수 있게 하는 이유를 가능한 많이 제안하라고 요구할 수 있다. 문제 부정하기는 해결책 나열하기, 균형 잡기, 그것이 다른 가치 있는 목표나 논리적이고 경험적인 도전을 방해하지 못한다고 주장하는 것을 포함할 수 있다. 양식 8.22는 이 실습을 촉진하는 데 이용할 수 있다. 그림 8.8에서 청년이 파티에서 바보 같다고 말한 것이 진짜 문제가 아닌 이유를 반영한다.

일어날 수 있는 문제

문제를 축소하기 위한 모든 기법에서처럼, 환자들은 그것을 타당하지 않고 거부할 수 있는 것으로 경험할 수 있다. 치료자는 이러한 감정에 대해 물어보고, 환자에게 이것은 사실에 대한 최종적 설명이라기보다 일종의 생각에 대한 실험이라고 제안할 수 있다. 이중기준기법과 합리적 역할 연기는 환자에게 균형 있는 시각을 갖도록 하는 데 활용될 수 있다. 여전히 활용 가능한 — 심지어 이것이 '문제'로 존재하더라도 — 모든 행동들의 목록을 적는 것은 환자가 균형 잡힌 시각을 형성하는 데 도움이 될 수 있다.

기타 기법에 대한 탐색

적절한 기법에는 문제해결기법, 연속선 사용하기, 합리적 역할 연기, 타임머신 사용하기, 이중기준기법, 더 많이 채택되는 대안적 가정 점검하기가 있다.

양식

양식 8.22('문제' 부정하기)

기법 : 두려워하는 환상적 걱정

설명하기

사람들은 종종 자신을 가라앉게 만드는 상상이나 생각을 회피하려고 하기 때문에 걱정을 한다(Borkovec & Hu, 1990; Borkovec et al., 2004). 예를 들어, 어떤 사람들은 자신이 너무 돈을 많이 써 버리거나 돈을 충분히 벌지 못할까 봐 두려워할 수도 있다. 그는 재정을 긴축할 수 있는 모든 방법을 생각한다. 그러나 만약 우리가 하향화살표기법을 활용한다면, 우리는 그가 가난해져서 결국 노숙자로 생을 마감할까 봐 두려워하는 것을 알게 될 것이다. 그의 모든 인지적 에너지는 발생할지 모르는 끔찍한 생각을 방지하는 데 소모된다. 유사하게 잠을 충분히 못 잘 것을 두려워하며 누워 있는 한 여인은 자신의 모든 정신 에너지를 신체적이고 인지적인 각성에 집중하고, 나아가 자신의 수면 패턴을 방해하기도 한다(Harvey, 2002). 그러나 이러한 환자들이 두려워하는 환상적 걱정을 연습하게 된다면 어떨까? 만약 그들이 노숙자로 비참하게 생을 마감하거나 계속 잠을 충분히 못자는 것에 대한 이미지를 오랜 시간 동안 유지하도록 훈련한다면 어떨까? 두려워하는 환상에 대한 이 역설적 홍수법은 최악의 공포에 대한 습관화라는 결과를 끌어내야 하며, 그럼으로써 그것에 선행하는 걱정들을 줄어들게 한다.

토론 안건

"우리는 최악의 일이 벌어질까 봐 두려워하기 때문에 많은 시간 동안 걱정을 합니다. 예를 들어, 당신은 다음에도 잠을 잘 수 없을까 봐 걱정할 수 있습니다. 그러나 더 깊게 들어가면, 당신이 전혀 잠을 이루지 못해 내일 완전히 지치게 될 것이라고 걱정하고 있음을 알게 될 수도 있습니다. 나는 당신에게 '최악의 두려움', 즉 당신을 가장 두려워하게 만드는 걱정을 파악하도록 요구할 것입니다. 그리고 당신이 이 걱정을 지겨워할 때까지 계속해서 되풀이하기를 원합니다."

예

치료자 : 당신은 많은 돈을 잃게 될까 봐 걱정하고 있습니다. 내게 그것이 무엇을 의미하는지 말해보세요. 내가 많은 돈을 잃게 된다면, 그때는 …

환자 : 나는 파산할 거예요.

치료자 : 좋아요. 그러니까 당신이 정말로 두려워하는 것은 그저 돈을 잃는 게 아니라 파산하는 것이지요. 우리는 많은 시간 사람들이 뭔가에 대해 걱정을 하고, 그 이미지나 생각을 회피하기 위해 온갖 방법을 동원하고 있다는 것을 알게 되었어요.

환자 : 네, 저는 사람들에게 확인을 합니다. 나는 아내의 생각을 물어보죠. 그러면 아내는 일이 잘 풀릴 거라고 말해요.

치료자 : 그러나 실제 문제는 파산하는 것을 수용하는 것이에요. 그런 생각을 가지고 사는 것은 어려워요. 당신이 연습해야 하는 것은 실제로 파산한다는 생각이에요.

환자 : 너무나 혼란스러워요.

치료자 : 봅시다. 당신이 파산하지 않을 이유가 뭐죠?

환자 : 나는 많은 곳에 투자를 했어요. 그리고 나는 직장이 있고, 아내도 직장이 있어요. 나는 파산하지 않을 거예요.

치료자 : 그렇지만 파산해 가는 이미지나 생각을 한번 연습해봅시다. 당신 마음에 파산하면 떠오르는 이미지나 그림은 뭐죠?

환자 : 나는 집도 없고, 돈도 없는 나를 보아요.

치료자 : 좋아요. 눈을 감고 이 이미지가 당신 머리에 분명히 떠오르게 하세요. 이제 "나는 파산할 거고, 집도 잃게 될 거야"를 반복하세요.

환자 : "나는 파산하고 집을 잃을 거야."

치료자 : 당신의 불안은 0~100% 중 얼마나 되나요?

환자 : 한 80%요.

치료자 : 계속해보세요.

환자 : (10분간 이 생각과 이미지를 반복한다. 그러면 그의 불안은 5%로 떨어진다.) 이제 지겹네요.

치료자 : 당신이 파산할 거라는 생각을 참을 수 있게 되었기 때문입니다.

과제

치료자는 환자에게 최악의 두려움이 확인될 때까지 하향화살표기법(당신을 괴롭힐 무엇이 다음에 일어날까?)을 사용하도록 요구한다. 이것들을 적어놓고 비용과 이익을 추정하게 한다. 양식 8.23을 활용하여 자신의 사고 과정의 각 단계에서 일어날 수 있는 일련의 사건이나 영향을 규정할 수 있다. 이것은 환자들이 단지 그들이 상상하는 사건 자체보다 "왜 이것이 나를 괴롭히는가?"에 집중하는 데 도움이 된다. 그다음에 제일 나쁘다고 생각되는 두려움의 시각적 이미지와 진술("나는 암에 걸릴 거야"와 같은)을 환자에게 만들어보라고 한다. 환자들은 15분간 그 이미지에 집중하고 진술을 되풀이한다. 이 과정은 환자들에게 자신이 두려워하는 환상을 공개하고, 이미지에 익숙해지기 경험을 실습해보게 한다. 그림 8.9에 두려워하는 환상에 대한 한 환자의 반응을 제시한다.

일어날 수 있는 문제

어떤 환자들은 두려워하는 환상을 반복하는 것은 기분을 더 나쁘게 만든다고 믿고 있다. 이 연습은 회기 안에 실험해보도록 할 수 있다("당신이 마음속에 그 이미지를 붙잡고 있을수록 당신의 불안이 어떻게 바뀌는지를 봅시다."). 많은 걱정을 하고 있는 환자들은 걱정과 안심 추구를 통해 부

당신의 최근 걱정 뒤에 있는 최악의 두려움에 대해 작성하기	이 두려움에 대한 걱정의 비용	이 두려움에 대한 걱정의 이익
나는 혼자가 될 거고, 아무하고도 말하지 않게 될 거야. 나는 혼자 앉아 있는 자신을 본다.	불안, 우울, 절망	아마 나는 그것을 방지할 수 있다. 아마 나는 동기부여가 될 것이다.

두려운 이미지와 진술의 반복, 불안율(0~100%)

	불안(0~100%)
1분	80%
5분	70%
10분	50%
15분	20%
20분	10%

그림 8.9 두려워하는 환상적 걱정

정적 이미지에서 벗어나는 데 모든 노력을 집중하고 있었기 때문에, 이 연습이 반직관적임을 안다. 다른 문제는 환자가 최악의 환상이 실제로 일어날 수 있다고 믿는다는 점이다. 예를 들어, 어떤 사람들은 파산한다. 이런 경우, 걱정을 하는 환자에게는 사람들이 부정적인 삶의 사건에 어떻게 대처하는지, 예를 들어 파산, 이혼, 암을 극복하는 방법에 대한 정보를 모아오는 숙제를 부여할 수 있다. 대처 모델은 최악의 가능한 결과에 대한 불안을 감소시키는 데 도움이 된다.

기타 기법에 대한 탐색

치료자는 환자들에게 과거의 걱정, 최악의 가능한 결과에 대해 걱정하는 데 드는 비용과 이익, 이 걱정을 지지하는 그리고 반대되는 증거, 이중기준기법을 점검하도록 요구할 수 있다.

양식

양식 8.23(두려워하는 환상적 걱정)

기법 : 사고의 수용

설명하기

이 연습을 소개할 때 치료자는 다음과 같이 말할 수 있다: "모든 것을 통제하고 변화시키려고 노력하기보다는 당신이 수용하고 최선이 되기 위해 배울 수 있는 어떤 것이 있을 거예요. 예를 들어, 아마 당신은 자신의 일에서 완벽하지는 않을 거예요. 그러나 당신은 무언가 할 수 있다는 것에 감사하는 것을 배울 수 있어요. 자신에게 문제가 있다고 비판하거나 문제를 재앙이라고 보기보다는 '나에게 문제(예 : 우울증)가 있음을 수용하고, 이제 나는 그 문제를 풀려고 노력할 거야'로 시작해보세요."

토론 안건

"우리는 인생에서 많은 것을 수용하도록 배웁니다. 만약 우리가 겨울에 버몬트에 산다면, 당신은 그 추위를 수용하는 것을 배웁니다. 만약 당신이 8월에 마이애미에 산다면, 당신은 그 더위를 수용하는 법을 배웁니다. 일어난 것에 대한 사심 없는 수용에 대해 생각해보십시오. 관찰자(필연적으로 행동할 필요가 없는 사람)처럼 행동하십시오. 판단을 하거나 행동을 권고하지 않고 일어나고 있는 일을 어떻게 기술하나요? 당신이 분리된 관찰자가 되어 이 사건의 진행 과정을 지켜보기로 결심한다면 어떤 일이 일어날까요?"

예

치료자 : 많은 시간 우리는 통제할 필요가 있다고 느끼는 것에 대해 걱정을 합니다. 그러나 만약 우리가 걱정하기보다 수용하고 관찰하는 것을 목적으로 한다면 어떻게 될까요? 우리가 수용하고 관찰할 때, 우리는 판단하지 않고 통제하지 않습니다. 예를 들어, 만약 1월에 바깥이 춥다면, 우리는 그것을 지켜보고 받아들입니다. 우리는 의심 없이 따뜻한 옷을 입을 것입니다. 그것이 우리가 살고 있는 현실입니다. 당신이 현재 걱정하고 있는 것을 수용하려고 한다면 어떨까요?

환자 : 이해가 안 돼요.

치료자 : 자, 고통과 그 통증이 말기 암의 신호라는 당신의 걱정을 가지고 적용해봅시다. 당신의 주치의가 당신에게 필요한 것은 운동이라고 말해도, 당신은 여전히 당신이 죽을지 모른다는 걱정을 하고 있어요. 당신의 고통을 받아들인다는 것은 그것을 판단 없이 관찰하는 것을 의미해요. 그것은 단지 기술하는 것이에요. 해석하지 않고 단지 기록만 하세요. 당신의 다리에 대해 어떻게 기술하겠습니까?

환자 : 나는 왼쪽 다리에 약간의 긴장을 느껴요. 아주 작은 고통이에요. 작은 바늘로 찔린 것 같은 거지요. 그러나 그 느낌은 종종 사라져요.

치료자 : 당신의 발은 어때요?

환자 : 특별한 느낌이 없네요. 나는 신발을 신었을 때 발끝을 더 많이 느낄 수 있어요. 나는 발바닥에서 약간의 온기를 느낄 수 있어요.

치료자 : 종국적으로 죽는다는 것에 대해 받아들이는 것은 어때요? 어떻게 보이나요?

환자 : 나는 내 자신이 죽어 있는 것을 볼 수 있어요. 나는 움직이지 않고, 숨을 안 쉬어요. 나는 뒤에

버티고 서서 나를 지켜봐요.

치료자 : 뒤에 서서 지켜보는 것이 어떤 느낌인가요?

환자 : 처음에는 약간 과민한 것처럼 느껴지지만, 점점 침착해져요.

과제

치료자는 다음과 같이 과제 할당을 설명할 수 있다: "우리는 인생에서 실제로 절대적으로 통제할 수 없는 많은 것에 대해 걱정을 합니다. 만약 우리에게 이러한 방식이 불편하다면, 유용한 한 가지 기법은 수용을 연습하는 것입니다. 당신은 이미 많은 영역에서 이러한 수용을 매일 연습하고 있습니다. 당신은 배가 고프고 잘 필요가 있으며, 약을 먹고 일을 해야 하며, 교통 체증을 겪고 추위나 더위를 견뎌야 한다는 사실을 수용합니다. 당신은 이것들에 대해 주장하거나 걱정하지 않습니다. 수용은 판단, 해석, 통제 없이 관찰자가 되는 것과 관련 있습니다. 관찰자는 보고 수용합니다. 당신이 걱정하고 있는 것들의 일부를 보고, 그것들을 수용하는 것을 당신이 어떻게 배울 수 있을지 알아봅시다. 양식 8.24를 이용해서 당신의 걱정을 표시하고 예를 들어 "나는 시험에 떨어질 거야"와 같이, 실제로 어떤 일이 일어났는지 ― 단지 그것의 '골격'만을 ― 에 대한 기술을 적어 내려가세요. 예측, 해석, 판단, 해결책은 적지 마세요. 단지 사건과 상황만 묘사하도록 하세요. 예를 들어, 당신이 투자했다가 돈을 잃었다고 합시다. 일어난 일에 대해서만 정확히 적으세요. 그리고 그저 수용하는 것의 비용과 이익을 계산해보세요. 수동적으로, 저항 없이, 그저 수용하도록 애

내가 걱정하는 것 : 나는 사랑하는 사람을 결코 찾을 수 없을 거야.

수용에 대한 비용과 이익	비용 : 나를 우울하게 만들 것이다. 그것은 포기이다. 나는 이런 생각을 없앨 필요가 있다. 이익 : 나는 단지 생각을 내가 경험한 것으로 수용할 수 있다. 그것은 필연적 결과로 예측한 것은 아니다.
버려두면 나를 힘들게 할 일 가운데 내가 매일 수용하는 것	사고, 소음, 무례한 사람들, 혼잡한 지하철, 지연, 일이 제때 풀리지 않는 것, 빨리 답하지 않는 친구들
나는 왜 받아들이는가	나는 모든 것을 통제할 수 없고, 단지 그들을 수용하고 지낸다. 나는 정말 선택의 여지가 없다.
걱정을 유발한 것 가운데 실제로 일어난 사건은 무엇인지를 다소 상세하게 기술하십시오(판단, 해석, 예측하지 마십시오).	분리된 관찰자 : 나는 내 아파트에 혼자 앉아 있고, TV가 틀어져 있다. 그리고 나는 그저 이메일을 확인하고 피자 한 조각을 먹고 있다.
결론	만약 그 생각을 지금 막 발생한 것처럼 수용하고 싸우지 않는다면, 나는 이것들과 잘 지낼 수 있다. 어떤 생각을 소음처럼 생각하는 것은 나에게 도움이 된다.

그림 8.10 수용 훈련하기

써보세요." 그림 8.10에서 한 환자가 이 양식에 반응한 것을 볼 수 있다.

일어날 수 있는 문제

걱정을 하는 많은 사람들은 자신이 일어날 나쁜 일에 대비하고 있다는 것에 긍지를 가지고 있다. 수용은 일어날 일을 수용하는 능력이다. 치료자는 환자가 해결 대 수용의 비용과 이익을 점검해보도록 도울 수 있다. 환자가 수용하고 있는 모든 것을 매일 점검하는 것도 종종 도움이 된다.

기타 기법에 대한 탐색

다른 적절한 기법에는 불확실성 훈련, 이중기준, 합리적 역할 연기, 하향화살표기법, 자동적 사고 확인하기가 있다.

양식

양식 8.24(수용 훈련하기)

양식 8.1

걱정의 자기 관찰

걱정, 정서나 감정(예 : 불안, 슬픔, 무력감, 자의식이 발생한 상황을 주시하면서 걱정이 발생한 날짜와 시간, 그리고 걱정의 구체적 내용(예 : "논쟁을 벌일 것 같다.", "무엇을 해야 할지 모르겠다.")을 적으세요. 설명을 위한 간단한 예시가 제공됩니다.

날짜/시간	상황 기술	정서나 감정	구체적인 걱정
6/14	오늘밤 파티에 갈 생각	불안	나는 뭐라고 말해야 할지 모른다. 나는 바보 같은 소리를 할 거다. 대화가 끊기고, 상대방은 서투르고 멍청하다고 생각할 것이다. 나는 불안해지고, 떠나야 할 것이다.

양식 8.2

걱정에 대한 비용-이익

당신의 특정한 걱정들을 기록하세요. 그리고 각각에 대하여 당신이 그 걱정을 통해 얻게 되는 이익뿐 아니라, 가지고 있어서 치르게 되는 비용을 적을 수 있다면 보여주세요. 비용과 이익을 측정하되, 각 척도는 0~100까지입니다. 그리고 당신이 이 걱정을 계속 하고 있을 때 순비용이나 순이익을 계산해보세요. 설명을 위한 간단한 예시가 제공됩니다.

구체적인 걱정	비용	비용률	이익	이익률	비용과 이익
나도 바보같은 소리를 할 거야.	나를 불안하게 한다. 즐길 수가 없다. 나는 파티를 피하고 싶다	80	아마 나는 나자신을 안심시킬 수 있다. 아마 나는 말할 거리를 생각할 거야.	20	−60

당신은 당신을 더 많이 어렵게 하는 걱정이 만들어지는 장소를 특정 사례로 지적할 수 있는가?

만약 당신이 좀 다른 것을 걱정한다면, 당신의 인생에서 무엇이 개선될까?

양식 8.3
걱정을 예측으로 전환하기

첫 번째 열에는 예측하고 있는 걱정거리를 적으세요(예 : "나는 시험에 떨어질 거야"). 그리고 두 번째 열에는 당신의 예측이 사실일 것이라는 확신의 정도(0~100, 100은 절대적 확신)를 기록하세요. 세 번째 열에는 실제 어떤 일이 일어났는지를 기록하세요. 그리고 네 번째 열에는 당신의 결론을 기술하세요.

나는 예측한다.	확신(0~100)	실제 결과	결론

양식 8.4

검증할 수 있는 사고와 예측 만들기

우리는 종종 꽤 애매한 사고를 합니다. 그래서 우리는 그것이 참인지 거짓인지를 검증해볼 수가 없습니다. 예를 들어, "인생은 공허할 것이다"라는 사고는 '공허'의 의미를 알기가 어렵기 때문에 검증하기가 어렵습니다. 반면에 "나는 어떤 즐거움도 경험하지 못할 거야"라는 사고는 우리가 경험하는 기쁨의 경로를 기록해보면 검증할 수 있습니다. 때때로 우리는 다소 비현실적인 사고를 합니다. 예를 들어, "나는 실패자야"라는 사고를 가질 수 있고, 그 사고의 검증은 우리가 실패를 했거나 인생에서 실망을 한 것으로 생각할 수 있습니다. 우리 모두는 실패와 실망을 하기 때문에, 대부분의 사람은 '실패자'가 시험에서 실패하거나 거절당하는 것과 같다는 생각에 동의하지 않을 것입니다. 당신의 문제가 되는 사고를 아래에 적고, 각각의 질문에 대답해보세요.

사고	내가 어떻게 검증할 수 있는가? 이것이 옳다는 것을 입증하려면 나는 무엇을 관찰할 수 있는가?	다른 사람들은 이 사고에 대한 나의 검증에 동의하는가?	다른 사람들은 다르게 바라보는가?	나의 사고는 애매하고 일반적인가?

이중 점검 : 내 사고가 진술된 방식에 잘못된 것이 있는가? 그것은 정말 검증할 수 있는가? 우리는 정말로 당신의 사고에 대항하여 숙고할 만한 정보를 모을 수 있는가?

양식 8.5
부정적 예측 점검하기

다가오는 한 주 동안, 당신의 부정적 사고와 걱정에 대한 예측을 적으세요. 예를 들어, "나는 집중할 수 없을 거야" 또는 "나는 아무 말도 못할 거야" 또는 "나는 잠을 잘 수가 없어"입니다. 그다음에 주말에 실제 어땠는지를 기록하세요.

"나는 … 할 거야"라고 예측한다.	"나는 … 하지 않을 거야"라고 예측한다.	실제 결과

양식 8.6
과거의 부정적 예측을 점검하기

만약 당신이 부정적인 운명에 대한 말과 관련된 편견을 가지고 있는지 알기 위해서는, 과거에 했던 부정적 예측을 되돌아보는 것이 효과적입니다. 당신이 부정적 예측을 했었던 상황(촉발 사건 등)에 대해 회고해보세요. 예를 들어, 당신은 이별을 경험하면서 "나는 다시는 또 다른 관계를 갖지 못하게 될 거야" 또는 "나는 다시는 행복을 느끼지 못하게 될 거야"라는 예측을 했을 수 있습니다. 왼쪽 열에는 촉발 사건을 적고, 가운데 열에는 당신의 예측을 적으세요. 오른쪽 열에는 실제 일어난 것을 기록하세요. 설명을 위한 간단한 예시가 제공됩니다.

과거의 촉발 사건	예측/사고	실제 결과
나는 남자와 헤어졌다.	나는 항상 혼자일 거야. 나는 다시는 행복해질 수 없을 거야. 나는 신경쇠약에 걸릴 거야.	나는 6개월 후에 새로운 사람을 만났다. 나는 친구들과 있으면서 그다음 주에 행복을 느꼈다. 나는 잠시 우울했지만, 극복했다.

양식 8.7

가능한 결과

우리는 종종 우리가 불안할 때 최악의 결과에 집중하게 됩니다. 아래에는 가능한 한 최악의 결과, 최상의 결과, 보통의 결과를 적으세요. 그리고 가장 가능성이 높은 결과를 적으세요. 각 결과에 대해 가능성은 얼마인가요?

최악(%)	최상(%)	보통(%)	가능성 높음(%)

양식 8.8
결과에 내한 이야기

대안적인 생각하기의 한 가지 방법은 나타났던 결과에 대하여 일어났던 일들에 대한 이야기를 제공하는 것입니다. 아래의 양식에 가장 일어났을 법한 결과들을 적어보세요. 그 아래에는 최상의 결과, 그리고 보통의 결과를 적어보세요. 그다음에 이러한 결과가 발생하려면 일어났을 상황에 대하여 자세히 기술해보세요. 당신이 할 수 있는 특정 행동은 무엇인가요?

결과의 유형	무슨 일이 일어났나요? 내가 해야 하는 것은 무엇입니까?
가장 가능성 높은 결과	
최상의 결과	
보통의 결과	

양식 8.9
불완전한 해결책의 예

때때로 우리는 오로지 불완전한 일을 함으로써 향상을 이루어낼 수 있습니다. 우리는 이것을 '성공적인 불완전성'이라고 부릅니다. 예를 들어, 당신이 주 5회 45분씩 운동할 수 있다면 이상적입니다. 그러나 당신은 그렇게 할 수가 없습니다. 그러나 당신은 주 3회 20분 정도 걷거나 운동하는 것처럼 '완전하지는 않게 하기'로 향상될 수 있습니다. 시작해가는 것은 지향점을 향해 불완전한 단계를 갖는 것을 의미합니다. 아래 양식에, 당신이 취할 수 있는 가능한 '불완전한 해결책'('나는 지금 하는 것보다 좀 더 많이 운동하기')을 적어보세요. 그리고 불완전하게 하는 데 드는 비용과 이익을 적으세요. 그러고 나서 당신이 취할 수 있는 특정 행동을 적으세요('매일 30분 걷기').

가능한 불완전한 해결책	비용	이익

이 불완전한 해결책을 이용하면서 당신이 취할 수 있는 행동은 무엇입니까?

행동

양식 8.10

과거의 부정적 사건 처리를 점검하기

우리 모두는 가끔 부정적인 사건에 직면합니다. 당신은 부정적인 상황을 잘 처리할 수 있다고 생각하지 않는 것 같습니다. 당신이 겪은 부정적인 경험을 되돌아보고 어떻게 극복하였는지를 확인해보세요. 그 상황이 나아지게 하기 위해서 당신은 결국 무엇을 하였나요? 아울러 그것을 극복하는 데 전혀 도움이 안 되는 행동, 예를 들면 음주, 혼자 지내기, 쓸모없는 관계 맺기, 과제 미루기, 불평만 하기 등을 확인하세요. 끝으로 당신의 최근 문제를 점검하고, 그것을 극복하기 위한 모종의 가능하고도 효과적인 방법과 전혀 도움이 안 될 것 같은 방법을 모두 확인하세요.

과거의 부정적인 사건	극복한 방법	도움이 안 되는 방법

최근 걱정하고 있는 문제	효과적인 극복 방법	도움이 안 되는 대처 방법

양식 8.11

나는 왜 과거 예측에서 배우지 못하는가?

때때로 우리가 과거에 한 예측이 참이 아님을 깨닫습니다. 그러나 우리는 현재의 예측이 일련의 거짓 경보의 부분이라는 것을 알지 못합니다. 아마도 우리가 이렇게 생각하는 데는 이유가 있을 것입니다. 아래 양식에 당신이 생각할 수 있는 과거 거짓 경보가 당신이 최근 하고 있는 걱정보다 덜 중요한 이유를 모두 적어보세요.

내가 바로 비관론자라는 것의 증거로서 과거의 거짓 경보를 활용하지 않는 이유	이 신념의 결과
1. 나는 보증할 어떤 것도 가지고 있지 않다.	
2. 나는 내 최근 예측이 틀릴 수 있다는 증거를 찾지 못했다.	
3. 나는 과거의 예측이 옳지 않았다는 증거를 찾지 못했다.	
4. 지금 일어날 수도 있기 때문에 나는 걱정해야 한다.	
5. 다른 이유(특별히)	

양식 8.12

소점 두기-대비 초점 두기

자동적 사고	합리적 반응

양식 8.13

생산적 vs. 비생산적 걱정

우리는 항상 무언가에 대해 걱정합니다. 문제는 그 걱정이 생산적인 것인가, 아니면 비생산적인 것인가입니다. 생산적인 걱정은 구체적이고 특정한 행동에 이르게 합니다. 그것은 실제로 일어날 가능성이 분명히 있는 사건을 걱정하는 것입니다. 반면 비생산적인 걱정은 극히 드물지만 실제로 가능할 수는 있는, 그저 가능하기만 한 어떤 사건을 무조건 걱정하는 것입니다.

나의 최근 걱정 : _____

질문	답
그것은 실현 가능성이 아주 낮은 것인가?	
나는 무엇을 예측하고 있는가?	
해결할 필요가 있는 문제는 무엇인가?	
내가 할 수 있는 구체적인 행동은 무엇인가?	
내가 오늘 '해야 할' 목록이 있는가? 지향점을 향해 이동하게 할 오늘 할 수 있는 것이 있는가?	
그 행동이 합리적인 것인가?	
아주 조금만 통제할 수 있거나, 전혀 통제할 수 없는 일을 내가 걱정하고 있는가?	
생산적인 걱정인가? 비생산적인 걱정인가?	
왜 그런가? 또는 왜 그렇지 않은가?	

양식 8.14
걱정하는 시간 동안 걱정의 행로 기록히기

아래 양식에 당신이 낮이나 밤에 어려운 시간을 갖게 되었을 때 했던 걱정의 행로를 기록할 수 있습니다. 당신이 걱정에 집중할 때 매일 30분을 정해놓으세요. 언제라도 아래 양식을 사용하여 당신의 걱정을 기술하세요.

이 걱정이 촉발된 상황	나의 특정 걱정	전에 이런 걱정을 한 적이 있는가?

걱정하는 시간

아래 양식을 활용하여 당신의 걱정을 적으세요. 걱정 시간이 지나고 30분 후, 각 질문에 답하세요.

시간/날짜 :	기간(분) :
장소 :	
걱정이 시작될 때의 불안(0~100%) :	걱정이 끝날 때의 불안(0~100%) :

(계속)

걱정하는 시간 동안 걱정의 행로 기록하기(계속)

걱정 :
내 걱정의 공통 주제 :
걱정에 드는 비용과 이익 :   비용 :   이익 :
이것은 생산적인 생각인가? 비생산적인 생각인가?
내가 오늘 이 문제를 해결하는 데 도움이 되는 생산적인 행동이 있는가?
최근에 내가 나의 한계 — 나는 모른다. 내가 할 수 있는 것이 없다. 그것은 언제나 불확실하다 — 를 수용했다면 더 나았을까?

양식 8.15

부정적 예측을 실현하기 : 자기 충속석 예언

왼쪽 열에 당신의 부정적 예측(예 : "아무도 나와 같이 파티에 가지 않을 거예요")을 나열하세요. 가운데 열에는 그 예측이 '실현되도록' 만들어 버리는(예 : "나는 아무한테도 말하지 않아요", "나는 무언가를 겁내는 사람처럼 굴어요") 당신의 행동들을 나열하세요. 오른쪽 열에는 그 부정적 예측에 대항하여 당신이 할 수 있었던 행동들을 나열하세요. 이를테면 그 부정적 예측에 반대되는 어떤 것을 믿었다면, 당신이 할 것 같았던 행동 따위를 말합니다(예 : "나를 사람들에게 소개할 거예요", "사람들에게 소개하라고도 할 거예요").

나의 부정적 예측	나는 부정적 예측을 어떻게 실현시키는가?	부정적 예측을 반박할 수 있는 대안

양식 8.16
불확실성을 전적으로 경험하기

왼쪽 열에는 당신에게 끊임없이 반복되는 생각들을 적으세요. 이를테면 "무언가 끔찍한 일이 나에게 닥칠 가능성은 항상 있어" 같은 것입니다. 두 번째 열에는 3분 간격으로 그 생각들을 반복하였다고 적으세요. 오른쪽 열에는 당신의 불안 수준을 적으세요. 불안 수준은 0~100%까지입니다. 불안 수준이 반으로 떨어질 때까지 그 생각을 계속해서 반복하세요. 다시 말하면, 불안 수준이 최고 80%일 경우, 불안 수준이 40% 이하로 떨어질 때까지 그 생각을 반복하라는 것입니다. 불안 수준이 어떻든 간에 이 반복 작업을 최소한 15분 동안 계속하세요.

끊임없이 반복되는 생각	시간 : 노출	불안(0~100%)

출처 : *Cognitive Therapy Techniques: A Practitioner' s Guide*, Second Edition by Robert L. Leahy. Copyright©2017 The Guilford Press. 이 양식의 복사 권한은 개인적인 사용 목적으로 이 책을 구매한 사람들이나 개인 내담자에게게만 주어진다. 구매자는 이 양식을 다운로드할 수 있다(양식 차례 끝에 있는 글상자 참조).

양식 8.17

자신을 문제에서 분리하기/사라지기

당신이 어떤 일로 걱정하고 있을 때, 우리는 종종 자신을 그 일의 중심으로 봅니다. 또는 우리는 '우리에 대하여' 또는 '우리가 해야 하는 것'을 생각합니다. 대안으로 우리는 우리가 일시적으로 사라졌다고 상상해볼 수 있습니다. 우리는 보이지 않습니다. 우리는 지금 여기 없기 때문에 이제는 우리에 대한 것이 아닙니다. 우리는 그저 어떤 일이 일어나는지 지켜보고 있습니다. 우리는 그것을 기술하게 됩니다. 우리는 아무것도 할 일이 없습니다. 사라지기를 통해, 우리는 관찰합니다. 아래 왼쪽 열에는 당신을 괴롭힐 수 있는 상황, 즉 당신이 걱정하고 있는 것을 기술하세요. 가운데 열에는 당신을 걱정하게 만드는 사고들을 적으세요. 그다음에 당신이 안 보이거나 잠시 존재하지 않는다고 상상해보세요. 당신은 단지 주변에서 일어나고 있는 일을 지켜봅니다. 이제 오른쪽 열에 당신이 관찰한 것을 기술하세요.

나를 괴롭히는 상황	내가 걱정하는 것	내가 사라졌을 때, 내가 관찰한 것

양식 8.18

모래알

우리는 걱정에 빠질 때 종종 자신을 그 상황의 중심이라고 생각합니다. 우리는 사람들이 당신에 대해 어떻게 생각할까, 우리에게 어떤 일이 일어날 수 있을까, 우리는 무엇을 해야 하나에 대해 생각합니다. 이러한 걱정하는 마음 안에는, 우리가 매우 크고 중요합니다. 그러나 잠시, 당신은 단지 끝없이 펼쳐진 해변에 있는 수많은 모래알 중의 하나라고 상상해보세요. 그들은 모두 똑같아 보입니다. 바람이 그들 주변에 불어옵니다.

아래 양식에서, 당신의 관심사, 즉 당신이 걱정하고 있는 것에 대해 생각해보고, 왼쪽 열에 적어보세요. 가운데 열에서 당신은 자신을 수많은 모래 사이에 있는 모래알이라고 상상하세요. 잠시 자신을 잊고, 떠밀려 다니는 모습을 상상하세요. 계속 그렇게 해보세요. 마음속에 이 이미지를 유지하세요. 모래알로서 당신이 갖는 새로운 생각과 느낌은 무엇인가요? 오른쪽 열에는, 당신이 모래알이 되는 상상을 할 수 있고, 그렇게 하도록 허용한다면 어떻게 좋아지는지를 기술하세요.

나의 관심사	모래알로서의 생각과 느낌	나를 모래알이라고 상상할 수 있다면 어떻게 좋아지는가?

양식 8.19

발코니에서 바라보기

우리는 걱정에 빠질 때 종종 그 상황에 열중하게 됩니다. 그것은 우리에 대한 것, 사람들이 우리를 어떻게 생각할지, 우리에게 어떤 일이 일어날지, 우리가 무엇을 해야 하는지에 대한 것이 전부입니다. 대신에, 자신이 현재의 상황에서 떠올라서, 멀리에 있는 발코니에서 바라보는 것을 상상해보세요. 당신은 지금 아래에 펼쳐지는 것을 다만 바라보고 있습니다. 잠시 동안 자신을 문제에서 분리하여, 당신은 어떤 일이 일어나게 해야 한다거나, 당신 주변에서 일어날 일에 대한 염려를 그냥 지나가게 할 수 있습니다. 왼쪽 열에는 당신이 걱정에 빠질 때 어떻게 생각하고 느끼는지를 기술하세요. 가운데 열에는 당신이 멀리 있는 발코니에서 보았던 것을 상상해서 적어보세요. 오른쪽 열에는 발코니에서 어떻게 생각하고 느꼈는지 적으세요.

내가 걱정에 빠질 때 어떻게 생각하고 느끼는가?	나는 발코니에서 아래에 있는 나의 무엇을 보았는가?	발코니에 서서 나는 어떻게 생각하고 느꼈는가?

양식 8.20

타임머신

우리가 걱정에 빠질 때, 일어난 상황에 초점을 두고, 그 순간에도 우리를 기분 좋게 해줄 수많은 일들이 발생할 수 있다는 사실을 깨닫지 못할 수 있습니다. 당신이 지금 무언가로 걱정하고 있다고 상상해보세요. 그러나 당신은 타임머신을 타고 일주일, 한 달, 1년, 5년 후에 가보는 겁니다. 당신의 생각과 느낌은 어떻게 바뀌었나요? 당신이 대처하는 데 도움이 되는 가능한 좋은 것들은 무엇인가요?

나를 힘들게 하는 것에 대해서 … 후에 나는 어떻게 느낄 것인가?	왜 나는 이것을 그리 나쁘게 여기지 않는가?
일주일	
1개월	
6개월	
1년	
5년	

양식 8.21

왜 다른 사람들이 나중에 나의 '부정적' 행동을 신경 쓰시 않는가?

때때로 우리는 자신이 포함되어 발생한 어떤 일에 대해 사람들이 어떻게 생각할까에 대해 걱정합니다. 그러나 사람들은 잊어버립니다. 그들은 자신 삶의 다른 일들에 대해 생각하고, 다른 시간에 우리는 그들에게 관심이나 흥미의 대상이 아닐 수 있습니다. 타임머신을 타고 미래로 가는 모습을 상상해보세요. 미래의 다른 시간에 대해 당신이 걱정하는 것들에 대해 다른 사람들이 어떻게 생각할까요?

나의 부정적 행동	사람들이 나와 상관없이 나중에 할 일들이나 생각

양식 8.22

'문제' 부정하기

우리는 문제라고 생각하거나 문제가 될 수 있다고 생각하기 때문에, 어떤 것에 대해 많은 시간을 걱정합니다. 그러나 그것을 바라보는 다른 방법이 있습니다. 아마 그것은 당신이 그것을 극복할 수 있거나, 보상이나 의미라는 또 다른 원인이 있는 그런 문제는 아닐 것입니다.

문제	왜 문제가 아닌가?

양식 8.23

두려워하는 환상적 걱정

먼저 당신의 최근 걱정에 잠재해 있는 최악의 두려움을 확인하세요. 그리고 그 최악의 두려움에 따른 이익과 비용을 추정, 산출하세요. 그리고 나서 그 최악의 두려운 이미지에 주목하면서, 그 두려움과 관련된 진술을 15분 동안 자신에게 반복하세요. 3분 간격으로 당신의 불안 수준을 측정, 기록하세요.

최근 걱정에 잠재한 최악의 두려움 확인하기	이 걱정에 드는 비용	이 걱정으로 인한 이익

두려움의 이미지 및 그것과 어울리는 진술 반복하기

	불안율(0~100%)
1분	
5분	
10분	
15분	
20분	

양식 8.24

수용 훈련하기

당신을 괴롭히는 사고를 눈치챘을 때, 당신은 종종 즉시 그것을 없애야 한다고 생각합니다. 그러나 만약 당신이 그 사고를 '배경 소음', 즉 거리의 자동차에서 나는 소음을 수용하는 것처럼 수용한다고 상상해보세요. 그 사고를 어떤 것도 하지 않고 그냥 '있도록' 허용하는 것을 상상해보세요. 당신은 다른 행동을 할 수 있고, 그 생각은 남아 있습니다. 아래 양식에 당신이 걱정하고 있는 생각을 쓰세요. 그다음에 그 생각을 단지 수용하는 데 드는 비용과 이익을 기록하세요. 다음에는 당신이 허용하는 또 다른 것들과 그것을 수용하는 이유를 밝히세요. 끝으로 당신을 분리된 관찰자라고 상상하고 당신을 걱정에 빠뜨리는 것을 판단, 해석, 예측하지 말고 그저 기술하세요. 훈련의 끝에는 결론이 제시됩니다.

내가 걱정하는 것 : _____

수용에 대한 비용과 이익	비용 :
	이익 :
버려두면 나를 힘들게 할 일 가운데 내가 매일 수용하는 것	
나는 왜 받아들이는가?	
걱정을 유발한 것 가운데 실제로 일어난 사건은 무언인지를 다소 상세하게 기술하라(객관적으로 기술하고 판단하거나, 해석, 예측하지 말라).	분리된 관찰자 :
결론	

제9장

전체적인 시야에서 상황 바라보기

인지행동적 접근에서는 부정적인 사고가 때로 사실 혹은 부분적으로는 사실일 수 있다고 인식하고 있다. 그러나 문제는 그러한 부정적 사고가 자주, 극단적으로, 심각하게 그리고 일상에 만연된 형태로 나타난다는 것이다. "난 참을 수가 없었어요", "끔찍해요", "너무 어려워요", "너무 끔찍해요" 등등의 표현을 내담자에게 듣는 것은 드문 일이 아니다. 혹은 "모든 게 나의 잘못이예요" 혹은 "정말 바보짓을 했어요"라고 말하는 경우도 자주 있다. '합리적(rational)'이라는 말은 그리스어 '비율(ratio)'에서 유래된 말로 이는 균형 잡힌 혹은 진상을 올바르게 보는 등의 의미를 갖고 있다. 내담자의 불안, 우울, 분노 등이 극심할 때마다 상황을 불균형적으로 심각하게 볼 수 있다는 가능성을 치료자는 고려해야만 한다. 더불어, 이 장에서 강조하고 있다시피 지금 이 순간 끔찍하도록 어렵게 느껴지는 사건도 시간이 지나면서 정서적인 영향을 상실할 수 있다.

부정적인 사고들은 부분적으로는 진실이다. 예를 들어, 실수를 했거나 다른 사람들만큼 시험을 잘 치르지 못했거나 혹은 주식 투자에서 돈을 잃은 것은 사실이다. 문제는 이러한 부정적 사건들을 상상할 수 있는 가장 부정적인 방식으로 바라보고 있다는 것이 문제이다. 예를 들어, 주식 투자에서 투자금의 30%를 손해 본 사람이 남은 돈이 하나도 없다고 바라보거나 자신이 원하는 대로 살 수 없을 거라는 생각에 사로잡히는 경우가 그것이다. 이 장에서 우리는 내담자들의 이런 관점을 변화시킬 수 있는 다양한 기법들을 살펴본다.

기법 : 파이 차트

설명하기

내담자는 "다 제 잘못이예요"라고 얘기하고 강도 높게 스스로를 비난하는 데 빠져 있곤 한다. 나쁜 일이 일어나면, 우리는 100% 나에게 잘못이 있다고 믿는다. 이혼 수속 중인 여성은 관계의 종말이 전적으로 자신에게 책임이 있다고 스스로를 비난하며, 직업을 구하는 여성은 취업 제안을 받지 못하는 것에 대해 100% 자신에게 책임이 있다며 비난한다. 개인은 모든 문제를 개인화하며, 인과론은 흔히 흑백논리로 전개된다. 부정적인 결과물의 경우, 개인은 한 가지 이유에만 초점을 둔 채 다른 모든 원인들을 배제한다. 예를 들어, 이혼 수속 중인 여성은 부부관계 파탄 원인의 여러 요소들(예 : 남편의 분노조절 문제, 결혼생활에 대한 헌신의 부족, 실직, 양육 부담을 나주지 않는 모습 등과 같은)을 외면한 채 자신에게만 원인을 찾아 비난하고 있다.

가능한 여러 원인들을 살피기보다는 '단일의 원인' — 오직 자신 탓을 하거나 특정 누구인가를 비난하는 등 — 관점에서 사건을 바라보는 경향이 종종 있다.

이분법적 사고에 대한 유용한 도전이 되는 개입 중 하나가 파이 차트로, 내담자에게 전체 파이를 크기가 다른 조각으로 나누게 하여, 어떤 사건에 대한 책임 정도를 각 요소별로 따져보게 하는 것이다. 내담자는 사건의 모든 가능한 원인들을 떠올리고, 각 원인들이 파이의 조각 중 어느 정도 크기로 묘사될 수 있는지 생각해볼 수 있다. 그리고 자신이 기여한 정도를 '파이 조각 중 하나'로 묘사하도록 하여, 스스로의 책임 정도를 평가해보도록 지시받을 수 있다.

토론 안건

"파이를 조각으로 나눠볼 거예요(치료자는 원 안에 여러 개 다른 크기의 조각을 그린다). 자, 이번 사건의 여러 다른 원인(내담자를 괴롭히는 사건들이자 스스로를 비난하는 사건들)들 모두를 당신이 떠올려봤으면 좋겠어요. 파이의 각 조각은 사건의 가능한 원인들 중 하나를 의미합니다. 각 조각이 사건의 원인들 중 어느 것에 해당되는지 생각해보세요. 어느 정도가 당신의 책임 정도와 일치하는 사이즈일까요?"

예

예를 들어, 과도한 요구에 시달리는 사무직 여성이 스스로를 '실패자'라 부르며 자신의 업무 수행 능력을 비난하는 상황에 놓여 있다고 생각해보자. 그녀가 지닌 가정은 "난 모든 일을 끝마쳐야 해. 만일 그렇지 못하면 모든 게 내 잘못이야". 우리는 업무 문제에 기여하는 가능한 모든 요인들의 리스트를 작성하도록 결정했다. 그리고 각각의 원인이 차지하는 비율을 적어보았다. 모든 요소들의 합은 100% 혹은 그 미만이었다.

컴퓨터 소프트웨어의 한계 : 10%
스태프들이 나에게 충분한 정보를 주지 않음 : 10%
상사들의 비현실적인 기대 : 30%

기술적 · 인력적 지원의 부족 : 45%

나의 노력 부족 : 0%

나의 능력 부족 : 5%

우리는 이 비율을 파이 차트(그림 9.1)에 옮겨 적어보았다. 양식 9.1에 파이 차트를 작성할 수 있다.

과제

치료자는 내담자에게 스스로(혹은 누군가)를 비난했었던 나빴던 일 혹은 결과를 생각해보도록 요청한다. 치료자는 이렇게 설명할 수 있다: "왜 이런 일이 일어났는지 가능한 모든 이유, 당신의 역할뿐 아니라 다른 사람의 역할 혹은 상황의 중요성 등등을 생각해보길 원해요. 또한 '나쁜 운'의 역할도 고려해보세요. 더불어, 아마도 알려지지 않은 원인들의 가능성도 생각해보세요. 여기 파이 차트를 보고(양식 9.1), 서로 다른 원인, 요소들대로 파이를 나눠보세요. 파이 조각 중 어떤 크기의 조각이 자기 비난에 해당될까요?"

(이 훈련의 다양한 변종이 흥미로운 이름으로 사용될 수 있다. 예를 들어, 내담자에게 스스로를 부정적으로 표현하는 말들, 즉 "나는 바보야"와 같은 말들의 리스트를 써보도록 요청할 수 있다. 그리고 모든 다른 행동들이나 특성들의 리스트를 적을 수도 있다. 파이 차트는 내담자 개인의 자기 개념의 다양한 요소들을 여러 파트로 나눠서 사용해볼 수 있다).

일어날 수 있는 문제

내담자가 사건의 가능한 다른 원인들을 정의하기 어려워한다면, 특히 스스로를 비난하는 것에만 매달리는 내담자의 경우 그럴 수 있다. 치료자는 내담자에게 피고 측 변호사를 상정하고 온전히

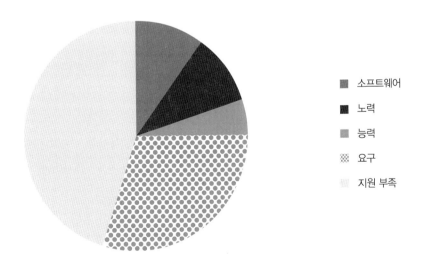

그림 9.1 파이 차트

내담자만의 잘못은 아니라고 변호할 수 있는, 다른 새로운 방식들을 떠올려보도록 지시할 수 있다. 변호사는 뭐라고 얘기할 것 같은가? 치료자는 또한 가능한 다른 원인들을 제공해볼 수 있다. 예를 들어, 관련된 다른 사람들이 게으른 행동을 보였을 수도 있고, 나쁜 선택, 혹은 내담자가 운이 안 좋아서일 수도 있고, 내담자가 최선을 다한 것이 아니었을 수도 있다. 더불어, 치료자는 원인이 과제가 어려워서, 운이 안 좋아서, 노력이 부족해서, 능력이 부족해서 등을 제안할 수 있다. 어떤 내담자들은 이런 재귀인이 스스로에게 변명 같다고 생각할 수도 있다. 즉, 이들은 스스로를 온전하게 비난하는 것만이 도덕적으로 합당한 것이라고 믿기도 한다. 치료자는 가능한 원인 혹은 실제 원인들에 대한 정보를 모아 상황의 합리성을 검증해보도록 할 수 있으며, 이러한 과정이 결코 변명과는 다르다는 것을 보여줄 수 있다. 만일 원인들이 실제 사실이라도, 이러한 과정이 책임을 회피하려는 태도와는 다름을 보여줄 수 있다. 또한 치료자는 이중기준기법을 사용해 내담자가 판단을 내릴 때 스스로에 대해 가혹하게 내리는 경향을 짚어줄 수도 있다.

기타 기법에 대한 탐색

관련된 기법으로는 대위법(point counterpoint), 증거 검증, 손익 비교하기, 연속선 사용하기, 발코니에서 바라보기, 합리적인 역할극 등이 있다.

양식

양식 9.1(파이 차트 훈련)

기법 : 연속선

설명하기

우울 사고의 상당수는 이분법적 사고, 즉 '승자 아니면 패자', '똑똑하거나 바보거나'식의 생각이다. 혹은 결과가 파국적이거나 아니거나 하는 식이다: "내 친구들은 나에게 무례해요. 난 참을 수가 없어요. 이런 일이 일어나다니 정말 끔찍해요". 이분법적 사고는 '어느 정도는', '약간은', '때로는'과 같은 생각이 부족하고 대신, 흑백으로 생각하는 방식이다. "때로 시험을 못 볼 수 있어"라고 생각하기보다는 "난 항상 바보야"라고 말하는 식이다. 이와 유사하게, 결과를 성공 아니면 실패로 보는 것 역시 이와 같은 사고이다.

이런 흑백논리는 연속선 기법을 사용해 검증해볼 수 있다. 이 기법의 목적은 내담자로 하여금 흑 아니면 백 식의 논리보다는 ~정도, ~수준 식으로 생각해보도록 돕는 기법이다. 우울하거나 불안, 화가 난 사람들은 종종 파국적으로 상황에 반응한다. 불편하거나 좌절이 일어난 상황으로 바라보기보다는 세상이 끝난 것 같고 도저히 견딜 수 없는 지경에 이르렀다고 생각한다. 따라서 이런 사람들은 상황을 도저히 통제할 수 없다고 믿는데, 심지어 현 상황이 일시적인 불편 그 이상도 이하도 아닌 정도임을 예측하거나 경험할 수 있음에도 이런 생각을 가진다.

연속선 기법은 내담자에게 사건을 0~100% 사이에서 바라보도록 제안한다. 0%는 부정적인 것이 하나도 없는 상황이며, 100%는 상상할 수 있는 가장 최악의 상황에 부합한다. 예를 들어, 홀로코스트나 피부가 천천히 타들어가는 듯한 고통이 100%일 수 있다. 내담자는 현 상황에 대해 얼마나 나쁘게 느끼는지를 평정해보도록 요청받는다. 그리고 가능한 예상되는 나쁜 결과를 0~100% 사이의 연속선 위에 위치시켜보도록 하고 척도의 다른 점수들도 한번 생각해보도록 안내된다. 척도의 중간점을 제시하면서, 내담자는 해당 사건을 연속선을 따라보도록 지시받는다. 연속선의 각 점은 10점씩 올라가며, 내담자가 고민하고 있는 현 사건이 연속선 위의 한 점에 위치하게 된다. 전형적으로 내담자들은 사건이나 결과들을 부정적인 정도가 낮은 척도 점수에 위치시키지 못하는데, 대개 75% 이하로 사건을 정의하기 어려워한다. 이는 그들이 지닌 이분법적 사고 경향에 기인한다. 이는 상당히 중요한 인식이다. 왜냐하면 이렇게 회색조로 세상을 바라보는 것이 균형 있게 세상을 바라보는 데 중요하기 때문이다. 내담자들은 결과를 다시 평정하도록 요청받고 새로운 포인트를 체크하며 실은 생각했던 것보다 나쁜 것은 아닌 이유를 생각해보도록 지시받는다.

토론 안건

"이번 일이 꽤 잘못되었다고 말했어요. 0~100% 사이로 나쁜 정도, 잘못된 정도를 말해보세요. 100%는 상상할 수 있는 가장 안 좋은 기분입니다. 예를 들어 대학살과 같은 끔찍한 일이죠. 0%는 부정적인 게 하나도 없는 상태가 되겠죠?[양식 9.2 참조]. 10점 단위로 표시를 하며 그릴 거예요."

"현재 일을 90% 정도 나쁘다고 표시했네요. 자 척도의 다른 부분을 한 번 보죠. 95%를 볼까요. 95%라면 과연 어떤 일이 일어난 걸까요? 80%, 70%, 60%, 50%, 40, 30, 20, 10 각각은 어떻죠? 채워넣기 어려운 점수는 몇 점인가요? 60% 이하를 채워 넣는 것이 왜 어렵죠? 지금 이 순간 가장 극단적인 지점에서 무엇이 일어났는지 찾아볼래요? 이 사건을 척도 내 다른 점수에 위치시킬 생각이 있나요? 생각했던 것보다 나쁘지 않은 이유는 무엇일까요?"

예

치료자 : 로저가 다시 전화하지 않아 화가 났었다고 얘기했어요. 로저랑 두 번 외출을 했었죠. 당신은 지금 매우 화가 나 보여요. 지금 당신의 감정을 0~100% 사이로 평가해본다면 어떨지 궁금해요. 100은 당신이 생각할 수 있는 가장 화가 나는 상태이지요.

내담자 : 지금 약 95% 정도예요. 난 정말 화가 나고 상처를 받았어요.

치료자 : 알겠어요. 상당히 안 좋군요. 자 이제 로저가 결코 다시 전화를 하지 않는다는 상상을 해봅시

다. 이 일도 0~100% 사이에서 평정을 해볼텐데, 100%는 대학살처럼 가장 끔찍한 일이에요. 로저가 다시 전화를 하지 않는 일은 어느 정도로 나쁜 일일까요?

내담자 : 75% 정도요. 전 항상 거절을 당해요.

치료자 : 알겠습니다. 자 0~100%를 평가하는 척도를 그려볼게요. 우리는 이걸 일종의 척도라고 부를 게요. 100%는 아까 말씀드린 것처럼 인종 대청소, 유대인 학살 같은 끔찍한 일이에요. 로저가 당신 에게 전화를 하지 않는 일은 75% 정도의 끔찍한 일이에요. 90% 정도되는 일은 뭘까요?

내담자 : 음… 부상을 크게 입는다거나 다치는 거, 아픈 거, 그런 거겠지요.

치료자 : 좋아요. 그럼 85%는요?

내담자 : 부상을 당했지만 회복된 것.

치료자 : 60%는?

내담자 : 모르겠어요. 실직?

치료자 : 50%는요?

내담자 : 아무것도 아닌 일에 친구가 막 화를 내는 것.

치료자 : 40%는요?

내담자 : 좀 지루한 질문이네요. 모르겠어요. 살이 찐 느낌? 5파운드 체중이 는 것?

치료자 : 50% 이하는 떠올리기 힘든 거 같아요. 왜 그럴까요?

내담자 : 제 생각에 모든 일이 그렇게 나쁜 것 같지는 않아요. 대부분 일들이 50% 이하라고 할까요?

치료자 : 로저가 당신에게 전화하지 않는 일이 75% 정도 되는 끔찍한 일이라고 실제로 믿어지나요? 아 니면 누군가에게 공격당할 만큼 나쁜 일이라고 생각되나요?

내담자 : 아닌 것 같아요. 그런 식으로 생각했네요.

치료자 : 당신의 감정은 정말 중요해요. 하지만 균형 잡힌 상태로 상황을 바라보는 것 역시 매우 중요 해요. 예를 들어, 이 일이 직업을 잃는 일만큼 나쁜 일은 아니죠?

내담자 : 요금을 내려면 전 직업이 필요해요. 로저가 필요한 게 아니죠.

과제

치료자는 내담자에게 자신의 부정적인 이름 붙이기, 파국적인 생각, 이분법적 판단/결론의 몇 가지 사례를 생각해보도록 지시한다. "이번 주에 당신을 정말 화나게 했던 일들에 대해 생각해보시길 바래요. 혹은 가까운 미래를 생각할 때 두려운 일들, 예를 들어 불안, 우울 혹은 화가 나는 일들에 대해서 생각해보고 하나를 골라 집중해보세요. 그리고 그 사건 혹은 상황이 얼마나 나쁘게 느껴지는지 생각해보고 그에 대한 자동적 사고가 무엇인지도 생각해보세요. 이제 당신을 성가시게 할 그 일을 적어보죠. 이를 테면 다음 주에 당신이 강의를 하는데, 생각하기를 다른 사람들은 당신의 강의를 좋아하지 않는 상황 같은 거죠. 당신의 강의를 좋아하지 않는 것과 같은 일은 얼마나 나쁘게 느껴지는 일일까요? 0~100% 사이로 평정해보세요(양식 9.2). 이 양식은 저희가 '척도'라고 부르는 자인데, 0~100%까지 표시하도록 되어 있어요. 0은 나쁜 일이 하나도 없는 상태, 그리고 100%는 대학살과 같은 끔찍한 일이죠. 이런 일(당신의 강의를 사람들이 좋아하지 않는 일)은 몇 점 정도의 일일까요? 10점씩 나눠져 있는 자에 각각에 해당되는 나쁜 일들을 한번 채워보시겠어요?

일어날 수 있는 문제

어떤 사람들은 이런 척도 기법을 비타당화하기(무효화하기) 방법 중 하나로 볼 수도 있다. 심지어, 너무나 끔찍한 일들과 비교함으로써 자신의 문제는 자동적으로 아무것도 아닌 것처럼 보이게 만드는 것 같아 분노할 수도 있다. 이 경우, 치료자는 내담자에게 자신의 문제를 끔찍하고 공포스러운 일로 바라보는 게 어떤 이익과 손해가 있는지 생각해보도록 요청할 수 있다. 어떤 내담자들은 자신의 욕구가 사소한 것처럼 무시되지 않게 하기 위해서 사건을 파국적으로 생각할 필요가 있다고 믿는 경우도 있다. 치료자는 도식 작업(제10장)을 통해 이런 비타당화 도식의 근원에 대해 검토할 수 있다. 또 다른 일반적인 문제는 내담자가 60% 이하의 칸을 채우는 데 어려움을 느끼고 포기하는 것이다. 더불어 치료자가 척도의 나머지를 채우도록 내담자를 격려하는 데 주저하는 경우이다. 우리의 경험상 10%에 해당되는 점수까지 모든 항목을 평가해서 채워 넣는 것이 일종의 '유용한 좌절'이라고 믿는다. 왜냐하면, 이러한 작업이 내담자에게 초기 자신의 문제에 대한 평가의 극단성을 충분히 납득시킬 수 있기 때문이다.

기타 기법에 대한 탐색

다른 관련 개입법들로는 손익분석기법, 파국적인 인지적 왜곡(파국적 사고, 정서적 추론, 명명하기, 실무율적 사고), 대안 구성하기, 이중기준기법 등이 있다.

양식

양식 9.2(연속선 연습)

기법 : 여전히 내가 할 수 있는 일

설명하기

많은 경우, 부정적인 사건은 극단적으로 보인다. 또한 무언가를 상실한다는 것(관계, 일, 기회 등)은 매우 끔찍한 일로 여겨진다. 사람들은 더 이상 지속적이지 않은 것들(상실)에 집중하고 여전히 가용할 수 있거나 잠재적으로 가용한 보상들의 근원을 보는 데 실패한다. 예를 들어, 연인과의 관계가 끝나가는 남자는 배타적으로 더 이상 여자친구와 시간을 보낼 수 없다는 사실에만 집중한 채 현재 가용하거나 혹은 미래에 사용할 수 있는 다른 보상의 원천을 보지 못한다. 혹은 어떤 여성이 파티에 가고 그녀가 매력적이라고 생각한 남성은 그녀와 대화하는 데 전혀 관심을 보이지 않는다. 여기에서 언급한 사례들의 사람들은 배타적으로 현재의 순간에만 포커스를 맞추거나 혹은 현재의 상실에만 포커스를 맞춘다. 그래서 잠시 뒤로 물러서서 여전히 가용한 선택이 무엇인지 고려하지 못한다.

토론 안건

"이 일이 일어난 것에 당신이 화가 났다는 것을 볼 수 있어요. 또 당신은 이 일을 매우 끔찍한 상실이라고 믿는 것 같아요. 때로 우리는 잃어버린 것만 보거나 혹은 지금 이 순간만을 경험하면서 다른 가능한 여러 옵션들을 보지 못할 때가 있어요. 저녁 뷔페에 갔다고 생각해봅시다. 난 연어를 특히 좋아해요. 그런데 저녁 뷔페에 연어가 다 떨어졌다네요. 아마 연어 외에도 스무 가지의 다른 요리들이 있다는 걸 알아차리기 전까지는 실망할 거예요. 난 다른 음식을 선택해 먹을 것이고 뷔페를 즐기겠죠. '만약 이런 일(뭔가를 상실했고 그래서 매우 화가 난)이 일어났을 때 난 여전히 뭘 더 할 수 있지?'와 같은 질문을 스스로에게 해볼 수 있을지 궁금해요."

더불어, 치료자는 이렇게 질문할 수 있다: "상실로 인해 당신이 더 이상은 할 수 없는 일이 뭔가요? 이 일들 중에서 미래에는 할 수 있는 일들이 있을까요? 다른 누군가는요? 어떤 환경에서 이런 일들을 할 수 있나요? 다른 어떤 대안을 찾아야만 할까요? 그 일들이 가능해 보이나요?"

예

치료자 : '제니'와 헤어지고 나서 매우 화가 나 보여요. 그리고 마치 더 이상 당신 삶에 즐거움이나 의미를 줄 수 있는 게 없는 것처럼도 보여요. 그건 당신에게 매우 힘든 일이죠.

내담자 : 맞아요. 마치 제 인생은 지금 아무것도 없고 텅 빈 것 같아요.

치료자 : 정말 힘드시겠어요. 공허, 아무것도 없는. 전 잠시 우리가 고개를 들고 다른 뭔가가 없는지 봤으면 좋겠어요. 이걸 생각해봅시다. 제니를 더 이상 만나지 못하는 상황에서 그래도 여전히 당신이 할 수 있는 일은 무엇일까요? 일과 친구부터 시작해보죠.

내담자 : 좋아요. 음 … 여전히 일을 하러 나갈 수 있어요. 제니와 헤어진 직후에 딱 하루만 직장을 쉬었어요. 하지만, 네, 여전히 전 일할 수 있어요. 그리고 일할 때는 잊어버리고 일만 할 수 있어요.

치료자 : 친구들은 어떤가요?

내담자 : 예. 여전히 친구들을 보죠. 예전만큼은 아니지만.

치료자 : 좋습니다. 당신 인생에서 친구들의 이름을 적어보죠. 지난 몇 달 동안 당신이 만난 사람과 한

동안 보지 못한 사람들 모두요.

내담자 : (이름을 쓴다) 필이 있어요. 제 제일 친한 친구죠. 요전 날에도 저녁 먹으러 만났어요. 또 짐, 웬디, 자비에르, 메리엔 등등이 있죠. 알란은 한동안 못봤어요. 그 친구는 보스턴에 살거든요. 하지만 여전히 친구예요

치료자 : 그래요. 가까이에도 멀리에도 친구가 있군요. 해야 할 일들도 여전히 있고요. 그리고 활동들, 예를 들면 운동을 하거나 영화를 보러 가거나 경기에 참여하거나 혹은 다른 흥미나 취미생활을 하는 것은 어떤가요?

내담자 : 네. 다시 운동을 해야 할 것 같아요. 그리고 필름 포럼에 가서 새로운 프랑스 영화도 보고 싶었어요. 제가 할 많은 일들이 있네요.

치료자 : 그래서, 상실은 매우 힘든 일이지만―제니를 더 이상 당신 삶에 넣을 수도 그녀와 함께 있을 수도 없는―그래도 여전히 할 수 있는 많은 일들이 있어요,

내담자 : 맞아요. 제가 너무 한 가지에만 집중하고 있었네요. 실연이라는 한 가지.

과제

치료자는 내담자로 하여금 양식 9.3을 완성하게 할 수 있다. 이를 통해 '내가 여전히 할 수 있는 일'을 평가해서 가까운 미래에 참여해서 할 수 있는 모든 활동들의 리스트를 평가할 수 있다. 더불어, 치료자는 내담자가 이 사건 때문에 더 이상 참여가 어려운 일들의 리스트를 만들어볼 수 있다.

일어날 수 있는 문제

어떤 내담자들은 이런 질문들을 무효화/비타당화 기법으로 바라볼 때가 있다. 즉 현재에도 여전히 문제가 되고 있는 상실 혹은 부정적인 사건들을 희석시키는 것으로 볼 수 있다. 치료자는 그러한 상실은 실제이자 중요한 일이며 그 때문에 화가 나고 우울하거나 불안할 수 있음을 얘기해줄 수 있다. 그러나 다른 가능한 보상과 의미의 소스를 살펴보는 것은 상실을 부정하는 것이 아니며 오히려 상실을 극복하는 데 도움이 된다. 정말로 상실의 부정적인 측면을 인정하지 않는 것은 여기에 나쁜 일이 하나도 없다고 말하는 것과 같은 의미가 될 수 있다. 반대로 지지적인 활동을 찾고 대안을 찾는 것은 정말 부정적인 일이 실제이고 내담자가 그 일과 마주하고 있다는 것을 인정해주는 것이다. 어떤 경우 내담자들은 실제로 그들이 할 수 없는 일에 집착할 수도 있다. 위 사례의 경우 제니와 시간을 보내는 일 같은 것이다. 이런 '상실'은 실제이며 피할 수 없는 일이다. 하지만 한 영역에서의 상실은 다른 영역에서의 새로운 가능성을 창조해낼 수도 있다. 예를 들어, 치료자는 여행이나 관계, 개인의 성장, 융통성 등이 새로운 기회가 될 수 있는지의 여부를 검토해볼 수 있다.

기타 기법에 대한 탐색

관련된 기법으로는 연속선(척도)에서 사건을 바라보기, 즐거움 예상하기, 장단기 목표를 정의해 보기, 상실이 아닌 획득의 기회로 변화를 재명명하기 등이 있다.

양식

양식 9.3(내가 여전히 할 수 있는 일)

기법 : 대안을 생각하기

설명하기

George Kelly(1955)는 경직된 사고를 수정하기 위한 기법으로 '건설적인 대안'을 제안했다. 해당 접근은 현재 주어진 상황에서 가능한 다양한 관점과 행동들을 고려하는 것을 포함한다. 불안, 우울, 분노 사고는 종종 내담자로 하여금 하나의 부적응적인 태도나 반응에 갇혀 있게 만드는 경직성 혹은 비융통성을 특징으로 한다. 대안을 만들어보는 것은 내담자로 하여금 현재의 반응을 완화시킬 수 있는 여러 다른 생각이나 행동을 고려하게 한다. 이런 생각은 사물을 바라보는 또 다른 방법이 항상 있다는 것을 의미한다. 건설적인 대안은 사고와 행동의 다른 방식을 상상케 하는 심리적 유연성을 증진시킬 수 있다.

시험을 치르고 자신이 낮은 성적을 받을 거라 믿는 사람을 생각해보자. 이 방법을 사용해, 왜 그가 시험을 잘 봐야 하는지에 대한 다양한 이유를 생각해보게 할 수 있다. 또 시험 결과가 그의 생존에 반드시 필수적인 것은 아닐 수 있는 이유, 그리고 시험에서 나쁜 점수가 나왔을 때 그가 할 수 있는 행동들에 대해서도 생각해볼 수 있다. 이런 사고의 틀은 시험을 인생을 뒤흔드는 절대 절명의 평가라기보다는 약간 불편한 일 정도로 위치시킬 수 있다. 대안을 만드는 것은 또한 수용전념치료에서 제안하는 심리적 유연성의 개념과 유사하다. 목표, 행동, 사고, 그리고 우리가 경험하는 많은 것들에 있어서 융통성을 갖는 것은 우리로 하여금 보다 효과적으로 대처할 수 있게 한다(Hayes, Strosah, & Wilson, 2012). 실제로 이런 유연성은 적응과 같은 개념일 수 있다.

토론 안건

"당신이 두려워하는 부정적인 결과들이 일어난다고 생각해봅시다. 어떤 종류의 생각과 어떤 종류의 행동들이 당신에게 보다 좋은 결과를 가져올 수 있을까요? 여전히 할 수 있는 일은 뭐죠? 대안적으로 가능한 일은 뭔가요? 당신이 할 수 있는 단기적 · 장기적인 일에는 무엇이 있나요?"

예

치료자 : 당신은 켄과 헤어지는 것에 온통 신경을 쓰고 있어요. 그 일이 당신에게 어떤 기분을 들게 하나요?

내담자 : 전 그에게 정말 많이 의지하거든요. 그래서 아주 절망적으로 느껴져요.

치료자 : 음, 우리는 무슨 일이 일어날지 절대 알지 못해요. 그리고 두 분 관계가 정말 끝날 가능성은 늘 있어요. 만일 그렇다면, 지금 이 순간 당신의 기분을 좀 더 낫게 만들기 위해 할 수 있는 일들을 검토해보는 걸 원할 수도 있어요.

내담자 : 그 사람 없이는 결코 행복할 수 없을 것 같아요.

치료자 : 켄을 만나기 전에는 무슨 일을 할 때 즐거우셨나요?

내담자 : 글쎄요. 전 제 일을 좋아했고, 친구들을 좋아했죠. 친구들을 자주 만나고 자전거 타고, 스키 타고 운동하는 걸 좋아했어요. 헬스클럽에 정말 자주 갔어요. 지난 두 달 동안은 켄과의 관계 때문에 걱정하고 체중도 늘고 그랬어요.

치료자 : 알겠습니다. 그중에 당신이 다시 해볼 수 있는 일들이 있을 거예요. 만일 켄이 없다면 당신이 보다 자유롭게 할 수 있는 일이 뭐가 있을까요?

내담자 : 필이 좋아요. 직장에서 만난 사람이죠. 우리는 농담을 정말 많이 해요.

치료자 : 어떤 일에서는 필을 따라서 할 수도 있겠군요. 켄과 관련해서 더 이상 걱정할 필요가 없는 부정적인 일들이 있을까요?

내담자 : 음, … 뭐 그가 생각하고 행동하는 거, 그리고 우리 관계를 끝내는 것 뭐 그런 것들에 대해 더 이상 싸우고 말다툼하고 그럴 일이 없어지겠죠. 때로 그게 장애물이죠.

치료자 : 좋아요. 그런 것들은 만일 켄이 당신의 일상에서 사라진다면 해볼 수 있는 다른 대안들이 되네요.

내담자 : 그게 맞는 것 같아요. 모든 게 나쁜 것만은 아니네요. 사실 어떤 일들은 더 나아질 수도 있어요.

과제

양식 9.4를 이용해서 치료자는 내담자에게 문제 상황과 그에 대한 부정적인 생각들을 기술해보도록 요청할 수 있다. 그런 후에 다른 여러 대안적 행동과 가능한 기회들을 생각해보도록 지시할 수 있다. 이런 대안들과 현재의 부정적인 관심사들을 비교하면 어떤가?

일어날 수 있는 문제

내담자들은 자신의 관점이 진실된 것이라고 믿는다. 치료자는 다른 많은 가능성이 있고 실제적인 진실이 있음을 알려줄 수 있다. 즉, 가능한 행동과 정보들에 여러 다른 관점/시각 혹은 조각들이 있음을 알려줄 수 있다. 이혼을 진행 중인 사람이 있다. 이런 복잡한 상황에는 여러 '진실'들이 있다. 예를 들어 전 배우자와 적은 시간을 보내는 것, 아이들과 적은 시간을 보내는 것, 재정적 압박, 새로운 관계를 추구하고자 하는 자유, 소용없는 것들에 대한 포기, 목표를 명료화하기, 더 나은 관계를 만드는 방법을 배우기 등이다. 각각은 '진실'이다. 그러나 그 어떤 것 하나도 진실의 전체일 수는 없다.

기타 기법에 대한 탐색

관련된 기법으로는 하향화살표, 증거 검토하기, 이중기준기법, 척도(연속선), 타임머신, 문제해결, 역할극 등이다.

양식

양식 9.4(대안을 생각하기)

기법 : 0점 설정하기

설명하기

우울과 불안은 종종 상실과 박탈, 부정성 등의 관점에서 사건을 바라보는 것과 관련 있다. Kahnemann과 Tversky(1979)는 득보다는 실에 보다 초점을 기울이는 경향이 있다고 제안하는 관점 이론을 제시했는데, 많은 사람들이 현재의 사건이나 상황이 기존의 기대나 기준에 못 미치는 방식에 관심을 기울인다. 정치인들은 그들이 일단 선출되고 나면 유권자들의 기대를 조절하려고 애쓰는 '기대 게임'을 펼쳐가는 데 꽤 능숙하다. 따라서 새롭게 선출된 시장이나 정부 인사는 이전 정부에서 물려받은 과제가 얼마나 어려운지를 드러내길 희망한다. 유사하게, 주가는 '만일 수익이 기대에 못 미치는 상태라면' 매우 극단적으로 부정적으로 영향을 받는다. 많은 우울한 사람들은 모든 것에서 거의 아무런 노력을 기울이지 않은 채 100% 완벽하게 성취할 수 있는 사람들과 자신을 비교한다. 이들은 좀처럼 모든 부류의 정상적인, 정상에 미치는 못하는 수행 모두를 고려하지 못한다. 최선은 좀 더 나은 상태의 적이며, 좀 더 나은 상태는 '이 정도면 충분한' 정도의 적이다. 완벽주의자는 과거 자신의 수행 중 가장 최고였던 수준에 스스로를 비교하곤 한다. 평가에 있어서 이러한 경향성에 반하는 방식을 통해 내담자들은 '긍정적'으로 할 수 있는 모든 일들에 초점을 맞추도록 요구받을 수 있다.

토론 안건

"당신은 예전에 했던 가장 최고의 결과나 다른 사람이 했던 최고의 결과에 자꾸 자신을 비교하는 것 같아요. 그런데 만일 0점 평정 척도에 맞춰 스스로를 평가하면 어떨까요? 무엇을 했든지 혹은 무엇을 하고 있든지 0점보다는 낫겠죠."

예

예를 들어, 자신의 일에서 성공을 거두고 지역사회에서 존경을 받아온 은퇴한 매니저가 스스로를 엄청난 부자이자 유명한 사람과 비교한다고 해보자. 그의 관심은 그가 가지고 있는 것보다는 가지고 있지 못한 데 맞춰져 있었다. 이런 생각은 그의 이분법적이고 실무율적인 사고에 맞춰져 있으며, 그가 했던 일들의 진가를 평가절하하게 만든다.

치료자 : 억만장자에다 유명한 사람들에 대해 생각하시는 것 같아요. 주변의 정말 가난한 사람들과 당신을 비교해본 적이 있나요?

내담자 : 아니요.

치료자 : 집 없이 떠도는 사람과 당신을 비교해보는 상상을 해보죠. 당신과 비교해서 그는 무엇을 가지고 있나요?

내담자 : 글쎄요. 물론 길거리에서 노숙자들을 보았어요. 그 사람들이 가진 거라곤 입고 있는 옷이랑 가방, 그 안에 든 물건들 뭐, 그 정도라고 생각해요. 사람들에게 구걸해서 얻을 수 있는 걸 갖고 있겠죠.

치료자 : 자, 그럼 이제 당신이 가진 것을 보죠. 좋은 집과 별장, 아내, 두 딸이 있고 식당에 가고, 친구들도 있지요. 노숙자들과 비교하면 어떤가요?

내담자 : 제가 많은 걸 가지고 있네요.

치료자 : 내가 실패했다고 느껴질 땐 이 점을 기억하세요.

이런 연습의 변주로, 내담자에게 가진 게 아무것도 없는 0점에 놓여 있고, 그래서 그(혹은 내담자가) 실패자라고 확신하는 게 그럴 듯한지 물어보는 방식을 생각해볼 수도 있다. 0점 비교는 자신의 지능, 외모, 사회적 기술, 성취, 그 외 여러 개인적인 특징들을 비난하는 사람들에게 사용될 수 있다. 치료자는 내담자들이 '제로보다 많은'것을 가졌다고 생각하게함으로써 스스로 아무것도 없는 상태보다는 더 긍정적인 자질을 지녔다고 상상해볼 수 있다.

과제

치료자는 내담자에게 양식 9.5를 제공하고 스스로에 대해 생각할 때 보다 창의적으로 되는 것이 중요하다는 점을 설명할 수 있다. "창조적인 상태가 되는 한 가지 방법은 당신이 가진 것 혹은 하고 있는 것 중에 0점보다 높은 어떤 것이라도 생각해보는 것입니다. 그리고 당신이 현재 처한 상황을 향상시키는 데 관심을 집중합니다. 당신의 삶에 대해 불만인 것을 생각해보세요. 리스트를

어떤 사람이 0점으로 평가할 수 있는 상황, 상태에 놓여 있다면	나는 …
친구도 없고 돈도 없고 흥미도 없는 상태	난 친구도 많고 거기에 더해서 쉽게 친구들을 사귀기도 해. 난 수입도 괜찮은 편이고, 내가 원하는 많은 일들을 할 수 있어.

0점에 있는 사람들과 나는 어떻게 다른가?
난 친구도 있고 돈도, 그리고 흥미도 많아.

나는 0점에서 어떻게 나아졌나?
내가 0점이었던 적은 없었어. 난 항상 성장하고 새로운 걸 배우고 있어. 두 년 전의 나보다는 현재의 내가 보여줄 게 더 많아.

내가 0점에 있다고 누군가를 납득시킬 수 있을까? 왜 안 될까?
누구도 내가 0점에 있다고 생각하지는 않을 거야. 내 삶에는 긍정적인 많은 것들이 있어. 어떤 사람들은 나를 존경하기도 하고 부러워하기도 해.

나의 위치를 보다 현실적으로 바라볼 수 있는 방법은 무엇이 있을까?
난 내가 원하는 모든 것을 가지진 않았어. 하지만 많은 걸 가지고 있고, 만일 위험을 감수할 수 있다면, 내 자신에게 좀더 친절하다면, 그리고 기분이 우울할 때 스스로를 고립시키지 않는다면, 상황을 보다 낫게 만들 수 있어.

그림 9.2   0점 비교

만들 수 있습니다. 그런 후에 각각의 것들이 0점보다 얼마나 나은지를 적어봅니다. 이는 오늘, 지금 이 순간의 진실에 감사하는 마음을 만드는 연습입니다." 그림 9.2가 내담자가 사용할 수 있는 예제이다.

일어날 수 있는 문제

보다 넓은 관점을 만들어내고자 시도할 때, 내담자들은 이러한 시도가 자신의 고민을 무효화/비타당화하는 것으로 볼 수도 있다. 이 연습의 목적이 고통을 무시하려는 것이 아닌 긍정적인 관점에서, 더불어 진실일 수 있는 감사의 맥락에서 고통을 바라보게 하는 것이다. 놓친 것에 집중하는 것이 아닌 내담자들은 그들이 지금 가지고 있는 것에 집중하도록 요청받는다. 어떤 사람들은 자신을 0점과 비교하라는 지시가 비현실적이라고 불평하기도 한다. 왜냐하면 그들의 비교 집단 혹은 동료들은 모두 과하게 많이 성취한 사람들이기 때문이다. 치료자는 우리 자신을 0점에 놓고 비교하는 것이 우리로 하여금 우리가 무엇을 가지고 있고 이미 보아온 것보다 삶이 더 나빠질 수도 있다는 사실을 인식하도록 돕는 데 있다. 이러한 연습은 모든 것을 빼앗아 갈 때의 상황으로 소개될 수 있다.

기타 기법에 대한 탐색

관련된 기법으로는 연속선의 사용, 긍정적 추적, 탈극성 비교(depolarizing comparison), 합리적 역할극, 이중기준, 파이 차트, 문제의 부정 등이 있다.

양식

양식 9.5(0점 비교)

기법 : 탈극성 비교

설명하기

완벽주의적 비교를 하는 사람들과 유사하게, 0% 아니면 100%, 실무율적인 사고를 하는 사람들이 있다. "전 정말 최고로 성공해야(예뻐야, 부자여야 매력적이어야 등등) 해요. 아니면 실패자예요". 양극단으로만 비교가 일어난다. 이런 식의 생각은 "내가 뭘 하든 결코 충분하지 않아" 같은 느낌을 갖게 한다. 연속선(척도) 기법처럼, 극단적 비교 없애기는 내담자로 하여금 가능한 모든 평가의 범위에 따라 스스로를 평정해보도록 돕는다 — 0%, 25%, 50%, 75%, 100% 등등의 수행(성취, 능력 등등).

예를 들어 자신이 "멍청해"라고 생각하는 여성은 자신의 사무실 다른 직원만큼 똑똑하지 않기 때문에 멍청하다고 생각한다. 그런데 사무실 동료들은 모두 예외적으로 똑똑한 변호사이다. 그녀의 자동적 사고는 "난 바보야. 뭐 하나 제대로 하는 게 없어. 난 결코 성공하지 못해"이다. 그녀의 완벽주의적 기준은 그녀 자신을 상상할 수 있는 가장 영리한 사람과 비교하면서 극단치로 몰아넣고 있다.

그녀에게 정상분포 곡선을 소개했는데, 이는 지능 평균이 100이고 전체 모집단의 75%는 대학 학위가 없음을 알려줬다. 치료자는 정상분포 곡선의 다섯 포인트 각각에 대해 그녀 자신과 비교해보라고 요청했다: (1) 세계에서 가장 어리석은 사람이 있을 법한 위치, (2) 평균 이하(IQ 85)의 위치, (3) 평균 지능(IQ 100), (4) 평균 이상(IQ 115), (5) 천재(IQ 175). 극단적인 비교를 완화시키며 평가를 위해 여러 점수의 포인트를 포함시키자, 그녀는 전체 인구의 90% 수준 이상으로 교육을 받았으며, 높은 지적 수준을 지니고 있음을 인식할 수 있었다. 그녀보다 똑똑한 단 한 사람 때문에 자신을 바보라고 생각하기보다는, 세상의 다른 90%의 사람들보다 자신이 똑똑하다는 사실에 놀랐다.

0점 기법과 비슷하게 이 연습도 척도를 따라 5%마다 어떻게 다르게 경험하는지를 평정해보도록 요구된다. 그리고 모든 사람들보다 그녀가 영리하지 않기 때문에 그녀가 실패자임을 사람들에게 확신시키도록 애쓰는 것이 어떤지를 생각해보게 할 수 있다. 이러한 경험은 극적으로 자신의 유능감에 대한 그녀의 자기 비판적 사고를 감소시킨다.

말할 필요도 없이 모든 내담자들이 상위 10%에 있는 것은 아니다. 만일 환자들이 평균 혹은 그 이하면 어떻게 하나? 우리는 평균 범위에 있는 대부분의 사람들이 해당 분야에서 자신의 성취를 기준으로 수용, 그에 따라 판단하는 경향을 발견했다. 특히 성취보다 중요하게 생각하는 그들의 선량함과 고결함을 포함하는 가치에 초점을 맞출 때 더욱 그러했다. 예를 들어 공장의 관리자는 자신이 좋은 작가가 아님에 대해 스스로를 비난했다. 우리가 증거에 대해 검토할 때, 그가 특정 영역에 있어서는 평균보다 낮은 수준임이 확실했다. 그러나 그를 더욱 괴롭힌 것은 그가 뛰어난 작가가 되어야 한다는 신념이었다. 우리는 이런 생각을 일종의 선호이지 요구 조건 혹은 자격이 아님을 재명명하였다. 또한 그가 잘하는 다른 일에 대해서도 살펴보았다(다양성 준거, 아래에 제시되어 있음).

토론 안건

"당신은 꼭대기에서 다른 사람과 자신을 비교하는 것처럼 보여요. 그 영역에 절대적인 최고와 말이죠. 만일 당신을 다른 수준의 사람과 비교하면 어떨까요? 즉, 20%, 50%, 75% 등등에서 말이죠. 95%나 100% 말고요."

예

이번 사례에서 내담자는 그녀가 화학 시험에서 잘해내지 못했기 때문에 스스로를 멍청하다고 생각하고 있다. 실제 그녀는 B를 받았고, 그간 매우 높은 평균 성적을 유지하고 있었다.

치료자 : 화학 시험에서 B를 맞은 것 때문에 매우 못한다고 생각하고 있군요. 당신 기분을 0에서 100%으로 표시한다면 얼마일까요?

내담자 : 끔찍하죠. 거의 90%쯤… 되게 끔찍해요. 전 A를 받을 줄 알았어요. 제가 그렇게 똑똑하지 않은 것 같아요.

치료자 : 알겠습니다. 당신 생각에 당신은 똑똑하지 않아요. 그 생각이 당신으로 하여금 어떤 결론에 이르게 하나요?

내담자 : 제가 정말 평범한 사람이라는 생각이죠. 켄은 A를 받았어요. 전 늘 켄만큼은 제가 똑똑할 거라고 생각했는데 말이죠.

치료자 : 때로 우리는 다른 사람과 비교할 때, 제일 잘하는 맨꼭대기에 있는 사람과 비교하는 때가 있어요. 제 생각에 켄은 누구보다 시험을 잘 본 것 같아요. 당신을 클래스 내 다른 사람들과 비교하는 건 어떨까요? 다른 사람들은 어때요?

내담자 : 반 평균 성적은 C죠

치료자 : 만일 당신을 중간 정도의 성적과 비교한다면, 즉 C와 말이죠, 당신이 훨씬 잘한 거예요. B보다

잘 맞은 사람이 몇 %죠?

내담자 : 10% 정도 되죠.

치료자 : 당신은 몇 퍼센트상에 있는 거죠?

내담자 : 아마 80% 정도

치료자 : 40%인 사람과 당신을 비교하면 어떨까요?

내담자 : 그 사람들보다는 두 배 더 잘한 셈이죠.

치료자 : 그 말은 당신보다 잘한 사람은 상위 10%대에 해당되는 사람들 뿐인 거죠. 클래스의 80%보다
는 당신이 잘했는데, 왜 기분이 나쁜가요?

내담자 : 실제 느꼈던 것보다 나쁘진 않네요. 대부분이 사람들은 저만큼도 못했으니까 말이죠.

과제

치료자는 양극단적인 비교 이슈에 대해 "우리는 종종 우리 스스로를 가장 최고의 사람/성취와 비교하지만, 보다 현실적인 비교는 다른 수준의 여러 사람들과 비교를 하는 것입니다. 돌아오는 다음 한 주 동안 당신 스스로에 대해 부정적으로 말하는 것들[난 멍청해/난 실패했어/난 못생겼어/양식 9.6 이용]에 대해 생각해보길 바래요. 당신의 특징이라고 생각하는 부정적인 것들의 리스트를 만들고 각 항목에 대해, 25%, 50%, 75%, 100%의 사람들과 비교해보세요. 각 수준의 사람들과 비교하는 것이 어떤가요? 이러한 비교가 당신에게 어떤 기분을 들게 하나요? 그리고 어떤 생각을 갖게 하나요?"라고 제안할 수 있다. 그림 9.3에 내담자가 기록해둔 것을 살펴보자.

일어날 수 있는 문제

많은 완벽주의 성향의 내담자들은 이 기법에 대해 어려움을 느낀다. 이들은 많은 수준의 비교를 사용하는 게 의미가 없다고 주장한다. 왜냐하면 그들은 자신보다 더 나은 상태를 기대하기 때문이다. 이런 경우 여러 기법들이 도움이 될 수 있다. 첫째, 전체 범위와의 비교를 사용하여 득과 실을 고려하는 것이다. 전체 범위를 사용함으로써, 내담자는 자신의 성취에 감사할 수 있다. 그러나 내담자는 만일 스스로를 중간 정도의 사람들과 비교하면 동기를 잃어버리게 되고 그냥 평범한 사람이 될 거라고 반대할 수 있다. 두 번째는 가장 최고의 사람들과만 비교하는 방식을 벗어날 때 그들의 우위를 잃어버릴 거라는 증거를 찾아 검증하는 것이다. 실상, 어떤 사람들은 자신이 100%가 될 수 없다고 믿기 때문에 계속 지연시킨다. 셋째, 완벽주의에서 벗어난 수행을 통해 얻을 수 있는 가능한 긍정적인 결과물이 무엇인지 고려해본다. 즉, 40%, 50% 수준의 사람들은 자신의 삶에 긍정적인 요소들이 없는가? 예를 들어 이들은 덜 즐거운가?

질문	답변
나 자신을 비난하는 특성은 무엇인가? 다른 사람들에 비해 나는 성공하지 못했나?	어떤 부분은 성공을 했어. 대학을 졸업했고, 일자리를 가졌고, 내 또래 다른 사람들보다 많이 벌지. 꽤 좋은 친구들도 많아.
다른 사람들과 나를 비교하면 어떨까? 0%의 사람들?	그들보다는 월등히 많은 걸 이뤘지. 일도 있고 친구, 수입, 건강도 있으니.
25%?	역시 이 수준의 사람들보다는 많은 걸 이뤘어.
50%?	여기 수준의 사람들보다는 그래도 내가 많이 이뤘어. 비록 이들 중 일부는 나보다 행복할 수는 있겠지만. 나는 운이 없는 것 같아. 곧잘 우울해지고, 걱정이 많지.
75%?	아마 여기 수준의 사람들 대부분만큼은 이뤘겠지. 비록 나보다 다른 사람들이 가족관계가 낫긴 하겠지만.
100%	100%에 해당되는 사람을 알지 못해. 하지만 확실한 건 난 100%는 아니야.
긍정적인 것을 간과한 게 있나?	응. 최근 관계에서의 갈등에 집중하고 있었어. 그리고 내 삶의 나머지 긍정적인 면을 안 봤네.
어떤 긍정적인 것?	내 일, 친구, 최근 수입, 건강, 지적인 면, 내 성격
스스로를 바라보는 보다 합리적인 관점은 뭘까?	균형적으로 바라보기, 그리고 내 자신의 긍정적인 면을 인정하기, 부정적인 것들은 긍정적인 면에 비하면 정말 작다는 것을 인식하기

그림 9.3 극단적 비교 멈추기

기타 기법에 대한 탐색

득과 실 분석 기법, 대안 마련하기, 연속선, 하향화살표, 점진적인 과제 할당 등의 기법이 도움이 된다.

양식

양식 9.6(극단적 비교 멈추기)

기법 : 다른 사람의 극복법을 보기

설명하기

위에서 전술한 바와 같이, 많은 경우 우리는 우리보다 낮은 성취를 보이는 사람들이 더 불행하고 나쁠 거라고 믿는다. 그러나 이는 종종 그렇지 않다. 수입을 생각해보자. 우리는 자존감을 위해서는 일정량의 돈이 필요하다고 믿는다. 그러나 실상 우리보다 적게 가진 수백만의 사람들은 스스로에 대해 좀 더 낫게 생각하고 자신의 삶을 즐기고 있다. 이런 연습을 통해서 우리는 내담자로 하여금 우리보다 낮은 성취를 보이는 많은 사람들이 그럼에도 불구하고 성공의 긍정적인 롤모델로서 기능하는지 생각해보도록 할 수 있다. 이러한 기법은 직관에 반하는 것처럼 보인다. 그러나 이는 내담자로 하여금 요구적인 기준과 공정하지 못한 비교, 그로 인해 자존감을 떨어뜨리는 일련의 비교에서 벗어나도록 도와준다.

　이런 연습의 여러 버전은 내담자에게 유사한 상실을 경험한 많은 사람들(트라우마, 좌절, 실패, 갈등 등등)이 어떻게 생산적인 방식으로 그러한 시간들을 극복해내는지 물어본다. 예를 들어, 실직을 할 때, 다른 많은 사람들은 실직 경험을 어떻게 극복할까와 같은 질문이다. 이들의 비결은 무엇일까?

토론 안건

"당신은 당신의 높은 기준에 어떻게 도달하지 못했는지에 대해서만 초점을 맞추고 있습니다. 당신의 삶에서 부정적인 일에만 초점을 맞추고 있죠. 당신만큼 성취를 못한 다른 사람들에 대해서 [혹은 당신이 겪는 상실과 같은 경험을 한 다른 사람들] 생각해보세요. 그들은 자신의 삶에서 어떤 긍정적인 것을 경험합니까? 다른 사람들은 어떻게 생존하는 걸까요? 그들이 긍정적으로 살 수 있는 이유는 무엇일까요?"

예

치료자 : 올 한 해 당신이 원하는 만큼의 돈을 벌지 못한 것 때문에 당신은 스스로를 비난하고 있는 것 같군요. 당신보다 적게 번 사람들이 있을까요?

내담자 : 많은 사람들이 저보다 적게 벌죠. 하지만 전 많은 돈을 벌고 싶었어요.

치료자 : 당신의 기대만큼 못 미친 거네요. 당신보다 적게 번 사람들을 아나요?

내담자 : 저와 일하는 대부분의 사람들이요.

치료자 : 그들에 대해서 얘기해주실래요? 예를 들어, 그들의 삶에서 긍정적인 것은 무엇인지 등등에 대해서 말이죠.

내담자 : 실은, 제인은 내가 버는 것의 절반밖에 벌지 못하죠. 그녀는 친구들을 좋아해요. 심플하지만 좋은 아파트를 가지고 있고 또 낙관적이죠.

치료자 : 당신보다 그렇게 적게 버는 데도 삶을 즐겁게 보내는 방법이 뭘까요?

내담자 : 그녀는 아무 기대도 안해요.

치료자 : 삶에 대해서 제인이 알려줄 수 있는 게 몇 가지 있을 거 같아요. 뭘까요?

내담자 : 어떻게 즐거워질 수 있나?

다른 내담자는 임박한 이혼에 대해 걱정하고 있으며, 스스로를 외로운 실패자로 보고 있다.

치료자 : 이혼한 친구가 있나요?

내담자 : 네. 래리가 이혼했어요. 프랭크는 두 번째 이혼 중이죠.

치료자 : 래리는 이혼 시 어떻게 대처했나요?

내담자 : 글쎄요. 래리는 결혼에서 벗어나는 걸 꽤 행복해했죠. 이혼하면서 재정적인 면에 대해서는 불평했지만 그래도 자기 아파트를 가졌고, 인터넷으로 데이트를 시작하기도 했어요.

치료자 : 이혼 상황을 다룬 래리를 보면서 뭘 배울 수 있을까요?

내담자 : 글쎄요. 돈이 관련되어 있는 건 시선을 잡아 끈다(웃음).

치료자 : 맞아요. 당신의 죄책감을 다루는 데 도움이 될 거예요. 아마 변호사가 개입되면 덜 죄책감을 느끼면서 당신의 자산을 보호하는 데 좀 더 집중할 수 있겠죠. 그나저나 래리는 그 문제를 어떻게 해결했나요?

내담자 : 좋은 변호사가 있었죠.

치료자 : 좋아요. 래리는 이혼이 자신을 위해 진행될 수 있도록 무엇을 했나요?

내담자 : 래리는 좋은 아파트를 갖게 되었죠. 그게 꽤 비싸졌어요.

치료자 : 그만한 가치가 있나요?

내담자 : 맞아요. 그건 내 돈이에요.

치료자 : 좋아요. 래리에게서 당신이 배울 수 있는 또 다른 건?

내담자 : 가만히 있지 말고 뭐라도 해라. 나가서 사람들을 만나라. 뭔가를 해라.

치료자 : 균형 잡힌 시각을 갖는 방식 중 하나는 다른 사람들은 어떻게 대처하는가를 보는 것입니다.

내담자 : 맞아요. 다시 보니 그렇게 나쁘지만은 않네요. 다른 사람도 하는데 나라고 왜 못하겠어요?

과제

양식 9.7을 이용해서 치료자는 내담자에게 갈등, 실직, 수입, 관계, 거부, 인정받지 못함 등 현재 내담자가 집중하고 있는 일에 대해 기술해보도록 요청할 수 있다. 내담자는 그들이 알고 있는(혹은 알았던) 다른 사람들, 현재의 그와 비슷한 경험을 하거나 혹은 더 안 좋은 상황에 놓여 있는 사람들에 대해 생각해보고, 그들이 역경에 맞서서 어떻게 잘 대처하고 있는지를 생각해본다. 그들로부터 무엇을 배울 수 있는가? 현재의 상황을 기술해보자. 현재의 상황을 기술하고, 이런 유사한 상황을 경험하고 있는 사람들을 떠올리고 그들이 이 상황을 어떻게 바라보고 극복하는지를 살펴본 후에 그들의 경험으로부터 내가 배울 것, 내가 가진 기술, 내가 가진 자원, 내가 앞으로 더 해볼 수 있는 일들에 대해 내가 믿고 있다면 이번 주에 해볼 수 있는 게 무엇인지 등을 생각해본다.

일어날 수 있는 문제

균형 잡힌 관점을 잡도록 도와주는 다른 기법들처럼 이 훈련 역시 비타당화 작업으로 경험될 수 있다. 내담자가 "선생님은 이 상황을 괜찮다고 보게 만드시려는 것 같아요. 하지만 이 상황은 제게 상처를 많이 줘요"라고 말할 수 있다. 치료자는 다른 사람들이 유사한 상실을 경험하였음에도 성공적으로 이를 극복하고 삶의 지혜를 얻는 모습을 인식시킴으로써 내담자의 고통스러운 감정 경험을 보다 균형잡힌 시각으로 바라볼 수 있도록 시도해야 한다.

기타 기법에 대한 탐색

이중기준, 문제 해결, 대안 마련하기, 파국화 극복하기, 문제의 부정, 활동성 스케줄 등의 기법들을 사용할 수 있다.

양식

양식 9.7(다른 사람들은 어떻게 대처할까?)

기법 : 판세를 뒤집기-부정적인 면 인정하기

설명하기

비록 많은 기법들이 부정적인 것이 사실이라는 생각에 도전하기 위해 사용되기는 하지만, '판세 뒤집기' 기법은 부정적인 것 역시 우리 삶의 일부이며, 부정적인 것을 수용하더라도 이를 잘 극복하여 삶의 의미를 얻게 되는 것을 확인하는 작업이다. 어떤 의미에서 내담자는 자신의 부정적인 사고에 공간을 내주고 완벽하지 않음을 환영하고, 인간의 허약함 속에서 아름다움을 보도록 요청될 수 있다. 수용과 연민, 불완전함에 대한 인식, 자신의 모든 측면을 변별하기 등을 통해, 내담자로 하여금 마침내 자기에 대한 폄하 없이도 부정적인 면을 승인할 수 있게 할 수 있다.

토론 안건

"우리 모두는 부정적으로 바라보는 자신의 행동이나 특질을 가지고 있습니다. 그게 인간의 조건 중 일부입니다. 당신과 나는 완벽한 사람을 알지 못합니다. 그런 완벽주의를 추구하는 것이 비현실적이라는 것도 알지요. 당신이 스스로 비난하는 부분들을 살펴보죠. 당신이 스스로에 대해 좋아하지 않는 면들 말이죠. 당신은 그런 것들의 부정적인 측면에 대해 세세하게 설명할 겁니다. 그러나 당신이 만약 그런 부정적인 면들을 단지 행동, 실수, 선택, 혹은 어떤 순간의 특성 정도로 인식한다면 어떨까요? 그런 모든 것들은 당신이라는 큰 그림의 부분일 뿐이죠. 복잡하고 기복이 있는 그런 삶을 살아가는 완벽하지 않은 보통 사람 말입니다."

예

치료자 : 우리가 자신에 대해 생각하는 방식에서 부정적인 생각이 떠오르면 화가 나지요. 예를 들어, 당신이 실패할 거란 생각을 하면 화가 나면서 "난 실패자야"라는 생각을 이끌어냅니다. 실제는 '실패자가 되는 것'에 대한 공포죠. 이게 무엇을 의미하는지 살펴보죠. 다음의 문장을 완성시켜보세요. "만일 내가 실패한다면, _____ 때문에 내가 힘들 거야"

내담자 : 잘 모르겠어요. 행복하지 않겠죠. 아무도 저랑 있으려 하지 않을 거고, 살 가치가 없겠죠.

치료자 : 꽤 나쁜 일이네요. 제가 실패자가 된 순간을 떠올려보세요. 제가 실패자가 되고 당신은 그에 따른 모든 일들이 사실이라고 확신하는, 그런 역할극을 해보려고 해요. 자, 제 기분 나빠질 말을 해보세요.

내담자 : [역할극] 음 … 당신은 실패자야. 더 이상 어떤 것도 할 수 없지.

치료자 : [역할극] 난 그렇게 생각하지 않아. 아내랑 아들이랑 시간을 보낼 수도 있고, 책을 보거나 TV를 볼 수도 있지. 친구를 만나거나 운동을 하거나 다른 많은 일을 할 수 있어.

내담자 : 하지만 넌 더 이상 이런 일들을 즐길 수 없어.

치료자 : 그건 사실이 아니야. 자 지금 난 실패자야. 하지만 난 성공이냐 실패냐를 걱정하지 않아. 난 단지 내 삶을 즐길 뿐이라고.

내담자 : 어떻게 일상을 즐길 수 있지?

치료자 : 내 생각에 그냥 받아들이는 거야. 마치 탈모가 오는 것처럼. 그냥 그러고 사는 거지. 끊임없이 나를 누군가와 비교하고 비난하고 이리저리 재는 것보다는 일상의 단순함을 즐길 수 있는 많은 시간과 에너지가 있어.

내담자 : 하지만 누가 당신과 같이 있고 싶겠어?

치료자 : 당신의 말에 따르면 실패자란 모든 면에서 완벽하지 못한 사람이야. 그런 식이면 우리 주변엔 정말 많은 실패자들이 있는 거지. 완벽한 모든 사람을 이기고 모든 선거에서 이겨야만 해. 그래, 거의 세상의 모든 사람들이 그렇지. 내 주변엔 많은 동료들이 있어. 다들 어딘가에서 실패한 사람들인데 우리 모두는 그대로 즐거운 시간을 보내지.

내담자 : 하지만 당신 친구들은 당신을 못났다고 볼 거야.

치료자 : 내 친구들 모두는 뭔가에 실패를 했던 사람들이야. 그래서 당신 얘기를 따르자면, 그들은 모두 실패자들이지. 하지만 당신도 알다시피 우리는 서로를 이해할 수 있고 서로가 완벽하지 않다는 것도 알아. 그렇게 불완전한 삶들이 같이 어울리고 노는 게 좋아. 인생의 실패자들이 말이지.

내담자 : [역할극에서 벗어나] 실패를 받아들이는 게 나름 재미있네요. 이 연습이 재미있어요. 하지만 한편으로는 이러는 게 바보짓 아닌가 하는 생각이 들게도 해요.

행동의 부정적인 특징	이에 대한 진실인 측면	문제가 아닌 이유. 여전히 할 수 있는 긍정적인 것들. 내가 가진 다른 긍정적인 특징
난 다른 사람들을 부러워하고 일에 있어 다른 사람과 비교하곤 해.	그래, 다른 사람을 내가 부러워하는 것은 사실이야. 그리고 공평하지는 않다고 불평불만하는 것도 사실이야. 그리고 이런 모습이 다른 사람과 사장을 화나게 할 거고 동료들을 불행하게 할 거야.	만일 내가 이런 모습을 지속한다면 문제가 되지. 하지만 난 변화할 수 있어. 이런 불평과 시기심이 장기적으로는 이익이 없다는 걸 알아. 난 내가 할 수 있는 최선의 일에 집중해야만 해. 그리고 내 입을 다물어야지.
난 일들을 미루곤 하지.	일을 미루고 다른 쓸데없는 일들을 인터넷에서 찾느라 시간을 보내지.	난 매일의 목표에 집중할 수 있어. 그리고 일과 관련없는 웹사이트를 언제든 끌 수 있어. 난 내가 이 일들을 마무리 지을 수 있다고 믿어.

그림 9.4 나의 이런 점들이 사실이라면 어떻게 극복할 것인가?

치료자 : 만일 우리 모두가 실패했다면, 그래서 실패자라면, 그게 바로 인간적인 거죠.

과제

치료자는 내담자에게 두려워하는 일들, 예를 들어 그들이 실패자, 루저, 미친, 못생긴 등등… 이 사실인지를 상상해보도록 요청할 수 있다. 이제 그들은 자신의 그런 모습이 사실이라는 것을 어떻게 받아들일 수 있는지 기술하고, 다른 사람들에게도 이것이 얼마나 진실인지를 기술할 수 있다. 공포스러운 특징이 사실일지라도 사람들이 이를 어떻게 극복하는지 상상해보자. 사람들을 어떻게 이를 극복할 수 있을까? 그러한 일이 사실일 때 그들이 어떻게 이를 극복하는지, 부정적인 것을 인정함으로써 어떻게 극복해나가는지를 볼 수 있다. 양식 9.8을 이용해 실시해볼 수 있으며, 그림 9.4에는 이 양식을 어떻게 이용하는지가 제시되어 있다.

일어날 수 있는 문제

일부 내담자들은 부정적인 측면을 인정하는 것이 스스로를 비난하는 것과 같다고 생각하기도 한다. 그리고 치료자가 다른 사람들과 같이 자신을 폄훼할 거라는 잘못된 신념을 가지고 있기도 하다. 치료자는 우리 모두 인간이며 불완전하다는 것을 받아들이는 것은 비난과는 반대라는 것을 제시할 수 있다. 이것은 수용이고 동정이며 이해이다. 또한 치료자는 인간의 불완전함을 인정하는 것의 장점과 단점을 물어볼 수 있다. 내담자가 완벽하지 않은 아이를 사랑할 경우, 이는 불완전한 아이를 그대로 인정하고 수용하는 것이 아닌지 물어볼 수 있다. 이러한 모습은 아이를 비난하는 것과 다르지 않은가?

기타 기법에 대한 탐색

수용, 인간 본성의 일반화, 연민의 마음, 다른 사람의 관점에서 바라보기, 공포스러운 환상, 연속선에서 보기, 왜 이것이 문제가 아닌가 등의 기법들을 쓸 수 있다.

양식

양식 9.8(만약 사실이라면 어떻게 극복할 것인가?)

기법 : 다양한 준거

설명하기

꽤 자주 우리는 우리 자신이나 다른 사람들을 여러 가능한 요소들을 배제한 채 하나의 요소에 기반해서 판단한다. 예를 들어, 역사 시험에서 평균 점수를 받은 대학생은 틀린 문항에만 포커스를 맞추고 옳게 답한 문제들은 무시한 채 "나는 실패자야. 아무것도 배우질 못했어"라고 결론을 내린다. 이런 생각이 합리적일까? 시험에 나오지 않은 것들에 대해서는 전혀 배운 게 없는 걸까? 혹은 정확하게 답한 문항에서 배운 것은 없는가? 그녀의 다른 과정은 어떨까? 확실히 그녀는 다른 과정에서도 무언가를 배웠다. 그녀는 또한 친구들과 상호작용함으로써 많은 것을 배웠고 대학생활 속에서도 역시 무엇인가를 배웠다. 단지 시험이 다가 아니다. 그녀는 그녀 자신을 하나의 차원에서만 평가하였으며, 다른 많은 것을 배운 다른 영역들에 대해서는 전혀 고려하지 않았다.

다른 예로 "미팅에서 내가 바보처럼 보였어요"라고 생각하는 사회 불안이 있는 사람을 살펴보자. 그가 집중하고 있는 증거는 말을 할 때 주저한다는 것이다. 그러나 이번 미팅에서 능력을 발휘한 행동의 예나 다른 추가적인 근거는 없는가? 혹은 그가 참여한 다른 미팅에서 그런 증거들이 없었는가? 다음의 예에서 사회 불안이 있는 사업가의 대화 일부를 살펴보자.

토론 안건

"때로 우리는 하나 혹은 두 가지 정도 상황에서 제대로 해내지 못했다는 점 때문에 능력이 없다고 스스로에 대해 생각하곤 합니다. 여기 업무 관련 면접에서 제대로 말을 못했다는 점 때문에 스스로 멍청하다고 믿는 사람과 함께 작업하던 예가 있습니다. 하지만 그는 다른 영역에서는 자신의 재능을 보여왔어요. 말 그대로 자기 일(인터뷰가 아니라)에서 잘하는 사람입니다. 사람들을 잘 다루고요. 당신은 자신을 비난할 때, 자신의 긍정적인 특징이나 행동을 인식하지 못하곤 합니다. 당신에게 부족하고 믿는 면만 생각하죠. 자, 자신 혹은 타인의 특징들을 관찰하는 새로운 방식에 대해 생각해보죠."

예

치료자 : 말을 주저했던 것 때문에 스스로 바보 같다고 말씀하셨어요. 미팅이 얼마나 이어졌나요?

내담자 : 90분 정도요.

치료자 : 얼마나 발표를 해보셨죠?

내담자 : 한 10번 정도요.

치료자 : 회의에서 다른 사람의 역량을 볼 수 있는 다른 요소들엔 뭐가 있을까요?

내담자 : 글쎄요. 시간 내에 자신을 보여주고 사람들이 필요로 하는 정보를 가지고 있고, 그걸 전달하고 다른 사람들에게 확신을 주고 동의를 얻는 거죠. 이런 것들이 일을 잘하는 사인이 되겠죠.

치료자 : 이런 것들 중에 당신이 했던 것은요?

내담자 : 그런 일들 대부분을 하죠.

치료자 : 그런데, 당신은 주저했던 하나에만 초점을 맞추고 스스로를 형편없다고 단정지었을 때, 회의에서 당신이 했었던 여러 다른 일들을 전혀 고려하지 않은 거지요? 아마도 성공에 대한 기준을 좀 더 넓힐 필요가 있을 거 같아요.

기준의 협소함은 결혼한 지 50년 가까이 된 73세 여성의 예에서도 볼 수 있다. 그녀는 "내 남편이 나와의 부부관계를 원하지 않으니 더 이상 나를 사랑하지 않는다"라는 신념을 가지고 있었다. 그녀는 그녀의 부부생활 전반에서 이런 신념을 유지했다. 우리는 사랑에 대한 그녀의 기준을 확장시키고자 했다.

치료자 : 남편이 아내에 대한 사랑을 보여주는 다른 방식에는 뭐가 있을까요?

내담자 : 신뢰를 주거나 다정하고, 아내에게 뭔가를 주고 아내가 기분이 처지면 도와주려고 하고, 아내랑 같이 뭔가를 하려는 거죠.

치료자 : 당신 남편은 이런 행동을 하나요?

내담자 : 네. 그리고 나를 사랑한다고 말하죠.

치료자 : 아마도 당신은 사랑의 한 측면, 섹스라는 한 측면만 본 것 같아요. 그가 당신을 사랑하는 정말 많은 방식이 있다는 걸 당신이 말하고 있는 것 같아요.

남편의 과거사에 대해 검토할 때, 결혼 전 남편의 주치의가 그녀에게 해줬던 경고가 떠올랐다. 즉, 남편이 성에 관심이 없을 수 있을 거라는 경고였다. 그것이 밝혀졌을 때, 남편은 오랫동안 우울증으로 고통을 받아왔고 그것이 그의 성욕을 감소시켰다. 그러나 이런 점이 그의 사랑을 가로막지는 않았다.

과제

양식 9.9를 이용해서 내담자는 더 많이 갖고자 하는 장점을 써보고(부족하다고 믿고 있는 특성), 그런 장점을 관찰할 수 있는 모든 다른 방식을 적어보고, 이를 증명할 수 있는 예를 들어보도록 할 수 있다.

일어날 수 있는 문제

일부 내담자들은 '부정적인 추적자'로 남을 수 있다. 이들은 오직 부정적인 면만 생각한다. 이들은 긍정적인 것은 '당연한' 것이기 때문에 긍정적인 것을 무시한다. 이런 사고는 당연히 그런 점이 부족한 사람들의 예를 들어서 도전해볼 수 있다. 예를 들어 만일 내담자가 "예의 바른 것을 안다"는 것이 당연하다고 믿을 때, 정말 예의가 없는 사람들의 예를 리스트로 작성해보는 것이다.

기타 기법에 대한 탐색

관련된 기법으로는 의미적 기법, 반대되는 증거, 불충분한 정보 찾기 검증, 이중기준, 긍정적 추적 등이 있다.

양식

양식 9.9(특징을 평가하는 새로운 방법 개발하기)

기법 : 모든 것을 잃어보기

설명하기

매일의 삶에서 우리가 당연하다고 경험하는 많은 것들이 언제나 항상 그 자리에 있을 것이라고 가정한다. 우울증은 종종 우리 삶의 긍정적인 것을 생각해내지 못한 결과로, 가능한 보상에 대해 감사하지 않는 것, 우리를 둘러싼 긍정적인 것을 알아차리지 못하는 상태이다. 치료의 한 유형(모리타 치료)에서는 우울한 사람을 자신의 환경(사물과 사람 모두)에 대한 접촉을 상실한 사람으로 보고 있다. 이런 형태의 치료에서 내담자는 치료자에 의해 불빛이 흐릿한 방에 홀로 남겨진다. 그곳에서 내담자가 더 이상 접촉하지 않은 사람들 혹은 대상들을 깊이 생각한다(Morita, Akihisa, & Levine, 1998). 박탈 경험은 그런 대상과 사람들에 대한 내담자의 인식을 확장시킨다. 치료자는 내담자에게 각 대상과 사람을 하나하나씩 소개한다. 내담자는 대상 혹은 사람에 집중하도록 요구받으며 그들에 대한 감사를 기술해본다. 예를 들어, 오렌지가 앞에 놓여 있고 "오렌지의 향을 맡을 수 있고 오렌지 주스의 달콤함을 기억한다"와 같은 멘트를 내담자에게 줄 수 있다. 유사하게 내담자의 파트너가 방에 들어올 수 있는데, 이들은 고마웠던 경험들을 묘사할 수 있다. 이런 방식으로 세계와의 접촉과 인식을 다시 시작하는 것이다.

이러한 훈련을 우리 치료에도 적용해왔다. 나는 아무 가치가 없다고 믿는 내담자로 하여금 모든 것(나의 몸, 기억, 가족, 일, 집, 차, 모든 소유, 감정을 느낄 수 있는 능력 등)이 사라진 상태를 상상해보라고 한다. 그리고 이 모든 것을 사라지게 한 절대자에게 사라진 것들 중에서 하나하나를 다시 돌려달라고 요청해야 한다고 전달하면서 동시에 절대자가 얼마나 돌려 줄지는 알지 못한다고 전한다. 내담자는 반드시 이들 중 하나씩만을 달라고 할 수 있다. 이 과정에서 내담자는 그것들(그들)의 가치를 증명해야만 하며, 그렇지 않을 경우 그것들(그들)이 없는 삶이 어떠할지 묘사해야 한다.

토론 안건

"당신이 가진 모든 것이 사라졌다고 상상해보세요. 어떤 걸 되돌려 받고 싶은 이유는 무엇인가요? 당신이 되돌려 받기 원하는 사람이나 어떤 것들에 대해 절대자에게 요청해야 하는 상황도 떠올려 보세요. 당신의 요구가 얼마나 들어질지는 모릅니다. 절대자는 되돌려 받기 원하는 바로 그것이 당신에게 정말 중요한 것, 당신이 정말 감사하는 것이라는 점을 확신해야만 합니다. 제가 절대자 역할을 할 거예요. 그리고 당신은 제게 지금 당신에게서 사라진 것들 중 다시 되돌려 받고 싶은 게 무엇인지 요청해보는 겁니다. 모든 것이 사라졌다는 점을 기억하세요. 지금 당신은 완벽하게 아무것도 갖고 있지 않습니다. 몸도 마음도 기억도 친구도 가족도 재산도 그 어떤 것도 없습니다. 완벽하게 아무것도 없습니다. 자, 이제 제게 하나씩 요청해보세요. 그리고 정말 다시 돌려받길 원하고 감사하는 것에 대해 저를 설득시켜보세요."

예

나는 이 기법을 자신의 삶이 다 끝나버렸다고 생각하는 젊은 투자자에게 실시했다. 그는 거래에서의 잘못된 선택으로 살 가치가 없다고 생각하는 사람이었다.

치료자 : 눈을 감고 모든 것이 사라진 상태를 떠올려보세요. 당신의 기억, 당신의 감각, 당신의 몸, 가족, 아내, 아이, 부모, 친구, 일, 집, 차, 모든 소유가 사라진 상태입니다. 이제 신에게 혹은 절대자에게 잃어버린 것들 중에서 다시 돌려받길 원하는 것들을 요청하는 장면을 상상해보세요. 신은 당신이 다시 돌려받게 되는 그것들이 당신 삶에 정말 가치 있는 것이라고 확신해야 합니다.

내담자 : (불편한 듯 보였으나 우선 안정을 찾도록 요청했다. 내담자는 보고, 듣고, 느끼는 능력 없이 다른 어떤 것에도 감사를 느낄 수 없다고 말함으로써 우선순위를 매기기 시작했다).

치료자 : 당신이 원하는 게 보고 듣고 느끼는 것인가요?

내담자 : 전 아내와 아들을 보고 싶어요. 같이 있고 싶어요.

치료자 : 왜 그들을 원하죠? 당신에게 뭐가 좋은가요?

내담자 : 제가 그들을 사랑하기 때문이죠.

치료자 : 오직 그들만을 지각할 수 있는 능력만 있으면 되나요? 그걸로 충분하나요?

내담자 : 아니요. 나는 해를 다시 보고 싶어요. 부모님, 형의 목소리가 듣고 싶고 음악이 듣고 싶어요.

치료자 : 음악을 다시 들을 수 없다면, 태양을 다시 볼 수 없다면요?

내담자 : 그리워하겠죠.

이후 우리는 그가 돌려받고자 요청한 다양한 것들을 차례차례 살펴보고, 그것들에 대한 감사를 생각해보았다. 내게 흥미로웠던 것은 이러한 경험이 그에게 얼마나 정서적으로 경험되었는가이다. 지금 눈앞의 인생에서 말 그대로 가장 중요한 것들을 이제야 보기 시작한 '월스트리트 증권맨'이 있었다.

2주 후에 그의 우울은 호전되었다. 그는 그 훈련이 매우 감명 깊었으며 그의 삶이 얼마나 중요한지를 생각하게 했다고 했다. 채권 거래가 제대로 이뤄지지 않았음에도 말이다. 그는 다음의 일을 나에게 얘기했다. "어느 날인가 이웃이 찾아왔어요. 그녀는 제 아내보다 몇 살은 많아 보이는 사람이었는데, 놀랍게도 이렇게 말했어요. '지난 몇 달 동안 제 아들 제리가 오지 않았다는 걸 아실 거예요. 아이 아빠가 암으로 죽은 후에 아이가 감정적으로 불안정해져 있다는 걸 말씀드려야겠다는 생각이 들었어요.' 난 울기 시작했어요. 나는 내 가족이 내게 어떤 의미인지 알게 되었고 나 역시 그들에게 얼마나 의미가 있는지를 알아차리게 되었죠."

과제

양식 9.10을 이용해서 치료자는 내담자에게 자신의 신체, 감각, 기억, 가족, 소유물, 직장, 친구 등 자신이 잃어버리게 될 모든 것들을 환상 속에서 상상해서 적어보도록 요청한다. 그런 후에 그들이 잃어버린 것들의 의미와 가치에 대해 생각해보도록 과제를 줄 수 있다. 그리고 돌려받고 싶은 것들을 선택케 한다. 각각이 왜 중요한지, 각각이 왜 감사한지 등을 기술한다. 이는 아무것도 가치가 없다는 생각, 모든 게 당연한 거라는 생각에 도전하는 강력한 연습이다. 양식 9.10은 우리 주변의 것들의 가치에 대해 생각하고 느끼는 것을 표현하는 데 도움이 된다.

일어날 수 있는 문제

일부 내담자들은 상실 혹은 갈등이 '사실'이라는 점 때문에 이런 연습이 쓸모없다고 생각할 수 있다. 상실과 갈등은 사실이다. 그러나 우리가 내담자에게 생각해보라고 요구하는 것은 모든 것이다. 내담자가 이런 가능성과 경험들을 가지고 살지 못할지는 각각의 것들의 존재와 역할들을 인식하는 능력에 달려 있다. 이런 인식은 보다 발달된 마음챙김(현재의 삶에 대한 인식에 보다 집중하는 것)에서 올 수 있다. 치료자는 이렇게 말할 수 있다. "당신은 모는 순산 숨을 쉬시만 내부분은 느끼지 못한 채 살아갑니다. 이제 당신의 호흡에 집중해보세요. 그리고 5분 동안 숨을 못 쉰다고 생각해보세요. 확실히 그러면 당신은 죽을 겁니다. 그건 사실이에요. 그러나 숨이 멈추는 걸 생각하기 전까지는 당신은 알아차리지 못했습니다. "

기타 기법에 대한 탐색

관련된 기법으로는 연속선, 0점 설정하기, 탈파국화하기, 대안 마련하기, 문제 해결, 이중기준, 발코니에서 바라보기, 스케줄 만들기(감사한 것에 집중하고 리스트의 항목들에 보다 집중하는 것)가 있다.

양식

양식 9.10(나에게 중요한 것에 대해 질문하기)

기법 : 상실과 갈등 후에 찾아오는 기회와 새로운 의미

설명하기

상실과 갈등은 인생에서 참기 어려운 것들이다. 이러한 상실과 갈등 경험은 고통스럽고 특별한 적응이 요구된다는 것을 인식하는 반면, 이러한 상실이 또한 의미를 새롭게 만들 수 있는 기회, 새로운 인식을 열어주는 혹은 개인의 성장을 위해 새로운 도전에 반응할 기회를 제공하는 것이기도 하다는 인식을 가지게도 한다. 이혼을 경험한 내담자는 친밀감을 상실하고 삶의 지속성을 잃었다는 생각에 우울하다고 보고할 수 있다. 그러나 이혼은 또한 (1) 친밀감과 애착의 개인적 가치를 재인식하고 다시 바라볼 수 있는 기회를 제공하며, (2) 친구 혹은 새로운 애착 대상과의 새로운 관계를 만들어 갈 수 있는 새로운 기회가 될 수 있으며, (3) 그녀의 업무 영역에서의 성장을 촉진하고 다른 사람과의 연결성을 경험할 기회를 만들어낼 수도 있다. 이혼의 어두운 측면만을 바라보는 것이 아닌 현재 상황이 줄 수 있는 기회, 도전, 의미 등에 대해 생각해볼 수 있다. Tedeschi와 Calhoun(1995)은 외상 사건에서 살아남은 생존자의 약 90%가 적어도 한 가지의 긍정적 경험을 보고하거나 그러한 외상 경험으로부터 얻어진 통찰을 보고한다는 것을 발견했다. 상실과 외상 경험은 사람들로 하여금 삶에서 중요한 것이 무엇인지 인식하게 하고 가치관을 바꾸며, 증가된 회복력 수준으로 이끌 수 있다(Tedeschi & Calhoun, 2004).

이런 긍정적인 궤적은 남편의 사망을 경험한 72세의 레베카 사례에서 명료하게 드러난다. 외향적이었던 그녀는 남편과 아이들, 그리고 손주들에게 관심을 집중하고 있었다. 그러나 친구들을 만들려는 노력은 많이 하지 않았다. 남편의 죽음은 일상 속의 외로움에 머물지 혹은 친구, 이웃에게 나아갈지를 결정하게 했다. 그녀는 지역 내 병원의 자원봉사 조직에 가입하고 후원금 모금에 앞장섰다. 교회에 나가기 시작하고 새로운 친구를 사귀면서 시내에 나가 저녁을 먹기도 했다. 딸, 사위와 함께 여행을 하기도 했다. 레베카는 혼자가 된 사람이 극복하는 방법을 배워 나갔고, 이전에는 피했던 새로운 사람들과의 관계를 만들어가기 시작했다. 상실은 새로운 성장과 새로운 기회, 새로운 관계를 요구하기도 한다.

토론 안건

"비록 당신이 상실과 갈등이라는 지금 현재의 문제에 사로잡혀 있고 그래서 부정적인 감정을 느낄 수 있지만, 이는 또한 이런 경험들이 당신 삶에서 어떤 새로운 의미로 해석될 수 있는 기회가 되기도 합니다. 지금 상황에서 우리가 얻을 수 있는 긍정적인 것은 뭐가 있을까요? 가치를 부여했던 것들에 대해 무엇을 배워왔나요? 당신에게 뭐가 중요한가요? 새로운 기회, 새로운 행동, 새로운 관계, 새로운 도전, 새롭게 세상을 경험하고 바라볼 수 있는 기회가 이런 상실과 갈등으로부터 오지 않나요?"

예

치료자 : 자, 제인, 빌과 헤어지고 난 후에 당신 기분이 매우 가라앉아 있어요. 그렇게 기분이 가라앉으면 무슨 생각이 드나요?

내담자 : 삶에서 제가 사랑하는 사람을 얼마나 오랫동안 못 만날까 그런 생각을 해요.

치료자 : 그 말은 당신에게 깊은, 의미 있는 관계가 무엇보다 중요하다는 것처럼 들리네요. 당신이 가장 가치를 두는?

내담자 : 네. 제가 친구도 있고 하는 일도 잘되고 있다는 걸 알지만, 사랑하는 사람이 곁에 있을 때가 가장 좋은 것 같아요.

치료자 : 그런 모습이 당신에 대해 어떤 좋은 것을 말해주나요?

내담자 : 제가 줄 수 있는 사랑이 아주 많다고 말해주는 것 같아요. 친밀감, 연결감 그런 걸 좋아하죠.

치료자 : 친밀감과 연결감, 누군가를 사랑하는 것이 당신이 누구인가 하는 데 정말 중요한 부분이 된다는 것 같군요.

내담자 : 맞아요. 그게 없으면 살 수 없어요.

치료자 : 네. 지금 그러한 것들이 없으니 힘들 때예요. 당신이 경험하는 고통은 당신이 누구인지를 말해주는 게 틀림없네요. 그게 뭘 의미할까요?

내담자 : 제가 인생에서 정말 사랑을 원하고 있다는 걸 말해주죠.

치료자 : 아마도 우리는 당신에 대해 얘기해주는 지금의 경험이 비록 고통스럽더라도 정확히 당신이 누군인지를 보게 되었네요.

내담자 : 나에게 특별한 누군가와 의미 있는 관계를 갖기 원해요.

치료자 : 사랑할 수 있는 것, 그리고 누군가에게 주고 연결되어 있다는 느낌을 갖는 것이 당신이 누구인가의 한 부분이죠. 우리는 이걸 바꾸길 원하지 않아요.

내담자 : 원하지 않죠. 하지만 이렇게 우울하다면 누구를 어떻게 찾을 수 있을까요?

치료자 : 지금 당장은 아닐 수 있어요. 하지만 이 자체는 당신에게 아주 중요한 의미가 있어요. 우리는 특별한 누군가와만 나누길 원하는 특별한 무엇인가가 있다는 걸 기억할 필요가 있어요. 누구나가 아니죠.

내담자 : 하지만 전 외로워요.

치료자 : 아마 한동안 당신의 외로움은 주고자 하는 많은 것을 당신이 가지고 있다는 것을 말해줄 거예요. 고통스러울 순 있지만, 어떤 면에서 당신에게 좋은 것일 수 있어요. 아마 사랑과 친절의 어떤 점들은 당신 스스로를 돌보는 방향으로 쓰일 수도 있죠.

내담자 : 그 말씀 들으니 좋네요.

과제

치료자는 내담자에게 상실과 갈등 경험이 스스로 가치를 두는 것, 중요하게 여기는 것에 대해 스스로에게 어떤 얘기를 해주는지 집중해보도록 요청할 수 있다. "많은 부정적 경험들이 오히려 우리가 무엇을 중요하게 여기고 가치를 두는지를 명료하게 해줄 수 있어요. 지금 경험이 우리에게 어떤 얘기를 해주나요?" 더불어, 치료자는 내담자에게 현재의 상황으로부터 발견할 수 있는 성장 혹은 행동 혹은 새로운 학습을 진행할 기회를 갖게 될 수 있다고 제안할 수 있다. 내담자는 이러한 반응을 양식 9.11에 써 볼 수 있다.

일어날 수 있는 문제

일부 내담자들은 사건의 의미 혹은 유의성을 발견하는 것이 오히려 우울함을 불러일으킨다고 주장할 수 있다. 왜냐하면 이들에게 지금 이 순간은 전혀 원하지도 겪고 싶지도 않았던 일이기 때문이다. 치료자는 현 상황이 주는 정서적 고통을 인정해줄 뿐 아니라 내담자의 반응 안에 녹아 있는 가치와 소망이 잠재적인 강점이 될 수 있음을 강조하는 것이 중요하다. 이러한 가치들은 개인의 삶을 동기화시키는 추진력이 될 수 있다. 위 예시에서 볼 수 있듯이 관계의 종료에 대한 내담자의 반응은 외로움과 친밀감에 대한 필요성에 대한 인식을 야기하며 이는 다시 중요한 가치, 즉 타인과의 의미 있는 관계의 중요성을 재조명하게 해준다. 이러한 가치는 타인과의 보다 깊은 관계를 동기화시킬 수 있으며, 보다 솔직하고 직접적인 방식으로 관계하게 할 수 있다.

기타 기법에 대한 탐색

대안 마련하기, 긍정적인 재명명, 문제 해결, 부정적인 사고에 대한 역할극, 활동 스케줄 짜기, 개인적 도식 정의하고 수정하기

양식

양식 9.11(기회와 새로운 의미 탐색하기)

기법 : 미래로의 여행

설명하기

사람들은 종종 지금 현재 순간 혹은 현재의 상황이 영원히 지속될 것이고 그 영향이 이어질 것이라는 생각에 기반해서 미래를 바라본다. 이를 '정서적 예언'이라고 하는데, 이는 미래에 어떻게 느낄지를 예언할 때, 현재 느끼고 있는 부정적 감정이 쭉 이어지고 부정적인 영향이 지속될 거라는 과잉일반화를 가져올 수 있다. 현재의 정서적 어려움에 메여 있으면 현재의 감정에 기반해서 미래의 감정도 예견한다('정서적 휴리스틱'). 하나의 요소에만 초점을 맞춘 채 다른 요인들은 배제하는('초점주의') 양상을 보이며, 미래에 일어날 다른 일들을 폄하하고 스스로의 대처 능력 역시 폄하한다('면역력 무시'). 잘 알려진 속담에 따르면, "시간이 약이다". 즉, 시간이 가면서 현재의 상처, 상실에 대해 현실적인 조망을 할 수 있게 된다는 뜻이다. 실제로, 회복력에 대한 연구들에 따르면 주요 생활 사건을 경험한 사람들의 대다수가 1년 안에 심리적 안녕감을 회복해 나간다고 한다(Bonanno, 2004). 좀 더 먼 미래에 대처하는 방법을 점검하는 기법은 내담자로 하여금 현재의 문제에서 한 발 떨어져서, 시간의 간격을 두고 모든 사안을 검토하고 대처 방안을 고려해서 현재의 경험이 일으키는 부정성을 감소시키는 역할을 한다.

토론 안건

"우리는 종종 현재의 순간에 우리가 느끼는 감정에 메여 있는 자신을 발견합니다. 동시에 지금 이 상황이 오랫동안 이어지면서 결코 극복할 방법을 찾지 못할 거라 생각하죠. 예를 들어, 이혼이나 배우자의 죽음, 경제적 손실, 혹은 다른 부정적인 사건들과 같이 중요한 일상의 문제를 경험하더라도 시간이 지나면 잘 지내곤 합니다. 왜냐하면 우리 스스로 그러한 문제들에 대처하고 극복하는 방법을 발견하고 이전에는 소홀했던 또 다른 긍정적 관계를 회복하고 긍정적인 사건을 경험하기 때문입니다. 앞으로 다가올 2년 동안이 어떨지를 현재 당신의 상황과 그로 인한 감정에 기반해서 상상할까 염려가 됩니다. 앞으로 다가올 시간 동안 어떤 일이 펼쳐질까요? 덜 부정적으로 만들

수 있을까요?"

예

치료자 : 톰과의 결혼생활이 끝났다는 게 당신에겐 매우 힘든 시간이라는 걸 알아요. 그리고 미래에 대해서도 암울해하고 있다는 것도 알죠. 지금 이 순간 당신은 당신의 미래에 대해 어떻게 보나요?

내담자 : 많이 외로울 거예요. 8살짜리 딸아이가 있는데, 이 도시에서 괜찮은 남자를 찾는다는 건 정말 어려운 일이죠. 특히 나이가 들면 들수록 말이에요.

치료자 : 지금 그 말씀은 앞으로도 당신은 외로울 것이고, 슬프고, 기대하는 관계를 갖기 어려울 거라고 예견하는 것처럼 들리네요. 상당히 암울하게 들려요.

내담자 : 맞아요. 전 정말 결혼생활이 잘 이어지길 바랬어요. 하지만 톰은 다른 걸 원했죠.

치료자 : 때로 우리는 현재 일어나고 있는 일, 그 일에 따른 감정에 기반해서 미래를 예측하곤 해요. 아마도 지금 당신이 그렇게 생각하는 것, 그러니까 앞으로도 혼자일 거고, 혼자 사는 일을 정말 외롭고 쓸쓸할 거라는 생각들이 그러한 예가 되는 것 같아요.

내담자 : 제가 지금 그렇게 느껴요.

치료자 : 지금보다 어렸을 때, 연인과 헤어진 경험이 있다고 했어요. 톰 이전에 말이죠. 그때는 어땠나요?

내담자 : 글쎄요. 처음엔 슬프고 외로웠죠. 브라이언이었어요. 맞아요. 그때는 브라이언 없으면 못 살 것 같아서 처음에 정말 많이 울었죠.

치료자 : 그리고 무슨 일이 일어났나요?

내담자 : 친구들을 다시 만나기 시작했죠. 그리고 일에 몰두하고 친구들이랑 여행을 다니고 스키를 타기도 했어요. 브라이언은 스키를 타지 않았거든요. 그리고 여름에 해변에 갔었네요. 전 더 활동적이었어요. 그 시간 동안 정말 많이 성장했네요. 다른 사람을 만나기 전 몇 년간 그랬던 거 같아요. 그 사람이 톰이었죠. 근데, 그때는 정말 행복했어요.

치료자 : 브라이언과 헤어지고 톰을 만나기 전까지 당신은 정말 많이 성장했던 것처럼 들리네요. 하지만 그때도 당신은 슬프고 외롭고 하루하루 아무 즐거움도 없을 거라고 예상했었죠. 하지만 그때 했던 당신의 예측은 틀렸어요. 그렇죠?

내담자 : 그렇네요. 제가 너무 부정적이었어요.

치료자 : 때로 우리가 미래를 예측할 때, 대처할 수 있는 자신의 능력을 폄하하거나 긍정적인 것들을 간과할 때가 있어요. 올 한 해 일어날 수 있는 긍정적인 일들은 뭐가 있을까요?

내담자 : 친구들과 보다 많은 시간을 보낼 수 있을 거 같아요. 그리고 톰과 싸우는 걸 피할 수 있겠죠. 그건 정말 긍정적이에요. 다시 일을 시작할 수도 있죠. 작은 사업을 하고 있었는데, 그간 미뤄두고 있었어요. 이제 진짜로 사업을 키워보고 싶어요. 그리고 부동산 중개업 자격증을 생각하고 있었는데, 그걸 딸 수 있는 시기가 될 수도 있어요.

치료자 : 당신에게 긍정적인 일들이 일어나는 건가요?

내담자 : 그러네요. 사업에 몰두할 수 있고 성장할 수 있고 그러면 돈도 더 벌 수 있죠. 하지만 무엇보다 자신감이 내 안에 생길 거 같아요. 내가 좋아하는 남자를 만날지도 모르죠. 하지만 제가 준비가 되었는지는 모르겠어요. 아마 함께 시간을 보낼 사람 정도는 만날 수는 있겠죠.

치료자 : 새로운 남자 없이도 올 한 해 즐겁게 생활하시는 모습을 상상할 수 있겠어요?

내담자 : 네. 그럴 수 있을 것 같아요. 나 자신을 찾을 필요가 있고 좀 더 성장할 필요도 있어요. 그리고 남자 없이도 잘 살 수 있다고 나 자신에게 알려주고 싶어요. 제 감정들이 그동안은 톰에게 묶여 있었는데, 톰은 그렇지 않았거든요. 결혼생활에 관심이 없었어요.

치료자 : 이제 새로운 일과 새로운 관계를 찾을 수 있다고 보시는 것 같네요. 그리고 새로운 자신을 발견하는 것까지도요. 계획이 필요하겠는걸요.

내담자 : 그렇죠. 제 삶에 충전이 필요한 것 같아요.

과제

치료자는 내담자에게 앞으로 1년 동안 어떤 기분을 느낄지를 물어보고, 왜 그런 느낌을 경험할지에 대해서도 질문한다. 무슨 일이 일어날지에 대한 특정한 예견이 떠오르고 이를 적어본다. 치료자는 내담자에게 이러한 예견이 최근에 부정적 사건을 경험하면서 내담자가 느끼는 감정에 기반하고 있을 가능성에 대해 질문하고, 이러한 관점이 미래에 대한 부정적인 가능성에 대한 선택적 지각에 기반하고 있음에 대해서도 질문한다. 치료자는 다음과 같은 질문을 할 수 있다: "미래에 일어날 긍정적인 사건은 무엇일까요? 일어날 수도 있는 새로운 가능성은 무엇일까요? 만일 그런 긍정적 일들이 일어나면 기분이 어떨 것 같아요? 과거 상실 경험 혹은 문제를 보다 긍정적인 방식으로 극복해본다면 어떨까요?" 양식 9.12를 활용하여 미래에 자신이 어떻게 기능할지에 대한 청사진을 그려본다.

일어날 수 있는 문제

내담자들은 자신의 예언이 정확하다고 주장하며, 미래의 긍정적인 어떤 것도 비현실적이고 매우 순진한 기대라고 생각할 수 있다. 치료자는 현재 주어진 상황에서 내담자의 그러한 생각이나 감정이 매우 타당할 수 있음을 인정해준다. 그러나 미래는 우리가 예견하지 못할 새로운 가능성을 향해 열려 있다. 과거 문제가 많았던 극복 전략을 조명해봄으로써 대처 방안을 검토해볼 수 있다. 예를 들어, 내담자가 과거 상실 경험 후 수동적이 되거나 혹은 스스로를 고립시켰던 경험이 있다면, 이러한 행동은 현재의 보다 적극적인 행동 처방에 한하는 대처 방안으로 도움이 되지 않음을 검토해볼 수 있다. 유사하게 일부 내담자들은 미래의 긍정적인 결과물을 고려하는 것이 현재의 고통을 무시하고 타당화하지 않는 것이라고 주장할 수도 있다. 치료자는 현재의 감정은 실제이며, 중요하지만, 그럼에도 상황이 바뀌면 감정도 바뀔 수 있음을 지적해야 한다. 상처는 아물기 마련이다.

기타 기법에 대한 탐색

관련된 기법으로는 미래의 자기를 결정하기, 문제 해결, 장기간의 목적 설정, 가치 정의하기 등이
있다.

양식

양식 9.12(미래로의 여행)

양식 9.1
파이 차트 연습

여러 조각으로 나눠진 파이를 떠올려봅시다. 각각의 조각은 사건의 원인을 나타냅니다. 어떤 원인은 다른 원인보다 클 수 있는데, 왜냐하면 그 원인은 해당 사건을 일으키는 데 보다 많은 영향을 미쳤기 때문입니다. 사건에 대한 가능한 원인들 각각에 이름을 붙여보세요. 얼마나 큰 조각이 사건의 원인으로 남겨졌나요?

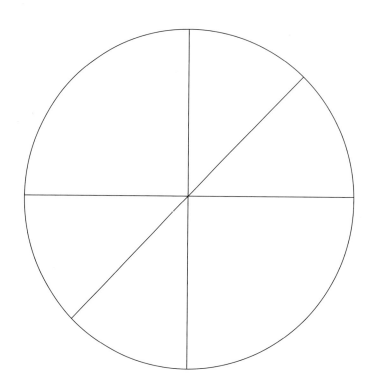

당신을 힘들게 하는 부정적인 사건 : _____

이 사건의 가능한 원인들의 리스트를 작성합니다. 여기에는 신경 쓰이는 사건에 기여한 당신의 역할도 포함됩니다. 각 원인들이 사건의 원인을 몇 %나 설명하는지 평정해보세요.

원인	%

양식 9.2

언속선 연습

현재의 사건이 얼마나 당신을 힘들게 하는지를 아래 척도를 사용해 표시해보세요. 그리고 다른 부정적인 사건들을 떠올려서 10점 단위의 각 점수 밑에 적어보세요. 현재 당신이 겪고 있는 사건에 비해 낮은 점수에 해당하는 사건들을 적어 넣기 어려우신가요? 왜 그럴까요? 척도를 모두 작성한 후 현재의 사건이나 결과를 다시 평가해서 기입해보시겠습니까? 재평가한다면(혹은 하지 않는다면) 그 이유는 무엇일까요?

| 0 | 10 | 20 | 30 | 40 | 50 | 60 | 70 | 80 | 90 | 100% |

전혀 힘들지 않다 ↑ ↑ ↑ ↑ ↑ ↑ ↑ ↑ ↑ 끔찍하게 힘들다

질문 : 현재의 사건은 몇 점에 해당될까요?

양식 9.3
내가 여전히 할 수 있는 일

어떤 일이 발생하면 우리는 종종 그 일이 굉장히 끔찍하거나 고통스러운 일이 될까 봐 걱정을 합니다. 사실 나쁜 일은 일어나기 마련이고, 우리는 어떻게 하면 이 일을 극복할 수 있을까를 생각해야만 합니다. 표 상단에 걱정되는 사건들을 적어봅니다. 그런 후에 나머지 칸에는 사건의 결과로 어떤 일이 일어날지 생각되는 바를 적습니다. 가운데 열에는 걱정될 일이 일어나더라도 그래도 여전히 당신이 할 수 있는 모든 일들을 적습니다. 맨 오른쪽 열에는 걱정되는 일이 일어나면 더 이상은 못하게 될 일을 적습니다.

내가 걱정하는 일은 : _____

만일 그 일이 일어난다면	그래도 여전히 할 수 있는 일	더 이상 할 수 없는 일

양식 9.4

대안을 생각하기

속상한 일이 있을 때 우리는 자주 한 가지 생각 '주로 혼자만의 생각'에 빠져 다른 많은 것들을 생각하지 못하게 됩니다. 현재의 상황과 당신의 관점을 떠올려봅시다. 아래 표 왼쪽 열에 상황을 적어보고, 가운데 열에는 당신의 부정적 생각(당신의 해석)을 적어봅시다. 이제 오른쪽 열에는 현재의 상황을 다르게 볼 수 있는 다양한 방식(다른 해석, 행동, 당신이 추구할 수 있는 다른 기회 등)을 적어봅시다.

당신을 괴롭히는 현재의 상황	당신의 부정적 생각	현 상황을 다르게 볼 수 있는 방식은? 현 상황을 계기로 새로운 기회가 될 수 있는 것은? 다른 가능성은? 리스트를 적어보라.

양식 9.5

0점 비교

당신이 부족하다고 생각하는 어떤 특징을 완벽하게 전혀 갖고 있지 않은 사람을 떠올려보세요. 즉 0점에 위치하는 사람입니다. 남자인가요 여자인가요? 당신과 어떻게 다를까요? 0점을 벗어나 향상으로 나아가려면 무엇을 갖거나 혹은 해야 할까요? 당신이 실패자라는, 그래서 0점에 위치해 있다는 것을 누군가에게 설득시키려 한다면 어떨 것 같나요?

0점에 있는 사람은 _____한 특성을 갖고 있다.	나는 이런 특성들을 가지고 있다.

0점에 있는 사람과 나는 어떻게 다른가?

어떻게 0점을 벗어나 나아져 왔나?

내가 0점에 있다고 누군가를 설득시킬 수 있을까? 왜 안 될까?

내가 어디에 있는지를 볼 수 있는 보다 현실적인 방식은 무엇인가?

양식 9.6

극단적 비교 멈추기

때로 우리는 어떤 분야에서 최고의 수준에 오른 사람(100%)과 자신을 비교하며 자신의 부족한 점을 발견합니다. 자신을 평가할 때 아래 표를 사용해서 보다 폭넓은 범위에서 비교해보세요.

질문	답
나 스스로를 비난하는 특징은 무엇인가?	
나와 0점(%)에 해당하는 사람을 비교하는 것은 어떤가?	
25%	
50%	
75%	
100%	
간과한 긍정적인 면은 무엇인가?	
긍정적인 면은 무엇인가?	
나를 바라보는 보다 현실적인 방식은 무엇인가?	

양식 9.7

다른 사람들은 어떻게 대처할까?

상실이나 갈등을 경험할 때, 우리는 가능한 가장 최악의 결과나 이미에 주의가 몰립니다. 이때 다른 사람들은 그와 유사한 사건 혹은 더 심한 경험을 어떻게 견뎌 내느지를 얻어보는 게 도움이 됩니다. 이들이 발견한 대처 방법 혹은 사고 방식은 특히나 도움이 됩니다. 그런 대처법을 통해 무엇을 배울 수 있을까요?

현재 상황	누가 이와 유사한 경험을 했는가?	그들은 이 상황을 어떻게 바라보고 어떻게 극복했는가?	그들을 보면서 무엇을 배울 수 있을까?	내가 앞으로 나아가고 보다 잘 대처할 수 있는 특정 방법은 무엇인가?	극복하기 위해 어떤 기술을 가져야 하는가?	대처하는 데 필요한 자원은 무엇인가?	만일 극복할 방법이 있다고 믿는다면 지금 어떤 생각, 어떤 감정일까?	이번 주 내가 극복을 위해 해볼 수 있는 것은 무엇인가?

양식 9.8

만약 사실이라면 어떻게 극복할까?

우리는 자주 우리 스스로에 대해 부정적인 방식으로 바라보는 것에 대해 곰곰이 생각합니다. 실수나 결점, 미완의 상태를 받아들일 수 없는 것처럼 보입니다. 하지만 그럼에도 불구하고 우리는 미완의 존재입니다. 유머나 재치가 없는 사람이라고 스스로를 말해보세요. 미완의 존재라는 것에 대해 왜 그런 걸 받아들어야 하나, 왜 인정해야 하나 하고 싸우지 말고 "그래, 난 이야기를 재밌게 하는 사람은 아니야. 하지만 여전히 내 삶을 살아가고 있고 여러 재미있는 일들을 해". 아래 표 왼쪽 열에 당신 스스로에 대한 부정적인 특성 혹은 행동에 대해 적어보세요. 가운데 열에는 이러한 생각들이 사실인 때를 적어보세요. 맨 오른쪽 열에는 이런 부정적인 면들이 내가 가진 다른 많은 긍정적 측면들과 비교할 때 결코 그리 큰 문제는 아니며 또 여전히 나는 긍정적인 많은 일들을 할 수 있다는 근거를 쓰세요.

나의 부정적인 행동, 성향	그런 부정적인 행동, 성향이 사실일 때	그런 면들이 문제가 아닌 이유. 긍정적으로 잘할 수 있는 일들. 내가 가진 다른 긍정적인 측면

양식 9.9

특징을 평가하는 새로운 방법 개발하기

우리는 종종 우리에게 부족한 면(지능)에 대해 생각합니다. 왜냐하면 그런 부족한 면 때문에 어떤 상황에서 제대로 일을 수행하지 못하기 때문이죠(예 : 화학 시험 같은 것). 하지만 지능 혹은 다른 긍정적인 것들의 다른 측면을 보여줄 많은 방식이 있습니다. 보다 더 많이 원하는 것이 무엇인지 생각하고 당신이 가지고 있는 긍정적인 측면이 보다 긍정적으로 드러날 수 있는 예를 생각해보세요. 그런 특성들을 평가하는 단어들은 부정적인 것보다는 긍정적인 용어로 설명합니다. 예를 들어, '실패' 대신 '성공적인 경험'과 같은 것이죠. 숨겨진 특성에 대한 추론보다는 관찰 가능하고 입증 가능한 행동 혹은 수행들에 주의를 집중하세요. 이런 특성들을 더욱 증진시킬 수 있는 방식에 대해 생각해보세요.

예 :

평가되는 특성 : 성공 경험을 갖고 있어.
이를 관찰할 수 있는 방식 : 학창시절 수행, 시험 점수, 교수의 피드백

다른 상황에서 이런 면을 증명할 수 있는 방법

평가되는 특성
이를 관찰할 수 있는 방식
이런 면을 보여주는 다른 예는?
이런 면이 드러났던 특정 예를 상세히 써보기
이런 면을 더욱 향상시킬 수 있는 방법에 대해 상세히 써보기
이번 주에 이 영역에서의 진전을 위해 무엇을 할 것인가?

양식 9.10
나에게 중요한 것에 대해 질문하기

당신의 모든 것(감각, 신체, 기억, 가족, 직장, 재산 등등)을 잃어버렸다고 상상해보세요. 잃어버린 것들 중에서 돌려받기 원하는 리스트를 중요도에 따라 작성해보세요. 그리고 각각에 대해 왜 중요한지에 대해서 적어보세요.

돌려받고 싶은 것	왜 돌려받고 싶은가

일상 속에서 감사해하지 못했던 것들은 무엇인가?
내 생애 중 이런 것들을 혹은 이런 사람들을 잃어버렸던 적이 있는가?
이런 것들/이런 사람들을 왜 무시해왔던가?
이런 것들/이런 사람들에 대한 감사를 못하게 만든 것들은 무엇인가? 그동안 난 무엇에 정신이 팔려 있었는가?
이번 주에 이런 것들/이런 사람들에게 어떻게 감사를 표현할 수 있을까?
이런 것들/이런 사람들에게 감사를 표하면 내 기분은 어떨까?

양식 9.11

기회와 새로운 의미 탐색하기

일상의 많은 일들은 잠재적으로 상실인 동시에 새로운 기회를 우리에게 가져올 때가 종종 있습니다. 아래 표에 현재의 상황 혹은 상실, 어려움에 대해 리스트를 적어보고, 이러한 사건들이 당신의 가치관이나 욕구와 관련해서 무엇을 말해주는지 적어보세요. 그리고 이러한 사건들이 당신의 삶에 가져오는 새로운 기회 혹은 도전이 무엇인지 적어보세요. 각각의 질문에 맞춰 표를 완성해보세요.

현재 상황	현재의 상황이 나의 가치관과 욕구에 대해 무엇을 말해주는가?	현재의 상황이 가져온 새로운 기회, 도전은 무엇인가?

지금 나에게 덜 중요해 보이는 가치는 무엇인가?
지금 나에게 보다 중요한 가치는 무엇인가?
지금 이 경험이 사람들과의 관계를 더 깊게 만드는 데 어떻게 도움이 될까?
하루 하루를 보다 충만하게 사는 데 이 경험이 어떻게 도움이 될까?
이번 주, 내 삶이 보다 의미 있게 나아갈 수 있도록 기꺼이 해볼 만한 일에 무엇이 있을까?

양식 9.12

미래로의 여행

우리는 종종 미래에 얼마나 상황이 나아질지 상상하는 데 어려움이 있어서 불안하고 슬픈 감정을 경험하곤 합니다. 이는 부분적으로 우리가 지금 이 순간 일어나고 있는 일 혹은 지금 이 순간의 느낌에만 초점을 맞추고 있기 때문입니다. 하지만 한번 상상해봅시다. 타임머신을 타고 미래의 어느 순간, 상황이 더 나아져 있는 때에 가 있다고 말입니다. 상상력을 발휘해봅시다. 지금부터 1년 동안 상황을 보다 나아지게 하기 위해 당신이 할 수 있는 일은 무엇인가요? 당신에게 어떤 관계가 새로 만들어질까요? 혹은 보다 의미가 깊어지는 관계는 어떤 관계일까요?

당신이 경험할 새로운 일은 무엇일까?
어떤 새로운 관계가 시작될까?
상황이 보다 나아지기 위해 당신이 할 수 있는 일은 무엇인가?
당신은 행복해지는 것을 상상할 수 있는가? 어떻게?
지금부터 1년 후의 느낌을 시각적으로 상상해보자. 미래 당신 삶의 모습을 이야기로 표현해보자.

제 10 장

스키마를 확인하고 수정하기

스키마는 주의와 기억, 가치, 자극에 대한 해석을 편향되게 하는 정보 처리의 패턴으로 정의될 수 있다. 예를 들어, 만약 존스 씨가 외향적이라고 믿는다면, 나는 그의 행동 중 내향적인 부분은 선택적으로 무시하면서 그의 외향적인 특징에 선택적으로 주의를 기울일 것이다. 그의 외향성을 보여주는 더 많은 예들을 선택적으로 기억할 것이고, 심지어 많은 경우 일어나지도 않은 외향적 행동을 '잘못 기억'할 수도 있다. 그의 활달한 행동의 예에 더 큰 가치를 두면서 그의 억제된 행동은 가치절하하고, 그의 동기와 과거 수행, 현재의 수행을 외향성의 예를 나타내는 관점에서 해석할 것이다. 요약하면, 스키마는 우리가 세상을 바라보고 해석하는 데 사용하는 편향된 렌즈의 역할을 한다. 우리는 자신의 개인적 특질, 타인의 개인적 특질, 사람들이 나에게 어떻게 반응할 것인지, 정서, 그리고 개념화할 수 있는 모든 내용에 관하여 도식을 가지고 있다.

스키마가 기억에 영향을 줄 수도 있다는 생각은 Barlett(1932)에 의해 처음 주장되었는데, Barlett은 기억이 재구성되며, 자주 사건에 대한 부정확한 회상으로 이끄는 개념이나 도식에 의해 결정된다고 제안하였다. 더군다나, 개인이 도식과 일관되게 정보를 자동적으로 처리하기 때문에 이러한 도식은 의식적 자각을 벗어나 작동된다. 정보나 경험이 이미 존재하는 도식에 '동화된다'는 Piaget(1970)의 관점이나, George Kelly(1955)의 '개인적 구성개념', 그리고 도식 체계의 여과작용을 통해 정보가 처리되고 재구성된다는 '도식적 처리' 개념에도 이와 유사한 생각이 반영되어 있다. 도식은 '자동적'이라는 특징이 있는데, 정보처리가 개인의 자각 밖에서 일어나며 도식이 과정 자체를 결정하기 때문이다. '암묵적' 학습은 재빨리 일어나며 재확인해주는 경향이 있다. 즉 도식은 '확증 편향'으로 이끄는데, 정보의 탐색과 주의, 정보에 대한 차등적 가치 부여는 기존의 도식을 확증하거나 지지하는 경향이 있다. 따라서 도식은 '보수적'이고 '자기 유지적'이며, 심지어 반대되는 정보가 있더라도 계속 유지된다. 도식적 처리는 자기 일관성에 내재하는 몇몇 과정 중 하나이다. 이러한 도식적 처리 과정에 대한 다른 이론에는 인지부조화 이론, 자기확증이론(Swann & Ely, 1984; Swann, Stein-Seroussi, & Giesler, 1992), 그리고 지각에 대한 게슈탈트 원리(예 : 폐쇄성, 적합성; Koffka, 1935; Kohler, 1929 참조할 것)에 의해 증명된 것처럼 지각적·인지적 일관성에 대한 타고난 욕구 이론이 포함된다. 그리고 이전 장에서 이야기한 것처럼, 스키마는 제한된 정보가 있을 때 신속한 인지 반응으로 이끄는 최고의 법칙 혹은 또다른 발견법(heuristics)의 구성요소로 간주될 수 있다. 여기서 중요한 것은 도식적 처리와 발견법이 암묵적 또는 자동적이라는 것이다. 개인은 부정적이 되기를 원하지 않고, 자신을 '실패자'로 보고 싶어 하지 않는다. 단지 도식이 제안하고 결정하고 의식적 자각 밖에서 작동할 뿐이다.

Beck의 정신병리에 대한 초기 설명은 1970년대에 뿌리를 내린 인지과학과 사회심리학의 인지 혁명의 일부였다. Beck은 각각의 진단적 조건은 우울증과 불안장애의 취약성으로 작용하는 도식에 의해 결정된다고 제안하였다(Beck, 1976; Weissman & Bcek, 1978). 우울 도식은 상실과 실패, 거절, 결핍에 대한 걱정을 반영하며, 불안 도식은 위협과 손상의 렌즈를 반영하고, 분노 도식은 굴욕과 지배, 자신이 추구하는 바에서 방해받는 것을 나타낸다. Beck은 '모드(mode)' 개념을 포함시키는 방향으로 이 모델을 발전시켰는데, 모드는 자동적 사고와 가정, 핵심 신념, 대처에 대한 동기적·정서적 전략을 통합하여 조직화하는 체계와 전략을 뜻한다.

Beck과 동료들(Beck et al., 2014)은 다양한 성격장애에 대한 특정(specific) 스키마 모델을 개발하였는데, 예를 들어 회피성 성격은 부적절함과 거절의 스키마와 관련 있고, 자기애성 성격은 특권과 특별한 지위 스키마와 관련이 있다. 더군다나 각 성격장애는 자기(예 : 부적절한)와 타인(예 : 거절하는)과 관련된 특정한 스키마를 포함한다. Beck(Beck et al., 2014)은 이러한 스키마를 적응의 진화적 모델 내에 두었다. 예를 들어, 유기와 관련된 도식은 애착을 유지하는 데 도움이 될 것이고 따라서 거의 모든 사람들이 어느 정도는 이러한 도식을 갖도록 진화되었을 것이다. Beck의 스키마 모델에서의 관점은 도식이 과소 또는 과도하게 발달될 수 있으며, 개인은 이러한 도식이 활성화되는 상황을 피하거나 보상함으로써 대처하게 된다. 각 성격장애는 문제 있는 대처 전략의 특징을 보이는데, 예를 들어, 의존적 성격은 매달리고 의존함으로써, 강박적 성격은 과도하게 일하고 조직화함으로써, 회피성 성격은 타인을 피함으로써 대처한다.

이와 유사하게 Young(Young & Brown, 1990; Young, Klosko, & Weishaar, 2003)은 성격 취약성이라는 특수한 내용에 초점을 맞춘 스키마 모델을 개발하였다. Young의 모델은 18개의 스키마(예 : 유기, 불신, 정서적 박탈)과 다른 모드(예 : 아동 모드, 부적응적 대처 모드, 부적응적 부모 모드, 건강한 성인 모드), 3개의 대처 스타일(예 : 굴복, 회피, 과도한 보상)로 구성된다. 연구는 경계선 성격장애 치료에서 Young의 스키마 초점 치료의 효율성을 지지한다(Arntz & Van Genderen, 2011).

제1장에서, 환자가 어떻게 자신의 개인적 도식을 확인하고 수정하도록 치료자가 도울 수 있는지 자세히 설명한다. 오래 존재했던 도식을 수정하기 위한 작업은 오랜 치료 기간을 필요로 할 수

있으며, 치료적 관계 내에서 도식의 활성화를 일으킬 수 있다. 예를 들어, 판단적이고 거부적이라는 타인에 대한 도식이 치료에서 활성화될 수 있는데, 지루하고 부적절하다는 자기에 대한 신념을 가지고 있는 환자가 치료자를 거들먹거리거나 거부적이라고 볼 때 그러하다. 유기와 무력함에 대한 도식을 가지고 있는 환자는 자신이 정말로 좋아하는 치료자에게서 안심을 구할 수 있다(Leahy, 2005a).

기법 : 스키마 확인하기-지속적인 패턴

설명하기

인지모델에서 우울과 분노, 불안을 보이기 쉬운 주된 취약성은 개인이 자신과 타인에 대해 가지고 있는 핵심 신념이라고 제안한다. 예를 들어, 우울한 사람은 자신이 지루하고 타인은 판단적이라고 믿고, 불안한 사람은 자신은 무력하고 타인은 위협적이라고 믿으며, 분노가 많은 사람은 자신은 목표를 달성하지 못하도록 방해받았고 타인은 모욕적이라고 믿는다. Beck 등(2014)은 사람들이 믿고 있는 다양한 핵심 스키마를 확인하였고, 성격장애와 이런 스키마 간의 대응 관계를 제안하였다. 현재 맥락에서 각 성격장애에 해당하는 스키마에 대한 논의로 제한하지는 않겠지만, 개인은 자신만의 매우 특이한 도식을 가지고 있으며, 그 도식에는 개인이 자기나 타인을 바라보는 어떤 일관된 방식이 포함될 수 있다는 것을 인식할 필요가 있다.

Beck 등(2014)이 언급한 핵심 신념의 예에는 '취약하다, 사회적으로 부적절하다, 무능력하다, 부족하다, 약하다, 무력하다, 자부심이 강하다, 타인에 의해서 쉽게 지배된다, 책임감이 있다, 유능하다, 옳다, 순수하다, 특별하다, 독특하다, 매혹적이다, 인상적이다'와 같은 믿음이 포함된다. Young 등(2003)은 다음과 같은 개인적 스키마를 확인하였다: 유기, 불신, 정서적 박탈, 결함, 사회적 고립, 의존, 취약성, 꼼짝할 수 없음, 성취 실패, 특권의식, 부족한 자기 통제력, 복종, 자기희생, 인정 추구, 소극성, 정서적 억제, 무자비한 기준, 벌 받고 있음.

시간과 상황에 따른 행동의 일관성을 조사함으로써 환자의 스키마 내용을 확인할 수 있다. 예를 들어, 환자의 삶에 대한 구체적인 과거력을 조사하면서 어려움이 반복해서 나타날 때 도식의 내용을 알아차릴 수 있다. 이러한 어려움에는 직장에서의 문제, 친밀한 관계나 동료 관계에서의 다툼, 또는 우울 삽화의 촉발 요인이 포함된다.

치료자는 다음과 같이 말할 수 있다: "나는 당신과의 대화에서 당신이 [반복되는 패턴]에 초점을 맞춘다는 것을 알게 되었어요." 반복되는 패턴의 예로는 자신을 못생기고, 매력적이지 않고, 무능력하고, 악하고, 무력하고, 사랑스럽지 않다고 바라보는 것이 포함된다. 자신의 매력적이지 못한 외모에 대해 계속해서 말하는 환자는 자신이 신체적으로 결함이 있고 어쩌면 사랑스럽지 못하다는 개인적 도식을 보여주고 있는 것이다. 물론 치료자는 계속해서 질문할 수 있다. "만약 당신이 사랑스럽지 않다면[혹은 결함이 있다면, 못생겼다면 등], 무슨 일이 일어날까요?" 어떤 사례에서, 환자는 "남편이 나를 버릴 것이다. 결혼 생활을 유지하지 못한다면 나는 행복할 수 없을 것이다."라고 믿었다. 그녀의 개인적 도식은 신체적 결함과 버림받을 것임, 부족하다는 느낌, 자신을 돌볼 수 없음의 주제를 포함하였다. 이 사례에서 이러한 도식을 확인하는 것은 도움이 되었는데, 결혼 전에 그녀는 혼자서도 훨씬 더 행복했었기 때문이다.

토론 안건

"어려움의 패턴이 있는지를 알아보기 위해 당신 삶의 한때를 기억해봅시다(현재와 전체 삶에 대해서). 예를 들어, 당신의 어려움이 주로 일과 공부에서 있었나요? 아니면 친밀한 관계에서, 혹은 가족 관계에서, 혹은 삶의 다른 영역에서 있었나요? 갈등이나 어려움이 계속 일어나도록 하는 특정한 문제가 있나요? 곤란한 일이 반복해서 일어나도록 하는 어떤 대처 패턴이 있나요?

예

치료자 : 당신은 직장에서 매우 스트레스를 받지만, 동시에 활력을 얻기도 한다고 말씀하셨어요. 좀 더 이야기해줄 수 있나요?

환자 : 네. 저는 정말 직장에서 100% 전력을 다하는데, 어떤 때는 동료에게 정말로 화가 납니다. 그들은 시간을 낭비하는 것처럼 보이고, 해야 하는 만큼 집중을 하지 않는 것 같아요. 그래서 어쩌면 그들이 나를 좋아하지 않는 것 같다는 생각이 들어요.

치료자 : 그러니까 직장에서 당신은 매우 성실한데 다른 사람들은 그만큼 성실하지는 않고, 당신 생각에 해야 한다고 생각하는 만큼 열심히 일하지 않는다고 생각하시는 거죠? 직장에서 사람들과 갈등이 있다는 것에 스트레스를 받고요.

환자 : 네. 하지만 때로는 정말 즐겁고 기분이 좋아요. 이런 문제들을 정말로 풀 수 있을 것 같고요.

치료자 : 자신이 성실하고 유능하다는 것에 자부심을 가지고 있구요. 그것 또한 당신에게 스트레스인가요?

환자 : 글쎄요. 저는 하루에 8시간이나 9시간 일하지만, 뭔가 일이 생겨서 훨씬 더 오래 일하게 되고 주말을 전혀 즐길 수가 없어요. 저는 항상 일하고 있어요.

치료자 : 그러니까 성실한 것이 부담이 되네요. 이렇게 일과 생산성에 몰두하는 것이 과거에도 당신에게 스트레스였는지 궁금하네요.

환자 : 네. 대학생 시절에도 매우 스트레스였지요. 저에게 학습장애가 있었고 공부가 쉽게 되지 않아서 중간 정도 성적을 받기 위해 항상 공부에 매달렸어요.

치료자 : 이런 것들이 대인관계를 해칠 정도였나요?

환자 : 이전 관계(약 4년 정도 지속된)에 대해서 말씀드렸었지요. 저는 일에 대해 계속 불평을 하고, 동료에 대해서도 불평을 했지요. 그리고 항상 부정적이었던 것 같아요. 전혀 쉴 수가 없었어요.

치료자 : 그러니까 성실한 것이 현재 계속되고 있는 문제네요. 이제 당신의 생각을 살펴보도록 하죠. 이 문장을 완성시켜 보세요. "나는 … 라고 생각하기 때문에 직장에 대해 걱정한다."

환자 : 못하겠어요. 혼란스러워요.

치료자 : 그러면 나는 … 라고 생각하기 때문에 동료들에게 화가 난다.

환자 : 저들은 시간을 낭비할 뿐이야. 나는 저런 비효율성을 참을 수가 없어.

치료자 : 당신은 직장에서의 효율성과 생산성, 책임감에 대한 강력한 믿음을 가지고 있는 것처럼 들립니다. 그리고 그런 생각은 오랜 시간에 걸쳐 형성된 것 같구요. 당신 부모님은 어떤 분들이셨나요?

환자 : 부모님은 항상 논쟁하고 소리를 지르셨지요. 저는 사람들과 이야기하는 것을 정말 못했어요. 심지어 아무런 개성도 없었어요. 그래서 저는 이런 소프트웨어 분야에서 일할 수 있고 이런 문제만 풀수 있다고 생각했어요.

치료자 : 그러니까 당신은 자신에 대해서 개성이 부족하다는 부정적 믿음을 가지고 있고, 생산성과 소프트웨어에서 유능한 것에 집중하고 보는 것을 그 안으로 던져 넣은 것처럼 보입니다.

환자 : 네. 그것이 사실이라고 생각합니다. 그러나 저는 소진되었고 애드럴이 없다면 저는 제대로 일을 할 수 없을 겁니다.

치료자 : 반복되는 주제는 "나는 아무런 개성이 없다"와 "나는 항상 생산적이어야 한다"는 것이네요. 그리고 타인에 대해서는 "저들은 시간을 낭비하고 있고 무책임해"이군요.

과제

환자는 인간관계, 직장, 학교, 일상 기능에서 어려움의 패턴을 검토할 수 있다. 과거에 어떤 사건이 불안과 우울, 분노를 일으켰는가? 현재는? 패턴이 존재하는가? 자신과 타인에 대해 어떤 생각이 떠올랐는가? 환자는 이런 문제들에 어떻게 대처하였는가? 회피나 과잉 보상과 같이, 잘못된 대처 전략이 있었는가? 환자는 광범위한 기능 영역에 걸쳐 자신의 취약성을 파악하기 위해 양식 10.1을 사용할 수 있다. 예를 들어, 환자는 대처하는 데 어려움이 있는, 직장이나 우정, 가족관계, 건강, 재정 혹은 교육에서의 문제를 확인할 수 있다. 환자는 이런 각 영역이나 쟁점의 촉발 요인을 확인할 수 있고, 유발된 생각과 감정, 사용된 전략(문제가 있든, 적응적이든)을 파악할 수 있다. 그림 10.1에 제시된 예를 참조하라.

일어날 수 있는 문제

일부 환자들은 과거 어려움의 패턴을 검토하는 것을 자신에게 지속적인 부정적 특질이 있다는 증거로 생각한다. 예를 들어, 한 환자는 "내가 어떤 실패자인지 알겠지요? 나는 계속해서 엉망이지

과기에 경험했던 문제	당시 나 자신이나 타인, 그 경험에 대해 생각했던 것	나의 잘못된 대처 방식은 어떤 것이었나?
이별	나는 실패자임에 틀림이 없어. 아무도 나를 사랑하지 않아. 언제나 나는 혼자일 거야. 제대로 되는 일이 아무것도 없어. 사람들을 믿어서는 안 돼.	나 자신을 고립시키기, 술 마시기, 폭식하기, 타인 비난하기, 과거를 곱씹으며 생각하기, 희생자인 양 느끼기

그림 10.1 문제 패턴 검토하기

요?"라고 반응한다. 치료자는 과거의 어려움을 검토하는 것은 여러 가지를 이해하는 데 도움이 될 수 있다고 말할 수 있다. (1) 문제를 일으키는 선택을 하는 식의 패턴이 있는가? (2) 이런 어려움은 자기를 바라보는 편향된 또는 부정확한 방식을 반영하는가? (3) 미래에 바뀔 수 있는 대처 패턴(예 : 과잉 보상하거나 반추하거나 공격하는 등)이 있는가? (4) 자기와 타인에 대한 믿음이 변화될 수 있다면, 이것이 어려움의 패턴을 반복하지 않도록 도울 것인가?

기타 기법에 대한 탐색

관련된 기법에는 하향화살표기법, 자동적 사고 확인하기, 가정 확인하고 수정하기, 확증 편향이 있다.

양식

양식 10.1(문제 패턴 검토하기)

기법 : 스키마 확인하기-하향화살표기법

설명하기

치료자는 자동적 사고에 내포된 의미에 관해 질문함으로써 스키마를 확인할 수 있다. 예를 들어, 환자가 "난 파티를 즐길 수 없을 거야"와 같은 자동적 사고를 가지고 있을 수 있다. 치료자는 "그런 일이 발생한다면 당신은 어떤 생각을 하게 될까요?"라고 질문할 수 있다. 그리고 환자는 "내가 지루한 사람임에 틀림이 없어요"라고 반응할 것이다. 치료자는 "만약 그것이 사실이라면, 그것은 당신에게 무엇을 의미하나요?"라고 이어 질문한다. 환자는 이에 대해 "다른 사람들이 나를 좋아하지 않는다면, 앞으로 아무도 나를 좋아하지 않을 것이라는 것을 의미함에 틀림이 없어요"라고 말할 것이다. 그러면 치료자는 "그 이유는 … 때문일까요?"라고 질문할 수 있다. 환자는 "내가 지루한 사람이기 때문에, 나는 아무것도 줄 것이 없어요"라고 말할 수 있다. 하향화살표기법은 일 련의 부정적 사고(지레짐작, 예언자 오류를 포함해서)로부터 가정이나 조건적 규칙("만약-그렇다 면" 진술)으로, 혹은 자기와 타인에 대한 핵심 신념으로 다가갈 수 있도록 한다. 심지어는 핵심 신 념을 넘어, 예를 들어 "그리고 내가 만약 지루한 사람이라면, 나는 영원히 혼자일 것이다"까지 하 향화살표기법을 계속할 수도 있다.

토론 안건

"[이러저러한 일들이 일어날 것이다]라고 생각한다면 그것은 당신을 괴롭힐 텐데, 왜냐하면 당신 에게 …라고 생각하도록 만들 것이기 때문입니다. 그리고 만의 하나 그 일이 사실이라면, 당신은 …라고[혹은 …를 의미한다고] 생각할 것이기 때문에 괴로울 것입니다. 다음과 같은 예가 있습니 다: '만약 시험을 잘 치르지 못한다면, 그것은 내가 실패했다는 것을 의미할 것이다. 당신이 실패 했다면 그것은 당신에게 어떤 것을 의미할까요?' '내가 실패자라는 것을 의미하지요' '그것은 어 떤 생각을 하도록 만듭니까?' '나는 나 자신을 돌볼 수 없을 거야' '그러면 무슨 일이 일어날까요?' '나는 굶어죽을 거야' 이 사례에서 핵심 신념 또는 스키마는 위험/상실에의 취약성, 실패, 또는 '생물학적 취약성'입니다."

예

하향화살표기법

치료자 : 당신은 얼굴이 정확히 본인이 원하는 모습이 아니라서 걱정하고 있다고 말했어요. 당신이 보 기에 일부 불완전하게 여겨지는 부분에 상당히 초점을 맞추고 있는 것이죠. 맞나요?

환자 : 네. 나는 좀 늙어보인다고 생각합니다.

치료자 : 좋아요. 그러면 늙어보인다는 것이 당신에게 무슨 의미인지 알아볼까요? "만약 내가 늙어보인 다면 그것은 나에게 무엇을 의미하기 때문에 나를 괴롭힐까요?"

환자 : 그것은 내가 매력적이지 않다는 것을 의미하죠.

치료자 : 좋아요. 그러면 당신에게 '나이 든'과 '매력적이지 않은'이 같은 의미이군요. 그리고 만약 당신 이 매력적이지 않다면 그것은 …을 의미하기 때문에 당신을 괴롭히게 될까요?

환자 : 남편이 나를 더 이상 원하지 않을 거예요.

치료자 : 그리고 만약 그러한 일이 일어난다면, 그때는 어떨까요?

환자 : 그러면 나는 혼자가 될 거예요. 그러면 … 모르겠어요… . 삶이 비참해질 거예요.

치료자 : 그러니까 당신의 생각은 내가 늙어보일 것이고, 매력적이지 않을 것이고, 거절당하고 버림받 을 것이고, 홀로 비참하게 끝날 것이다?

환자 : 맞아요. 그것이 내가 생각하고 있는 거예요.

치료자 : 남편이 없다면 왜 당신이 비참하게 될까요?

환자 : 나 스스로 나를 행복하게 만들 수 있다고 생각하지 않는 것 같아요.

치료자 : 그러니까 당신의 생각은 남편이 없다면 인생은 살 만하지 않다는 것입니까?

환자 : 네, 맞아요.

이 사례에서 환자는 자신에 대한 몇 개의 스키마(매력적이지 않고 버림받을 것이며 혼자서는 행복할 수 없다는 주제들)를 드러내었다. 더 많은 질문을 했을 때 그녀는 지성, 공통 관심사, 공통의 유대관계, 공감, 지지와 같이 자신의 결혼 생활에 기여한 다른 많은 긍정적인 것들을 무시하였다. 그녀의 도식에서 남자는 단지 외모에만 관심을 두며 다른 어떤 것에 가치를 둔다고는 믿을 수 없는 존재였다.

공통 패턴 알아차리기

치료자 : 남자들과의 관계에서 당신은 항상 한 단계 낮은 위치에 있다고 말했죠. 예를 들어, 전남편은 당신을 하녀처럼 대했고 결코 성적으로나 정서적으로 당신의 욕구를 만족시켜주지 않았다고 했습니다. 현재 남자친구는 당신을 이용하는 것처럼 보이구요. 또한 당신이 우울했을 때 아버지가 어떻게 당신을 무시했는지 설명했는데, 여기에 어떤 패턴이 있나요?

환자 : 네, 남자들이 나를 똥처럼 취급해요.

치료자 : 맞아요. 이것이 당신이 남자들에 대해서 파악한 것입니다. 그러면 이런 관계에서 당신이 자신을 바라보는 방식에는 어떤 패턴이 있나요?

환자 : 자신의 욕구를 결코 충족시켜서는 안 되는 사람처럼 보고 있다고 생각해요.

치료자 : 자신의 욕구를 절대 충족시켜서는 안 된다는 그 패턴에 대해서 생각해보면, 자신에 대해 어떤 것을 생각하게 되나요?

환자 : 내 욕구는 중요하지 않다.

치료자 : 좋아요. 그러면 만약 자신이 중요하지 않은 욕구를 가지고 있는 것으로 생각한다면, 자신에 대해 무엇을 생각하게 되나요?

환자 : 나는 중요하지 않다는 생각이 들어요.

치료자 : 왜 당신은 중요하지 않을까요?

환자 : 나는 뚱뚱하고, 모든 관심을 받았던 언니만큼 결코 예쁘지도 않기 때문이죠.

치료자 : 그러면 자신에 대한 생각은 나는 뚱뚱하고, 그래서 나의 욕구는 중요하지 않다는 것이로군요.

환자 : 전에는 이런 식으로 표현해본 적이 없어요. 하지만 아마도 그것이 내가 생각하고 있는 것일 겁니다. 누가 뚱뚱하고 못생긴 아이를 사랑할 수 있겠어요?

치료자 : 그러니까 당신은 스스로를 정말로 사랑받을 만하지 않다고 생각하시는군요. 어쩌면 이것이 왜 당신이 자신의 욕구를 충족시켜주지 않는 남자들과의 관계를 유지하는가에 대한 이유이겠군요?

환자 : 네, 이런 관계가 계속 반복되고 있어요. 그렇죠?

치료자 : 그런 관계는 자신에 대한 부정적인 믿음을 계속 유지시킵니다. 즉 "나는 뚱뚱하고 못생겼고 사랑스럽지도 않으며 내 욕구는 중요하지 않고 남자들은 내 욕구를 충족시켜주지 않는다. 그리고 결국 내 생각이 옳다는 것이 입증된다." 이것이 자기 충족적 예언이 되는 것이겠죠?

환자 : 네. 항상 똑같은 일들이 일어납니다.

치료자 : 뚱뚱하고 못생기고 결함이 있고 사랑스럽지 않다는 당신 자신에 대한 생각이 바로 우리가 개인적 도식 혹은 자기 개념이라고 부르는 것입니다. 당신이 그런 남자들을 선택함으로써 이 도식이 유지되는 것이죠. 결함이 있고 사랑스럽지 않다는 당신 자신에 대한 개인적 견해 혹은 도식이 계속 유지되는 것입니다.

환자 : 이것이 지금까지 계속되어온 패턴이에요.

과제

환자가 자신의 스키마를 알아내도록 도와주기 위해 치료자는 일주일 동안 몇 가지 자동적 사고를 확인하고 각각에 대해 하향화살표기법을 실시하도록 과제를 부여할 수 있다. 하향화살표기법을 통해 확인된 핵심 신념은 많은 스키마들을 보여줄 것이다. 이와 함께 환자들은 성격 신념 질문지-단축형(Butler, Beck, & Cohen, 2007; 양식 10.2)을 완성할 수 있다. 환자에게 이전에 수행한 과제(예 : 사고 기록지)를 검토하도록 하는 것도 유용하며, 자기나 타인에 관한 어떤 스키마가 나타나는지를 확인하는 것이 도움이 된다.

일어날 수 있는 문제

어떤 치료자들은 하향화살표기법을 충분히 깊이 사용하지 않는다. 예를 들어, 치료자가 단순히 자동적 사고 수준에만 머무는 경우도 드물지 않다: "그러니까 사람들이 당신이 지루한 사람이라는 것을 알게 될 것이라고 생각하는 것이죠. 그러한 증거는 무엇인가요?" 어떤 사례에서는 이것으로 충분할 수 있지만, 오래 지속된 문제를 가지고 있는 환자의 경우, 자동적 사고 수준은 불충분할 것이다. 실제로 어떤 사람들은 우리가 지루해한다는 것을 알아차린다. 이런 경우, 단순히 다음 수준-조건적 신념("만약 누군가가 나를 좋아하지 않는다면, 그것은 내 잘못임에 틀림이 없다")으로 넘어가는 것은 불충분할 수 있는데, 때로는 그것이 실제 나의 잘못이기 때문이다. 예를 들어, 사회적으로 수줍음이 많은 사람은 정말로 과묵하고 대화에 참여하는 것을 꺼릴 수 있다. 상황을 더 악화시키는 것은 "나는 지루하다" 또는 "모든 사람이 판단적이다"와 같이 스키마의 더 일반적이고 개인적이며 만연한 수준 때문이다. 만약 그가 본질적으로 지루하다고 믿지 않는다면, 때로는 그가 타인에게 지루하게 보일 수 있다는 것을 수용해야 할 수도 있다.

치료자가 충분히 깊이 나아가지 않으려고 하는 것에 더해서, 어떤 환자들은 자신에 대한 신념과 현실을 혼동할 수 있다. 오랫동안 어떤 신념을 가지고 있었기 때문에, 그것을 의심하는 것이 어려울 수 있다. 더군다나, 어떤 사례에서는 환자가 자신의 신념을 지지하는 증거를 가지고 있다. 예를 들어, 수줍음이 많은 환자가 인간관계에서 뒤로 물러나 있을 수 있고, 그럼으로써 자신이 말할 것이 아무것도 없다는 믿음을 지지한다. 치료자는 '지루한 사람이 되는 것'과 '특정한 맥락에서 지루하게 행동하는 것' 간에는 차이가 있다는 것을 지적할 수 있다. 치료자는 환자에게 자신의 도식과 일치하는 방식으로 상호작용하지 않았던 때의 예를 평가하도록 도울 수 있다. "당신이 사람들과 어울리고 당신이 말한 것에 그들이 관심을 가졌던 때의 대화에 대해 말해줄 수 있나요? 당신이 지루한 것처럼 보이는 경우와 이때와의 차이는 무엇인가요?"

어떤 환자들은 사물을 바라보는 습관적인 패턴이 개인적 해석(personal construction)이 아니라 단지 '사실'이라고 믿으면서 스키마를 현실과 혼동한다. 치료자는 이런 환자들에게 이 단계에서 우리는 단지 사람들이 사물을 보는 방식에서 어떤 패턴이 있는지를 확인하려는 것뿐이고, 아무것도 도전하거나 논쟁하지 않을 것임을 알도록 도와줄 수 있다. 예를 들어, "다른 사람들은 거부적이다"라는 환자의 생각이 '사실'에 의해 지지될 수도 있다. 단지 그것은 환자가 일관성 있게 거부적인 파트너를 선택하기 때문이지만 말이다.

기타 기법에 대한 탐색

위에서 언급한 것처럼, 하향화살표기법의 절차는 도식을 확인하는 데 매우 유용하다. 다른 유용한 연습에는 자동적 사고와 가정, 조건적 규칙 확인하기, 사례 개념화, 신념의 다른 측면 찾아보기(예 : 유발요인 확인하기), 생각 유추하기가 있다.

양식

양식 10.2(성격 신념 질문지-단축형)

기법 : 도식적 처리 설명하기

설명하기

대부분의 사람들은 자신이나 타인에 관한 정보를 처리하는 방식에서 다소 편향을 가지고 있다. 환자들에게 도식적 처리를 설명할 때, 이것이 인간 존재의 일부라는 것을 인식하는 것이 중요하다. 우리는 모두 자신과 타인에 대한 내재된 신념을 가지고 있으며, 이러한 신념은 신념과 일치하는 정보에 선택적으로 주의를 기울이도록 만들며('확증편향'), 도식과 일치하는 정보를 더 빠르게 기억하고 도식과 일치하지 않는 정보는 기억하지 못하며, 도식과 일치하지 않는 정보를 무시하는 경향을 끌어낸다. 예를 들어, 높은 기준과 관련된 도식을 가진 사람은 시험에서 자신의 수행의 작은 불완전함에도 주의를 기울이고, 잘 수행하는 것에 대해 걱정하고, 과거의 뛰어난 수행을 평가절하할 것이다. 도식은 렌즈를 통해 편향된 세계를 보는 것과 유사하다. 렌즈가 어둡다면, 세상은 어둡게 보일 것이다. 치료자는 여기에서의 목표는 개인이 편향된 렌즈를 사용하면서 현실을 제대로 볼 수 없는지의 여부를 결정하는 것이라고 말할 수 있다.

토론 안건

우리는 누구나 어딘가에 초점을 맞추고 있다는 점에서 다소 선택적이며, 결국 우리가 무엇을 생각하는가가 중요하다. 우리는 다른 사람들이 주목하거나 기억하지 못하는 것들에 주목하고 기억하는 경향이 있다. 당신이 빨간 렌즈가 달린 안경을 쓰고 있다고 생각해보자. 당신은 자신이 보는 거의 모든 것이 빨간 색채를 띤다는 것을 알게 될 것이다. 이 빨간 렌즈는 당신이 자신과 세상을 보는 스키마에 대한 은유이다. 이런 도식의 종류에는 성취나 거절, 버림받음, 통제, 인정, 무력감, 매력에 과도하게 초점을 맞추는 것 등이 있다. 우리 모두가 사용하는 많은 다른 종류의 스키마나 개념들이 있다. 우리는 사람들이 일상적으로 사용하는 특정한 종류의 스키마나 개념이 있는지 알아볼 것이다.

"스키마에 관한 한 가지 사실은 스키마가 우리에게 다른 것보다도 어떤 사건(things)에 더 많이 주의를 기울이도록 한다는 것입니다. 예를 들어, 만약 당신이 거절에 대한 스키마를 가지고 있다면, 당신이 거절로 해석하는 많은 것들, 즉 사람들이 당신을 쳐다보는 방식이나 그들이 말하는 것, 행동하는 방식에 주의를 기울이게 될 것입니다. 그들은 당신을 거부하는 것이 아닐지도 모릅니다. 하지만 당신은 많은 것들에서 거절을 찾는 이러한 편향을 가지고 있을 수 있습니다. 그리고 만약 당신이 정말로 거절에 초점을 맞추게 된다면, 즉 그것이 당신의 스키마이거나 개념이라면, 당신은 거절과 관련된 많은 것들을 기억할 수 있을 것입니다. 그리고 당신을 좋아하거나 인정하는 사람들을 알아차리지 못하게 될지도 모릅니다. 당신은 특정 사건에 얼마나 초점을 맞추고 기억하는가를 결정짓는 이러한 편향을 가질 수가 있습니다. 그것이 스키마라는 개념에 대해 우리가 생각하는 것입니다. 스키마는 당신으로 하여금 다른 것보다 특정한 사건에 주의를 맞추고, 그 사건을 기억하고, 그 사건에 대해 생각하게 만듭니다."

예

치료자 : 당신은 직장에서 정말로 불안해하고 스트레스를 많이 받는 것처럼 보입니다. 그리고 당신이 대학생이었을 때 너무 불안해져서 한 번 휴학을 했다고 말했지요. 여기에 어떤 패턴이 있나요?

환자 : 네. 저는 최선을 다하기를 원하지만, 때로는 압도되고 너무 심한 것 같아요.

치료자 : 그러니까 최선을 다한다는 생각이 당신 삶의 여러 시기에 걸쳐서 나타나는 주제일 수 있겠네

요. 지금 직장에서는 어떻게 하고 있나요?

환자 : 어떤 사람들은 제가 잘하고 있다고 말할지도 모르겠어요. 하지만 저는 더 잘했어야 한다고 생각하고, 모든 것을 놓치지 않고 다 했는지 걱정을 합니다.

치료자 : 그러면 당신의 상사는 당신이 한 일에 대해 어떻게 생각하나요?

환자 : 잘했다고 생각하는 것 같아요. 하지만 더 솔직히 말한다면, 저는 제 상사가 내가 할 수 있는 것만큼 잘하지는 않았다고 생각할까 봐 걱정이 됩니다.

치료자 : 자, 이것에 대해 생각해봅시다. 당신은 높은 기준과 관련된 개념 혹은 도식을 가지고 있어요. 그것은 어두운 렌즈를 끼고 있는 것처럼 모든 것을 어둡게 보이게 합니다. 그래서 그것이 상황을 편향되게 만드는 렌즈일 수 있다는 것을 깨닫지 못하는 것이지요.

환자 : 네. 어떤 때는 정말로 어두운 시각으로 내 일을 바라봅니다. 누구보다도 더 오랜 시간 동안 일을 하였음에도 불구하고, 때로는 일을 끝마치지 못하지요.

치료자 : 자, 렌즈 또는 도식에 대해서 생각해본다면, 도식은 상황이나 사물을 바라보는 편향된 방식인데요, 여기서 도식은 높은 기준을 요구하는 것이죠. 이것이 아주 작은 불완전함에 주의를 기울이게 하고, 실제보다 그것이 훨씬 더 큰 것처럼 당신의 마음에서 커지지요. 그래서 마치 그 불완전함이 재앙을 낳을 것처럼 예상하고, 상사가 당신이 충분히 잘해내지 못하고 있다고 생각한다는 독심술의 오류까지 저지르게 되는 것입니다.

환자 : 한 번도 그런 식으로 생각해본 적이 없어요. 하지만 제가 한 일은 완벽하지 않아요, 당신도 아시다시피.

치료자 : 누구의 일도 완벽하지 못합니다. 그러나 높은 기준의 도식을 가지고 있기 때문에, 당신은 완벽한 일을 요구하는 것이죠. 그리고 당신이 한 훌륭한 일은 평가절하하고 성취를 보잘것없는 것으로 생각합니다. 그래서 당신은 항상 스트레스를 받고 소진되는 겁니다.

과제

환자에게 양식 10.3에 제시된 스키마에 대한 자료를 읽게 할 수 있다.

양식

양식 10.3(스키마란 무엇인가?)

기법 : 스키마 보상과 스키마 회피 확인하기

설명하기

많은 사람들이 힘이나 우월한 기능을 추구함으로써 열등감을 보상한다. 자신을 약한 존재로 여기는 개인들은 공격적인 방식으로 행동함으로써 열등감을 보상할 수도 있다. 스키마 중심 모델(schema-focused model)은 보상적 기능의 중요성을 강조한다. 보상 전략의 예에는 다음과 같은 것이 있고, 괄호 안에는 내재된 부정적인 도식을 제시하였다: 근육 만들기(약한, '남성답지 못한'), 관계에 매달리는(무력한), 돈을 모으는 것에 대한 강박관념(실패, '평범한', 특별하지 않은), 매혹적인(매력적이지 않은, 사랑스럽지 않은). 예를 들어, 어렸을 때 자신이 신체적으로 연약하다고 여긴 한 젊은 남성은 전투 기술을 훌륭하게 연마하였다. 그의 생각은 "만약 내가 주먹다짐하는 중에 사람들을 때려눕힐 수 있다면, 나는 다시는 약해지지 않을 것이다"라는 것이었다. 아동기부터 자신은 뚱뚱하고 못생겼다는 도식을 가진 한 여성은 자신이 매력적이라는 것을 입증하기 위해 청소년기 동안 유혹적이고 성적으로 대담해졌다.

스키마 회피는 스키마 보상과 관련이 있다. 앞에서도 언급하였듯이, 개인들은 회피 패턴을 사용해서 스키마가 활성화될 수 있는 상황에 자신을 두지 않는다. 예를 들어, 개인적 부적절함이나 결함과 관련된 스키마를 가지고 있는 개인(예 : 자신을 사랑스럽지 않다고 여기는 사람)은 관계를 맺지 않음으로써 스키마 회피를 사용할 수 있다. 그녀는 환경에서 어떤 거절의 신호를 탐지하고, 재빨리 그 장면에서 빠져나온다. 자신이 무능하다고 믿는 사람은 도전적인 상황을 회피할 것이다. 자신이 매력적이지 않고 지루하다고 믿는 사람은 다른 누구도 자신을 원하지 않을 것이라고 믿기 때문에 한 관계에 안주할 것이다. 자신이 게으르고 무능하다고 믿는 사람은 직장에서 강박적이 될 수 있으며, 그럼으로써 자신의 지각된 동기 부족이나 기술 부족을 보상하려고 할 것이다.

토론 안건

치료자는 환자에게 자신의 스키마를 회피하거나 보상하는 방식을 확인할 수 있는 양식을 제공해야 한다(양식 10.4). 그런 다음 치료자는 "이제 스키마를 확인하였으니 그 스키마 때문에 당신이 힘들어지는 상황을 스스로 어떻게 피하는지를 생각할 수 있겠습니까? 스키마를 보상하기 위해 당신은 어떤 것들을 하나요?"라고 질문할 수 있다.

예

치료자 : 직장에서 많은 시간을 보내는 것처럼 보이네요. 때로는 밤늦게까지 일하고 집에 녹초가 되어서 돌아오고요. 이렇게 하는 이유가 무엇이라고 생각하나요?

환자 : 일을 잘해내야 하기 때문이죠. 제 말은 실패자라는 생각을 견딜 수가 없어요.

치료자 : 그렇게 오랜 시간 일하지 않는다면 실패할 것이라고 생각하나요?

환자 : 그렇게 생각합니다. 내가 일을 살해낼 것이라고 스스로를 믿지 못하는 것이죠. 실수하는 것을 참을 수가 없어요.

치료자 : 직장에서 완벽해야 하고 항상 실패를 피하기 위해 일해야 한다는 가정을 가지고 있는 것처럼 들리는군요. 만약 당신이 이렇게 많이 일하지 않는다면, 그리고 자신을 지금처럼 열심히 몰아붙이지 않는다면, 어떤 일이 일어날까 봐 두려운가요?

환자 : 게을러질까 봐 두려운 것 같아요.

치료자 : 그것은 과거에도 가지고 있었던 걱정인가요?

환자 : 네. 대학교 2학년 때부터요. 빈둥거리며 시간을 낭비하고 거의 아무것도 하지 않아서 한 과목을 낙제할 뻔 했지요. 그래서 제가 게을러질 수 있다는 것을 알아요.

치료자 : 모든 대인관계를 포기하고 추가로 열심히 일하도록 만드는 것은 바로 당신이 게으르다는 생각이었군요.

환자 : 그런 것 같아요. 하지만 때로는 정말로 포기하고 싶어요.

치료자 : 네, 완벽주의자가 된다는 것이 얼마나 어려운가 상상할 수 있습니다. 그러니까 당신은 완벽주의자가 됨으로써 '지각된' 게으름을 보상하는 거네요. 이것은 당신의 걱정과 어떻게 연결이 되나요?

환자 : 비판받을 것이라고 걱정해요. 그리고 모든 일을 틀림없이 하려고 하지요. 하지만 그것이 불가능하다는 것을 압니다. 제가 합리적이라면 그럴 수 없다는 것을 알지요.

치료자 : 우리가 논의했던 것처럼 당신의 내재된 신념, 즉 도식은 당신이 기본적으로 게으르며 그렇게 유능하지는 못하다는 것이고, 그래서 완벽주의자가 됨으로써 보상하려고 하는 것이죠. 하지만 이런 노력은 당신을 걱정하도록 만들지요.

과제

치료자는 환자에게 (1) 자신과 남들에게 붙인 다양한 부정적인 낙인과, (2) 이러한 '문제'를 보상

개인적 스키마	회피하거나 보상하기 위해 하는 일
무능한 또는 부적절한	어떤 어려운 일도 모두 피한다. 직장에서 다른 사람들 앞에서 나서는 것을 피한다. 어떤 일을 할 때, 비판받을까 봐 두려워서 일을 끝내지 않고 계속 미룬다.
무력한	때때로 일을 끝내는 것에 무력감을 느낀다. 아무리 노력을 해도 충분히 잘하지 못할 것이다. 그래서 도전적인 일을 맡는 것을 피하려고 하고, 다른 사람들이 이끌어가도록 한다.
약한	우울증은 약한 것으로 생각되기 때문에 자신의 우울증에 대해 당혹스럽게 느낀다. 사람들에게 말하는 것을 피하고 많은 지지를 받지 못한다.

그림 10.2 나의 스키마를 회피하고 보상하기

하거나 회피하기 위해 하는 일들이 어떤 것인가를 알아내라고 요청할 수 있다. 예를 들어 환자가 "나는 정말로 평범해"라고 믿는다면, 자신의 평범함이 결코 드러나지 않도록 하기 위해 어떤 행동을 하는가? 만약 환자가 정말로 무기력해서 자신을 돌볼 수 없다고 걱정한다면, 다른 사람들이 자신을 돌볼 것이라는 확신을 얻기 위해 어떤 전략을 사용하는가? 만약 환자의 스키마가 무능함과 관련된 것이라면, 어떤 행동이나 도전적인 일을 회피하고 있는가? 양식 10.4는 환자가 자신의 도식에 대한 반응으로 사용하는 대처 전략(회피적인, 보상적인)을 확인하도록 돕는 데 사용될 수 있다. 그림 10.2에 제시된 예를 참조하라.

일어날 수 있는 문제

스키마는 종종 개인의 성격에 깊이 자리하고 있기 때문에, 그리고 수년 동안 습관적인 패턴으로 작용해왔기 때문에, 어떤 사람들은 스키마와 거리를 유지하는 데 어려움을 보인다. 예를 들어, 자신이 기본적으로 사랑스럽지 않다고 믿는 사람은 친밀감의 추구를 회피하거나 부정적인 스키마를 강화하는 파트너를 선택할 수 있다. 치료자는 이것을 환자에게 지적할 수 있다: "당신은 자신에게 일어난 많은 부정적인 사건들을 마치 자연스러운 것으로 받아들이고 있어요. 하지만 이러한 일들 중 일부는 적어도 당신의 개인적 스키마와 관련이 있을 수 있다는 가능성에 대해 생각해봅시다." 다음과 같은 질문이 도움이 될 수 있다: "당신이 다른 스키마를 가졌다면 어떤 선택을 했을까요?"

마지막으로 회기 내에서나 과제로 스키마 활성화와 회피, 보상의 예들을 찾아볼 수 있다. 환자들은 이러한 부정적인 스키마를 활성화시키는 유발 단서를 확인할 수 있을 것이다. "당신이 [나는 부적절하다/열등하다/무력하다]라고 생각하기 쉬운 때는 언제라고 생각하나요?" 이러한 유발 단서들은 문제 시점의 표적(target)으로 활용될 수 있는데, 그때에 인지치료기법[예 : 비용-이익 분석, 증거 검토하기, 이중기준 사용, 생각에 대해 반박하기, 사고(스키마)와 반대로 행동하기]이 사용될 수 있다.

기타 기법에 대한 탐색

관련된 기법으로는 (개인적 도식을 확인하기 위한) 하향화살표기법, 가정과 조건적 규칙 확인하기, 가치체계 검토하기가 있다.

양식

양식 10.4(나의 스키마를 회피하고 보상하기)

기법 : 스키마를 변화시키기 위한 동기 발달시키기

설명하기

스키마는 본질상 변화에 저항적이며(Beck, 1976; Beck et al., 2014; Guidano & Liotti, 1983; Leahy, 2001b; Young, 1990), 환자들은 전형적으로 인지적·정서적 회피, 스키마에 대한 보상, 스키마 회피와 같이, 변화를 회피하기 위한 여러 기제를 활용한다. 인지치료 중 스키마를 수정하는 과정에서 발생하는 변화에 대한 저항에는 중요한 기억을 떠올리지 못하는 것, 해리, 치료 회피, 과제를 하지 않음, 치료자에게 도전하기 등이 포함된다. 스키마는 자기 보존적이기 때문에, 스키마를 수정하려는 시도는 쉽지 않을 수 있다. 더군다나, 스키마는 수년간의 선택적 노출과 정보 처리를 통해 강화되거나 확증되었던 것이다. 일부 환자들은 자기와 타인에 대한 스키마가 고통스럽지만 정확하며, 이러한 근본적인 믿음을 수정하려는 시도는 어떤 적응적 전략도 없이 그들을 무장해제시킬 것이라고 믿는다. 다른 환자들은 스키마 수정의 과정이 아무런 도움도 되지 않으면서 고통스럽고 끝없이 지속되는 과정이라고 믿을 수도 있다.

필자가 옹호하는 접근은 환자에게 이러한 과정에 대한 오해를 풀어주는 것이다. 환자에게 무의식의 어두운 영역으로 긴 여행을 시작할 것이고 그럼으로써 환자가 두려워하는 정신분석적 치료를 반복한다는 인상을 주기보다, 인지치료자는 스키마가 모든 다른 생각들처럼 다루어진다는, 즉 스키마를 확인하고 현실에 맞는지를 검증할 수 있다는 분명한 접근 방식을 설명해준다. 스키마는 일시적으로 대안적 믿음으로 대체될 수 있으며, 그 믿음은 환자가 직면하는 실제 삶의 맥락에서 시험될 수 있다.

하지만 이 작업을 실시하기 위해서는 스키마를 변화시키고자 하는 환자의 동기가 반드시 유발되고 논의되어야 한다. 이 단계에는 환자에게 스키마 작업이 어떤 효과를 가져올 것인지를 알려주고, 초기 기억에 접근하는 것에 대한 모든 두려움이나 걱정을 탐색하고, 이것이 강도가 약한 정신분석의 한 형태라는 생각을 버리게 하고, 인지치료의 실용적이고 상식적인 접근을 강조하는 것이 포함되어야 한다.

토론 안건

"만약 당신의 스키마에 대해 작업을 한다면, 불편하게 느끼는 어떤 생각과 행동을 만나게 될 가능성이 높습니다. 엘리베이터에 대한 두려움을 극복하는 것이 엘리베이터를 타고 불편함을 느끼는 것을 의미하는 것과 마찬가지로, 우리는 어떤 불편함을 주는 일을 하거나 생각을 하는 방식으로 스키마에 대해 작업할 것입니다. 그러나 목표는 이러한 불편감이 지나가고 스키마에 도전하고 스키마를 변화시키는 것입니다. 스키마를 수정하는 것의 비용과 이익에 대해 생각해봅시다. 당신의 삶이 달라진다면 어떨까요? 당신이 더 이상 이러한 스키마에 부정적으로 크게 영향받지 않는다면, 인간관계나 일, 자신감, 기타 영역에서 어떻게 달라질까요?"

예

치료자 : 마치 당신은 자신에 대해 무기력하고 자기를 돌볼 수 없다는 스키마를 가지고 있는 것처럼 보입니다. 이런 식으로 생각하고 있었다는 것에 대해 걱정이 되십니까?

환자 : 네. 그것이 어린아이였을 때부터 내가 생각했던 방식이라고 생각합니다.

치료자 : 그러니까 그것은 오랫동안 지속된 문제인가요? 만약 우리가 이 스키마가 당신의 삶의 다른 부분에 어떻게 영향을 미치는가를 살펴본다면, 무엇을 발견할 것이라고 생각합니까?

환자 : 남편과의 관계에서처럼, 많은 영향을 미치죠. 그는 나를 마치 어린아이처럼 다루고, 저는 그렇게 하도록 내버려 둡니다. 저는 운전하는 것을 배우지 못했고, 지금 45살이에요! 저는 아기 같아요.

치료자 : 무력감과 무능감의 스키마가 당신 삶의 다른 영역에도 영향을 주고 있나요?

환자 : 글쎄요. 저는 집안에서 오랫동안 살았고 정말로 도전적이지 않은 일을 했어요. 나 자신을 독립적으로 만들기 위해 한 일이 별로 없어요.

치료자 : 이 스키마 때문에 당신은 어떤 대가를 치르고 있나요?

환자 : 남편에게나 누구에게도 저의 주장을 하지 못해요. 저는 12년 동안 하찮은 일만 하고 있어요. 저는 스스로에 대해 하찮다고 느껴요.

치료자 : 당신이 무력하다고 생각하는 것에 뭔가 이익이 있나요?

환자 : 어쩌면 남편이 저를 위해 일을 하도록 만들죠.

치료자 : 그것에서 어떤 안 좋은 점이라도 있나요?

환자 : 저를 어리석고 아무 힘이 없는 것처럼 느끼게 하죠.

치료자 : 당신은 스키마에 도전하고 스키마를 변화시키기 위해 편치 않은 어떤 것을 해야 할 수도 있습니다. 제 말은 만약 당신이 엘리베이터 공포증을 가지고 있다면 계속 반복해서 엘리베이터를 타야 한다는 것입니다. 그것은 편치 않겠지요. 그러니까 스키마에 도전하는 것은 때때로 편치 않을 것입니다. 괜찮겠습니까?

환자 : 하룻밤에 변하지는 못할 거라는 것을 알아요. 하지만 내가 어떻게 하면 될까요?

치료자 : 당신의 스키마가 활성화되는 여러 방법들을 찾아낼 수 있겠죠. 이 영역에서 당신이 가지고 있는 생각과 감정을 확인할 수도 있고요. 우리는 더 합리적이고 적응적인 사고방식을 찾아내려고 할 것입니다. 어떨 것 같나요?

환자 : 좋을 것 같아요.

치료자 : 네, 하지만 당신의 스키마는 우리의 노력에 맞서 싸울 겁니다. "이것은 모두 거짓말이야. 네가 무기력하고 무능하다는 것을 알잖아. 누구를 놀리는 거야?"라고 말할 겁니다. 당신의 스키마는 그렇게 쉽게 포기하려 들지 않을 거예요.

환자 : 알아요. 계속해서 저를 따라오겠죠. 엄마가 이렇게 생각하도록 만들었어요. 엄마는…

치료자 : 우리는 그 이야기에 대해서도 작업할 수 있습니다. 이것이 정신분석은 아니지민, 분명 아니죠. 이 방법은 좀 다릅니다. 우리는 이러한 부정적 믿음에 대해 적극적이고 강력하게 싸울 것입니다. 우리는 쓸 수 있는 모든 인지치료기법을 사용할 겁니다.

환자 : 음, 이 방식은 단기치료라고 들었어요.

치료자 : 이런 종류의 작업은 더 오랜 기간을 필요로 할지도 모릅니다. 어쩌면 최소한 1년 정도. 그것은 당신에게 달려 있지요. 당신이 무엇을 원하고 얼마나 동기화되어 있다고 느끼는가에 따라 다릅니다. 우리 모두 열심히 해보죠. 당신은 새로운 기술을 배울 수 있어요.

환자 : 저는 평생 이런 상태였다고 생각해요.

치료자 : 어쩌면 당신은 충분히 고통을 받은 셈이죠! 제가 말했듯이, 이 치료는 당신의 스키마가 원하지 않는 것을 당신에게 하라고 요청할 겁니다. 예를 들어, 만약 당신이 스스로를 무력하다고 생각한다면, 어쩌면 독립적으로 편안하지 않은 어떤 것을 해야 할 수도 있어요. 어쩌면 운전을 배워야 할 수도?

환자 : 오, 저는 너무 나이가 많아요.

치료자 : 제 생각에는 그것이 스키마의 말입니다. 너무 나이가 많다고요? 고속도로에서 운전하는 사람들이 얼마나 똑똑할까요?

환자 : 어떤 사람들은 멍청이죠.

치료자 : 당신의 스키마는 당신이 멍청이보다도 못하다고 말하고 있는 건가요?

환자 : 네.

치료자 : 그 말에 어떻게 반박하시겠어요? 그것이 잘못된 것이라고 어떻게 스키마에게 말하시겠습니까?

환자 : "멍청이라고? 나는 대학을 졸업했어. 나는 항상 독서를 하지. 내 일을 잘해왔다고. 나는 멍청이가 아니야!"라고 말해야 될 것 같아요.

치료자 : 자, 이제 당신은 스키마에 도전하기 시작했어요. 느낌이 어때요?

환자 : 정말 좋군요.

치료자 : 이것이 시작입니다.

과제

치료자는 개인적 스키마를 수정하는 것이 의미하는 바를 조사하기 위해 환자에게 양식 10.5를 완성하라고 요청할 수 있다. 이에 더해서 치료자는 만약 더 긍정적인 스키마를 갖게 된다면, 그들 삶이 어떻게 달라질 것인지를 환자에게 물어볼 수 있다: "만약 당신이 자신과 타인에 대해 더 긍정적인 스키마를 갖게 된다면, 어떤 새로운 관계나 경험, 감정, 생각이 나타날까요?"

일어날 수 있는 문제

환자에게 한 가지 큰 문제는 정신분석과 스키마 작업을 혼동하는 것이다. 스키마 작업은 인지치료 내에 완전히 포함될 수 있으며(Beck et al., 2014), 무의식이나 어떤 다른 정신분석적 개념도 참조하지 않는다. 우리는 (1) 스키마에 대한 작업이 구조화되어 있고, (2) 치료자는 환자 스스로 하는 과제를 제공할 것이며, (3) 회기에는 의제(agendas)가 있을 것이고, (4) 초점은 스키마에 적극적으로 도전하고 스키마를 검증하고 심지어 스키마에 대항하여 행동하는 것에 있음을 환자에게 강조한다.

흔히 나타나는 또 다른 문제는 스키마를 수정하는 것에 대한 절망감이다. 환자들은 자신의 성격이 치료를 통해 바뀐다는 것이 비현실적이라고 생각할 수도 있다. 그들은 성인기 내내 '이런 방식으로' 살아왔기 때문이다. 치료자는 목표가 성격을 바꾸는 것이 아니라 오히려 스키마가 그들에게 미치는 영향력을 바꾸는 것임을 지적함으로써 대응할 수 있다. 그들은 기본적으로는 같은 사람으로 남아 있을 것이다. 그러나 예를 들어 무능하거나 무력하다는 스키마는 치료가 계속됨에 따라 더 적은 부정적인 영향력을 갖게 될 수 있다. 물론 어떤 것도 보장할 수는 없지만, 환자가 스키마 중심 작업을 한 번도 해본 적이 없기 때문에 이런 작업이 효과가 없다는 증거도 가지고 있지 않을 가능성이 크다. 실험적 태도를 취하도록 환자를 격려한다("무언가 향상될 수 있는지 한번 보자"). 더군다나 중간 정도의 기대(예 : "이것은 실무율적인 치료가 아니다.")를 갖도록 하는 것이 중요하다.

기타 기법에 대한 탐색

관련된 기법으로는 비용-이익 분석하기, 다양한 상황에서 나타나는 스키마와 관련된 신념의 변형(variations) 찾기, 숨겨진 가정 파악하기, 조건적 규칙, 하향화살표기법, 사례 개념화 등이 있다.

양식

양식 10.5(스키마를 변화시키기 위한 동기 발달시키기)

기법 : 스키마의 자료가 되는 초기 기억 활성화하기

설명하기

역기능적인 스키마와 거리를 두기 위해서, 환자는 아동기나 청소년기에서 스키마의 근원을 조사할 수 있다. 예를 들어, 현재 자신이 추하고 뚱뚱하다고 믿는 환자는 어디에서 이러한 부정적인 자기 귀인(self-attribution)을 배웠는지를 조사할 수 있다. 형제나 친구들이 그녀를 비웃었는가?

아버지나 어머니가 외모에 대해 비난하였는가? 가족 내에 외모에 대한 완벽주의적인 집착이 있었는가? 초기 기억은 치료자가 직접적으로 "누가 이것을 당신에게 가르쳤는가?" 혹은 "당신 자신에 대한 (뚱뚱한, 어리석은, 가치 없는 등등)이라는 이름은 아동기의 어떤 기억을 불러일으키는가?"라고 물음으로써 활성화될 수 있다. 대안적으로 환자는 부정적인 정서(예 : 수치심)에 초점을 맞추고 그러한 정서와 함께 나타나는 이미지를 떠올리려고 할 수 있다. 이러한 정서적 유도는 더 초기 기억에 접근하기 위해 사용될 수 있다. "당신이 언제 처음으로 이런 감정을 느꼈는지 기억할 수 있나요? 아동기와 관련된 어떤 이미지가 있나요?" 환자가 이런 기억에 접근해감에 따라 치료자는 추가적인 구체적 사항과 정서, 생각을 끌어내야 한다(더 많은 예는 Beck et al., 2014; Hackmann, Clark, & McManus, 2000; Wild, Hackman, & Clark, 2008; Young et al., 2003 참조).

토론 안건

"많은 경우 우리는 부정적인 믿음과 스키마의 근원을 초기 기억, 즉 어린아이였을 때 경험한 일들에서 추적할 수 있습니다. 무력감 스키마[어떤 것이라도 좋다]와 만나볼까요? 눈을 감고 정말로 무력하다는 생각에 초점을 맞추어보세요. 그러한 생각과 함께 일어나는 느낌을 잡으려고 해보세요. 이제 당신이 그런 느낌과 생각을 가졌던 아동기나 혹은 더 오래 전의 마음속의 그림이나 장면을 표현해보세요. 그림에서 구체적인 모습과 색깔, 소리, 냄새, 감각들을 찾아보세요. 지금 거기에 그 순간에 있다고 상상해보세요."

예

치료자 : 당신은 무력하다는 생각을 가지고 있습니다. 그것은 당신의 핵심 스키마 중 하나인 것처럼 보이는데요. 눈을 감고 "나는 정말로 무력하다. 나는 아무것도 할 수 없다"라는 생각에 집중하려고 해보세요. 눈을 계속 감고서 그 생각과 함께 일어나는 감정을 잡으려고 노력해보세요.

환자 : (눈을 감은 채) 몸을 움직일 수 없는 것처럼 느껴져요. 마치 얼어붙은 것 같아요.

치료자 : 얼어붙고 무력한 감정과 함께 나타나는 어떤 이미지를 마음속에서 찾아낼 수 있겠어요?

환자 : 기억납니다. 5살쯤이었고 저는 거실을 가로질러 걸어가고 있었는데, 멈춰 서서 "어느 쪽으로 가야 할지 모르겠어. 나에게 말을 해줄 엄마가 필요해"라고 생각했어요.

치료자 : 무력하고 얼어붙은 그 느낌. 그것이 이미지인가요?

환자 : 네. 그리고 엄마에게 "나 어디로 가야 해?"라고 물었죠.

다음 대화는 자신이 충분히 잘할 수가 없다고 생각하는 환자와의 사이에서 일어난 것이다. 그의 도식은 타인들이 자신에게 완벽을 기대하리라는 것이었다.

치료자 : 완벽하게 일을 해내야 한다는 도식을 알아냈군요. 이제 눈을 감고 "나는 완벽해야 해"라는 생각과 "나는 기대치에 도달할 수가 없어"라는 생각에 집중해보세요.

환자 : 해볼게요.

치료자 : 이제 "나는 기대치에 도달할 수가 없어"라는 생각에 초점을 맞추세요. 몸에서 어떤 감각이나 느낌이 있는지 주목해보세요.

환자 : 심장이 빨리 뜁니다. 긴장돼요.

치료자 : 어디서인가요?

환자 : 몸 전체가 다 그래요.

치료자 : "나는 충분히 잘할 수 없어"라는 생각에 계속 초점을 맞추어보세요. 어떤 기억이나 이미지가 떠오르는 게 있나요?

환자 : 네. B학점 1개, A학점 4개를 받았는데, B를 받았다고 엄마가 꾸중하고 있어요. 내 심장이 쿵하고 떨어지는 것을 느꼈어요.

과제

과제는 회기에서 이 기법을 시연한 것을 회기 밖에서 반복하는 것이다. 환자에게 (스키마 질문지와 이전 회기에서 나온) 자신의 다양한 스키마를 파악하라고 주문한다. 그런 다음 스키마를 기록한다. 20분씩 세 번에 걸쳐 각 도식에 수반되는 초기 기억이나 심상에 초점을 맞추고, 양식 10.6에 초기 기억과 심상을 기록하고, 그 기억과 연합된 감각과 감정, 생각을 함께 기록한다.

일어날 수 있는 문제

때때로 환자들은 기억이 너무나 고통스러워서 치료의 가치를 의심하기 시작할 수도 있다. 치료자는 이런 환자에게 스키마 작업 중 어떤 기억과 경험은 고통스럽다는 것을 재확인해주어야 한다. 하지만 기억은 치료자와 환자가 스키마를 재구성하고, 자기와 타인을 바라보는 새롭고 더 적응적인 방식을 만들어감에 따라 훨씬 덜 고통스럽게 될 수 있다. 치료자는 어떤 기억이 너무나 고통스러워서 계속 떠올릴 수 없다면, 회기 중에 논의하기 위해 따로 떼어두자고 말할 수 있다.

스키마와 관련된 기억의 회상은 잠시 동안 '스키마를 재확증'할 수도 있다. 자신에게 "너는 매력적이지 않다"라고 말하는 엄마를 떠올리는 것은 성인 여성에게 결함(defectiveness) 스키마를 강화한다. 치료자는 뭔가를 바꾸는 데 있어 첫 단계는 그것과 관련하여 더 많은 것들을 찾아내는 것이라고 설명할 수 있다. 그러나 스키마의 근원을 확인하는 것이 자동적으로 모든 것을 수정하지는 못한다. 그러한 기법은 이후 회기에서 활용될 것이다.

기타 기법에 대한 탐색

여기에서는 많은 정서적 처리(혹은 경험적인) 연습이 적절하다. 이에는 정서에 접근하기, 이야기를 글로 쓰기, 뜨거운 문제 지점(hot spot) 확인하기 등이 포함된다. 이에 더해서 초기 기억의 회상은 자동적 사고 확인하고 범주화하기, 하향화살표기법, 생각 유추하기와 관련될 수 있다.

양식

양식 10.6(스키마의 초기 기억)

기법 : 근원에게 편지 쓰기

설명하기

외상적인 혹은 괴로웠던 경험의 효과를 수정하는 데 유용한 것으로 입증된 한 가지 기법은 환자에게 외상이나 스키마의 근원에게 편지를 쓰면서 주장적인 행동을 하게 하는 것이다. 환자가 그 편지를 스키마의 근원에게 보낼 필요는 없다. 거의 그렇게 하지는 않는다. 하지만 초기 경험에 의해 지배받고 조종받는다고 느끼기보다는, 무엇이 일어났고 어떤 느낌과 생각이 일어났으며 스키마의 근원이 얼마나 잘못되고 악의적인지 혹은 불공평한지를 보여주는 자기 지지적인 글을 쓰도록 환자에게 격려한다.

토론 안건

"자신에 대해 이러한 부정적인 것들을 믿도록 당신에게 가르친 이 사람(당신에게 부정적인 도식을 가르친 사람)은 여전히 오늘도 당신에게 영향을 미치고 있어요. 당신은 지금 어떤 끝나지 않은 과제를 가지고 있는 것이죠. 무엇이 일어났는지 당신의 기억(이런 부정적인 것들을 믿도록 배운 시점)으로 되돌아가 봅시다. 나는 당신이 그 사람을 상대로 어떤 주장적인 말들을 써보길 원해요. 누구에게도 그것을 보낼 필요는 없습니다. 하지만 지금 자신을 강하고 스스로를 방어할 수 있는 어떤 사람이라고 생각해보세요. "나는 이런 생각에 더 이상 매이지 않을 거야"라는 입장을 취하세요. 이 편지에 그런 부정적인 스키마를 배웠던 기억을 적어보세요. 그 사람에게 왜 [그 혹은 그녀]가 잘못되었는지, 당신은 어떻게 느꼈는지, [그 혹은 그녀]가 행동했어야 하고 말했어야 하는 것을 적어보세요."

예

치료자 : 아버지가 당신에게 멍청하다고 말했던 것을 떠올리면, 지금 기분이 어떻습니까?

환자 : 혼란스러운 감정을 느껴요. 나의 일부는 화가 나지만 두려움도 느껴져요. 아버지가 나를 때릴 수도 있다는 느낌을 계속 가지고 있는 것 같아요. 내가 화를 낸다면 아버지는 나를 마구 때릴 거예요.

치료자 : 그것이 당신이 어렸을 때 일어난 일이죠? 오늘 아버지가 당신을 때릴 가능성이 얼마나 된다고 생각하세요?

환자 : 저에게 결코 손을 대지 못할 거예요. 제가 아버지보다 더 크거든요! 15살 때 아버지에게 나를 한 번만 더 치면, 죽이겠다고 말했던 것이 기억나요.

치료자 : 좋습니다. 그 공포는 과거에서 오는 것이군요. 그런데 여전히 아버지가 당신에게 멍청하다고 말하고 있는 것처럼 느끼는 것 같이 들리는데요. 심지어 아버지에게 자신의 생각을 주장하는 것에 대해 생각하는 것조차도 두려움을 주는 것 같아요.

환자 : 그것이 사실인 것 같아요.

치료자 : 좋습니다. 당신이 과제로 해오기를 바라는 것은 아버지에게 편지를 쓰는 거예요. 그 편지를 보내지는 않을 겁니다. 단지 아버지가 당신에게 한 지독한 일, 당신을 멍청이라고 부른 그때에 대한 편지를 아버지에게 쓰는 것뿐이에요. 그때 당신이 어떻게 느꼈는지, 그리고 지금 어떻게 느끼는지를 아버지에게 말하세요. 그런 다음 그 일로 아버지에 대해 어떻게 느끼게 되었는지, 그리고 왜 그가 틀렸는지를 말하세요.

환자 : 네. 그렇지만 생각하는 것만으로도 긴장이 됩니다.

치료자 : 왜 그렇지요?

환자 : 어린아이였을 때 아버지 앞에 설 때면 항상 아버지가 저에게 소리 지르고 저를 때렸기 때문이죠.

치료자 : 당신은 이제 더 이상 어린아이가 아닙니다.

환자는 아버지에게 개인적인 편지를 썼고 다음 회기에 가져왔다.

환자 : (편지를 읽으며) "아버지는 내가 한 어떤 일에 대해서도 전혀 가치를 두지 않았어요. 당신이 나에게 한 것은 당신의 멍청한 규칙을 따라야 한다는 것뿐이었죠. 당신은 악당이었어요. 아버지는 나에게 멍청하고 무책임하고 부주의하다고 말하곤 했죠. 당신이야말로 멍청한 사람이었어요. 정말 끔찍한 아버지였죠. 좋은 아버지라면 자녀가 스스로에 대해 좋게 느끼게 할 것이고 자신감을 갖도록 가르칠 거예요. 당신은 절대 그러지 않았죠. 책임감이 있지도 않았어요. 당신을 너무나 미워했던 적이 여러 번 있었죠. 나는 멍청하지 않아요. 나는 대학에 들어갔지만 당신은 아니죠. 아마도 아들이 독립적인 정신을 갖는 것이 당신에게는 견딜 수가 없었던 것일지도 모르죠. 친구들은 나를 똑똑하다고 생각하고, 내 상사도 내가 일을 잘한다고 생각해요. 그것이 멍청한 건가요? 어쩌면 제가 당신을 용서해야 할지도 모르죠. 하지만 지금 당장은 용서할 수가 없어요. 나는 지금 정말로 화가 나요."

치료자 : 이것을 쓰고 나니 어떤가요?

환자 : 벌을 받게 될 것 같았어요. 하지만 그다음 더 나아졌어요. 가슴 속에서 무언가를 날려버린 것 같아요. 아버지가 나에 관한 한 틀렸다고 생각하게 되었어요.

과제

치료자는 양식 10.7을 사용해서 부정적인 스키마의 근원에게 편지 쓰기에 관한 위에 제시된 지시를 다시 한 번 말할 수 있다.

일어날 수 있는 문제

사례에서 나타난 것처럼 많은 환자들이 스키마의 근원에게 편지 쓰는 것을 꺼려한다. 그들은 보복을 당할까 봐 두려워하며, 편지를 쓰는 것이 옛 상처를 다시 꺼낼 뿐이라고 두려워할 수 있고, 죄책감을 느낄 수도 있다. 어떤 환자들은 이러한 연습이 '긍정적으로 생각하기'의 또 다른 시도이며, 부정적인 스키마에 관해서 그 근원이 옳을 수도 있다고 믿는다. 치료자는 어떠한 주저함이나 두려움에 대해서도 질문을 해야 하며, 그 두려움을 정상화하도록 환자를 도움으로써 그것을 다룰 수 있다(예 : "당신은 그 말을 믿도록 그리고 자신을 옹호하지 못하도록 교육받았죠. 그래서 지금 자연스럽게 당신은 혼란스러운 감정을 가지게 되는 겁니다"). 이에 더해서, 치료자는 자기 주장에 대한 부정적인 생각을 끌어낼 수도 있다(예 : "나에겐 아무런 권리도 없어", "어쩌면 그녀가 옳았을 거야", "이런 것이 상황을 더 나쁘게 만들 거야"). 이러한 생각은 이중기준기법을 사용함으로써(예 : "자신의 생각을 주장하는 권리를 누가 가지고 있을까요?"), 그리고 그 생각에 대한 반대 증거를 조사함으로써(예 : "그 스키마가 잘못이라는 증거로는 어떤 것이 있나요?" 혹은 "이 부정적인 믿음을 어떻게 검증할 수 있나요?"), 스키마의 근원에게 말하는 것이 실제로 상황을 악화시킬 것인지에 대한 경험적 접근을 취함으로써(예 : "더 안 좋게 느끼게 될 것이라는 당신의 예측을 검증해봅시다. 만약 당신이 더 안 좋게 느끼지 않는다면 그것은 무엇을 말하는 것일까요? 이것이 바로 스키마가 변화로부터 자신을 지키려는 또 다른 방법이 아닌가요?") 다루어질 수 있다.

기타 기법에 대한 탐색

다른 적절한 기법에는 이야기 털어놓기, 정서와 심상에 접근하기, 이야기 다시 쓰기, 심상 재기술하기(imagery rescripting), 지지 증거와 반대 증거 조사하기, 사례 개념화, 이중기준기법, 합리적인 역할 놀이 등이 포함된다.

양식

양식 10.7(스키마의 근원에게 편지 쓰기)

기법 : 스키마에 도전하기

설명하기

부정적인 스키마는 인지치료기법을 사용하여 다뤄질 수 있는 다른 부정적인 생각과 비슷하다. 일단 스키마가 활성화되고 확인되면, 치료자는 모든 가능한 인지치료기법을 활용할 수 있다. 이런 기법에는 앞 장에서 논의된 것처럼, 다음과 같은 것이 포함된다.

1. 생각과 사실 구분하기
2. 감정의 정도 및 생각에 대한 믿음의 정도 평가하기
3. 특정한 믿음의 변형 찾아보기
4. 사고의 왜곡 범주화하기
5. 하향화살표기법
6. 연속선상에서 확률 계산하기
7. 부정적인 사고 추론하기
8. 용어 정의하기
9. 비용-이익 분석하기
10. 증거 조사하기
11. 증거의 질 조사하기
12. 변호인 역할
13. 생각의 양쪽 측면 역할 연기하기
14. 사람과 행동 구분하기
15. 다양한 상황에서 행동의 차이 조사하기
16. 부정적인 생각을 해결하기 위해 행동하기

토론 안건

"당신의 부정적인 스키마를 확인하였기 때문에 이제 우리는 그것을 수정할 많은 기법을 활용할 수 있습니다. 예를 들어, 어떤 생각이든 모든 인지치료기법을 사용할 수 있지요."

예

치료자 : 당신의 부정적인 스키마는 '나는 기본적으로 멍청하고 무능하다'인 것 같은데요. 이것은 아버지가 당신에게 가르쳤던 것이 아닌가요?

환자 : 네. 아빠는 항상 나를 멍청이라고 불렀어요.

치료자 : 좋아요. 이 '멍청이'라는 낙인에 대해 생각해봅시다. 어떤 경험이 당신에게 이런 생각을 불러

일으키나요?

환자 : 글쎄요. 시험을 볼 때마다, 저는 낙제할 거라고 미리 걱정합니다.

치료자 : 좋아요. 앞으로 시험을 치르게 되나요?

환자 : 다음 주요.

치료자 : 시험에 대해 생각할 때 어떤 자동적 사고를 하게 되나요?

환자 : 저는 "난 완전히 망칠 거야. 자료와 관련된 모든 것을 알지는 못해. 내가 읽지 않은 것들도 있고."

치료자 : 만약 모든 자료를 알지 못한다면, 그렇다면…

환자 : 저는 낙제할 거예요.

치료자 : 만약 낙제한다면 그것은 당신에게 무엇을 의미할까요?

환자 : 나는 멍청하다.

치료자 : 좋아요. 시험에 대해 생각할 때면 자신이 멍청하다는 것을 0~100% 중 얼마나 믿나요?

환자 : 75% 정도.

치료자 : "나는 시험에 낙제할지도 몰라. 나는 멍청해"라는 생각과 함께 어떤 감정이 일어나나요?

환자 : 불안하죠. 정말로 불안해집니다. 그리고 수치스럽구요.

치료자 : 얼마나 불안하죠? 0~100% 중에서?

환자 : 90% 정도.

치료자 : 좋아요. 당신이 멍청할 수도 있다는 생각 때문에 어떤 대가를 치러야 하나요?

환자 : 저는 항상 시험 전에 불안합니다. 항상 걱정하면서 걸어다니죠. 잠도 잘 수 없어요.

치료자 : 당신이 멍청하고 낙제할지도 모른다는 그런 생각으로 인한 이익은 무엇인가요?

환자 : 어쩌면 더 열심히 노력하겠죠.

치료자 : 더 열심히 노력한다는 증거가 있나요?

환자 : 어떨 때는. 하지만 많은 시간을 지체하죠. 그리고 가끔씩 내가 잘하지 못할 것이란 두려움 때문

에 도중에 미리 그만두기도 합니다.

치료자 : 그러니까 그것은 당신이 멍청하다는 생각으로 인해 발생하는 추가적인 비용이네요. 당신은

또한 수업의 모든 것을 알지는 못한다는 생각을 한다고 했어요. "모든 것을 알지는 못한다"는 것이

당신이 낙제할 것이라는 근거가 되나요?

환자 : 가끔씩 그렇게 생각합니다.

치료자 : 이 수업을 듣는 사람 중 모든 것을 알고 있는 사람이 있나요?

환자 : 아니요. 이 수업을 듣는 사람들 중 일부는 거의 읽어오지도 않는 걸요.

치료자 : 그렇지만 당신의 가정은 "만약 모든 것을 알지 못한다면 나는 낙제할 거야"라는 일종의 완벽

주의적인 믿음인 것이죠. 그렇게 생각하지 않나요?

환자 : 네. 그렇지만 대부분 저는 그렇게 느낍니다.

치료자 : 이해할 수 있어요. 하지만 모든 것을 알지 못한다면 시험에서 잘할 수 없다는 어떤 증거가 있는지 궁금합니다.

환자 : 저는 여러 시험에서 잘했었고, 그때에도 제가 모르는 많은 것들이 있었어요.

치료자 : '멍청하다(stupid)'는 단어의 의미로 되돌아가보죠. 당신은 그것을 어떻게 정의하겠습니까?

환자 : 아무것도 모른다. 아무것도 잘하지 못한다.

치료자 : '멍청하다'의 반대말은 무엇인가요?

환자 : '총명한(brilliant)'. 모든 것을 다 아는 사람.

치료자 : 그러니까 당신은 "나는 모든 것을 알지는 못한다. 그래서 낙제할지도 모른다. 왜냐하면 나는 멍청하니까"라고 생각하시는군요. 당신은 지능의 연속선 위에 단지 두 점 — 멍청하다와 총명하다 — 만을 가지고 있는 것처럼 보입니다.

환자 : 네. 그것은 당신이 말한 실무율적인 생각이죠.

치료자 : 맞아요.

환자 : '충분히 넉넉한(bright enough)'이나 '똑똑한(smart)'을 의미하는 지점이 있다고 생각해요. 또는 '평균'. 어쩌면 '평균 이상'.

치료자 : 이런 지점 중 어떤 것이 당신에게 적용됩니까?

환자 : 그것은 과제에 따라 다르겠죠. 아마도 어떤 과제에서는 평균일 거구요. 하지만 대부분의 경우 평균 이상일 거예요. 가끔씩은 '매우 똑똑한(very smart)'에 속하구요.

치료자 : 좋습니다. 만약 당신이 모든 것을 아는 것이 아니라면 멍청하다는 생각과 방금 당신이 말한 것과는 어떻게 조화를 이룰 수 있을까요?

환자 : 조화가 안 되죠. 제가 모든 것을 알 필요는 없을 거예요. 누구도 그렇지 못하죠.

치료자 : 만약 친구 존이 시험을 치르면서 "난 다 읽지 못했어. 그래서 낙제할 것 같아"라고 말한다면, 그에게 뭐라고 하시겠어요?

환자 : (웃으며) 그건 어리석은 생각이야! 그렇지 않아. 너는 영리하고 다른 시험에서도 잘했잖아, 라고 말할 거예요. 누구도 모든 것을 알고 있지는 못해. 어쨌거나 시험은 상대적으로 점수가 매겨지지.

치료자 : 친구 존과 당신에게 다른 기준을 가져야 하는 어떤 이유가 있나요?

환자 : 완벽하게 하지 않으면 멍청한 것이라는 말을 항상 들었던 것 같아요.

치료자 : 그러면 그런 기준에 대해서 어떻게 생각하나요?

환자 : 그건 공정하지 않아요.

치료자 : 기준이 잘못된 건가요? 아니면 당신이 멍청한 건가요?

환자 : 멍청하지 않아요.

치료자 : 그것을 어떻게 알죠?

환자 : 저는 수업에서 잘했고 대학진학적성검사(SAT) 점수도 꽤 높았죠. 내가 완벽한 천재는 아닐지 몰라도 멍청하지는 않아요.

과제

치료자는 양식 10.8에 목표적(target)으로 삼은 부정적 도식(예 : 못생긴, 무능한, 무력한)을 기록할 수 있으며, 환자에게 그 도식에 도전하기 위해 몇 가지 인지치료기법을 사용하라고 요청할 수 있다. 예를 들어, 전형적인 과제는 다음과 같은 것이 될 수 있다.

1. 자신과 타인을 바라보는 방식에 관한 다섯 가지 부정적인 스키마를 적는다.
2. 부정적인 스키마를 유발하는 상황(이나 사람)을 파악한다.
3. 각 상황에서 스키마에 대한 믿음의 정도를 점수화한다. 각각에 대한 감정을 확인하고 점수화한다.
4. 각 부정적인 스키마를 지지하는 증거와 반대하는 증거의 목록을 만든다.
5. 그 스키마가 왜 현실적이지 않은가에 대한 논박을 적는다.
6. 각 스키마에 대한 부정적인 믿음에 대해 다시 점수를 매기고, 그런 다음 감정에 대해서도 다시 점수를 매긴다.

일어날 수 있는 문제

단순히 과제로 부정적 스키마에 도전하는 것이 영구적인 변화 또는 극적인 일시적 변화를 일으킬 가능성은 낮다. 어떤 환자들은 "그것이 비합리적이라는 것은 알지만, 여전히 그것이 사실인 것처럼 느껴져요"라고 말한다. 치료자는 다음과 같이 설명할 수 있다: "당신 삶의 대부분의 시간 동안 고수했던 믿음을 변화시키는 데에는 오랜 시간이 걸립니다. 신체적으로 좋은 모습을 만들기 위해 운동을 반복하는 데 오랜 시간이 걸리듯이, 스키마를 바꾸는 데에도 오랜 시간이 걸리지요. 변화는 흑백논리적인 작업이 아닙니다. 변화의 정도에서 차이가 있지요. 믿음의 정도나 유발된 정서가 약간 달라진 것도 변화로 간주될 수 있습니다. 스키마를 더 많이 자각하고 있다고 해도 변화입니다."

발생하는 또 다른 문제는 치료자가 특정 환자에게 가장 적합한 개입을 찾아내지 못할 수도 있다는 것이다. 어떤 환자들은 다른 것(예 : 논리성 검토하기)보다도 특정한 연습(예 : 이중기준기법)에서 더 많은 것을 얻는다. 치료자와 환자는 실험적 접근을 취할 수 있다. "다른 연습들을 시도해봅시다. 그리고 어떤 것이 당신에게 가장 효과적인지 알아보지요. 그런 다음 우리는 그 방법에 집중하면 됩니다."

기타 기법에 대한 탐색

앞에서 언급하였듯이 이전에 논의된 모든 인지치료기법이 부정적인 스키마에 도전하는 데 적절하다. 이에 더해서 치료자와 환자는 플래시 카드를 만들 수 있는데, 환자는 그 카드의 한 면에는 가장 흔히 떠오르는 부정적 생각을 적고 다른 한 면에는 가장 합리적인 반응을 적는다. 이런 플래시 카드를 매일 읽게 할 수 있는데, 특히 그 부정적 스키마를 유발하는 상황(예 : 시험, 사회적 상호작용, 전화 걸기)에 들어가기 전에 읽게 할 수 있다.

양식

양식 10.8(개인적 스키마에 도전하기)

기법 : 더 긍정적인 스키마를 사용하여 자신의 인생 검토하기

설명하기

우리의 인생 이야기는 종종 갈 수 있는 한 가지 길만 있었던 것처럼 받아들여진다. 자신이 열등하다는 스키마를 가지고 있는 사람은 자신의 인생 경험들을 전적으로 논리적이고 합리적인 것으로 여길 수 있다. 더 도전적이고 독립적인 일을 추진하지 않거나 일을 지체하거나 거절당하는 경험은 모두 스키마와 일치하는 것처럼 보일 것이다. "물론 여러 일들이 이런 방식으로 일어났지요. 나는 열등합니다. 이런 일은 열등한 사람들에게 일어나는 것이지요."라고 생각할 수 있다.

이와 대조적으로 자신의 인생 사건에 대해 대안적 관점을 발달시키는 것, 즉 선택과 사건들이 스키마를 유지시킨다는 것을 이해하는 것은 자신의 스키마가 얼마나 결과에 영향을 주는지를 실감하도록 도와줄 수 있다. 이런 기법을 가지고, 우리는 환자에게 만약 그들이 더 긍정적인 스키마를 사용했더라면 그들 인생에서의 선택이 어떻게 달라졌을지를 생각해보도록 한다. 예를 들어, 어떤 환자는 자신이 무능하고 가치가 없다는 스키마를 가지고 있었다. 그가 정반대의 스키마(유능하고 가치 있다는 스키마)를 적용하는 것을 상상했을 때, 그는 매우 다른 선택을 하였을지도 모른다는 것을 깨달았다. 그는 대학에서 과제를 완성했을 것이고, 더 도전적인 일을 해냈을 것이며, 위험에 대한 혐오가 적었을 것이고, 더 바람직한 배우자를 선택했을지도 모른다. 자신의 인생 경험(자신이 무능하다는 증거로 사용하는)이 무능하다고 믿은 것의 결과 이상이었을 수도 있다는 것을 깨닫고, 그가 더 긍정적인 스키마를 발달시킨다면 미래의 선택이 어떻게 달라질 수 있을 것인가에 대해 생각해볼 수 있을 것이다.

대안적인 활동은 더 양육적이고 믿을 만한 부모의 돌봄을 받았다면 자신이 어떻게 성장했을지에 대해 생각해보는 것이다. 예를 들어, 아버지에게서 신체적 학대를 받았고 멍청하다는 말을 들었던 남자는 만약 그의 아버지가 따뜻하게 보살펴주고 지지적이고 보상적이었다면 자신이 얼마나 다르게 성장했을지에 대해 생각해볼 수 있다. 이런 연습의 가치는 자신에 데헤 더 보살피고 지지적이 됨으로써 자신에 대한 새로운 관점을 발달시킬 가능성이 있다는 점을 깨닫는 데에 있다. 결국 부정적인 스키마가 학습되었다면, 새로운 학습을 통해 더 긍정적인 스키마가 그것을 대신할 수 있다.

토론 안건

"우리 모두는 특정한 방식으로 자신에 대해 생각하면서 인생을 살아갑니다. 그러나 만약 당신이 부정적인 스키마, 즉 '나는 무능하다'는 스키마를 가지고 있다면 학교에서나 직장에서, 친구와 배우자와의 관계에서 특정한 선택을 할 것입니다. 그러면 당신은 그러한 선택이 자신의 스키마가 옳다는 증거라고 하겠지요. 예를 들어, 만약 스스로를 무능하다고 생각한다면, 당신은 학교에서 꾸물거릴 것이고 도전적이지 않은 일을 추구할 것이며 쉽게 포기할 것입니다. 그러나 실은 무능하다는 도식이 그러한 선택을 하도록 이끈 것입니다. 더 긍정적인 스키마, 즉 "나는 정말로 똑똑하다"는 스키마로 시작했었다면 어땠을까요? 아마도 당신은 다른 선택을 했을 것이고 이러한 다른 선택은 더 긍정적인 스키마를 지지했을 것입니다. 그러므로 스키마는 자기 충족적 예언과 비슷합니다."

"당신 삶의 다양한 측면에 대해 되돌아보고 만약 더 긍정적인 스키마를 가졌더라면 어떻게 접근했을 것인가에 대해 검토해봅시다. 학교에서 어떤 다른 선택을 했을까요? 직장에서는? 배우자는? [식사, 건강, 운동, 음주, 약, 돈, 살아가는 방법 등]."

[대안적으로] "부모가 더 지지적이고 더 보살펴주고 의지할 만했다고 상상해보세요. 만약 그들이 정말로 훌륭한 부모였다면 어땠을까요? 그것이 당신의 스키마에 어떻게 영향을 미쳤을까요? 당신의 선택에는 어떤 영향을 주었을까요?"

예

치료자 : 당신이 어린아이였을 때 더 긍정적인 스키마를 가졌다고 상상해봅시다. 자신을 멍청하다고 보는 대신, 정말로 똑똑하고 예의가 바르다고 생각했을 겁니다. 이런 더 긍정적인 도식에 의해 영향을 받았을 수도 있는 당신 삶의 선택과 경험으로 되돌아가봅시다.

환자 : 과거로 돌아가서 다른 삶에 대해 생각해보라구요?

치료자 : 네. 더 긍정적인 스키마를 가졌더라면 당신의 삶이 어떻게 달랐을 것인지 그리고 미래는 어떻게 다를 수 있을 것인지를 생각해보면서 당신의 부정적인 스키마가 과거 상황에 어떻게 영향을 미쳤는지 알아봅시다.

환자 : 좋아요. 만약 아이였을 때 아빠가 내게 말한 것처럼 내가 멍청한 것이 아니라 똑똑하다고 생각

하였다면 말이지요?

치료자 : 네.

환자 : 모르겠어요. 아마도 학교에서 더 열심히 공부했겠죠. 숙제도 하고. 대학에서 더 열심히 공부하고 어쩌면 내게 너무 어렵다고 생각한 과정도 수강했겠죠.

치료자 : 직장에서는 어땠을까요?

환자 : 글쎄요. 6년 동안 별 도움이 안 되는 직장에 남아 있지 않았을 거예요, 분명히! 저는 아마도 더 많은 훈련을 받고 더 나아가기 위해서 더 열심히 일했을 겁니다.

치료자 : 술은 어땠을까요? 자신에 대해 더 긍정적인 스키마를 가졌더라면 말이죠?

환자 : 정말 그렇죠. 제가 술을 마시는 것은 멍청하고 실패자라는 부정적인 생각들과 맞물려 있어요. 아마도 제가 술을 그렇게 많이 마시지 않았다면 직장에서 더 잘했었을 겁니다.

치료자 : 만약 부모님이 정말로 사랑이 많고 지지적인 분들이었다면 어땠을까요? 만약 아버지가 당신을 때리고 멍청이라고 부르지 않고, 당신에게 똑똑하고 아주 멋지다고 말했다면 어땠을까요?

환자 : 이렇게 엉망이 되진 않았겠죠. 분명히 더 성공했을 겁니다. 아빠가 저를 자랑스럽게 여기도록 하기 위해 학교에서도 더 열심히 공부했을 거예요.

치료자 : 만약 당신이 더 사랑이 많고 지지적인 부모님을 만났다면 더 긍정적인 도식을 가졌겠지요. 그리고 만약 자신을 똑똑하고 예의가 바르다고 생각하는 것과 같이 더 긍정적인 도식을 가졌더라면, 다른 선택을 했을 겁니다.

환자 : 네. 그렇지만 제 인생은 그런 식이 아니었죠.

치료자 : 음. 이제 그것을 바꿀 수 있습니다. 두 가지 일이 일어날 수 있죠. 첫째, 당신이 자신에게 좋은 부모가 되기 시작하는 겁니다. 즉 자신을 사랑하고 지지하고 보살펴주기 시작하는 거예요. 그리고 둘째, 새롭고 더 긍정적인 도식을 개발할 수 있어요. 그리고 그 새로운 스키마에 기반해서 선택하기 시작할 수 있구요.

환자 : 그렇게 할 수 있다면 정말 멋지겠는걸요. 하지만 내가 정말 할 수 있을까요?

과제

환자들은 아동기로 돌아가서 인생의 각 단계에서 중요했던 선택이나 행동, 관계를 다음과 같은 조망에서 검토하도록 요구받는다: "만약 당신이 처음부터 더 긍정적인 스키마를 가졌더라면 이런 상황이 어떻게 달랐을까요?" 양식 10.9는 환자가 이런 경험을 수정하도록 돕는 12개의 삶의 영역을 제시한다.

일어날 수 있는 문제

우울한 사람의 모든 회고적 보고에서처럼, 과거를 돌이켜보는 것은 후회와 자기 비판으로 이끌 수 있다. "그렇게 부정적으로 생각하지 않았더라면 더 나은 삶을 살 수 있었는데. 난 정말 바보 야!"라고 생각할 수 있다. 치료자는 이 연습이 후회를 부수기 위한 것이 아니라, 스키마가 얼마 나 강력한지 그리고 자신의 삶이 새롭고 더 긍정적인 스키마를 발달시킴으로써 얼마나 변화될 수 있는지를 환자가 알 수 있도록 돕기 위한 것임에 유의해야 한다. 초점은 이런 새로운 긍정적인 스 키마를 발달시키는 데 있으며, 그래서 과거에 했던 어떤 실수도 이후에는 피할 수 있도록 하려는 것이다.

기타 기법에 대한 탐색

관련된 기법으로는 내재된 가정 파악하기, '당위적' 진술에 도전하기, 조건적 규칙 파악하기, 가 치체계 검토하기, 사례 개념화 사용하기, 새로운 적응적인 가정 발달시키기, 스키마의 근원인 초 기 기억 활성화하기 등이 있다.

양식

양식 10.9(다른 스키마의 렌즈를 통해 본 삶)

기법 : 역할 연기를 활용하여 스키마의 근원에 도전하기

설명하기

많은 사람들이 과거에 자신에게 상처를 준 가까운 누군가에 대한 기억에 사로잡혀 있다고 느끼며, 그 결과를 뒤집는 데 무력하다고 느낀다. 이런 연습에서 환자들은 빈 의자 역할 연기에 참여하여 부 정적인 스키마의 근원에 도전하고 대항하여 논쟁한다. 여기에서의 목적은 어렸을 때 환자를 의기소 침하게 만들었던 사람의 말의 신뢰성을 제어하고 깨뜨리는 데 환자를 참여하도록 하는 것이다.

토론 안건

"여기 이 빈 의자에 앉아서 당신을 너무나 심하게 다루었던 그 사람을 상상해보세요. 그 사람이 여기 오른쪽에 있다고 상상하세요. 그리고 당신은 [그 사람]에게 [그]가 얼마나 잘못되었는지를 말하면 됩니다."

예

치료자 : 어머니가 당신이 자주 울고 화를 내기 때문에 당신에게 이기적이라고 말했을 때를 기억해보 세요.

환자 : 네. 엄마는 내 욕구가 중요하지 않은 것처럼, 그리고 내가 이기적인 것처럼 느끼게 했어요.

치료자 : 좋아요. 엄마가 여기 이 의자에 앉아 있다고 상상해봅시다. 그리고 제가 당신에게 진실의 약을 줄 테니 당신이 생각하는 것을 엄마에게 정확하게 말해야 해요. 어떤 것도 남겨두지 마세요. 엄마에게 왜 그녀가 잘못되었는지 말해보세요.

환자 : (빈 의자에게 말하면서) 당신이 이기적이에요, 내가 아니라. 좋은 엄마는 자녀가 사랑받는다고 느끼게 해야 하죠. 당신은 나에게 그렇게 하지 않았어요. 당신 자신의 문제에 완전히 휩싸여서 나에게 아무런 관심도 줄 수 없었죠.

치료자 : 그녀에게 왜 내가 이기적이지 않은지 말하세요.

환자 : 나는 전혀 이기적이지 않아요. 무엇보다도 나는 당신을 돌봐주었죠. 그리고 항상 집안일을 도왔어요. 빌리(남동생)를 돌보았구요. 그런 다음 결혼했을 때 남편과 아이들을 돌보았지요. 만약 문제가 있었다면 내가 좀 더 이기적이었어야 했다는 것이죠.

치료자 : 엄마에 대해 어떻게 느끼는지 말해주세요.

환자 : 저는 화가 나고 상처를 입었어요. 엄마는 나의 기대를 져 버렸죠. 내게 상처를 주었어요.

치료자 : 엄마에게 미래에 대해 말해보세요. 그녀가 당신에게 아무 영향도 미칠 수 없을 때에 대해서.

환자 : 더 이상은 내게 상처줄 수 없어요. 당신이 내게 이기적이라고 말해선 안 되죠. 그런 말은 받아들이지 않을 거예요.

과제

회기 내에 사용한 이런 기법은 스키마의 근원에게 편지 쓰기 연습과 함께 사용되어야 한다(양식 10.7 참조).

일어날 수 있는 문제

회기 내에서의 주장적인 역할 연습은 때로 공포와 패배감, 수치심 등을 일으킨다. 심리적 굴욕이나 학대를 통해 부정적인 스키마를 배웠던 많은 사람들이 역할 연기에 참여할 때 상당한 공포와 수치심, 죄책감을 경험한다. 치료자는 환자에게 이런 것이 스키마를 학습할 때 경험했던 바로 그 감정인지 검토하도록 도와줄 수 있으며, 사실 이러한 것이 스키마에서 유래하는 감정이다. 따라서 스키마의 근원에 도전하고 그것을 깨는 작업은 수치심(예 : "내가 가치가 없기 때문에 이런 일이 내게 일어난 거야")이나 공포(예 : "나는 벌받을 거야")와 관련된 모든 생각에 도전하는 것을 포함한다.

기타 기법에 대한 탐색

사용될 수 있는 다른 기법에는 스키마의 근원에게 편지 쓰기, 스키마의 근원에 대한 기억 활성화하기, 정서 활성화하기, 다른 스키마를 가졌더라면 삶이 어떻게 달랐을지 검토하기, 스키마의 보상과 회피 전략 검토하기 등이 포함된다.

양식

양식 10.7(스키마의 근원에게 편지 쓰기)

기법 : 더 긍정적인 스키마 발달시키기

설명하기

스키마 치료의 목표는 현재 기능 수준에 대한 부정적 스키마의 영향력을 감소시키는 것이다. 이런 목표는 궁극적으로 새롭고 더 긍정적이며 적응적인 스키마를 개념화함으로써 이루어진다. 대부분의 사람들이 하나 이상의 스키마를 가지고 있기 때문에, 이런 새로운 적응적인 스키마는 다양한 측면을 필요로 한다. 치료자는 환자가 새로운 균형 잡힌 스키마를 찾아낼 때 도움을 줄 수 있고, 이런 새로운 스키마가 환자의 선택과 경험에 어떻게 영향을 줄 수 있는지 검토할 때 도움을 줄 수 있다. 한 가지 비결 : 새로운 스키마를 더 융통성 있게 만들기 위해 환자에게 한정하는 부사를 사용하도록 한다. 예를 들어, "나는 **때때로** 정말 영리하다", "나는 **자주** 사람들에게 매력적이다"와 같이 사용하도록 격려한다.

토론 안건

"당신이 새로운 스키마를 가졌기 때문에 스스로에 대해 훨씬 더 좋게 느낀다고 상상해봅시다. 자신을 무능하다고[혹은 다른 부정적인 도식] 생각하지 말고, 자신을 **상당히** 유능한 존재로 생각해보세요. 이런 새로운 방식으로 자신에 대해 생각하는 것의 결과는 무엇일까요? 새로운 스키마를 지지하기 위해 어떤 인지치료기법을 사용하겠습니까?"

예

치료자 : 아버지가 당신을 다루었던 방식 때문에 당신은 정말로 자신을 멍청하고 무책임하다고 생각하고 있어요. 자신에 대한 새롭고 더 긍정적인 스키마는 어떤 것이 될 수 있을까요?

환자 : 내가 똑똑하고 정말로 멋진 녀석이라는 것이죠.

치료자 : 좋아요. 당신이 똑똑하다는 증거는 어떤 것이 있을까요?

환자 : 저는 대학을 마쳤고 석사학위를 받았으며 직장에서도 합리적으로 일을 잘하고 있어요. 지능도 높고요.

치료자 : 자신을 똑똑하다고 생각한다면, 사람들을 만날 때 어떤 생각을 할까요?

환자 : 사람들이 나를 정말로 유능하게 볼 것이라고 생각할 겁니다.

치료자 : 직장에서는 어떨까요? 이렇게 긍정적인 측면에서 자신을 본다면 어떤 것이 변할까요?

환자 : 더 도전적인 일을 맡겠지요. 아마도 발전하기 위해 더욱 노력할 겁니다.

치료자 : 대출금을 모두 청산한다면 어떻게 될까요?

환자 : 네. 카드 빚을 모두 갚고 약간의 돈을 저축하기 시작해야겠죠. 그것은 정말 현명한 일이 될 겁니다!

과제

환자는 자신의 모든 부정적인 스키마들을 검토하고, 부정적인 도식이 긍정적이고 더 적응적인 도식으로 어떻게 재표현될 수 있는가를 검토할 수 있다. 환자들은 각각의 새로운 스키마에 대해 양식 10.10을 사용해서, 그 새로운 스키마의 결과로 일어날 확률이 높아지는 모든 다른 결정과 기회, 생각, 경험들을 기록해야 한다.

일어날 수 있는 문제

어떤 환자들은 이런 것을 단지 '기분 좋게 하는 말'로 간주한다. 즉 이것은 사실이 아니고 실제처럼 느껴지지 않는다. 치료자는 새로운 도식을 '입는 것(trying on)'이 편안하게 느껴지는 데에는 시간이 필요하다고 설명할 수 있다. 현재 상태에서 새로운 스키마를 지지하기 위해 새로운 스키마로 인한 비용과 이익을 분석하고, 새로운 스키마의 지지 증거를 검토하는 것은 중요하며, 그리고 필요할 때 이중기준기법과 합리적인 역할 놀이를 사용하는 것도 중요하다. 예를 들어, 단순히 "나는 유능하다"라고 되풀이하는 것으로는 충분하지 않을 것이다. 부정적인 스키마와 오래된 부정적인 생각에 도전하기 위해 인지적 기법을 계속적으로 연습하는 것이 필수적이다.

기타 기법에 대한 탐색

환자는 새롭고 더 긍정적인 스키마를 지지하기 위해 많은 인지치료기법을 활용할 수 있다. 예를 들어, 긍정적인 스키마로부터 어떤 긍정적인 자동적 사고와 가정, 행동이 뒤따라 나올 것인가? 어떤 새로운 긍정적인 하향화살표기법이 사용될 수 있을까? 환자들이 긍정적인 스키마를 믿고 그것에 기반해서 문제를 해결하고 계획을 수립한다면 어떻게 행동할 수 있을 것인가?

양식

양식 10.10(긍정적 스키마의 효과)

기법 : 초월-스키마 긍정하기

설명하기

스키마 접근에서 많은 부분 내재되어 있는 가정은 사람들이 자신과 타인에 대한 도식을 수정하거나 바꿔야 할 필요가 있다는 것이다. 예를 들어, 환자가 자신은 무력하거나 결함이 있거나 사랑스럽지 않다는 믿음을 수정할 때 치료자가 도움을 줄 수 있을 것이다. 많은 사례에서 이러한 접근이 유용하겠지만, 또 다른 접근은 스키마에 어떤 보편적인 진실이 있다고 인정하는 것이다. 동시에 이러한 특성에도 불구하고 자신(과 타인)을 수용하고 사랑할 수 있다는 것을 받아들인다. '초월' 기법을 사용할 때, 치료자는 환자에게 모든 인간에게 적용되는 보편적 진실(우리는 모두 어떤 면에서 결함이 있고, 때때로 우리 모두 사랑스럽지 않고, 사회적 고립을 추구하고, 과도하게 의존적이다 등)을 수용하도록 격려한다. 불완전한 인간 본성의 이러한 보편적 특성에 일부 진실이 있다는 것을 인정하는 것은 우리로 하여금 그것을 전체 자기로 일반화하지 않으면서 자신을 수용하도록 한다. 예를 들어, "맞아요. 그건 사실입니다. 나에게는 부족한 부분이 있고 사랑스럽지 않은 성질이 있어요. 그것을 나의 일부로 받아들이고, 이러한 성질에도 불구하고 여전히 나 자신을 사랑하고 존중할 수 있어요"라고 말할 수 있다. '초월'에서의 아이디어는 모든 인간 존재의 불가피한 단점에 맞서 싸우려고 하기보다 불완전함이나 '결함'을 수용과 연민을 일으킬 수 있는 보편적인 성질로 보는 것이다.

토론 안건

"당신은 이렇게 전반적으로 부정적 관점에서 자주 자신을 바라보곤 합니다. 예를 들어, 나는 [결함이 있다, 무력하다, 버림받을 것이다]. 그리고 나서 자신을 비판하거나 이러한 생각을 떠올리게 하는 상황을 회피하지요. 우리는 자신에 대한 이러한 생각에 도전할 수 있는 방법들에 관해 논의했고, 어떻게 이러한 스키마 혹은 개념이 아동기 경험으로부터 비롯되었는지를 검토했습니다. 하지만 당신의 스키마를 바라보는 또 다른 방법은 당신의 불완전함이나 바람직하지 못한 특성을 수용하는 것입니다. 예를 들면, 모든 인간은 약간씩 부족하거나 사랑스럽지 않은 면을 가지고 있다고 말할 수 있지요. 모든 사람이 버림받을 수 있습니다. 예를 들어 사람들은 모두 죽게 되어 있지요. 모든 사람이 때때로 박탈감과 공허함을 경험합니다. 이런 것들은 인간 삶의 보편적인 성질이지요. 핵심적인 것은 이것이 나라는 존재의 일부이고 우리 삶의 일부라는 점을 수용하고, 우리에게 이런 특성이 있다는 것을 알 때에도 자신을 사랑하고 존중할 수 있으며 자신에게 연민을 느낄 수 있다는 것을 받아들이는 것입니다."

예

치료자 : 당신에게 사랑스럽지 않은 면이 있다는 생각을 곱씹으면서 당신은 그 생각에 잠겨 있네요. 당신이 남편에게 말했던 것에 죄책감을 느끼면서 그 생각을 계속 떠올리고 있어요. 적대적인 말을 했던 것에 심지어 비난받을 만하다고 느끼면서요. 당신이 어떤 면에서 그렇게 생각하는지 알겠어요. 사실 우리 모두 때로는 후회할 만한 일들을 하지요.

환자 : 하지만 저는 정말로 그런 말을 하지 말았어야 해요. 그 말은 정말 그에게 상처를 주었지요. 저는 술에 취했고, 나에게 문제가 있다는 것을 알지만 계속해서 실수를 하고 엉망이 됩니다.

치료자 : 우리가 아는 모든 사람들이 실수를 한다는 것을 알고 있나요? 모든 사람들이 후회하는 일들을 가지고 있지요?

환자 : 다른 사람들은 저만큼이나 그렇게 끔찍하지는 않았을 것이라고 생각해요.

치료자 : 당신이 잘못된 어떤 것을 말하고 행동으로 했다고 합시다. 그리고 당신에게 사랑스럽지 않은 어떤 면이 있다고 생각해봅시다. "나에게는 사랑스럽지 않은 면이 있어"라고 말할 수 있겠지요. 그래서 무엇이 문제인가요?

환자 : 결코 그것을 그냥 지나쳐버릴 수가 없어요. 너무나 후회가 됩니다.

치료자 : 여기가 아주 어려운 지점이네요. 과거에 매몰되어서 계속 곱씹고 후회하고 있군요. 모든 사람이 후회할 만한 일들을 가지고 있다고 생각해보면 어떤가요? 우리 모두는 때때로 실망스러운 일을 합니다.

환자 : 그것이 사실이라고 생각해요. 하지만 제가 어떻게 그것을 그냥 넘길 수 있겠어요?

치료자 : 왜 그것을 그냥 지나칩니까? 후회를 안고 간다면 어떨까요? 내가 말하고자 하는 것은 "우리는 자신이 한 것에 대해 후회한다는 것을 받아들이자. 잘못된 것을 말하거나 행동한다는 것을 인정하자"는 것입니다. 또한 우리에게 흠이나 결함, 심지어 사랑스럽지 않은 측면이 있음을 알고 있다고 말할 수 있지요. 하지만 여전히 자신을 수용할 수 있고, 자신을 실망시킨다는 것을 수용하고, 불완전한 자신을 사랑할 수 있다는 것을 수용할 수 있습니다.

환자 : 저는 그렇게 수용받을 만한 자격이 없어요.

치료자 : 우리가 누군가를 사랑할 때 그에게 그만한 자격이 있는가를 따지지 않지요. 그들에게 필요한 것이 무엇인지를 묻지요. 당신에게는 당신 자신의 사랑과 존경이 필요하지 않나요?

환자 : 필요하다고 생각해요. 하지만 그렇게 역겨운 일을 했는데 어떻게 나 자신을 사랑할 수 있지요?

치료자 : 자신을 용서하는 것이지요. 사랑과 수용은 용서를 포함합니다.

환자 : 그것은 어렵네요.

치료자 : 우리는 사랑하는 사람들을 항상 용서하지 않나요?

환자 : 네. 여동생에게는 그래야 한다고 생각해요. 제 여동생은 큰 실수를 하지요. 그녀는 극단적이고, 매우 크게 화를 내며 말을 합니다. 하지만 나는 그녀를 사랑해요.

치료자 : 우리는 때로 부정적 특성에 집착하고 그것은 우리를 가라앉히는 닻이 되어 자기 혐오에 빠지 게 되지요. 또는 자신에게 부족한 점이 있다는 것, 즉 자신에게 때때로 사랑스럽지 않은 면이 있다는 것을 인정하면서도 이런 바람직하지 않은 측면들은 불완전한 인간이라는 존재와 함께 할 수밖에 없 다는 것을 받아들이기도 합니다.

환자 : 저도 그럴 수 있으면 좋겠네요.

치료자 : 역할 연기를 해봅시다. 당신은 자신이 사랑스럽지 않고 결함이 있다고 스스로에게 말하는 부 정적인 목소리가 되어봅니다. 나는 부족한 부분이 있음에도 불구하고 자신을 수용하고 사랑하는 초 월적인 목소리의 역할을 맡을 겁니다.

환자 : [부정적인 목소리가 되어] 네가 남편에게 말한 것은 역겨워. 어떻게 너 같은 사람과 살 수 있을 까? 너는 구역질 나는 사람이야!

치료자 : [역할 연기를 하며] 당신 말이 부분적으로는 맞아. 그래, 나는 정 떨어지는, 심지어 비난받을 만한 말을 했어. 내 생각에도 정말 안 좋은 말을 하고 안 좋은 행동을 하였다는 것을 인정해. 나에게 는 좋은 측면도 있지만 때로는 정말로 안 좋은 측면도 있다는 것을 인정해.

환자 : [역할 연기를 하면서] 어떻게 너 자신을 존중할 수 있겠니?

치료자 : [역할 연기를 하면서] 나는 인간인 우리 모두에게 때로 정 떨어지고 사랑스럽지 않은 성질이 조 금씩 있다는 것을 수용해야 한다고 생각해. 스스로를 실망시키기도 하지, 그렇지 않나? 혼란을 느끼 기도 하고. 더 잘하기 위해 노력해야겠지만 어쨌든 자신을 사랑하기로 결정을 내려야 해.

환자 : [역할 연기를 하면서] 혼란을 느끼면서 어떻게 자신을 사랑할 수 있지?

치료자 : [역할 연기를 하면서] 내가 혼란을 느끼기 때문에 나의 사랑과 용서가 필요한 거지.

환자 : [역할 연기를 하면서] 농담만 하고 있군.

치료자 : [역할 연기를 하면서] 아니야. 나의 실수를 수용하고 나 자신을 받아들이고 사랑함으로써 나의 잘못을 초월하려는 것이지.

과제

환자는 스스로에게 좋아하지 않거나 혹은 계속되는 문제로 생각하는 행동이나 특성들에 대해 말할 수 있다. 그런 것들에는 자신에게 결점이 있고 사랑스럽지 못하고 자기 통제력이 부족하다는 등의 신념이 포함될 수 있다. 치료자는 "이런 것들 중 일부에는 진실이 들어 있음을 인정할 수 있다"는 점을 지적할 수 있다. 때로 "나는 사랑스럽지 않고 결점이 있으며 통제력을 상실한다" 등. 그런 다 음 그들은 이런 진술에 있는 부분적인 진실을 어떻게 수용할 수 있는지, 즉 이런 말은 자신을 부분 적으로 기술하며 이런 말들은 모든 사람들에게 어느 정도 적용될 수 있다는 점을 생각해본다. 그들 은 자기를 수용하고 용서하고 연민을 가지면서 문제와 결점을 보편적인 것으로 생각하도록 격려받 는다. 환자들은 부정적 스키마를 초월하는 것을 시작하기 위해 양식 10.11을 사용할 수 있다.

일어날 수 있는 문제

어떤 환자들은 자신이 좋아하지 않는 특성이나 행동을 보일 수 있다는 점을 인정하는 데 어려움을 겪는다. 그들은 어떤 행동이나 특성을 자신의 정체성과 동일하게 생각한다. 치료자는 다음과 같이 질문할 수 있다: "어리석고 부적절한 일을 했거나 후회할만 한 어떤 일을 했지만 당신이 존경하는 누군가가 있나요? 그들이 그런 일을 했는데도 어떻게 그들을 수용할 수 있지요?" 나아가 다음과 같이 질문할 수도 있다. "당신에게 결점이 있음에도 불구하고 스스로를 사랑하고 돌보는 것의 대가와 이익은 어떤 것일까요? 불완전한 타인을 사랑하고 돌보는 것의 대가와 이익은 어떤 것일까요?" 치료자는 자신을 용서하고 수용하는 것은 더 나아지기 위해 노력하지 않을 것이라는 뜻이 아니라는 점을 짚어줄 필요가 있다. 단지 자신이 인간임을 인정한다는 것을 뜻한다.

기타 기법에 대한 탐색

관련된 기법으로는 수용, 연민 가득한 마음, 마음챙김, 삶의 문제를 보편적인 것으로 만들기, 이중기준기법이 있다.

양식

양식 10.11(나의 스키마 초월하기)

양식 10.1

문제 패턴 검토하기

우리 모두는 취약성을 가지고 있고, 그것이 직장이나 학교, 친밀한 관계, 우정, 가족 관계, 그 밖의 생활 영역에서 우리가 겪는 어려움의 패턴을 만들어낼 수 있습니다. 이 연습의 목적은 자신에 대해 안 좋게 느끼지 않도록 혹은 후회하지 않도록 하는 것입니다. 어려움을 만들어내는 패턴이 있는지, 그리고 그것이 어떻게 변화될 수 있는지를 알아보기 위해 과거력을 적는 것입니다. 왼쪽 열에는, 어려움을 초래했던 과거 상황이나 경험을 적어보세요. 가운데 열에는 당신 자신이나 타인에 대해 당시 생각했던 부정적인 것을 떠올려서 적어보세요. 오른쪽 열에는 당시 그 상황에서 문제가 된 대처 방식을 적어보세요. 예를 들어, 문제 있는 대처에는 회피하기, 반추하기, 걱정하기, 불평하기, 술이나 음식, 약물 복용하기 등이 포함됩니다.

과거에 경험했던 문제	당시 나 자신과 타인, 그 경험에 대해서 생각했던 것	문제가 된 대처 방식은 어떤 것이었나?

양식 10.2
성격 신념 질문지 – 단축형

이름 : _____ 날짜 : _____

아래의 글을 읽고 당신이 각각에 대해 얼마나 많이 믿는지 점수에 표시하세요. 대부분의 시간 동안 각각의 진술에 대해 어떻게 느끼는지를 판단해보세요.

4	3	2	1	0
완전히 믿음	매우 많이 믿음	중간 정도 믿음	약간 믿음	전혀 믿지 않음

예 1. 세상은 위험한 곳이다. (동그라미 치세요)	얼마나 그렇다고 믿습니까?				
	4 완전히 믿음	3 매우 많이	2 중간 정도	1 약간 믿음	0 전혀 안 믿음
1. 열등하거나 부적절하다고 알려진다면 견딜 수 없을 것이다.	4	3	2	1	0
2. 어떤 대가를 치루더라도 불쾌한 상황을 피해야 한다.	4	3	2	1	0
3. 만약 사람들이 진절하게 행동한다면, 나를 이용하거나 착취하려고 할 것이다.	4	3	2	1	0
4. 권위자의 지배에 저항해야 하지만, 동시에 그들의 인정과 수용을 받아야 한다.	4	3	2	1	0
5. 나는 불쾌한 감정을 참을 수가 없다.	4	3	2	1	0
6. 결점이나 결함, 실수는 견딜 수 없다.	4	3	2	1	0
7. 다른 사람들은 자주 너무 요구적이다.	4	3	2	1	0
8. 나는 관심의 중심이 되어야 한다.	4	3	2	1	0
9. 체계가 없다면 모든 것이 실패로 끝날 것이다.	4	3	2	1	0
10. 내가 마땅히 얻어야 하는 것을 얻지 못하거나 받아야 할 존경을 받지 못하면 참을 수 없다.	4	3	2	1	0
11. 모든 일에 있어 완벽하게 하는 것이 중요하다.	4	3	2	1	0
12. 다른 사람과 함께 하는 것보다 혼자서 일하는 것을 더 즐긴다.	4	3	2	1	0
13. 경계하지 않으면 타인은 나를 이용하거나 조종하려고 들 것이다.	4	3	2	1	0
14. 다른 사람들은 숨은 동기를 가지고 있다.	4	3	2	1	0
15. 있을 수 있는 최악의 일은 버림받는 것이다.	4	3	2	1	0
16. 다른 사람들은 내가 얼마나 특별한지 인식해야 한다.	4	3	2	1	0

(계속)

성격 신념 질문지 – 단축형(2/4)

	4 완전히 믿음	3 매우 많이	2 중간 정도	1 약간 믿음	0 전혀 안 믿음
17. 다른 사람들은 의도적으로 나의 품위를 떨어뜨리려고 할 것이다.	4	3	2	1	0
18. 나는 의사결정을 도와주거나 내가 무엇을 해야 할지 말해줄 타인이 필요하다.	4	3	2	1	0
19. 세부적인 사항은 대단히 중요하다.	4	3	2	1	0
20. 사람들이 너무 마음대로 한다면, 나에게는 그들의 요구를 무시할 권리가 있다.	4	3	2	1	0
21. 권위적 인물은 과도하게 끼어들고 요구적이며 간섭하고 통제하는 경향이 있다.	4	3	2	1	0
22. 내가 원하는 것을 얻기 위해서는 사람들의 마음을 사로잡거나 그들을 즐겁게 해주어야 한다.	4	3	2	1	0
23. 책임을 모면하기 위해 할 수 있는 모든 것을 해야 한다.	4	3	2	1	0
24. 다른 사람들이 나에 대한 정보를 알아낸다면, 나에게 맞서기 위해 그것을 사용할 것이다.	4	3	2	1	0
25. 대인관계는 번거롭고 자유를 방해한다.	4	3	2	1	0
26. 나만큼 똑똑한 사람만이 나를 이해할 수 있다.	4	3	2	1	0
27. 나는 너무나 뛰어나기 때문에, 특별한 대우를 받고 특권을 누릴 권리가 있다.	4	3	2	1	0
28. 나에게는 다른 사람들로부터 자유롭고 독립적인 것이 중요하다.	4	3	2	1	0
29. 여러 상황에서 나는 혼자 따로 있는 것이 더 좋다.	4	3	2	1	0
30. 항상 최고의 기준을 지키는 것이 필수적이다. 그렇지 않으면 일은 실패로 끝날 것이다.	4	3	2	1	0
31. 불쾌한 감정은 점점 커져서 통제할 수 없게 될 것이다.	4	3	2	1	0
32. 우리는 정글에서 살고 있고 강한 사람만이 살아남는다.	4	3	2	1	0
33. 나는 주의를 끄는 상황을 피해야 하고 가능한 눈에 띄지 말아야 한다.	4	3	2	1	0
34. 다른 사람들이 계속해서 나에게 관심을 갖도록 하지 못한다면, 그들은 나를 싫어하게 될 것이다.	4	3	2	1	0
35. 내가 무언가를 원한다면, 그것을 얻기 위해 필요한 것은 무엇이든 해야 한다.	4	3	2	1	0
36. 다른 사람과의 '밀착된' 느낌보다 홀로 있는 것이 더 낫다.	4	3	2	1	0

(계속)

성격 신념 질문지 – 단축형(3/4)

	4 완전히 믿음	3 매우 많이	2 중간 정도	1 약간 믿음	0 전혀 안 믿음
37. 사람들을 즐겁게 해주거나 좋은 인상을 주지 못한다면, 나는 아무것도 아니다.	4	3	2	1	0
38. 내가 사람들을 먼저 제압하지 않으면 그들이 나를 제압할 것이다.	4	3	2	1	0
39. 인간관계에서 긴장감의 작은 표시도 관계가 나빠졌다는 것을 의미한다. 따라서 그 관계를 끝내야 한다.	4	3	2	1	0
40. 최고의 수준으로 일하지 못한다면, 나는 실패할 것이다.	4	3	2	1	0
41. 기한을 지키고 요구사항을 따르고 그에 맞추는 것은 내 자존심과 자율성에 직접적인 타격을 준다.	4	3	2	1	0
42. 나는 불공평한 대우를 받았고 내가 할 수 있는 모든 방법을 동원해서 내 정당한 몫을 찾을 권리가 있다.	4	3	2	1	0
43. 사람들이 나와 가까워진다면, 나의 '진짜' 모습을 발견하고 나를 거부할 것이다.	4	3	2	1	0
44. 나는 부족하고 약하다.	4	3	2	1	0
45. 나는 혼자 남겨지면 무기력하다.	4	3	2	1	0
46. 다른 사람들은 나의 욕구를 만족시켜주어야 한다.	4	3	2	1	0
47. 사람들이 기대하는 대로 규칙을 따른다면, 그것은 내 행동의 자유를 억제할 것이다.	4	3	2	1	0
48. 내가 기회만 준다면 사람들은 나를 이용할 것이다.	4	3	2	1	0
49. 항상 경계를 늦추어서는 안 된다.	4	3	2	1	0
50. 나만의 개인적인 삶이 다른 사람과의 친밀함보다 훨씬 더 중요하다.	4	3	2	1	0
51. 규칙은 제멋대로이고 나를 숨 막히게 한다.	4	3	2	1	0
52. 사람들이 나를 무시한다면 그것은 끔찍한 일이다.	4	3	2	1	0
53. 다른 사람들이 무엇을 생각하는지는 나에게 중요하지 않다.	4	3	2	1	0
54. 내가 행복해지기 위해서는 나에게 관심을 기울여줄 다른 사람들이 필요하다.	4	3	2	1	0
55. 만약 사람들을 즐겁게 해주면, 그들은 나의 약점을 알아차리지 못할 것이다.	4	3	2	1	0
56. 내가 할 일을 잘해내도록 도와주거나 안 좋은 일이 생겼을 때 도와줄 누군가가 항상 주위에 있어야 한다.	4	3	2	1	0

(계속)

성격 신념 질문지 – 단축형(4/4)

	4 완전히 믿음	3 매우 많이	2 중간 정도	1 약간 믿음	0 전혀 안 믿음
57. 일의 어떤 결점이나 잘못도 재앙으로 이끌 수 있다.	4	3	2	1	0
58. 나는 너무나 재능이 뛰어나기 때문에, 사람들은 나의 경력을 위해 길을 비켜주어야 한다.	4	3	2	1	0
59. 내가 다른 사람들을 밀어내지 않으면, 내가 밀려날 것이다.	4	3	2	1	0
60. 나는 다른 사람들에게 적용되는 규칙에 매일 필요가 없다.	4	3	2	1	0
61. 강제력이나 속임수가 일이 잘되도록 만드는 최선의 방법이다.	4	3	2	1	0
62. 나는 항상 지지자나 조력자 옆에 있어야 한다.	4	3	2	1	0
63. 더 강한 사람에게 딱 붙어 있을 수 없다면, 나는 기본적으로 혼자다.	4	3	2	1	0
64. 나는 다른 사람들을 믿을 수 없다.	4	3	2	1	0
65. 나는 다른 사람들이 하는 것처럼 대처할 수 없다.	4	3	2	1	0

(계속)

성격 신념 질문지 – 단축형(PBQ-SF) 채점 기준

환자 이름 : _____   PBQ 실시한 날짜 : _____

채점자 : _____   채점일 : _____

PBQ 척도	원점수를 계산하기 위한 문항의 합계	원점수	Z점수 계산을 위한 공식	Z점수
회피성	1, 2, 5, 31, 33, 39, 43번 문항의 합계	_____	(원점수 − 10.86)/6.46	_____
의존성	15, 18, 44, 45, 56, 62, 63번 문항의 합계	_____	(원점수 − 9.26)/6.12	_____
수동공격성	4, 7, 20, 21, 41, 47, 51번 문항의 합계	_____	(원점수 − 8.09)/5.97	_____
강박성	6, 9, 11, 19, 30, 40, 57번 문항의 합계	_____	(원점수 − 10.56)/7.20	_____
반사회성	23, 32, 35, 38, 42, 59, 61번 문항의 합계	_____	(원점수 − 4.25)/4.30	_____
자기애성	10, 16, 26, 27, 46, 58, 60번 문항의 합계	_____	(원점수 − 3.42)/4.23	_____
연극성	8, 22, 34, 37, 52, 54, 55번 문항의 합계	_____	(원점수 − 6.47)/6.09	_____
조현성	12, 25, 28, 29, 36, 50, 53번 문항의 합계	_____	(원점수 − 8.99)/5.60	_____
편집성	3, 13, 14, 17, 24, 48, 49번 문항의 합계	_____	(원점수 − 6.99)/6.22	_____
경계선	31, 44, 45, 49, 56, 64, 65번 문항의 합계	_____	(원점수 − 8.07)/6.05	_____

주의 : Z 점수는 다양한 진단의 683명 정신과 외래환자의 표본에 기초하였음.

양식 10.3

스키마란 무엇인가?

사람마다 그들을 우울하게, 혹은 불안하거나 화나게 만드는 것은 각기 다르다. 우리는 모두 초점을 맞추는 것에 있어 편향이나 선호를 갖는 경향이 있다. 어떤 사람들은 자신에 대한 극단적으로 높은 기준에 초점을 맞추고, 다른 사람들은 버려지는 것에 대한 두려움에 초점을 맞추며, 또 다른 사람들은 정서적 박탈감에 초점을 맞출 수 있고, 어떤 사람들은 타인에게 통제받는 느낌에 초점을 맞출 것이다. 우리들을 각자 구분 짓게 하는 다양한 다른 이슈들이 있다. 우리는 이러한 차이를 '스키마'라고 부른다. 스키마는 사물을 보는 습관적인 방식이다. 예를 들어, 우울은 상실과 박탈, 실패의 스키마와 관련이 깊다. 불안은 위협이나 실패에 대한 두려움의 스키마와 관련이 있다. 분노는 모욕이나 수치심, 규칙 위반의 스키마와 관련이 깊다. 성격에 대한 연구는 우울이나 불안, 분노 아래에 존재하는 주제들이 사람마다 다름을 보여준다. 우리가 할 수 있는 것들 중 하나는 당신이 가지고 있는 어려움의 일부를 설명할 수 있으면서 당신을 쭉 따라다니는 특별한 주제나 쟁점이 있는지를 살펴보는 것이다.

우리는 각자 특정한 습관적 사고 패턴의 관점에서 자신의 경험을 바라본다. 어떤 사람은 성취의 이슈에 많이 초점을 맞출 것이고, 다른 사람은 거절과 관련된 이슈에, 또 다른 사람은 버림받는 것에 대한 두려움에 초점을 맞출 것이다. 당신의 스키마(당신의 특별한 이슈나 취약성)가 성취와 관련된 것이라고 생각해보자. 직장에서 일을 잘해나가고 있지만, 성취에 대한 당신의 스키마(자신을 실패자로 여기지 않기 위해 크게 성공할 필요성과 관련된 당신의 이슈)를 활성화시키는 좌절을 경험한다. 직장에서의 그 좌절은 실패자('평균'이라는 것은 실패자와 같은 의미이다)라는 스키마로 이끌 수 있으며, 그리하여 당신은 불안하거나 우울해진다.

또는 당신의 스키마가 버림받는 것에 대한 이슈와 관련이 있다고 생각해보자. 당신은 거절당하고 홀로 남겨지는 것을 알려주는 어떤 신호에도 매우 취약할 수 있다. 관계가 잘 유지되는 한 당신은 아무 걱정이 없다. 그러나 이 스키마 때문에 당신은 홀로 남겨지거나 거절당하는 것에 대해 걱정할 수도 있다. 관계가 깨지면 당신은 혼자인 것을 견딜 수가 없기 때문에 우울해지게 된다.

우리는 사물을 어떻게 바라보는가를 결정하는 스키마를 가지고 있기 때문에 이러한 스키마와 관련된 것에 더 많은 주의를 기울이게 될 것이다. 예를 들어, 우리가 성취에 대해 관심을 가지고 있다면 자신의 수행에서 불완전함에 더 많이 초점을 맞추게 되며, 버림받는 것에 관심을 가지고 있다면 연인이 자신을 떠날 것인가에 초점을 맞추게 된다. 스키마는 또한 우리의 기억에도 영향을 미친다. 우리는 자신의 스키마를 지지하는 것을 더 잘 기억하는 경향이 있으며, 스키마와 일치하지 않는 것은 잘 잊는 경향이 있다. 스키마는 현실에 대한 지각에 편향을 일으키기 때문에, 우리는 그러한 스키마와 일치하지 않는 정보를 무시하거나 사소한 것으로 취급하곤 한다. 예를 들면, "누구나 그 정도는 할 수 있기 때문에 그러한 성취는 중요하지 않아"라고 말할 수도 있다. 우리는 또한 타인이 우리를 특정한 방식으로 바라본다고 생각한다(예 : "그들은 내가 평범하다고 생각해" 또는 "그들은 나를 떠날 거야" 또는 "그들은 나를 통제하려고 해") 사고의 이러한 지속적인 편향의 결과로서, 우리의 스키마는 점점 더 굳어지고 경직된다.

스키마를 보상하는 방식

만약 특정 이슈와 관련된 스키마를 가지고 있다면, 당신은 이런 취약성을 보상하려고 할 수도 있다. 예를 들어, 만약 실패나 평균인 것은 나쁘다는 스키마를 가지고 있다면, 당신은 과도하게 열심히 일할 수가 있다. 당신이 열등한 것으로 판명될지도 모른다는 생각, 혹은 완벽이라는 자신의 기준에 미치지 못하고 있다는 지각을 보상하려고 노력할 것

(계속)

스키마란 무엇인가?(2/3)

이다. 그 결과, 사람들은 당신이 일에 과도하게 몰두하고 있는 것으로 볼 수 있다. 당신은 충분히 일하고 있지 않다거나, 할 일이 아직도 남아 있다거나, 혹은 동기를 잃어버릴까 봐 걱정하기 때문에 쉬지 못할 것이다.

당신의 스키마가 버림받는 것에 관한 것이라면 당신은 항상 배우자에게 양보함으로써 그 스키마를 보상하려 할지도 모른다. 버림받는 것을 두려워하기 때문에 자기 의견을 주장하는 것을 어려워할 수도 있다. 혹은 당신이 안전하다고 느낄 수 있도록 배우자에게 끊임없이 안심을 구할지도 모른다. 그러나 그 안심은 그렇게 오래 가지 않는다. 당신은 계속해서 배우자가 멀어지는 신호를 보게 된다. 버림받는 것에 대한 당신의 도식을 보상할 수 있는 또 다른 방법은, 당신의 욕구를 충족시키지는 못하지만 선뜻 연락해오는 사람들과 관계를 형성하는 것이다. 혼자 있는 것을 원하지 않기 때문이다. 혹은 당신이 혼자 있는 것을 견딜 수 없다고 생각하기 때문에 합리적인 것으로 보이는 지점보다 훨씬 더 깊게 관계를 유지시킨다.

당신도 알 수 있겠지만, 자신의 내재된 스키마를 보상하려는 시도는 그 자체로 문제를 일으킬 수 있다. '보상'은 당신의 욕구를 희생시키며, 강박적으로 일하고, 이익이 없는 관계를 추구하며, 걱정하고, 안심을 구하고, 당신에게 문제가 되는 다른 행동들을 하도록 이끈다. 그리고 이런 보상과 관련하여 가장 중요한 것은 당신이 자신의 내재된 스키마를 결코 다루지 못한다는 점이다. 예를 들어, 당신은 특별하고, 우월하며, 평균인 것을 피해야 하고, 혼자 있는 것을 피해야 한다는 등의 믿음에 대해 한 번도 의문을 제기하지 않을 것이다. 그러므로 당신은 결코 자신의 스키마를 변화시키지 못한다. 특정 사건이 발생하면 활성화될 준비를 하고서 스키마는 여전히 거기에 존재하는 것이다. 그것이 당신의 지속적인 취약성이다.

스키마에 직면하는 것을 회피하는 방식

문제를 일으키는 또 다른 과정은 '스키마 회피'인데, 이것은 당신의 스키마를 자극하는 모든 이슈들에 직면하는 것을 회피하려 한다는 것을 의미한다. 당신이 실패자라는 스키마를 가지고 있다고 생각해보자. 당신의 관점은 내면 깊숙이 들어가면 당신이 정말로 무능할지도 모른다는 것이다. 이런 도식의 검증을 회피할 수 있는 한 가지 방식은 도전적인 일을 결코 맡지 않거나 일을 중도에 그만두어 버리는 것이다. 혹은 당신이 사랑스럽지 않거나 매력이 없다는 스키마를 가지고 있다고 해보자. 이런 스키마와 직면하는 것을 어떻게 회피할 것인가? 당신을 수용하지 않을 것이라고 생각하는 사람들과 어울리는 것을 피할 수 있다. 데이트를 하지 않을 수도 있다. 당신이 줄 수 있는 것이 아무것도 없다고 사람들이 생각한다고 이미 가정하기 때문에, 친구들에게 전화하지 않을 수도 있다. 또는 버림받는 것을 두려워한다고 생각해보자. 당신은 누구와도 가까워지지 않음으로써 이 도식을 회피할 수 있고, 아니면 이후에 거절당하지 않도록 하기 위해 어떤 사람과의 관계를 미리 깰 수도 있다.

사람들이 자신의 스키마-그 스키마가 어떠한 것이든지 간에-를 회피하는 또 다른 방식은 물질 사용을 통한 정서적 도피이다. 또는 지나치게 술을 많이 마시거나 감정을 둔하게 하기 위해 약물을 사용하거나 음식을 먹거나 심지어 성적으로 행동화하는 등의 극단적인 행동을 통한 정서적 도피도 있다. 당신의 생각과 감정을 처리하는 것이 너무나 고통스러워서 이런 중독 행동으로 회피 또는 도피해야 한다고 느낄 수 있다. 이런 행동은 적어도 폭식하거나 술을 마시거나 약물을 사용하는 동안에는 당신에게서 기저의 두려움을 '숨긴다.' 물론 안 좋은 감정이 뒤에 다시 나타나는데, 왜냐하면 당신의 내재된 도식을 실제로 검토하고 도전하지 않았기 때문이다. 그리고 아이러니하게도 이런 중독 행동은 당신의 부정적 스키마를 살찌우고 당신 자신에 대해 훨씬 더 안 좋게 느끼게 만든다.

스키마는 어디에서부터 유래하는가?

우리는 이런 부정적인 스키마가 부모와 형제, 동료, 배우자로부터 나온다는 것을 알게 되었다. 부모는 당신이 모든 사

(계속)

스키마란 무엇인가?(3/3)

람들보다 우월하지 않는 한 충분히 훌륭하지 않다고 느끼도록 만듦으로써, 당신에게 너무 뚱뚱하거나 매력이 없다고 말함으로써, 당신을 '더 잘하는' 다른 아이들과 비교함으로써, 욕구를 가지고 있기 때문에 당신에게 이기적이라고 말함으로써, 당신에게 강요하고 명령함으로써, 자살하거나 당신을 버릴 것이라고 위협함으로써 이런 부정적 스키마 형성에 기여할 수 있다.

예를 들어, 부모가 어떻게 부정적 스키마를 '가르쳤는지'에 대해 기억하는 사람들의 다음 실제 경험에 대해 생각해 보자.

1. "너는 더 잘할 수 있는데, 왜 B학점을 받았지?" (완벽해지려는 욕구 혹은 열등감을 회피하려는 욕구에 대한 스키마)
2. "너의 허벅지는 너무 뚱뚱하고 코가 못생겼어." (뚱뚱함과 추함에 대한 스키마)
3. "네 사촌은 하버드대학교에 갔는데, 너는 왜 그렇게 하지 못하지?" (열등감과 무능함에 대한 스키마)
4. "너는 왜 항상 불평을 하니? 너희들을 돌보느라 내가 얼마나 고생하는지 모르지?" (욕구의 이기심에 대한 스키마)
5. "어쩌면 나는 곧 여기를 떠나야 할 수도 있어. 그러면 너희들이 스스로를 돌보아야 할지도 몰라." (부담과 유기의 스키마)

앞에서 지적했듯이, 스키마의 또 다른 근원은 부모가 아닌 다른 사람들일 수도 있다. 아마도 형이나 언니가 당신을 심하게 다루었고, 그로 인해 학대받는, 혹은 사랑스럽지 않은, 거부당하거나, 통제받는 스키마를 형성하게 되었을지도 모른다. 또는 어쩌면 배우자가 당신에게 충분히 훌륭하지 않다고 말하였고, 그로 인해 매력이 없고 가치가 없고 사랑스럽지 않다는 도식이 생겼을 수도 있다. 우리는 심지어 대중문화에서 마르고 아름다운 이미지, 완벽한 몸을 갖는 것, '진정한 남자는 어떠해야 하는가', 완벽한 섹스, 많은 돈, 엄청난 성공과 같은 도식을 내재화하기도 한다. 이런 비현실적인 이미지는 완벽과 우월감, 부적절함, 결함에 관한 스키마를 강화한다. 그리고 당신의 현재 환경이 특정한 이슈나 스키마를 강조할 수도 있다. 예를 들어, 만약 당신이 매우 경쟁적인 환경에 놓여 있다면, 요구적인 기준, 무능함, 열등감 등에 관한 스키마를 발달시킬 수 있다. 만약 당신에게 믿을 수 없고 정직하지 않은 배우자가 있다면, 당신은 배신이나 유기에 관한 스키마를 발달시킬 것이다. 이러한 더 최근에 발달된 스키마는 아동기에 발달된 스키마만큼 강력하거나 경직되어 있지는 않겠지만, 그럼에도 불구하고 당신에게 영향을 미칠 수 있다. 당신은 현재의 환경이나 관계가 과거에 중요했을 혹은 중요하지 않았을지도 모르는 특정한 이슈에 초점을 맞추도록 하고 있는지 알고 싶을 수도 있다.

치료는 어떻게 도움이 될까?

인지치료는 여러 중요한 방법으로 당신을 도울 수 있다.

- 당신의 구체적인 스키마가 무엇인가를 배운다.
- 스키마를 어떻게 보상하고 회피하는지를 배운다.
- 당신이 한 선택이나 경험에 의해 스키마가 어떻게 유지되고 강화되는지를 배운다.
- 스키마가 어떻게 학습되었는지를 조사한다.
- 이런 부정적인 스키마에 도전하고 수정한다.
- 새롭고 더 적응적이며 더 긍정적인 스키마를 발달시킨다.
- 과거에 당신을 쫓아다녔던 오래된 이슈보다는 건강한 흥미와 가치에 기초하여 행동을 선택하는 방법을 배운다.

양식 10.4
나의 스키마를 회피하고 보상하기

아래의 양식에는 사람들이 자신이나 타인을 보는 여러 방식들이 있습니다. 이런 생각들이 당신에게 익숙한 것인지를 알아보기 위해 왼쪽 열에 있는 목록들을 검토하세요. 이 중 어떤 것이 당신의 스키마 중 하나라고 여겨지면, 오른쪽 열에 그 문제를 회피하거나 보상하기 위해 당신이 무엇을 했는지를 적으세요. 예를 들어, 자신이 기본적으로 "남성적이지 않다"라고 생각하는 남자가 몸무게를 늘리기 위해 과도하게 운동하고 유도를 배웠다(예 : 보상). 자신이 똑똑하지 않다(예 : 무능한)고 생각한 한 여성은 학교에서 지나치게 열심히 공부를 했다(예 : 보상). 사람들을 믿을 수 없다고 생각한 또 다른 여성은 데이트를 하지 않았다(예 : 회피). 자신의 개인적 스키마를 다루기 위해 당신이 어떻게 했는지를 검토해보세요. 왼쪽 열에 다른 개인적 스키마의 예들을 추가할 수도 있습니다.

개인적 스키마	보상하거나 회피하기 위해 내가 하는 것
무능하다 또는 부적절하다.	
무력하다.	
약하다.	
병이나 상처에 신체적으로 취약하다.	
다른 사람들을 믿을 수 없다.	
책임감 있다/무책임하다.	
비도덕적이다 또는 악하다.	

(계속)

나의 스키마를 회피하고 보상하기(2/3)

개인적 스키마	보상하거나 회피하기 위해 내가 하는 것
타인이 통제할 수 없다.	
감정을 통제할 수 없다.	
강인하다.	
특별하다/독특하다.	
뛰어나고 싶은 욕구가 있다.	
매혹적이다.	
인상적이다.	
다른 사람들과 연결되지 않는다.	
다른 사람에게 과도하게 참견한다.	
사랑스럽지 않다.	

(계속)

나의 스키마를 회피하고 보상하기(3/3)

개인적 스키마	보상하거나 회피하기 위해 내가 하는 것
재미가 없다.	
혼란스럽다.	
가치가 없다.	
이기적이다.	
다른 사람들은 나에게 판단적이다.	
정서적으로 결여되었다.	
타인을 위해 자신의 욕구를 희생한다.	
다른 스키마	

양식 10.5
스키마를 변화시키기 위한 동기 발달시키기

당신의 스키마를 변화시키는 것은 어려운 작업을 포함하고 때로는 불편함(예 : 스키마는 당신이 할 수 없다고 말하는 것을 실행하는 것)을 수반할 수 있습니다. 당신의 부정적 스키마를 바꾸는 것의 장점과 단점은 무엇일까요?

개인적 스키마	장점	단점

(계속)

스키마를 변화시키기 위한 동기 발달시키기(계속)

당신은 기꺼이 불편해지겠습니까?
당신은 기꺼이 불확실함을 참겠습니까?
상황이 나아질 때까지 당신은 기꺼이 그 상태를 유지하겠습니까?
당신의 스키마를 더 현실적이고 긍정적인 것으로 바꾼다면, 이러한 변화가 당신의 대인관계에 어떤 영향을 미칠까요?
이러한 변화가 당신의 일에 어떤 변화를 줄까요?
이러한 변화가 당신의 삶의 즐거움에 어떤 변화를 줄까요?

양식 10.6
스키마의 초기 기억

우리는 당신의 개인적 스키마와 관련된 초기 기억을 확인하는 데 관심이 있습니다. 주의를 분산시킬 것이 없는 조용한 방에서 눈을 감고 당신에게 가장 문제가 되는 스키마에 초점을 맞추세요. 그 스키마에 내재된 감정과 만나기 위해서 마음속으로 그 스키마를 반복하세요. 예를 들어, "나는 사랑스럽지 않다" 또는 "나는 무능하다"를 반복하세요.

스키마 뒤에 있는 감정과 만나려고 해보세요. 감정을 더 강렬하게 만드세요. 이제 마음속에 그 감정과 생각이 생기면, 이런 감정 및 생각과 관련된 아동기나 혹은 인생의 다른 시점에서의 경험들을 떠올려보세요. 그 장면을 구체적으로 떠올리세요. 무엇이 일어나고 있었나요, 사람들이 어떻게 보였나요, 그들은 무엇을 하고 있었나요? 그 심상 속에서 당신의 신체적 감각(예 : 긴장된, 심장이 쿵쿵거리는, 땀이 나는, 추운)과 감정(예 : 화난, 무력한, 두려운, 슬픈 등), 생각에 초점을 맞추세요. 당신이 "다했다"고 느끼면, 눈을 뜨고 당신의 경험을 아래에 적으세요.

개인적 스키마	처음 이런 방식으로 생각하고 느꼈던 기억	이 기억에 동반되는 감각과 감정, 생각

양식 10.7
스키마의 근원에게 편지 쓰기

당신 자신과 타인에 대한 부정적 신념의 근원인 사람(또는 사람들)에게 편지나 글을 쓰세요. 강하게 자기 주장을 하세요. 왜 그들이 잘못되었고 그들이 당신을 보는 방식과 당신은 얼마나 다른가를 말하세요. 당신 자신을 대변해서 그들에게 말하세요. 그들이 얼마나 잘못되었는지를 그들에게 말하세요. 이 양식의 아래 부분에는 당신이 이런 연습을 하는 동안 드는 생각과 감정을 적으세요.

당신의 부정적 스키마의 근원에게 보내는 주장적 편지 혹은 글

이 편지를 쓰는 것에 대한 나의 생각과 느낌

(계속)

스키마의 근원에게 편지 쓰기(계속)

이 편지의 어떤 부분이 당신이 가장 화났던 것을 나타내는가? 그 이유는?

다른 사람이 이 편지를 읽는다면 어떻게 반응할 것이라고 생각하는가?

그 사람이 이 편지에 어떻게 반응하기를 원하는가? 무엇이 당신에게 도움이 될까?

지금까지 이것을 당신 마음속에 담아둔 것이 당신에게 어떤 영향을 미쳤는가?

양식 10.8

개인적 스키마에 도전하기

사람들은 적절하게 검토되지 않은 자신과 타인에 대한 신념을 자주 가지고 있습니다. 이러한 신념은 '스키마'라고 부릅니다. 왼쪽 열에 있는 진술에 대한 당신의 답을 오른쪽 열에 적으세요. 예를 들어, "나는 유능하지 않다"는 신념(개인적 스키마)을 당신이 가지고 있다고 해봅시다. '개인적 스키마 확인하기'에 대한 반응으로 오른쪽에 '무능한'을 적습니다. '당신의 스키마 정의하기'에 대한 반응으로, 당신이 '무능한'을 어떻게 정의할 것인지를 적습니다. 왼쪽 열의 진술에 따라 순서대로 진행하면서 오른쪽 열에 그에 대한 반응을 적습니다.

기법	반응
개인적 스키마 확인하기	
당신의 스키마 정의하기	
스키마를 믿는 정도 (0~100%)	
스키마에 의해 유발된 감정	
이 스키마의 정반대는 무엇일까?	
당신이 수용할 수 있는, 이 스키마의 중간 정도는 어떤 것일까?	

(계속)

개인적 스키마에 도전하기(계속)

기법	반응
어떤 상황이 스키마를 유발하는가?	
스키마로 인한 비용과 이익	비용 이익
지지 증거와 반대 증거	지지 증거 반대 증거
이중기준기법 사용하기 : 당신은 다른 사람에게도 이것을 적용할 것인가?	
이 스키마는 왜 비현실적인가?	
이분법적인 관점에서가 아니라 연속선상에서 자신을 바라보기 (예 : 자신과 타인을 0~100% 척도에서 평가하시오.)	
스키마에 대항해서 행동하기 (스키마와 정반대로 할 수 있는 것은 무엇인가?)	
스키마에 대한 믿음 재평가하기	

양식 10.9
다른 스키마의 렌즈를 통해 본 삶

만약 당신이 더 긍정적인 스키마를 가졌더라면 아래 나열된 각 영역에서 당신의 선택과 행동은 어떻게 달랐을 것인지를 생각해보세요.

영역, 선택, 행동	더 긍정적인 스키마를 가졌더라면 상황은 어떻게 달랐을까?
학교	
직업 선택	
직장에서의 수행	
꾸물거림	
우정	
배우자/친밀한 관계	
건강	
흡연	
음주	
성생활	
돈	
여가활동	
사는 곳	
위험 감수하기(너무 많이 혹은 너무 적게)	
기타	

양식 10.10

긍정적 스키마의 효과

우리가 부정적인 스키마나 관점을 가질 수 있는 것처럼, 자기 자신과 경험에 관한 더 긍정적인 스키마를 가질 가능성 또한 고려할 수 있습니다. 예를 들어, 새로운 긍정적 스키마는 "완벽해질 필요 없이도 나는 충분히 훌륭하다"일 수 있습니다. 당신이 가질 수 있는 새로운 긍정적 스키마를 적고, 당신 삶의 다른 영역들에서 당신이 어떻게 달라질 것인지, 그리고 당신의 선택과 행동이 어떻게 달라질 것인지를 적어보세요.

나의 새로운 긍정적 스키마에 의하면 나는 _____ **이다.**

영역, 선택, 행동	미래에는 내가 어떻게 다를 것인가
학교	
직업 선택	
직장에서의 수행	
꾸물거림	
우정	
배우자/친밀한 관계	
건강	
흡연	
음주	

(계속)

긍정적 스키마의 효과(계속)

영역, 선택, 행동	미래에는 내가 어떻게 다를 것인가
성생활	
돈	
여가활동	
사는 곳	
위험 감수하기(너무 많이 혹은 너무 적게)	
기타	

더 긍정적인 스키마를 가진다면 내 삶의 주요 영역은 어떻게 다를 것인가?

양식 10.11
나의 스키마 초월하기

당신의 부정적인 특성이나 행동을 바라보는 한 가지 방식은 그것을 인정하고 이런 특성이나 행동이 때때로 사실임을 인식하는 것입니다. 이것은 우리가 잘못된 일을 한 가지 했다고 해서 전적으로 비난받아야 함을 의미하는 것이 아닙니다. 단순히 우리의 불완전함을 인식하고 모든 인간은 불완전한 존재임을 인정하는 것입니다. 아래의 양식의 왼쪽 열에는 자신의 어떤 부정적인 행동이나 특성을 기록합니다. 가운데 열에는 그와 같은 부정적 특성이나 행동을 가지고 있는 아는 사람의 예를 적습니다. 그리고 오른쪽 열에는 스스로 자신의 불완전함을 수용하고 계속해서 자신을 사랑하고 돌볼 수 있도록 자신에게 할 수 있는 말을 적습니다.

나 자신에 대해 좋아하지 않는 특성이나 행동	다른 누가 이러한 특성을 가지고 있는가 혹은 다른 누가 때때로 이러한 행동을 보이는가?	이러한 특성이나 행동을 가지고 있으면서 나 자신을 수용하고 사랑할 수 있도록 하기 위해 나 자신에게 어떤 말을 할 수 있을까?

제11장

정서조절기법

최 근 CBT에서는 정서 처리의 중요성에 대해 더욱 강조하고 있다(Greenberg, 2005; Mennin & Fresco, 2014; Leahy, 2002a, 2015; Leahy, Tirch, & Napolitano, 2011). 특히 '경험적' 또는 '정서적 회피'가 광범위한 정신병리에 내재할 수 있으며, 문제 있는 대처를 유지하거나 악화시킬 수 있다는 인식에 관심이 모아지고 있다(Hayes, Luoma, Bond, Masuda, & Lillis, 2006). 예를 들어, 회피나 억제, 반추, 걱정과 같은 문제 있는 정서조절전략은 우울증과 관련된다. 정서 조절의 정도 혹은 정서 조절의 부재가 5년간의 우울 증상을 예측하며(Berking, Writz, Svaldi, & Hofmann, 2014), 불안과 섭식장애(Oldershaw, Lavender, Sallis, Stahl, & Schmidt, 2015), 경계선 성격장애를 예측한다(Linehan, 2015). 정서 회피와 대조적으로 '공포 스키마'를 활성화하는 것이야말로 노출을 활용하거나 '공포 정서'의 새로운 연합이나 의미를 재학습할 때 본질적이라는 인식이 있다(Foa & Kozak, 1986). 예를 들어, 개인이 실제로 두려움을 느끼지만 그러한 공포에도 불구하고 노출을 수행할 수 있을 때, 더 효과적인 노출이 이루어진다.

따라서 이 장에서는 정서 처리 및 조절과 관련된 광범위한 기법들을 검토할 것이다. 물론, 인지적 재구조화, 문제 해결, 행동활성화를 포함하여 이 책에 소개된 모든 기법은 정서를 조절하는 데 사용될 수 있다. 이 장에서는 일단 정서가 일어났을 때 할 수 있는 것에 초점을 맞출 것이다. 정서 조절을 여러 '단계' 혹은 '기법'을 포함하는 것으로 간주할 수도 있다. 즉 정서 활성화, 정서 명명하기와 구분하기, 정서에 대한 문제 있는 신념 확인하기, 정서와 신념을 유용하지 않은 대처 전략과 연결하기, 더 유용한 대처 전략 확인하고 연습하기 등이 이에 포함된다. 이런 주제들에 대한 더 광범위한 토론은 정서도식치료(*Emotional Schema Therapy*, Leahy, 2015), 심리치료에서의 정서 조절(*Emotion Regulation in Psychotherapy*, Leahy et al., 2011) 책에서 찾아볼 수 있다.

Greenberg의 정서초점치료는 전통적인 인지치료모델과는 다소 다른 경험적 접근으로 간주되곤 한다. 하지만 생각을 확인하고 수정하기 위한 시도라는 현재의 맥락에서 필자는 Greenberg의 작업을 매우 가치 있다고 생각한다. 이 방법은 환자들이 (1) 특정 정서를 파악하고, (2) '정서 도식'(Greenberg가 이 용어를 사용하였으므로)에 담겨진 생각을 경험하고, (3) 그들이 필요로 하는 것을 파악하고, (4) 그들의 욕구를 충족시키는 방향으로 가도록 돕는 데 사용될 수 있다. 이 장에서는 환자들이 정서, 정서와 연합된 사고, 메타인지적 혹은 메타정서적 신념에 접근하고, 재기술(rescripting)을 통해 정서적 영향력을 수정할 수 있도록 돕는 다양한 기법을 검토할 것이다.

기법 : 정서에 접근하기

설명하기

앞에서 이야기한 것처럼, 치료자는 생각("그는 내가 지루하다고 생각한다")과 정서("불안하다")와 현실("그가 무엇을 생각하는지 나는 알 수 없다")을 구분할 수 있다. 어떤 환자들은 "그가 나를 실패자라고 생각할 것이라고 느낀다"와 같이 정서와 생각을 혼동할 것이다. '정서에 접근하기' 기법을 사용해서 치료자는 정서를 알아차리고 이름을 붙이고 확인하고 구분하는 것에 강조점을 둔다. 우울과 불안의 활성화 및 유지에서 생각과 신념의 중심적 역할을 강조하는 인지치료와는 대조적으로, 정서에 초점을 맞춘 접근은 정서를 일차적인 것으로 여긴다. 실제로 정서는 인지치료자들이 밝혀낸 중요한 인지 내용을 '포함하는', '정서 도식'의 일부로 간주된다(Greenberg, 2002, 2015).

따라서 정서를 활성화하는 것이 정서에 '포함된' 생각과 욕구를 활성화하기 위한 첫 번째 단계이다. Greenberg(2015)는 일차 정서와 이차 정서를 구별하는데, 여기에서 일차 정서는 기본적 감정이며 이차 정서는 더욱 분명하게 겉으로 드러나는 개인의 정서인데, 이는 일차 정서를 덮거나 방어하는 정서일 수 있다. 예를 들어, 개인은 분노(예 : 이차 정서)를 명백하게 표현하거나 경험할 수 있지만, 분노 뒤에 있는 일차 정서는 상처받은 느낌일 수 있다. 어떤 사람은 분노를 경험하는 것이 '더 쉬울' 수 있는데, 왜냐하면 상처받은 감정은 견딜 수 없는 약함이나 실패자의 느낌을 전달할 수 있기 때문이다. 이에 더해, Greenberg(2015)는 어떤 사람들은 '도구적 정서'를 표현한다고 제안한다. 즉 그들의 정서적 표현은 타인에게서 반응을 일으키려는 '목적'을 지닌다. 예를 들어, 한 환자는 다른 사람들로 하여금 죄책감을 느끼도록 하기 위해 울음을 터뜨릴 수 있다. 하지만 그녀가 갖는 기저의 일차적인 정서는 두려움이다. 마지막으로, Greenberg는 정서의 적응적 사용과 부적응적 사용이 있으며, 치료는 환자에게 사용 가능한 선택들을 명료화하도록 도울 수 있다고 하였다. 어떤 경우에든 치료자는 환자들이 이러한 다른 정서 층들을 확인하도록 도와야 한다. Greenberg(2002, 2015)는 유용한 것으로 입증된 많은 경험적 기법들을 제안한다. 이런 것들에는 환자에게 정서의 이름을 묻고, 몸 안의 느낌을 알아차리도록 질문하고, 정서에 초점을 맞추고 유지하도록 하는 것, 정서에 동반되는 생각을 파악하도록 하는 것, 정서에 포함된 정보를 파악하도록 하는 것, '정서 일지'를 쓰도록 하는 것, 정서를 느끼는 것을 방해하거나 중단시키는 것을 알아차리도록 하는 것, 정서가 말하는 것을 진술하도록 하는 것, 그리고 환자 자신에게 필요한 것을 말하도록 하는 것이 포함된다.

현재 맥락에서 정서에 초점을 맞춘 기법들과 개념화는 인지행동치료자들에게 매우 유용할 수 있다. 왜냐하면 정서적 경험을 활성화하고 접근하는 것은 환자들이 각 정서 도식에 포함된 인지적 요소를 확인하도록 하는 데 도움을 주기 때문이다. 이런 기법들은 또한 기본적인 개인 도식을 평가하는 데에도 유용할 수 있는데, 기본적인 개인 도식은 자주 강렬한 정서와 연합되어 있다. 마지막으로, 정서에 접근하도록 시도할 때 치료자는 환자가 정서를 차단하는지, 정서에 혼란스러워하거나 두려워하는 것 같은지, 또는 정서에 이름 붙이기를 어려워하는지를 알아차릴 수 있다.

토론 안건

"당신이 [문제 영역]에 대해 말할 때, 무언가를 매우 깊이 느끼는 것처럼 보입니다. 당신이 경험할 수 있는 몇 가지 정서가 있는 것 같은데요. 우리가 정서에 관해 말할 때, 당신에게 있는 불안이나 슬픔, 분노, 무력감, 기쁨, 호기심 등과 같은 그런 감정들에 대해 말할 것입니다. 당신을 괴롭히는 주제를 반영하거나 상징하는 어떤 상황에 초점을 맞추어보도록 하세요. 눈을 감고 이런 기억[혹은 심상]에 동반되는 감정을 느끼려고 노력해보세요. 당신이 이 정서에 초점을 맞출 때 신체에 어떤 느낌이 있는지 알아차려보세요. 호흡에 주목하세요. 신체 감각에 주목하세요. 어떤 감정이라도 알아차릴 수 있습니까? 어떤 생각이 드나요? 심상은요? 이런 감정이 무언가를 말하려 한다거나, 혹은 무언가에 대해 묻는다거나, 혹은 무언가를 하려는 것처럼 느껴집니까?"

이에 더해서, 치료자는 다음과 같은 질문을 함으로써 정서 회피의 가능성을 탐색할 수 있다: "당신이 스스로 이런 감정 경험을 차단하거나 방해하고 있음을 알아차리는 방법이 있습니까? 당신이 핵심을 벗어나 겉돌거나, 그 감정을 느끼지 못하도록 차단하거나, 그 감정을 조절할 수 없다고 자신에게 말하고 있는 것을 발견했습니까? 당신의 내적 감각에 초점을 맞추고 그것에 대해 말씀해보세요."

예

환자는 최근에 2년 동안 사귀었던 여자 친구와 헤어졌다.

치료자 : 당신은 슬프다고 말했지요. 어떤 또 다른 정서나 감정이 있나요?
환자 : 모르겠어요. 그것에 대해 말씀드리기가 어려워요.
치료자 : 몸에서 어떤 감각이나 느낌이 있나요?
환자 : 가슴에서 어떤 느낌이 있는데, 울고 싶어 하는 것 같아요. 그리고 위에서는 일종의 긴장감. 그리

고 심장이 마구 뛰기 시작하는 느낌.

치료자 : 가슴의 느낌에 머물러보세요. 눈을 감고 그것에 집중해보세요. 무엇이 있나요?

환자 : 가슴에서의 느낌 … 무거운 느낌이고, 심장이 마구 뛰는 것을 느낄 수 있고, 곧 울 것 같아요. 하지만 내 자신을 멈추게 하죠.

치료자 : 그러니까 당신은 울음이 곧 나올 것 같다는 것을 알아차리고, 그것을 멈추게 하는군요. 그러고 나면 느낌이 어떤가요?

환자 : 심장이 마구 뜁니다.

치료자 : 좋아요. 만약 당신이 울었다면 어떤 느낌일 것이라고 생각하나요?

환자 : 모르겠어요. 무언가가 밖으로 나가는 것 같겠죠. 나가게 두는 것. 하지만 그런 다음 통제를 잃을지도 모른다고 느껴요. 통제력을 잃을 것 같다고 생각합니다.

치료자 : 그러면 어떤 일이 일어날까요?

환자 : 당신이 저를 더 안 좋게 생각할지도 모르죠.

치료자 : 그러니까 만약 당신이 운다면 내가 당신을 더 안 좋게 생각할 것이다. 당신은 그렇게 느끼는군요. 만약 당신이 운다면 마구 뛰는 심상박동에는 어떤 일이 일어날까요?

환자 : 모르겠어요. 생각해보지 않아서.

치료자 : 좋아요. 당신 가슴에서의 느낌과 울 것 같은 감정으로 돌아가보죠. 지금 이 감정에 초점을 맞출 수 있나요? 그 감정이 일어나는 것을 그냥 둘 수 있나요?

환자 : (울기 시작하며) 나는 정말 모르겠어요. 너무 끔찍하게 느껴져요. 죄송해요.

치료자 : 괜찮아요. 그것이 지금 이 순간 당신이 느끼는 것이죠. 그리고 우는 것과 함께 어떤 생각이 있는지, 말씀해주실 수 있나요?

환자 : "혼자 있는 것을 견딜 수가 없어"라고 말하고 싶어요. 늘 이런 식이 될 겁니다.

치료자 : 그 감정에는 당신이 항상 혼자일 것이라는 두려움이 있나요? 당신이 울고 있을 때 무언가를 요청한다면 그것은 무엇일까요?

환자 : "제발 돌아와줘"

치료자 : 그러니까 당신은 그녀가 돌아오기를 원하는군요?

환자 : 네. 그건 좋은 일이 아니라는 것을 압니다. 하지만 이 외로움을 견딜 수가 없어요.

치료자 : 그러면 당신의 마구 뛰는 심장박동은?

환자 : 부끄러워요. 숨기고 싶어요.

치료자 : 왜 숨기기를 원하죠?

환자 : 왜냐하면 내가 너무 애처롭게 보이니까요.

치료자 : 그러니까 슬퍼하고 우는 것은 애처롭다고 느끼는군요?

환자 : 네.

치료자 : 이 슬픔과 가슴에서의 느낌, 울고 싶은 느낌으로 돌아가 보죠. 눈을 감고 슬픔의 감정에 집중
해보세요. 검은 스크린을 상상하세요. 지금 그 스크린 위에 어떤 그림이 지나갑니다. 당신의 슬픔이
그 스크린 위에 모습을 드러냅니다. 어떤 이미지가 스크린 위에 나타나나요?

환자 : 제가 방에 구부정하게 앉아 있는 것이 보여요. 방은 어둡고 저는 혼자 있어요(울고 있음).

치료자 : 그 방에서 혼자서 무엇을 느끼고 있죠?

환자 : 나는 항상 혼자일 거야. 심장이 찢어지는 것 같아요.

과제

정서초점치료의 중요한 요소는 경험한 정서의 자각과 인식, 정서 명명하기와 구분하기다. 더군다
나 경험한 정서를 기억하는 것과 시간과 상황에 따른 정서의 변화를 기억하는 것은 정서가 영원
하다거나 그 무엇도 정서를 바꿀 수 없다는 신념을 수정하는 데 중요한 요소가 될 수 있다. 환자
는 자신의 정서를 기록하기 위해 양식 11.1과 11.2를 사용할 수 있다.

치료자는 다음과 같이 설명할 수 있다: "우리 둘 다 당신이 느끼는 감정에 대해 알아차리는 것
이 중요합니다. 이것은 당신에게 너무나 중요한 감정들이죠. 어떤 종류의 감정도 모두 될 수 있
습니다. 예를 들어, 슬픈, 행복한, 두려운, 호기심 많은 등 어떤 감정이든 가능합니다. 저는 당신
이 한 주 동안 이런 감정들을 알아차리려고 노력하고 정서 일지에 기록하기를 바랍니다. 나중에
당신이 경험하는 감정의 범위를 알아보기 위해 이 일지를 사용할 수 있지요. 저는 또한 당신이 한
주 동안 어떤 감정을 알아차리기 시작하였지만, 그 감정이 일어나는 것을 차단하려고 했던 모든
예를 적었으면 좋겠습니다. 어쩌면 당신은 불안을 느낀다고 알아차리고는 그것을 없애려고 노력
하거나, 혹은 자신의 주의를 흩뜨릴지도 모릅니다. 아마도 슬픔이나 울 것 같은 느낌을 알아차리
고 그것을 차단하려고 할 수도 있습니다. 이런 감정을 차단하려고 한다면, 그것을 알아차리려고
해보세요. 어떤 예든지 적어보세요."

일어날 수 있는 문제

어떤 환자들은 정서가 발생할 때 그것을 알아차리거나 그것을 사건과 연결시키거나 정서에 이름
붙이는 것에 곤란을 겪을 수 있다. 이런 환자들은 '감정표현불능증(alexithymia)'일 수 있다. 즉 그
들은 정서를 표현하는 언어가 부족하거나 정서에 대한 인식이 부족하며, 정서를 알아차리고 이름
붙이고 구분하고 '머무는 것'에 확실히 어려움을 겪는다. 따라서 이들에게는 정서 초점 접근과 다
른 정서 조절 접근이 특히 도움이 될 수 있다. 치료자는 치료회기에서 정서 일지를 소개하고, 환
자에게 그가 무언가를 느낄 때 질문한다. 즉 "몸에서 어떤 감각이 느껴지는지 알아차려 보세요",
"무엇인가를 느끼고 있는지 알아차려 보세요" 또는 "멍한지 알아차려 보세요"와 같이 질문할 수
있다. 그런 다음 치료자는 그런 경험에 머물면서 그런 감각이 어디에서 일어나는지 알아차리고,

그런 감각을 더 강하게 만들려고 시도해보고, 그런 감각을 느끼기 전이나 느끼는 동안에 든 생각을 파악해보고, 불안한, 슬픈, 화난, 지루한 등의 가능한 '명칭'을 제안해보고, 치료회기 동안과 회기 사이에 이런 경험을 모니터해보라고 요청할 수 있다.

인지치료를 찾는 어떤 환자들은 이 치료가 반정서적이라는(정서에 반한다는) 잘못된 개념을 가지고 있다. 실제로 그들은 치료의 목표가 '나쁜 정서'를 회피하거나 제거하는 것이라고 생각할 수 있다. 그들은 목표가 전적으로 '합리적인 방식'으로 느끼고 행동하는 것이라고 생각한다. 치료자는 합리성의 역할은 단지 환자가 정서를 더욱 생산적으로 다룰 수 있도록 도와주는 것일 뿐이라고 설명할 수 있다. 정서를 제거하는 것이 목표가 아니다. 나아가 치료자는 정서가 배고픔이나 통증과 비슷하다고 강조할 수 있다. 즉 정서는 우리에게 필요한 것을 가르쳐준다. 정서는 생각을 담고 있으며, 정서에 초점을 맞추는 것은 중요한 정보가 가득한 파일 캐비닛을 여는 것과 같다. 다른 환자들은 정서에 접근하는 것이 그들을 삼켜버릴 수 있는 부정적 정서의 홍수를 초래할지도 모른다고 두려워할 수도 있다. 치료자는 그들의 반응을 정서의 위험과 통제에 관한 신념, '좋고 나쁜' 정서에 관한 신념, 즉 '정서 도식'으로 볼 수 있다. 이런 신념들은 이 장의 후반부에 다뤄진다. 치료자는 이러한 신념이 어떻게 회피와 도피, 반추, 기타 유용하지 않은 전략과 같은 문제 있는 대처로 이끄는지를 환자에게 알려줄 수 있다.

기타 기법에 대한 탐색

관련된 기법으로는 사고가 어떻게 감정을 만들어내는지 설명하기, 생각과 사실 구별하기, 감정의 강도와 생각을 믿는 정도 점수화하기, 뜨거운 문제 지점 확인하기, 정서 도식 확인하기, 정서 조절 전략의 비용과 이익 조사하기가 있다.

양식

양식 11.1(매일 쓰는 정서 일지), 양식 11.2(내가 회피하는 감정)

기법 : 표현적 글쓰기

설명하기

Pennebaker와 그의 동료들은 외상적 혹은 문제가 되는 사건의 기억을 자유롭게 글로 적는 식으로 정서를 표현하는 것이 불안과 우울을 완화하고 신체적 웰빙을 높이는 효과를 갖는다고 제안하였다(Pennebaker, 1993; Pennebaker & Beall, 1986; Trattaroli, 2006). 정서의 자유로운 표현, 즉 환기(ventilation) 작업에서 환자들은 표면에 드러나는 정서와 사건의 의미에 세밀한 주의를 기울이면서, 문제가 되는 사건을 회상하고 그 사건의 구체적인 사항들을 글로 적는다. 즉각적 효과는 부정적 사건과 기억이 더욱 또렷해짐에 따라 부정적 감정이 증가하는 것일 수 있지만, 며칠 혹은 몇 주 내에 부정적 정서가 감소하고 스트레스가 감소하는 일이 자주 일어난다. 표현적 글쓰기 사용에 관한 연구에서 혼재된 결과도 있었지만(Harris, 2006; Sloan & Marx, 2004), 다양한 심리적 · 신체적 건강 지표에서 경도~중등도의 긍정적 효과가 있음을 보여주었다(Petrie, Booth, & Pennebaker, 1998; Pennebaker & Segal, 1999; Travagin, Margola, & Revenson, 2015; Pennebaker & Chung, 2011). 표현적 글쓰기는 주의 처리, 습관화, 인지적 처리와 같은 많은 과정의 결과로 효과가 나타날 수 있다(Travagin et al., 2015).

토론 안건

"당신을 너무나 많이 괴롭혔던 이 사건에 대해 다시 생각해보기를 바랍니다. 당신이 경험한 사건을 아주 분명하게 기억해보세요. 20분 정도 시간을 갖고 그 사건에 대한 당신의 생각과 감정을 모두 적어보세요. 그것은 당신에게 어떠한 일이었나요? 가능한 한 구체적인 사항들을 많이 적는 것이 도움이 될 겁니다. 가능한 한 기억이 실제인 것처럼 느껴지도록 노력해보세요."

  '효과적인 표현적 글쓰기'에서 특히 중요한 것은 개인이 어느 정도까지 '사건을 이해'할 수 있는가이다. 치료자는 작성된 글에 관해 다음과 같이 질문할 수 있다: "이 이야기의 어떤 부분이 이해가 됩니까? 어떤 부분이 이해가 되지 않습니까? 어떤 부분이 특별히 당신에게 어려웠나요? 더 강렬한 감정을 불러일으키는 심상이나 생각, 기억이 있습니까? 회피하고 싶은 부분이 있습니까? 마비된 것처럼 무감각하게 느껴지는 부분이 있습니까?"

예

환자는 어렸을 때 오빠의 친구가 성적으로 학대하였던 것을 기억하는 30대 여성이었다.

치료자 : 당신이 어린아이였을 때, 그 남자가 당신을 어떻게 성적으로 학대했는지 설명하였습니다. 과거로 돌아가서 그 경험에 대해 말하는 것은 힘든 일일 것입니다. 하지만 그것이 당신에게 어떤 의미였는지에 대해 함께 더 알아보도록 하지요. 그건 매우 괴로운 일이었음에 틀림이 없고, 지금 그 사건에 대해 생각하는 것도 매우 힘든 일이라는 것을 압니다.

환자 : 끔찍했죠.

치료자 : 네. 우리가 할 일은 그 경험을 되돌아보는 것입니다. 그 경험의 구체적 사항들과 당신의 감정을 떠올려보세요. 기억이 되돌아오면 그것을 글로 적을 수 있습니다. 모든 구체적인 사항들과 감정을 적으세요. 당신이 기억하는 그때에 가졌던 어떤 생각이든 모두 적어보세요.

환자는 다음 회기에 숙제를 완수해서 참석했다.

치료자 : 당신이 무엇을 썼는지, 그리고 그 사건이 어떻게 느껴졌고 당신이 무엇을 생각했는지 봅시다. 당신이 쓴 글을 나에게 읽어줄 수 있겠습니까?

환자 : (읽으며) 그는 오빠의 친구였어요. 나는 13살이고, 그는 17살이었죠. 그의 이름은 켄이었고, 나보다 키가 컸고 오빠는 그를 올려다보았어요. 부모님은 그날 없었어요. 오빠는 여자 친구와 함께 있으려고 아래층 서재로 갔고, 켄은 농담을 하며 나와 함께 위층에 있었죠. 그는 칼을 가지고 있다고 말했고 그다음 칼을 보여주었고 저를 겁먹게 했죠. 그는 침실로 저를 끌고 들어갔고 우리가 게임을 할 거라고 말했어요. 그가 미쳤다고 생각했기 때문에 어떤 것도 말하기가 무서웠어요. 그런 다음 그가 저에게 키스를 하기 시작했어요. 그에게 그만하라고 말했지만, 제가 좋아하든 아니든 게임을 할 거라고 말했어요. 그런 다음 그가 다시 칼을 보여주었고 자기가 말하는 대로 하는 게 좋을 거라고 했어요. 그리고는 "어쨌든 너도 좋아할 거야"라고 말했고 저는 간담이 서늘해졌죠. 그가 하라는 대로 했어요. 그는 저에게 그의 성기를 빨도록 했어요. 저는 토할 것 같은 느낌이었어요. 무슨 일이 일어나고 있는지 다 알고 있었죠. 일이 끝난 다음 저는 옷을 입었고 그는 누군가에게 말한다면 저를 죽이겠다고 말했어요. 저는 결코 오빠나 부모님에게 말하지 않았어요. 두려웠고 수치스러웠어요.

치료자 : 글을 읽는 동안 이 기억 중 어떤 부분이 당신을 가장 괴롭히나요?

환자 : 만약 말한다면 저를 죽여버리겠다고 위협했던 부분이요.

치료자 : 당신은 그 부분을 나에게 읽어주었고 여기 내 상담실에 앉아 있습니다. 지금 느낌이 어떻습니까?

환자 : 신경이 예민해진 것 같아요. 하지만 더 안전하게 느껴지구요. 그 사건에 대해 말했지만 지금 저에게 아무 일도 일어나지 않겠죠. 그건 오래 전의 일이니까요.

치료자 : 이전에 그 이야기 전체를 한 번이라도 말한 적이 있나요?

환자 : 아니요. 단지 그 사건을 잊으려고 했고 그 사건은 단지 저를 더 불안하게 만들 뿐, 좋은 것은 아무것도 없을 거라고 생각했어요. 어쨌든 저는 수치스러웠어요.

치료자 : 지금은 느낌이 어떻습니까?

환자 : 글쎄요. 당신에게 말하는 것이 그렇게 수치스럽게 느껴지지는 않아요. 하지만 내 남편은 어떻게 느낄지 궁금합니다. 그는 저를 판단할 거예요. 그래서 이 부분은 혼자만 알고 있어야 한다고 느낍니다. 다른 누구도 이해하지 못할 거예요.

과제

치료자는 다음과 같이 말할 수 있다(양식 11.3과 11.4가 내담자에게 도움이 될 수 있다). "당신에게 고통스럽고 상처를 주는 기억들을 떠올릴 수 있다는 것이 중요합니다. 왜냐하면 그것들이 여전히 당신에게서 떠나지 않고 있기 때문이죠. 그 기억을 글로 적음으로써 밖으로 꺼내고 그런 다음 그 사건에 대해 말하는 것은, 그 경험이 당신에게 어떤 의미가 있었고 어떻게 느껴졌는지를 이해하도록 도울 수 있습니다. 우리는 또한 치료에서 새로운 방식, 즉 이후에 당신이 더 많은 통제감을 느끼고 상황을 이해하고 과거를 넘어서도록 도울 수 있는 방식으로 그 기억을 사용할 수 있습니다. 지금 당장은 이런 것들을 기억하는 것이 고통스러울 수 있지만, 고통은 당신을 위한 훨씬 더 좋은 과정의 시작이 될 것입니다."

"당신을 너무 많이 괴롭혔던 이 사건에 대해 당신이 다시 생각해보았으면 좋겠습니다. 당신이 경험한 사건에 대해 아주 분명하게 기억해보세요. 이제 20분의 시간 동안 그 사건에 관한 당신의 생각과 감정을 모두 적기 바랍니다. 그것은 당신에게 어떤 것이었나요? 가능한 한 구체적인 사항들을 많이 적어보십시오. 가능한 한 그 기억이 사실인 것처럼 느껴지도록 노력해보세요."

일어날 수 있는 문제

치료자는 안내(guide) 없이 환자에게 외상적 기억을 떠올리게 해서 그를 재외상화하지 않도록 주의해야 한다. 긴 이야기를 글로 쓰기 전에 회기 중에 그 사건에 대해 묘사하도록 하는 것이 권장된다. 만약 회기 중에 기억을 떠올리는 것이 너무 마음을 혼란스럽게 한다면, 예를 들어 환자가 이야기에 압도되는 것처럼 보이면, 심호흡이나 근육 이완, 주의 분산 등을 통해 불안을 조절하도록 하기 위해 치료자는 이야기를 중단시킬 수도 있다. 이에 더해서 과거 기억에 압도된 환자에게 상담실은 안전하며 치료자는 환자의 협력자라는 점을 상기시킬 수 있다. 치료자는 또한 말하는 동안 오늘 이 상담실에서 환자가 왜 안전한지, 그리고 오늘 학대한 사람이나 끔찍한 경험이 어찌해서 나타나거나 발생하지 않을 것인지의 모든 이유를 알도록 하기 위해 환자에게 질문할 수도 있다.

어떤 환자들은 정서에 접근하고 외상을 다시 경험하는 것이 그들을 훨씬 더 좌절시킬 것이라고 믿는다. 이것은 메타정서적 믿음이다: "만약 내가 불쾌한 감정을 가지고 있다면, 그것은 결코 사라지지 않을 것이다." 치료자는 이런 믿음을 확인하고 그것이 완전한 정서적 처리를 억제하기 위해 어떻게 작용하는지를 조사할 수 있다. 예를 들어, 부정적 감정은 어떤 희생을 치루더라도 반드시 회피해야 한다는 신념은 기억에 대한 완전한 재경험을 하지 못하게 하고, 따라서 그것이 견뎌질 수 있음을 발견하고 현실은 원래의 외상적 경험과는 다르다는 것을 배울 수 없게 한다. 기억을 차단하려는 시도(뒤에 나오는 '뜨거운 문제 지점'의 논의에서 지적한 것처럼)에는 이야기를 건너뛰거나 결정적 순간의 구체적인 사항을 말하지 않는 것, 명백한 외상적 사건과 연합된 감정을 보고하지 않는 것, 회기 중에 해리되는 것, 부적절한 감정을 보이는 것(예 : 웃거나 정서적으로 거리를 두거나 혹은 무덤덤하게 반응하기) 등이 포함된다.

기타 기법에 대한 탐색

앞에서 지적하였듯이 치료자는 안도감을 제공할 수 있고, 환자에게 현재 안전하다는 증거를 파악하도록 하며, 호흡과 근육 이완 기법을 활용하고, 글로 쓰는 환기 과제를 내주기 전에 회기 중에 이야기의 요소들을 떠올리게 할 수 있다. 환기 과제 이후에 적합한 다른 기법들로는 하향화살표기법,

스키마 확인하기, 안전 행동, 스키마의 근원에게 편지 쓰기, 심상 재기술하기 등이 포함된다.

양식

양식 11.3(일기 계속 쓰기), 양식 11.4(이야기 쓰기)

기법 : '뜨거운 문제 지점' 확인하기

설명하기

환자는 이미지나 기억의 특정 부분에 '사로잡혀' 있을지도 모른다. 이러한 '뜨거운 문제 지점'은 강한 정서(예 : 눈물이 그렁그렁함, 불안, 공포), 혹은 정서의 억제(예 : 해리, 기계적인 반응)를 유발할 수 있다. 환자가 심상이나 이야기를 떠올릴 때, 치료자는 감정의 어떠한 강한 변화에도 주의를 기울여야 하며 환자에게 특정한 심상이 이야기의 일부분을 반복하라고 요청해야 한다. 이런 뜨거운 문제 지점은 가장 문제가 되는 자동적 사고를 포함하는 정서 도식을 종종 수반한다(Cason, Resick, & Weaver, 2002; Grey, Holmes, & Brewin, 2001; Cason, Resick, & Weaver, 2002; Grey & Holmes, 2008; Holmes & Bourne, 2008; Holmes & Mathews, 2010). 어떤 사례에서 환자는 어떤 분명한 정서 없이, 때로는 마비되거나 먼 느낌으로 또는 감정 없이 기계적으로 같은 어떤 심상이나 장면을 떠올릴 수도 있다. 이런 종류의 반응은 환자가 기억과 정서를 회피하고 있고 나아가 경험의 처리를 막고 있다는 것을 보여준다.

토론 안건

"당신이 이야기를 기억해낼 때[혹은 심상을 그려볼 때] 이야기의 어떤 구체적인 사항이 또는 어떤 부분이 특별히 당신에게 어려운지를 알아차리려고 노력해보세요. 정서나 감정에서 어떤 변화가 있는지에 주목해보세요. 당신은 특정한 심상이나 특정한 구체적 사항에서 더욱 혼란을 느낄지도 모릅니다. 또는 특정한 구체적 사항에서 자신이 '멍해짐'을 발견할 수도 있는데, 아마도 그것에 주의를 기울이는 것이 너무나 힘들기 때문일 것입니다. 그 구체적인 사항이나 심상을 반복하면서 특별히 혼란스럽게 하는 것이 무엇인가를 자문해보세요. 이 구체적인 일이 어떤 생각을 일으키나요? 어떤 감정을 일으키나요?"

예

치료자 : 엄마가 당신을 때리는 것에 대한 이야기를 읽을 때 당신이 약간 멍해진다는 것을 발견했어요. 엄마가 당신에게 소리 지르기 시작하는 그 부분에서 마치 아무런 감정도 없는 것처럼 보였어요.

환자 : 정말요? 저는 그런 것을 전혀 인식조차 하지 못했는데요.

치료자 : 좋아요. 되돌아가봅시다. 그 부분을 다시 읽어보세요. 엄마가 당신에게 소리 지르는 부분이요.

환자 : (자신의 이야기를 읽으면서) "그러면 엄마가 '너는 멍청해. 너를 낳지 말았어야 했어'라고 저에게 소리 지르기 시작하죠." (지금 눈에 띄게 예민해진다.)

치료자 : 그 당시 감정이 어땠나요?

환자 : 두려웠죠…. 그리고 창피했구요.

치료자 : 두렵고 창피한 감정에 대해 말해보세요.

환자 : 제가 아무것도 아닌 것처럼 느껴졌어요. 그리고 엄마는 땅바닥으로 저를 내팽개쳤어요. 저는 매우 가치가 없는 것처럼, 정말 아무런 가치도 없는 것처럼 느껴졌어요.

치료자 : 그 부분이 받아들이기 어려운가 봐요. 그래서 일어났던 것을 느끼기보다는 멍해지는 것이죠.

환자 : 맞아요. 지금도 그것을 떠올리는 것이 힘듭니다.

과제

치료자는 외상적 사건이나 감정을 혼란스럽게 하는 사건에 대한 기억을 가능한 한 자세히 적으라고 요청할 수 있다. 그다음 환자는 어떤 부분이 자신을 가장 혼란스럽게 하는지에 주목하면서 몇 번씩 큰 소리로 그 이야기를 읽어야 한다. 그리고 이런 뜨거운 문제 지점에 동반되는 모든 감정과 생각을 적는다. 또한 환자는 어떤 심상 혹은 기억이 마비나 강렬한 혼란과 연관되는지를 적을 수 있다. 강렬한 정서나 마비와 연합된 심상 혹은 기억을 검토하면서, 환자는 이 특정한 심상이나 기억에 관해서 혼란스러운 것이 무엇인지를 적을 수 있다. 이때 양식 11.5를 사용할 수 있다. 한 환자에게서 얻은 예인 그림 11.1을 참조하라.

일어날 수 있는 문제

뜨거운 문제 지점은 그 본질상 다루기 어렵다. 환자는 너무 흥분해서 과제 수행을 거부할지도 모른다. 이런 경우에 환자에게 더 긴(약 두 배) 회기를 갖도록 스케줄을 짜는 것이 유용할 수 있는데, 긴 회기에서 이런 더 어려운 기억에 접근하고 뜨거운 문제 지점을 확인할 수 있다. 더군다나 해리는 그 성질상 해리를 경험하는 사람은 알아차리기 어렵기 때문에 치료자가 정서적 회피의 어떤 신호(예 : 기계적인 이야기 읽기, 어떤 부분을 매우 빠르게 읽기 또는 멍해지면서 헤매기)라도 있는지 잘 보면서, 환자에게 회기 내에서 그 이야기를 반복하도록 해야 한다.

기타 기법에 대한 탐색

도움이 되는 다른 기법에는 글로 쓰는 환기, 정서 도식 확인하기, 심상 재기술하기, 자동적 사고 확인하기, 발코니에서 외상 바라보기 등이 있다.

할 수 있는 만큼 최대한 구체적으로 이야기나 심상 기술하기

그 차가 교차로를 통과할 때 나는 계속 운전하고 있었고, 그 차 옆으로 내가 충돌하는 것을 본 것이 기억난다. 그리고 나는 자동차의 전면유리로 내던져졌다. 앰뷸런스가 왔을 때 무슨 일이 일어난 것인지 잘 몰랐기 때문에 내가 의식이 없었음에 틀림없다고 생각한다.

이 이야기의 어떤 부분에서 가장 화가 나는가? 그것이 뜨거운 문제 지점이다.

자동차의 전면유리에 던져질 것같이 느껴진다.

이 뜨거운 문제 지점에서 어떤 감정과 생각을 갖는가?

나는 죽을까 봐 무섭다. 나는 하마터면 죽을 뻔 했다. 또 이런 일이 일어날 수도 있다.

그림 11.1 뜨거운 문제 지점 확인하기

양식

양식 11.5(뜨거운 문제 지점 확인하기)

기법 : 정서 도식 기술하기

설명하기

사람들은 정서에 대한 개념화, 정서를 다루기 위해 사용하는 전략에서 서로 다르다(Leahy, 2002a, 2011, 2015). 일단 '불쾌한' 정서(예 : 슬픔이나 분노, 불안)가 활성화되면, 개인은 다양한 생각이나 행동으로 반응할 수 있다. 예를 들어, 어떤 사람들은 자신이 불안을 경험하고 있다는 것을 알아차리고는 다음과 같이 문제가 있는 생각으로 불안에 반응할 수도 있다: "불안은 오래 지속될 것이다. 이 감정을 통제할 수가 없다. 다른 사람들은 이런 감정을 느끼지 않을 것이다(낮은 합치성)." 불안을 느끼는 것에 대해 수치심과 죄책감을 느끼고, 그 감정을 받아들이지 않는다. 더군다나 이런 사람들은 자신이 이런 감정을 경험하는 것을 받아들일 수 없고, 다른 사람들이 자신을 이해하거나 인정하지 않을 것이기 때문에 그것을 표현할 수 없다고 믿는다. 즉 자신은 전적으로 합리적이어야 하고 혼재된 감정을 가져서는 안 된다고 믿는다. 이런 해석과 평가, 전략을 '정서 도식'이라고 부르는데, 이는 정서가 부분적으로 개인에 의해 '구성된다'는 생각을 반영한다. 필자는 Leahy 정서 도식 척도-II(Leahy Emotional Schema Scale, LESS-II; Leahy, 2002a, 2011)를 개발하였는데, 이것은 다양한 정서 도식을 확인하는 데 사용될 수 있다. 이런 차원들 중 많은 것은 우울, 불안 및 다양한 성격장애와 관련이 있다(Leahy, 2000, 2012; Leahy, 2015; Tirch, Leahy, Silberstein, & Melwani, 2012).

토론 안건

"우리는 모두 슬픔이나 불안, 분노, 지루함, 행복, 무력감과 같은 정서를 가지고 있습니다. 이러한 것들은 인간의 일부입니다. 우리가 어떤 정서를 가지고 있을 때, 우리는 그 정서에 반응합니다. 젊은 사람이 이별을 경험하고는 슬프고 화가 나며 약간 안도감을 느낀다고 상상해봅시다. 하지만 그는 정서에 대해서 정말로 잘못된 사고방식을 가지고 있다고 생각해봅시다. 그는 "나는 이런 모든 다른 감정들이 아니라 하나의 감정만을 가져야 해"라고 생각할 수 있습니다. 또는 그는 "다른 사람들은 이런 식으로 느끼지 않을 거야"라고 생각하거나 그의 정서가 끝없이 계속 되거나 통제력을 벗어나서 훨씬 더 악화될 것이라고 생각할 수도 있습니다. 그는 그런 다음 이런 부정적 감정을 즉각적으로 제거해야 하고, 그렇지 않으면 자신의 삶을 황폐하게 만들 것이라고 생각할 수도 있습니다.

"이제 당신에게 사람들이 자신의 정서에 어떻게 반응하는지를 보여주는 도표(그림 11.2 참조)를 하나 보여드리려고 합니다. 어떤 사례에서 개인은 이러한 고통스러운 정서가 정상이며 끝없이 지속되지는 않을 것이라고 생각할 수 있고, 많은 사람들이 그러한 방식으로 느낍니다. 이 사람은 고통스러운 감정을 자신의 가치(자신에게 중요한 것)와 연결시킬 수도 있습니다. 그녀는 자신의 감정을 수용할 수 있습니다. 즉 이런 사람은 우리가 상상했던 젊은 남자와는 반대로, 헌신을 가치 있게 생각하고, 친밀감이 중요한 가치이기 때문에 관계를 상실하는 것 또한 그녀에게 중요합니다. 도표를 보면, 이 사람이 어떻게 반응할 것인지를 알 수 있습니다. 한편, 또 다른 사람은 슬픔, 분노, 안도감과 불안 등과 같은 감정을 가지고 있지만, 이런 감정이 문제가 있다고 생각합니다. 그는 자신의 정서가 오랜 시간 지속되거나 통제를 벗어날 것이라고 생각합니다. 그는 이런 감정에 수치심이나 죄책감을 느끼고, 이런 감정을 없애야 한다고 생각하지요. 그래서 그는 술을 마시고 약물을 오용하고, 이런 감정을 갖게 만드는 상황을 회피합니다. 그는 걱정하고 반추하고 사람들을 비난할 수도 있습니다."

"어떤 사람들은 특정한 감정을 가져서는 안 된다고 믿는 반면, 다른 사람들은 이런 감정을 받아들입니다. 이 양식[LESS-II; 양식 11.6]을 완성함으로써 당신이 자신의 감정에 대해 어떻게 생각하고 반응하고 느끼는지를 알아낼 수 있습니다."

예

환자는 12년의 결혼 생활 후 남편과의 별거로 인한 불안과 슬픔을 호소하면서 치료를 받으러 왔다.

치료자 : 별거 이후 슬프고 불안해서 혼란스러운 것처럼 보입니다. 당신에게 혼란스러운 것은 무엇인가요?

환자 : 저는 일반적으로는 굉장히 만족스러운데 왜 가끔씩 눈물이 나는지 모르겠어요. 전혀 그럴 만하

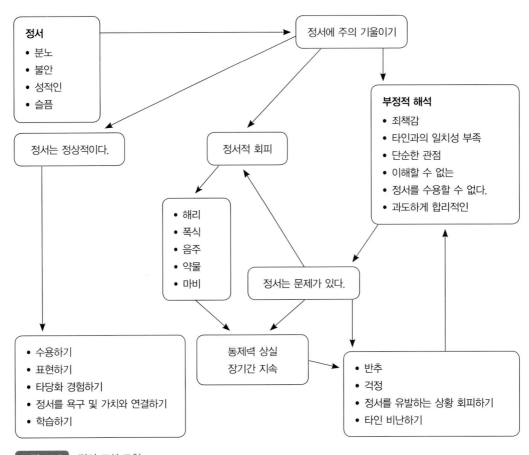

그림 11.2　정서 도식 모형

지 않은 것 같은데. 평소에는 그러지 않는데, 가끔씩 눈물을 많이 흘리고 슬픕니다. 뭐가 잘못된 것인지 모르겠어요.

치료자 : 그러니까 당신은 슬픈 감정을 가지고 있지만, 우는 것이 이해가 안 되고 이럴 필요가 없다고 생각하시는 거죠.

환자 : 네. 모르겠어요. 가족이 함께 있었던 것이 그리워요. 휴일에 가족이 모두 함께 있는 것을 정말 좋아했지요.

치료자 : 자, 양식[LESS-II; 양식 11.6]에 쓰신 것을 보니, 당신은 자신의 감정이 이해가 안 되고 다른 사람들은 이런 식으로 느끼지 않을 것이라고 했네요. 12년의 결혼 생활 후 별거할 때 다른 사람들은 어떻게 느낄 것이라고 생각하시나요?

환자 : (미소 지으며) 모르겠어요. 저는 그런 사람이 아니에요.

치료자 : 당신은 울거나 하는 감정적인 사람이 아니라는 말씀이시죠?

환자 : (웃으며) 네. 저는 보통은 매우 행복해요. 제 여동생은 정말 이상한데요. 양극성 장애를 가지고 있어요. 제 여동생이 우리 부모님을 미치게 하지요.

치료자 : 그러니까 당신은 만약 울고 슬픔을 느낀다면 마치 여동생처럼 될 위험이 있다고 생각하시나요?

환자 : 저는 여동생과는 달라요. 그녀는 정상이 아니에요.

치료자 : 슬픔을 느끼고 운다면 미친 것일까요?

환자 : 그렇지는 않다고 생각해요. (잠시 쉬고) 하지만 얼마나 오랫동안 이렇게 느낄 것인지 모르겠어요. 폴은 지난 달 이사 나갔는데 저는 아직도 울 때가 있어요.

치료자 : 당신은 이런 감정이 오랫동안 지속될까 봐 걱정이 되고 이런 감정을 가지고 있다는 것에 대해 혼란을 느끼는 것처럼 보입니다.

환자 : 네, 그래요.

과제

치료자는 환자에게 LESS-II(양식 11.6)를 완성해오라고 하는 것이 좋다. 이 숙제와 관련된 지시는 앞부분(토론 안건)을 참조한다. LESS-II에는 정서에 대한 생각 및 감정과 관련하여 14가지 차원이 포함되어 있다(양식 11.7 참조). LESS-II에 대한 환자의 반응은 이후 질문의 초점이 될 수 있다.

일어날 수 있는 문제

어떤 환자들은 그들이 정서에 대해 어떻게 생각하고 정서를 어떻게 다루는지를 되돌아보는 데 어려움이 있다. 그들은 "감정이 나에게 일어난다"고 믿고 그에 대해 생각하는 것은 문제를 악화시킬 뿐이라고 믿는다. 한 환자는 감정에 대해 생각하고 표현하는 것을 '벌레가 든 캔을 여는 것'이라고 말한다. 이런 어려움은 정서적 회피를 대처 전략으로 사용하는 환자에게서 종종 명백하게 드러난다. LESS-II 척도는 치료회기에서 이런 환자들에게 사용될 수 있다. 예를 들어, 치료자가 "당신이 아파트 집으로 돌아와서 문을 열고 첫 걸음을 들여놓을 때, 어떤 감정을 느낍니까?"라고 질문할 수도 있다. 알코올을 남용하는 어떤 환자의 경우, 그녀의 첫 생각은 "텅 비었다. 내 인생은 텅 비었다"였다. 그러면 치료자는 "감정을 없애야 한다. 이런 감정은 나를 압도할 것이다. 아무도 나를 이해할 수 없을 것이다"와 같은 그녀의 믿음을 확인하기 위해 LESS-II 척도에서 일부 항목들을 검토할 수 있다.

더군다나 환자들은 정서에 따라 다른 정서 도식을 가지고 있을 수 있다. 같은 개인이라도 성적 느낌과 달리 불안에 대해서는 다른 정서 도식을 가질 수 있다. 예를 들어, 어떤 환자는 자신의 시험 불안이 영원히 지속되지는 않을 것이며, 다른 사람들도 같은 감정을 가질 수 있고, 그들은 자신을 이해할 것이라고 믿었다. 이와 대조적으로, 성적 환상에 대한 그녀의 믿음은 자신은 감정을 통제해야 하지만 이런 감정은 통제를 벗어날 수 있고 수치스러우며 사람들과 이런 생각을 나누면 그녀를 우습게 볼 것이라는 것이었다. 따라서 치료자는 환자가 다른 정서를 다룰 때에 다른 '이론'이나 '전략'을 갖고 있는지 탐색할 필요가 있다.

기타 기법에 대한 탐색

정서 도식 수정하기와 정서 수용하기 부분에서 다룰 것이지만, 인지치료자는 정서 도식의 각각의 차원을 조사하기 위해 광범위한 기법들을 활용할 수 있다. 이에는 정서를 유발하거나 정서에 접근하기, 특정 전략의 비용과 이익 검토하기, 이런 믿음을 지지하거나 반대하는 증거 조사하기, 이중기준기법, 실험 수행하기(예 : 다른 사람들이 그들의 정서 때문에 그들을 거부하는지를 알아보기 위한 실험), 하향화살표기법, 정서 도식과 개인적 도식 간의 관계 조사하기, 정서에 대한 믿음의 근원 확인하기, 역할 연기 등이 포함될 수 있다.

양식

양식 11.6(LESS-II), 양식 11.7(Leahy 정서 도식 척도-II의 14개 차원에 대한 채점 가이드)

기법 : 정서 도식 수정하기

설명하기

일단 개인의 정서 도식이 확인되면, 치료자는 환자가 이런 믿음의 의미를 조사하고, 문제 있는 대처 전략의 결과를 평가하고, 대안적 해석과 전략을 조사하도록 도울 수 있다. 각각의 정서 도식 차원은 유용한 혹은 유용하지 않은 대처 전략에 대한 시사점을 가지고 있다. 예를 들면, 정서는 끝없이 지속될 것이며 통제를 벗어난다는 믿음은 개인으로 하여금 폭식, 약물이나 알코올의 오용, 반추, 걱정, 기타 전략을 포함하여 회피나 억제를 사용하도록 이끌 수 있다. 정서를 억제하려는 시도는 부작용을 낳을 수 있는데, 정서가 끝없이 계속되고 통제를 벗어날 것이라는 믿음을 더 키우고 또다시 정서를 억제하려는 시도의 실패로 이어질 수 있다. 다른 사람들은 비슷한 감정을 느끼지 않을 것이라는 믿음은 수치심과 사회적 고립, 반추로 이끌 수 있다(예 : "도대체 내가 무엇을 잘못한 거야?"). 정서 도식에 대한 더 구체적인 설명과 어떻게 정서 도식을 다루는지를 보려면 Leahy(2015)를 참조하라.

토론 안건

"불안이나 슬픔, 분노, 화, 질투와 같은 감정을 느낄 때, 우리는 그러한 감정에 대한 신념의 관점에서 반응하곤 합니다. 예를 들면, 슬픔은 계속될 것이고, 우리를 압도할 것이고, 이해할 수 없고, 다른 사람들은 우리와 같은 그런 방식으로 느끼지 않을 것이라고 생각할 수 있습니다. 그리고 미래에 대해 걱정하는 방식으로, 안심을 구하는 방식으로, 사람들을 피하는 방식으로, 술을 마시거나 과식하는 방식으로, 자신의 슬픔에 반응할 수도 있습니다. 나는 당신이 문제가 되는 감정에 대해 어떻게 생각하는지, 그리고 그러한 감정에 어떻게 반응하는지에 대해 알고 싶습니다. 예를 들어, [X]라는 감정을 생각해봅시다. 당신이 이 감정을 느낄 때, 그러한 감정이 계속될 것이라고 생각하나요? 다른 사람들도 이와 같은 감정을 느낄 것이라고 생각합니까? 혹은 당신에게 무언가 다른 점이 있다고 생각합니까? 당신의 감정이 통제를 벗어날 것이라고 믿나요? 감정을 표현할 수 있다고 생각하나요? 다른 사람들이 당신을 이해하고 위안을 줄 수 있다고 생각하나요? 당신이 혼재된 감정을 느낄 때 혼란스럽다고 느끼나요?"

예

위에 제시되었던, 별거를 경험하고 있는 환자가 자신의 정서 도식에 대한 이야기를 계속하고 있다.

치료자 : 당신은 다른 사람들은 가지지 않을 감정을 가지고 있다고 말했지요. 혹시 별거하거나 이혼한 사람을 알고 있는지 궁금하네요.

환자 : 네, 몇몇 친구들이 있어요.

치료자 : 그들은 어떻게 느끼나요?

환자 : 글쎄요. 대부분 매우 슬픈 것 같아요. 켄이라는 친구는 좀 안도하는 것 같았어요. 그는 그의 아내와 항상 다퉜거든요. 하지만 헤어진 것에 대해서 생각을 하게 되면 그 또한 슬픔을 느끼는 것 같아요. 사람들은 많은 것들을 느낀다고 생각합니다.

치료자 : 어쩌면 당신의 감정도 많은 다른 사람들의 감정과 비슷한 것 같은데요. 그렇지요?

환자 : 그런 것 같아요. 하지만 왜 그렇게 많은 다른 감정들을 느끼는지 모르겠어요. 어떨 때는 정말 좋아요. 왔다 갔다 하는 폴의 문제를 더 이상 다룰 필요가 없을 때처럼요.

치료자 : 복잡한 감정을 느끼는 것을 이해하기 어려운가요?

환자 : 저는 다만 제가 어떻게 느껴야 하는지를 알고 싶어요.

치료자 : 각각의 감정은 이유가 있기 때문에 복잡한 감정을 가질 수 있지 않을까요? 더 이상 폴의 흔들림을 다룰 필요가 없으니 다소 안도감을 느끼는 것은 이해가 됩니다. 폴과의 연결을 잃어버렸기 때문에 슬픔을 느끼는 것도 이해가 되구요. 그리고 미래에 대해 확신하지 못하기 때문에 불안해하는 것도 이해가 됩니다.

환자 : 하지만 제 감정은 도처에 어수선하게 있어요.

치료자 : 글쎄요, 각각의 감정은 현재 이 순간에 대한 것이고 그런 순간들이 왔다 갔다 하지요. 더 이상 말다툼이 없는 것에 대해 생각하면 안도감을 느끼고, 미래에 대해서 걱정을 하면 불안을 느끼는 거죠.

환자 : 그런 것이 너무 혼란스러워요.

치료자 : 당신이 만약 단지 한 가지만을 느껴야 한다고 생각한다면, 그것은 교향곡에 많은 음표가 있고 그림에 많은 색깔들이 있다고 해서 화를 내는 것과 같습니다.

환자 : 하지만 저는 균형을 찾고 예전의 제 모습으로 돌아가고 싶어요.

치료자 : 이것도 당신의 일부입니다. 당신이라는 사람의 복잡성과 풍부함을 보여주는 것이지요. 당신의 얼굴은 정말 많은 감정을 표현하고 당신의 손은 당신이 말할 때 함께 움직인다는 것을 알 수 있습니다. "당신은 정말로 이 순간 여기에 있다"고 저는 생각합니다. 이것은 당신을 전체적이고 완전한 살아 있는 인간으로 만드는 모든 경험의 일부이지요.

환자 : (울면서) 저는 너무 많이 상처받았어요.

치료자 : 아마도 이 일이 당신에게 중요하기 때문에, 그리고 당신은 피상적이지 않기 때문에, 그리고 이런 상황을 깊이 느낄 수 있는 능력을 가지고 있기 때문에, 상처를 받았을 겁니다.

과제

환자는 각각의 문제가 되는 정서 도식을 확인할 수 있다. 예를 들어, 감정은 오랫동안 지속될 것이다, 통제를 벗어날 것이다, 이해할 수 없다, 타인의 감정과 다르다는 믿음이 있다. 치료자는 위에 기술된 LESS-II(양식 11.6)를 사용하여 환자가 이러한 믿음을 확인하도록 도울 수 있다. 일단 이런 믿음이 확인되면, 환자는 그러한 믿음의 비용과 이익을 조사하고 자신이 어떤 대처 전략(예 : 억제, 주의분산, 불평하기, 반추하기, 문제 해결, 다른 방식으로 상황 바라보기, 긍정적 행동 활성화하기, 사회적 지지 추구하기)을 사용하는지를 조사할 수 있다.

각각의 정서 도식은 환자가 생각해보아야 하는 몇 가지 질문들을 알려준다. 각각의 경우에 환자는 그들에게 문제가 되는 것처럼 보이는 정서(예 : 슬픔, 불안, 두려움, 외로움)를 확인해야 한다. 그런 다음 문제가 되는 정서에 대한 그들의 믿음이 갖는 비용과 이익을 조사할 수 있다. 감정이 무한정 지속되지 않고, 통제를 벗어나지 않으며, 다른 사람들이 가지는 감정과 유사하며, 이해가 된다고 믿는 것의 장점은 무엇일까?

일어날 수 있는 문제

어떤 환자들은 자신의 감정을 조사하는 것은 감정을 인정하지 않거나 지나치게 이성적인 것이라고 믿는다. 그들은 자신의 감정은 자신들의 것이고, 무엇을 느끼든 그렇게 느낄 권리를 가지고 있다고 주장한다. 이것은 중요한 쟁점인데, 사실상 이것이 바로 정서 도식이다. 즉, 이는 개인의 정서는 타당화(인정)될 필요가 있고, 타당화(validation)는 정서 신념에 대한 조사를 배제하고 감정에서의 어떤 변화에 대한 조사도 배제한다는 믿음이다. 치료자는 환자가 자신이 느끼는 것을 느낄 모든 권리를 가지고 있다고 말할 수 있지만, 치료에서의 질문은 환자가 어떤 정서를 더 자주 느끼고 싶어 하는가이다. 예를 들면, 사람들이 행복 혹은 만족감, 호기심, 이완, 기타 중 어떤 것을 느끼고 싶어 할 것인가? 개인이 감정을 '주어진' 것으로, 즉 "나는 슬픔을 느끼도록 되어 있다"로 시작하는 것을 인정한다면, 그다음 질문은 "당신은 이후에 어떻게 느끼고 싶은가?"이다. 또한 정서에 대한 믿음을 조사하는 것은 이 순간 어떤 감정을 가진다는 것을 부정하지는 않지만, 동시에 이러한 믿음에는 어떤 타당성이 부족하다는 것을 인정하는 것이다. 여기서 중요한 질문은 정서에 대한 믿음이 환자를 돕는가 아니면 해를 끼치는가이다.

기타 기법에 대한 탐색

관련된 기법으로는 신념의 비용과 이익, 대안적 해석, 증거 수집하기, 감정에 대한 예측 조사하기가 있다.

기법 : 감정에 대한 죄책감에 도전하기

설명하기

어떤 사람들은 자신의 감정이나 상상이 부끄럽거나 도덕적 약점의 징후라고 두려워하면서 감정을 억제하거나 타인에게 숨기려고 한다. 이런 감정에 대한 죄책감과 수치심은 감정을 덜 표현하거나 덜 인정하고 자신의 감정이 보편적임을 더 적게 인정하고 반추를 더 많이 하도록 이끌 수 있다(Leahy, Tirch, & Melwani, 2012; Leahy, 2011, 2015). 더군다나, 감정에 대한 죄책감과 수치심은 종종 그 감정을 억제하려는 시도의 실패를 초래하며, 감정에 대한 자기 감찰(self-monitoring)과 함께 감정의 통제와 적절성이 부족하다는 걱정을 더한다.

많은 기법들이 감정에 대한 죄책감이나 수치심을 다루는 데 유용하다. 치료자는 왜 감정이 '숨겨져야' 하는지에 대한 근거에 관해 질문을 할 수 있다. 이에 더해서, 치료자는 (만약 존재한다면) 도덕적 쟁점을 구성하는 것은 정서적 경험의 발생이 아니라 의도적 행동이라는 점을 지적하면서, 정서와 의도적 행동 간의 차이를 설명할 수 있다. 나아가 감정은 '보편적'일 수 있는데, 이는 거의 모든 사람이 그러한 감정을 가지고 있으며 감정은 인간 경험의 일부라는 것을 시사한다.

토론 안건

"때때로 우리는 감정에 대해 죄책감이나 부끄러움을 느낍니다. 불안이나 슬픔을 느끼면, 혹은 성적 감정과 환상을 가진다면, 마치 우리가 뭔가 잘못을 하고 있는 것처럼요. 우리는 특정한 감정이나 심지어 생각과 공상을 바라볼 수 있고 그러한 것에 죄책감을 느끼는지, 수치심을 느끼는지 생각해볼 수 있습니다. 그것이 무엇인지에 대해 생각해보고, 그런 다음 왜 그러한 감정이나 생각, 환상을 가져서는 안 된다고 생각하는지에 대해 자신에게 더 말해보세요. 당신이 이러한 반응을 해서는 안 된다고 생각할 때 무슨 일이 일어나나요? 당신의 [감정/생각/공상]에 대한 부정적 판단이 당신 자신에 대해서 어떻게 느끼도록 만드나요? 그리고 다른 사람들과 함께 있는 것에 대해서,

혹은 사람들에게 개방적이 되는 것에 대해서 어떻게 느끼도록 만드나요?"

예

치료자 : 마이크에 대한 성적 감정 때문에 창피함을 느낀다고 말씀하셨지요. 이런 감정에 대해 창피함을 느끼도록 만드는 것은 무엇인가요?

환자 : 저는 래리와 결혼을 한 상태예요. 현모양처라면 이런 감정을 느끼지 않겠지요.

치료자 : 당신의 생각은 이런 것이죠. "나는 좋은 아내일 리가 없어. 다른 남성에 대해 환상을 가지고 있으니" 당신이 마이크에 대해 이런 감정을 가지고 있을 때 어떤 행동을 하시나요?

환자 : 이런 감정을 가져서는 안 된다고 스스로에게 말하려고 합니다. 그런 감정에 대해 생각해서는 안 된다. 하지만 그러면 저는 신경이 예민해지고 그를 내 마음 밖으로 밀어낼 수가 없어요. 그는 어쨌든 나에게 적당한 사람이 아니라는 것을 알아요. 이런 환상을 가지고 지낸다면 어떤 행동을 할까 봐 두려워요. 하지만 모르겠어요. 저는 아마도 결코 그런 행동을 하지는 않을 거예요.

치료자 : 좋아요. 그러니까 당신은 죄책감과 부끄러움을 느끼고 그런 다음 이런 감정을 멈추려고 하지만 더 깅해진다는 깃이죠. 이린 김징을 가진다는 것을 단순히 인정하고 억제하려고 하지 않는다면 무슨 일이 일어날까요?

환자 : 아마도 더 강해지지 않을까요?

치료자 : 다른 결혼한 사람들도 타인에 대해 환상을 가진다고 생각하시나요? 아니면 당신만 유일한 사람인 것처럼 생각되시나요?

환자 : 오, 거의 모든 사람이 환상을 가지고 있을 것이라고 확신합니다.

치료자 : 환상을 갖는 것과 행동으로 옮기는 것 사이에는 차이가 있을까요? 당신의 생각과 행동은 다르지 않나요?

환자 : 물론, 맞아요. 저는 결코 아무것도 하지 않을 거예요. 그건 단지 공상일 뿐이죠.

치료자 : 당신은 단 하나의 감정만 가져야 한다고 생각하는 것처럼 보입니다. 언제나 100%의 정절. 만약 당신이 의심이나 공상을 가진다면 그것은 무엇을 의미할까요?

환자 : 저의 한쪽에서는 내가 나쁜 사람임을 의미한다고 생각합니다. 하지만 다른 한쪽에서는 그것이 인간이라고 생각합니다.

치료자 : 이런 감정들을 인간의 또 다른 존재 방식이라고 생각한다면, 어떨까요?

환자 : 죄책감을 훨씬 더 적게 느낄 것 같아요. 그리고 어쩌면 그렇게 많이 공상을 하지 않을지도 모르죠.

과제

양식 11.8을 사용해서 치료자는 환자가 자신의 정서 도식의 일부 차원들을 조사하고 제시된 각각의 질문에 글로 쓰면서 응답하도록 할 수 있다.

일어날 수 있는 문제

어떤 환자들은 성적 욕망이나 공격적 감정, 공격적 환상과 같은 특정한 감정이나 환상을 가져서는 안 된다고 믿는다. 그들은 감정과 도덕적 약점을 혼동한다. 도덕성은 심지어 유혹이나 욕망에도 불구하고, 특정한 방식으로 행동하지 않겠다고 선택하는 것을 포함한다는 것을 지적하는 것이 유용하다. 따라서 간통이나 불륜에 대한 성적 환상을 가지고 있지만 그것에 따라 행동하지 않겠다고 선택하는 것은 도덕적 선택을 낳는다. 이와 관련해서, 어떤 환자들은 필자가 '순수한 마음(pure mind)'이라고 부르는 것에 대한 믿음을 고수한다. 즉, 마음은 바람직하지 않으며 '정신적 소음'과 유사한, 유혹이나 비합리적 사고, 환상으로부터 자유로워야 한다고 믿는다(Leahy, 2015). 이런 종류의 정신적 혹은 정서적 완벽주의는 개인이 어떤 바람직하지 않은 생각과 감정을 모니터할 때 상당한 자기 경계(self-vigilance)를 하도록 만든다. 이것이 Wells(2007, 2009, 2011)가 기술했던 인지적 자기 의식(self-consciousness)에서의 메타인지적 요인이다. 치료자는 환자에게 자신의 환상이나 감정을 조절하려는 의도를 가지고 '감시하기'보다 "또 다른 환상이나 감정이 있네"라면서 단순히 관찰하고 감정이나 환상이 오고 가는 것을 알아차릴 수 있다고 제안한다. 하향화살표기법은 환자가 감정이나 환상이 허용되어서는 안 된다는 믿음을 가지고 있을 때 유용하다. 예를 들어, 어떤 환자가 성적 환상을 받아들이면 다른 여성과 바람이 나서 결혼이 파탄 나고 자녀들과 멀어지게 될 것이라고 믿었다. 치료자는 그에게 왜 다른 여성과 불륜을 저지르지 않았느냐고 질문하였고, 환자는 너무나 많은 것들이 걸려 있고 아내에게 상처 주고 싶지 않았다고 대답했다. 치료자는 그가 셀 수 없을 정도로 많이 '도덕적 선택'을 할 수 있는 능력을 보여주었으며 자신에게 중요한 것을 지킨 것에 대해서 스스로에게 자부심을 가져야 한다고 말하였다.

기타 기법에 대한 탐색

자동적 사고에 도전하고 역기능적 가정을 수정하기 위해 사용되는 많은 기법들이 정서 도식을 평가하는 데 적절하다. 이에는 비용과 이익 조사하기, 증거 조사하기, 이중기준기법, 하향화살표기법, 역할 연기, 행동 실험이 있다.

양식

양식 11.8(정서 도식 : 차원과 개입)

기법 : 감정 수용하기

설명하기

감정을 억제하거나 어떤 감정을 가지는 것에 대해 자신을 비판하기보다, 감정이 일어나고 존재한다는 것을 수용할 수 있다. 어떤 감정(또는 현실의 다른 측면)에 대한 '급진적인 수용' 혹은 '수용'은 그러한 현실에 효과적으로 대처하는 첫 번째 단계로 고려될 수 있다(Hayes, Wilson, Gifford, Follette, & Strosahl, 1996; Hayes et al., 2003, Linehan, 2015). '현실을 수용하는 것'은 단순히 그것이 무엇인지를 인식하고, '무엇이' 존재하는지를 인정하고, 존재하는 것을 단순히 인식하고 그대로 받아들이는 것을 의미한다. 예를 들어, 당신이 우산 없이 길을 걷고 있는데 갑자기 비가 쏟아진다면, 당신은 비에 젖게 될 것임을 단순히 받아들일 것이다. 이것은 대처할 방법(예 : 실내로 들어가기)을 찾지 못할 것임을 의미하는 것이 아니고 당신이 비에 젖는 것을 즐거워한다는 의미도 아니다. 이것은 단순히 사물을 있는 그대로 본다는 것을 의미한다. 감정이나 생각에 대한 수용은 감정이나 생각이 존재하며, 이러한 내적 경험에 대해 관찰자의 관점을 취할 수 있고, 내적 경험과 '융합되거나' '하나가 되는' 것이 아님을 인식하도록 만든다(Hayes et al., 2006; Hayes et al., 2012). 마음챙김은 비판단적인 방식으로 현재 이 순간에 발생하는 것을 통제하려는 시도 없이 물러나 있는 것으로, 수용을 증진시킨다. 예를 들어, 슬픈 감정이 이 순간 내가 인식하는 정서일 수 있다. 그것을 지금 현재의 일부로 받아들이고, 뒤로 물러나서, 지금 무엇이 있는지 그 감정을 관찰하고, 감정에 반해서 싸우려는 것을 포기하고, 감정을 '나 자신'이나 '내가 할 수 있는 행동'과 동일시하지 않고, 가치 있는 목표를 추구하며 깨어 있으면서 이 감정을 가지고 삶을 살고 경험한다.

반추하거나 비판하거나 불평하기보다 현재 이 순간 사물이나 상황이 존재하는 방식에 대처하는 첫 번째 단계로 수용을 생각할 수 있다. 그것은 존재하는 그 자체이다. 현재 일어난 일이 개인의 즉각적 통제하에 있지 않을 경우, 특히 수용이 중요하다. 예를 들어, 침입적 사고나 현재 정서적 경험은 다소간 혹은 전적으로 개인의 의도적 통제를 벗어난 것으로 간주될 수 있다. 수용은 억제와 대비된다.

토론 안건

"현재 당신이 경험하고 있는 감정과 싸우기보다 바로 이 순간 그 감정을 받아들이고 '지금 이 순간, 나는 이렇게 느끼고 있다'라고 말하면 어떨까요? 지금 이 순간에 일어나고 있는 것을 수용하는 것은 그것이 옳다거나 그것을 좋아한다거나 앞으로 결코 바뀌지 않을 것이라고 말하는 것을 의미하는 것이 아닙니다. 단지 당신이 지금 이 순간 당신이 있는 곳에서 느끼는 것, 생각하고 있는 것, 현재 존재하는 것을 관찰하고 있음을 의미합니다. 당신이 긴 여행을 시작하면서 지도를 하나 꺼냈다고 상상해봅시다. 당신은 지금 자신이 있는 곳에 있다는 것을 받아들일 것이고 목적지로 도달하기 위해 가고 싶은 길을 조사할 것입니다. 감정을 받아들이는 것은 억제하려고 하거나 그런 감정을 가져서는 안 된다고 자신에게 말하는 것과는 다릅니다. 이것이 당신이 시작해야 하는 출발점입니다."

예

치료자 : 2주 전 직장을 잃은 이후로 불안감을 느꼈다는 것을 압니다. 불안해지면, 그다음 당신은 무엇을 합니까?

환자 : 모르겠어요. 직장을 구하는 것에 대해 걱정하는 것 같아요. 영원히 실직 상태가 될까? 때때로 술을 너무 많이 마신다는 것을 알지만, 적어도 잠시 동안은 저의 불안을 진정시켜줍니다. 때로는 스스로 진정하라고 말하기도 해요.

치료자 : 알겠어요. 불안할 때 여러 가지 일을 하는 것처럼 들리네요. 당신은 미래에 대해 걱정하고 술을 마시고 그런 다음 자신에게 불안을 멈추라고 말하기도 하는군요. 이런 것들 중 어떤 것이라도 당신에게 도움이 되는 것이 있나요?

환자 : 사실은 별로요. 술을 마시는 것은 저의 주의를 흩뜨리고 잠시 더 차분하게 만들지만, 불안은 다시 돌아오고 아내는 제가 술 마신 것에 대해서 비난하기 시작하지요. 그래서 별로 도움이 안 됩니다.

치료자 : 정말 어려운 일이네요. 당신은 가능한 빨리 불안을 없애려고 하는 것처럼 보이는데요. 당신이 지금 불안을 느낀다는 것을 그냥 받아들인다면 어떨까요? 받아들이는 동시에 주의와 행동은 운동을 하거나 지인들과 연락을 취하거나 일자리를 찾거나 집 밖으로 나가기 등 긍정적인 목표에 초점을 맞추는 것이죠. "지금 나는 불안을 느끼지만 뭔가 긍정적인 행동을 할 거야"라고 받아들이는 것입니다.

환자 : 불안할 때 그렇게 하는 것은 힘들어요.

치료자 : 불안하더라도 이런 행동 중 일부를 한다면 무슨 일이 일어날까요? 운동하거나 친구와 연락하거나 다른 일을 할 때 불안을 그대로 가져간다면 어떨까요?

환자 : 어려울 것 같아요.

치료자 : 어쩌면 생각해야 하는 것 중 한 가지는 어려운 일이 쉬워질 때까지 그 일을 하는 것입니다. 한번 해볼 만한 가치가 있을까요? "그래, 여기 나의 오랜 친구, 불안이 있네. 네가 거기에 있는 것을 보았지. 그래도 나는 무언가 긍정적인 목표에 초점을 맞출 거야"라고 자신에게 말해보세요.

환자 : 불안이 나를 멈추게 할 것이라고 생각해요.

치료자 : 당신이 행동을 할 수 있도록 불안이 떠나가기를 기다리는 것은 오랜 시간이 걸린다는 것을 의미하고 더 불안해질 수도 있습니다. 심지어 피곤하다고 느낄 때, 혹은 단지 운동하고 싶지 않다고 느낄 때 운동했던 적이 있는지 궁금하군요.

환자 : 네. 지난 토요일에 약간 괴로운 상태였지만 운동하기로 결정을 했지요. 처음에는 힘들었지만 운동을 했기 때문에 기분이 더 좋아졌어요.

치료자 : 당신은 정말로 괴롭다는 것을 받아들였지만 어쨌든 운동을 했군요?

환자 : 그렇다고 생각해요.

과제

환자는 스스로 문제가 있다고 믿는 감정, 예를 들면 슬픔이나 외로움, 분노, 불안과 같은 감정을 확인할 수 있고, 그러한 감정을 지금 이 순간 겪고 있는 경험으로 수용하는 것을 고려해볼 수 있다. 환자는 "지금 이 순간 내가 느끼고 있는 슬픔[어떤 감정이든]이 있다"와 같이 말하거나 생각함으로써 그 감정에 반응하도록 격려받을 수 있다. 환자는 지금 이 순간 그 감정을 가지고 있고 그 감정을 수용할 수 있음을 인식하면서, 의미 있고 보상적인 활동을 추구하도록 격려받는다. 요약하면, 불쾌한 감정을 가지고 있는 것이 의미 있는 행동을 막지는 못한다. 환자는 다음과 같은 치료자의 지시와 함께 양식 11.9를 활용할 수 있다. "불유쾌한 감정을 없애려고 하기보다는 그것을 현재 내게 있는 경험으로 수용하는 것을 선택할 수 있습니다. 그리고 일단 당신이 어떤 감정을 가지고 있다는 것을 수용하면 당신은 여전히 어떤 의미 있고 유쾌한 행동에 참여하는 것을 선택할 수 있습니다." 그림 11.3은 한 환자가 이 양식을 어떻게 사용하였는가의 예를 보여준다.

일어날 수 있는 문제

어떤 환자들은 감정을 받아들이는 것은 이런 감정을 끝없이 갖게 될 것임을 의미하고, 그래서 그러한 감정과 싸워야만 하며, 감정에 화를 내야 하고, 그것을 즉각적으로 제거해야 하며, 그렇지

내가 알아차린 감정 혹은 감각	수용의 말	의미 있는 활동
약간 어지러움을 느낌	나는 어지러울 수 있고 이것은 지나갈 것이며 내가 살고자 하는 삶을 사는 데 방해가 되지 않을 것임을 받아들일 수 있다. 그것은 약간 기분이 나쁜 느낌과 비슷하다.	나는 여전히 출근을 하고 저녁에 친구를 만날 수 있다. 여전히 체육관에 가서 운동을 할 수 있다. 어지러움은 일시적이고 주치의는 나에게 위험한 일은 아무것도 일어나지 않을 것이라고 말했다.
화가 남	켄이 나에게 무례했기 때문에 그에게 화가 난다는 것을 받아들일 수 있지만, 나의 분노는 왔다가 사라지는 감정이라는 것을 이해한다. 그것과 싸울 필요는 없다. 그냥 일어나도록 둔다. 나의 주치의는 숨을 들이마시고 숨을 내쉴 때 화가 밖으로 나가도록 하라고 말했다. 나는 화를 알아차리고 그것이 일어나고 사라지도록 둘 수 있다.	나는 여전히 항상 해왔던 모든 것을 할 수 있다. 오늘 나는 그레타와 점심을 먹을 것이고 그것은 즐거운 일이 될 것이다. 화를 배경으로 둘 수 있다. 그리고 나는 여전히 켄을 만날 수 있는데, 그와의 관계는 화가 잠시 일어나더라도 중요하기 때문이다.

그림 11.3 감정 수용하기

않으면 통제를 벗어날 것이라고 믿는다. 치료자는 감정을 수용하는 것이 그 순간을 나아지게 하기 위해서, 혹은 현재 진행되고 있는 것으로부터 자신의 주의를 분산시키기 위해서, 혹은 문제를 해결하기 위해서, 혹은 감정을 바꾸기 위해서 어떤 것을 억지로 해야 한다는 것을 의미하지 않는다는 점을 지적할 수 있다. 수용은 출발점이며 상황을 있는 그대로 바라보는 것을 의미하고, 또 다른 감정이나 감각이 새로 나타날 때까지 불편함을 기꺼이 경험하는 것이다.

기타 기법에 대한 탐색

적절한 추가적인 기법에는 마음챙김 거리 두기, 즉 감정의 지속 기간, 감정의 통제, 그리고 감정의 위험성에 대한 믿음 조사하기, 과거 감정이 지나갔었던 경험 조사하기가 있다.

양식

양식 11.9(감정 수용하기)

기법 : 심상 재기술하기

설명하기

외상 경험은 수년 동안 기억 속에 남아 있으면서 외상후 스트레스장애를 초래할 수 있다. 단지 언어적 논쟁에만 의존해서 외상의 이미지를 수정하려는 시도는 공포 구조를 충분히 활성화할 수 없으며, 환자에게 그 심상 내에 포함된 생각과 감정에 맞서기에 충분히 강력한 힘을 제공하지 못할 수 있다. 심상 재기술하기는 원래의 외상 사건의 성질을 바꾸는 방식으로 극적인 구체성을 띠고 자신의 이야기를 재창조하도록 하는 것이다. 예를 들어, 아이였을 때 아버지에게 매맞은 것을 기억하는 환자는 아버지가 작고 약하고 어리석은 반면, 환자는 강하고 공격적이며 아버지에 대해 적대적인 것으로 그 심상을 고쳐 쓸 수 있다. 심상 재기술하기는 패배적이고 희생양이 된 약한 자기에 반대되는, 더 강하고 더 유능한 자기의 정서적 구성요소들을 활성화시킨다. 이런 기법에 대한 귀중한 설명들은 Arntz와 Weertman(1999), Stopa(2009), Tatham(2011), Wild와 Clark(2011), Resick(2001), 그리고 Smucker와 Dancu(1999)의 연구에서 발견할 수 있다. 심상 재기술하기는 학대받은 사람이나 다른 외상을 경험한 사람들에게 특히 유용하다.

토론 안건

"이런 끔찍한 심상과 기억을 가지고 있을 때 당신은 좌절되고 공격받는 느낌이 들 것입니다. 돌아가서 그 심상과 이야기를 바꾸어봅시다. 이번에는 당신이 강하고 키가 크고 공격적이며 화가 났다고 상상하기 바랍니다. 당신의 [학대자]는 약하고 작고 멍청합니다. 당신이 그[학대자]를 지배하고 비판하고 벌을 준다고 상상해보기 바랍니다. 그 [사람]에게 그가 얼마나 멍청하고 터무니없는지 말해보세요. 그에게 당신이 훨씬 더 나은 인간이라고 말해보세요."

예

치료자 : 아버지가 당신을 때리고 지하실에 가둬두곤 했다고 말했지요. 그것은 당신에게 어떤 느낌이었습니까?

환자 : 제가 한 조각 똥같이 느껴졌어요. 아무도 저에게 관심이 없는 것처럼 약하게 느껴졌고, 아무것도 할 수 없었죠. 단지 맞기만 했어요.

치료자 : 이것에 대해 말하고 있는 바로 지금 어떻게 느끼는지 궁금합니다.

환자 : 두려워요. 다시 그런 일이 일어날 것처럼요.

치료자 : 좋아요. 그러니까 당신이 [앞에서] 표현한 것처럼, 그는 술에 취해 집으로 돌아와서 소리 지르기 시작하고 그런 다음 계속해서 당신을 때렸군요.

환자 : 네, 그에게서 노망살 수가 없었어요.

치료자 : 좋습니다. 그가 5cm 정도로 정말로 정말로 작고, 아주 작고 가는 목소리를 가지고 있다고 상상해봅시다. 그리고 당신은 정말로 크고 강하고 사납다고 상상해보세요. 마치 누군가에게 한 방 먹일 것처럼 주먹을 꽉 쥐어보세요. 당신이 그 앞에 우뚝 서 있다고 상상해보세요.

환자 : (주먹을 꽉 쥐고서) 내게 정해진 일을 하지 않고 있다고 찍찍거리는 소리로 나에게 소리치는 작은 난쟁이와 같은 그를 볼 수 있어요.

치료자 : 좋아요. 그에게 당신이 말하는 것을 들을 수 있게 해주세요. 당신이 책임지겠다고 그에게 말하세요.

환자 : (상상의 아빠를 내려다보며 큰소리로 말한다.) 너는 나에게 무엇을 하라고 말할 수 없어, 이 쓰레기 조각아. 나와 비교하면 너는 아무것도 아니야.

치료자 : 왜 당신과 비교하면 그가 아무것도 아닌지도 그에게 말하세요.

환자 : 너는 술주정뱅이에 낙오자이고 더러운 아빠일 뿐이야. 나는 당신 덕을 보지 않고도 대학에 갔고 아이를 키우고 생계를 책임지고 있고 난 품위 있는 인간이야. 그런데 너는 아무 것도 아니야.

치료자 : 그가 다시 당신을 때린다면 어떻게 할 것인지 그에게 말하세요.

환자 : 당신을 죽이겠어. 당신이 없어질 때까지 짓밟을 거야. 당신을 저 빌어먹을 창 밖으로 던져버리겠어.

과제

치료자는 환자에게 학대받거나 굴욕을 당한 이전 경험을 회상하고 외상 경험의 구체적인 부분까지 적으라고 요청한다. 현실에 기반한 이런 자세한 이야기 후에 새로운 상상 각본(script)이 뒤따른다. 이 재구성된 이야기에서 환자는 자신을 강하고 믿을 수 있고 공격적이고 대항하는 인물로 그리도록 지시받는다. 환자는 학대자나 굴욕을 준 사람을 보잘것없는 골칫거리로 축소시키면서 그 장면을 지배한다. 이후에 환자는 이런 연습을 한 것에 대한 생각과 감정을 글로 적을 수 있는데, 양식 11.10을 사용하여 더 적응적이고 탄력성 있는 결과를 가진 이야기를 다시 쓸 수 있다.

일어날 수 있는 문제

어떤 환자들은 재기술된 각본에서 그들이 두려워하는 학대자와 직면할 때 훨씬 더 불안해지기도 한다. "학대자가 다시 나타나서 나에게 상처를 줄 것이다" 혹은 "내가 주장적이 되면 처벌받을 것이다"와 같은 마술적 생각이 드물지 않다. 치료자는 이런 재구성 기법을 사용할 때, 환자가 주저하는 것을 자각해야 한다. 불안 신호의 증가나 해리, 감정 없이 기계적인 방식으로 반응하기, 치료를 종결하려는 갑작스러운 바람 등을 모두 다루어야 한다. 치료자는 어쩌면 다음과 같은 문장과 연결되는 자동적 사고에 대해 질문할 수 있다. "이 심상에서 학대자에게 맞선다면 내 생각에 … 하기 때문에 두려워질 거야"와 같은 자동적 사고와 가정은 종종 학대에 수반되는 힘 없음, 수치심, 굴욕감을 반영한다. 표준적인 인지치료기법이 자존감이나 자기 주장에 관한 이런 부정적 사고에 도전하기 위해 사용될 수 있다. 예를 들어, 한 환자는 자신이 "나는 학대받을만 했어", "내가 그들에게 맞선다면 그들은 나를 죽일 거야", "수동성이 나를 보호할 거야"와 같은 생각을 했음을 알아차렸다. 그다음 이런 공포에 질린 생각은 비용–이익 분석하기, 합리적인 역할 연기, 이중기준기법, 빈 의자 기법을 통해 검토되었다.

기타 기법에 대한 탐색

추가적인 유용한 기법에는 심상 유도, 스키마 작업(핵심 스키마 파악하기, 스키마 회피, 스키마 유지), 사례 개념화, 두려워하는 공상(feared fantasy), 주장하기, 스키마의 근원에게 편지 쓰기, 이중기준기법이 있다.

양식

양식 11.10(이야기 재기술하기)

기법 : 하고 싶지 않은 것 하기

설명하기

CBT의 많은 부분에서 환자들에게 불안을 유발하거나 불쾌한 일을 의식적으로 선택하도록 한다. 어떤 경우, 환자들은 자신이 원하지 않는 것을 해서는 안 된다고 믿기 때문에 이런 일들을 하는 것을 꺼려할 수 있다. 환자들은 '자발성'("자연스럽게 나에게 일어나는 일을 해야 한다") 또는 '준비성'("나는 준비될 필요가 있다" 혹은 "나는 동기화될 필요가 있다")의 환상을 믿는다. 또는 그들은 편안해야 하고 위험을 피해야 하고 적당한 시기로 보일 때까지 기다려야 한다고 믿는다. 모든 이런 믿음은 계속적인 지연과 회피를 초래한다. 대안적인 믿음은 사람들이 원하지 않는 것을 기꺼이 할 때 큰 진전을 이룰 수 있다는 것이다. 예를 들어, 필자는 환자들에게 다음과 같은 질문을 스스로에게 던져보라고 제안하였다: (1) 나의 목표는 무엇인가? (2) 그 목표에 도달하기 위해 무엇을 해야 하는가? (3) 나는 기꺼이 그것을 할 것인가? 환자들이 하고 싶어 하는 것에 대한 언급은 없다는 점에 유의하라(Leahy, 2005, 2015). 치료자는 자신이 원하지 않는 것을 할 수 있는 이런 능력을, 기꺼이 변화하려고 하고 불편함을 견디고 현재의 무력감과 회피를 초월하려고 할 때 필요한 하나의 기술로 제시할 수 있다. 우리는 이것을 '건설적인 불편감'이라고 부른다.

토론 안건

"우리는 단지 어떤 것을 하고 싶지 않기 때문에 막히는 느낌을 여러 번 받습니다. 우리의 마음이 우리에게 '나는 그것을 하고 싶지 않아'라고 말하는 것과 같고, 우리는 그에 복종해서 아무것도 하지 않지요. 우리는 자신이 원하지 않는 것을 할 수 없거나 하지 않을 것이라는 믿음을 가지고 있습니다. 하지만 만약 운동이나 일, 효과적인 방식으로 사람들과 관계 맺기 등 당신이 하고 싶어 하지 않는 일을 하도록 만드는 알약 하나가 나에게 있다고 상상해보세요. 당신은 이 알약을 먹고 싶을까요? 당신의 삶에서 현재나 과거에 하고 싶지 않았지만 했던 일이 있습니까? 무슨 일이 일어났나요? 하고 싶지 않은 어떤 일을 한다면 지금 무슨 일이 일어날까요?"

예

치료자 : 우리 삶에서 자주 어떤 일이 일어나는데, 우리는 별로 하고 싶어 하지 않습니다. 그것은 운동이나 불유쾌한 어떤 일을 하는 것, 싫어하는 사람에게 예의 바르게 행동하는 것, 어떤 중요한 목표를 위해 불편함을 경험하는 것이 될 수 있습니다. 그런 경험을 한 적이 있으신가요?

환자 : 저는 항상 그런 경험을 가지고 있는 것 같아요. 저는 그저 그런 일들을 피하지요.

치료자 : 네, 그것이 인간의 본성입니다. 그렇지 않나요? 하지만 당신이 하고 싶어 하지 않더라도, 당신에게 그 일을 하는 것이 필요하고 좋기 때문에 당신이 그런 일을 하도록 만들 수 있는 알약을 하나

제가 가지고 있다고 해봅시다. 당신은 알약을 먹고 어쨌든 그런 일들을 합니다. 당신의 마음은 당신에게 "그것은 불쾌해" 또는 "그런 일을 할 필요는 없어"라고 말하지만, 당신은 알약을 먹고 어찌되었건 그 일을 합니다. 무슨 일이 일어날까요?

환자 : (잠시 쉼) 내 삶은 훨씬 더 나아지겠지요. 하지만 아시다시피 저는 이런 일들은 정말로 하고 싶지 않아요.

치료자 : 제가 당신이 원하지 않는 많은 일들을 하도록 할 겁니다. 대학에서처럼요. 그때 하고 싶지 않은 일들을 했었나요?

환자 : 네, 그래서 제가 그럭저럭 졸업을 했지요. 저는 공부하고 열심히 일했지요. 그리고 때로는 정말로 집중했기 때문에 친구도 만나지 않았어요. 젊은 시절에 잘 해나갔지요.

치료자 : 그것에 대해 어떻게 느꼈나요?

환자 : 자부심을 느꼈지요.

치료자 : 자, 이제 하고 싶지 않은 일들의 목록을 적어봅시다. 하지만 합리적이 되면, 그것을 하는 것이 더 낫다는 것을 알 겁니다. 그런 목표 행동 목록을 적어보세요. 그러고 나서 당신 자신에게 "하고 싶지는 않지만 이 일들을 하기로 선택할 거야"라고 말할 수 있는지 살펴봅시다.

환자 : 저의 본성에는 어긋나는 일이네요.

치료자 : 당신은 방금 대학 시절에 그러한 일들을 했다고 말했지요.

과제

치료자는 환자에게 하고 싶지 않은 행동 목록을 만들라고 요청할 수 있다. 초점은 장기 목표에 있고 자기 훈련을 완성하는 것에 있다. 각 행동에 대해, 환자에게 의도적으로 "내가 이것을 하고 싶어 하지 않는다는 것을 알지만, 어쨌든 나는 이것을 하기로 선택할 거야"라고 말하도록 요청한다. 그런 다음 환자에게 이런 일을 하는 것이 어떨 것 같은지에 대해 예상하도록 요청하고 이후 어떻게 느꼈는지 질문한다. 환자는 하기 꺼려지는 행동을 확인하고 하고 싶지 않았던 것을 함으로써 그들이 달성할 수 있는 결과를 조사하기 위해 양식 11.11을 사용할 수 있다.

기타 기법에 대한 탐색

유용한 다른 기법에는 정반대로 행동하기, 즐거움 예측하기, 성공적 불편함 연습하기, 단기 목표 대 장기 목표에 초점 맞추기가 있다.

양식

양식 11.11(하고 싶지 않은 것 하기)

양식 11.1
매일 쓰는 정서 일지

매일 우리는 광범위한 감정을 경험합니다. 아래의 양식을 사용해서 매일 어떤 감정을 경험하는지, 감정 옆의 박스에 체크하세요. 예를 들어, 만약 두려움을 느꼈다면, 그 감정 옆 박스에 체크하세요. 이것을 매일 하세요. 하루를 마칠 때, 조용히 되돌아보며 당신에게 가장 힘들었던 세 가지 감정과 가장 즐거웠던 세 가지 감정에 표시하세요. 매일매일 체크하세요. 패턴이 보이나요? 특정한 감정을 유발한 특정 사건이나 사람이 있나요? 이런 감정을 가질 때 어떤 생각을 했나요?

날짜 : _____

☐ 적극적인	☐ 열망하는	☐ 자부심을 느끼는
☐ 두려워하는	☐ 당황한	☐ 거부당한
☐ 각성된	☐ 부러운	☐ 슬픈
☐ 화난	☐ 흥분한	☐ 강한
☐ 불안한	☐ 좌절된	☐ 함정에 빠진
☐ 부끄러운	☐ 죄책감을 느끼는	☐ 복수심이 가득한
☐ 경외심을 가지고 있는	☐ 무력한	
☐ 지루한	☐ 희망이 없는	기타 정서 :
☐ 어려움에 맞서는	☐ 적대적인	☐ _____
☐ 연민을 느끼는	☐ 상처 입은	☐ _____
☐ 자신감 있는	☐ 흥미 있는	☐ _____
☐ 호기심 있는	☐ 영감을 얻은	☐ _____
☐ 용기 있는	☐ 질투하는	☐ _____
☐ 단호한	☐ 외로운	☐ _____
☐ 실망한	☐ 사랑받는	☐ _____
☐ 고통스러운	☐ 사랑하는	☐ _____
☐ 믿을 수 없는	☐ 압도된	☐ _____

양식 11.2
내가 회피하는 감정

당신이 즉각적으로 회피하거나 제거하려고 한다는 것을 알게 된 감정들이 있을 수 있습니다. 아래의 양식을 사용해서 감정을 회피하거나 제거하려는 시도를 모두 기록하세요. 그 감정을 회피하기 위해 당신이 하는 것을 적어보세요. 예를 들어, 그 감정을 느낄 수도 있는 상황을 회피하나요? 혹은 스스로 주의를 분산시키나요? 과식하나요? 그 감정을 억제하나요?

	내가 회피하려고 하는 감정	그 감정을 회피하기 위해 하는 것
월요일		
화요일		
수요일		
목요일		
금요일		
토요일		
일요일		

양식 11.3
일기 계속 쓰기

일주일 이상 당신이 긍정적 감정이나 부정적 감정을 느꼈을 때의 경험을 기록으로 남기는 것이 도움이 될 수 있습니다. 이것은 일기, 즉 당신이 매일 경험한 것의 기억(기록)이 될 것입니다. 왼쪽 열에는 당신이 긍정적이든 부정적이든 어떤 감정을 느낀 때의 경험을 매일 적어보세요. 그런 다음 당신의 말로 그 일이 당신에게는 어떠했는지, 즉 어떻게 느꼈고 무엇을 생각했고 무슨 일이 일어났고 어떤 점을 이해했고 어떤 점을 이해하지 못했는지를 적어보세요. 당신의 경험과 감정에서 어떤 패턴이 있는지 알아보기 위해 매일 일기를 다시 읽어보세요.

오늘 내가 기억하는 상황	일어난 일, 내가 느낀 것, 생각한 것, 이해한 것과 이해하지 못한 것에 대한 기술

양식 11.4
이야기 쓰기

때때로 당신이 일어났다고 기억하는 일에 관한 이야기를 쓰는 것이 도움이 됩니다. 아래 양식을 사용해서 각 질문에 답해 보세요.

가능한 자세하게 당신의 이야기에서 기억나는 부분을 적어보라. 구체적인 사항을 시각적으로 떠올려보라. 무슨 일이 일어나고 있는지, 어떤 것이 보이는지, 어떤 소리가 떠오르는지, 어떻게 느꼈는지, 어떤 감각 경험이 기억하는지 등
이 이야기에서 당신이 경험한 감정은 어떤 것이었나?
이 이야기를 다시 돌아보며 어떤 생각을 하는가?
되돌아보면서 어떤 생각이 당신을 괴롭히는가?
이 이야기의 어떤 부분, 어떤 기억이 가장 고통스러웠는가? 그 이유는?
이 이야기에서 기억하기 어려운 부분이 있는가? 기억하기 어려운 부분 앞에는 무슨 일이 있었고, 그 뒤에는 어떤 이야기가 뒤따르는지 적어보라.
이 이야기를 적고 난 이후에 어떤 감정을 느끼는가?

양식 11.5
뜨거운 문제 지점 확인하기

경험을 떠올릴 때 그것을 차단하기 때문에, 혹은 기억에 떠올리는 것이 감정의 동요를 일으키기 때문에 기억하기 어려운 일부 사항들이 있을 수 있습니다. 이런 것들이 우리 기억에서 '뜨거운 문제 지점'인데, 때로는 이런 구체적인 사항을 기억하는 것이 우리의 감정과 생각을 더 잘 이해하도록 이끌 수 있습니다. 왼쪽 열에는 가능한 구체적으로 이야기나 심상을 적어보세요. 가운데 열에는 가장 감정의 동요를 일으키는 부분을 적어보세요. 오른쪽 열에는 당신이 이런 뜨거운 문제 지점에서 갖는 감정과 생각을 파악해보려고 시도해보세요.

가능한 한 구체적으로 이야기 혹은 심상을 기술하라.	이 이야기 중 어떤 특정 부분이 가장 감정의 동요를 일으키는가? 이것이 뜨거운 문제 지점이다.	이 뜨거운 문제 지점에서 당신은 어떤 감정과 생각이 드는가?

양식 11.6
Leahy 정서 도식 척도-II(LESS-II)

우리는 당신이 감정이나 정서, 예를 들어 분노나 슬픔, 불안, 성적인 느낌을 어떻게 다루는지에 관심이 있습니다. 우리는 모두 이런 감정들을 다루는 방식에 있어 다릅니다. 그래서 맞고 틀린 답이 없습니다. 각 문장을 주의 깊게 읽고 당신이 지난 한 달 동안 감정을 어떻게 다루었는지에 대해 아래의 척도를 사용해서 평정해주세요. 각 문장 옆에 당신의 반응에 해당하는 숫자를 적으세요.

1 = 나에게 매우 맞지 않는
2 = 나에게 상당히 맞지 않는
3 = 나에게 약간 맞지 않는
4 = 나에게 약간 맞는
5 = 나에게 상당히 맞는
6 = 나에게 매우 맞는

1. _____ 다른 사람들은 가지고 있지 않는 감정에 따라 내가 반응한다고 자주 생각한다.

2. _____ 어떤 감정은 느끼면 안 된다.

3. _____ 나도 이해하지 못하는 나 자신과 관련된 어떤 것이 있다.

4. _____ 내 감정이 '밖으로' 나가도록 하기 위해 스스로를 울도록 내버려두는 것은 중요하다고 믿는다.

5. _____ 이런 감정들을 갖도록 허용한다면, 통제력을 잃을까 봐 두렵다.

6. _____ 다른 사람들은 내 감정을 이해하고 수용한다.

7. _____ 내 감정이 나에게도 이해되지 않는다.

8. _____ 다른 사람들이 바뀐다면, 나는 훨씬 더 기분 좋게 느낄 것이다.

9. _____ 나에게 강한 감정을 갖도록 허용한다면 그 감정이 사라지지 않을까 봐 때때로 두렵다.

10. _____ 내 감정에 대해 수치스럽게 느낀다.

11. _____ 다른 사람들을 괴롭히는 것이 나를 괴롭히지는 않는다.

12. _____ 아무도 내 감정에 대해 진정으로 신경 써주지 않는다.

13. _____ 나에게는 내 감정에 민감하고 개방적인 것보다 합리적이고 실용적인 것이 중요하다.

14. _____ 기분이 가라앉을 때, 나는 인생에서 더 중요한 것, 즉 내가 가치를 두는 것에 대해 생각하려고 한다.

15. _____ 내 감정을 개방적으로 표현할 수 있다고 느낀다.

16. _____ 내 자신에게 "문제가 뭐지?"라고 자주 말하곤 한다.

17. _____ 내 감정을 통제할 수 없을까 봐 걱정한다.

18. _____ 어떤 감정들은 갖지 않도록 경계해야 한다.

(계속)

Leahy 정서 도식 척도-II(LESS-II)(계속)

19. _____ 강한 감정은 짧은 시간 동안만 지속된다.

20. _____ 때때로 나는 아무런 감정도 가지고 있지 않는 것처럼 정서적으로 마비된다.

21. _____ 다른 사람들 때문에 불쾌한 감정을 갖게 된다.

22. _____ 기분이 가라앉을 때 나는 혼자 앉아서 내가 얼마나 기분이 안 좋은가에 대해 많이 생각한다.

23. _____ 다른 누군가에 대한 느낌이 절대적으로 분명한 것을 좋아한다.

24. _____ 내 감정을 수용한다.

25. _____ 나는 다른 사람들과 같은 감정을 가지고 있다고 생각한다.

26. _____ 내가 열망하는 더 높은 가치가 있다.

27. _____ 거의 모든 일에서 합리적이고 논리적인 것이 중요하다고 생각한다.

28. _____ 나 자신에 대한 느낌이 절대적으로 분명한 것을 좋아한다.

양식 11.7
Leahy 정서 도식 척도-II의 14개 차원에 대한 채점 가이드

주의 : R = 역채점 문항(1 = 6, 2 = 5, 3 = 4, 4 = 3, 5 = 2, 6 = 1)

불인정 = (문항 6R + 문항 12) /2

6번 다른 사람들은 내 감정을 이해하고 수용한다. (역채점)

12번 아무도 내 감정에 대해 진정으로 신경 써주지 않는다.

이해할 수 없음 = (문항 3 + 문항 7)/2

3번 나도 이해하지 못하는 나 자신과 관련된 어떤 것이 있다.

7번 내 감정이 나에게도 이해되지 않는다.

죄책감 = (문항 2 + 문항 10)/2

2번 어떤 감정은 느끼면 안 된다.

10번 내 감정에 대해 수치스럽게 느낀다.

정서에 대한 단순한 관점 = (문항 23 + 문항 28)/2

23번 다른 누군가에 대한 느낌이 절대적으로 분명한 것을 좋아한다.

28번 나 자신에 대한 느낌이 절대적으로 분명한 것을 좋아한다.

가치 절하 = (문항 14R + 문항 26R)/2

14번 기분이 가라앉았을 때, 나는 인생에서 더 중요한 것, 즉 내가 가치를 두는 것에 대해 생각하려고 한다. (역채점)

26번 내가 열망하는 더 높은 가치가 있다. (역채점)

통제 상실 = (문항 5 + 문항 17)/2

5번 이런 감정들을 갖도록 허용한다면, 통제력을 잃을까 봐 두렵다.

17번 내 감정을 통제할 수 없을까 봐 걱정한다.

마비 = (문항 11 + 문항 20)/2

11번 다른 사람들을 괴롭히는 것이 나를 괴롭히지는 않는다.

20번 때때로 나는 아무런 감정도 가지고 있지 않는 것처럼 정서적으로 마비된다.

과도하게 합리적인 = (문항 13 + 문항 27)/2

13번 나에게는 내 감정에 민감하고 개방적인 것보다 합리적이고 실용적인 것이 중요하다.

27번 거의 모든 일에서 합리적이고 논리적인 것이 중요하다고 생각한다.

(계속)

Leahy 정서 도식 척도-II의 14개 차원에 대한 채점 가이드(계속)

지속 기간 = (문항 9 + 문항 19R)/2

9번   나에게 강한 감정을 갖도록 허용한다면 그 감정이 사라지지 않을까 봐 때때로 두렵다.

19번   강한 감정은 짧은 시간 동안만 지속된다. (역채점)

낮은 일치성 = (문항 1 + 문항 25R)/2

1번   다른 사람들은 가지고 있지 않는 감정에 따라 내가 반응한다고 자주 생각한다.

25번   나는 다른 사람들과 같은 감정을 가지고 있다고 생각한다. (역채점)

감정의 비수용 = (문항 24R + 문항 18)/2

24번   내 감정을 수용한다. (역채점)

18번   어떤 감정들은 갖지 않도록 경계해야 한다.

반추 = (문항 22 + 문항 16)/2

22번   기분이 가라앉을 때 나는 혼자 앉아서 내가 얼마나 기분이 안 좋은가에 대해 많이 생각한다.

16번   내 자신에게 "문제가 뭐지?"라고 자주 말하곤 한다.

적은 표현 = (문항 4R + 문항 15R)/2

4번   내 감정이 '밖으로' 나가도록 하기 위해 스스로를 울도록 내버려두는 것은 중요하다고 믿는다. (역채점)

15번   내 감정을 개방적으로 표현할 수 있다고 느낀다. (역채점)

비난 = (문항 8 + 문항 21)/2

8번   다른 사람들이 바뀐다면, 나는 훨씬 더 기분 좋게 느낄 것이다.

21번   다른 사람들 때문에 불쾌한 감정을 갖게 된다.

양식 11.8

정서 도식 : 차원과 개입

인정/타당화

당신의 감정을 수용하고 이해하는 사람이 있는가? 인정에 대한 자의적인 기준을 가지고 있는가? 당신이 말하는 모든 것에 사람들이 동의해야 하는가? 비판적인 사람들과 당신의 감정을 나누는가? 당신은 이러한 감정을 가진 다른 사람들을 수용하고 지지하는가? 당신은 이중기준을 가지고 있는가? 그 이유는 무엇인가?

이해 가능성

감정이 당신에게 이해가 되는가? 당신이 슬프고 불안하고 화가 난 것을 설명해주는 충분한 이유는 무엇이 될 수 있을까? 슬프거나 불안하거나 화가 나거나 할 때 무엇을 생각하는가(어떤 심상을 가지고 있는가)? 어떤 상황에서 이런 감정이 유발되는가? 어떤 다른 사람이 이런 사건을 경험했다면 그들은 어떤 다른 종류의 감정을 가질 수 있을까? 만약 당신의 감정이 지금 바로 이해가 되지 않는다면 이것은 무엇을 생각하게 하는가? 당신은 미칠까 봐, 혹은 통제력을 잃을까 봐 두려운가? 왜 당신이 이런 식으로 느끼는지를 설명할 수 있는 어린 시절에 일어난 어떤 일이 있는가?

죄책감과 수치심

왜 당신의 감정이 정당하지 않다고 생각하는가? 왜 당신이 가지고 있는 감정을 가져서는 안 되는 것인가? 당신의 감정이 이해될 수 있는 이유에는 어떤 것이 있는가? 다른 사람들이 이런 상황에서 같은 감정을 느낄 수 있을까? 어떤 감정(예 : 분노)을 갖는 것이 행동으로 나타내는 것(예 : 적대적이 되는 것)과는 다르다고 볼 수 있는가? 왜 어떤 감정은 좋고 다른 감정은 나쁜가? 어떤 다른 사람이 이런 감정을 가졌다면 당신은 그를 얕잡아 볼 것인가? 어떤 감정이 나쁜지를 당신은 어떻게 아는가? 감정과 정서를 어떤 것이 당신을 괴롭히고 있음을 말해주는 신호로, 마치 경고 신호나 멈춤 신호 또는 번쩍이는 빨간 불빛처럼 바라본다면 어떨까? 누군가 당신의 감정 때문에 피해를 보는가?

단순성 대 복잡성

혼재된 감정을 갖는 것을 정상이라고 생각하는가, 아니면 비정상이라고 생각하는가? 누군가에 대해 뒤섞인 감정을 갖는 것은 무엇을 의미하는가? 사람들은 복잡하다. 그런데 왜 당신은 다른 감정을, 심지어 상반되는 감정을 가지지 않으려 하는가? 당신에게 오직 한 가지 감정만을 가지라고 요구하는 것의 단점은 무엇인가?

더 높은 가치와의 관계

때때로 우리는 자신에게 중요한 무언가를 잃어버려서 슬프거나 불안하거나 화를 느낀다. 관계가 깨져서 슬픔을 느낀다고 해보자. 이것은 당신에게 중요한 더 높은 가치, 예를 들어 가까움과 친밀감이라는 가치를 가지고 있음을 의미하지 않는가? 이런 가치는 당신에 관해 어떤 좋은 것을 말해주는가? 만약 당신이 더 높은 가치를 열망한다면, 이것은 당신이 때로 실망하게 될 것임을 의미하지는 않는가? 아무것에도 가치를 두지 못하는 회의론자가 되기를 원하는가? 당신의 더 높은 가치를 함께 나누는 다른 사람들이 있는가? 만약 그들이 당신이 겪고 있는 것을 겪게 된다면 당신은 그들에게 어떤 조언을 해줄 것인가?

(계속)

정서 도식 : 차원과 개입(2/4)

통제 가능한

당신의 감정을 통제해야 하며 '부정적인' 감정을 제거해야 한다고 생각하는가? 만약 그런 감정을 전적으로 제거할 수 있다면 무슨 일이 일어날 것이라고 생각하는가? 어떤 감정을 완전히 제거하려 하는 것이 오히려 그 감정을 당신에게 너무나 중요한 것이 되도록 할 수 있을까? 강렬한 감정을 갖는 것이 더 안 좋은 어떤 것의 신호일까 봐 두려운가? 미쳐가는 것? 통제력을 완전히 잃는 것? 행동을 통제하는 것과 감정을 통제하는 것 사이에 차이가 있지 않은가? 당신에게 걱정이 되는 감정을 확인하라(예 : 슬픔). 다음 주 동안 매 시간마다 0~10점으로 평정하면서 그 감정을 기록하라. 당신의 감정의 강도는 변화하는가?

마비

'멍해지게' 만드는 상황이 있는가? 아무런 감정도 없는가? 대부분의 사람들을 괴롭게 하지만 당신을 괴롭게 하지는 못하는 상황이 있는가? 사람들은 당신이 감정에 둔하다고 생각하는가? 느낌이 없는가? 당신은 어떤 강렬한 감정을 가지고 있는가? 당신은 한 번이라도 강렬한 감정을 가지고 있음을 알아차리고, 그것을 느끼지 않으려고 시도한 적이 있는가? 한 번이라도 울 것 같은 느낌이 들어서 울음을 멈추려고 한 적이 있는가? 만약 당신이 그런 감정을 허용하고 느끼도록 그냥 둔다면 무엇이 일어날까 봐 두려운가? 강렬한 감정을 경험할 때 어떤 생각들을 하는가? 그러한 강렬한 삼성을 제서하기 위해 술을 마시거나 약불을 사용하거나 폭식한 적이 있는가?

합리성, 반(反)정서

당신은 항상 논리적이고 합리적이어야 한다고 생각하는가? 만약 당신이 합리적/논리적이지 않다면 어떤 것이 걱정되는가? 합리적이거나 논리적인 사람들이 "더 낫다"고 생각하는가? 당신이 과거 논리적/합리적이지 않았던 때에 무슨 일이 일어났는가? 어떤 경험들은 논리적/합리적이지는 않지만 단순히 정서적이라고 할 수 있을까? 합리적인 그림과 같은 것이 있는가? 합리적인 노래? 무엇이 당신에게 상처가 되는지를 당신의 감정이 말해줄 수 있는가? 변화되기 위해 무엇이 필요한가? 정서가 당신의 욕구와 소망, 심지어 인간으로서의 권리에 대한 정보의 중요한 출처인가? 당신보다 덜 합리적이지만 더 행복하거나 충만한 삶을 사는 사람을 알고 있는가?

강렬한 감정의 지속

당신은 강렬한 감정이 너무 오래 지속될까 봐 두려운가? 이전에 강렬한 감정을 가진 적이 있는가? 무슨 일이 일어났는가? 끝이 있었나? 왜 끝이 났는가? 강렬한 감정은 오르락내리락 하는가? 만약 당신이 회기 중에 강렬한 감정을 경험한다면, 무슨 일이 일어날 것이라고 생각하는가? 몇 분간 울거나 정말로 안 좋게 느낀다면 어떤 일이 일어날 것이라고 생각하는가? 당신의 강렬한 감정이 표현되고 그다음 사라질 수 있음을 발견한다면 당신은 무엇을 얻을까? 당신의 감정을 통제하기 위해 어떤 전략을 사용하는가? 예를 들어, 이런 식으로 느끼는 것을 멈추라고 자신에게 말하는가? 안심을 구하는가? 불쾌한 상황을 회피 또는 도피하는가? 이런 유용하지 않은 전략과 대비되는 다음의 전략을 시도해 보라. 즉 당신은 뒤에 서 있고 지금 이 순간 무엇이 진행되는지 관찰한다. 숨이 들어가고 나가는 것에 따라 호흡을 관찰하고 있다고 상상한다. 단지 관찰만 하고 통제하는 것 없이 있는 그대로 둔다. 당신의 마음이 돌아다니며 방황하면 당신의 주의를 호흡으로 다시 가져간다. 이런 마음챙김 호흡을 15분 동안 연습하고 당신의 주의가 어디로 돌아다니는지 알아차린다. 현재 이 순간에 머물면서 이 순간 숨을 쉴 때 무엇이 일어나는지 관찰하고, 호흡이 들어가고 나가는 것을 알아차리고 그대로 둔다.

(계속)

정서 도식 : 차원과 개입(3/4)

타인과의 일치성

당신 생각에 다른 사람들은 가지고 있지 않지만 당신만 가지고 있는 감정은 정확히 어떤 것인가? 만약 다른 누군가가 이런 감정을 가지고 있다면 당신은 그것에 대해 어떻게 생각할 것인가? 매우 정서적인 연극이나 영화, 소설, 이야기가 왜 사람들에게 호소력이 있다고 생각하는가? 다른 사람들이 같은 감정을 가지고 있음을 발견하는 것을 사람들이 좋아한다고 생각하는가? 다른 사람들 중 슬프거나 화 나 있거나 불안한 사람이 있는가? 흥분하거나 공상을 하는 일 등은 정상인가? 당신의 감정에 대해 부끄러움을 느끼고 사람들에게 말하지 않는다면 다른 사람들도 같은 감정을 가지고 있음을 알지 못하게 만들 수 있지 않을까?

수용 또는 억제

만약 당신이 자신에게 어떤 감정을 수용하도록 허용한다면 무슨 일이 일어날 것인가? 당신은 감정에 따라 행동할까? 감정을 수용한다면 감정이 사라지지 않을까 봐 두려운가? 혹은 감정을 수용하지 않는 것이 당신을 변화하도록 동기화할 것이라고 생각하는가? 감정을 억제하는 것의 부정적인 결과는 무엇인가? 주의와 에너지의 과도한 사용? 반동(rebound) 효과? 그 감정은 좋은 감정 대 나쁜 감정에 대한 신념과 충돌하는가? 당신을 괴롭히는 어떤 것을 부인한다면 그 문제를 어떻게 고칠 수 있는가?

반추 대 도구적 스타일

당신이 얼마나 안 좋게 느끼는지에 초점을 맞추는 것의 장점과 단점은 무엇인가? 당신이 얼마나 안 좋게 느끼는지에 초점을 맞출 때, 당신은 어떤 것을 생각하고 느끼는가? 당신은 앉아서 "무엇이 잘못되었지?" 혹은 "왜 이런 일이 나에게 일어나지?"와 같은 생각을 하는가? 당신은 마음속으로 같은 생각을 계속해서 되풀이하며 슬픔에 초점을 맞추는가? 당신은 때때로 그것에 대해 계속 생각한다면 해결책을 찾을 것이라고 생각하는가? 당신의 걱정 때문에 스트레스를 일으키는 생각을 통제할 수 없다고 느끼는가? 하루에 30분씩 집중적으로 걱정하는 시간을 따로 정해보자. 당신은 그 시간이 될 때까지 모든 걱정을 옆으로 제쳐두어야 한다. 걱정을 당신이 실행할 수 있는 행동으로 혹은 해결할 수 있는 문제로 다시 표현해보라. 행동을 취하거나 친구에게 전화를 걸어서 걱정이 아닌 다른 것에 대해 말함으로써 주의를 분산시켜보라. 정확하게 무슨 일이 일어날 것이라고 예상하는가? 당신의 예측이 빗나간 적이 있는가? 반추할 때, 당신은 상황을 계속 곱씹을 것이다. 당신이 수용하기를 거부한 어떤 '진실'이나 '현실'이 있는가?

표현

만약 당신이 감정을 표현한다면, 통제력을 잃을 것이라고 생각하는가? 더 안 좋게 느낄까? 얼마나 오랫동안 당신은 더 안 좋게 느낄까? 감정을 표현하는 것이 당신의 생각과 다른 감정들을 명료화하도록 도울 수 있을까? 역으로 만약 당신이 감정을 표현하는 것에만 초점을 둔다면 감정에 과도하게 초점을 맞추게 될 것인가? 자신에게 몰두하게 될 것인가? 자신에게서 주의를 분산시키기 위해 또는 문제를 해결하기 위해 할 수 있는 것이 있는가?

(계속)

정서 도식 : 차원과 개입(4/4)

타인 비난하기

다른 사람들의 어떤 말이나 행동이 현재 당신이 느끼는 방식대로 느끼도록 만들었는가? 어떤 생각이 당신을 슬프게, 화나게, 불안하게, 기타 등등을 느끼게 만들었는가? 만약 당신이 이 상황에 대해 다르게 생각했다면 당신은 어떻게 느끼거나 생각했을까? 당신의 감정은 다른 사람들이 당신에 대해 어떻게 생각하는가에 달려 있는가? 당신은 인정이나 존중, 감사, 공정함을 얻는 것에 초점을 맞추는가? 인정이나 다른 것을 구하지 않는 것의 장점과 단점은 무엇일까? 다른 사람이 현재 어떤 보상을 통제하고 있는가? 그 사람이 말한 것이나 행동한 것과 관계 없이 당신은 보상받는 경험을 할 수 있는가? 당신의 감정은 당신에게 일어나는 것과 당신이 생각하는 것의 결합일 수 있을까? 당신은 어떻게 느끼고 싶은가—화난, 슬픈, 호기심 어린, 무관심한, 수용적인, 도전받는? 이 감정들의 대가와 이익은 무엇인가? 상황을 고려할 때 이러한 각각의 감정을 느끼기 위해서는 무엇을 생각할 필요가 있을까? 무슨 일이 일어나기를 바라는가? 당신은 어떻게 더 주장적이 될 수 있을까? 문제를 해결할 수 있을까? 당신은 어떤 생각을 바꾸어야 할 것인가?

(계속)

양식 11.9
감정 수용하기

불쾌한 감정을 없애려고 하기보다 그것을 현재 이 순간 자신에게 있는 경험으로 수용하는 것을 선택할 수 있습니다. 그리고 일단 어떤 감정을 가지고 있다는 것을 수용하면, 당신은 여전히 어떤 의미 있는 혹은 즐거운 행동에 참여하는 것을 선택할 수 있습니다. 예를 들어, 슬픔을 느낀다는 것을 알아차리지만 당신은 여전히 친구를 만나거나 직장에서 일을 할 수 있습니다. 아래의 양식에서, 왼쪽 열에는 당신이 경험할 수도 있는 감정들의 예를 적으세요. 가운데 열에는 그런 감정을 수용하는 말을 적으세요. '수용의 말'은 다음과 같습니다: "나는 감정을 알아차린다", "감정이 여기에 있다", "나는 지금 이 순간 [X]를 느낀다". 오른쪽 열에는 당신이 참여할 수 있는 어떤 활동을 적어보세요.

내가 알아차린 감정 또는 감각	수용의 말	의미 있는 활동

양식 11.10
이야기 재기술하기

당신이 처음 외상이나 스트레스 사건을 경험하였을 때, 상대방을 우월하거나 더 힘이 센 것으로 여겼을지도 모릅니다. 상단 왼쪽 칸에 무슨 일이 일어났는지에 대해 자세히 적으세요: 상대방이 어떻게 보였는지, 어떻게 생각되었는지, 무엇이라고 말했는지, 어떤 행동을 했는지 등. 상단 오른쪽 칸에는 이 전체 이야기를 고쳐 쓰세요. 이때 당신은 더 힘이 세고 상대는 약하고 겁먹은 상태입니다. 당신이 더 크고 상대는 더 작습니다. 당신은 큰소리를 내고 그(사람)는 조용합니다. 당신은 적극적, 공격적, 적대적이며, 상대는 당신을 두려워합니다. 당신이 더 힘이 있고 지배적인 사람이 되도록 이야기를 고쳐서 다시 쓰세요. 그런 다음 이 연습을 하는 것에 대한 당신의 생각과 감정을 적으세요.

원래의 외상 사건 혹은 스트레스 사건에 대한 기술	이야기 재기술하기 : 새로운 관점에서 사건을 기술
이 일이 일어났을 때 다른 사람과 자신에 대해서 어떤 생각과 감정을 가졌는가?	지금 당신은 어떤 생각과 감정이 드는가?

양식 11.11

하고 싶지 않은 것 하기

우리 대다수는 단지 하고 싶지 않은 일들이 있기 때문에 앞으로 나아가지 못합니다. 그것은 그런 일들이 불쾌하거나, 내가 잘하지 못하거나, 원하지 않는 일을 굳이 해야 할 필요는 없다고 생각하기 때문입니다. 어떤 사람들은 '준비가 되었다'고 느낄 때까지 기다리지만, 좀처럼 그런 일은 일어나지 않습니다. 그래서 계속 미룹니다. 아래 양식의 첫 번째 열에는 만약 그런 행동을 한다면 상황이 더 좋아질 몇 가지 행동을 기록하세요. 이런 것들은 현재 당신이 회피하고 있는 행동들입니다. 두 번째 열에는 이 행동을 하지 않으려는 이유를 적으세요. 세 번째와 네 번째 열에는 그 행동을 하는 것의 비용과 이익을 적으세요.

하고 싶지 않아서 회피하는 행동	그 일을 하고 싶어 하지 않는 이유	그 일을 하는 것의 비용	그 일을 하는 것의 이익

(계속)

하고 싶지 않은 것 하기(계속)

이제 당신이 하고 싶지 않은 일을 하기로 선택하였을 때 무슨 일이 일어나는지를 봅시다. 아래 첫 번째 열에는 하고 싶지 않은 행동의 목록을 적으세요. 두 번째 열에는 하고 싶지는 않지만, 당신이 기꺼이 해보려고 하는 행동의 목록을 적으세요. 세 번째 열에는 이런 행동을 한다면 당신이 그런 행동을 하면서 어떤 생각과 감정을 갖게 될 것인지 적으세요. 네 번째 열에는 이것을 한 후에 어떤 감정을 느꼈고 어떤 생각을 하였는지 적으세요. 당신의 결론은 무엇인가요?

하고 싶지 않아서 회피하는 행동	기꺼이 시도해보고 싶은 것	그것을 하는 동안 느끼고 생각한 것	그것을 한 이후에 느끼고 생각한 것

이 연습을 한 것에서 얻은 결론은 무엇인가?

이것이 자기 훈련을 발달시키는 방법이 될 수 있는가?

제3부

적용 실제

제12장

인지 왜곡 조사하기와 도전하기

인지치료모델에서는 우울, 불안 및 분노가 종종 인지적 편향 또는 왜곡의 반복 패턴의 결과라고 제안한다. 예를 들어 우울한 사람은 넘겨짚기("그는 내가 실패자라고 생각할 거야"), 미래를 예측하기("나는 실패할 거야"), 또는 낙인찍기("나는 실패자야") 등에 몰입할 것이다. 화난 사람 역시 "그는 나를 막으려고 하고 있다(넘겨짚기와 개인화하기)", "그들은 나를 모욕하고 있다(넘겨짚기와 개인화)" 또는 나는 사람들이 나와 의견이 맞지 않을 때 견딜 수 없다(파국화)와 같은 자동적 사고를 가지고 있을 것이다. 물론, 위에서 제시한 바와 같이 동일한 자동적 사고가 두 가지 범주의 왜곡으로 분류될 수 있다. 많은 인지치료자들은 '왜곡' 단어의 사용을 반대할 것이고 편향, 양식 또는 범주라는 용어를 사용하는 것을 선호할 것이다. 이 장에서는, 많은 사람들이 사고의 이 범주에 대해서 다른 용어를 사용하는 것을 선호한다는 것을 인식하면서 '왜곡'이라는 단어를 사용할 것이다.

시험에 실패하거나 다른 사람들은 그(녀)를 좋아하지 않을 것이라는 것은 자동적 사고에 해당된다. 사람들이 그 사람을 좋아하지 않거나 그(녀)가 그 일에 실패했다는 것이 왜곡에 해당하는데, 이 경우 치료자는 문제를 해결하기, 노력에 대한 재귀인하기, 목표 변경하기의 방법을 또는 환자가 화가 난 이슈가 중요하지 않을 수 있음을 보여주는 다양한 의미 있고 즐거운 활동들을 고려하기 등의 방법을 이용할 수 있다. 또한 가정 검토하기의 제4장에서 지적한 바와 같이, 자동적인 사고가 사실일 수 있지만, 보다 중요한 생각은 내재된 기본 가정 또는 조건부의 신념일 것이다. 예를 들어, "그는 나를 좋아하지 않는다"는 사실 진술일지 모르지만 근본적인 가정인 "나 자신을 수용하는 모든 사람들에 의해서 사랑받아야만 한다"는 내재된 가정이 언급되어야 할 좀 더 중요한 사고이다.

이 장의 나머지 부분에서는 가장 일반적인 인지 왜곡과 이러한 왜곡된 신념을 조사하고 도전하는 데 이용될 수 있는 유용한 개입 방법과 질문을 제공할 것이다. 물론, 이 책에서 논의된 다른 많은 기법들도 역시 인지 왜곡을 다루는 데 이용될 수 있다. 이 장에서는 부정적인 신념을 수정하기 위해 신속하게 적용될 수 있는 기법, 질문 또는 개입에 대한 편리한 참고 자료를 제공하고자 한다 (주의 : 다음에 제시하는 기법 목록은 마치 치료자가 환자에게 언급할 수 있게끔 만들어져 있다).

1. 넘겨짚기 : 당신은 다른 사람들의 생각에 대한 충분한 증거도 없으면서 그들이 무엇을 생각 하는지를 안다고 추측한다(예 : "그는 내가 실패자라고 생각한다").

기법

1) 당신의 신념 정도를 측정하고 당신의 정서를 확인하고 평가하세요.

2) 예를 들어, "그는 나를 싫어할 것이고 그래서 그는 나에게 말을 걸지 않을 것이다"와 같이 당신의 예측이 정확히 무엇인지를 확인하세요.

3) 실제로 어떤 일이 발생했는지에 대한 정보를 모으세요. 예를 들어, 당신이 그 사람에게 말 했을 때, 그(녀)는 반응을 했었습니까?

4) 비용-이익 분석을 다음의 단계로 실행하세요.

   a. 넘겨짚기가 당신에게 값진 정보를 가져다준다고 생각합니까?

   b. 넘겨짚기는 당신이 놀라지 않게 하는 데 도움이 되고, 어떤 나쁜 것이 일어나지 않도록 해줍니까?

   c. 넘겨짚기를 하는 것이 실제로 당신이 좀 더 대처를 잘할 수 있도록 해준다는 증거는 어 떤 것이죠?

   d. 당신이 넘겨짚기를 덜 한다면 당신의 생각, 느낌, 행동이 어떻게 변화할까요?

   e. 부정적인 넘겨짚기를 덜 하는 것이 좀 더 대처를 잘하게 해준다고 또는 더 못하게 해준 다고 생각하십니까?

5) 당신의 넘겨짚기에 동의하는 그리고 반대하는 증거를 탐색해보세요. 사람들이 생각하는 것이라고 당신이 믿는 것을 사람들이 생각한다는 증거는 무엇입니까? 그것에 반하는 증거 는 있습니까?

6) 당신의 넘겨짚기를 지지하는 증거의 질은 어떻습니까? 거의 모든 사람이 당신에게 동의할 정도로 높은 질의 증거입니까?

7) 당신의 신념을 지지하기 위해 사용하고 있는 인지 왜곡에는 어떤 것들이 있습니까? 당신은 개인을 문제화하고, 미래를 예측하며, 낙인찍고, 긍정적인 것들을 도외시하기도 하고, 부 정적인 여과하기를 사용하기도 합니까?

8) 당신의 생각이 틀렸다고 어떻게 증명합니까? 그것이 검증 가능합니까?

9) 하향화살표기법을 연습해보세요. 당신의 생각이 사실이라면, 왜 그것이 당신을 성가시 게 하지요? 만약 사람들이 당신이 생각하고 있는 것을 생각하고 있다면, 그것은 당신에게

(예 : "나는 불쾌해", 또는 "나는 바보 같아") 어떤 것을 의미하죠? 또는 그들에 대해서는 (예 : "그들은 비열해") 어떤 것을 의미하죠?

10) 당신의 인정 욕구에 도전해보세요. 누군가가 당신을 좋아하지 않는다면 어떨 것 같습니까? 정확히 어떤 일이 일어날까요? 어떤 일들이 똑같은 채로(변화하지 않은 채로) 남아 있을까요? 어떤 사람들이 당신을 좋아하지 않더라도 어떻게 당신은 평생을 살 수 있습니까?

   a. 누군가가 당신의 의견에 동의하지 않거나 인정하지 않는다면 당신은 어떤 생각을 하게 될 것 같습니까? 동의하지 않거나 인정하지 않는 것은 당신이 덜 가치가 있다는 것을 의미합니까? 다른 사람들이 덜 가치가 있다는 것입니까? 왜 그렇죠? 또는 왜 그렇지 않죠?

   b. 어떤 사람이 당신을 좋아하지 않는다고 해도 당신이 여전히 할 수 있는 일의 목록을 만드세요.

   c. 모든 사람으로부터 승인을 얻을 수 있는 사람은 없습니다. 승인을 얻지 못하는 것이 당신을 어째서 신경 쓰이게 하는 것입니까?

   d. 누군가 당신을 인정하지 않을 수도 있다는 사실을 당신이 수용한다면 어떤 일이 발생합니까? 당신에게 있어서 비용과 이익은 어느 정도입니까?

11) 모든 사람이 좋아하는 사람이 있습니까?

12) 다른 사람들이 싫어하는 데 당신이 좋아하는 사람이 있습니까? 어째서죠?

13) 다음에 제시한 진술을 매일 20분씩 반복하는 것을 연습해보세요 : "내가 어떤 일을 하든 간에, 어떤 사람은 나를 좋아하지 않을 것이다" 당신의 생각에 무슨 일이 일어났습니까? 그것이 지루한가요?

14) 당신의 생각과는 반대로 행동하세요. 당신을 좋아하지 않는다고 생각하는 사람에게 긍정적인 일들을 하세요.

15) 무관심을 연습해보세요. 동의하지 않는 것에 대해서 관심을 두지 않는 것의 결과는 무엇인가요?

16) 아마도 누군가가 생각하는 것과 관련이 없을 수도 있습니다. 어떻게 이것이 사실일까요? 누군가가 당신을 좋아하지 않는다 해도 당신은 여전히 어떤 목표를 추구할까요?

17) 다른 사람들이 당신에 대해 생각할 수 있는 것에 초점을 맞추기보다는 당신이 말하거나 생각하는 것에 집중하세요.

2. 예측을 말하기 : 당신은 실패 또는 위험과 관련해서 미래를 부정적인 용어로 예측한다(예 : "나는 그 시험에서 실패할 것이다" 또는 "나는 직장을 구하지 못할 것이다").

기법

   1) 당신의 신념 정도를 측정하고 당신의 정서를 확인하고 평가하세요.

2) 당신의 예측이 무엇인지, 즉 어떤 일이 일어날 것이고, 언제 어디서 일어날 것인지를 확인하세요.

3) 비용-이익 분석을 수행해보세요.

　a. 걱정이 당신을 보호하고 준비하게 한다고 생각합니까? 당신의 부정적인 예측이 당신에게 동기를 부여할 것이라고 생각합니까? 증거가 뭐죠?

　b. 당신이 걱정하는 것을 통제할 수 없다는 것이 두렵습니까? 당신이 그것들을 통제하지 않으면 당신의 걱정이 확대될 것이라고 생각합니까?

4) 당신의 미래를 예측하는 것의 찬성과 반대의 증거를 조사하세요.

5) 당신의 미래를 예측하는 것을 지지하는 증거의 질은 어떻습니까? 공정한 배심원을 설득할 수 있을 정도입니까?

6) 어떤 인지적 왜곡을 당신의 신념을 지지하기 위해 사용하고 있습니까?

7) 당신의 생각이 틀렸다는 것을 당신은 어떻게 증명할 수 있습니까? 그것이 검증 가능한가요?

8) 하향화살표기법을 연습해보세요. 당신의 생각이 사실이라면 어떨까요? 어째서 그것이 당신을 성가시게 하죠? 다음에 무슨 일이 일어날까요? 그 후에는 어떻게 될까요? 그 생각이 사실이라면 그것은 당신에 대해 무엇을 의미할까요?

9) 하루에 20분씩 다음에 제시하는 진술문을 반복해서 연습하세요: "내가 무슨 일을 하든지, 항상 나쁜 일이 나에게 일어날 수 있어." 그런 생각을 하면 생각의 강도는 어떻게 될까요?

10) 당신은 얼마나 많이 틀린 예측을 하였습니까? 이것이 다른 잘못된 예측일 수 있습니까?

11) 당신의 가장 최악의 공포스러운 수행 결과 또는 당신의 가장 공포스러운 공상은 무엇입니까? 그게 얼마나 사실일까요? 어째서요? 어째서 아니죠?

12) 가장 최악의, 가장 최선의, 그리고 가장 괜찮은 수행 결과는 어떤 것입니까?

　a. 당신의 가장 최악의 공포스러운 수행 결과를 자세하게 설명해서 써보세요.

　b. 일어난 수행 결과에 대해 잘못된 것의 목록을 만드세요.

　c. 이러한 수행 결과가 일어나지 않도록 하기 위한 일들의 목록을 만드세요.

13) 매일 20분간 최악의 수행 결과에 대한 상상과 이야기를 반복해서 연습하세요.

14) 세 가지의 긍정적인 수행 결과를 자세히 설명하고, 이러한 긍정적인 수행 결과가 어떻게 일어나게 되었는지에 대한 이야기를 자세히 써 보세요.

15) 당신이 생각을 관찰하고 그것이 이리저리 이동하도록 내버려두는 것을 상상해보세요.

16) 그 생각을 당신이 받지 않은 텔레마케팅 전화라고 생각하세요. 또는 당신이 기차역에 서 있고, 이 생각은 당신이 탑승하지 않는 열차 안에 있다고 상상해보세요.

17) 그 생각을 배경이 있고 당신이 움직이게 할 수 있고 오락거리로 관찰할 수 있는 '생각 풍선' 또는 '오락 광대'로 생각해보세요.

3. 파국화하기 : 어떤 일이 발생했든 또는 차후 무슨 일이 일어날지라도, 그것이 너무도 무섭고 참을 수 없을 것이므로 당신 스스로 그것을 견딜 수 없을 것이라고 믿는다(예 : "내가 실패한다면 그것은 너무도 끔찍하다").

기법

1) 당신의 신념 정도를 측정하고 당신의 정서를 확인하고 평가하세요.

2) 당신의 예측이 무엇인지, 즉 정확히 어떤 일이 일어날 것이고 언제, 어디서 일어날 것인지를 정확히 확인하세요.

3) 비용-이익 분석을 수행해보세요.

   a. 걱정이 당신을 보호하고 준비하게 한다고 생각합니까?

   b. 당신이 걱정하는 것을 통제할 수 없다는 것이 두렵습니까?

4) 당신의 파국화 사고를 찬성 그리고 반대하는 증거를 탐색해보세요. 끔찍하고 견딜 수 없을 것이라는 증거는 무엇입니까?

5) 당신의 파국화 사고를 지지하는 증거의 질은 어떻습니까? 정말 좋은 질의 증거인가요? 배심원이 당신을 믿을까요? 어째서 아니죠?

6) 어떤 인지적 왜곡을 당신의 신념을 지지하기 위해서 사용하고 있습니까? 당신은 예측을 하고, 긍정적인 것을 경시하며, '당위' 진술을 사용하고, 부정적인 여과하기를 사용하고 있습니까?

7) 당신의 생각이 틀렸다는 것을 어떻게 증명할 수 있습니까? 그것이 검증 가능한가요?

8) 하향화살표기법을 연습해보세요. 당신의 생각이 사실이라면 어떨까요? 어째서 그것이 당신을 성가시게 하죠? 정확히 무슨 일이 일어날까요?

9) 다음의 진술문을 매일 20분 동안 반복하는 것을 연습해보세요: "내가 어떤 일을 하든지 간에, 절대적으로 무시무시한 일들이 나에게 일어날 수도 있다는 것은 항상 가능하다"

10) 당신의 예측이 맞지 않았던 것이 몇 번이었습니까?

11) 무엇이 그 사건을 무시무시하고 두렵게 느끼게 만들었습니까?

12) 그 사건 이후 한 달이 지난 후에, 1년 또는 2년이 지난 후에 그 사건에 대해서 어떻게 느껴졌습니까?

13) 재난이 발생했지만, 생활 속에서 긍정적인 것을 경험한 사람이 있습니까? 부정적인 사건을 뛰어넘어 긍정적인 경험을 하려면 어떻게 관리해야 합니까?

14) 만약 당신에게 재난(끔찍한 일)이 일어난다 해도, 여전히 당신이 경험하는 긍정적인 일은 어떤 것입니까?

15) 다른 사람들은 일어나고 있는 또는 발생할 수도 있는 어떤 일을 두렵고 무시무시하다고 생각할까요? 어째서 그들은 당신이 보는 방식과는 다른 방식으로 그 일을 바라볼까요?

16) '무시무시한' 일이 일어났다 하더라도, 그것으로부터 긍정적인 어떤 것들이 드러나도록 할 수 있을까요? 그것이 당신이 어떤 것을 학습할 수 있도록 유도할까요? 당신의 가치를 재검토하도록 동기를 부여하세요.

17) 무언가가 끔찍하거나 파국적이라고 생각하는 것에 초점을 맞추기보다 오늘 당신이 추구할 수 있는 긍정적인 목표 또는 행동이 있습니까?

18) 설령 일어났더라도 일어날 수 있는 긍정적인 것들이 있습니까? 당신은 어려움에 대처하는 당신의 능력을 과소평가하고 있습니까?

4. 낙인찍기 : 당신은 자신과 다른 사람들에 대해 전반적으로 부정적인 특성에 주의를 기울인다 (예 : "나는 다른 사람들이 탐탁지 않게 생각하는 사람이다" 또는 "그는 무례한 사람이다").

기법

1) 당신의 신념 정도를 측정하고 당신의 정서를 확인하고 평가하세요.

2) 당신이 자신의 (또는 다른 사람의) 행동에 대해서 예측하는 것을 정확히 확인하세요.

3) 당신이 [그 낙인을] 어떻게 정의 내릴 것인가요? 예를 들면, 당신은 가치 없는 또는 멍청하다는 것을 어떻게 정의 내릴 것인가요? (그 낙인의) 반대는 무엇인가요? 예를 들면 '가치 없는 사람'의 반대는 무엇인가요? 그 반대를 어떻게 정의 내릴 것인가요? 우리가 그것을 본다면 어떻게 알 수 있을까요?

4) 비용-이익 분석을 수행해보세요.

    a. 자신을 낙인찍는 것이 당신을 자극할 것이라고 생각합니까?

    b. 자신을 낙인찍는 것이 현실적이라고 생각합니까?

    c. 만약 스스로를 낙인찍지 않는다면, 당신의 생각, 느낌, 행동이 어떻게 변화할까요?

5) 당신의 부정적인 낙인에 대한 찬성과 반대 증거를 조사하세요.

6) 당신이 [불쾌한, 탐탁치 않은 등]이라는 이 신념을 지지하는 증거는 질적인 면에서 어떻습니까? 배심원에게 납득시킬 수 있을까요?

7) 신념을 지지하기 위해서 당신은 어떤 인지 왜곡을 사용합니까? 이분법적 사고, 긍정적인 면을 고려하지 않기, '당위' 진술을 사용하는 것, 판단 초점을 사용하는 것, 부정적인 여과들을 적용하는 것 등을 생각하고 있습니까?

8) 당신의 생각이 틀렸다는 것을 어떻게 증명할 수 있습니까? 검증 가능합니까?

9) 모든 사람을 낙인찍는 데 초점을 맞추기보다 당신이 그 사람 속에서 보는 어떤 다양한 행동들—그 행동이 긍정적인 행동이든 부정적인 행동이든 중성적인 행동이든—에 대해서 생각하세요.

10) 이 사람이 긍정적이고, 부정적인 행동을 제시하는 상황을 설명하세요. 어떤 유형(형태)을

띠고 있습니까?

11) 당신의 또는 다른 사람의 행동이 상황에 따라 변화합니까? 당신은 다른 행동을 관찰할 때가 있습니까?

12) 당신 자신이나 사람들을 낙인찍기보다는 대신 "그는 큰 소리로 말하고 있다" 또는 "나는 그 질문에 어려움을 겪었다"와 같이 당신이 관찰하는 단일 행동을 설명하세요.

13) 당신이나 다른 사람이 행동을 바꾸거나 새로운 기술을 습득하는 것이 가능할까요? 어떤 것을 변화시키거나 어떤 것을 배워본 적이 있습니까?

14) 그 사람은 어떻게 상황을 보았습니까? 그 사람이 다른 관점, 다른 필요 또는 다른 정보를 가지고 있었습니까?

15) 이중기준 질문을 사용해서 당신 자신에게 다음과 같이 물어보세요: "모두가 이 사람을 그런 부정적인 방식으로 분류하겠습니까? 어째서 아니죠?"

16) 자기 비난과 자기 교정을 구분하세요. 어떤 행동을 개선할 수 있습니까? 어떤 것을 학습할 수 있습니까? 앞으로 당신은 어떻게 다르게 할 수 있을까요?

17) 이것의 부분이 사실임을 확인한다면 어떨까요? 예를 들어, "맞아, 때때로 나는 실패해" 또는 "때때로 나는 지루해," 그리고 그때 "나는 그것을 수용해"라고 말한다.

5. *긍정적인 부분을 고려하지 않기 : 당신 또는 다른 사람들이 하는 긍정적인 일을 당신은 사소한 것이라고 주장한다(예 : "그것은 부인들이 하기로 되어 있는 것이다. 그래서 그녀가 나에게 친절할 때, 그것은 중요하지 않다" 또는 "그러한 성공은 매우 쉬워서 그것들은 중요하지 않다").*

기법

1) 당신의 신념 정도를 측정하고 당신의 정서를 확인하고 평가하세요.

2) 당신이 고려하지 않고 있는 것을 정확히 확인하세요.

3) 비용-이익 분석을 수행해보세요.

　　a. 엄격해지거나 과도한 요구를 하는 것이 당신 또는 다른 사람에게 동기를 부여할 것이라고 생각합니까?

　　b. 당신이 '도덕적' 또는 '옳은 것을 지지'하게 되는 것에 대해서 생각합니까? 당신은 이 규칙을 어디에서 습득했나요? 그것은 좋은 규칙인가요? 그것이 당신 또는 다른 사람들을 불행하게 만드나요?

　　c. 만약 당신이 긍정적인 것을 고려한다면, 당신의 생각, 느낌, 행동이 어떻게 변화할까요?

4) 긍정적인 것을 중요하게 생각하지 않는 것에 대한 찬반의 증거를 조사하세요.

5) 긍정적인 면을 고려하지 않는 것을 지지하는 증거의 질은 어떻습니까?

6) 당신의 신념을 지지하기 위해서 어떤 인지 왜곡을 사용하고 있습니까? 당신은 양자택일 사고, 부정적인 여과, 낙인찍는 것, '당위' 진술, 판단 초점을 사용하고 있습니까?

7) 이용 가능한 모든 정보를 사용하고 있습니까? 아니면 자신의 신념을 뒷받침하는 정보로 검색을 제한하고 있습니까? 사고하는 이 방식의 결과는 무엇입니까?

8) 당신이 자만하고 오만하게 되는 것의 긍정적인 면에 대해 자신의 신용을 부여한다면 두려운가요? 이것의 가능성은 얼마나 될까요?

9) 이중기준기법 연습을 해봅시다. 모든 사람들이 그것을 그 방식으로 보고 있습니까? 왜 아니죠?

10) 당신의 내재된 가정은 무엇입니까? 이 문장을 완성하세요: "이러한 것들은 중요하지 않다. 왜냐하면 _____"

11) 만약 우리가 당신의 관점을 모든 사람에게 보편적인 것은 아니라고 한다면 어떻게 될까요? 결과는 어떻게 될까요?

12) 다른 이중기준기법을 적용해보세요. 만약 당신이 정말로 누군가를 사랑하거나 그(녀)에게 관심이 있다면, 당신은 이러한 긍정적인 것들을 고려하시나요? 왜죠? 여기서 그것들을 고려하지 않는 이유는 무엇인가요?

13) 긍정적인 궤도를 따라가도록 합시다. 일주일 동안 매일 당신의 긍정적인 면들(또는 다른 사람의 긍정적인 면들)을 따라가 봅시다. 이 기록은 당신에게 무엇을 말해줍니까?

14) 긍정적인 것에 대해서 보상을 주도록 합시다. 당신이나 또는 누군가가 긍정적인 일을 할 때마다 당신에게 또는 그 사람에게 칭찬합시다. 이 칭찬은 긍정적인 행동을 감소시킬까요? 또는 증가시킬까요?

15) 당신이 연민으로 대했다면 당신의 긍정적인 것을 어떻게 생각할 수 있겠습니까?

16) 당신이 부정적인 자신에 대한 핵심 믿음을 가지고 있기 때문에 당신은 긍정적인 것의 가치를 줄이고 있습니까? 만약 당신이 부정적인 것의 증거만 고려한다면, 이것은 당신의 핵심 신념을 계속해서 확신하고 있나요?

17) 만약 누군가가 이러한 긍정적인 것을 관찰한다면, 그(녀)는 그것들을 다르게 볼까요? 어떻게 그들은 그것들을 긍정적인 것들로 간주할까요? 그들의 지각은 어째서 당신 것과 다르죠?

6. 부정적인 여과하기 : 당신은 오직 부정적인 것에 초점을 주로 맞추고 긍정적인 것에는 거의 주목하지 않는다(예 : "나를 좋아하지 않는 사람들을 보아라").

기법

1) 당신의 모든 부정적 여과 진술의 목록을 만드세요.

2) 모든 것을 부정적인 것으로 여과하는 데 있어서의 비용과 이익은 무엇입니까?

3) 당신은 그 정보의 모든 것을 보고 있지 않습니까? 당신이 무시하는 정보는 어떤 것입니까? 왜죠?

4) 만약 당신이 이 긍정적인 정보를 고려한다면, 어떤 일이 발생한 것이고 또는 당신에게 그것은 무엇을 의미하죠?

5) 이중기준기법을 적용해보세요. 모든 사람들이 그것들을 부정적으로 봅니까? 왜 아니죠?

6) 내재된 가정은 무엇이죠? 이 문장을 완성해보세요: "이러한 것들은 중요하지 않다. 왜냐하면 _____."

7) 만약에 우리가 너의 관점을 모든 사람에게는 보편적인 것이 아니라고 한다면 어떻게 될까요? 결과는 어떻게 될까요?

8) 다른 이중기준을 적용해보세요. 만약 당신이 정말로 누군가를 사랑하거나 그(녀)에게 관심이 있다면, 당신은 이러한 긍정적인 것들을 고려할까요? 왜죠? 그것들이 여기서는 중요하지 않은 이유는 무엇일까요?

9) 긍정적인 궤도를 따라가도록 합시다. 일주일 동안 매일 당신의 긍정적인 면들(또는 다른 사람의 긍정적인 면들)을 따라가 봅시다. 이 기록은 당신에게 무엇을 말해줍니까?

10) 긍정적인 것에 대해서 보상을 주도록 합시다. 당신이나 또는 누군가 긍정적인 일을 할 때마다 당신에게 또는 그 사람에게 칭찬합시다. 이 칭찬은 긍정적인 행동을 감소시킬까요? 또는 증가시킬까요?

7. *과잉일반화하기 : 당신은 단일 사건을 기초로 부정적인 것들을 전반적인 유형으로 지각한다(예 : "이것은 나에게 일반적으로 일어나는 것이다. 나는 많은 것에서 실패한 것처럼 보인다").*

기법

1) 당신의 신념 정도를 측정하고 당신의 정서를 확인하고 평가하세요.

2) 당신 자신의(또는 다른 사람의) 행동에 대해서 예측할 수 있는 것을 정확히 확인하세요.

3) 비용-이익 분석을 수행해보세요.

　　a. 과잉일반화하는 것이 당신에게 동기를 부여할 것이라고 생각합니까?

　　b. 과잉일반화하는 것이 현실적이라고 생각합니까?

　　c. 만약 당신이 과잉일반화를 하지 않는다면, 당신의 생각, 행동, 느낌이 어떻게 변화할까요?

4) 당신의 과잉일반화하는 것에 대한 찬반의 증거를 조사하세요.

5) "이것은 항상 일어나고 있다"와 같은 당신의 신념을 지지하는 증거의 질은 어떻습니까?

6) 당신의 신념을 지지하기 위해서 어떤 인지 왜곡을 사용하고 있습니까? 당신은 부정적인 여

과를 사용하고 낙인을 찍으며, 긍정적인 것을 고려하지 않고 있습니까?

7) 당신의 생각이 틀렸다는 것을 어떻게 증명할 수 있습니까? 그것이 검증 가능합니까?

8) 이것이 [행동, 성과, 정서 등] 발생하지 않을 상황이 있습니까? 이러한 상황들을 당신은 어떻게 설명합니까?

9) 이중기준기법을 적용해보세요. 모든 사람들이 그것을 그런 방식으로 볼까요? 왜 아니죠?

10) 긍정적인 궤도를 따라가도록 합시다. 일주일 동안 매일 당신의 긍정적인 면들(또는 다른 사람의 긍정적인 면들)을 따라가 봅시다. 이 기록은 당신에게 무엇을 말해줍니까?

11) 긍정적인 것에 대해서 보상을 주도록 합시다. 당신이나 또는 누군가 긍정적인 일을 할 때마다 당신에게 또는 그 사람에게 칭찬합시다. 이 칭찬은 긍정적인 행동을 감소시킬까요? 또는 증가시킬까요?

12) 판단하기보다는 마음챙김 명상을 시도합시다. 판단과 관련된 어떤 말도 사용하지 않고 무슨 일이 일어났는지를 설명하는 데에만 초점을 맞추세요. '항상', '결코'와 같은 단어를 사용하는 것을 피하세요. 예를 들면, 다음과 같습니다: "그는 항상 그것과 같아" 또는 "나는 결코 성공하지 못할 거야" 당신이 관찰할 수 있는 행동에만―"그는 과속으로 운전을 하고 있었다"―그리고 당신이 느낀 것에 대해서만―"나는 긴장감을 느낀다"에만 초점을 맞추세요. 현재의 순간에 머무르세요. 이것이 어떻게 느껴지십니까?

13) 당신이 무슨 일이 일어났는지를 발코니에서 내려다보고 있다고 상상해서, 당신이 본 것을 낯선 사람에게 설명해야 합니다. 말하고 행해진 것이 정확히 무엇입니까?

14) 자비롭고 사랑스러우며 친절한 관점에서 자신이나 타인에 대해 생각해보세요.

8. 이분법적 사고하기 : 당신은 사건 또는 사람을 이분법적으로 바라본다(예 : "나는 모든 사람에 의해서 거절당했다" 또는 "그것은 완벽한 시간 낭비이다").

기법

1) 당신의 신념 정도를 측정하고 당신의 정서를 확인하고 평가하세요.

2) 당신 자신의(또는 다른 사람의) 행동에 대해서 예측할 수 있는 것을 정확히 확인하세요.

3) 비용-이익 분석을 수행해보세요.

　a. 당신 자신을 이분법적 용어로 바라보는 것이 당신을 동기화할 것이라고 생각합니까?

　b. 이분법적으로 사고하는 것이 현실적이라고 생각합니까?

　c. 만약 당신이 이분법적 사고를 덜 한다면, 당신의 생각, 행동, 느낌이 어떻게 변화할까요?

4) 당신이 이분법적으로 사고하는 것에 대한 찬반의 증거를 조사하세요. 당신의 이분법적 사고에 예외가 있습니까?

5) 한 주간 당신의 행동, 사고, 느낌을 따라가 보세요. 언제 이런 일이 일어나지 않나요?

6) 일들이 '이분법적'이라는 당신의 신념을 지지하는 증거의 질은 어떻습니까?

7) 어떤 인지적 왜곡을 당신의 신념을 지지하기 위해서 사용하고 있습니까? 당신은 긍정적인 것을 고려하지 않고, 부정적인 여과를 사용하고, 낙인을 찍고 있습니까?

8) 당신의 생각이 틀렸다는 것을 어떻게 증명할 수 있습니까? 그것이 검증 가능합니까?

9) 0~100%까지 이어진 연속선상에 일들이 나열되어 있다고 합시다. 10점 간격으로 여러 행동들을 연속선상에 채워 넣으세요. 이 행동을 바라보는 현실적인 방식은 어떤 것이죠?

10) 이 행동과 비교해서 나쁘거나 또는 더 낫거나 같은 행동들은 어떤 것들입니까?

11) 그러한 것이 일어나지 않는 상황 또는 시간이 있습니까? 이러한 상황 또는 시간을 당신은 어떻게 설명할 수 있습니까?

12) 이중기준기법을 적용해보세요. 모든 사람에게 그것이 그 방식으로 보일까요? 왜 아니죠?

13) 긍정적인 궤도를 따라가 봅시다. 일주일 동안 매일 당신의 긍정적인 면들(또는 다른 사람의 긍정적인 면들)을 따라가 봅시다. 이 기록은 당신에게 무엇을 말해줍니까?

14) 긍정적인 것에 대해서 보상을 주도록 합시다. 당신이나 또는 누군가가 긍정적인 일을 할 때마다 당신에게 또는 그 사람에게 칭찬합시다. 이 칭찬은 긍정적인 행동을 감소시킬까요? 또는 증가시킬까요?

9. '당위'들 : 당신은 단순히 무엇이냐에 초점을 맞추기보다는 일들이 어떻게 되어야만 한다는 용어로 사건을 해석한다(예 : "나는 잘해야만 한다. 만약 내가 그렇지 못한다면 나는 실패자다").

기법

1) 당신의 신념 정도를 측정하고 당신의 정서를 확인하고 평가하세요.

2) 당신의 '당위' 규칙이 무엇인지, 예를 들면 "나는 완벽해져야만 한다", "나는 모든 사람의 동의를 얻어야만 한다"와 같은 것을 정확히 확인하세요.

3) 비용-이익 분석을 수행해보세요.

   a. 엄격해지거나 과도한 요구를 하는 것이 당신 또는 다른 사람들을 자극할 것이라고 생각합니까?

   b. 당신이 '도덕적이 되는 것' 또는 '옳은 것을 지지하게 되는 것'에 대해서 생각합니까?

   c. 만약 당신이 '당위'를 덜 지향한다면, 당신의 생각, 행동, 느낌이 어떻게 변화할까요?

4) 당신의 '당위' 규칙에 대한 찬반의 증거를 조사하세요. '당위' 규칙을 가지지 않는 사람들이 있습니까? 그들에 대해서 어떻게 생각합니까? 이 규칙 없이 어떻게 기능합니까?

5) 당신의 신념을 지지하기 위해서 어떤 인지적 왜곡을 사용하고 있습니까? 당신은 낙인찍기, 긍정적인 것을 고려하지 않고, 이분법적인 사고를 하며, 과잉일반화를 하고 있습니까?

6) 당신이 엄격한 규칙을 가지고 살아가고 있지 않다면, 이분법적 용어로 자신을 낙인찍을 수

있습니까? 그러한 낙인의 결과는 어떤 것입니까?

7) 이중기준기법 : 모든 사람들이 그것을 그런 방식으로 바라봅니까? 왜 아니죠? 만약 사람들이 당위 규칙을 사용하지 않는다면, 그들은 어떻게 해서 그것들을 그렇게 바라보고 있는 것이죠?

8) 단순한 관습이나 선호와 같은 것에 도덕적인 진술로 '당위' 진술을 사용합니다. 예를 들어, 당신은 어떤 옷을 입거나 포크를 사용하는 방법에 관한 당위 진술문을 사용하는 자신을 발견할 수 있습니다. 그러나 그것은 '범주 오류'입니다. 당신은 관습이나 선호에 대해서 도덕적 판단을 하고 있습니다. 관련된 도덕적 의제는 전혀 없습니다. 당신의 '당위들'에 대해서 생각해보고 그것들이 정말로 도덕적 의제인지에 대해서 자문해보세요. 그것들이 관습입니까?

9) 모든 사람이 당신의 당위 규칙을 따라하는 것을 보편적인 규칙으로 만들었다고 가정한다면 어떨까요? 그 결과는 어떻게 되죠? 그것이 공정한가요?

10) 당위 규칙 속에는 도덕성이 인간의 존엄성을 앞지르고 있습니다. 당신의 당위 규칙들은 인간적이고 고귀한 방식으로 사람을 대합니까? 또는 그것들은 사람들을 비난하거나 흠잡는 것에 맞추어져 있습니까?

11) 당신의 당위 규칙은 어떤 종교적, 도덕적 또는 합법적인 신념으로부터 나옵니까? 당신이 이 당위 규칙을 어디에서 배웠는지 상술해보세요. 현재 당신의 당위 규칙판은 배우거나 읽은 것을 오해한 것일 수도 있지 않을까요?

12) 다른 이중기준기법을 적용해보세요. 만약에 당신이 정말로 누군가를 사랑하거나 또는 그(녀)에 대해서 관심이 있다면, 그(녀)에게 당위 규칙을 적용할 건가요? 왜죠? 이 규칙을 어떤 사람에게는 사용하고 또 어떤 사람에게는 사용하지 않는 이유는 무엇이죠?

13) 만약 당신이 자신의 당위 규칙을 어떤 것이 진실이라서 좋아한다는 진술로 대치한다면 어떨까요? 당신이 당신의 진술에 있어서 덜 극단적이라면 어떨까요? 예를 들면, "나는 완벽해져야만 해"라고 말하기보다는 "나는 잘하면 좋겠다"라고 말하는 것입니다. 덜 극단적인 선호감을 가지고 당위 규칙의 모든 부분을 다시 시작해봅시다. 이것은 어떻게 느껴지나요?

14) 덜 극단적인 이 새로운 선호에 대한 비용과 이익은 무엇입니까?

15) 당신의 당위 규칙과 관련해서 0%에서 시작해서 100%까지의 선호감의 범위 목록을 만들어봅시다. 대부분의 사람들이 충분하거나 적절하다고 생각하는 것은 어느 정도입니까? 이것이 당신이 사용하는 엄격하고 까다로운 '당위' 규칙과 어떻게 다른가요?

16) 판단하기보다는 마음챙김 명상을 시도합시다. 판단과 관련된 어떤 말도 사용하지 않고 무슨 일이 일어났는지를 설명하는 데에만 초점을 맞추세요. '항상', '결코'와 같은 단어를 사용하는 것을 피하세요. 예를 들면, 다음과 같습니다: "그는 항상 그것과 같아" 또는 "나는 결코 성공하지 못할 거야" 당신이 관찰할 수 있는 행동에만 ─ "그는 과속으로 운전을 하고

있었다" — 그리고 당신이 느낀 것에 대해서만 — "나는 긴장감을 느낀다"에만 초점을 맞추세요. 현재의 순간에 머무르세요. 이것이 어떻게 느껴지십니까?

17) 현재의 순간에 머무는 것이 이 순간을 어떻게 변화시킬까요? 지금부터 한 시간, 지금부터 하루, 지금부터 일주일에 어떤 일이 일어날까요?

18) 당신이 무슨 일이 일어났는지를 발코니에서 내려다보고 있다고 상상해서, 당신이 본 것을 낯선 사람에게 설명해야 합니다. 말하고 행해진 것이 정확히 무엇입니까?

19) 당신이 만약 그것들 그대로 받아들이고, 판단하지 않는다고 상상해보세요. 여전히 기능을 발휘하고, 일을 끝내고, 의미 있는 행동을 추구합니까?

20) 당신 자신을 포함해서 '누군가가 그(녀)가 하지 말아야 할 일을 했다면…'이라고 상상해보세요. 당신이 그 사람을 받아들이고 그(녀)를 용서했다면 어떨까요?

21) 당신의 판단에 초점을 맞추기보다는 좀 더 나은 방식으로 일들을 하는 방식을 생각한다면 어떨까요? 어떤 것이 좀 더 나은 행동이 될 수 있을까요? 어떻게 개선할 수 있을까요?

10. 개인화하기 : 당신은 부정적인 사건에 대한 과도한 양의 비난을 당신 자신으로 귀인시키고, 당신은 어떤 사건들이 다른 사람들에 의해서 발생한 것임을 보려고 하지 않는다(예 : "그 결혼은 내가 실패했기 때문에 끝장난 것이다").

기법

1) 당신의 신념 정도를 측정하고 당신의 정서를 확인하고 평가하세요.

2) 당신의 진술 또는 생각이 어떤 것인지 정확히 확인하세요(예 : "그것은 전적으로 내 잘못이다").

3) 비용-이익 분석을 수행해보세요.

   a. 당신이 개인적인 탓으로 받아들이는 것이 당신을 좀 더 열심히 노력하도록 동기화한다고 생각합니까? 또는 그것이 어떤 방식으로 당신을 보호해주나요?

   b. 사건/상황을 개인화하는 것이 '현실적'이라고 생각합니까?

   c. 만약 당신이 경험을 덜 개인화한다면 당신의 생각, 느낌, 행동이 어떻게 변화할까요?

4) 당신의 개인화 진술을 찬성하는 그리고 반대하는 증거를 조사하세요.

5) 당신의 신념을 지지하는 증거의 질은 어떻습니까?

6) 당신의 신념을 지지하기 위해서 어떤 인지적 왜곡을 사용하고 있습니까? 당신은 일반화하거나, 넘겨짚거나, 긍정성을 감소시키거나, 부정적인 여과를 사용하거나, 낙인을 찍거나, 최악의 상황으로 받아들이거나 또는 '당위' 진술 등을 사용하고 있습니까?

7) 당신의 생각이 틀렸다는 것을 어떻게 증명할 수 있습니까? 그것이 검증 가능합니까?

8) 파이 차트 기법을 사용하세요. 파이 은유를 사용해서 이 사건에 대한 있음직한 원인을 분포

시켜봅시다. 당신 자신이나 또는 다른 사람들이 아닌 다른 원인으로 야기된 수행 결과는 어느 정도이죠?

9) 이 행동에서 당신이 볼 수 있는 다른 다양성은 어떤 것이죠? 당신은 항상 이 방식입니까? 만약 다양성이 있다면 당신은 어떤 결론을 내리시겠습니까?

10) 당신의 의도는 무엇입니까? 다른 사람의 의도는? 당신은 어떤 행동을 증진시킬 수 있습니까? 그들의 의도에 대한 당신의 신념이 맞다는 것을 확신합니까? 당신은 어떻게 알죠?

11) 당신 이외에 누군가가 있다면, 똑같은 수행이 일어날까요?

12) 때때로 우리가 개인화할 때, 우리는 우리 자신을 일들의 중심으로 생각합니다. 만약 낯선 이가 무슨 일이 일어났는지를 관찰한다면, 그(녀)가 당신에게 개인적이라고 생각할 겁니다. 어째서죠? 어째서 아니죠?

13) 무슨 일이 일어났는지 개인화하기보다는 당신이 비판단적인 방식으로 관찰한 행동을 설명하려고 노력하세요.

14) 개인화하고 비난하기보다는 어떤 문제들이 해결될 필요가 있는지 질문해본다면 어떨까요? 예를 들어, 만약 당신이 관계가 깨진 것을 경험하고 있다면, 당신 스스로 또는 다른 사람을 비난하기보다는 지금 당장 해결될 필요가 있는 현실적인 문제가 어떤 것이 있는지 왜 스스로 자문해보지 않죠? 새로운 방식으로 생각해보는 것의 결과는 어떻게 될까요?

15) 당신이 앞뒤로 떠도는 해변에 있는 모래알이라고 상상해보세요. 지금 모래알의 관점으로 현재의 상황을 고려해보세요.

11. 비난하기 : 당신은 다른 사람을 당신의 부정적인 느낌의 원천으로 초점을 맞추고, 스스로를 변화시키는 것에 대해서 책임지는 것을 거부한다(예 : "그녀는 내가 지금 느끼는 방식에 대해서 책임이 있다" 또는 "나의 부모님들은 모든 내 문제의 원인이다").

기법

1) 당신의 신념 정도를 측정하고 당신의 정서를 확인하고 평가하세요.

2) 당신의 진술 또는 생각이 무엇인지 정확히 확인하세요(예 : "이것은 전적으로 그(녀)의 잘못이다").

3) 비용-이익 분석을 수행해보세요.

　a. 다른 사람을 비난하는 것이 그들을 좀 더 열심히 노력하도록 동기화시킬 것이라고 생각합니까?

　b. 그들을 비난하는 것은 어떤 방식으로 당신을 보호한다고 생각합니까?

　c. 타인을 비난하는 것이 '현실적'이라고 생각합니까?

　d. 만약 당신이 다른 사람들을 비난하는 것을 덜 한다면, 당신의 생각, 느낌, 행동이 어떻게

변화할까요?

4) 당신의 비난하는 진술의 찬성 그리고 반대하는 증거를 탐색하세요.

5) 다른 사람이 틀렸다는 당신의 신념을 지지하는 증거의 질은 어떤가요?

6) 어떤 인지 왜곡들이 당신의 신념을 지지하기 위해서 사용되나요? 당신은 일반화하거나, 마음을 넘겨짚거나, 긍정적인 것을 고려하지 않거나, 부정적인 필터를 사용하거나, 낙인을 찍거나, 최악의 상황으로 받아들이거나 또는 '당위' 진술 등을 사용하고 있습니까?

7) 만약 당신이 연속선상을 따라서 그들의 행동을 바라본다면, 당신에게 보이는 것만큼 그들의 행동이 정말로 그렇게 나쁜가요?

8) 만약 다른 사람이 이 부정적인 일을 했을 때조차도, 당신이 여전히 경험할 수 있는 보상 행동에는 어떤 것이 있을까요?

9) 당신의 사고(예 : "그들은 전적으로 비난받을 만하다")가 틀렸다고 당신은 어떻게 증명할 수 있습니까? 검증 가능합니까?

10) 파이 차트 기법을 사용하세요. 파이 은유를 사용해서 이 사건에 대한 있음직한 원인을 분포시켜봅시다. 당신 자신이나 또는 다른 사람들이 아닌 다른 원인으로 초래된 수행 결과는 어느 정도이죠?

11) 당신은 그들의 행동을 바라보는 데 어떤 변화 가능성이 있습니까? 그들은 이 방식으로 항상 행동합니까?

12) 당신의 의도는 무엇입니까? 그들의 의도에 대한 당신의 신념은 확실한가요? 당신은 그들의 의도를 어떻게 알 수 있습니까?

13) 그들은 어떤 정보를 사용합니까? 당신은 어떤 정보를 가지고 있습니까?

14) 다른 사람들을 비난하고 그들의 행동의 변화를 요청하는 것을 구별하세요. 어떤 행동을 그들은 증진할 수 있을까요? 당신은 무엇을 학습할 수 있습니까? 당신과 그들은 차후에 다르게 무엇을 할 수 있습니까?

15) 그들이 당신의 엄격한 규칙으로 살아가지 않을 때, 당신은 그 사람들을 이분법적인 용어로 낙인찍습니까? 이러한 낙인찍기의 결과는 어떤 것입니까?

16) 이중기준기법을 적용해보세요. 모든 사람들이 그것을 이 방식으로 봅니까? 왜 아니죠?

17) 우리가 당신의 신념을 모든 사람을 위한 보편적인 규칙으로 만든다면? 즉, 모든 사람들은 이 행동에 대해서 심하게 비난해야만 합니다. 그 결과는 어떻게 될까요?

18) 당위 규칙 속에는 도덕성이 인간의 존엄성을 앞지르고 있습니다. 당신의 당위 규칙들은 인간적이고 고귀한 방식으로 사람을 대합니까? 또는 그것들은 사람들을 비난하거나 흠잡는 것에 맞추어져 있습니까?

19) 당신의 당위 규칙은 어떤 종교적, 도덕적, 합법적인 신념으로부터 나옵니까? 당신이 이 당

위 규칙을 어디에서 배웠는지 상술해보세요. 현재 당신의 당위 규칙판을 배우거나 읽은 것을 오해한 것일 수도 있지 않을까요?

20) 다른 이중기준기법을 적용해보세요. 만약 당신이 정말로 누군가를 사랑하거나 또는 그(녀)에 대해서 관심이 있다면, 그(녀)에게 이 당위 규칙을 적용할 건가요? 왜죠? 이 규칙을 어떤 사람에게는 사용하고 또 어떤 사람에게는 사용하지 않는 이유는 무엇이죠?

21) 만약 당신이 자신의 당위 규칙을 어떤 것이 진실이라서 좋아한다는 진술로 대치한다면 어떨까요? 당신이 당신의 진술에 있어서 덜 극단적이라면 어떨까요? 예를 들면, "나는 완벽해져야만 해"라고 말하기보다는 "나는 잘하면 좋겠다"라고 말하는 것입니다. 덜 극단적인 선호감을 가지고 당위 규칙의 모든 부분을 다시 시작해봅시다.

22) 덜 극단적인 이 새로운 선호의 비용과 이익은 무엇입니까?

23) 0%에서 시작에서 100%까지의 선호감의 범위 목록을 만들어봅시다. 대부분의 사람들이 우리가 논의하고 있는 행동에 대해서 충분하거나 적당하다고 생각하는 것은 어느 정도입니까?

24) 비반난적 방식으로 이 행동을 수용한다면 어떨까요? 당신이 비난하거나 판단하지 않고 "그것은 바로 그것이다"라고 단순하게 말하면 어떨까요?

25) 당신이 자비롭고, 사랑스럽고 배려심을 느끼고 있다고 상상해보세요. 당신은 지금 이 행동을 관찰합니다. 그것을 자비와 배려로 접근해보세요.

26) 다른 사람을 용서한다면 어떨까요? 그것의 결과는 어떤 것일까요?

12. 불공평한 비교 : 당신은 비현실적인 기준으로 사건들을 해석합니다. 당신은 기본적으로 당신보다는 나은 사람들에게 초점을 맞추고 남들과 비교할 때 당신이 좀 열등하다고 생각합니다(예 : "그녀는 나보다 좀 더 성공적이다" 또는 "나는 완벽한 실패자다. 왜냐하면 다른 사람들이 시험에서 나보다 잘 보았기 때문이다").

기법

1) 당신의 신념 정도를 측정하고 당신의 정서를 확인하고 평가하세요.

2) 당신 스스로(또는 다른 사람의) 행동에 있어서 어떤 기준을 당신이 사용하는지 정확히 확인하세요.

3) 비용-이익 분석을 수행해보세요.

 a. 극단적인 용어로 당신을 바라보는 것이 당신을 동기화시킨다고 생각합니까?

 b. 극단적인 기준을 사용하는 것은 현실적이라고 생각합니까?

 c. 당신의 기준을 양보하는 것이 두렵습니까? 그것은 무엇을 의미하죠? 만약 당신이 양보한다면 무슨 일이 일어날까요?

    d. 당신은 당신의 높은 기준을 '자랑스럽다고' 생각합니까? 당신이 그것들과 함께 살 수 없을 때 당신 스스로를 비난한다고 할지라도.

    e. 만약 당신이 덜 극단적인 기준을 사용했을 때 생각, 느낌 그리고 행동이 어떻게 변할까요?

4) 당신의 극단적인 기준 사용에 대한 찬성하는 그리고 반대하는 증거를 조사하세요. 이러한 기준은 정말로 당신을 동기화합니까? 당신은 어떤 것을 이 기준들 때문에 피합니까? 그것들은 실제로 현실적입니까?

5) 완벽주의자가 되지 않고 적응적인 높은 기준을 가지는 것이 가능할까요? 과도하게 요구적이지 않으면서, 이 높은 기준이 달성될 수 있을까요? 당신의 기준이 완벽한 것이 아니라 조금 더 나은 것을 한다면 어떻습니까?

6) 당신이 자신과 다른 사람을 비교하는 것을 멈춘다면 어떤 일이 일어날까요? 당신이 좀 더 좋아질까요 또는 더 나빠질까요?

7) 당신 자신을 다른 사람과 비교하지 말고, 단순히 당신 자신과 당신이 행한 마지막 일과 비교해보세요. 배우고 개선하도록 노력하세요.

8) 저울에 0점과 당신 자신을 비교하면 어떨까요?

9) 당신을 다른 사람과 비교하기보다는 의미 있고 즐거운 일을 하는 데 초점을 맞추세요.

10) 극단적인 방식으로 일들을 바라봐야만 한다는 증거의 질은 어떻습니까? 이러한 극단적인 기준이 우리 사회에서 상식적입니까?

11) 어떤 인지적 왜곡을 당신의 신념을 지지하기 위해서 사용하고 있습니까? 긍정적인 것을 고려하지 않거나, 부정적인 여과를 사용하거나, 낙인을 찍거나 또는 완벽주의적인 '당위' 진술을 사용하고 있습니까?

12) 0~100%까지 이어진 연속선상에 일들이 나열되어 있다고 합시다. 10점 간격으로 여러 행동들을 연속선상을 채워 넣으세요. 0~100% 사이에 있는 이러한 행동들을 당신은 어떻게 설명할 것입니까?

13) 평균적인 사람은 이 연속선상 위에 어디에 위치합니까? 당신은 인간 행동에 있어서 전 범위를 사용하고 있습니까? 예를 들면 IQ 평균은 100이고, 평균 가족 수입은 5만 5,000달러입니다. 당신이 당신의 내재된 기준으로 평균을 사용하지 않은 것에는 어떤 이유가 있습니까?

14) 이 행동과 비교해서 더 나쁘거나 또는 더 낫거나, 똑같은 것에는 어떤 것들이 있습니까?

15) 특히 누군가 '그 기준을 따라서 살아갈 수' 없다면, 그것은 무엇을 의미하죠? 정확히 무슨 일이 일어날까요?

16) 때때로 이 기준에 따라서 살 수 없는 사람이 있습니까? 그들에게 정확히 무슨 일이 일어났나요?

17) 모든 사람이 당신이 가지고 있는 같은 기준을 가지고 있습니까?

18) 무관심을 이용하세요. 당신이 무관심하다면 어떨까요?

19) 이중기준기법을 적용해보세요. 모든 사람에게 그것이 그 방식으로 보일까요? 왜 아니죠?

20) 긍정적인 궤도를 따라가 봅시다. 일주일 동안 매일 당신의 긍정적인 면들(또는 다른 사람의 긍정적인 면들)을 따라가 봅시다. 이 기록은 당신에게 무엇을 말해줍니까?

21) 긍정적인 것에 대해서 보상해주도록 합시다. 당신이나 또는 누군가가 긍정적인 일을 할 때마다 당신에게 그 다른 사람에게 칭찬합시다. 이 칭찬은 긍정적인 행동을 감소시킬까요? 또는 증가시킬까요?

13. 후회 지향 : 당신은 과거에 좀 더 잘할 수 있었을 거라는 생각에 초점을 맞춘다(예 : "내가 노력했더라면 나는 좀 더 좋은 직업을 얻을 수 있었다. 또는 지금 당신이 좀 더 잘할 수 있는 것에 주의를 기울이기보다는 내가 그렇게 말하지 말았어야 했는데…"라고 생각하며, 당신은 좀 나쁜 수행 결과를 막을 수 있는 것을 과거에 알았어야만 했다고 믿는다. 그러나 당신은 정말로 확신할 수 있을 만큼 알 수 있는 상황에 있지는 않았다(예 : "나는 그 주식시장이 붕괴될 것이라는 것을 알았어야만 했다" 또는 "나는 그(너)가 믿을만하지 않다는 것을 알았어야만 했다").

기법

1) 당신의 신념 정도를 측정하고 당신의 정서를 확인하고 평가하세요.

2) 당신의 후회가 무엇인지 정확히 확인하세요. 예를 들면, 다음에 따라오는 문장을 완성하세요: "__X__가 사실이라는 것을 알았어야만 했다."

3) 비용-이익 분석을 수행해보세요.

   a. 과거를 후회하는 것이 당신이 차후 미래에 더 조심하도록 동기를 부여한다고 생각합니까?

   b. 후회하는 것은 현실적이라고 생각합니까?

   c. 만약 당신이 어떤 일을 덜 후회한다면, 당신의 생각, 느낌, 행동이 어떻게 변화할까요?

4) 당신이 후회할까 하는 두려움 때문에 결정하는 것을 꺼리시나요?

5) 결정하는 데 있어서 당신이 후회나 나쁜 결과를 피할 수 없는 것으로 보았다면 어떨까요?

6) 위험을 피할 수 있는 대안은 없는 위험 대 위험으로 의사결정을 생각해보세요.

7) 훌륭한 의사결정자는 나쁜 수행 결과를 가질까요?

8) 후회를 없애기 위해서 노력한다면 당신은 어떤 기회를 놓칠까요?

9) 당신은 했거나 하지 않았던 것을 후회하는 것이 가능한가요? 후회가 불가피한 것은 아닐까요?

10) 당신의 후회를 찬성하는 그리고 반대하는 증거를 조사하세요.

11) 당신의 후회를 지지하는 증거의 질은 어떻습니까?

12) [X]가 발생하기 전에 왜 당신은 알았어야만 합니까? 당신이 모든 것을 알아야만 합니까? 당

신은 사람의 마음을 넘겨짚어야만 합니까? 실수를 해서는 결코 안 됩니까? 그런 방식으로 생각하는 것의 결과는 어떤 것입니까?

13) 당신은 어떤 증거를 이용할 수 있습니까? 어떤 것이 그 순간에 가장 중요한 것처럼 보입니까?

14) 그때 이용 가능한 정보가 주어졌다면, 당신은 만족할 만한 충분한 결정을 하는 것이 가능할까요?

15) 당신의 신념을 지지하기 위해서 당신은 어떤 인지적 왜곡을 사용하고 있습니까? 당신은 개인화, 긍정적인 것을 중요시하지 않는 것, 넘겨짚기, 낙인찍기 등을 하고 있습니까?

16) 당신의 생각이 틀렸다는 것을 어떻게 증명할 수 있습니까? 그것이 검증 가능합니까?

17) 하향화살표기법을 적용하세요. 당신의 생각이 사실이라면 왜 그것이 당신을 괴롭히죠? 이것이 당신은 좋은 결정을 할 수 없고, 당신은 너무 주의 깊어야만 하고, 결코 위협을 무릅쓰지 않으며, 만약 어떤 일들이 잘 수행되지 않으면 당신 스스로를 비난하고, 누구도 결코 믿지 않는 것을 의미한다고 생각합니까?

18) 당신이 결정을 잘하지 못한다고 해서, 스스로 멍청하고, 무능하며, 우유부단하다고 결론을 내립니까?

19) 다른 훌륭한 결정을 해보았습니까? 당신은 성공한 결정으로부터 어떤 결론을 내립니까?

20) 이중기준기법을 적용해보세요. 대부분의 사람들은 이 상황을 어떻게 봅니까? 당신이 그것에 후회해야만 한다고 그들은 생각합니까? 모두 비난받나요?

21) 당신 자신을 비판하기보다 자기 교정을 시도해보세요. 당신은 이 경험으로부터 무엇을 학습합니까? 차후에 당신은 무엇을 다르게 할까요?

22) 이 결정이 제대로 이루어지지 않는다고 해도, 그것으로부터 나온 긍정적인 것은 무엇입니까? 당신이 지금 또는 차후에 할 수 있는 긍정적인 것은 무엇입니까?

23) 후회는 때때로 1분 정도 지속될 수도 있고 오랜 시간 동안 지속될 수도 있습니다. "나는 그 방향을 선택한 것을 후회한다"처럼 단 1분 동안의 후회를 인식하고 생산적인 행동으로 옮겨갈 수 있다면 어떨까요?

24) 당신의 후회에 대해서 반추하고 있으신가요? 후회를 잡고 있는 데 드는 비용과 이익은 무엇일까요? 매일 '후회 시간'을 20분 정도 떼어 놓으세요. 생산적인 행동으로 이어질 후회에 초점을 맞추고 있습니까? 어떤 행동이 그렇게 될 수 있을까요?

14. 만약에? : 당신은 스스로에게 "만약 ~한 일이 일어나면?"이라고 끊임없이 질문합니다. 그리고 당신은 어떤 대답에도 만족하지 못합니다(예 : "네, 그러나 만약 내가 불안해진다면?" 또는 "만약 내가 숨을 쉴 수 없다면?").

기법

1) 당신의 신념 정도를 측정하고 당신의 정서를 확인하고 평가하세요.

2) 당신의 예측이 무엇인지 정확히 확인하세요.

3) 비용-이익 분석을 수행해보세요.

   a. 걱정이 당신을 보호하고 준비하게 한다고 생각합니까?

   b. 당신이 걱정하는 것을 통제할 수 없다는 것이 두렵습니까?

   c. 당신은 모든 가능한 문제에 대한 해결책이 필요하다고 생각합니까?

   d. 만약 당신이 '만약에' 생각을 많이 하지 않는다면 당신의 생각, 느낌, 행동이 어떻게 변화할까요?

4) 당신은 만약에 사고를 지지하기 위해서 어떤 인지적 왜곡을 사용하고 있습니까? [미래를 예측하기(점치기), 마음 넘겨짚기, 정서적 추론, 등]

5) 당신은 절대적으로 어떤 것을 확신하고자 노력하고 있습니까? 불확실한 세상에서 확신성을 가지는 것이 가능할까요?

6) 당신은 현재 어떤 불확실성을 받아들입니까? 어째서죠? 모든 것에 대해 확신성을 요구하면 어떨까요?

7) 불확실성을 나쁜 결과와 동일하게 보고 있습니까? 그것이 논리적인가요?

8) 하향화살표기법을 적용해보세요. 당신의 생각이 사실이라면 왜 그것이 당신을 괴롭히죠? 이러한 상상의 결과가 얼마나 가능한가요?

9) 만약에 당신이 그것들이 완전히 안전하다는 것을 확신하지 못하면 그 일들이 위험하다고 생각합니까?

10) "만약에 어떤 것이 잘못되었다"라는 것에 내재된 사고를 따라가는 것은 당신이 해결될 필요가 있는 문제를 푸는 데 도움이 된다고 생각합니까?

11) 당신이 상상할 수 있는 모든 문제를 해결해야만 합니까?

12) 당신이 실제로 존재하는 문제를 해결하는 데 유능합니까? 사례를 들어보세요.

13) 현재의 문제와 행동에 초점을 맞추세요. 차후에 일어날 모든 문제를 해결하기 위해서 노력하기보다는 지금 단기간 문제, 즉 오늘 또는 이번 주에 언급될 필요가 있는 문제에 지금 당장 초점을 맞추세요. 이러한 시간 제한이 있는 조망을 가지고 있다고 한다면, 당신은 좀 더 유능함을 느낄까요?

14) 안심이 몇 분 이상 더 효과가 있습니까? 당신이 확신을 얼마를 하든 간에 그것이 지속되지

않는다는 것을 알았습니까? 이것은 미래에 대한 완벽한 확신이 없기 때문이죠?

15) 매일 20분 동안 다음 문장을 반복적으로 연습해보세요: "내가 무슨 일을 하든 간에, 나쁜 일이 나에게 일어나는 것은 언제든지 가능하다" 그 생각이 다소 강력해집니까?

16) 부정확한 부정적 예측을 당신은 몇 번이나 했습니까? 부정적인 예측을 하는 것이 나쁜 습관이 될까요?

17) 당신의 가장 극도로 공포스러운 수행 결과, 당신의 공포 판타지는 무엇입니까?

　　a. 가장 나쁜, 가장 최상의 그리고 괜찮은 수행 결과는 무엇입니까?

　　b. 당신이 가장 두려워하는 수행 결과를 자세히 설명해보세요.

　　c. 이 공포로 인해서 일어날 모든 잘못된 일들의 목록을 만드세요.

　　d. 이 공포가 일어나지 않도록 하는 모든 일들의 목록을 만드세요.

　　e. 매일 20분 동안 가장 나쁜 수행 결과의 이야기와 상상을 반복해서 연습하세요. 어떻게 느껴지죠?

18) 세 가지 긍정적인 수행 결과를 자세히 설명하세요. 그리고 이러한 긍정적인 수행 결과가 어떻게 일어날 수 있는지에 대한 이야기를 쓰세요.

19) 당신은 긍정적인 예측을 하는 것을 두려워합니까? 당신이 긍정적인 예측을 함으로써 '목숨을 건 모험을 하는 것'을 결코 해서는 안 된다는 미신을 가지고 있습니까? 일주일 동안 5개씩 긍정적으로 예측함으로써 이 신념을 시험해보세요. 그리고 한 번에 50번씩 반복해보세요.

20) 뒤로 물러서서 "만약에?" 사고의 마음챙김을 연습하세요. 그 사고들을 관찰하고, 그것들을 알아차리고 그것들과 싸우지는 마세요. 그것들이 왔다 갔다 할 수 있도록 하세요.

21) 당신의 "만약에?" 사고를 당신이 받을 수 없는 텔레마케터의 전화로 취급하세요. 울리면 받지 않습니다.

22) 당신의 "만약에?" 사고보다는 긍정적인 행동에 초점을 맞추세요.

23) 당신의 "만약에" 사고를 떠다니는 생각 풍선으로 상상해보세요. 그 생각의 끈을 놓고 그것이 올라가서 이리저리 표류하는 것을 보세요.

15. 정서적인 추론 : 당신은 자신의 느낌에 따라 현실에 대한 해석을 합니다(예 : "나는 우울함을 느낀다, 그래서 나의 결혼생활이 잘못될 것 같다").

기법

1) 당신의 신념 정도를 측정하고 당신의 정서를 확인하고 평가하세요.

2) 당신의 정서적 추론 사고가 무엇인지 확인하세요(예 : "나는 불안함을 느낀다. 그래서 어떤 나쁜 일이 발생할 것이다").

3) 정서와 사실을 구별하세요. 당신의 사실에 대한 정서적인 반응보다는 사실 그 자체, 즉 당

신이 볼 수 있거나 들을 수 있는 일에 대해서 설명하세요.

4) 비용-이익 분석을 수행해보세요.

   a. 당신의 감정에 의지하는 것이 당신이 롤러코스터 위에 있는 것처럼 느끼게 합니까?

   b. 당신의 감정이 가장 최악으로부터 당신을 보호하고 준비시킨다고 생각합니까?

   c. 예측하고 판단하는 데 있어서 당신의 감정에 덜 의지한다면, 당신의 생각, 느낌, 행동은 어떻게 변화할까요?

5) 당신의 정서적 추론의 사용을 찬성하는 그리고 반대하는 증거를 조사하세요. 당신의 감정이 현실에 대한 좋거나 또는 나쁜 안내를 해준다는 당신의 생각을 증거가 지지합니까?

6) 당신의 감정에 따라서 주식을 선택하시겠습니까?

7) 당신의 신념을 지지하기 위해서 당신은 어떤 인지적 왜곡을 사용하고 있습니까? 긍정적인 것을 고려하지 않기, 개인화, 마음 넘겨짚기, 운명 예측하기(점치기), 최악의 상황으로 받아들이기, 부정적인 여과 등을 사용하고 있습니까?

8) 당신의 생각이 틀렸다는 것을 어떻게 증명할 수 있습니까? 검증 가능합니까? 당신의 정서가 현실을 예측할 수 있다는 신념을 어떻게 섬승할 수 있습니까?

9) 이번 주 동안 당신의 감정을 따라가 보세요. 당신이 기분이 침체되었을 때, 어떤 것에 대해서 예측하세요. 당신이 정말로 기분이 좋았을 때, 또 어떤 것에 대해서 예측해보세요. 유형이 있습니까?

10) 우리는 현실을 결정하는 수행 결과나 사고를 때때로 생각합니다. 우리가 기분 나쁘면, 상황도 나빠지는데, 이것을 '사고-행동 융합'이라고 합니다. 그러면 당신의 정서나 생각은 어떻게 현실을 결정할 수 있을까요?

11) 하향화살표기법을 적용해보세요. 당신의 생각이 사실이라면? 왜 그것이 당신을 괴롭히죠?

12) 이중기준기법을 적용해보세요. 현실을 판단하는 데 그(녀)의 정서에 기본적으로 의지하는 친구에게 어떤 조언을 줄 것인가요?

13) 당신이 가진 정말로 훌륭하고 따뜻한 경험을 회상해보세요. 당신을 정말로 긍정적인 감정 속에 있게 하세요. 지금 미래에 대해서 생각해보고 그것에 대한 당신의 견해가 더 긍정적인지 확인하세요.

14) 마음챙김 명상을 시도해보세요. 숨을 들이마시고 내쉬면서 그리고 숨을 내버려두고서 당신의 호흡을 관찰하세요. 당신의 호흡을 받아들이고 당신 앞에 있는 것도 받아들이려고 노력해보세요.

15) 비판단적인 용어로 그 일들을 설명함으로써 있는 그대로 그것들을 보세요.

16) 정말로 자신감 있고 행복한 기분을 느끼는 사람은 어떻게 사물을 보게 됩니까?

16. 거절에 대한 무능함 : 당신은 자신의 부정적인 생각과 반대되는 모든 증거나 논쟁을 거절합니다(예 : 당신이 "나는 사랑받을 만하지 않다"라는 생각을 가지고 있을 때, 당신은 사람들이 당신을 좋아하는 모든 증거를 관련 없는 것으로 거절합니다(예 : "그것은 현실적 논제가 아니며, 좀 더 심오한 문제들과 다른 요인들이 있다"). 결론적으로 당신의 사고는 논박될 수 없습니다.

기법

1) 당신의 신념 정도를 측정하고 당신의 정서를 확인하고 평가하세요.

2) 당신의 사고가 무엇인지 정확히 확인하세요.

3) 비용-이익 분석을 수행해보세요.

    a. 애매하고 그리고 막연한 방식으로 생각하는 것의 결과는 무엇입니까?

    b. 누구도 잘 이해할 수 없는 용어로 생각하는 것의 결과는 무엇입니까?

    c. 당신의 사고가 애매하고 고정되기 어렵기 때문에 당신이 좀 더 깊은 사상가라고 생각하십니까? 지금 당장 혼란에 빠질 가능성이 있습니까?

4) 당신의 위치를 찬성하는 그리고 반대하는 증거를 조사하세요. 당신의 사고에 반대하는 증거를 모으는 것이 가능합니까?

5) 당신의 사고를 지지하는 또는 당신의 사고에 반대하는 증거의 질은 무엇입니까? 다른 사람들이 확신할 수 있겠습니까?

6) 당신의 신념을 지지하기 위해서 사용하고 있는 인지 왜곡에는 어떤 것이 있습니까? 당신은 정서적 추론, 긍정적인 것을 고려하지 않기 또는 부정적인 여과에 의존하고 있습니까?

7) 당신의 생각이 틀렸다는 것을 어떻게 증명할 수 있습니까? 검증 가능합니까? 당신의 생각이 검증될 수 없다면, 즉 당신이 틀렸다는 것을 검증할 수 있는 다른 방법이 없다면, 그때 당신의 사고는 정말로 의미 없는 것인가요?

8) 당신이 모으고 있는 자료를 모르는 과학자가 있다고 상상해보세요. 당신은 "제 생각의 타당도를 검증하세요"라고 말합니다. 과학자가 당신의 사고의 자료를 어떻게 수집할까요? 당신이 정보를 평가하는 방식과는 어떻게 다를까요?

9) 이중기준기법을 적용해보세요. 만약 누군가 그런 방식으로 생각을 한다면, 어떤 조언을 당신이 그(녀)에게 줄 수 있습니까?

10) 만약 당신의 사고가 너무 애매해서 검증할 수 없다면, 이것은 당신이 변화하는 것에 대해 무력감을 느끼게 합니까?

11) 당신의 사고와는 '반대로 행동하는 것'에 어떤 조치를 취하죠?

12) 당신의 사고를 검증하는 실험을 계획하고 있다고 상상해보세요. 정보를 수집하는 것에 대해 어떻게 생각하십니까? 이 실험을 낯선 사람에게 어떻게 설명하겠습니까?

17. 판단에 초점 맞추기 : 당신은 스스로를, 다른 사람들을, 사건을 단순히 설명하고, 수용하거나 또는 이해하기보다는 '좋은/나쁜' 또는 '우월한/열등한'과 같은 판단적인 용어로 보려고 합니다. 당신은 계속적으로 스스로와 타인을 작위적인 기준에 따라서 측정하려고 하고, 당신과 다른 사람들이 부족하다고 생각합니다. 당신은 자신에 대해서뿐만 아니라 타인에 대한 판단에 초점을 맞춥니다(예 : "나는 대학에서 수행을 잘하지 못했다" 또는 "만약 내가 테니스를 시작한다면, 잘하지 못할 것이다" 또는 "그녀가 얼마나 성공적이었는지를 봐라. 나는 성공적이지 못했다").

기법

1) 당신의 신념 정도를 측정하고 당신의 정서를 확인하고 평가하세요.

2) 당신의 판단의 본질을 정확하게 확인하세요(예 : "나는 완벽했어야만 한다" 또는 "나는 모든 사람의 인정을 받아야만 한다" 또는 "그들은 내가 그들에게 하기를 원하는 것을 해야만 한다").

3) 비용-이익 분석을 수행해보세요.

  a. 엄격해지거나 과도한 요구를 하는 것이 당신 또는 다른 사람들을 자극할 것이라고 생각합니까?

  b. 당신이 '도덕적' 또는 '옳은 것을 지지'한다고 생각합니까?

  c. 당신은 이 규칙을 어디서 습득했습니까?

4) 당신의 판단에 찬성하거나 반대하는 증거를 조사하세요. 다른 사람들이 이러한 판단을 심하다고 여기거나 그리고 당신이 너무 자주한다고 합니까?

5) 당신의 신념을 지지하기 위해서 어떤 인지적 왜곡을 사용하고 있습니까? 당신은 낙인찍기, 긍정적인 것을 고려하지 않기, 이분적 사고 또는 과잉일반화를 사용하고 있습니까?

6) 당신 또는 그들이 당신의 엄격한 규칙에 맞춰 살 수 없을 때, 자신과 다른 사람들을 이분법적인 기준으로 낙인찍습니까? 이러한 낙인의 결과는 무엇입니까?

7) 이중기준기법을 적용해보세요. 모든 사람들이 그것을 그런 방식으로 봅니까? 왜 아니죠?

8) 이러한 좋고 나쁜 기준을 모든 사람에게 해당하는 보편적인 규칙으로 만든다면? 그것은 인도적이고 합리적인가요? 왜 그런가요? 또는 왜 그렇지 않나요?

9) 당위 규칙 속에는 도덕성이 인간의 존엄성을 앞지르고 있습니다. 당신의 당위 규칙들은 인간적이고 고귀한 방식으로 사람을 대합니까? 또는 그것들은 사람들을 비난하거나 흠잡는 것에 맞추어져 있습니까?

10) 다른 이중기준기법을 적용해보세요. 만약 당신이 누군가를 진정으로 사랑하거나 또는 그(녀)를 관심이 있다면, 당신은 그(녀)를 그 방식으로 판단합니까? 왜죠? 당신이 다른 사람들은 아니고 스스로에게만 이 방식으로 판단하는 이유가 있습니까?

11) 만약 당신이 자신의 판단을 어떤 것이 진실이라서 좋아한다는 진술로 대치한다면 어떨까요? 당신이 당신의 진술에 있어서 덜 극단적이라면 어떨까요? 예를 들면, "너는 완벽해져야만 해"라고 말하기보다는, "나는 잘하면 좋겠다"라고 말하는 것입니다. 덜 극단적인 선호감을 가지고 당위 규칙의 모든 부분을 다시 시작해보세요.

12) 판단을 증진으로 대치하는 것을 고려하세요(예 : "나는 나의 수행을 증진시킬 수 있어" 또는 "그들은 또한 증진할 수 있다"). 개선을 격려하기 위해 무엇을 말하거나 할 수 있습니까?

13) 부정적인 것을 판단하기보다는 당신이 긍정적인 것을 칭찬하면 어떨까요? 긍정적인 것을 좀 더 격려하세요.

14) 판단하는 것보다는 마음챙김을 시도해보세요. 어떤 판단적인 말을 사용하지 말고, 무슨 일이 일어났는지를 설명하는 것에 초점을 맞추어보세요. 항상 그리고 결코와 같은 일시적인 말을 사용하는 것을 피해보세요(예 : "그는 항상 저래" 또는 "나는 결코 충분한 자격을 갖추지 못할 거야"). 당신이 관찰할 수 있는 행동에만 단순히 초점을 맞추어보세요(예 : "그는 과속을 하고 있다"). 그리고 당신이 어떻게 느끼는지에만 초점을 맞추어보세요(예 : "나는 예민해지고 있어…"). 현재 순간에 머무르세요.

15) 만약 당신이 현재 순간에 머문다면, 이 순간을 어떻게 변화시킬까요? 지금부터 한 시간 후에, 지금부터 하루 동안, 지금부터 일주일 동안 어떤 일이 일어날까요?

16) 당신이 무슨 일이 일어났는지를 발코니에서 내려다보고 있다고 상상하고, 당신이 본 것을 낯선 사람에게 설명해야 합니다. 말하고 수행된 것이 정확히 무엇입니까?

17) 당신의 판단을 수용으로 대체하는 것을 고려해보세요. 당신은 "나는 그것이 누군가 행동하는 방식이라고 받아들인다"고 말할 것입니다. 만약 당신이 그것을 판단하지 말고 받아들인다면 어떤 일이 발생할까요? 수용하는 것의 이익과 비용은 어떤 것입니까?

18) 당신 자신과 다른 사람들을 판단하기보다는 다른 사람과 자신에게 자비와 배려로 대한다고 상상해보세요. 좋은 것들, 따뜻함, 사랑과 수용을 생각하고 원한다는 것을 상상해보세요. 당신이 당신과 다른 사람을 향해서 판단하기보다는 자비로 향할 때 무슨 일이 일어날까요?

제13장

인정 욕구 수정하기

우울과 불안에서의 핵심 요인은 인정에 대한 과도한 욕구이다. 과도한 인정 욕구를 가진 사람은 자동 사고 왜곡의 전체 범위를 가질 가능성이 있다. 여기에는 마음 넘겨짚기("그는 내가 지루해한다고 생각한다"), 개인화하기("그녀는 내가 쓸모없는 사람이어서 하품을 했다"), 파국화하기("사람들이 나를 좋아하지 않았을 때 그것은 끔찍하다"), 운을 예견하기("나는 거절당할 것이다"), 과잉일반화하기("이것은 계속 나에게 일어나고 있다"), 낙인찍기("나는 주위에 휘말리고 있다"), 그리고 다른 사고 등이 포함된다. 게다가 다음과 같은 조건화된 규칙이나 가정을 가지고 있을 수 있다: "나는 언제든, 항상 재미있어야만 한다", "나는 항상 승인을 얻어야만 한다", "사람들이 나를 좋아하지 않는다면, 나에게 결함이 있다는 것을 말하는 것이다", "모든 사람이 당신을 좋아하지 않는다면, 당신은 인생을 즐길 수 없다" 그리고 "누군가 당신을 좋아하지 않는다면, 당신은 그들을 피해야만 한다." 더욱이, 이러한 가정이나 사고는 자신을 결함이 있거나, 무능한 또는 독립적으로 기능을 할 수 없는 존재로 간주하는 것과 같은 내재적인 개인적 도식과 종종 관련되어 있다. 또한 임상가들은 상황 불안을 낮추기 위해 걱정, 반추, 회피, 도피, 다른 사람에게 결정을 부탁하기, 알코올이나 술의 과잉 사용과 같은 문제적인 대처 전략을 평가해야만 한다.

Beck(1987)은 우울 취약성과 관련된 하나의 성격 영역은 사회적 의존성(sociotropy)인데, 이는 관계의 안정성이나 안전 위협에 대한 과도한 우려를 특징으로 한다. 이 영역은 자율성(autonomy)과는 정반대에 있는 것인데, 자율성은 대인관계와는 상관없는 성취 또는 성과에 대한 관여를 특징으로 한다. 극단적으로 두 유형 모두 취약한 것이고, 사회적 의존성은 관계에서, 자율성은 성취 또는 개인적인 기능에서 상실 또는 위협에 의해 활성화된다(Clark, Beck, & Brown, 1992; Hammen, Ellicott, Eitlin, & Jamison, 1989). 임상가는 일반적인 관계 의존적인 경향이 일련의 환자 문제에 어느 정도 내재된 것인지 그 수준을 평가해야만 한다. 예를 들어 관계 의존 유형을 가진 환자들은 의존적이고 회피적인 성격의 측정에서 높은 점수를 얻을 것이고 종종 경계선적인 특징을 보여줄 것이며, 관계의 위협이 있는 경우 문제적인 조절 기능장애가 촉발될 것이다. 사회 이존저인 이슈는 사회불안장애의 근간을 이루며, 과도한 위협 탐지 노력, 철회, 방어 그리고 일반적인 사회적인 회피를 설명한다. 그래서 인정 욕구는 좀 더 복잡한 사례 개념화의 한 부분으로 간주되어야 할 것이다.

다음에 제시된 사례에서, 나는 직장에서 자의식이 있고, 소외감을 느낀 환자의 치료에서의 논의 일부를 검토한다. 대화에 제시한 바와 같이, 인정과 소외에 대한 그의 현재 우려는 지루하고, 결함이 있고 또는 그의 동료와는 다른 초기 아동기 도식으로 추적할 수 있으며, 현재 상황에서의 문제적으로 대처하고 있는 현재 노력이 검토된다.

초기 회기

치료자 : 누군가가 내가 하고 있는 일에 동의하지 않는다면, 당신은 소외감을 느낄 것 같다고 말하고 있어요.

환자 : 네. 저는 사람들이 나에게 등 돌릴까 봐 두려워요.

치료자 : 사람들이 당신에게 등돌릴 것이라는 증거는 무엇이죠? [증거를 조사하기]

환자 : 모르겠어요. 내가 아이였을 때, 일부 아이들은 나를 좋아하지 않았어요.

치료자 : 그래서 그들이 무엇을 하였죠?

환자 : 그들이 정말로 어떤 것을 하지는 않았던 것 같아요. 단지 내가 그 집단의 일부라고 느낀 적이 결코 없었어요.

치료자 : 그것이 당신에게 오래된 이전의 이슈처럼 들리는데요. 즉 사람들이 당신을 좋아하지 않았을 것이고 그들은 당신을 배제한 것이네요.

환자 : 네. 저는 항상 제가 이상한 남자라고 느꼈어요.

치료자 : 그래서 직장에서 당신이 이상한 남자라고 생각할 때, 당신은 어떻게 반응하나요? 당신은 친절한가요? [대처 전략 조사하기]

환자 : 당신도 아시다시피, 저는 정말로 밖으로 표현하지는 않아요. 제 생각에 저는 수줍음을 타는 사람이에요. 그래서 제가 사무실에 도착하면 때때로 저는 불안하고, 우호적으로 행동하지 않아요.

치료자 : 사람들이 그 행동을 어떻게 해석한다고 생각하나요? 당신이 수줍음을 탄다고 생각할까요? 아니면 다르게 생각할까요? [대안적인 해석]

환자 : 아마도 그들은 내가 우호적이지 않다고 생각할 겁니다.

치료자 : 당신의 불안에 대처하는 방식은 철회하고, 사람들 주위를 약간 경계하는 것이며, 그리고 그들은 그것을 당신이 불친절하다고 해석할 수도 있어요. 그들의 일부는 당신이 그들을 좋아하지 않는다고 생각하는 것이 가능할까요?

환자 : 네. 그것이 맞다고 생각돼요. 아마도 내가 불친절하다고 그들은 생각할 것입니다.

치료자 : 그래서 어린 시절부터 당신이 속하려 하지 않은 것처럼 집단에 의해 소외받은 외부인으로 간 주하는 것처럼 느끼는 것에 대한 오래된 이슈가 있어요. [도식 확인하기] 당신이 어렸을 때 일부 아 이들이 불친절했다고 생각한 이유가 있으신가요? [대안적인 해석]

환자 : 모르겠어요. 나는 좀 똑똑했고 정말로 그들이 행하는 어리석은 일에는 어떤 관심도 없었기 때문 에 그들이 그렇게 생각했을 거예요. 그것은 내가 그들에 대해 판단한 것이죠.

치료자 : 그래서 아마도 당신은 다른 관심사를 가지고 있기 때문에 그 아이들과 어울리지 않는다고 느 꼈을지도 모르고, 사실 당신은 그들 집단원이 되고 싶지도 않았던 것 같아요.

환자 : 그런 지점이 있었을지도 모르지만, 그러나 어떤 면에서 나는 받아들여지고 싶었어요.

치료자 : 그래서 당신이 외부인이라는 그 생각이 어린 시절까지 거슬러 올라간다고 생각하고 당신을 사람들이 좋아하지 않는다고 매우 많이 넘겨짚기를 하며, 그 결과로서 당신은 사람들을 피하고 밖에 나가지 않고 있다고 생각합니까? [자동적 사고와 도식을 관련짓기]

환자 : 네, 그것이 사실이에요.

치료자 : 매일 사무실에서 사람들에게 친절하게 행동하는 실험을 만들어봅시다. 당신이 다음과 같이 말할 수 있습니다. "여보세요, 기분 어때요? 주말은 어땠어요? 당신은 사람들이 어떻게 반응할 거 라고 생각합니까?" [생각을 검증하고, 증거를 모으기, 예측하기]

환자 : 모르겠어요. 좋은 질문이지만요. 아마도 그들은 불친절할 수도 있고, 친절할 수도 있어요. 나는 잘 모르겠어요.

치료자 : 이 실험을 통해서 사람들이 당신을 좋아하지 않는다는 당신의 생각을 검증할 수 있어요.

이후 회기

치료자 : 그래서, 일부 사람들은 당신이 그들에게 우호적일 때 당신에게 긍정적으로 반응하는 것처럼 보인다는 것을 알게 되었다. 당신의 동료로부터 당신이 경험해온 '불친절한' 행동의 일부는 자신을 향한 친절한 행동을 하지 않은 자기 충족 예언의 한 부분일 수 있으며, 그들은 당신에게 우호적으로 행동하지 않았을 가능성도 있겠죠? [증거 모으기, 실험을 평가하기, 자기 충족 예언 평가하기]

환자 : 네. 그것이 가능성이 있네요.

치료자 : 좋아요. 그러면 이번 주 다른 일들을 시도해봅시다. 당신은 당신을 좋아하지 않는 사람들에 대해 매우 신경쓰고 있어요. 그리고 당신은 때때로 나에게 당신이 매우 공적인 방식으로 행동을 하 며, 눈 접촉을 거의 하지 않는다고 말했어요. [대처 유형 확인하기] 우리는 사무실에서 좀 더 친절하 고 좀 더 무심결에 하는 방식으로 행동하는 것에 대해서 말했었고 그것이 사람들로 하여금 당신에게 좀 더 친절한 방식으로 대하게 하는 것 같다고도 이야기했어요. 그러나 좀 다른 것을 시도해봅시다.

일부 사람들이 실제로 좋아하지 않을 수도 있는 것을 시도해봅시다. 불쾌감을 의도하는 것이 아니라 단순히 사람들이 준수하지 않을 요청을 해봅시다.

환자 : 당신의 의도는 어떤 것이죠? 무엇을 의미하죠?

치료자 : 가게에 가서 당신에게 다른 셔츠를 보여주도록 카운터에 있는 사람에게 요청하는 것입니다. 그리고 그가 당신에게 가격을 말할 때, 당신은 그에게 "나는 30% 할인을 원해요"라고 말하는 것입니다. 당신은 그가 30%를 할인해주지 않을 것임을 알고 있어요. 그러나 그가 "아니요"라고 몇 번 말할 때조차도 그것에 대해서 계속 당신은 요청을 해보는 것입니다. 다시 말해서, 당신은 아마도 다른 사람이 동의하지 않을 일을 하는 것입니다. 그래서 목표는 실제로 동의하지 않음을 유발해내는 것입니다. [예측 검증하기, 노출, 공포 연습하기]

환자 : 그것이 조금은 재미있어 보입니다.

치료자 : 점원이 실제로 당신에게 동의하지 않는다고 하면 어떤 일이 발생할 것이라고 생각합니까?

환자 : 모르겠어요. 내 오랜 자아는 그것은 세상의 끝을 의미한다고 생각했을 것입니다. 나는 내가 나쁜 사람이고 미움을 산다고 생각할 거예요. [예측 확인하기]

치료자 : 나는 왜 이러한 생각이 당신 자신을 주장하는 것을 못하게 하는지를 알아요. 그러나 그것을 철저히 생각해봅시다. 점원이 정말로 나를 좋아하지 않는다면 어쩌지? 이 점원이 당신을 좋아하지 않는다고 해도 당신의 생활에서 당신이 여전히 할 수 있는 것은 무엇이지요? [당신이 여전히 할 수 있는 것을 조사하기, 비극성 줄이기]

환자 : 아마 내가 전에 한 모든 것을 할 수 있을 것 같아요.

치료자 : 그래서 이것은 당신이 의도적으로 동의하지 않음을 얻기 위한 실험이에요. 그리고 나서 당신은 당신 일상에 일들이 좀 더 좋게, 좀 더 나쁘게 변화하는지 또는 전혀 변화가 없는지를 알아볼 수 있어요. [실험 만들기, 예측 검증하기]

환자 : 나는 그런 방식으로 결코 생각해본 적이 없어요.

치료자 : 대부분의 사람들은 거절당하는 것을 시도하지 않아요. 그러나 여기서 목표는 거절이 실제로 당신의 삶의 어떤 변화도 일으키지 않는다는 것을 알게 하는 것입니다.

다음 회기

치료자 : 셔츠 할인을 요청했을 때 무슨 일이 발생했나요?

환자 : 점원이 가격을 깎을 수 없다고 했어요.

치료자 : 가격을 좀 깎아달라고 계속 요청했나요?

환자 : 네, 그렇게 했고 그는 계속 거절했어요. 그리고 나서 그는 짜증이 난 것 같았어요. 그리고 처음에 나는 다소 불안했고, 당황하기도 했어요. 그러나 나는 그것이 일종의 거절당하는 것을 아는 실험

이라는 것을 깨달았죠. [예측 검증하기]

치료자 : 그 점원이 당신을 정말로 좋아하지 않으며 그리고 그는 당신이 지금 바보 같은 짓을 하고 있다고 생각하고 있다고 상상해봅시다. 그가 당신을 좋아하지 않을 때조차도 당신은 여전히 무엇을 할 수 있나요? [내가 여전히 할 수 있는 것을 조사하기]

환자 : 모르겠어요. 나는 여전히 일하러 다니고 친구들을 만나고, 그리고 내가 그 전에 했던 일들 모두를 하고 있죠.

치료자 : 당신이 그 전에 해왔던 모든 일을 하고 있다면, 일부 사람들이 당신을 좋아하지 않는다는 것은 매우 사소한 일입니다. [일을 조망해보기]

환자 : 추측컨대, 내가 그 방식으로 그것을 본다면, 당신이 옳아요.

치료자 : 이 사람이 당신을 좋아하지 않을 수도 있다는 것을 알면서, 한 달 안에 이것에 대해 어떻게 생각할까요? [미래시간 조망]

환자 : 추측컨대 나는 그것에 대해서 생각하지 않을 것입니다.

치료자 : 당신이 사용할 수 있는 한 가지 기법은 '그래서 뭐' 기법이죠? 예를 들어, 당신은 자신에게 '점원이 당신을 좋아하지 않는다면 '그래서 뭐'라고 말할 수 있어요. 당신이 때때로 그것에 대해서 생각하는 것을 발견해본 적이 있나요? 당신은 때때로 이렇게 말합니다: "그래서 뭐 누가 신경 쓰겠어?" ('그래서 뭐' – 대수롭지도 않고 왜 그것이 문제가 안 되는지)

환자 : 아마도 '그래서 뭐'를 충분히 말하지 않았네요.

다음 회기

치료자 : 우리는 그동안 당신이 직장에서 사람들과 어떻게 상호작용하는지에 대해서 이야기했어요. 당신은 가게에서 점원으로부터의 거절을 받았고 당신은 거절당하거나 상점에서 누군가가 당신을 좋아하지 않는다고 해서 세상이 끝난다는 것은 아니라는 것을 알게 되었어요. 지금 다른 가능성에 대해서 생각해봅시다. 소외되어왔다는 것에 대한 당신의 심한 공포에 대해서 상상해보세요. 다음의 문장을 내가 말할 테니, 당신이 밑줄 친 부분을 완성하는 것입니다. "직장에서 소외되어 왔고 사람들은 나를 좋아하지 않으며 나는 _____이 두려워요. 무슨 일이 일어났죠?" [하향기법]

환자 : 모르겠어요. 나는 해고될 거예요. 나는 실직해서 집에 혼자 앉아 있는 내 모습이 보여요.

치료자 : "그리고 집에 혼자 앉아 있는 것을 생각할 때, 나는 _____이 걱정됩니다." 무슨 일이 일어났습니까?

환자 : 모르겠어요…. 나는 다른 직장을 결코 얻지 못할 것입니다.

치료자 : "만약 내가 일을 구하지 못한다면, 내가 걱정해야 할 것은 _____입니다." 무엇인가요? [하향기법, 두려워하는 환상, 공포스러운 환상]

환자 : 제가 추측하기로는 나는 파산할 것이고 노숙자가 되는 것으로 끝날 것입니다.

치료자 : 좋아요, 그것은 매우 강한 상상이네요. 자신이 노숙자라는 사실을 분명히 알 수 있습니까?

환자 : 네, 저는 작은 종이 박스와 함께 보도에 앉아 있는 것이 보입니다.

치료자 : 좋아요, 그래서 잠깐 동안 그 상상을 마음속에 유지하고 있어 봅시다. 종이 박스를 가지고 집이 없이 당신은 도로 위에 앉아 있어요. [공포스러운 환상의 시각적 심상화, 심상노출]

환자 : (웃으면서) 그것이 사실일 것이라고 상상하는 것은 어려워요.

치료자 : 그 이유는 무엇이죠?

환자 : 나는 좋은 기술을 가지고 있고 직업을 구할 수 있다는 것을 알기 때문이죠.

치료자 : 좋아요. 이것을 당신의 '공포스러운 환상'이라고 칭합시다. 그것은 당신이 집 없이 누더기 옷을 입고, 종이 박스를 가지고 도로 위에 앉아 있는 것입니다. 사람들이 당신을 좋아하지 않는다면 그것이 당신의 공포입니다.

환자 : 네. 나는 그것이 완전히 어리석은 것임을 알아요. 거의 웃기죠.

치료자 : 좋아요. 그것은 엉터리이죠. 그러나 어느 정도 수준에서, 당신은 어떤 두려움을 가지고 있다는 것은 또한 환상이기도 합니다. 그래서 모든 공포처럼, 우리는 노출을 할 수 있어요. 그것은 너무 지루해서 더 이상 주의를 끌기가 어려울 때까지 계속 두려워하는 심상을 계속해서 직면하는 것입니다. 그래서 제 생각에는 당신이 기꺼이 그 직면을 하려고 한다면, 당신은 보도 위에 앉아 있는 노숙자들의 이미지를 상상했다는 것을 알게 될 것이라는 것입니다. 즉 구글에서 이야기하는 '노숙자 이미지'이죠. 당신이 컴퓨터 화면 보호기에 넣고 매일 보았으면 합니다. 그리고 당신이 그것을 보았을 때, 당신이 "추측컨대, 만약 누군가 내가 말하거나 하는 일에 대해서 동의하지 않는다면, 나는 결국 이 노숙자처럼 될 거야"라는 말을 당신에게 말하길 바라요. [공포스러운 환상의 홍수법]

환자 : 그것이 재미있어 보입니다. 날 놀리지 않으실 거죠?

치료자 : 약간은 농담이죠. 그러나 실제로 심각한 농담이죠. 제가 당신이 하기를 바라는 것은 당신이 공포스러운 환상을 보고 그것을 농담으로 간주하는 것입니다.

제14장

자기 비판에 도전하기

자기 비판적 사고, 죄책감, 수치심은 주요우울장애의 핵심 요소이며, 불안장애의 전 범위와 외상의 경우에서도 발견되는 요소이다. 자기 비판 성향의 개인은 자책감에 **빠지기**가 더 쉬우며, 이는 결정장애, 위험 회피 성향을 갖도록 하는 데 일조를 한다. 자기 비판적 사고는 또한 지나치게 심사숙고하는 성향을 보여, 그런 개인은 그들이 저질렀다고 보는 실수에만 너무 집중한 다. 여러 회기에서 발췌한 아래 대화에서, 우리는 자기 비판적 사고에 빠진 사람을 치료하기 위해 치료자가 어떻게 폭넓은 인지치료기법을 활용할 수 있는지를 볼 수 있다.

접수 면접 이후 첫 회기

환자는 35세 남성으로 마케팅 회사에서 일하다 최근 해고되었다. 그는 계속 자기 비판을 해오고 있는 상태이며, 지난 몇 주 동안 지나치게 지난 일을 되새기고 숙고하며, 친구들과도 연락을 끊고 지내고 있는 상태다. 여기 대화에서, 치료자는 그의 자기 비판적 사고, 수치심, 후회 성향을 치료 하기 위해 많은 인지치료기법을 활용한다.

환자 : 저는 좋은 일자리를 구할 수 없을 것 같아서 너무 걱정이 됩니다. 그리고 저는 가만히 앉아서 나는 진정으로 실패자라는 생각을 많이 합니다.

치료자 : 누구에게나 그렇듯이 지금 아주 어려운 상황으로 보입니다. 당신은 당신의 아파트에 앉아서 기분이 다운된 상태를 느끼실 때, 마음속에 어떤 생각이 떠오르시나요? [생각 끄집어내기]

환자 : 저는 단지 제가 진정으로 실패자라고 생각해요.

치료자 : 그것은 곱씹어 생각하기엔 정말 힘든 것이에요. 특히 당신이 종일 혼자 있을 경우는 더 그렇 죠. '실패자'라고 하셨는데 이것은 어떤 의미로 하신 말씀이에요? [의미 기법]

환자 : 모르겠어요. 그것은 단지 자기 생각이나 일을 일관성 있게 할 수 없는 사람이죠. 저는 바로 그런 실패자라ㄱ ㄴ껴요.

치료자 : 실패자의 특징은 무엇일까요? 일부만 말해보세요.

환자 : 제 생각으로는, 아무것도 할 수 없는 사람이죠.

치료자 : 그렇군요. 실패자란 아무것도 할 수 없는 사람이라고 생각하시는군요. 맞나요?

환자 : 예. 맞아요.

치료자 : 그리고 실패자가 아닌 사람은 일을 해내는 사람이라고 말할 수 있겠네요?

환자 : 그렇다고 봐요. 맞아요. 그렇습니다.

치료자 : 그러시군요. 그러면 한번 살펴보죠. '아무 일도 해내지 못하는 사람'에 대해서 더 살펴보아요. 당신은 실패자라고 하시는데 스스로 보시기에 0~100%의 실패자 중에서 당신은 어느 정도라고 보시나요? [생각에 대한 믿음 정도 파악하기]

환자 : 제가 지금 이곳에 앉아 있는 것만 보아도, 저는 90% 그렇습니다.

치료자 : 당신이 90% 정도의 실패자라고 생각할 때, 어떤 감정이나 느낌이 드세요? [생각을 감정과 연결하기]

환자 : 저는 슬프고 무기력하고 불안한 것 같아요.

치료자 : 그러면 얼마나 슬프고, 무기력하고 불안한지 0~100%로 그 정도를 말해보세요.

환자 : 약 95% 슬프고, 90% 무기력하고, 80% 불안해요.

치료자 : 당신이 아무것도 할 수 없다고 생각하는 증거를 살펴보죠. 당신이 고려해본 증거는 무엇인가요? [증거 조사하기]

환자 : 제가 실직을 했기 때문에 저는 실패자라고 생각하는 것 같아요.

치료자 : 당신이 아무것도 해낼 수 없다는 생각을 뒷받침할 다른 증거도 있나요?

환자 : 모르겠네요. 다른 증거는 생각해낼 수 없네요.

치료자 : "나는 실패자다"와 같은 부정적인 생각을 할 때, 당신은 실패자인 증거를 찾게 되고, 그런 증거를 찾고 나면 당신은 탐색을 멈추고, 그러한 부정적인 생각에 대한 반대 증거는 찾지 않는다고 생각하시나요? [편견 확립, 제한된 탐색]

환자 : 그것이 맞는 것 같네요. 저는 꽤 부정적일 수 있어요.

치료자 : 오직 부정적인 것들에 대한 정보만 탐색하게 되면 결과는 아마도 당신의 부정적인 믿음이 더욱 더 강해질 겁니다. 당신의 사고가 자동적으로 부정적인 쪽으로 집중되기 때문에 우리는 이를 '편견 확립'이라고 부릅니다. 자, 그러면 당신이 무언가 해냈었다는 증거들이 있는지 살펴보죠. 생각나시는 것 있나요? [증거 점검]

환자 : 음, 실제로는 저는 일을 하면 아주 잘해요. 지난 2년 동안 저는 좋은 피드백을 받아왔어요. 그리고 저는 대학을 나왔어요. 좋은 친구들이 많이 있어요.

치료자 : 그렇군요. 우리가 당신이 어떤 일을 잘해낼 수 있다는 증거를 찾아보니, 이렇게 증거가 많이 있군요. 좋은 피드백을 받을 정도로 일을 꽤 잘했구요, 대학을 나왔구요, 좋은 친구들이 많네요. 그러나 당신이 실패자라거나 어떤 일도 할 수 없다는 증거는 당신이 일자리를 잃었다는 것이구요. [증거 비교하기]

환자 : 예. 그러나 많은 사람들이 대학을 졸업한 친구들을 가지고 있어요.

치료자 : 증거를 찾으면서 당신은 자신이 업무에 있어서 좋은 피드백을 받았다, 대학을 졸업했다, 좋은 친구들이 있다는 사실들을 낮게 평가하는 것처럼 보여요. 이들 긍정적인 증거들을 낮게 평가할 경우 그 결과가 어떨 거라고 생각하시나요? [인지 왜곡 확인, 긍정적 요소 폄하]

환자 : 이는 제 자신에 대해 더 나쁘게 생각을 하도록 만들겠지요.

치료자 : 그리고 또한 당신이 하고 있는 것은 당신 자신에 대해 딱지를 붙이는 거예요. 당신이 일자리를 잃었기 때문에 스스로를 실패자라고 생각한 경우를 보자구요. 당신은 직업을 잃은 적이 있던 모든 사람을 실패자라고 보실 것인가요? [이중기준]

환자 : 전혀 아니죠. 제 여동생이 몇 년 전에 일자리를 잃었었지만, 그녀는 확실히 실패자는 아니에요. 그녀가 다니던 회사가 구조 조정을 하는 바람에 많은 사람들이 회사를 떠나야만 했던 서죠.

치료자 : 당신은 자신에 대해서는 아주 비판적이지만, 여동생에 대해서는 매우 이해심이 있어 보이네요. 당신이 이중기준을 가지고 있다고 생각되지 않으신가요?

환자 : 네. 그렇다고 생각되네요. 저는 다른 사람들에게보다 제 자신에 대해서 더 엄격하네요.

치료자 : 만약 당신이 실패자라는 생각을 뒷받침해주는 증거와 이를 반박하는 증거를 비교했다면, 그 결과는 어떨까요? 50/50? 60/40? 40/60? 아니면 다른 어떤 정도일까요? [증거 비교하기]

환자 : "나는 실패자가 아니다"가 90%, "나는 실패자다"가 10% 정도가 되겠네요.

치료자 : 당신이 자신에 대해 이러한 벅찬 기준을 가져야 하는 이런 성향에 대해 살펴보죠. [가정 확인하기] 이렇게 매우 벅찬 기준 때문에 발생하는 비용과 이익은 무엇일까요? 당신 자신을 그렇게 벅차게 했을 때 당신이 지불해야 하는 비용을 살펴봅시다. 당신이 지불한 비용은 무엇인가요? [비용 및 이익 점검하기]

환자 : 그것은 저를 매우 자기 비판적이고, 우울하고 불안하게 만드는 것 같아요.

치료자 : 이런 벅찬 기준을 적용했을 때 어떤 이익이 있을까요?

환자 : 글쎄요. 높은 기준은 저를 열심히 하도록 자극시키는 것 같아요.

치료자 : 그런 동기부여를 받기 위해서 너무나 벅찬 기준을 스스로에게 적용할 필요가 있다는 점을 뒷받침해주는 증거가 있는지 살펴보죠. 그러한 관점을 지지하는 증거는 어떤 것인가요? [가정을 지지하는 증거 점검하기]

환자 : 때때로 저는 정말로 열심히 일하지만, 때로는 아시다시피 저는 너무 완벽주의자이기 때문에 일을 하는 데 아주 힘든 시간을 갖게 되고, 질질 끌고 미루기도 합니다. [가정에 드는 비용과 이익 검검하기]

치료자 : 그래요. 좋은 기준이나 높은 기준을 갖는 것이 도움이 될 수도 있지만, 때론 불가능해 보일 수도 있어서 그런 경우 하는 일을 미루고 회피하고 질질 끌게 되는군요. 만약 당신이 건강하게 높은 기준을 갖는다면 어떤 일이 발생할지 궁금하네요. 달리 말하면, 만약 100%를 목표로 하기보다 85%를 목표로 하면 어떻게 될까요? [조절된 가정에 드는 비용과 이익 점검하기]

환자 : 신기하네요. 그렇게 생각하니까 약간 불안하지만 또한 약간 더 희망적이 되네요.

치료자 : 85%를 목표로 하는 것이 왜 당신을 더 불안하게 하나요?

환자 : 왜냐하면 제가 저의 높은 기준을 포기하는 것이 두렵기 때문이죠. 저는 정말로 보잘것없는 존재가 될 거에요.

치료자 : 흥미롭네요. 당신은 보잘것없는 존재가 된다고 생각해서 완벽주의를 포기하는게 두렵네요? 당신은 사물을 이분법적으로, '전부 혹은 전무'로 보는 것 같아요. 즉, '100%로 밀어 붙이던가 아니면 아무것도 하지 않는 식'으로 생각하고 있어요. [가정의 인지 왜곡 확인하기]

환자 : 그것이 저의 문제라고 생각해요. 그리고 제가 항상 자기 비판적이 되는 이유이구요.

치료자 : 우리가 지금까지 이야기해온 것을 살펴봅시다. 당신은 직장을 잃었기 때문에 스스로를 실패자라고 생각하며, 실패자란 아무것도 해내지 못하는 사람으로 규정하고 있어요. 그러나 우리가 당신에 대해 살펴보았을 때, 당신은 업무를 항상 잘해왔고 좋은 피드백을 받아왔으며, 대학도 졸업했고 또한 많은 친구들이 있어요. 그리고 당신은 이중기준을 가지고 있어서 여동생을 포함하여 타인에 대해서는 비판적이지 않지만, 자기 스스로에게는 매우 비판적이에요. 게다가 당신은 이러한 매우 완벽주의적 기준을 가지고 있어서, 당신이 무엇인가에 대해 100%를 해내지 못하면 이를 실패로 생각해요. 그리고 또한 자신의 긍정적인 요소들을 폄하해서, 자신이 한 것에 대해 인정을 많이 해주지 못해요. 만약 지금 당신이 이런 생각을 조금이라도 바꾼다면 ,당신의 자기 비판적인 사고에 어떤 일이 일어날 것이라고 보시나요?

환자 : 제 자신에 대해 훨씬 좋게 느끼게 될 것 같아요.

다음 회기

치료자 : 우리는 당신이 실직했기 때문에 당신이 자신을 비판하고 스스로를 실패자라고 생각하는가에 대해 이야기했습니다. 지금은 일이 제대로 안 되는 것에는 많은 이유가 있을 수 있어요. 업무에 어떤 상황이 생겨서 당신이 실직하게 되었나요? [대안 설명, 재귀인]

환자 : 글쎄요. 많은 일들이 있었죠. 새로운 사장이 취임했고, 그 여사장은 직원들을 구조 조정했어요. 제 생각으로는 그녀는 전에 함께 일했던 사람을 데려오고 싶어 했던 것 같았어요. 그러다 보니 제 자리가 사라지더라고요. 저는 그녀의 계획에 없었던 거죠.

치료자 : 그렇군요. 당신이 실직하게 된 이유 중의 하나는 새로운 경영진 취임이군요.

환자 : 네 그렇습니다.

치료자 : 우리가 파이 차트를 그린다고 생각해보죠. 당신이 실직한 다른 이유들을 파이에 할당해볼 거예요. 이 파이 차트가 100%를 나타낸다고 보죠. 새로운 경영진이 당신이 실직하게 된 이유들 중 어느 정도 비중을 차지한다고 보나요? [파이 차트, 사항을 전망에 대입하기]

환자 : 75%라고 생각해요.

치료자 : 당신이 실직한 데는 또 다른 이유들이 있을 수 있나요?

환자 : 제가 일을 미루는 경우가 있어서 이따금 업무 처리가 늦었던 것도 있었습니다.

치료자 : 그렇군요. 흥미롭게도 일을 미루는 성향은, 전에 우리가 말했듯이, 당신의 완벽주의와 관계가 있는 것으로 보이네요. 만약 우리가 노력한다면, 당신의 그 미루는 성향은 바뀔 수 있다고 생각하시나요? [규칙과 가정의 결과 점검하기]

환자 : 아마 그럴 수 있다고 봐요.

치료자 : 만약 당신이 실직한 이유를 찾으면서, "능력 부족이 실직의 이유에 어느 정도를 차지하는가?" 라는 질문을 자신에게 한다면, 어떻게 답하실 건가요?

환자 : 능력 부족은 10%밖에 안 된다고 봐요. 운이 나쁜 것도 15% 정도이구요. 업무 상황이 바뀌었죠.

치료자 : 그러면 실직 이유에서 큰 부분인, 즉 75%는 새 경영진 취임과 신규로 사람들이 들어온 것 때문이고, 단지 10%만이 자신의 능력 부족이고 그러한 능력 부족 이유의 일부는 업무 지연 때문이군요. 그리고 업무 지연은 노력만 한다면 바뀔 수 있다고 생각하고 있구요. 그렇죠? [재귀인, 고정 요소 대 업무 성과 및 능력의 성장 요소 점검하기]

환자 : 네. 그게 사실인 같아요. 그러나 일을 질질 끌고 미루다니 제가 참 어리석었어요. 그곳은 치열한 곳이었는데요. 저는 더 잘 알았어야 해요.

치료자 : 우리가 앞으로 바꿀 수 있는 것을 살펴본다면, 당신의 미루는 성향은 바뀔 수 있고, 당신이 더 노력하는 자세로 바뀔 수 있으며, 새로운 경영진으로 바뀌어도 당신은 일자리를 잃지 않을 것이라고 말할 수 있어요. 만약 우리가 이것에 관해서 생각한다면, 보다 더 안정적이거나 고정적인 요소가 있어요. 당신의 업무 능력 같은 것 말이죠. 이는 당신의 실직에 기여하는 정도가 10%에 불과하고 나머지 90%는 앞으로 바꿀 수 있는 것입니다.

환자 : 그래요. 이들 중 일부가 바뀔 수 있다는 선생님 말씀은 알겠어요. 그러나 저는 여전히 바보같이 일을 질질 끌고 미룰 것 같아요.

치료자 : 아시다시피 우리 모두는 후회할만한 일을 해요. 당신은 자신을 비판하기 시작했네요. 당신에게 테니스 코치가 있고, 테니스 공을 쳤는데 공이 네트에 걸렸다고 상상해보자구요. 지금 이 코치가 당신에게 건너 와서 라켓을 뺏고, 머리를 열 번이나 칩니다. 이것이 당신의 테니스 게임 능력을 향상시킬 것 같나요? [자기 비판 vs. 자기 교정에 드는 비용 점검하기]

환자 : 아니오. 단지 제 머리만 다치게 할 뿐입니다.

치료자 : 그렇죠. 당신 머리를 세게 쥐어 박는 것은 도움되지 않아요. 코치가 당신에게 적절한 스윙 자세를 시연해보인다면 어떨까요? 그다음에 당신이 공을 쳐서 네트 너머로 보낸다면요?

환자 : 그것이 더 나을 것입니다.

치료자 : 그래요. 자기 비판과 자기 교정 사이에는 차이가 있는 거예요. 자기 교정은 당신을 개선하는 데 도움이 되니까, 우리는 일을 지연시키는 것을 바꾸는 법, 일을 제시간에 해내는 방법을 살펴볼 수 있어요. 그것이 자기 비판을 하면서 후회만 하는 것보다 더 생산적입니다. 그렇지 않겠습니까?

환자 : 알았어요. 저는 지금까지 계속 자기 비판을 해왔어요. 좋은 지적입니다.

치료자 : 우리가 자기 비판에 대해서 생각을 할 때, 바꿀 수 있는 것과 그렇지 않은 것에 대해서 생각해야 합니다. 당신의 경우는 대부분의 것이 좋은 쪽으로 바뀔 수 있는 것입니다. 그리고 사실 새로운 사장이 부임해서 자기 사람을 입사시키길 원하는 상황에서 당신은 그저 운이 없었다고 말할 수 있지요.

환자 : 그것이 맞다고 생각해요. 그것이 정확하다고 생각해요.

치료자 : 당신도 아시다시피, 운이란 것은 원래 바뀌는 법입니다. 그리고 일을 미루는 태도는 앞으로 바뀔 수 있어요. 역할 놀이를 해봅시다: 저는 당신의 아주 부정적인 생각이고, 당신이 나를 바꾸려고 노력합니다. [부정적인 사고를 치유하기 위한 역할 놀이], [비평가처럼] 당신은 어떠한 것도 올바르게 할 수 없어요.

환자 : (자신을 옹호하며) 그것은 사실이 아니에요! 나는 대학을 다녔고, 일을 할 때 좋은 피드백도 받았어요. 나는 많은 일들을 제대로 해냈고 친구도 많아요. 저는 많은 것을 올바르게 했어요.

치료자 : [비평가로서] 그것들 중 어느 것도 중요하지 않아요. 중요한 오직 하나는 당신이 실직했다는 사실입니다. 이는 당신이 완전히 실패자라는 증거입니다.

환자 : 그것은 사실이 아닙니다. 수백만의 사람들이 일자리를 잃어요. 스티브 잡스도 애플에서 일자리를 잃은 바 있어요.

치료자 : [비평가로서] 예. 그러나 당신이 실직한 이유는 당신이 어떤 일도 제대로 할 수 없었기 때문입니다.

환자 : 아니에요. 그것은 사실이 아니에요. 제가 실직한 이유는 새로운 경영진이 부임했기 때문입니다. 그리고 사실 제가 일을 뒤로 미루었던 것도 실직한 이유의 한 부분이지만, 그러한 자세는 적어도 이제 치료자의 조언에 따라 바꿀 수 있는 것입니다.

다음 회기

치료자 : 아시다시피, 당신은 자신이 실패자라고 이야기해왔고, 저는 당신이 실패자라면 이것이 당신에게 무엇을 의미하는지에 대해서 알아보기를 원해요. 그래서 몇 문장을 보시고, 마음속에 떠오르는 것이 무엇인지 제게 말씀해주세요. "만약 제가 실패해서 실패자라면, 그다음 나는

_____을/를 걱정한다." 이제 생각을 마무리하시고, 어떻게 될까요? [수직 강하]

환자 : 나는 사람들이 나를 거부하고 내 주변에 있기를 원하지 않을까 봐 걱정한다.

치료자 : "내가 실패자이고 사람들이 내 주변에 있기를 원하지 않는다면, 그러한 사실은 …하기 때문에 나를 괴롭힌다" 어떤 일이 있을 것 같나요?

환자 : 그때 저는 늘 혼자 있을 것 같아요.

치료자 : "그리고 내가 늘 혼자 있게 된다면, 그다음에 …이다" 어떤 일이 발생할까요?

환자 : 저는 우울증에 시달리겠죠.

치료자 : "만약 내가 우울증에 시달린다면, 나는 …일까 봐 걱정이 된다" 어떤 일이 생길까요?

환자 : 제 삶은 살 가치가 없을 것이고, 저는 아마 자살을 하겠죠.

치료자 : 그래요. 만약 당신이 실패자라면 사람들이 당신 주위에 있기를 원하지 않을 것이고, 그러면 결과적으로 삶은 살 가치가 없을 것이라는 것이 당신 생각입니다. [가정 확인하기]. 역할 놀이를 합시다. 제가 당신이 되어 실패자라는 것을 인정하게 하고 당신이 이에 관해 내가 안 좋은 기분을 느끼게 하기를 원해요. 저는 당신이 가능한 한 가장 부정적인 생각으로 나를 진정으로 대하기를 원해요. [생각에 대항하는 역할 놀이하기]

환자 : 알았어요. 당신은 제가 당신을 기분 나쁘게 만들길 원하는군요?

치료자 : 예. 그렇습니다. 실패자라는 것에 대해 제 기분이 나빠지게 해보세요. 알았죠? [실패자로서] 저는 이제 제가 실패자라는 것을 알게 되었지만, 저는 그것 때문에 정말로 기분이 나쁘지는 않네요.

환자 : [비평가로서] 당신이 실패자라면, 아무도 당신 주위에 있으려 하지 않을 것입니다.

치료자 : [실패자로서] 나는 그렇지 않다고 생각해요. 왜냐하면 제 많은 친구들이 어떤 일에 실패했었어요. 당신 말에 따르면 그들은 실패자이지요. 그리고 우리는 서로 어울려 다니기를 좋아해요. 우리는 공통점이 많거든요. [수용하기로 부정적 꼬리표를 초월하기]

환자 : [비평가로서] 그러면 그들은 모두 실패자들입니다.

치료자 : [실패자로서] 무엇인가에 실패한 우리와 같은 사람이 이 세상에는 수없이 많아요. 우리가 염려해야 한다고 생각하는 완벽한 사람들보다 우리 실패자들의 수가 실제로 더 많아요.

환자 : [비평가로서] 당신은 실패자 주위에 있으면 행복할 수 없어요. 그렇지 않나요?

치료자 : [실패자로서] 예. 그래요. 저는 주변에 있는 보통의 사람들과 있을 때 아주 행복할 수 있어요. 그리고 그들은 모두 무엇인가에 실패해본 적이 있는 사람들인데, 정말로 좋고 친절하고 유쾌하지요. 그리고 생각해보세요. 우리 모두는 앞으로 더 많은 일에 실패할 거예요. 왜냐하면 우리는 친절하고 즐거움을 사랑하기 때문이지요. 아시겠지만, 우리는 계속해서 서로를 지지해줄 거예요.

이후 회기

치료자 : 당신이 자신에 대해 아주 안 좋게 느껴질 때, 당신은 당신의 아파트 안에 앉아서 친구들로부터 고립되어 있는 것처럼 보여요. 왜 그렇죠? [감정과 생각을 문제가 되는 대처하기에 연결시키기]

환자 : 저는 실직한 것에 대해 다소 당황하고 있는 것 같아요.

치료자 : 당신 친구나 가족들 중에 실직한 사람이 있나요?

환자 : 예. 제 친구나 가족 중 많은 사람들이 시기는 다르지만 실직된 적이 있어요. 제 친구 베싸니도 실직했어요.

치료자 : 실직된 것에 대해 수치스럽게 느끼는 것 같아요. 당신이 실직한 것에 대해 수치스럽게 느낄 때, 친구들을 볼 것에 대해 생각하나요? 그들은 당신에 대해 어떻게 생각할 것이라고 보나요? 그들 마음속에 어떤 생각이 있다고 생각하세요? [속마음 읽기 점검하기]

환자 : 제가 실패자라고 보고 제 주위에 있기를 원하지 않을 것이라는 생각이 드네요.

치료자 : 그래요. 당신은 속마음 읽기를 하고 있어요. 그 근거는 무엇이죠? [증거 점검하기]

환자 : 저는 그저 제가 제 자신에게 하듯이, 그들도 저에 관해 똑같이 안 좋게 생각할 거예요.

치료자 : 그렇게 속마음 읽기를 하시는군요. 당신이 당신 자신에 대해 비판적인 것처럼 당신 친구들도 당신에 대해 그러할 것이라고 생각하시는 것 같아요. 그러나 당신 친구들이 당신에 대해 정말로 어떻게 생각할 것이라고 보시는지 당신 생각이 궁금하네요. [증거 점검하기]

환자 : 사실 그들은 저를 지지할 거라고 생각해요.

치료자 : 그러면, 실험을 해보죠. 다음 주에 4명의 친구에게 당신이 실직했다는 사실을 말해주고 어떤 일이 일어나는지 보는 게 어때요? 그들이 어떤 반응을 보일 것이라고 생각하시나요? [친구들 점검하기, 증거 모으기]

환자 : 그들은 아마 저를 지지해줄 거예요.

치료자 : 그러한 지지를 얻고, 당신 친구들을 볼 수 있게 되면 이익이 무엇일까요?

환자 : 외로움을 느끼지 않게 될 것 같아요.

치료자 : 당신이 다른 사람들에게 말할 때 발생할 수 있는 한 가지는 당신이 평범하다는 것을 당신이 알게 되는 것이고, 그러면 당신은 그렇게 지내는 것을 평범하다고 여기기 시작하고 당신이 사람들의 한 부분이고, 혼자가 아니라는 것을 더 많이 느끼게 될 것입니다. [문제의 보편화]

환자 : 그것은 제게 아주 도움이 될 거예요. 제가 이상한 것이 아니라고 느끼게 될 것 같아요.

회기 후반

치료자 : 지금 우리는 당신이 그동안 얼마나 자기 비판적이었고, 당신이 스스로에 대해 정말 모질게 대해왔는가에 대해 이야기했습니다. 이에 대한 대안은 당신 자신에 대해 약간의 동정심을 찾아보는 것

입니다. 만약 당신이 아주 많이 배려하고 있는 아주 좋은 친구가 있는데 그가 지금 어려운 시기를 겪고 있다고 생각하면, 그러한 시기에 당신은 그에게 어떠한 동정 어린 말을 할 것인가요? [동정심]

환자 : 친구에게 내가 그를 염려하고 있고, 사랑하고, 항상 그를 위해 그 자리에 있을 것이라고 말할 겁니다.

치료자 : 그러면 이제 그러한 동정심을 당신 자신에게도 가져보는 것을 상상해봅시다. 눈을 감고, 당신이 자신 스스로를 아주 진심 어린 마음으로 꼭 안아주듯이 당신 가슴에다 당신 팔을 교차시켜 놓아보세요. 그리고 이제 당신이 좀 전에 말했던 것처럼 친절하고 사랑스러운 말을 큰 소리로 당신 자신에게 말하세요. [자기 동정심 역할 놀이하기]

환자 : 나는 너를 염려하고 있고, 너는 좋은 사람이고, 잘해왔고, 나는 너를 위해 항상 여기에 있고, 나는 항상 네 편이란다.

치료자 : 그리고 지금 눈을 감고 이런 사랑스럽고 친절한 마음을 유지하면서, 당신 삶 속에 (아마도 당신이 어린 아이였을 때) 있는 가장 친절하고 가장 사랑스러운 한 사람을 상상해보세요. 그 사람은 누구일까요? [동정적인 이미지화]

휜지 : 그분은 제 할미니입니디.

치료자 : 그분이 당신에게 그렇게 말해주는 것을 상상해보세요. 눈을 감고 할머니께서 그때 당신에게 했던 말을 떠올려보세요. 그녀가 했던 말을 크게 말해보세요. [동정심 역할 놀이하기]

환자 : [할머니 역할로] 내가 너를 얼마나 많이 사랑하는지, 내가 너를 얼마나 염려하는지 아니? 너는 항상 내 마음 속에 있을 거란다.

다음 회기

치료자 : 당신이 자신에 대해 이렇게 부정적인 생각에 빠져 있을 때, 당신이 무엇을 하는지 살펴봅시다. 그렇게 부정적으로 생각하기 시작하면, 결국 당신이 무엇을 하게 되는지 생각해보세요. 그다음에는 무엇을 하나요? [행위와 부정적 정서 연결시키기]

환자 : 저는 제 아파트 속에 처박혀서 친구들과도 만나지 않는 것 같아요. 그리고 그다음은 일들이 얼마나 나쁘게 되었는지를 그저 계속 생각합니다.

치료자 : 당신이 자신을 비난할 때, 당신은 이런 부정적인 생각에 빠져서, 혼자 지내며 의도적으로 자신을 격리시키는 성향이 있네요. [반추 확인하기] 그래서 당신은 친구들을 만나지 않아요. 그 결과, 당신은 당신을 염려하고 있는 사람들과 어떤 즐거운 시간도 보내지 않게 되지요. 그런 다음 당신은 자신을 고립시키고 더 많이 비판하네요. [반추에 드는 비용 점검하기]

환자 : 네. 제가 현재 하고 있는 것을 그대로 말씀하시네요. 저는 제가 제 친구들에게 단지 짐이 될 거라고 생각하기 시작하고, 또 내가 직장을 잃었기 때문에 그들이 나를 실패자라고 생각할 것이라고

생각해요. 저는 제가 가라앉아 보인다고 생각해요. 저는 제 친구들이 저에 대해서 더 나쁜 느낌을 갖지 않기를 원해요. 그래서 저는 그들을 보지 않습니다.

치료자 : 당신은 혼자 있을 때, 더 자기 비판적 사고를 하는 것 같아요. 당신은 자기 비판적 사고를 계속 되풀이하는 성향이 있어요. 우리는 이것을 '반추 증상'이라고 불러요. 부정적인 생각을 계속 되풀이하는 것에 집중하는 것을 말해요. 이에 대해서는 후에 다시 이야기할 수 있을 겁니다. 당신이 친구들에게 부담이 된다는 당신의 생각을 한번 살펴봅시다. 지난 몇 주 동안 당신이 친구들을 보았을 때, 당신은 주로 무엇을 하였나요? [자기 충족적 예언]

환자 : 솔직히 말하면, 저는 제가 실직한 것에 대해 상당히 불평을 했다고 생각합니다. 그런 다음 당신이 말한 것처럼 계속 반추를 했어요. 저는 정말 짜증나는 사람이었을 거예요.

치료자 : 당신은 친구들에게 큰 소리로 반추한 것을 말하는 성향이 있어요. 이것이 당신뿐 아니라 친구들까지도 가라앉고 걱정하게 됩니다. 반면에 지지를 받게 만들 것은 확실하네요. 당신 친구들이 당신을 지지해주었을 때, 당신은 어떤 반응을 보이시나요?

환자 : 당신과 이야기하면서 제가 불평을 많이 한다는 것을 깨달았어요. 친구들이 제게 조언을 해줄 때, 때때로 저는 그 친구들에게 과민해져요. 어느 날 친구 로저가 업무상 동료와 만나보라고 제안했어요. 저는 화가 나서 그에게 "그게 얼마나 어려운 일인지 너는 몰라"라고 말했어요. 아마 제 과민함에 그는 다소 놀랐을 거예요.

치료자 : 여기서 배울 것이 있다고 생각해요. 그것은 사람들이 조언을 하면, 예민해지거나 화를 내지 않는다는 거예요. 그러면 그들을 쫓아버리게 되니까요. 당신도 아시다시피, 친구들에게 말할 때 지지를 얻기 위해서는, 당신을 지지하는 사람들에게 당신도 지지적이 되어야 한다는 것을 명심해야 합니다. 예를 들어, 당신은 "로저, 이해해주고 지지해주어서 고맙네"라고 말해야 해요. 그래야 친구들은 당신이 그들의 말을 듣고 그들의 지지를 소중히 여긴다는 것을 알게 되요. [지지 강화하기]

환자 : 네. 저는 때때로 꽤 부정적으로 보일 수 있어요.

치료자 : 당신은 어려운 시기를 겪고 있어요. 그러나 당신이 현재 하고 있는 긍정적인 것들을 언급해보세요. 그러면 사람들이 당신이 스스로를 격려하며 지내고 있다는 것을 들을 수 있으니까요.

환자 : 네, 저는 때때로 꽤 긍정적으로 보이기도 해요. 그건 사실이에요. 저는 직업 검색을 좀 해보았구요. 일부 책임자에게 연락도 했어요. 직업을 구할지 누가 알겠어요?

치료자 : 당신 친구들이 당신을 얕잡아볼 것이라고 생각했다고 당신은 말했었죠. 당신 친구들 중 누가 당신을 얕잡아볼 것으로 보시나요? 당신이 실직 중이라는 이유로 당신 친구들 중 누가 정말로 당신을 얕잡아볼 것이라고 생각하시나요? [증거 점검하기]

환자 : 아마 아무도 없을 거예요. 아마 발레리가 판단하기를 잘하는 사람이고, 다른 사람에게 인색한 편이므로, 만약 그녀가 제가 실직했다고 나를 경멸한다 해도 놀라지 않을 거예요.

치료자 : 당신은 인색한 친구 한 명 때문에 다른 좋은 친구들을 진정으로 피할 거예요? 당신은 발레리

에게 그렇게 휘둘리기를 원해요?

환자 : 당신 말이 맞아요. 나는 어쨌든 발레리를 정말로 좋아하지 않았어요.

치료자 : 역할 놀이를 해봅시다. 저는 정말로 비판적인 발레리가 될 거예요. 그러면 당신은 발레리가 하는 말에 도전해보는 겁니다. [비판에 대항하는 역할 놀이하기] [발레리 역할을 하면서] 자, 나는 네가 실직했기 때문에 일종의 실패자라고 생각해.

환자 : 무슨 터무니없는 소리야? 수백만의 사람들이 한 번씩은 실직 경험을 해. 실직했다고 내가 실패자는 아니야. 난 단지 직업을 잃었을 뿐이야.

치료자 : [발레리로서] 능력 없는 사람들만이 일자리를 잃어.

환자 : 말도 안 되는 소리야. 많은 능력을 가진 사람들도 일자리를 잃기도 해. 새로운 경영진이 취임하거나, 회사가 구조조정을 하거나, 회사 경영진과 불화가 있거나, 실직에는 많은 이유가 있어. 그리고 난 능력이 많고, 전에 업무를 잘했었어.

치료자 : [발레리로서] 글쎄, 난 널 경멸한다고, 넌 이 점을 유념해야 할 거야. 왜냐하면 내 의견이 이 세상에서 가장 중요한 것이니까.

환자 : 내 의견은 단지 니에게만 중요하겠지. 난 나 자신을 좋아하기 위해서 네가 나를 좋아하도록 힐 필요는 없어. 난 항상 너를 인색하고 비판적인 사람이라고 생각했었어. 네가 그런 식이라서 유감이야. 그렇게 하면 너는 틀림없이 다른 사람들에게 미움을 받게 될 거니까. 아마도 많은 사람들이 너를 좋아하지 않을 거야. 얼마나 창피한 일이니? 발레리.

치료자 : 자, 이제 역할 놀이를 마치죠. 당신이 가상의 발레리로부터 들은 이런 기분 나쁜 말에 도전해본 것을 어떻게 생각하나요?

환자 : 당신도 아시다시피, 제가 생각을 해봐도 발레리 말은 당치도 않은 소리였어요. 저는 실제로는 발레리가 당신이 표현한 것처럼 그렇게 밉상이라고는 생각하지 않아요. 그러나 만약 발레리가 그런 사람이라면, 제가 그녀에게 인정받아 보려고 생각하는 것 자체가 얼토당토 않은 거예요.

치료자 : 단지 발레리를 피하려고 당신의 좋은 친구들을 당신이 피하기로 생각한다면 그것도 아이러니예요. 잘 생각해보고 만약 발레리가 그렇게 비판적이라면 당신은 그녀를 그냥 얼간이라고 생각하면 된다. 당신은 비판적 얼간이를 기쁘게 해주기 위해서 자기 비판적이고 고립된 상태로 몰고 가서 자신을 더 아프게 만들고 있어요.

환자 : 이제 당신이 말하는 핵심을 알겠습니다. 저는 그런 얼간이가 무어라 생각하든 정말로 신경 쓰지 않아야 해요.

다음 회기

치료자 : 당신이 어떤 것도 실패할 수 없다는 생각을 갖게 한 곳이 어딘지 궁금하네요. 당신 가족 중에,

당신에게 이런 매우 벅찬 기준을 가지고 당신을 비판했던 사람이 있었나요? [가정과 스키마 확인하기/스키마의 근원 점검 보기]

환자 : 분명히 제 아버지네요. 그는 사실은 나쁜 사람이 아닙니다. 그는 계속 우울했었던 것 같아요. 그러나 수시로 제게 매우 비판적이었어요. 제가 무언가를 잘했을 때도, 그는 "내가 기대했던 게 바로 그거야"라고 말씀하셨죠. 그래서 저는 결코 그의 눈에 충분히 좋게 여겨진다고 느껴본 적이 없어요.

치료자 : 우리는 당신의 벅찬 기준이 어디서 나왔는지 알 수 있었습니다. 즉, 그것은 당신의 아버지가 당신을 향해 했던 비판의 목소리로부터 온 것으로 보입니다. 그 결과, 당신은 그 비판의 목소리, "나는 충분히 좋지 않아"를 내면화했습니다. 그리고 당신은 당신의 아버지가 하던 "결코 충분히 좋지 않아"라는 말 때문에, 당신의 긍정적인 면을 폄하하는 것을 배웠습니다.

환자 : 네. 사실 제가 무엇을 하든, 저는 충분히 좋지 않았다고 생각했어요. 제 아버지가 결코 만족하지 않으셨기 때문에, 저는 결코 제가 한 것에 만족할 수가 없었습니다.

치료자 : 당신 아버지의 부모님에 관해서 당신이 아는 것이 있나요? 그들이 당신 아버지에게 어떻게 했을 것 같나요? [스키마의 근원 점검하기]

환자 : 할아버지는 정말로 싸움꾼이었고 술주정뱅이였답니다. 그래서 할아버지는 꽤 비판적이고 부정적인 사람이었으며, 그래서 조부모는 많이 싸우곤 했다고 합니다. 할머니는 할아버지가 당연히 성공해야 하는 만큼 또는 그녀가 원하는 만큼 할아버지가 성공하지 않았다고 생각했기 때문에 할아버지를 비난하곤 했습니다. 할머니는 더 부유한 가정 출신이었으며, 그래서 할아버지를 무시하는 성향이 있었습니다. 저는 할머니의 그러한 태도가 할아버지가 자기 자신에 대해 수시로 아주 나쁘게 느끼도록 만들었다고 생각합니다. 아마도 그래서 할아버지가 술을 많이 마셨을 거구요. 무엇이 먼저인지는 모르겠습니다.

치료자 : 당신 아버지도 가족 내에서는 비난을 받는 환경에 놓여 있었군요. 그런데 설상가상으로 그는 충분히 성공하지 않았다는 이유로 그를 비난하는 사람과 결혼했구요. 이제 명백해진 것 같아요. 당신의 자기 비판은 아버지로부터 온 것이지만 아버지 자신이 만들어낸 것이 아니고 할아버지로부터 받은 것이고, 또한 당신의 어머니로부터도 받아 형성된 것입니다. 당신 어머니와 아버지 사이에서 대를 이어 그러한 자기 비판적 사고가 조성되고 이것이 당신에게 대물림된 것 같습니다.

환자 : 맞습니다. 이제 말끔히 이해가 됩니다. 한 세대의 자기 비판적 사고가 또 다른 세대로 전해졌네요.

치료자 : 그러나 당신은 지금 선택권이 있지 않나요? 그러한 자기 비판적 사고를 받아들이느냐 아니면 거절하느냐는 당신의 선택에 달려 있는 것입니다. [스키마로부터 벗어나기, 적절한 대처 확인]

환자 : 당신이 전 생애 동안 경험한 것을 그만두는 것은 어려운 일입니다.

치료자 : 사실입니다. 그것이 하룻밤 사이에 일어나지는 않아요. 그러나 당신은 지금 시작할 수 있습니다. 당신은 스스로에게 다음과 같이 말할 수 있어요. "나는 나 자신을 비판할 필요가 없다. 나는 나 자신을 받아들일 수 있으며, 내 아버지는 할아버지와의 관계에서 매우 어려운 시간을 보냈기 때문에

자기 자신에 대해 그렇게 자기 비판적이 된 것이다. 그러나 이를 그냥 흘려버리고 나 자신에게 더 많은 사랑과 친절함으로 대하는 것은 내가 맘 먹기에 달린 것이다." [적절한 가정과 스키마 점검하기]. 당신은 자기 자신에게 다음과 같이 말할 수도 있습니다. "그것이 내 아버지에게 소용이 없었기 때문에 나에게도 마찬가지일 것으로 볼 수도 있다. 나는 내 자신에게 더 많은 친절함과 사랑과 수용을 보이기로 결심할 수 있다. 나는 내 부모가 내게 했던 것보다 또는 내 할아버지가 내 아버지에게 했던 것보다 나 자신에게 더 좋게 대할 수 있다."

환자 : 내가 그렇게 할 수 있다면 정말 좋겠습니다.

치료자 : 당신이 여기 빈 의자에 앉아 있는 당신 아버지에게 말하고 있는 것을 상상하면서 역할 놀이를 해봅시다. 그가 당신에게 가졌던 부정적인 생각에 대해 당신은 동조하지 않을 것이고, 그의 부정적인 생각을 거부한다고 그에게 말하는 겁니다. [스키마의 근원에 대항하는 역할 놀이하기]

환자 : [그의 아버지에게 말하는 역할 놀이를 하며] 아버지는 내가 충분히 잘한다고 결코 생각하지 않는 것 같습니다. 당신은 저에게 결코 지지적이지 않았죠. 그것은 정말이지 저를 화나게 합니다. 왜냐하면 정말 오랜 기간 동안 나는 그렇게 자기 비판적이 되었고 결코 좋은 기분을 느낄 수 없었기 때문입니다. 힐아버지가 아주 어려운 사람이었고, 힐아버지가 아버지를 비난했다는 것을 압니다. 어머니도 아버지를 비난했다는 것 또한 압니다. 그러나 이제 멈춰야 합니다. 저는 항상 당신을 기쁘게 하기 위해 할 수 있는 것을 다하려고 했습니다. 그러나 당신은 "그것이 내가 네게 기대했던 거야"라고 말씀하셨죠. 아버지가 나를 자랑스럽게 여기고, 사랑해주고, 나를 염려해주고 있다는 말과 정 반대되는 말이었죠.

치료자 : 정말 좋아요. 정말로 강력했어요. 그리고 당신은 충분히 좋게 되기 위해 완벽해질 필요가 없는 사람들처럼 당신 자신을 보살피고, 칭찬하고, 인정해주고, 수용할 수 있다는 것을 추가할 수 있어요. 충분히 좋은 것은 충분히 좋은 것입니다.

제15장

분노 조절하기

분 노와 적대감은 인지행동치료에서 자주 등장하는 주제이며, 때로는 심각한 위기에 빠지게 할 수도 있다. 분노 문제는 자주 우울증과 대인관계에서의 갈등을 초래할 수 있고 불안을 은폐하기도 하기 때문에, 모든 임상가들은 분노 조절 문제를 효과적으로 다룰 수 있는 기술을 갖추어야 한다. 환자들이 분노 문제를 다룰 수 있도록 돕는 자조책뿐만 아니라, 인지행동치료를 사용하여 분노의 주제를 다루는 것에 대한 탁월한 문헌이 있다(DiGiuseppe & Tafrate, 2007; Kassinove, Roth, Owens, & Fuller, 2002). 특히, Tafrate와 Kassinove(2009)가 쓴, 모든 사람들을 위한 분노 조절: 분노를 조절하고 더 행복한 삶을 살기 위한 일곱 가지 증명된 방법(*Anger Management for Everyone: Seven Proven Ways to Control Anger and Live a Happier Life*)'이란 책은 특별히 유용하다. 이 책에 소개된 대화에서 임상가들은 현재 사용되고 있는 광범위한 범위의 인지행동치료기법을 볼 수 있으며, 환자들에게 숙제에 대해 강조하는 것이 치료의 핵심적인 부분임을 알 수 있다.

여기에 기술된 환자는 50대 남자로, 아내가 그의 적대적인 분노 폭발 때문에 별거를 하겠다고 위협을 해서 치료에 오게 되었다. 분노 문제를 보이는 많은 환자들처럼, 그는 아내가 자신에게 도움이 필요하다고 주장했기 때문에 '여기에' 온 것뿐이라고 하면서, 처음에는 치료에 들어오기를 꺼려했다. 그는 오히려 아내가 자신을 존중하지 않고, 자신의 말을 귀담아 듣지 않고, '당연히 해야 할' 일을 하지 않으려 한다고 믿었다.

첫 회기

치료자 : 당신이 아내에게 정말로 화가 나서 적대적이 되었던 때에 대해 좀 말씀해주시겠어요?

환자 : 그녀는 내 말을 들으려 하지 않는 것 같아요. 내 말은, 그녀는 자신이 원하는 것은 무엇이든 하려고 한다는 겁니다. 숙제를 전혀 하지 않는 아들의 일을 최우선으로 해야 한다고 내가 말했는데도,

그녀는 그렇게 하지 않아요. 들으려고도 하지 않아요.

치료자 : 그래서 그다음에 무슨 일이 일어났나요?

환자 : 그녀에게 소리를 질렀죠. 그녀에게 정말 이기적이고 어리석다고 말했지요. 나는 참을 수가 없었어요.

치료자 : 그녀는 어떻게 반응했나요?

환자 : 흥분해서 방을 뛰쳐나갔고 그런 다음 그날 밤 늦게 만약 내가 분노에 대해 도움을 받지 않는다면 별거하고 싶다고 말했어요. 나는 이혼하고 싶지는 않아요. 그렇지만, 내가 뭘 어떻게 해야 하는지 모르겠어요. 나는 정말 너무 화가 났어요.

치료자 : 네. 이것이 문제로군요. 명심하셔야 하는 것은 화가 난다는 것을 느끼는 것과 적대적인 방식으로 행동하는 것은 다르다는 것입니다.

환자 : 이해가 안 됩니다. 무슨 뜻인가요?

치료자 : 분노는 일종의 감정입니다. 적대적으로 하는 것은 행동입니다. 당신은 화가 난다고 느낄 수 있지만, 적대적이 되어서는 안 됩니다. [감정과 행동을 구분하기]

환자 : 당신이 맞을지도 모르죠. 하지만 화가 나면 그냥 그렇게 됩니다.

치료자 : 그러니까 당신에게 문제가 되는 것은, 이미 경험하신 것처럼 적대적인 것이 일종의 반사작용처럼 나타난다는 것입니다. 자, 이제 이것에 대해 더 깊이 생각해보죠. 감정과 행동의 차이를 인식하는 것은 중요하기 때문입니다. 혹시 이전에 지하철을 탔는데 매우 험상궂게 생긴 남자 두 명이 당신의 화를 돋우는 방식으로 행동하고 있다는 것을 알아차린 적이 있나요? 그렇지만 만약 당신이 그들을 비판한다면, 즉 그들에게 적대적으로 들리게 무언가를 말한다면, 당신에게 매우 안 좋을 것이라고 느낀 적이 있을까요? 적대적으로 행동한다면 그들이 당신을 때려눕힐 수도 있다는 것을 알아차린 것입니다. 만약 그렇다면 당신은 조용히 아무 말도 하지 않는 것을 선택할까요?

환자 : 몇 달 전 그런 일이 일어났었죠. 네. 나는 싸움에 끌려 들어가고 싶지 않다고 느꼈고, 그래서 아무 말도 하지 않았지요. 그렇지만 정말 싫었어요.

치료자 : 다시 그때로 돌아가 볼까요? 당신을 곤경에 빠뜨리는 것은 화난 감정이 아니라, 적대적인 행동이라는 것을 알 수 있습니다. 당신이 돌아서서 "내가 화가 난 것은 알겠어. 하지만 적대적인 방식으로 행동할 것인가는 선택의 문제야"라고 말한다면 어떨까요? 당신은 반사적으로 움직이는 것이 아니라, 행동을 선택할 수 있습니다. [행동을 선택안으로 만들기]

환자 : 그것은 많은 도움이 될 것 같네요. 하지만 그 일은 그냥 일어나버립니다. 빵 하고 나는 폭발해버리지요.

치료자 : 그러면 당신이 화나고 있다는 것을 알아차리고, 그런 다음 뒤돌아서는 것은 어려운 일일 겁니다. 하지만 그것이 도움이 될까요?

환자 : 만약 제가 그렇게 할 수만 있다면, 도움이 되겠지요.

치료자 : 하지만 당신은 지하철에서 그렇게 했지요, 그렇죠?

환자 : 네. 그런 것 같아요.

치료자 : 이제 달라지고 싶다는 당신의 동기에 대해서 생각해보죠. 당신이 여기에 온 이유는 아내가 당신에게 경고했기 때문이라고 했지요. 즉 당신은 그 문제 때문에 여기에 온 겁니다. 그렇다면 적대적인 행동이 당신에게 안 좋은 점은 무엇일까요? [불리한 점 조사하기]

환자 : 여기서 아내와 끝낼 수도 있지요. (웃으며) 나중에 후회할 것 같아요. 그리고 아내는 여러 날 동안 나에게 화를 내겠지요. 대화도 없고, 섹스도 없고. 그리고 우리 아들은 저를 바보 멍청이라고 생각하겠지요.

치료자 : 그러한 결과는 중요한 것처럼 들리는데요, 그래서 그러한 사실을 명심해야 합니다. 하지만 당신이 적대적이 되는 것에서 얻는 유리한 점도 분명히 있을 것 같은데요. 그것은 무엇일까요? [유리한 점 조사하기]

환자 : 아무것도 찾을 수 없는데요.

치료자 : 뭔가 얻을 수 있는 유리한 점이 항상 있습니다. 합리적으로 생각하지 마세요. 당신이 정말로 화가 나서 적대적이 될 때 생각하듯이 지금 생각해보도록 하세요.

환자 : 아내가 내 말을 듣고 내가 말한 것을 실제로 할 것이라고 생각한 것 같아요. 존경을 받는, 그런 것이죠.

치료자 : 물론 그런 것들은 중요하지요. 하지만 적대감을 드러내는 것이 어떻게 해서 아내가 당신의 말을 듣고 당신을 존경하게 만들 것이라고 생각하나요? [증거 조사하기]

환자 : 사실 결코 그런 적이 없지요.

치료자 : 그러면, 만약 당신이 미리 생각할 수 있다면, 아내에게 또 화를 낼 것 같다는 것을 미리 알 수 있을 텐데요. 행동으로 표출하거나 적대적으로 행동하지 않도록 하기 위해 스스로에게 무엇이라고 말하시겠습니까?

환자 : 지금 우리가 대화하고 있는 내용을 나에게 떠올릴 수 있을 것 같아요. 즉 그런 방식은 전혀 효과가 없다. 내가 크게 화를 낸다면 아내는 나를 존경하지 않을 거야.

치료자 : 그러니까 생각해야 할 첫 번째 단계는 멈추고 서서 당신 내면에서 무슨 일이 일어나고 있는지를 알아차리는 것입니다. "나는 지금 화가 난다. 적대적인 방식으로 행동하는 것도 하나의 선택안이라는 것을 인식하지만, 적대적이 되면 존경을 얻을 수도 없고 아내가 내 말을 듣지도 않을 것이다." 당신은 행동을 선택할 수 있고 분노의 지배를 받지 않을 것임을 알아차리는 것입니다. [자기 지시 소개하기]

환자 : 그것이 내가 화가 났을 때 해야 되는 것들이네요.

치료자 : 당신은 지하철에서 그렇게 했었지요. 당신이 운전하고 있는데 누군가가 끼어들었을 때 어떻게 하시죠? 복수하기 위해서 고속도로에서 그들을 쫓아가시나요? [과거 자기 통제의 예에 대해 알아

보기]

환자 : 이전에는 정말로 공격적이었었죠. 하지만 그것이 어리석다는 것을 깨달았고 그래서 이제는 그냥 갑니다.

치료자 : 그러니까 당신은 이전에도 이런 것들을 연습했다고 볼 수 있어요. 그랬을 때 어땠나요?

환자 : 스트레스를 덜 받아요. 위험성도 더 적구요.

회기 후반부에서

치료자 : 어떤 상황에서 분노가 일어나고, 정말로 화가 날 때 그리고 가끔씩 적대적으로 행동할 때 무슨 생각을 하는지 알아볼까요? 아내에게 아이와 무엇인가를 하라고 이야기하였는데 아내가 당신의 말에 동의하지 않았던 최근의 예로 시작해보지요. "그녀는 내 말을 귀 기울여 듣지도 않고 나를 존경하지도 않아"라고 생각했지요. 맞나요? [자동적 사고 조사하기]

환자 : 네. 아내가 내 말을 귀 기울여 듣지 않는다고 가끔씩 생각해요.

치료자 : 좋아요. 만약 아내가 당신의 말을 잘 듣지 않고 당신을 존경하지도 않는다면, 그것은 당신에게 무슨 의미이지요? [하향화살표기법]

환자 : 그녀가 나를 존경하지 않는다면, 그것은 나를 실패자처럼 취급한다는 뜻이지요. [조건적 규칙/가정 확인하기]

치료자 : 좋아요. 만약 그것이 사실이라면 그것은 무엇을 의미하지요?

환자 : 내가 패배자라는 것을 의미하지요. 물론 그렇지 않다는 것을 알지만, 때때로 그렇게 느껴져요. [도식 파악하기]

치료자 : 그녀가 당신을 패배라고 생각한다고 생각하고 그러면 마치 당신이 패배자인 것처럼 느끼기 때문에 화가 나게 되는군요. 하지만 누군가 어떤 일을 하는 데에는 여러 이유가 있을 수 있지요. 당신이 아들을 대하는 방식에 대해 아내가 당신과 뜻을 같이 하지 않는 또 다른 이유들도 있겠지요?

환자 : 아내는 내가 아들에게 너무 많은 압박을 가하고 열등감을 느끼게 한다고 생각하는 것 같아요. 그녀는 아들을 보호하려고만 들지요.

치료자 : 그러니까 아내가 양육 문제와 관련하여 동의하지 않을 때, 부인의 의도는 아들을 압박으로부터 보호하려는 것이네요. 하지만 그런 행동이 당신에게 미치는 영향은, 즉 당신이 경험하는 것은 그녀가 당신을 무시한다는 것이지요. 제가 아내에게 "남편의 기분을 몹시 상하게 하기를 원하시나요?"라고 묻는다면, 그녀는 무엇이라고 대답할까요? [의도와 영향 구분하기]

환자 : 그녀는 제 기분을 상하게 하려는 것이 아니라고 하겠지요. 결코 그렇지는 않을 거예요.

치료자 : 그러면 누군가의 의도와 그 영향을 구분할 수 있겠지요? 당신에게 미치는 영향은 자신을 무시한다는 느낌입니다.

환자 : 네. 아내는 단지 압박으로부터 아들을 보호하려고 한 것뿐이었어요. 결코 나를 무시하거나 내 기분을 상하게 하려는 의도가 아니었다고 확신합니다.

치료자 : 당신은 우리가 '독심술'이라고 부르는 것을 하고 있었던 겁니다. 아내에게 당신을 무시하려는 의도가 있다고 생각한 것이죠. 많은 사람들이 독심술의 오류를 범합니다. 사람들이 무엇을 생각하고 있는지 내가 안다면서 실수를 하는 것이지요. 당신은 마치 아내가 당신을 무시하려는 의도를 가지고 있는 것처럼 그녀의 행동을 해석하는 경향이 있지요? 당신은 어떤 일을 개인화해서 받아들이는 경향이 있나요? [자동적 사고 범주화하기]

환자 : 약간 그렇긴 합니다. 때로는 아내의 침묵을 마치 나를 처벌하려는 것처럼 받아들여요. 하지만 제가 그런 생각을 하면 아내의 마음속에 다른 생각이 있을 수 있다고 깨닫기도 합니다.

치료자 : 아내의 행동을 개인적으로 받아들이는 것 같네요. 마치 당신을 향한 개인적인 의도가 있어서 하는 것처럼요. 그녀의 마음에 어떤 다른 일들이 일어나고 있을까요?

환자 : 아내는 아이들에 대해서 그리고 우리 집이 올바른 방향으로 나아가는 것에 대해서 많이 걱정한다고 말합니다. 당신도 아는 것처럼, 그녀는 모든 일을 조직화하는 것에 때로는 어려움을 겪지요. 하지만 그녀가 많은 일을 하고 있다는 것을 압니다.

치료자 : 그러니까 당신은 아내가 당신을 존경하지 않는다고 생각할 때 독심술과 개인화를 사용하기 때문에 화가 나게 됩니다. 아내가 당신을 존경한다는 다른 증거에 대해 생각해볼 수 있나요? [자동적 사고와 감정 연결하기, 증거 조사하기]

환자 : 저를 존경하지요. 그녀는 제가 직장에서 일을 잘하고 매우 자랑스럽다고 말했고, 가끔씩 친구들에게 저에 대해 자랑합니다. 제가 왜 아내에 대해 그렇게 생각했는지 모르겠네요.

이후 회기

치료자 : 아내가 당신을 존경하지 않는다고 생각할 때, 당신은 아무것도 아니고 실패자인 것처럼 생각하게 된다고 하셨지요. 당신 가족 중에서 누가 그런 메시지를 당신에게 주었었는지 궁금합니다. [조건적 규칙과 도식 확인하기, 부정적 도식의 근원 조사하기]

환자 : 아버지가 정말로 비판적이셨고, 제가 학교에서 공부를 잘할 때조차도 인정하지 않았어요. 아버지에게 충분히 잘한다는 것은 존재하지 않았어요. 저에게 굴욕을 주고 내가 말하는 것은 무슨 뜻인지 모른다고 말하곤 하셨지요. 제가 공부를 잘한다 해도 "당연히 잘할 줄 알았다"라고 말씀하셨지요.

치료자 : 아버지는 까다로운 분처럼 들리네요. 당신을 경멸하고 비판적인 태도를 보이셨고, 그런 행동은 당신을 매우 끔찍하게 했겠네요.

환자 : 제가 16살 때로 기억하는데요, 정말로 아버지를 치고 싶다고 느꼈지만, 마음속으로 참았습니다. 그런 일이 있은 후 어느 날 아버지에게 그가 얼마나 멍청한지를 말했어요. 그냥 아버지에게 소리를

질렸지요. 아버지는 이런 일이 일어난 것을 믿을 수 없는 것처럼 보였어요. [과거의 대처 확인하기]

치료자 : 당신에게 굴욕을 주고 당신을 인정하지 않았을 때, 어떤 생각이 들었나요?

환자 : 아버지가 진절머리 나고 너무 싫다고 생각했어요. 하지만 나는 실패자임에 틀림없다고 생각했어요. 아버지는 저에게 열등감을 느끼게 했지요. [도식의 근원 조사하기]

치료자 : 그래서 아내가 당신의 뜻에 동의하지 않을 때 일어난 일은 이런 것 때문이었군요. "나는 실패자"라는 자신에 대한 오래된 생각이 튀어나오고, 다른 사람은 나에게 굴욕감을 주므로 때려눕히고 싶다는 생각이 드는 것이죠. [초기 도식을 현재 도식과 연결하기]

환자 : 네. 하지만 아내는 아버지와는 전혀 다릅니다.

치료자 : 아내는 아버지와 어떻게 다른가요?

환자 : 모든 면에서요. 아내는 배려해주고 저를 존경합니다. 아버지처럼 사람을 지배하려는 별종이 아니죠. 완전히 다릅니다. [도식과 현실 구분하기]

치료자 : 아내는 아버지와는 매우 다른 것 같네요. 하지만 당신은 아내에게 마치 아버지가 당신을 인정하지 않았던 것처럼 반응하고 있습니다. 때때로 똑같이 느끼는 것이죠. 아버지에게 대항한다면 무엇이라고 말하고 싶은지 궁금하네요. 이렇게 상상해보세요. 아버지가 지금 여기에 앉아 있고 그에게 대항해서 말해야 한다고 상상해보세요. 무엇이라고 말하겠습니까? [도식의 근원에 대항하는 역할놀이]

환자 : 아버지는 바보 멍청이라고 말하겠어요.

치료자 : 좋아요. 의자가 마치 아버지인 것처럼 의자에게 말해보세요. [빈 의자 역할 놀이]

환자 : 당신은 바보 멍청이야! 할아버지가 아버지에게 야비했다는 것은 나도 알아요. 하지만 그렇다고 해서 아버지가 나를 깎아내리고 비판할 권리는 없어요. 나는 착한 아이였어요. 완벽하지는 않았지만, 최선을 다했지요. 저에게 다정하게 대해주셨어야죠. 제가 충분히 좋은 사람이라고 느끼게 해준 적이 한 번도 없어요.

치료자 : 시작이 좋군요. 잘했어요, 힘 있고 비판적인 목소리까지. 아내가 당신의 말에 동의하지 않을 때 마치 당신은 아버지의 목소리를 듣고 있는 것 같아요. 그녀는 아버지와 다르죠, 그렇죠?

환자 : 완전히 다르죠. 아내는 정말로 좋은 사람이에요.

치료자 : 아내는 지지적인가요?

환자 : 네. 아내는 제가 좋은 사람이고 열심히 일한다고 말하고, 저도 최선을 다하려고 합니다. 저도 아내에게 행동하는 것이 너무 잘못되었다고 느낍니다.

치료자 : 이해가 됩니다. 과제로 이것을 해보면 어떨까요? 아버지가 당신을 어떻게 깎아내렸는지, 아버지가 얼마나 공정하지 않았는지, 당신에게 어떻게 행동해야 했었는지를 말하는 가상의 편지를 아버지에게 써보면 어떨까요? [도식의 근원에게 편지 쓰기]

환자 : 한번 해볼게요. 하지만 어쩌면 저를 훨씬 더 질리게 할 수도 있을 것 같아요.

치료자 : 그리고 편지 마지막에는 왜 지금은 아버지를 용서하는지, 왜 너그럽게 봐주는지를 쓰세요. 편지를 쓰지만 보내지는 않을 겁니다. [용서 연습하기]

환자 : 그럴 수 있으면 좋겠네요. 어려울 것 같아요.

치료자 : 한번 해보세요. 당신이 무엇을 할 수 있는지 봅시다.

다음 회기

치료자 : 당신이 화가 났을 때, 정말로 안 좋은 어떤 일이 일어난 것처럼 생각하는 것 같아요. 예를 들어, 당신이 말한 것에 아내가 약간 웃으면서 눈길을 돌리면 당신은 극도로 화가 나지요. 그 순간 얼마나 화가 났다고 느끼는지 0~100%로 말해보세요. [감정의 정도 평정하기]

환자 : 오, 모르겠어요. 격노로 꽉 찹니다. 거의 100%라고 말해야겠네요.

치료자 : 그러면 100% 화가 났다고 말해봅시다. 이제 무슨 일이 실제로 일어났는지 볼까요. 아내는 약간 웃었고 거절했어요. 그러면 이 종이에 가로지르는 선을 하나 긋고, 왼쪽 끝에 0을, 오른쪽 끝에는 100을 써보세요. 이것은 '일어날 수 있는 나쁜 일들'입니다. 100%는 우리가 상상할 수 있는 최악의 사건입니다. 대학살이라고 부릅시다. 왼쪽 끝의 0%는 부정적인 것이 아무것도 없는 것을 나타낸다고 해보죠. 그러면 5%는 사소한 어떤 것을 말합니다. 꽉 끼는 신발 같은 것. 이제 90%에서 일어날 수 있는 나쁜 일은 어떤 것일까요? [연속선 기법]

환자 : 모르겠어요. 강도를 만나서 모든 돈을 빼앗긴 것 정도.

치료자 : 좋아요. 그러면 80%는 어떤 일일까요?

환자 : 말하기 어렵네요. 아마도 화재가 난 것. 강도를 만난 것보다 더 나쁠 수도 있다는 것은 알지만. 모르겠어요. 말하기 어려워요.

치료자 : 50%는 어떤 일일까요?

환자 : 아마도 서로 좋아하는 누군가와 논쟁하게 되는 것.

치료자 : 그러면 25%는 어떤 일일까요?

환자 : 잘 모르겠어요. 아마도 이틀 정도 심한 감기에 걸린 것.

치료자 : 이 연속선을 따라서 각각의 다른 지점을 채우는 것이 어렵다고 생각하나요?

환자 : 네. 저에게는 어려워요.

치료자 : 아마도 당신이 모든 일을 실무율적으로 바라보기 때문일 겁니다. [이분법적 사고 확인하기] 100% 대학살과 0% 안 좋은 일이 전혀 없는 것 중 하나로 생각하는 것이죠. 아내가 조금 웃고 눈길을 돌린다고 해서 거의 100%였지요. 어떤 일을 전혀 비율에 맞지 않게 생각하는 것이지요. 약간 불편하거나 불쾌한 것이 100% 수준까지 안 좋은 일일까요?

환자 : 네. 그렇네요. 저는 극단적인 한 가지 지점만 생각해요. 전혀 균형 잡힌 시각이 아니었네요.

치료자 : 이제 이 연속선 기법을 사용하게 된다면, 5%에 꽉 끼는 신발이 있다면, '아내가 웃고 눈길을 돌리는 것'을 어디에 둘 수 있을까요? 안 좋은 일이 일어나는 것의 관점에서 그것은 어디쯤일까요?

환자 : 약 10% 정도일 것 같아요. 그렇게 나쁜 일은 아니죠.

치료자 : 아마도 10% 또는 15%, 100%는 아니죠.

환자 : 네. 맞아요, 네.

치료자 : 좋아요. 상황을 바라보는 한 가지 방식은 "아내가 눈길을 돌린다 해도 나는 여전히 무엇을 할 수 있을까?"입니다. [나는 여전히 어떤 다른 것을 할 수 있을까?]

환자 : 아내가 눈길을 돌린다고 해도 제가 항상 해왔던 것을 할 수 있지요.

치료자 : 당신이 항상 해왔던 모든 일을 여전히 할 수 있다면, 그것은 정말 사소한 일이지요. 그렇죠?

환자 : 네. 확실히. 꽉 끼는 신발을 신게 되었다면, 그냥 벗어버릴 수 있고 몇 분 동안만 안 좋은 거죠.

치료자 : 하지만 누군가가 당신을 때리고 강도짓을 해서 병원에 가야 한다고 생각해봅시다. 그 상태는 상당 기간 동안 지속될 것이고, 상해를 입고 수술이 필요할 수도 있지요. 당신이 화가 났을 때 상황을 전혀 균형에 맞지 않게 본다고 할 수 있을까요? 균형에 맞지 않은 생각을 거의 자동적으로 사실이라고 믿는 것이죠. 잠시 멈춰서 상황을 보다 합리적으로 더 침착하게 바라본다면, 그 순간 그렇다고 느끼는 것만큼 그렇게 정말로 나쁘지는 않다는 것을 알 수 있을까요? [균형 있게 바라보기]

환자 : 그 순간에 그렇게 멈춰 서서 하는 것은 어려워요.

치료자 : 그러니까 새로운 규칙은 "내가 화가 난다면, 지금 균형 잡힌 시각으로 보고 있는지를 판단하기 위해 스스로에게 묻는다"입니다. 그것은 멈춰 서서 단지 내 반응이 균형에 맞는지를 파악하는 데 도움이 될 것입니다. 스스로에게 "어쩌면 이 일은 내가 느끼는 것만큼 그렇게 안 좋은 일이 아닐 수도 있어"라고 말할 수 있습니다. [정서적 추론 파악하기]

환자 : 제가 할 수만 있다면 좋을 것 같아요. 하지만 모르겠어요.

치료자 : 그러니까 당신이 화가 났을 때 특히 매우 화가 났을 때 해야 할 것은 당신에게 일종의 타임아웃을 실시하는 것입니다. [정서 조절, 멈춰 서기, 마음챙김 자각] 제가 말씀드리는 것은, 1분이나 2분 동안 마음속으로 잠시 멈추고 천천히 숨을 쉬라는 것입니다. 그러고 나서 스스로에게 이렇게 말하세요: "어쩌면 나는 과잉반응하고 있을지도 몰라. 실제 상황보다 나는 더 감정적이야. 어쩌면 나는 상황을 바라보고 '내가 느끼는 것만큼 그렇게 나쁘지는 않을지도 몰라'라고 말할 수 있어." [자기 지시]

환자 : 그렇게 할 수만 있다면 도움이 되겠네요.

치료자 : 많은 경우 우리는 정서적 추론을 사용합니다. 그리고 제가 말하고 싶은 것은 마치 (강렬한) 감정이 어떤 나쁜 일이 일어날 것임을 알려주는 것처럼 우리가 행동한다는 것입니다. "너무 화가 나네. 그러니까 끔찍한 일이 일어나고 있음에 틀림이 없어." 이보다 더 나은 방법은 더 합리적이 되는 것이며, 상황을 바라보는 또 다른 방법이 있다고 생각하는 것입니다. 너무 화가 나지만 어쩌면 나는 균형 잡힌 관점으로 상황을 바라보지 못하고 있을 수 있고, 먼저 잠시 멈춰 서서 그렇게까지 화낼 가치가

있는지를 생각해볼 필요가 있다는 것입니다. [정서적 추론 조사하기, 마음챙김 초월, 사고와 행동의 결과 조사하기]

다음 회기

치료자 : 아내가 당신을 존경하지 않는다는 생각이 들면, 당신은 이것이 내가 존경받을 만한 가치가 없다는 것을 의미한다고 생각합니다. [가정 확인하기]

환자 : 네. 중요하게 대우받을 만하지 않은 사람임에 틀림이 없다고 생각하죠. 저도 비합리적이라는 것은 압니다.

치료자 : 좋아요. 그러면 역할 연기를 해보지요. 내가 당신의 부정적 사고 역할을 맡고 당신은 나에게 도전하는 겁니다. [자동적 사고와 가정, 부정적 도식에 대항하는 역할 연기]

치료자 : [부정적 사고로서] 아내가 당신의 말에 동의하지 않는다면 그것은 당신이 아무것도 아니라는 것을 입증하는 것이죠.

환자 : (도전하면서) 아니죠. 그것은 단지 그녀가 내 말에 동의하지 않는다는 뜻일 뿐입니다.

치료자 : 당신의 아내는 당신이 가치로운 사람인지 아닌지를 판단할 수 있는 유일한 사람입니다. 그래서 만약 그녀가 당신의 말에 동의하지 않는다면 당신은 가치가 없는 사람이라는 것을 의미하는 것입니다.

환자 : 전혀 논리적이지 않아요. 말도 안 되는 소리죠. 내가 가치 있는 존재임을 보여주는 여러 일들이 있어요.

치료자 : 나는 당신에게서 가치로운 어떤 것도 생각해낼 수 없어요.

환자 : (웃으며) 아니, 그건 얼토당토않은 소리지. 나는 매우 지적이고, 좋은 직업을 가지고 있고, 정직한 사람이고, 여러 명의 친구가 있어요. 그 밖에도 나에게는 가치로운 많은 것들이 있지요.

치료자 : 당신의 아내는 당신이 말한 어떤 것에도 동의하지 않는데요.

환자 : 아니요, 그건 사실이 아니에요. 우리는 많은 것들, 거의 모든 것들에 동의를 합니다. 아이를 다루는 방식에서 대부분 동의하고, 우리 삶의 거의 모든 영역의 가치에 대해서도 동의합니다.

치료자 : 하지만 당신이 편안하고 존중받는다고 느끼기 위해서는 모든 것에서 아내가 당신의 말에 동의해야만 하죠.

환자 : 내가 화났을 때에 그런 식으로 생각하는 것 같아요. 하지만 모든 일에 항상 동의하기는 어렵다는 사실에 익숙해질 필요가 있는 것 같군요. 어떤 부부도 모든 일에 동의하지는 않죠. 그건 비현실적이지요.

치료자 : 그러면 역할 연기를 여기서 멈추죠. 이런 작업이 당신에게 어떠했나요?

환자 : 제가 때로는 아내의 인정이 필요하다고 생각한다는 것을 알겠어요. 우리가 동의하지 못하면 나

에게 어떤 문제가 있다고 생각하고 저는 그걸 개인적인 모욕으로 받아들이죠. 그러면 화가 납니다.

[가정의 결과 조사하기]

치료자 : 그러니까 어떤 의미에서 당신은 자신이 말한 모든 것에 대해 아내가 인정해야 한다고 생각하는 것이죠. 만약 그녀가 한 사람으로서 당신을 존중하지 않고, 그리고 그것이 사실이라면 당신은 자신을 존중할 수 없습니다. 그래서 당신은 필사적으로 아내의 인정을 필요로 하는 것 같아요. 어떤 관계에서도 100% 인정이라는 것은 비현실적이죠. 대인관계에서 동의하지 않는 것을 정상적인 것이라고 받아들이면 어떨까요? 서로 아끼는 사람들도 때로는 동의할 수 없고 그럼에도 여전히 서로를 존중한다고 생각하면 어떨까요? 이것은 새로운 가정이 될 겁니다. 그것이 당신에게 얼마나 도움이 될까요? [대안적 적응적 가정]

환자 : 그것이 훨씬 더 현실적이겠네요. 그러면 서로 논의를 할 수 있고 동의하지 않는다는 것에 동의할 수 있겠군요. 그리고 우리가 정치에 대해 동의하지 않거나 친구에 대해 동의하지 않는다고 해도 제가 아내를 존중한다는 것을 압니다.

치료자 : 우리가 때로는 서로의 의견에 동의하지 않아도 여전히 서로를 존중할 수 있다는 이러한 새로운 가정을 깃는다고 생각해보죠. 친구와 동료들에게도 적용할 수 있을까요? 때때로 동의하지 않지만 서로를 여전히 존중한다고 생각할 수 있겠습니까? [새로운 가정의 장점 조사하기, 적응적 가정의 현재 사용을 조사하기]

환자 : 그렇게 할 수 있다고 생각합니다. 다른 사람들과는 매우 자주 그렇게 하지요. 서로를 존중하지만 어떤 일에 대해서는 동의하지 않는다는 것을 알지요.

치료자 : 동의가 없을 때 당신이 소리치기 시작하는 이유를 알아보지요. 아내가 내 말을 듣지 않는다고 생각하고, 내가 소리를 지르면 아내가 결국 요점을 알아들을 것이라고 생각하는 것 같아요. 하지만, 그런 것이 효과가 있었나요? [정서와 행동을 자동적 사고와 가정에 연결하기]

환자 : 전혀 효과가 없었지요. 왜냐하면 그때 일어난 일은 내가 소리 지른 것에 대해 아내가 흥분하고 아내가 흥분한 것에 대해 제가 또 흥분하게 되었기 때문이죠. 제가 소리 지르고 아내가 흥분하면 서로의 이야기를 듣지 않지요. 아무도 어떤 말도 정말 듣지 않게 되지요. 그리고 우리는 서로에 대해 화를 낼 뿐입니다.

치료자 : 그러니까 당신의 요점을 전달하고 싶다면, 소리 지르는 것은 최선의 방법이 아니겠네요. 동의하지 않는다는 것을 단지 받아들이기만 한다면 어떨까요? 예를 들어, "우리가 그 문제에 대해 동의하지 않는다는 것을 받아들일 수 있다고 생각해"라고 당신이 말하는 거죠. 부드럽고 정중한 목소리로 말해보세요. 당신이 단순히 조용하게 수용한다는 말을 한다면 무슨 일이 일어날 것이라고 생각하세요? [수용 연습하기]

환자 : 제가 그렇게 할 수만 있다면, 그렇게 하는 것이 저에게는 쉬운 일이 아니지만, 상황은 훨씬 더 좋아질 것 같아요.

치료자 : 아마도 그렇게 하는 것이 쉽지는 않을 것이라고 하셨어요. 왜냐하면 그 순간에는 매우 격앙되고 매우 화가 난다고 느끼고, 그래서 당신의 감정이 심하게 말하도록 몰아붙이는 식이 되기 때문이죠. 그것은 마치 '격앙된 감정, 격앙된 말'과 같지요. [정서적 추론] 하지만 이것은 반대로 행동할 수 있는 예가 될 수 있습니다. [정반대 행동] 당신은 뒤로 물러나 조용히, 정중하게 말할 수 있습니다. [마음챙김 초월] 이것은 우리가 정반대 행동이라고 부르는 것인데요, 당신은 평온하게 느끼는 것처럼 행동하는 것이죠. 그리고 당신이 그렇게 할 수 있다면, 마치 그런 것처럼 행동할 수 있다면, 당신은 결국에는 더 평온해질 겁니다. 한번 시도해볼 만한 가치가 있을까요?

환자 : 한번 시도해볼게요. 하지만 쉽지는 않을 것이라고 생각해요.

치료자 : 그렇게 하는 것이 어렵지 않을 수도 있습니다. 혹시 사업에서 다른 사람들과 만날 때 당신이 실제로 이미 이렇게 하고 있는지 궁금합니다. 예를 들어, 함께 일을 해야 하는 사람들에게, 혹은 까다로운 사람을 만났을 때, 분노에서 잠시 물러나서 외교적이고 전문가적인 태도로 행동할 때가 있나요? [현재 적응적 행동의 예와 새로운 가정과 수용의 사용]

환자 : 아시는 것처럼, 저는 매우 자주 그렇게 합니다.

치료자 : 그렇다면 이러한 행동은 당신이 정말로 잘할 수 있는 것일 수 있고, 당신에게 필요한 것은 아내에게 그런 행동을 하기 시작하는 것입니다. 아내를 당신이 평소 만나는 가장 중요한 고객으로 대하는 것에 대해 생각해보세요.

환자 : 그렇게 할 수 있다면 좋은 일이죠. 제가 가족에게보다는 낯선 사람들에게 더욱 매너 있게 행동합니다.

치료자 : 아마도 우리 모두 때로는 가족들에게 좀 심하게 하지요.

제16장

맺는말

이 책의 목표는 치료자들이 광범위한 정신병리를 다루는 데 있어 유용한 인지행동기법을 다각적으로 검토할 수 있는 기회를 제공하는 것이다. 치료자로서 선호하는 몇 가지 기법에만 집중하여 모든 환자들에게 동일하게 적용하는 것은 쉬운 일일 것이다. 물론 이런 방식은 많은 환자들에게 도움이 될 수도 있다. 우리가 효율성과 단순함을 가장 중요한 기준으로 보고, 규격화시켜 단기적 접근으로 개입하는 것이 더 효율적일 수도 있다. 하지만 장애요인을 해결하고 복잡한 작업을 다루는 데 익숙한 숙련된 치료자라면, 몇 가지 기법만으로는 충분치 않을 것이다. '경쟁이 치열한' 인지행동치료 전문 수련기관에서 배운 일련의 기법들이 오히려 보다 현실적으로 도움이 될 수도 있다. 나는 인지재구조화가 일부에게 효과적일 수 있고 문제 해결은 또 다른 환자에게 적용 가능한 한편, 다른 환자에게는 마음챙김과 수용이 적합할 수도 있다고 생각한다. 즉, 당신이 뭔가 다른 기법을 시도하기 전까지 무엇이 환자에게 적합한지 알지 못할 수 있다는 것이다.

당신의 지인과 동료들에게 해보면 좋을 만한 흥미로운 활동이 한 가지 있다. "당신이 무언가로 인해 마음이 불편할 때, 당신은 어떻게 대처하는가"라는 질문을 한번 해보자. 나는 워크숍이나 뉴욕의 미국인지치료학회(American Institute for Cognitive Therapy)에 참석한 치료자들에게 정기적으로 이 질문을 하고는 한다. 얼마나 다양한 대답이 나오겠는가? 사람들은 사회적 지지, 문제 해결, 행동 활성화, 마음챙김, 회피, 음식, 음주, 유머, 수용 등 다양한 대처 기술 등을 언급한다. 몇몇 기술들은 상대적으로 더 효과가 좋고 어떤 것들은 장기적으로는 부정적 결과를 가져올 수 있다. 내 경우를 예로 들면, 나는 다양한 유용한 방법들을 신뢰하고 있지만, 내가 이 질문을 던질 때 다분히 어떤 답을 염두에 두고 있다는 것을 깨달았다. 나는 내가 무엇을 할 수 있는지에 집중하는 편이다. 불편한 일이 생기면, 나는 다른 사람들처럼 문제 해결과 목표 변경에 집중하려 한다. 나는 뒤로 한 발 물러서서 먼저 '수용'하려 한다. 그리고는 "해결해야 할 문제가 무엇인가?", "어떤 목표에 집중해야 하는가?" 그리고 "목표를 바꿔야 할 수도 있다" 등을 스스로에게 질문한다. 내가 일종의 정신건강의 표본을 제시하고 있다고 말하는 것이 아니라, 나처럼 다소 강박적인 사람이라면 인지재구조화 내신 문제 해결을 직용힐 수 있디는 것이다. 한편 다른 사람들은 사희적 지지나 인지재구조화를 사용할 수 있고, 또 다른 경우 자연스러운 환경에서 마음챙김을 사용할 수도 있다. 나는 흥미롭게도 마음챙김이 효과적이라는 것을 경험한 바 있다. 하지만 나는 사람들이 마음챙김을 일상생활 속에서 자연스럽게 한다고 생각하지 않는다. 그것은 많은 훈련과 집중을 요구하는 기술이다. 물론 노력하여 키울 가치가 있는 것이지만, 내 관점에서 그것은 자연스럽게 이루어지는 것은 아니다.

이 책에서 어떤 내용들을 다루었는지 생각해보자. 누군가는 여기에서 모든 것을 다루고 있지 않다는 것을 지적할 수도 있다. 사실이다. 하지만 반드시 그런 것은 아니다. 가치 있는 임상적 접근들이 풍부하게 존재하지만, 그 모든 것들을 다 다루는 것은 불가능하다. 심지어 인지행동치료를 옹호하는 사람들조차 정신화(mentalization) 치료기법, 전이기반 심리역동치료, 대인관계 치료기법 등 심리역동적 접근의 효과성을 인정한다. 이들은 주목할 가치가 있는 강력한 사례로 무장하고 있기 때문이다. 하지만 이 책은 인지행동치료 한 가지에 초점을 두고 있다. 행동주의치료에도 효과성이 검증된 다양한 기법들이 있지만, 나는 그에 대해 다른 출처를 참고하도록 안내하는 대신, 이 책의 분량을 통제 가능한 수준으로 유지하였다. 약물치료 또한 종종 치료의 중요한 요소로, 심리치료는 환자들이 약물치료에 합의하고(예 : 양극성장애의 경우) 식이요법을 따르고 부작용에 대처하도록 하는 등의 보조적인 역할을 할 수 있다. 실제로, 이 책의 일부 기법들은 그와 같은 시도에 적용이 가능하다.

우리는 이 책에서 많은 부분을 다루었다. 우리는 생각을 이끌어내고 확인하는 방법, 환자에게 생각은 생각일 뿐 실재, 감정 또는 행동이 아니라는 점을 깨닫도록 하는 방법에서부터 출발하였다. 우리는 환자들이 자신들의 생각의 유용성, 결과, 의의, 타당성을 판단하기 위해 생각을 평가하는 법을 검토하였다. 인지치료는 생각을 부인하거나 억압하는 대신, 생각을 드러내고 평가하는 것임을 명심하자. 생각을 없애는 것이 아니라 이러한 생각의 타당성과 영향력을 바꾸는 것이 목표이다. 나는 내가 얼룩말이라는 생각을 매일 할 수 있지만 내가 거울을 들여다볼 때, 그것이 현실적이지 않다는 것을 깨닫게 된다.

우리가 본 것처럼, 인지적 평가와 개입의 첫 단계인 자동적 사고는 내재된 가정이나 조건적 규칙에 의해 형성된다. 이러한 '당위적' 진술과 '만약-그렇다면' 규칙은 자동적 사고에 의해 편향되고 습관적인 부정적 성향을 강화시킨다. 그 결과, 사람들이 자신을 싫어한다고 생각하는 '마음 읽기'가 정확하다고 믿는다. 이때, "나는 다른 사람의 인정이 필요하다"라는 내재된 가정 자체가 문제가 된다. 이처럼 경직되고 자기 패배적인 가정, 규칙, 신념들을 검토하고 수정하여 우리 모두가 가진 불가피한 부정적 경험에 대해 지나치게 신경 쓰지 않도록 돕는 많은 방법들이 있다. 우리는 또한 반복적인 논리적 오류와 추론에 의해 부정적 태도가 유지되고 악화되는 것을 경험한 바 있다. 논리적인 태도를 견지한다는 것이 어렵다 보니, 그 대신 직감, 편견, 꼬리표, 감정, 빈도, 눈에 띄는 정도, 그리고 선택적 정보 수집 등에 의존하는 경우가 있다. 하지만 이러한 오류와 편견은 여기서 정리한 기법들을 사용하여 수정이 가능하다.

많은 환자들이 의사결정의 어려움으로 옴짝달싹 못하는 상황에 놓일 때가 있다. 의사결정 과정과 이를 수정하는 방법에 대한 장에서 보다 자세히 이를 기술하였고, 그보다 더 자세하게 설명할 수도 있다. 결국, 변화는 의사결정에 대한 것이고 장기적 목표보다는 단기적 이익에 의한 판단이나 이미 실패로 판명된 매몰비용을 아끼는 데 집착한다면, 부정적 성향과 무력감은 유지될 수밖에 없다. 다행히도 인지과학은 괄목할 만한 성장을 통해, 의사결정에서 왜곡과 문제가 발생하는 과정과 어떤 (신중한 사고활동을 통해) 해결 방법이 가능할지에 대한 답을 제시하고 있다. Kahneman의 말을 인용하자면 "느리게 생각하는 것은 신속한 해결책보다 나을지도 모른다"

침투적 사고와 걱정에 대한 장에서 인지치료, 메타인지치료, 정서회피이론, 행동 모형, 문제해결치료, 마음챙김, 수용, 불확실성 훈련 등 치료자들에게 도움이 될 만한 전략과 기법을 다양하게 추려 소개하였다. 반추와 걱정이 우울 증상의 유의미한 취약 요인인 동시에 당면한 부정적 사건 없이도 우울과 불안을 유지하는 요인임은 잘 알려져 있다. 치료자들은 20년 전과 비교한다면, 환자들이 이러한 문제들을 보다 효과적으로 대응하도록 돕는 데 있어 유리한 입장에 서 있다. 제9장 '전체적인 시야에서 상황 바라보기'에서는, 지각하거나 기대한 사건의 강도를 낮추는 데 적용 가능한 다양한 기법들을 소개하였다. 우리는 종종 마치 세상이 끝난 것처럼 불편감을 유발하는 사건들에 반응하는 경향이 있는데, 실제로 일주일 뒤에는 무엇 때문에 그렇게 불편하다고 느꼈는지 제대로 기억하지 못하고는 한다. '합리적인'이라는 단어가 그리스어 비율(ratio)'에서 유래되었다는 것을 떠올려보자. 관점이란 때로는 가장 중요한 것이지만 우리는 너무 늦게 이를 깨닫고는 한다. 시야를 넓힐 수 있는 능력은 불안, 분노, 슬픔을 경감시키는 데 핵심 문제로서, 때로는 환자들이 "화낼 가치가 없는 일이야"라고 깨닫도록 하는 데 오랜 시간과 노력이 필요할 수도 있다.

스키마를 다룬 장에서 Beck, Freeman, Davis, Young 등의 이론을 설명하면서, 나는 오랜 기간에 걸쳐 확립되어온 도식 치료 중, 유발되는 많은 복합적 문제들을 단순히 건드리는 데 그친다는 것을 깨달았다. 일부 이론가들은 자동적 사고, 조건화된 규칙, 행동 활성화, 수용 등의 측면에서 도식을 다루기도 한다. 나는 도식들을 통합하는 작업을 통해 더 깊이 있고 의미 있는 치료가 가능하다고 본다. 예를 들어, 도식을 언급하지 않고 복잡한 사례 개념화를 진행하는 것은 어렵다. 특히, 관계에 대해 오래 지속된 문제를 갖고 있고, 결함, 상실, 통제 또는 차별적인 존재가 되는 것에 대한 도식을 다루는 치료 장면에서 더욱 중요하다. 도식은 연쇄적인 부정적 성향과 문제적 대처 방식과 연관될 수 있기 때문이다. 나는 우리 모두가 결함이 있고, 사랑받을 수 없고, 무기력한 부분들을 갖고 있다는, 인간 본성의 보편적인 약점을 받아들임으로써 부정적 도식의 영향에서 벗어날 수 있다고 강조한 바 있다. 치료자들은 이처럼 오랜 기간 유지되어온 도식을 찾는 과정에 자비와 자기 수용을 접목함으로써 좋은 결과를 기대해볼 수 있다. 다시 한 번 강조하건데, 치료자들은 한 가지 치료 접근에만 스스로를 가두어서는 안 된다.

정서 조절에 대한 장에서는 정서 강도를 다루는 데 활용 가능한 다양한 접근들을 소개하였다. 치료자들은 DBT, ACT, Beck의 치료기법, 문제해결 치료기법, 정서도식치료 및 그 외 접근들에서 다양한 기법들을 차용해볼 수 있다. 자해, 적개심 및 그 외 충동적이고 파괴적 행위의 위험을 가진 환자처럼 심각한 정서조절장애의 증상을 보이는 경우, 정서조절을 강조하는 것에서부터 치료를 시작할 수 있다. 환자가 심각한 문제 행동을 촉발할 수 있는 감정에 압도된다고 느낄 때, 인지재구조화나 노출치료를 실시하는 것은 어려울 수 있기 때문이다.

나는 특정 응용 분야에 대해 4개의 장을 포함시켰다. 물론, 그 이상의 응용 분야를 고려해볼 수 있지만 나는 실천 가능한 기법들에 대해 도움이 될 만한 예시를 제공한다고 본다. 인지적 왜곡을 다루는 장에서는, 일련의 짧은 질문들을 통해 사고의 편견이 갖는 부정적 효과를 바꾸는 치료 과정에 쉽게 적용할 수 있는 기법 리스트를 제공하였다. 인정을 위한 욕구를 다룬 장에서는 인지재구조화, 행동 노출, 행동 실험, 타인의 승인을 기대하는 의존성을 수정하기 위한 수용 등을 포괄하는 기법들을 소개하고 있다. 누구도 모든 사람으로부터 애정을 얻을 수 없다는 점에서, 이는 사회 불안, 회피, 자기 주장 등에 영향을 미치는 중요한 주제이기도 하다. 또한 자기 비판에 대한 장에서는 환자들이 자신에 대해 보다 현실적이면서 덜 비판적인 방식으로 바라볼 수 있는 관점을 갖는 데 도움이 되는 기법들을 요약하였다. 자기에 대해 '긍정적 사고' 방식을 강조하기보다는, 누구도 모든 기대에 부응하며 살 수 없음을 수용하면서 인간의 불완전성에 대한 관점의 필요성을 강조한다. 또한 분노 조절 장에서는 환자들이 정서(분노)와 행동(적개심)을 구분하고, 한 발 물러서서 마음의 제동을 걸어 결과와 대안에 대해 관찰하고 고민하거나, 분노 반응을 유발하는 촉발 요인을 인식하고, 이러한 도발에 압도되는 취약성을 바꾸도록 하는 행동적 · 인지적 기법의 적용 방법을 설명하였다.

이 각각의 장에서는 책의 전체적 구성과 같이, 환자-치료자 대화의 예시를 통해 설명하고 있다. 모든 치료자들이 자신만의 방식을 갖고 있어, 좀 더 부드럽거나 보다 열정적일 수도 있고, 때로는 환자를 직면하는 방식을 취할 수도 있다. 나는 모든 사람들에게 일괄적으로 적용될 수 있는 한 가지 방식이 있다고 생각하지 않는다. 당신은 당신만의 방식을 가질 수 있고 원한다면 수정된 방식을 가질 수도 있다. 다만, 여기에서 기술한 것이 당신의 방식에 맞아떨어지도록 변형될 필요가 있다는 것이다. 어떤 치료 기법을 사용하던 간에, 명심해야 할 것은 우리가 치료하는 사람들에게 적합한 개입 방법을 찾도록 노력해야 한다는 것이다. 우리는 한 가지 방식, 기법, 이론에 지나치게 함몰되어서는 안 된다. 우리는 지속적으로 노력해야 한다. 그것이 우리 모두가 지속적으로 공부를 해야 하는 이유이다.

찾아보기

저자 소개

Robert L. Leahy
뉴욕에 본부를 두고 있는 미국인지치료학회의 책임자이며 웨일코넬 의과대학의 정신과 임상심리 교수로 재직 중이다. 주로 정서 조절의 개인차를 연구하고 있다. 국제인지치료학회지의 공동 편집자이자 인지행동치료협회, 국제인지치료협회, 인지치료학회 회장을 역임했다. 2014년에는 인지치료학회에서 주는 아론 T. 벡 상을 받았다. **인지치료에서 저항의 극복**의 저자이며, **폭식증과 폭식행동 장애의 치료계획과 중재**, **우울과 불안장애의 치료계획과 중재**(2판), **심리치료에서 정서조절** 등을 공동 집필하였다.

역자 소개

박경애
광운대학교 교육대학원 상담심리전공 교수
King's College London IoPPN 방문교수
University of Missouri-Columbia 교육 및 상담심리학 박사

조현주
국제뇌교육종합대학원대학교 상담심리학과 겸임교수
성균관대학교 교육학 박사

김종남
서울여자대학교 교육심리학과 교수
고려대학교 임상 및 상담심리학 박사

김희수
한세대학교 대학원 상담학과 교수
건국대학교 교육학 박사

최승미
광운대학교 교육대학원 초빙교원
고려대학교 임상 및 상담심리학 박사

백지은
광운대학교 일반대학원 상담교육전공 박사 수료